HOMER'S ODYSSEY

BOOKS XIII—XXIV

EDITED

WITH ENGLISH NOTES AND APPENDICES

BY

D. B. MONRO, M.A.

PROVOST OF ORIEL COLLEGE, OXFORD

OXFORD

AT THE CLARENDON PRESS

M DCCCCI

ALMAE MATRI

GLASGUENSI

NONUM JUBILEUM AGENTI

PREFACE

THIS volume is designed as a continuation of the commentary on the Odyssey which was begun, more than a quarter of a century ago, by the late Mr. Riddell of Balliol. As all scholars are aware, the first part of the projected work, comprising books i–xii, was completed by Dr. Merry and published in 1875. A second edition, with a good deal of new matter, appeared in 1885.

In the present state of scholarship an editor of Homer is almost obliged to form some opinion on the multifarious issues which make up the 'Homeric question.' I have therefore been led to add Appendices of somewhat unusual length, containing a statement of the views which seem to me on the whole the most in accordance with the existing evidence. In the course of this work I found it desirable to reproduce the substance (and occasionally the language) of two papers on the Epic Cycle which appeared in the *Journal of Hellenic Studies* (in the volumes for 1883 and 1884). I have to thank the Hellenic Society for permitting this, and also for allowing me to use the illustrations of the Homeric House which will be found on pp. 490, 491, 497.

A similar acknowledgement is due to Dr. Valtýr Guðmundsson for the sketch of a mediaeval Icelandic *megaron* on p. 218, and to Mr. W. A. Craigie of Oriel for directing my attention to the interesting parallel which it offers to the Mycenaean house. I have also had much help on this and other archaeological points from Mr. J. L. Myres of Christ Church and Mr. G. C. Richards of Oriel. Mr. Raper of Trinity has aided me by his opinion on many doubtful passages.

D. B. MONRO.

OXFORD,
August 12, 1901.

CONTENTS

LIST OF ILLUSTRATIONS

ΟΔΥΣΣΕΙΑΣ Ν

Ὀδυσσέως ἀπόπλους παρὰ Φαιάκων καὶ ἄφιξις εἰς Ἰθάκην.

Ὣς ἔφαθ᾽, οἱ δ᾽ ἄρα πάντες ἀκὴν ἐγένοντο σιωπῇ,
κηληθμῷ δ᾽ ἔσχοντο κατὰ μέγαρα σκιόεντα.
τὸν δ᾽ αὖτ᾽ Ἀλκίνοος ἀπαμείβετο φώνησέν τε·
"ὦ Ὀδυσεῦ, ἐπεὶ ἵκευ ἐμὸν ποτὶ χαλκοβατὲς δῶ,
ὑψερεφές, τῶ σ᾽ οὔ τι παλιμπλαγχθέντα γ᾽ ὀΐω   5
ἂψ ἀπονοστήσειν, εἰ καὶ μάλα πολλὰ πέπονθας.
ὑμέων δ᾽ ἀνδρὶ ἑκάστῳ ἐφιέμενος τάδε εἴρω,
ὅσσοι ἐνὶ μεγάροισι γερούσιον αἴθοπα οἶνον
αἰεὶ πίνετ᾽ ἐμοῖσιν, ἀκουάζεσθε δ᾽ ἀοιδοῦ.
εἵματα μὲν δὴ ξείνῳ ἐϋξέστῃ ἐνὶ χηλῷ   10
κεῖται καὶ χρυσὸς πολυδαίδαλος ἄλλα τε πάντα
δῶρ᾽, ὅσα Φαιήκων βουληφόροι ἐνθάδ᾽ ἔνεικαν·

5 παλιμπλαγχθέντα Ar., vulg. : πάλιν πλαγχθέντα P S. See *H. G.* § 125, *b*.

5-6. The words here are taken from Il. 1. 59 νῦν ἄμμε παλιμπλαγχθέντας ὀΐω ἂψ ἀπονοστήσειν εἴ κεν θάνατόν γε φύγοιμεν, but with a change of application which has made them somewhat obscure. In the Iliad ἂψ ἀπονοστήσειν refers to returning disappointed to Greece, and thus carries on the idea expressed by παλιμπλαγχθέντας. Here a return home is not a disappointment, and cannot be described by such a phrase as παλιμπλαγχθέντα. Some commentators meet the difficulty by confining the negative to that phrase : 'I think that, not having been driven from your course, you will return home.' But, apart from other objections, an interpretation by which ἂψ ἀπονοστήσειν and παλιμπλαγχθέντα are made to express contrasted things is surely excluded by Il. 1. 59. The necessity for such an interpretation only arises from taking ἂψ ἀπονοστήσειν of return *to Ithaca*. The meaning is simply that Ulysses will not return driven back from the house of Alcinous, but will have his desire. So Naegelsbach, *Anmerk. zur Ilias*[3] (on Il. 1. 59).

5. τῶ. There seems to be enough evidence in Homer for an adverbial τῶ, distinct from the dative τῷ.

9. ἀκουάζεσθε 'please yourselves with listening' (Il. 4. 343). Verbs of this formation have an ampliative and often unfavourable meaning : cp. μίμνω and μιμνάζω, μίγνυμι and μιγάζομαι, ῥίπτω and ῥιπτάζω, ἡγέομαι and ἡγηλάζω (17. 217), ἀβροτάζω, δεκάζομαι, οἰνοποτάζω, πτωσκάζω, νευστάζω, ῥυστάζω.

II.   B

ἀλλ' ἄγε οἱ δῶμεν τρίποδα μέγαν ἠδὲ λέβητα
ἀνδρακάς· ἡμεῖς δ' αὖτε ἀγειρόμενοι κατὰ δῆμον
τισόμεθ'· ἀργαλέον γὰρ ἕνα προικὸς χαρίσασθαι."   15
*Ὣς ἔφατ' Ἀλκίνοος, τοῖσιν δ' ἐπιήνδανε μῦθος.
οἱ μὲν κακκείοντες ἔβαν οἶκόνδε ἕκαστος,
ἦμος δ' ἠριγένεια φάνη ῥοδοδάκτυλος Ἠώς,
νῆάδ' ἐπεσσεύοντο, φέρον δ' εὐήνορα χαλκόν·
καὶ τὰ μὲν εὖ κατέθηχ' ἱερὸν μένος Ἀλκινόοιο   20
αὐτὸς ἰὼν διὰ νηὸς ὑπὸ ζυγά, μή τιν' ἑταίρων
βλάπτοι ἐλαυνόντων, ὁπότε σπερχοίατ' ἐρετμοῖς·
οἱ δ' εἰς Ἀλκινόοιο κίον καὶ δαῖτ' ἀλέγυνον.

Τοῖσι δὲ βοῦν ἱέρευσ' ἱερὸν μένος Ἀλκινόοιο
Ζηνὶ κελαινεφέϊ Κρονίδῃ, ὃς πᾶσιν ἀνάσσει.   25
μῆρα δὲ κήαντες δαίνυντ' ἐρικυδέα δαῖτα
τερπόμενοι· μετὰ δέ σφιν ἐμέλπετο θεῖος ἀοιδός,
Δημόδοκος, λαοῖσι τετιμένος· αὐτὰρ Ὀδυσσεὺς
πολλὰ πρὸς ἠέλιον κεφαλὴν τρέπε παμφανόωντα,
δῦναι ἐπειγόμενος· δὴ γὰρ μενέαινε νέεσθαι.   30
ὡς δ' ὅτ' ἀνὴρ δόρποιο λιλαίε αι, ᾧ τε πανῆμαρ
νειὸν ἀν' ἕλκητον βόε οἴνοπε πηκτὸν ἄροτρον·
ἀσπασίως δ' ἄρα τῷ κατέδυ φάος ἠελίοιο

13 ἠδὲ] ἠὲ Eust. who however found ἠδὲ in the better MSS.   14 ἄνδρα κάθ' v. l.
known to Eust.   16 μῦθος] θυμῷ P H S U.   19 νῆα δ' Ar., F M: νῆ' ἀρ' vulg.
22 ἐρετμοῖς] Perhaps ἐρετμῷ, cp. πηδῷ (l. 78).

15. τισόμεθα 'will repay ourselves.'
προικὸς 'as a free gift,' without such
repayment ; originally a partitive gen.,
' of his bounty ' (cp. χαριζομένη παρεόν-
των), but used as an adverb, like the
Attic προῖκα, = gratis, impune. The
Homeric form is probably προΐξ, προῖκός
(or rather προῖκος, since προικός is so
accented on the analogy of monosyllabic
nouns) : so προίκτης 'a gift-man,' ' one
who lives on doles,' and the Ionic fut.
καταπροίξομαι. The word is evidently
a compound of πρό. See also 17. 413.
18. Morning of the 34th day of the
action of the poem.
21. ὑπὸ ζυγά, with κατέθηκε.
24. On the play of language see 144,
14. 69, 371., 15. 10., 16. 2., 17. 332.

27. Cp. 4. 17. On μέλπεσθαι of sing-
ing see Lehrs, Arist. p. 138.
30. δῦναι ἐπειγόμενος 'in haste, eager
for (his) setting.'
32. πηκτόν ' put together,' an epithet
describing the workmanship of a plough.
So ποιητός of a house (13. 306), δινωτός
of a bed (19. 56), τυκτός of a floor (17.
169), &c. We need not translate ' well
made,' though that may be implied.
The point is that the object (whatever
it is) is a work of mechanical skill.
33. ἀσπασίως. Cobet and Nauck
would get rid of this adverb by sub-
stituting the adj. Here e. g. Cobet
would read ἀσπασίῳ (cp. ἀσμένῳ μοί
ἐστι), and Nauck ἀσπάσιον, as ἀσπαστόν
in l. 35. But cp. Il. 7. 118., 11. 327.

δόρπον ἐποίχεσθαι, βλάβεται δέ τε γούνατ' ἰόντι·
ὡς 'Οδυσῆ' ἀσπαστὸν ἔδυ φάος ἠελίοιο.   35
αἶψα δὲ Φαιήκεσσι φιληρέτμοισι μετηύδα,
'Αλκινόῳ δὲ μάλιστα πιφαυσκόμενος φάτο μῦθον·
"'Αλκίνοε κρεῖον, πάντων ἀριδείκετε λαῶν,
πέμπετέ με σπείσαντες ἀπήμονα, χαίρετε δ' αὐτοί·
ἤδη γὰρ τετέλεσται ἅ μοι φίλος ἤθελε θυμός,   40
πομπὴ καὶ φίλα δῶρα, τά μοι θεοὶ Οὐρανίωνες
ὄλβια ποιήσειαν. ἀμύμονα δ' οἴκοι ἄκοιτιν
νοστήσας εὕροιμι σὺν ἀρτεμέεσσι φίλοισιν.
ὑμεῖς δ' αὖθι μένοντες ἐϋφραίνοιτε γυναῖκας
κουριδίας καὶ τέκνα· θεοὶ δ' ἀρετὴν ὀπάσειαν   45
παντοίην, καὶ μή τι κακὸν μεταδήμιον εἴη."

*Ὣς ἔφαθ', οἱ δ' ἄρα πάντες ἐπήνεον ἠδ' ἐκέλευον
πεμπέμεναι τὸν ξεῖνον, ἐπεὶ κατὰ μοῖραν ἔειπε.
καὶ τότε κήρυκα προσέφη μένος 'Αλκινόοιο·
"Ποντόνοε, κρητῆρα κερασσάμενος μέθυ νεῖμον   50
πᾶσιν ἀνὰ μέγαρον, ὄφρ' εὐξάμενοι Διὶ πατρὶ
τὸν ξεῖνον πέμπωμεν ἑὴν ἐς πατρίδα γαῖαν."

*Ὣς φάτο, Ποντόνοος δὲ μελίφρονα οἶνον ἐκίρνα,
νώμησεν δ' ἄρα πᾶσιν ἐπισταδόν· οἱ δὲ θεοῖσιν
ἔσπεισαν μακάρεσσι, τοὶ οὐρανὸν εὐρὺν ἔχουσιν,   55
αὐτόθεν ἐξ ἑδρέων. ἀνὰ δ' ἵστατο δῖος 'Οδυσσεύς,
'Αρήτῃ δ' ἐν χειρὶ τίθει δέπας ἀμφικύπελλον,
καί μιν φωνήσας ἔπεα πτερόεντα προσηύδα·
"χαῖρέ μοι, ὦ βασίλεια, διαμπερές, εἰς ὅ κε γῆρας
ἔλθῃ καὶ θάνατος, τά τ' ἐπ' ἀνθρώποισι πέλονται.   60

---

34 βλάβεται] For this anomalous present it is always possible to read βλάβετο, which would be the form of the aor. mid. : see *H. G.* § 30. 35 'Οδυσῆ'] See on 5. 398. 42 Ϝοῖκοι may be restored by writing ἀμύμονα Ϝοῖκοι (with epexegetic asyndeton). 53 ἐκίρνα] so 7. 182., 10. 356: but κίρνη in 14. 78., 16. 52. 56 ἰδέων v. l. ap. Eust. 57 χειρὶ vulg.: χερσὶ M U al.: cp. Il. 1. 585.

34. δόρπον ἐποίχεσθαι 'for going about his supper,' i. e. 'in that he can now go about his supper.'
45. ἀρετήν 'good': not restricted, as in later Greek, to 'merit' or 'excellence.' Cp. 14. 402 ἐϋκλείη τ' ἀρετή τε,

and the verb ἀρετάω 'to prosper' (19. 114); also 12. 211., 14. 212., 18. 251.
54. ἐπισταδόν: see 12. 392., 18. 425.
56. αὐτόθεν 'in their places,' 'even as they sat': cp. Il. 19. 77 αὐτόθεν ἐξ ἕδρης οὐδ' ἐν μέσσοισιν ἀναστάς.

αὐτὰρ ἐγὼ νέομαι· σὺ δὲ τέρπεο τῷδ' ἐνὶ οἴκῳ
παισί τε καὶ λαοῖσι καὶ Ἀλκινόῳ βασιλῆϊ."
Ὣς εἰπὼν ὑπὲρ οὐδὸν ἐβήσετο δῖος Ὀδυσσεύς.
τῷ δ' ἅμα κήρυκα προΐει μένος Ἀλκινόοιο,
ἡγεῖσθαι ἐπὶ νῆα θοὴν καὶ θῖνα θαλάσσης·   65
Ἀρήτη δ' ἄρα οἱ δμῳὰς ἅμ' ἔπεμπε γυναῖκας,
τὴν μὲν φᾶρος ἔχουσαν ἐΰπλυνὲς ἠδὲ χιτῶνα,
τὴν δ' ἑτέρην χηλὸν πυκινὴν ἅμ' ὄπασσε κομίζειν·
ἡ δ' ἄλλη σῖτόν τ' ἔφερεν καὶ οἶνον ἐρυθρόν.

Αὐτὰρ ἐπεί ῥ' ἐπὶ νῆα κατήλυθον ἠδὲ θάλασσαν,   70
αἶψα τά γ' ἐν νηὶ γλαφυρῇ πομπῆες ἀγαυοὶ
δεξάμενοι κατέθεντο, πόσιν καὶ βρῶσιν ἅπασαν·
κὰδ δ' ἄρ' Ὀδυσσῆϊ στόρεσαν ῥῆγός τε λίνον τε
νηὸς ἐπ' ἰκριόφιν γλαφυρῆς, ἵνα νήγρετον εὕδοι,
πρυμνῆς· ἂν δὲ καὶ αὐτὸς ἐβήσετο καὶ κατέλεκτο   75
σιγῇ· τοὶ δὲ καθῖζον ἐπὶ κληῗσιν ἕκαστοι
κόσμῳ, πεῖσμα δ' ἔλυσαν ἀπὸ τρητοῖο λίθοιο.
εὖθ' οἱ ἀνακλινθέντες ἀνερρίπτουν ἅλα πηδῷ,
καὶ τῷ νήδυμος ὕπνος ἐπὶ βλεφάροισιν ἔπιπτε,
νήγρετος ἥδιστος, θανάτῳ ἄγχιστα ἐοικώς.   80
ἡ δ' ὥς τ' ἐν πεδίῳ τετράοροι ἄρσενες ἵπποι,
πάντες ἅμ' ὁρμηθέντες ὑπὸ πληγῇσιν ἱμάσθλης,
ὑψόσ' ἀειρόμενοι ῥίμφα πρήσσουσι κέλευθον,
ὣς ἄρα τῆς πρύμνη μὲν ἀείρετο, κῦμα δ' ὄπισθε

---

61 οἴκῳ] χώρῳ P H al.: from 10. 271.
"νέεσθαι" εἶχε (Did.): so H', v. l. in X.
ἥδιστος, apart from the ϝ of ἡδύς, is weak after νήδυμος (i. e. ϝήδυμος). Read
perhaps ἥκιστος (or ἥκιστος) 'most gentle.' 'feeblest' (Il. 23. 531).

66 γυναῖκας] ἡ ἑτέρα τῶν Ἀριστάρχου
68 ὄπασσε] ἔπεμπε F P M Eust.   80

62. παισί. The dat. is instrumental, with a partly 'comitative' sense: cp. Il. 21. 45, Od. 14. 244.

69. ἡ δ' ἄλλη. The article marks contrast, 'another again,' *H. G.* § 260.

78. ἀνακλινθέντες 'swinging back': the aorist describing the movement, *H. G.* § 77.

πηδῷ, the sing. used distributively.

79. νήδυμος, an early corruption of ϝήδυμος: see the note on Od. 4. 793.

81. ἡ δ' κτλ. The sentence is taken up again in l. 84 ὡς ἄρα τῆς κτλ. The harshness of the anacoluthon is softened by the nom. ἵπποι in the next clause: cp. 14. 85, Il. 4. 433., 17. 755.

τετράορος, contr. for τετρα-ήορος: cp. συν-ήορος, παρ-ήορος (ἀείρω) of yoking horses, cp. Il. 10. 499., 15. 680).

84. For πρύμνη some read πρῴρη, as giving a truer picture. But how could πρύμνη have crept into the text?

πορφύρεον μέγα θῦε πολυφλοίσβοιο θαλάσσης.   85
ἡ δὲ μάλ' ἀσφαλέως θέεν ἔμπεδον· οὐδέ κεν ἴρηξ
κίρκος ὁμαρτήσειεν, ἐλαφρότατος πετεηνῶν.
ὡς ἡ ῥίμφα θέουσα θαλάσσης κύματ' ἔταμνεν,
ἄνδρα φέρουσα θεοῖς ἐναλίγκια μήδε' ἔχοντα,
ὃς πρὶν μὲν μάλα πολλὰ πάθ' ἄλγεα ὃν κατὰ θυμὸν   90
ἀνδρῶν τε πτολέμους ἀλεγεινά τε κύματα πείρων,
δὴ τότε γ' ἀτρέμας εὗδε, λελασμένος ὅσσ' ἐπεπόνθει.

Εὖτ' ἀστὴρ ὑπερέσχε φαάντατος, ὅς τε μάλιστα
ἔρχεται ἀγγέλλων φάος Ἠοῦς ἠριγενείης,
τῆμος δὴ νήσῳ προσεπίλνατο ποντοπόρος νηῦς.   95

Φόρκυνος δέ τίς ἐστι λιμὴν ἁλίοιο γέροντος
ἐν δήμῳ Ἰθάκης· δύο δὲ προβλῆτες ἐν αὐτῷ
ἀκταὶ ἀπορρῶγες, λιμένος ποτιπεπτηυῖαι,
αἵ τ' ἀνέμων σκεπόωσι δυσαήων μέγα κῦμα
ἔκτοθεν· ἔντοσθεν δέ τ' ἄνευ δεσμοῖο μένουσι   100
νῆες ἐΰσσελμοι, ὅτ' ἂν ὅρμου μέτρον ἵκωνται.
αὐτὰρ ἐπὶ κρατὸς λιμένος τανύφυλλος ἐλαίη,
ἀγχόθι δ' αὐτῆς ἄντρον ἐπήρατον ἠεροειδές,
ἱρὸν νυμφάων αἱ νηϊάδες καλέονται.

ἐν δὲ κρητῆρές τε καὶ ἀμφιφορῆες ἔασι   105
λάϊνοι· ἔνθα δ' ἔπειτα τιθαιβώσσουσι μέλισσαι.

ἐν δ' ἱστοὶ λίθεοι περιμήκεες, ἔνθα τε νύμφαι
φάρε' ὑφαίνουσιν ἁλιπόρφυρα, θαῦμα ἰδέσθαι·

88 ἔταμνεν G M D al.: ἔτεμνεν F H U: ἔτετμεν P X.   98 ὑποπεπτηυῖαι F al.
100 ἔκτοθεν U al.: ἔκτοσθεν vulg.: read perhaps ἔκτοσθ'.

86. ἴρηξ κίρκος. In combinations of
this kind the second term is usually the
specific one: cp. βοῦς ταῦρος, σῦς κάπρος,
ὄφις δράκων (Hes. Theog. 321).
89. θεοῖς ἐναλίγκια, a brachylogy,
'like the (counsels of the) gods': cp.
Il. 17. 51 κόμαι Χαρίτεσσιν ὁμοῖαι, Od.
2. 121., 4. 279.
91. πτολέμους and κύματα carry on
the construction of πολλὰ πάθ' ἄλγεα,
while πείρων, 'passing through them,'
belongs only to κύματα. Thus it is not
properly an instance of zeugma.
93. ὑπερέσχε is intrans., 'rises.' This
is the dawn of the 35th day.

98. ποτιπεπτηυῖαι lit. 'crouching
towards,' 'sinking down in front of the
harbour,' and so closing it in. ποτι-
with the gen. is used like πρός in l. 110,
of direction or aspect.
99. ἀνέμων κῦμα 'the waves raised
by the winds,' cp. Il. 2. 396., 11. 305.
δυσαήων, by metrical licence, δυσαέων
being impossible in the hexameter.
101. ὅρμου μέτρον 'the measure of
anchorage,' i. e. the distance at which
ships are fastened by a cable to the shore
(if fastening is needed).
108. φάρεα 'webs,' cp. 19. 138.

ἐν δ' ὕδατ' ἀενάοντα. δύω δέ τέ οἱ θύραι εἰσίν,
αἱ μὲν πρὸς Βορέαο καταιβαταὶ ἀνθρώποισιν,   110
αἱ δ' αὖ πρὸς Νότου εἰσὶ θεώτεραι· οὐδέ τι κείνῃ
ἄνδρες ἐσέρχονται, ἀλλ' ἀθανάτων ὁδός ἐστιν.

    Ἔνθ' οἵ γ' εἰσέλασαν πρὶν εἰδότες. ἡ μὲν ἔπειτα
ἠπείρῳ ἐπέκελσεν, ὅσον τ' ἐπὶ ἥμισυ πάσης,
σπερχομένη· τοῖον γὰρ ἐπείγετο χέρσ' ἐρετάων·   115
οἱ δ' ἐκ νηὸς βάντες ἐϋζύγου ἠπειρόνδε
πρῶτον Ὀδυσσῆα γλαφυρῆς ἐκ νηὸς ἄειραν
αὐτῷ σύν τε λίνῳ καὶ ῥήγεϊ σιγαλόεντι,
κὰδ δ' ἄρ' ἐπὶ ψαμάθῳ ἔθεσαν δεδμημένον ὕπνῳ,
ἐκ δὲ κτήματ' ἄειραν, ἅ οἱ Φαίηκες ἀγαυοὶ   120
ὤπασαν οἴκαδ' ἰόντι διὰ μεγάθυμον Ἀθήνην.
καὶ τὰ μὲν οὖν παρὰ πυθμέν' ἐλαίης ἀθρόα θῆκαν
ἐκτὸς ὁδοῦ, μή πώς τις ὁδιτάων ἀνθρώπων,
πρὶν Ὀδυσῆ' ἔγρεσθαι, ἐπελθὼν δηλήσαιτο·
αὐτοὶ δ' αὖ οἴκόνδε πάλιν κίον· οὐδ' ἐνοσίχθων   125
λήθετ' ἀπειλάων, τὰς ἀντιθέῳ Ὀδυσῆϊ
πρῶτον ἐπηπείλησε, Διὸς δ' ἐξείρετο βουλήν·
" Ζεῦ πάτερ, οὐκέτ' ἔγωγε μετ' ἀθανάτοισι θεοῖσι
τιμήεις ἔσομαι, ὅ τέ με βροτοὶ οὔ τι τίουσι,
Φαίηκες, τοί πέρ τοι ἐμῆς ἔξ εἰσι γενέθλης.   130
καὶ γὰρ νῦν Ὀδυσῆ' ἐφάμην κακὰ πολλὰ παθόντα
οἴκαδ' ἐλεύσεσθαι, νόστον δέ οἱ οὔ ποτ' ἀπηύρων
πάγχυ, ἐπεὶ σὺ πρῶτον ὑπέσχεο καὶ κατένευσας.
οἱ δ' εὕδοντ' ἐν νηῒ θοῇ ἐπὶ πόντον ἄγοντες

---

115 τοῖον P X D L W Eust., τοίων G F H M S U: cp. 3. 496., 24. 61, Il. 22.
241.   120 κτήματ'] χρήματ' M al.   This variation is frequent in the MSS.
123 μή πώς G F H²: μή πώ Ar., P H X D S U: μή πού M L W Eust.   125 αὖ
U: αὖτ' vulg.   129 ὅτι vulg.   130 τοί πέρ τοι F: τοί πέρ τε vulg.

111. θεώτεραι, not ' more divine,' but
' divine ' in contrast to the human door :
cp. 15. 422, *H. G.* § 122.

114. ὅσον τ' ἐπὶ ἥμισυ = ἐφ' ὅσον τὸ
ἥμισυ γίγνεται, 'to half its length.' Cp.
Il. 10. 351 ὅσον τ' ἐπὶ οὖρα πέλονται, 21.
251 ὅσον τ' ἐπὶ δουρὸς ἐρωή.

118. αὐτῷ σύν τε λίνῳ 'with the
linen cloth as it was.'

121. διά ' by the agency of.'

123. Ar. read μή πώ τις ' that no one
yet, before Ulysses should wake, might
&c.' But this use of πω can hardly be
defended.

127. πρῶτον ' once,' as in l. 133.

129. ὅ τε ' in respect that.'

130. 'Who after all (τοι) are sprung
from me.'

κάτθεσαν εἰν Ἰθάκῃ, ἔδοσαν δέ οἱ ἄσπετα δῶρα,   135
χαλκόν τε χρυσόν τε ἅλις ἐσθῆτά θ' ὑφαντήν,
πόλλ', ὅσ' ἂν οὐδέ ποτε Τροίης ἐξήρατ' Ὀδυσσεύς,
εἴ περ ἀπήμων ἦλθε, λαχὼν ἀπὸ ληΐδος αἶσαν."

Τὸν δ' ἀπαμειβόμενος προσέφη νεφεληγερέτα Ζεύς·
"ὦ πόποι, ἐννοσίγαι' εὐρυσθενές, οἷον ἔειπες.   140
οὔ τί σ' ἀτιμάζουσι θεοί· χαλεπὸν δέ κεν εἴη
πρεσβύτατον καὶ ἄριστον ἀτιμίῃσιν ἰάλλειν.
ἀνδρῶν δ' εἴ πέρ τίς σε βίῃ καὶ κάρτεϊ εἴκων
οὔ τι τίει, σοὶ δ' ἐστὶ καὶ ἐξοπίσω τίσις αἰεί.
ἔρξον ὅπως ἐθέλεις καί τοι φίλον ἔπλετο θυμῷ."   145

Τὸν δ' ἠμείβετ' ἔπειτα Ποσειδάων ἐνοσίχθων·
"αἶψά κ' ἐγὼν ἔρξαιμι, κελαινεφές, ὡς ἀγορεύεις·
ἀλλὰ σὸν αἰεὶ θυμὸν ὀπίζομαι ἠδ' ἀλεείνω.
νῦν αὖ Φαιήκων ἐθέλω περικαλλέα νῆα
ἐκ πομπῆς ἀνιοῦσαν ἐν ἠεροειδέϊ πόντῳ   150
ῥαῖσαι, ἵν' ἤδη σχῶνται, ἀπολλήξωσι δὲ πομπῆς
ἀνθρώπων, μέγα δέ σφιν ὄρος πόλει ἀμφικαλύψαι."

Τὸν δ' ἀπαμειβόμενος προσέφη νεφεληγερέτα Ζεύς·
"ὦ πέπον, ὡς μὲν ἐμῷ θυμῷ δοκεῖ εἶναι ἄριστα,
ὁππότε κεν δὴ πάντες ἐλαυνομένην προΐδωνται   155
λαοὶ ἀπὸ πτόλιος, θεῖναι λίθον ἐγγύθι γαίης
νηῒ θοῇ ἴκελον, ἵνα θαυμάζωσιν ἅπαντες

---

135 ἄσπετα G F M D: ἀγλαὰ P H S U al.   152 πόλιν P H J, ss Mᶜ X.

142. ἀτιμίῃσιν ἰάλλειν 'to fling into dishonour,' or (better) 'to fling at, assail, with acts of dishonour.' Elsewhere ἰάλλω is only found with an acc. of the thing thrown : but cp. βάλλω.
143. εἴκων 'giving way to,' 'allowing himself to be moved by' : cp. 14. 157., 22. 288.
144. There is a play of words between τίη 'pays honour,' and τίσις 'payment,' in the sense of 'vengeance.'
152. ἀμφικαλύψαι is rather far from the governing verb, ἐθέλω in l. 149. It seems from the scholia that there was an ancient variant, probably the fut. indic. ἀμφικαλύψω.
154-158. The infinitives θεῖναι and

ἀμφικαλύψαι are construed as an epexegesis of δοκεῖ εἶναι ἄριστα, so that there is no grammatical apodosis to ὡς μέν : 'as seems best to me, viz. to turn their ship into stone, &c. (so I say).'
A small island near the entrance of the old harbour of Corfu is pointed out as the Phaeacian ship, and perhaps is sufficiently 'like a swift ship' to have give rise to the story (Plin. N. H. iv. 53). It is not, however, the only claimant. 'A rock outside the harbour of Trapani (in Sicily) is said to have been a Turkish war vessel, turned into stone by the Madonna' (Mr. A. Lang in Longman's Magazine, Jan. 1898, quoting Mr. Butler's Authoress of the Odyssey).

ἄνθρωποι, μέγα δέ σφιν ὄρος πόλει ἀμφικαλύψαι."
Αὐτὰρ ἐπεὶ τό γ' ἄκουσε Ποσειδάων ἐνοσίχθων,
βῆ ῥ' ἴμεν ἐς Σχερίην, ὅθι Φαίηκες γεγάασιν.   160
ἔνθ' ἔμεν'· ἡ δὲ μάλα σχεδὸν ἤλυθε ποντοπόρος νηῦς
ῥίμφα διωκομένη· τῆς δὲ σχεδὸν ἦλθ' ἐνοσίχθων,
ὅς μιν λᾶαν ἔθηκε καὶ ἐρρίζωσεν ἔνερθε
χειρὶ καταπρηνεῖ ἐλάσας· ὁ δὲ νόσφι βεβήκει.

Οἱ δὲ πρὸς ἀλλήλους ἔπεα πτερόεντ' ἀγόρευον   165
Φαίηκες δολιχήρετμοι, ναυσίκλυτοι ἄνδρες.
ὧδε δέ τις εἴπεσκεν ἰδὼν ἐς πλησίον ἄλλον·
" ὤ μοι, τίς δὴ νῆα θοὴν ἐπέδησ' ἐνὶ πόντῳ
οἴκαδ' ἐλαυνομένην; καὶ δὴ προὐφαίνετο πᾶσα."

Ὧς ἄρα τις εἴπεσκε· τὰ δ' οὐκ ἴσαν ὡς ἐτέτυκτο.   170
τοῖσιν δ' Ἀλκίνοος ἀγορήσατο καὶ μετέειπεν·
" ὦ πόποι, ἦ μάλα δή με παλαίφατα θέσφαθ' ἱκάνει
πατρὸς ἐμοῦ, ὃς ἔφασκε Ποσειδάων' ἀγάσασθαι
ἡμῖν, οὕνεκα πομποὶ ἀπήμονές εἰμεν ἁπάντων.
φῆ ποτε Φαιήκων ἀνδρῶν περικαλλέα νῆα   175
ἐκ πομπῆς ἀνιοῦσαν ἐν ἠεροειδέϊ πόντῳ
ῥαισέμεναι, μέγα δ' ἧμιν ὄρος πόλει ἀμφικαλύψειν.
ὡς ἀγόρευ' ὁ γέρων· τὰ δὲ δὴ νῦν πάντα τελεῖται.
ἀλλ' ἄγεθ', ὡς ἂν ἐγὼ εἴπω, πειθώμεθα πάντες·
πομπῆς μὲν παύσασθε βροτῶν, ὅτε κέν τις ἵκηται   180
ἡμέτερον προτὶ ἄστυ· Ποσειδάωνι δὲ ταύρους
δώδεκα κεκριμένους ἱερεύσομεν, αἴ κ' ἐλεήσῃ,

173 ἀγάσασθαι Ar. vulg.: ἀγάασθαι G U. In the parallel 8. 565 ἀγάσεσθαι G, ἀγάασθαι T. In 4. 181 ἀγάσεσθαι is given by F, but is excluded by the sense of μέλλειν, viz. 'must have been jealous': H. G. § 238.   175 περικαλλέα] ἐϋεργέα M J U, cp. 8. 567.   180 παύσασθε vulg.: παύεσθε P H M.

158. For μέγα δέ Aristophanes read μηδέ, no doubt in view of the prayers of the Phaeacian elders (l. 183). But these need not affect what Zeus says now.
161. διωκομένη 'coursing along': cp. the phrase ἅρμα διώκειν.
173. ἀγάσασθαι 'had been surprised,' i.e. 'offended,' 'made jealous.' Notice the difference between ἔφασκε 'alleged,'

and φῆ 'said.' The prophecy begins at φῆ, and with it the necessity for a *future* inf. A few MSS. have ἀγάσασθαι, and this was probably an ancient variant. The present is perhaps the more suitable tense, as not implying that his jealousy had reached its height. The form ἀγάσεσθαι, given in modern editions, has little support, external or otherwise.

μηδ' ἡμῖν περίμηκες ὄρος πόλει ἀμφικαλύψῃ."

῾Ως ἔφαθ', οἱ δ' ἔδεισαν, ἑτοιμάσσαντο δὲ ταύρους.

ὣς οἱ μέν ῥ' εὔχοντο Ποσειδάωνι ἄνακτι   185

δήμου Φαιήκων ἡγήτορες ἠδὲ μέδοντες,

ἱστάοτες περὶ βωμόν· ὁ δ' ἔγρετο δῖος 'Οδυσσεὺς

εὕδων ἐν γαίῃ πατρωίῃ, οὐδέ μιν ἔγνω,

ἤδη δὴν ἀπεών· περὶ γὰρ θεὸς ἠέρα χεῦε

Παλλὰς 'Αθηναίη, κούρη Διός, ὄφρα μιν αὐτὸν   190

ἄγνωστον τεύξειεν ἕκαστά τε μυθήσαιτο,

μή μιν πρὶν ἄλοχος γνοίη ἀστοί τε φίλοι τε,

πρὶν πᾶσαν μνηστῆρας ὑπερβασίην ἀποτῖσαι.

τοὔνεκ' ἄρ' ἀλλοειδέ' ἐφαίνετο πάντα ἄνακτι,

ἀτραπιτοί τε διηνεκέες λιμένες τε πάνορμοι   195

πέτραι τ' ἠλίβατοι καὶ δένδρεα τηλεθάοντα.

στῆ δ' ἄρ' ἀναΐξας καί ῥ' εἴσιδε πατρίδα γαῖαν·

ᾤμωξέν τ' ἄρ' ἔπειτα καὶ ὣ πεπλήγετο μηρὼ

χερσὶ καταπρηνέσσ', ὀλοφυρόμενος δ' ἔπος ηὔδα·

"ὤ μοι ἐγώ, τέων αὖτε βροτῶν ἐς γαῖαν ἱκάνω;   200

---

190 αὐτὸν· Ar., most MSS.: αὐτῷ Aristoph.   194 φαίνετο G M X D : φαινέσκετο F P H U G¹ γρ. X ; see the note. After 197 k and Schol. M add τὴν δ' 'Οδυσεὺς γήθησεν ἰδὼν καὶ ἐναντίος ἦλθε (l. 226).

189. ἤδη δὴν ἀπεών belongs to εὕδων ἐν γαίῃ πατρῳίῃ, while περὶ γὰρ κτλ. gives the reason of οὐδέ μιν ἔγνω. Cp. the relation of the clauses in 4. 191–192., 8. 477–478.

190. αὐτόν 'himself,' i.e. his person : cp. l. 313 σὲ γὰρ αὐτὴν παντὶ ἐίσκεις.

191. ἄγνωστον κτλ. The meaning is, not that the mist was to make Ulysses invisible, but that Athene wished to prepare him for the work before him by consultation, and by changing his appearance, as she does in ll. 429–438. Evidently ἄγνωστον τεύξειε here refers to the same process as ἄγνωστον τεύξω in l. 397. If Athene had not taken these measures, Ulysses would have gone straight to his palace, and all would have been lost. Chronologically the conversation (ἕκαστά τε μυθήσαιτο) comes before the change: so that there is a prothysteron, due to the tendency to put the more definite act first.

194. ἀλλοειδέ' ἐφαίνετο. The MSS. are divided pretty equally between φαίνετο and φαινέσκετο. The latter involves scanning ἀλλοειδέα in three long syllables—which Buttmann (Lex. θεουδής) rightly rejected—or else writing ἀλλοϊδέα, a form which is against analogy. On the other hand, a metrical lengthening of the o in ἀλλοειδέα is not a greater licence than the poet admits when it is necessary (cp. δυσαήων in l. 99, and instances given in H. G. § 386 : see Knös. Dig. p. 121 note; Schulze, Quaest. Ep. p. 288). Again, the frequentative φαινέσκετο is out of place here, as Buttmann observed. The history of the matter probably is that ἀλλοειδέα came to be scanned – – –, as would be the case in Attic, and then φαινέσκετο was adopted for the metre. The slight change of φαίνετο to ἐφαίνετο does not need MS. support: it is called for by the need of a caesura.

ἦ ῥ' οἵ γ' ὑβρισταί τε καὶ ἄγριοι οὐδὲ δίκαιοι,
ἦε φιλόξεινοι καί σφιν νόος ἐστὶ θεουδής;
πῆ δὴ χρήματα πολλὰ φέρω τάδε; πῆ δὲ καὶ αὐτὸς
πλάζομαι; αἴθ' ὄφελον μεῖναι παρὰ Φαιήκεσσιν
αὐτοῦ· ἐγὼ δέ κεν ἄλλον ὑπερμενέων βασιλήων   205
ἐξικόμην, ὅς κέν μ' ἐφίλει καὶ ἔπεμπε νέεσθαι.
νῦν δ' οὔτ' ἄρ πῃ θέσθαι ἐπίσταμαι, οὐδὲ μὲν αὐτοῦ
καλλείψω, μή πώς μοι ἕλωρ ἄλλοισι γένηται.
ὢ πόποι, οὐκ ἄρα πάντα νοήμονες οὐδὲ δίκαιοι
ἦσαν Φαιήκων ἡγήτορες ἠδὲ μέδοντες,   210
οἵ μ' εἰς ἄλλην γαῖαν ἀπήγαγον· ἦ τέ μ' ἔφαντο
ἄξειν εἰς Ἰθάκην εὐδείελον, οὐδ' ἐτέλεσσαν·
Ζεύς σφεας τίσαιτο ἱκετήσιος, ὅς τε καὶ ἄλλους
ἀνθρώπους ἐφορᾷ καὶ τίνυται ὅς τις ἁμάρτῃ.
ἀλλ' ἄγε δὴ τὰ χρήματ' ἀριθμήσω καὶ ἴδωμαι,   215
μή τί μοι οἴχωνται κοίλης ἐπὶ νηὸς ἄγοντες."
Ὣς εἰπὼν τρίποδας περικαλλέας ἠδὲ λέβητας
ἠρίθμει καὶ χρυσὸν ὑφαντά τε εἵματα καλά.
τῶν μὲν ἄρ' οὔ τι πόθει· ὁ δ' ὀδύρετο πατρίδα γαῖαν
ἑρπύζων παρὰ θῖνα πολυφλοίσβοιο θαλάσσης,   220
πόλλ' ὀλοφυρόμενος. σχεδόθεν δέ οἱ ἦλθεν Ἀθήνη,
ἀνδρὶ δέμας ἐϊκυῖα νέῳ, ἐπιβώτορι μήλων,
παναπάλῳ, οἷοί τε ἀνάκτων παῖδες ἔασι,
δίπτυχον ἀμφ' ὤμοισιν ἔχουσ' εὐεργέα λώπην·
ποσσὶ δ' ὑπὸ λιπαροῖσι πέδιλ' ἔχε, χερσὶ δ' ἄκοντα. 225

204 πλάζομαι F H M γρ. U²: πλάγξομαι vulg.   205 κεν] τιν' X D U³: κέν
τιν' U.   213 τίσαιτο Ar.: τισάσθω Zen. The imper. may have seemed improper
(ἀπρεπές) applied to a deity. 216 οἴχωνται F U: οἴχονται vulg. 225 χειρὶ F U.

201-202. ἦ .. ἦε, a double question
—'are they savage or hospitable?' So
l. 234.
203. φέρω appears to be indicative,
like πλάζομαι: 'where am I with all
this wealth in my hands?' But possibly
we should read πλάγξομαι or πλάζωμ',
and take both verbs as deliberative
subjunctives.
204. ὄφελον, sc. χρήματα.

205. The reading τιν' for κεν is per-
haps defensible, the aor. indic. carrying
on the (unfulfilled) wish: cp. 11. 6. 348
ἔνθα με κῦμ' ἀπόερσε.
209. οὐκ ἄρα ἦσαν 'they are not, as
I thought they were.'
212. εὐδείελον, see l. 234.
216. μὴ οἴχωνται 'to see whether
they have not gone': cp. 24. 491 ἐξελθών
τις ἴδοι μὴ δὴ σχεδὸν ὦσι.

τὴν δ' Ὀδυσεὺς γήθησεν ἰδὼν καὶ ἐναντίος ἦλθε,
καί μιν φωνήσας ἔπεα πτερόεντα προσηύδα·
"ὦ φίλ', ἐπεί σε πρῶτα κιχάνω τῷδ' ἐνὶ χώρῳ,
χαῖρέ τε καὶ μή μοί τι κακῷ νόῳ ἀντιβολήσαις,
ἀλλὰ σάω μὲν ταῦτα, σάω δ' ἐμέ· σοὶ γὰρ ἔγωγε   230
εὔχομαι ὥς τε θεῷ καί σευ φίλα γούναθ' ἱκάνω.
καί μοι τοῦτ' ἀγόρευσον ἐτήτυμον, ὄφρ' ἐῢ εἰδῶ·
τίς γῆ, τίς δῆμος, τίνες ἀνέρες ἐγγεγάασιν;
ἦ πού τις νήσων εὐδείελος, ἦέ τις ἀκτὴ
κεῖθ' ἁλὶ κεκλιμένη ἐριβώλακος ἠπείροιο;"   235
    Τὸν δ' αὖτε προσέειπε θεὰ γλαυκῶπις Ἀθήνη·
"νήπιός εἰς, ὦ ξεῖν', ἢ τηλόθεν εἰλήλουθας,
εἰ δὴ τήνδε γε γαῖαν ἀνείρεαι. οὐδέ τι λίην
οὕτω νώνυμός ἐστιν· ἴσασι δέ μιν μάλα πολλοί,
ἠμὲν ὅσοι ναίουσι πρὸς ἠῶ τ' ἠέλιόν τε,   240
ἠδ' ὅσσοι μετόπισθε ποτὶ ζόφον ἠερόεντα.
ἦ τοι μὲν τρηχεῖα καὶ οὐχ ἱππήλατός ἐστιν,
οὐδὲ λίην λυπρή, ἀτὰρ οὐδ' εὐρεῖα τέτυκται.
ἐν μὲν γάρ οἱ σῖτος ἀθέσφατος, ἐν δέ τε οἶνος
γίγνεται· αἰεὶ δ' ὄμβρος ἔχει τεθαλυῖά τ' ἐέρση·   245
αἰγίβοτος δ' ἀγαθὴ καὶ βούβοτος· ἔστι μὲν ὕλη
παντοίη, ἐν δ' ἀρδμοὶ ἐπηετανοὶ πάρεασι.
τῶ τοι, ξεῖν', Ἰθάκης γε καὶ ἐς Τροίην ὄνομ' ἵκει,
τήν περ τηλοῦ φασὶν Ἀχαιΐδος ἔμμεναι αἴης."
    Ὣς φάτο, γήθησεν δὲ πολύτλας δῖος Ὀδυσσεύς,   250
χαίρων ᾗ γαίῃ πατρωΐῃ, ὥς οἱ ἔειπε
Παλλὰς Ἀθηναίη, κούρη Διὸς αἰγιόχοιο·

---

228 πρῶτον ἱκάνω G.   233 ἐγγεγάασιν G F : ἐκγεγάασιν vulg.
238 τήνδε γε U : τήνδε X D L W : τήνδε τε vulg.   243 οὐδ' Ar., F U : οὐκ vulg.

230. σάω, unless it is a mere mistake for σάον (see Cobet, *Misc. Crit.* p. 293), points to a non-thematic contracted form : cp. ἐπέπλων.
234. εὐδείελος 'shining': Hor. *Od.* 1.14.19 'nitentes Cycladas.'
235. ἁλὶ κεκλιμένη, cp. 4.608. Join ἀκτὴ ἠπείροιο.

238. The vulg. τήνδε τε is impossible ; it is not supported by the similar form given by MSS. in 15.484. The reading τήνδε γε (if you ask about *this* land), is found in one of the best MSS.
241. μετόπισθε, i.e. westwards : the west being the end, as the east is the beginning, of the day.

καί μιν φωνήσας ἔπεα πτερόεντα προσηύδα·
οὐδ' ὅ γ' ἀληθέα εἶπε, πάλιν δ' ὅ γε λάζετο μῦθον,
αἰεὶ ἐνὶ στήθεσσι νόον πολυκερδέα νωμῶν·   255
" πυνθανόμην 'Ιθάκης γε καὶ ἐν Κρήτῃ εὐρείῃ,
τηλοῦ ὑπὲρ πόντου· νῦν δ' εἰλήλουθα καὶ αὐτὸς
χρήμασι σὺν τοίσδεσσι· λιπὼν δ' ἔτι παισὶ τοσαῦτα
φεύγω, ἐπεὶ φίλον υἷα κατέκτανον 'Ιδομενῆος,
'Ορσίλοχον πόδας ὠκύν, ὃς ἐν Κρήτῃ εὐρείῃ   260
ἀνέρας ἀλφηστὰς νίκα ταχέεσσι πόδεσσιν,
οὕνεκά με στερέσαι τῆς ληΐδος ἤθελε πάσης
Τρωϊάδος, τῆς εἵνεκ' ἐγὼ πάθον ἄλγεα θυμῷ,
ἀνδρῶν τε πτολέμους ἀλεγεινά τε κύματα πείρων,
οὕνεκ' ἄρ' οὐχ ᾧ πατρὶ χαριζόμενος θεράπευον   265
δήμῳ ἔνι Τρώων, ἀλλ' ἄλλων ἦρχον ἑταίρων.
τὸν μὲν ἐγὼ κατιόντα βάλον χαλκήρεϊ δουρὶ
ἀγρόθεν, ἐγγὺς ὁδοῖο λοχησάμενος σὺν ἑταίρῳ·
νὺξ δὲ μάλα δνοφερὴ κάτεχ' οὐρανόν, οὐδέ τις ἡμέας
ἀνθρώπων ἐνόησε, λάθον δέ ἑ θυμὸν ἀπούρας.   270
αὐτὰρ ἐπεὶ δὴ τόν γε κατέκτανον ὀξέϊ χαλκῷ,
αὐτίκ' ἐγὼν ἐπὶ νῆα κιὼν Φοίνικας ἀγαυοὺς
ἐλλισάμην, καί σφιν μενοεικέα ληΐδα δῶκα·
τούς μ' ἐκέλευσα Πύλονδε καταστῆσαι καὶ ἐφέσσαι
ἢ εἰς Ἤλιδα δῖαν, ὅθι κρατέουσιν 'Επειοί.   275
ἀλλ' ἦ τοί σφεας κεῖθεν ἀπώσατο ἲς ἀνέμοιο
πόλλ' ἀεκαζομένους, οὐδ' ἤθελον ἐξαπατῆσαι.
κεῖθεν δὲ πλαγχθέντες ἱκάνομεν ἐνθάδε νυκτός.

256 Κρήτῃ] Τροίῃ P.   273 ληΐδα] ἧΐα Aristoph.

254. 'Took back his speech.' i. e. left
unsaid what he would have said if he
had spoken the truth.
    255. νωμῶν 'turning about,' 'revolv-
ing.' πολυκερδέα 'very cunning,' cp.
1. 291.
    258. ἔτι τοσαῦτα 'as much more.'
    262. τῆς ληΐδος. The art. is per-
haps used in a possessive sense, με τῆς =
τῆς ἐμῆς, cp. 8. 195., 18. 380., 19. 535.
    265. θεράπευον 'served as θεράπων.'

The negative applies also to χαριζόμενος,
' I did not court his favour by serving.'
    268. ἀγρόθεν (κατιόντα): cp. 15. 428.
    274. Πύλονδε καταστῆσαι, a preg-
nant construction, ' to bring to Pylos and
set down there ': cp. 14. 295., 15. 367.
ἐφέσσαι 'to put me on board,' cp.
15. 277 νηὸς ἔφεσσαι, and 14. 295 ἐπὶ
νηὸς ἐέσσατο. The prothysteron is of a
common type—the main action is put
first : cp. 14. 209, 526., 15. 81, 548.

σπουδῇ δ' ἐς λιμένα προερέσσαμεν, οὐδέ τις ἡμῖν
δόρπου μνῆστις ἔην, μάλα περ χατέουσιν ἑλέσθαι, 280
ἀλλ' αὔτως ἀποβάντες ἐκείμεθα νηὸς ἅπαντες.
ἔνθ' ἐμὲ μὲν γλυκὺς ὕπνος ἐπήλυθε κεκμηῶτα,
οἱ δὲ χρήματ' ἐμὰ γλαφυρῆς ἐκ νηὸς ἑλόντες
κάτθεσαν, ἔνθα περ αὐτὸς ἐπὶ ψαμάθοισιν ἐκείμην.
οἱ δ' ἐς Σιδονίην εὖ ναιομένην ἀναβάντες 285
ᾤχοντ'· αὐτὰρ ἐγὼ λιπόμην ἀκαχήμενος ἦτορ."
Ὣς φάτο, μείδησεν δὲ θεὰ γλαυκῶπις Ἀθήνη,
χειρί τέ μιν κατέρεξε· δέμας δ' ἤϊκτο γυναικὶ
καλῇ τε μεγάλῃ τε καὶ ἀγλαὰ ἔργα ἰδυίῃ·
καί μιν φωνήσασ' ἔπεα πτερόεντα προσηύδα· 290
"κερδαλέος κ' εἴη καὶ ἐπίκλοπος ὅς σε παρέλθοι
ἐν πάντεσσι δόλοισι, καὶ εἰ θεὸς ἀντιάσειε.
σχέτλιε, ποικιλομῆτα, δόλων ἆτ', οὐκ ἄρ' ἔμελλες,
οὐδ' ἐν σῇ περ ἐὼν γαίῃ, λήξειν ἀπατάων
μύθων τε κλοπίων, οἵ τοι πεδόθεν φίλοι εἰσίν. 295
ἀλλ' ἄγε, μηκέτι ταῦτα λεγώμεθα, εἰδότες ἄμφω
κέρδε', ἐπεὶ σὺ μέν ἐσσι βροτῶν ὄχ' ἄριστος ἁπάντων
βουλῇ καὶ μύθοισιν, ἐγὼ δ' ἐν πᾶσι θεοῖσι
μήτι τε κλέομαι καὶ κέρδεσιν· οὐδὲ σύ γ' ἔγνως
Παλλάδ' Ἀθηναίην, κούρην Διός, ἥ τέ τοι αἰεὶ 300
ἐν πάντεσσι πόνοισι παρίσταμαι ἠδὲ φυλάσσω,
καὶ δέ σε Φαιήκεσσι φίλον πάντεσσιν ἔθηκα.
νῦν αὖ δεῦρ' ἱκόμην, ἵνα τοι σὺν μῆτιν ὑφήνω

279 προερίσσαμεν Ar. (οὕτως al πᾶσαι Did., i. e. all the editions used by Ar.),
G P H D: προερύσσαμεν F M X U al. 282 ἐπήλυθε] ἐπέλλαβε vulg., see 10. 31.
289 om. G P. 293 ἆτ'] better ἄατ'. 295 πεδόθεν P Eust.: παιδόθεν vulg.

281. αὔτως 'as we were,' without
attempting more.
291. κερδαλέος 'crafty,' cp. πολυ-
κερδής in l. 255, and so κέρδεα in ll. 297,
299.
292. 'Even if a god presented him-
self,' 'even were it a god': cp. l. 312.
293. σχέτλιε 'hard,' said in a friendly
and admiring tone: cp. Il. 22. 41, 86.
295. πεδόθεν, cp. funditus: but prob-

ably the notion is that of constancy, as
in ἔμπεδος. The variant παιδόθεν is
easily explained by itacism. Schulze
(Quaest. Ep. p. 86, n. 1) conjectures
that the original word was πάϊθεν. But
the substitution in all MSS. of a modern
equivalent for an archaic word like πάϊθεν
must have taken place, if at all, at a
relatively early time—too early to pro-
duce the unmetrical παιδόθεν.

χρήματά τε κρύψω, ὅσα τοι Φαίηκες ἀγαυοὶ
ὤπασαν οἴκαδ' ἰόντι ἐμῇ βουλῇ τε νόῳ τε,   305
εἴπω θ' ὅσσα τοι αἶσα δόμοις ἔνι ποιητοῖσι
κήδε' ἀνασχέσθαι· σὺ δὲ τετλάμεναι καὶ ἀνάγκῃ,
μηδέ τῳ ἐκφάσθαι μήτ' ἀνδρῶν μήτε γυναικῶν,
πάντων, οὕνεκ' ἄρ' ἦλθες ἀλώμενος, ἀλλὰ σιωπῇ
πάσχειν ἄλγεα πολλά, βίας ὑποδέγμενος ἀνδρῶν."   310
    Τὴν δ' ἀπαμειβόμενος προσέφη πολύμητις Ὀδυσσεύς·
"ἀργαλέον σε, θεά, γνῶναι βροτῷ ἀντιάσαντι,
καὶ μάλ' ἐπισταμένῳ· σὲ γὰρ αὐτὴν παντὶ ἐΐσκεις.
τοῦτο δ' ἐγὼν εὖ οἶδ', ὅτι μοι πάρος ἠπίη ἦσθα,
ἧος ἐνὶ Τροίῃ πολεμίζομεν υἷες Ἀχαιῶν.   315
αὐτὰρ ἐπεὶ Πριάμοιο πόλιν διεπέρσαμεν αἰπήν,
βῆμεν δ' ἐν νήεσσι, θεὸς δ' ἐκέδασσεν Ἀχαιούς,
οὐ σέ γ' ἔπειτα ἴδον, κούρη Διός, οὐδ' ἐνόησα
νηὸς ἐμῆς ἐπιβᾶσαν, ὅπως τί μοι ἄλγος ἀλάλκοις,
[ἀλλ' αἰεὶ φρεσὶν ᾗσιν ἔχων δεδαϊγμένον ἦτορ   320
ἠλώμην, ἧός με θεοὶ κακότητος ἔλυσαν·]
πρίν γ' ὅτε Φαιήκων ἀνδρῶν ἐν πίονι δήμῳ
θάρσυνάς τ' ἐπέεσσι καὶ ἐς πόλιν ἤγαγες αὐτή.
νῦν δέ σε πρὸς πατρὸς γουνάζομαι—οὐ γὰρ ὀΐω
ἵκειν εἰς Ἰθάκην εὐδείελον, ἀλλά τιν' ἄλλην   325
γαῖαν ἀναστρέφομαι· σὲ δὲ κερτομέουσαν ὀΐω
ταῦτ' ἀγορευέμεναι, ἵν' ἐμὰς φρένας ἠπεροπεύσῃς—

304 χρήματα G F D U al. : κτήματα vulg.   305 οἴκαδ'] qu. ἐνθάδ'.
307 ἀνασχέσθαι] ἀναπλῆσαι M J Eust.   317 ἐσκέδασσεν is given by good MSS.
(G F U &c.) and may be right : Fick, *Bezz. Beitr.* xiv. 316.   325 ἥκειν MSS.

309. οὕνεκα 'that,' a meaning con-
fined in Homer to the Odyssey.
320-323. These lines are generally
condemned as spurious. As regards the
first two there can be little doubt. The
clause πρίν γ' ὅτε κτλ. does not fit ll.
320-321, but is construed with οὐ σέ γ'
ἔπειτα ἴδον (l. 318). Hence ll. 320-
321 must be interpolated. A paren-
thesis such as they form is quite un-
Homeric. The case against ll. 322-323
is not so clear. The ancients argued that
Ulysses could not know of the presence
of Athene in Phaeacia, since the goddess
did not reveal herself to him there. The
objection supposes a degree of accuracy
that is hardly to be expected in a poem.
But it may be admitted that ll. 321-
323 have in some degree the air of an
insertion intended to reconcile the pre-
sent speech with the Phaeacian episode
(esp. 7. 12-81). The four lines are re-
jected by Nitzsch, *Sagenpoesie*, p. 173.
326. κερτομέουσαν 'seeking to vex.'

εἰπέ μοι εἰ ἐτεόν γε φίλην ἐς πατρίδ' ἱκάνω."

Τὸν δ' ἠμείβετ' ἔπειτα θεὰ γλαυκῶπις Ἀθήνη·
" αἰεί τοι τοιοῦτον ἐνὶ στήθεσσι νόημα·   330
τῶ σε καὶ οὐ δύναμαι προλιπεῖν δύστηνον ἐόντα,
οὕνεκ' ἐπητής ἐσσι καὶ ἀγχίνοος καὶ ἐχέφρων·
ἀσπασίως γάρ κ' ἄλλος ἀνὴρ ἀλαλήμενος ἐλθὼν
ἵετ' ἐνὶ μεγάροις ἰδέειν παῖδάς τ' ἄλοχόν τε·
σοὶ δ' οὔ πω φίλον ἐστὶ δαήμεναι οὐδὲ πυθέσθαι,   335
πρίν γέ τι σῆς ἀλόχου πειρήσεαι, ἥ τέ τοι αὔτως
ἧσται ἐνὶ μεγάροισιν, ὀϊζυραὶ δέ οἱ αἰεὶ
φθίνουσιν νύκτες τε καὶ ἤματα δάκρυ χεούσῃ.
αὐτὰρ ἐγὼ τὸ μὲν οὔ ποτ' ἀπίστεον, ἀλλ' ἐνὶ θυμῷ
ᾔδε' ὃ νοστήσεις ὀλέσας ἄπο πάντας ἑταίρους·   340
ἀλλά τοι οὐκ ἐθέλησα Ποσειδάωνι μάχεσθαι
πατροκασιγνήτῳ, ὅς τοι κότον ἔνθετο θυμῷ,
χωόμενος ὅτι οἱ υἱὸν φίλον ἐξαλάωσας.
ἀλλ' ἄγε τοι δείξω Ἰθάκης ἕδος, ὄφρα πεποίθῃς.
Φόρκυνος μὲν ὅδ' ἐστὶ λιμὴν ἁλίοιο γέροντος,   345
ἥδε δ' ἐπὶ κρατὸς λιμένος τανύφυλλος ἐλαίη·
[ἀγχόθι δ' αὐτῆς ἄντρον ἐπήρατον ἠεροειδές,
ἱρὸν νυμφάων αἳ νηϊάδες καλέονται·]
τοῦτο δέ τοι σπέος ἐστὶ κατηρεφές, ἔνθα σὺ πολλὰς
ἔρδεσκες νύμφῃσι τεληέσσας ἑκατόμβας·   350
τοῦτο δὲ Νήριτόν ἐστιν ὄρος καταειμένον ὕλῃ."

Ὣς εἰποῦσα θεὰ σκέδασ' ἠέρα, εἴσατο δὲ χθών·
γήθησέν τ' ἄρ' ἔπειτα πολύτλας δῖος Ὀδυσσεὺς
χαίρων ᾗ γαίῃ, κύσε δὲ ζείδωρον ἄρουραν.
αὐτίκα δὲ νύμφῃς ἠρήσατο χεῖρας ἀνασχών·   355
" νύμφαι νηϊάδες, κοῦραι Διός, οὔ ποτ' ἔγωγε

333-338 were rejected by Aristarchus.   342 κότον G D U al. : χόλον F P H al.
347-348 om. G F U al.   349 ἐστὶ] εὐρὺ G F X al.

332. ἐπητής 'charming,' 'polite':   for his home without even enquiring.
cp. ἐπητύς 'civility,' 21. 306.   347-348. Repeated wrongly in some
336. πειρήσεαι, i.e. 'observe for your-   MSS. from ll. 103-104. The cave is
self'—not trusting to report (πυθέσθαι): first mentioned in l. 349, and with the
while any other man would have made   deictic τοῦτο : 'and there &c.'

ὄψεσθ' ὕμμ' ἐφάμην νῦν δ' εὐχωλῆς ἀγανῇσι
χαίρετ'· ἀτὰρ καὶ δῶρα διδώσομεν, ὡς τὸ πάρος περ,
αἵ κεν ἐᾷ πρόφρων με Διὸς θυγάτηρ ἀγελείη
αὐτόν τε ζώειν καί μοι φίλον υἱὸν ἀέξῃ."　　　　　360
　　Τὸν δ' αὖτε προσέειπε θεὰ γλαυκῶπις Ἀθήνη·
" θάρσει, μή τοι ταῦτα μετὰ φρεσὶ σῇσι μελόντων.
ἀλλὰ χρήματα μὲν μυχῷ ἄντρου θεσπεσίοιο
θείομεν αὐτίκα νῦν, ἵνα περ τάδε τοι σόα μίμνῃ·
αὐτοὶ δὲ φραζώμεθ' ὅπως ὄχ' ἄριστα γένηται."　　　365
　　Ὣς εἰποῦσα θεὰ δῦνε σπέος ἠεροειδές,
μαιομένη κευθμῶνας ἀνὰ σπέος· αὐτὰρ Ὀδυσσεὺς
ἆσσον πάντ' ἐφόρει, χρυσὸν καὶ ἀτειρέα χαλκὸν
εἵματά τ' εὐποίητα, τά οἱ Φαίηκες ἔδωκαν.
καὶ τὰ μὲν εὖ κατέθηκε, λίθον δ' ἐπέθηκε θύρῃσι　　370
Παλλὰς Ἀθηναίη, κούρη Διὸς αἰγιόχοιο.
　　Τὼ δὲ καθεζομένω ἱερῆς ,παρὰ πυθμέν' ἐλαίης
φραζέσθην μνηστῆρσιν ὑπερφιάλοισιν ὄλεθρον.
τοῖσι δὲ μύθων ἦρχε θεὰ γλαυκῶπις Ἀθήνη·
" διογενὲς Λαερτιάδη, πολυμήχαν' Ὀδυσσεῦ,　　　375
φράζευ ὅπως μνηστῆρσιν ἀναιδέσι χεῖρας ἐφήσεις,
οἳ δή τοι τρίετες μέγαρον κάτα κοιρανέουσι,
μνώμενοι ἀντιθέην ἄλοχον καὶ ἕδνα διδόντες·
ἡ δὲ σὸν αἰεὶ νόστον ὀδυρομένη κατὰ θυμὸν
πάντας μέν ῥ' ἔλπει καὶ ὑπίσχεται ἀνδρὶ ἑκάστῳ,　　380

358 διδώσομεν] παρέξομεν Aristoph.　　359 πρόφρων με] The place of the με is
unusual (H. G. § 365): possibly the original reading was πρόφρασσα, the proper
fem. of πρόφρων.　The enclitic με might be understood with αὐτόν in the next line.
365 ὅπως ἔσται τάδε ἔργα P H.　　369 τά οἱ Φαίηκες ἔδωκαν] τά οἱ Φαίηκες
ἀγανοὶ | ὤπασαν οἴκαδ' ἰόντι διὰ μεγάθυμον Ἀθήνην X D L : cp. ll. 120-121.
376 φράζεο νῦν μνηστῆρσιν ὑπερφιάλοισιν ὄλεθρον P H S J L W (as in l. 373).

357. εὐχωλῆς 'with my prayers,'
' now that you again hear my prayers.'
χαίρετε is hardly more than a form of
greeting, but it is construed with the
dative εὐχωλῆς as though it had the
literal meaning ' be gladdened.'
358. διδώσομεν. Ulys·es associates
Telemachus with himself, as we see
from l. 360.　For the form cp. 24. 314.
360. ἀέξῃ, an anacoluthon ; cp. 16. 6.

364. ἵνα ' where,' = ' so that there —.'
σόα. The form σόος is probably post-
Homeric, for σάος : see on 19. 300., 22.
28, and cp. the Attic neut. pl. σᾶ, which
points to σόα.
377. κοιρανέουσι, ironically, ' are
lording it.'
379. ' Lamenting about thy return,'
i.e. crying for it : cp. Il. 2. 290 ὀδύρονται
οἶκόνδε νέεσθαι.

ἀγγελίας προϊεῖσα, νόος δέ οἱ ἄλλα μενοινᾷ."

Τὴν δ' ἀπαμειβόμενος προσέφη πολύμητις Ὀδυσσεύς·
"ὦ πόποι, ἦ μάλα δὴ Ἀγαμέμνονος Ἀτρεΐδαο
φθίσεσθαι κακὸν οἶτον ἐνὶ μεγάροισιν ἔμελλον,
εἰ μή μοι σὺ ἕκαστα, θεά, κατὰ μοῖραν ἔειπες.   385
ἀλλ' ἄγε μῆτιν ὕφηνον, ὅπως ἀποτίσομαι αὐτούς·
πὰρ δέ μοι αὐτὴ στῆθι, μένος πολυθαρσὲς ἐνεῖσα,
οἷον ὅτε Τροίης λύομεν λιπαρὰ κρήδεμνα.
αἴ κέ μοι ὣς μεμαυῖα παρασταίης, γλαυκῶπι,
καί κε τριηκοσίοισιν ἐγὼν ἄνδρεσσι μαχοίμην   390
σὺν σοί, πότνα θεά, ὅτε μοι πρόφρασσ' ἐπαρήγοις."

Τὸν δ' ἠμείβετ' ἔπειτα θεὰ γλαυκῶπις Ἀθήνη·
" καὶ λίην τοι ἔγωγε παρέσσομαι, οὐδέ με λήσεις,
ὁππότε κεν δὴ ταῦτα πενώμεθα· καί τιν' ὀίω
αἵματί τ' ἐγκεφάλῳ τε παλαξέμεν ἄσπετον οὖδας   395
ἀνδρῶν μνηστήρων, οἵ τοι βίοτον κατέδουσιν.
ἀλλ' ἄγε σ' ἄγνωστον τεύξω πάντεσσι βροτοῖσι·
κάρψω μὲν χρόα καλὸν ἐνὶ γναμπτοῖσι μέλεσσι,
ξανθὰς δ' ἐκ κεφαλῆς ὀλέσω τρίχας, ἀμφὶ δὲ λαῖφος
ἔσσω ὅ κε στυγέῃσιν ἰδὼν ἄνθρωπον ἔχοντα,   400
κνυζώσω δέ τοι ὄσσε πάρος περικαλλέ' ἐόντε,
ὡς ἂν ἀεικέλιος πᾶσι μνηστῆρσι φανήῃς

---

400 στυγέῃσιν ἰδὼν ἄνθρωπος MSS. : στυγέει τις ἰδὼν ἄνθρωπον v. l. ap. Eust.

---

381. ἀγγελίας 'messages.' No passage in Homer obliges us to assume the existence of a masc. ἀγγελίης : see Buttmann, *Lexil.* s. v.

388. κρήδεμνα 'the diadem of towers': from Il. 16. 100 ὄφρ' οἷοι Τροίης ἱερὰ κρήδεμνα λύωμεν. This picturesque phrase is a sort of refinement upon the more ordinary metaphor by which the battlements of a town are called its 'head' : as in Il. 2. 117 ὃς δὴ πολλάων πολίων κατέλυσε κάρηνα.

400. The common reading is ὅ κε στυγέῃσιν ἰδὼν ἄνθρωπος ἔχοντα ' which any man who should see thee wearing would loathe.' This is unsatisfactory, because (as was pointed out by Nitzsch, *Sagenpoesie der Griechen*, p. 176) ἄν-

θρωπος would not be used by Homer in the indefinite sense required, = 'any man,' τις. On the other hand the participle ἰδών may be = ἰδών τις 'any one that sees': cp. ὅσον τε γέγωνε βοήσας 'as far as one is heard when he shouts,' and the other places quoted in *H. G.* § 243, 3. e. Hence it seems best to adopt ἄνθρωπον from the variant mentioned by Eustathius. Of course στυγέει τις ἰδών, which Eustathius gives with ἄνθρωπον, is impossible, and is only due to the failure to see that ἰδών has the indefinite force required.

It is curious that the word ἄνθρωπος is very rare in Homer in the singular. This is the only place in the Odyssey in which it occurs.

σῇ τ' ἀλόχῳ καὶ παιδί, τὸν ἐν μεγάροισιν ἔλειπες.
αὐτὸς δὲ πρώτιστα συβώτην εἰσαφικέσθαι,
ὅς τοι ὑῶν ἐπίουρος, ὁμῶς δέ τοι ἤπια οἶδε,   405
παῖδά τε σὸν φιλέει καὶ ἐχέφρονα Πηνελόπειαν.
δήεις τόν γε σύεσσι παρήμενον· αἱ δὲ νέμονται
πὰρ Κόρακος πέτρῃ ἐπί τε κρήνῃ Ἀρεθούσῃ,
ἔσθουσαι βάλανον μενοεικέα καὶ μέλαν ὕδωρ
πίνουσαι, τά θ' ὕεσσι τρέφει τεθαλυῖαν ἀλοιφήν.   410
ἔνθα μένειν καὶ πάντα παρήμενος ἐξερέεσθαι,
ὄφρ' ἂν ἐγὼν ἔλθω Σπάρτην ἐς καλλιγύναικα
Τηλέμαχον καλέουσα, τεὸν φίλον υἱόν, Ὀδυσσεῦ·
ὅς τοι ἐς εὐρύχορον Λακεδαίμονα πὰρ Μενέλαον
ᾤχετο πευσόμενος μετὰ σὸν κλέος, εἴ που ἔτ' εἴης."   415
    Τὴν δ' ἀπαμειβόμενος προσέφη πολύμητις Ὀδυσσεύς·
"τίπτε τ' ἄρ' οὔ οἱ ἔειπες, ἐνὶ φρεσὶ πάντα ἰδυῖα;
ἦ ἵνα που καὶ κεῖνος ἀλώμενος ἄλγεα πάσχῃ
πόντον ἐπ' ἀτρύγετον, βίοτον δέ οἱ ἄλλοι ἔδουσι."
    Τὸν δ' ἠμείβετ' ἔπειτα θεὰ γλαυκῶπις Ἀθήνη·   420
"μὴ δή τοι κεῖνός γε λίην ἐνθύμιος ἔστω.
αὐτή μιν πόμπευον, ἵνα κλέος ἐσθλὸν ἄροιτο
κεῖσ' ἐλθών· ἀτὰρ οὔ τιν' ἔχει πόνον, ἀλλὰ ἔκηλος
ἧσται ἐν Ἀτρεΐδαο δόμοις, παρὰ δ' ἄσπετα κεῖται.
ἦ μέν μιν λοχόωσι νέοι σὺν νηΐ μελαίνῃ,   425

---

414 πὰρ H U al.: πρὸς vulg.   415 εἴ] ἦ U: ἤν P H al.   417 τ' ἄρ' P H X al.: γὰρ G F U al.   419 ἔδωσι M X D Eust.

405 = 15. 39. The pronoun τοι is generally construed with ἤπια οἶδε ' he is of friendly mind to thee.' With regard to ὁμῶς opinions differ. Ameis refers it to ὑῶν ἐπίουρος: Eumaeus was as much devoted to Ulysses himself as to his possessions, the swine. Others refer forwards to the words παῖδά τε κτλ. 'equally to thee '='even as he is towards thy son and Penelope.' This, however, will not suit 15. 39, where the line παῖδά τε κτλ. does not follow. It seems much too harsh to separate ὁμῶς τοι. The difficulty is really logical, arising from a certain blending of the ideas of *friendship* or loyalty, given in ἤπια οἶδε, with that of *agreement*, expressed by ὁμῶς. Eumaeus was 'at one with Ulysses in the loyalty of his heart.' So Il. 4. 360 ὡς τοι θυμὸς . . . ἤπια δήνεα οἶδε· τὰ γὰρ φρονέεις ἅ τ' ἐγώ περ. And so in prose, Thuc. iii. 9 ἴσοι τῇ γνώμῃ ὄντες καὶ εὐνοίᾳ. In such passages we see the endeavour to express the complex notion of *sympathy*.

407. παρήμενον 'abiding with,' as Il. 1. 421 νηυσὶ παρήμενος ὠκυπόροισιν.

415. 'After thy story,' *i. e.* seeking what was told, what he could hear, of Ulysses. Bekker reads ἦ που: but ἦ is only used = ' if' in the disjunctive ἦ—ἦ.

419. ἔδουσι = 'while others devour.'

ἱέμενοι κτεῖναι, πρὶν πατρίδα γαῖαν ἱκέσθαι·
ἀλλὰ τά γ' οὐκ ὁΐω· πρὶν καί τινα γαῖα καθέξει
ἀνδρῶν μνηστήρων, οἵ τοι βίοτον κατέδουσιν."
Ὣς ἄρα μιν φαμένη ῥάβδῳ ἐπεμάσσατ' Ἀθήνη.
κάρψε μέν οἱ χρόα καλὸν ἐνὶ γναμπτοῖσι μέλεσσι,   430
ξανθὰς δ' ἐκ κεφαλῆς ὄλεσε τρίχας, ἀμφὶ δὲ δέρμα
πάντεσσιν μελέεσσι παλαιοῦ θῆκε γέροντος,
κνύζωσεν δέ οἱ ὄσσε πάρος περικαλλέ' ἐόντε·
ἀμφὶ δέ μιν ῥάκος ἄλλο κακὸν βάλεν ἠδὲ χιτῶνα,
ῥωγαλέα ῥυπόωντα, κακῷ μεμορυγμένα καπνῷ·   435
ἀμφὶ δέ μιν μέγα δέρμα ταχείης ἔσσ' ἐλάφοιο
ψιλόν· δῶκε δέ οἱ σκῆπτρον καὶ ἀεικέα πήρην,
πυκνὰ ῥωγαλέην· ἐν δὲ στρόφος ἦεν ἀορτήρ.
Τώ γ' ὣς βουλεύσαντε διέτμαγεν· ἡ μὲν ἔπειτα
ἐς Λακεδαίμονα δῖαν ἔβη μετὰ παῖδ' Ὀδυσῆος·   440

428 om. H Eust.   430 μέν οἱ MSS.: originally κάρψεν μὲν (Bekk.), or κάρψεν
Ϝοι (Herm. Orph. 779).   435 ῥυπόεντα F Eust.; cp. σκιόεντα (Il. 1. 157).

431. Ulysses is here supposed to be   437. ψιλόν 'bare,' the wool worn off.
ξανθός: but see 16.176 (with the note),   440. The book ends in the middle of
also 6.231.   a sentence: ἡ μὲν ... αὐτὰρ ὁ κτλ. 'she
434. ἄλλο 'other' (than his own).   went to Sparta, while he &c.'

THE OLD HARBOUR OF CORFU.

ΟΔΥΣΣΕΙΑΣ Ξ

Ὀδυσσέως πρὸς Εὔμαιον ὁμιλία.

Αὐτὰρ ὁ ἐκ λιμένος προσέβη τρηχεῖαν ἀταρπὸν
χῶρον ἀν' ὑλήεντα δι' ἄκριας, ᾗ οἱ Ἀθήνη
πέφραδε δῖον ὑφορβόν, ὅ οἱ βιότοιο μάλιστα
κήδετο οἰκήων οὓς κτήσατο δῖος Ὀδυσσεύς.

Τὸν δ' ἄρ' ἐνὶ προδόμῳ εὗρ' ἥμενον, ἔνθα οἱ αὐλὴ   5
ὑψηλὴ δέδμητο περισκέπτῳ ἐνὶ χώρῳ,
καλή τε μεγάλη τε, περίδρομος· ἥν ῥα συβώτης
αὐτὸς δείμαθ' ὕεσσιν ἀποιχομένοιο ἄνακτος,
νόσφιν δεσποίνης καὶ Λαέρταο γέροντος,
ῥυτοῖσιν λάεσσι καὶ ἐθρίγκωσεν ἀχέρδῳ·   10
σταυροὺς δ' ἐκτὸς ἔλασσε διαμπερὲς ἔνθα καὶ ἔνθα,
πυκνοὺς καὶ θαμέας, τὸ μέλαν δρυὸς ἀμφικεάσσας·
ἔντοσθεν δ' αὐλῆς συφεοὺς δυοκαίδεκα ποίει
πλησίον ἀλλήλων, εὐνὰς συσίν· ἐν δὲ ἑκάστῳ
πεντήκοντα σύες χαμαιευνάδες ἐρχατόωντο,   15
θήλειαι τοκάδες· τοὶ δ' ἄρσενες ἐκτὸς ἴαυον,
πολλὸν παυρότεροι· τοὺς γὰρ μινύθεσκον ἔδοντες

12 θαμέας] μεγάλους G X D: cp. Il. 12. 57, Od. 14. 521.   16 τοὶ A G F al.: οἱ P H al.

2. δι' ἄκριας 'through' or 'among the hill-tops.'

3. πέφραδε 'showed' (the way to): 15. 424.

7. περίδρομος 'with an open space round it,' serving as the glacis of the fortress, to guard against surprise.

10. ῥυτοῖσιν, probably not 'drawn,' but 'dug,' 'quarried.' This sense, as Schulze points out (*Quaest. Ep.* p. 318), may be traced in ἐρυσίχθων, and Lat. *ruo, eruo* (*ruta caesa* = minerals and timber).

12. τὸ μέλαν 'the dark part,' viz. the heart of the oak.

ἀμφικεάσσας 'splitting off all round,' i.e. splitting so as to separate the softer

outside and leave the heart. The article is used (as with comparatives) to mark a contrast, here between the darker and the lighter wood: *H. G.* § 260 (e).

Aristarchus took τὸ μέλαν to be the bark (φλοιός), and this view is adopted by Ameis and others. But the bark would hardly be called 'the black part of the wood,' and the process of stripping it off would not be splitting.

13-16. These lines are almost a parody of the description of Priam's palace, Il. 6. 244-249.

16. ἴαυον 'lay,' passed the night: the word does not necessarily imply sleep, as appears e. g. from Il. 9. 325 ἀΰπνους νύκτας ἴαυον.

ἀντίθεοι μνηστῆρες, ἐπεὶ προΐαλλε συβώτης·
αἰεὶ ζατρεφέων σιάλων τὸν ἄριστον ἁπάντων·
οἱ δὲ τριηκόσιοί τε καὶ ἑξήκοντα πέλοντο.   20
πὰρ δὲ κύνες θήρεσσιν ἐοικότες αἰὲν ἴανον
τέσσαρες, οὓς ἔθρεψε συβώτης ὄρχαμος ἀνδρῶν.
αὐτὸς δ᾽ ἀμφὶ πόδεσσιν ἑοῖς ἀράρισκε πέδιλα,
τάμνων δέρμα βόειον ἐϋχροές· οἱ δὲ δὴ ἄλλοι
ᾦχοντ᾽ ἄλλυδις ἄλλος ἅμ᾽ ἀγρομένοισι σύεσσιν,   25
οἱ τρεῖς· τὸν δὲ τέταρτον ἀποπροέηκε πόλινδε
σῦν ἀγέμεν μνηστῆρσιν ὑπερφιάλοισιν ἀνάγκῃ,
ὄφρ᾽ ἱερεύσαντες κρειῶν κορεσαίατο θυμόν.
     Ἐξαπίνης δ᾽ Ὀδυσῆα ἴδον κύνες ὑλακόμωροι.
οἱ μὲν κεκλήγοντες ἐπέδραμον· αὐτὰρ Ὀδυσσεὺς   30
ἕζετο κερδοσύνῃ, σκῆπτρον δέ οἱ ἔκπεσε χειρός.
ἔνθα κεν ᾧ πὰρ σταθμῷ ἀεικέλιον πάθεν ἄλγος·
ἀλλὰ συβώτης ὦκα ποσὶ κραιπνοῖσι μετασπὼν
ἔσσυτ᾽ ἀνὰ πρόθυρον, σκῦτος δέ οἱ ἔκπεσε χειρός.
τοὺς μὲν ὁμοκλήσας σεῦεν κύνας ἄλλυδις ἄλλον   35
πυκνῇσιν λιθάδεσσιν· ὁ δὲ προσέειπεν ἄνακτα·

21 αἰὲν] ἐκτὸς G²T Eust.   22 was suspected by Callistratus διὰ τὴν
ἐξαρίθμησιν τῶν κυνῶν καὶ τὸ ἐπίθετον (Schol. H X). The epithet ὄρχαμος ἀνδρῶν
is not unusual; but it is singular that the number of the dogs should be the
same as that of the servants of Eumaeus. Possibly l. 22 originally referred to
the δμῶες—a preceding line or lines, in which they were mentioned for the first
time, having been lost. As the text stands οἱ ἄλλοι in l. 24 is obscure.
28 κρειῶν] For this form, in which the ει for ε is unexplained, we can always
substitute κρέαων, a form preserved by the MSS. in H. Merc. 130.   30 κεκλη-
γῶτες καὶ κεκλήγοντες διχῶς αἱ Ἀριστάρχου Did.: -ῶτες G, γρ. H²: -οντες vulg.
35 ἄλλον Ar. D J U: ἄλλῃ vulg.

26. οἱ τρεῖς 'three of them,' H. G.
§ 260 (c).
29. ὑλακόμωρος is a kind of parody
of the heroic epithets ἐγχεσίμωρος,
ἰόμωρος. We cannot tell what precise
meaning (if any) was given by the latter
part of the word. See on Il. 2. 692.
30. κεκλήγοντες. In the history of
this participle we may trace (1) an
original (i.e. pre-Homeric) κεκληγότες,
the plur. of (Homeric) κεκληγώς; (2) a
metaplastic κεκλήγοντες of the thematic
conjugation, probably the only Homeric
form of the plural ; and (3) κεκληγῶτες,
a corruption due on the one hand to

κεκληγώς, and on the other to such
plurals as ἑστεῶτες, τεθνεῶτες, and the
like. The metaplastic pf. part. in -ων,
-οντος is Aeolic; but whether κεκλή-
γοντες in Homer has come from the
Aeolic dialect is a different question.
See H. G. App. F.
33. μετασπών 'taking in hand' : ἕπω
in this use is probably from a root sep,
and therefore a different word from
ἕπομαι sequor (root seq): see Brugmann,
Grundr. II. 657, p. 1021.
34. πρόθυρον ' gateway,' sc. of the
αὐλή. σκῦτος 'the leather,' viz. which
he was cutting into sandals (l. 24).

"ὦ γέρον, ἦ ὀλίγου σε κύνες διεδηλήσαντο
ἐξαπίνης, καί κέν μοι ἐλεγχείην κατέχευας.
καὶ δέ μοι ἄλλα θεοὶ δόσαν ἄλγεά τε στοναχάς τε·
ἀντιθέου γὰρ ἄνακτος ὀδυρόμενος καὶ ἀχεύων　　　　40
ἧμαι, ἄλλοισιν δὲ σύας σιάλους ἀτιτάλλω
ἔδμεναι· αὐτὰρ κεῖνος ἐελδόμενός που ἐδωδῆς
πλάζετ' ἐπ', ἀλλοθρόων ἀνδρῶν δῆμόν τε πόλιν τε,
εἴ που ἔτι ζώει καὶ ὁρᾷ φάος ἠελίοιο.
ἀλλ' ἔπεο, κλισίηνδ' ἴομεν, γέρον, ὄφρα καὶ αὐτὸς　　45
σίτου καὶ οἴνοιο κορεσσάμενος κατὰ θυμὸν
εἴπῃς ὁππόθεν ἐσσὶ καὶ ὁππόσα κήδε' ἀνέτλης."

Ὣς εἰπὼν κλισίηνδ' ἡγήσατο δῖος ὑφορβός,
εἷσεν δ' εἰσαγαγών, ῥῶπας δ' ὑπέχευε δασείας,
ἐστόρεσεν δ' ἐπὶ δέρμα ἰονθάδος ἀγρίου αἰγός,　　　50
αὐτοῦ ἐνεύναιον, μέγα καὶ δασύ. χαῖρε δ' Ὀδυσσεὺς
ὅττι μιν ὣς ὑπέδεκτο, ἔπος τ' ἔφατ' ἔκ τ' ὀνόμαζε·
"Ζεύς τοι δοίη, ξεῖνε, καὶ ἀθάνατοι θεοὶ ἄλλοι
ὅττι μάλιστ' ἐθέλεις, ὅτι με πρόφρων ὑπέδεξο."

Τὸν δ' ἀπαμειβόμενος προσέφης, Εὔμαιε συβῶτα·　　55
"ξεῖν', οὔ μοι θέμις ἔστ', οὐδ' εἰ κακίων σέθεν ἔλθοι,
ξεῖνον ἀτιμῆσαι· πρὸς γὰρ Διός εἰσιν ἅπαντες
ξεῖνοί τε πτωχοί τε· δόσις δ' ὀλίγη τε φίλη τε
γίγνεται ἡμετέρη· ἡ γὰρ δμώων δίκη ἐστὶν
αἰεὶ δειδιότων, ὅτ' ἐπικρατέωσιν ἄνακτες　　　　60
οἱ νέοι. ἦ γὰρ τοῦ γε θεοὶ κατὰ νόστον ἔδησαν,
ὅς κεν ἔμ' ἐνδυκέως ἐφίλει καὶ κτῆσιν ὄπασσεν,

60 ἐπικρατέουσιν G F P T Eust.

41. ἧμαι 'I bide,' cp. παρήμενος 13.
407. The metre is defective: perhaps
the impf. ἥμην should be read, = 'I
have been sitting' (H. G. § 73).
51. αὐτοῦ ἐνεύναιον 'his own very
bed-covering': cp. l. 102.
56. κακίων 'one more miserable.'
57. πρὸς Διός, see on 6. 207.
58. Eumaeus means simply ὀλίγη, as
the context shows: but he uses the set
phrase ὀλίγη τε φίλη τε as a euphemism,
in order to soften what he wishes to say.
59. 'For that is the manner of bonds-

men,' viz. to be cautious and penurious.
61. οἱ νέοι, article as in l. 12 (supra).
62. ἐνδυκέως. This word belongs to
the Odyssey and the two last books of
the Iliad. The meaning must be 'kindly,'
' in gentle fashion,' or else 'zealously,'
con amore. The only clue to the deriva-
tion is the adj. ἀδευκής (also a word of
the Od.), which probably means 'harsh,'
'unkind,' and is said to be from an
Aeolic δεῦκος 'sweetness.' There is no
ground for supposing a connexion with
γλυκύς or dulcis.

οἷά τε ᾧ οἰκῆϊ ἄναξ εὔθυμος ἔδωκεν,
οἶκόν τε κλῆρόν τε πολυμνήστην τε γυναῖκα,
ὅς οἱ πολλὰ κάμῃσι, θεὸς δ' ἐπὶ ἔργον ἀέξῃ,   65
ὡς καὶ ἐμοὶ τόδε ἔργον ἀέξεται, ᾧ ἐπιμίμνω·
τῷ κέ με πόλλ' ὤνησεν ἄναξ, εἰ αὐτόθ' ἐγήρα·
ἀλλ' ὄλεθ'—ὡς ὤφελλ' Ἑλένης ἀπὸ φῦλον ὀλέσθαι
πρόχνυ, ἐπεὶ πολλῶν ἀνδρῶν ὑπὸ γούνατ' ἔλυσε·
καὶ γὰρ κεῖνος ἔβη Ἀγαμέμνονος εἴνεκα τιμῆς   70
Ἴλιον εἰς εὔπωλον, ἵνα Τρώεσσι μάχοιτο."
    Ὣς εἰπὼν ζωστῆρι θοῶς συνέεργε χιτῶνα,
βῆ δ' ἴμεν ἐς συφεούς, ὅθι ἔθνεα ἔρχατο χοίρων.
ἔνθεν ἑλὼν δύ' ἔνεικε καὶ ἀμφοτέρους ἱέρευσεν,
εὗσέ τε μίστυλλέν τε καὶ ἀμφ' ὀβελοῖσιν ἔπειρεν.   75
ὀπτήσας δ' ἄρα πάντα φέρων παρέθηκ' Ὀδυσῆϊ
θέρμ' αὐτοῖς ὀβελοῖσιν· ὁ δ' ἄλφιτα λευκὰ πάλυνεν·
ἐν δ' ἄρα κισσυβίῳ κίρνη μελιηδέα οἶνον,
αὐτὸς δ' ἀντίον ἷζεν, ἐποτρύνων δὲ προσηύδα·
" ἔσθιε νῦν, ὦ ξεῖνε, τά τε δμώεσσι πάρεστι,   80
χοίρε'· ἀτὰρ σιάλους γε σύας μνηστῆρες ἔδουσιν,
οὐκ ὄπιδα φρονέοντες ἐνὶ φρεσὶν οὐδ' ἐλεητύν.
οὐ μὲν σχέτλια ἔργα θεοὶ μάκαρες φιλέουσιν,
ἀλλὰ δίκην τίουσι καὶ αἴσιμα ἔργ' ἀνθρώπων.
καὶ μὲν δυσμενέες καὶ ἀνάρσιοι, οἵ τ' ἐπὶ γαίης   85

67 Ϝοίκοθ' conj. Van Leeuwen.   75 εὗσέ τε A Eust.: εὖσεν vulg.

65. ἐπὶ ἀέξῃ 'makes to grow onwards': ἐπί as in ἐπίδοσις, &c.

69. πρόχνυ, lit. ' on the knees,' used metaphorically of utter downfall (as Il. 21.460 ἀπόλωνται πρόχνυ κακῶς), but here with a play on the literal sense: 'may the race of Helen fall and be brought to its knees, even as she has loosed the knees of many men.'

77. αὐτοῖς ὀβελοῖσιν ' with the spits as they were,' without drawing them out of the meat.

82. ὄπιδα. The word generally occurs in the phrase θεῶν ὄπις 'the regard of the gods,' i.e. their watch kept on human transgression. Here and in l. 88 ὄπις by itself has this special meaning,

so that οὐκ ὄπιδα φρονέοντες is = θεῶν ὄπιν οὐκ ἀλέγοντες (Il. 16. 388, the only place where ὄπις occurs in the Iliad): cp. Od. 20. 215 οὐδ' ὄπιδα τρομέουσι θεῶν, and 21. 28.

The constr. of the two accusatives ὄπιδα and ἐλεητύν is somewhat different: ' not bethinking them of the judgment of the gods, nor (alive to) compassion.'

85. καὶ μὲν δυσμενέες. This nom. has no verb, the sentence being taken up again in l. 88 καὶ μὲν τοῖς κτλ. with a different construction. But the anacoluthon is softened by the nom. in the intervening clause οἵ τ' ἐπὶ γαίης ἀλλοτρίης βῶσιν: cp. the note on 13. 81.

ἀλλοτρίης βῶσιν καί σφι Ζεὺς ληΐδα δώῃ,
πλησάμενοι δέ τε νῆας ἔβαν οἰκόνδε νέεσθαι,
καὶ μὲν τοῖς ὄπιδος κρατερὸν δέος ἐν φρεσὶ πίπτει.
οἴδε δέ τοι ἴσασι, θεοῦ δέ τιν' ἔκλυον αὐδήν,
κείνου λυγρὸν ὄλεθρον, ὅ τ' οὐκ ἐθέλουσι δικαίως   90
μνᾶσθαι οὐδὲ νέεσθαι ἐπὶ σφέτερ', ἀλλὰ ἕκηλοι
κτήματα δαρδάπτουσιν ὑπέρβιον, οὐδ' ἔπι φειδώ.
ὅσσαι γὰρ νύκτες τε καὶ ἡμέραι ἐκ Διός εἰσιν,
οὔ ποθ' ἓν ἱρεύουσ' ἱερήϊον, οὐδὲ δύ' οἴω·
οἶνον δὲ φθινύθουσιν ὑπέρβιον ἐξαφύοντες.   95
ἦ γάρ οἱ ζωή γ' ἦν ἄσπετος· οὔ τινι τόσση
ἀνδρῶν ἡρώων, οὔτ' ἠπείροιο μελαίνης
οὔτ' αὐτῆς Ἰθάκης· οὐδὲ ξυνεείκοσι φωτῶν
ἔστ' ἄφενος τοσσοῦτον· ἐγὼ δέ κέ τοι καταλέξω.
δώδεκ' ἐν ἠπείρῳ ἀγέλαι· τόσα πώεα οἰῶν,   100
τόσσα συῶν συβόσια, τόσ' αἰπόλια πλατέ' αἰγῶν
βόσκουσι ξεῖνοί τε καὶ αὐτοῦ βώτορες ἄνδρες.
ἐνθάδε δ' αἰπόλια πλατέ' αἰγῶν ἕνδεκα πάντα
ἐσχατιῇ βόσκοντ', ἐπὶ δ' ἀνέρες ἐσθλοὶ ὄρονται.
τῶν αἰεί σφιν ἕκαστος ἐπ' ἤματι μῆλον ἀγινεῖ,   105
ζατρεφέων αἰγῶν ὅς τις φαίνηται ἄριστος.
αὐτὰρ ἐγὼ σῦς τάσδε φυλάσσω τε ῥύομαί τε,
καί σφι συῶν τὸν ἄριστον ἐὺ κρίνας ἀποπέμπω."
῍Ως φάθ', ὁ δ' ἐνδυκέως κρέα τ' ἤσθιε πῖνέ τε οἶνον

---

89 δέ τοι M : δέ τι vulg.   92 οὐδ' ἔπι vulg. : οὐδ' ἔτι v. l. ap. Eust.
94 δύ' οἴω] δύ' οἶα MSS.   104 ἐσχατιὴν Ar.   The acc. with βόσκομαι occurs
in the hymn to Hermes (27, 72, 232, 559), not in Homer.

89. Join ἴσασι κείνου λυγρὸν ὄλεθρον. The common reading τι ἴσασι gives a less satisfactory meaning, besides making τι a long syllable.

90. ὅ τε 'in respect that,' 'as they show by the fact that —.'

91. ἕκηλοι 'untroubled,' *sans gêne.*

95. ὑπέρβιον is adverbial, as in l. 92.

97. Gen. of the *space within* which.

101. συβόσια. The ι is counted as long by metrical licence, the word being otherwise impossible in the hexameter. So καταλοφάδια 10. 169. In both cases the spelling -εια is against all analogy (Schulze, *Quaest. Ep.* 255).

102. αὐτοῦ 'his own,' cp. l. 51.

104. ἐπὶ ὄρονται 'are watchers (οὖροι, ἐπίουροι) over them': see on 3. 471, Il. 23. 112.

105. ἐπ' ἤματι 'for the day,' 2. 284., 12. 105, Il. 10. 48.

109. ἐνδυκέως qualifies the whole clause κρέα τ' ἤσθιε πῖνέ τε οἶνον, and is further explained by the two adverbs ἁρπαλέως ἀκέων. See on l. 62.

κρέα, see J. Schmidt, *Pluralb.* p. 338.

ἀρπαλέως ἀκέων, κακὰ δὲ μνηστῆρσι φύτευεν.　　110
αὐτὰρ ἐπεὶ δείπνησε καὶ ἤραρε θυμὸν ἐδωδῇ,
καί οἱ πλησάμενος δῶκε σκύφον, ᾧ περ ἔπινεν,
οἴνου ἐνίπλειον· ὁ δ' ἐδέξατο, χαῖρε δὲ θυμῷ,
καί μιν φωνήσας ἔπεα πτερόεντα προσηύδα·
"ὦ φίλε, τίς γάρ σε πρίατο κτεάτεσσιν ἑοῖσιν,　　115
ὧδε μάλ' ἀφνειὸς καὶ καρτερὸς ὡς ἀγορεύεις;
φῇς δ' αὐτὸν φθίσθαι Ἀγαμέμνονος εἴνεκα τιμῆς.
εἰπέ μοι, αἴ κέ ποθι γνώω τοιοῦτον ἐόντα.
Ζεὺς γάρ που τό γε οἶδε καὶ ἀθάνατοι θεοὶ ἄλλοι,
εἴ κέ μιν ἀγγείλαιμι ἰδών· ἐπὶ πολλὰ δ' ἀλήθην."　　120
Τὸν δ' ἠμείβετ' ἔπειτα συβώτης, ὄρχαμος ἀνδρῶν·
"ὦ γέρον, οὔ τις κεῖνον ἀνὴρ ἀλαλήμενος ἐλθὼν
ἀγγέλλων πείσειε γυναῖκά τε καὶ φίλον υἱόν,
ἀλλ' ἄλλως κομιδῆς κεχρημένοι ἄνδρες ἀλῆται
ψεύδοντ', οὐδ' ἐθέλουσιν ἀληθέα μυθήσασθαι.　　125
ὃς δέ κ' ἀλητεύων Ἰθάκης ἐς δῆμον ἵκηται,
ἐλθὼν ἐς δέσποιναν ἐμὴν ἀπατήλια βάζει·
ἡ δ' εὖ δεξαμένη φιλέει καὶ ἕκαστα μεταλλᾷ,
καί οἱ ὀδυρομένῃ βλεφάρων ἄπο δάκρυα πίπτει,
ἣ θέμις ἐστὶ γυναικός· ἐπεὶ πόσις ἄλλοθ' ὄληται.　　130
αἶψά κε καὶ σύ, γεραιέ, ἔπος παρατεκτήναιο,
εἴ τίς τοι χλαῖνάν τε χιτῶνά τε εἵματα δοίη.
τοῦ δ' ἤδη μέλλουσι κύνες ταχέες τ' οἰωνοὶ
ῥινὸν ἀπ' ὀστεόφιν ἐρύσαι, ψυχὴ δὲ λέλοιπεν·

112 σκύφον Ar., σκύφος Aristoph. (Athen. xi. 498).　　119 τό γε G F al. :
τόδε vulg.　　130 ἐπεὶ G Z: ἐπὴν vulg.　　131 γεραιέ] ξεῖνε G.　　132 Διοκλῆς
ἀθετεῖ (Schol. H Q).　　134 ἐρύσαι Ar. (αἱ πᾶσαι σχεδόν Did.), vulg.: ἐρύειν
G U al.

112. καί οἱ is the apodosis, 'then did
he (sc. Eumaeus) fill &c.' The act
being necessarily that of the host, the
name of Eumaeus is not added.
118. αἴ κέ ποθι γνώω 'in case I shall
know,' i.e. 'find that I know.'
120. εἴ κέ μιν ἀγγείλαιμι ἰδών 'if I
may bring news of having seen him.'
122-132. The connexion of the speech
is : 'We cannot believe any of the wan-
derers who bring news of him; they

make up false tales in order to get
entertainment: you may be one of
them': i.e. 'There are so many false
tales brought by wanderers that we
must disbelieve you too.'
123. πείσειε, opt. after οὔ, H.G.
§ 299 (f).
133. μέλλουσι with the aorist inf.
means ' are like to have —,' 'must have
—,' cp. Il. 18. 362., 21. 83., 24. 46, Od.
4. 181 (ἀγάσσασθαι G P D T).

ἢ τόν γ' ἐν πόντῳ φάγον ἰχθύες, ὀστέα δ' αὐτοῦ   135
κεῖται ἐπ' ἠπείρου ψαμάθῳ εἰλυμένα πολλῇ.
ὣς ὁ μὲν ἔνθ' ἀπόλωλε, φίλοισι δὲ κήδε' ὀπίσσω
πᾶσιν, ἐμοὶ δὲ μάλιστα, τετεύχαται· οὐ γὰρ ἔτ' ἄλλον
ἤπιον ὧδε ἄνακτα κιχήσομαι, ὁππόσ' ἐπέλθω,
οὐδ' εἴ κεν πατρὸς καὶ μητέρος αὖτις ἵκωμαι   140
οἶκον, ὅθι πρῶτον γενόμην καί μ' ἔτρεφον αὐτοί.
οὐδέ νυ τῶν ἔτι τόσσον ὀδύρομαι, ἱέμενός περ
ὀφθαλμοῖσιν ἰδέσθαι ἐὼν ἐν πατρίδι γαίῃ·
ἀλλά μ' Ὀδυσσῆος πόθος αἴνυται οἰχομένοιο.
τὸν μὲν ἐγών, ὦ ξεῖνε, καὶ οὐ παρεόντ' ὀνομάζειν   145
αἰδέομαι· πέρι γάρ μ' ἐφίλει καὶ κήδετο θυμῷ·
ἀλλά μιν ἠθεῖον καλέω καὶ νόσφιν ἐόντα."

  Τὸν δ' αὖτε προσέειπε πολύτλας δῖος Ὀδυσσεύς·
"ὦ φίλ', ἐπεὶ δὴ πάμπαν ἀναίνεαι, οὐδ' ἔτι φῇσθα
κεῖνον ἐλεύσεσθαι, θυμὸς δέ τοι αἰὲν ἄπιστος·   150
ἀλλ' ἐγὼ οὐκ αὔτως μυθήσομαι, ἀλλὰ σὺν ὅρκῳ,
ὡς νεῖται Ὀδυσεύς· εὐαγγέλιον δέ μοι ἔστω
αὐτίκ' ἐπεί κεν κεῖνος ἰὼν τὰ ἃ δώμαθ' ἵκηται·
[ἕσσαι με χλαῖνάν τε χιτῶνά τε, εἵματα καλά·]
πρὶν δέ κε καὶ μάλα περ κεχρημένος, οὔ τι δεχοίμην.   155
ἐχθρὸς γάρ μοι κεῖνος ὁμῶς Ἀΐδαο πύλῃσι
γίγνεται, ὃς πενίῃ εἴκων ἀπατήλια βάζει.
ἴστω νῦν Ζεὺς πρῶτα θεῶν ξενίη τε τράπεζα,

---

142 νυ F P H D : τι G M Eust.   ἱέμενός H al.: ἀχνύμενός vulg., Eust. (from
4. 104., 21. 250, Il. 22. 424, &c.).   154 om. G F P H M U : from 14. 396.,
16. 79, &c.

145-147. The meaning seems to be
that the swineherd does not name
Odysseus in speaking of him, but uses
the word ἠθεῖος, which is properly a form
of respectful address. Elsewhere we
only find the voc. ἠθεῖε or (once) ἠθείη
κεφαλή. The modern use of titles shows
many instances of the same kind.
149. ἀναίνεαι, properly 'refuse.' Cp.
the use of μή in oaths and strong denial.
158-162. These five lines recur in
19. 303-307, and form the conclusion
of the speech in which Ulysses assures

Penelope of his speedy return. The
last line, τοῦ μὲν φθίνοντος μηνὸς τοῦ
δ' ἱσταμένοιο, even fixes the day; for
it describes the day called at Athens
ἕνη καὶ νέα, the last of one month and
first of another, which was the very day
following the dialogue with Penelope.
The chronology is further emphasized
by the fact that it was the feast-day
of Apollo (20. 156, 276-278., 21. 258).
Thus Ulysses ends his speech in the
most effective way, promising his own
return on the day then about to dawn.

ἱστίη τ' Ὀδυσῆος ἀμύμονος, ἣν ἀφικάνω·
ἢ μέν τοι τάδε πάντα τελείεται ὡς ἀγορεύω·   160
[τοῦδ' αὐτοῦ λυκάβαντος ἐλεύσεται ἐνθάδ' Ὀδυσσεύς,
τοῦ μὲν φθίνοντος μηνός, τοῦ δ' ἰσταμένοιο,]

162 om. P.   162-164. The Harleian MS. has the following scholium : ὑπο-
πτεύονται οἱ τρεῖς ὡς ἀσύμφωνοι πρὸς τὰ πρὸ αὐτῶν καὶ ὡς ὕποπτοι καὶ ὡς ἄπιστοι·
πόθεν γὰρ ᾔδει εἰ καὶ ἐκ Δωδώνης ὑποστρέφων οὐ πλοῖσει; There is nothing in the
MS. to show which three lines are referred to. Buttmann assigned the scholium
to 162-164. Dindorf adds in confirmation of this that in the Venetian MS. the *five*
lines 160-164 are marked with asterisks : but this fact, if it has any value as
evidence, surely tends rather to make it doubtful which *three* lines were suspected.
Nor does the substance of the scholium clear up the doubt. The meaning seems
to be that the stranger's words would be suspicious ; for how could he know exactly
when Ulysses would arrive in Ithaca? (For οὐ πλοῖσει it is necessary to read
ἀπλοήσει.) This, however, only applies to l. 162; and 19. 306-307 show that
161 and 162 stand or fall together. Probably, then, the three lines anciently
suspected were 160-162.

In this place the case is different. The
speech does not end with τοῦ μὲν φθί-
νοντος κτλ., but we have a sort of
second conclusion in 163-164 οἴκαδε
νοστήσει κτλ., which is something of
an anti-climax. These last lines have
accordingly been questioned (but see the
critical notes). It seems to me more
probable that the two lines 161-162—
or perhaps, as Kirchhoff held, the seven
lines 158-164 that contain the oath—
belong originally to the nineteenth
book, and have been brought in wrongly
here. This is a common form of cor-
ruption in Homer ; whereas the inter-
polation of 163-164 would be difficult
to account for. It is evident, too, on
all principles of art, that in this place
the prophecy about Ulysses ought to be
general in its terms—οἴκαδε νοστήσει
καὶ τίσεται — thus agreeing with the
language of Helen to Telemachus in
15. 177. More threatening words are
naturally used by Ulysses himself a
little later (18. 146 ff. μάλα δὲ σχεδόν
κτλ.). But the precise and emphatic
τοῦδ' αὐτοῦ λυκάβαντος κτλ. is best
kept to heighten the interest at the last
and most critical point in the story.
This view of 161-162 (in which
I have been partly anticipated by
Dr. Hayman) is strongly confirmed by
the interpretation which it enables us
to give of the word λυκάβας. The
word is otherwise known only in Alex-
andrian and later authors, who doubt-
less took it from Homer. They ex-
plained it as meaning literally the
'path of light,' *i.e.* of the sun, and so

as a poetical word for 'a year.' Ad-
mitting the etymology, we should rather
expect it to mean 'a day,' or (more
precisely) a νυχθήμερον, the period of
time in which daylight goes and comes
again. For λυκάβας is the 'going of
light,'—not of the sun (or moon).
Further, this explanation of λυκάβας
gives a much better sense in the Odyssey.
Critics have already noticed the ab-
surdity of the announcement that Ulysses
will come 'within this same year,' fol-
lowed by a mention of the day, which
happens to be the very next day (Butt-
mann on Schol. H. Od. 14. 162). In
any case the words 'within this same
year' must have sounded as a mockery
to Penelope, who was literally on the
eve of abandoning hope and consenting
to accept one of the suitors. But if
Ulysses said 'within a day' (in the
sense of twenty-four hours), all is plain.
The Slaying of the Suitors was on the
day following the night of the dialogue
with Penelope. Hence λυκάβας is correct,
and indeed the only correct word (ἡμέρα
being generally used of 'day' in con-
trast to night : cp. ἤματι τῷδε in 20. 116
after dawn). On the other hand in the
dialogue with Eumaeus here Ulysses
could not say τοῦδ' αὐτοῦ λυκάβαντος,
since it still wanted four days to the
μνηστηροφονία.
The period of the νυχθήμερον was
probably reckoned from sunset to sunset:
see Il. 19. 141. So in counting days, Od.
14. 93 ὅσσαι γὰρ νύκτες τε καὶ ἡμέραι ἐκ
Διός εἰσιν.
159. ἱστίη. In Homer the hearth is

οἴκαδε νοστήσει, καὶ τίσεται ὅς τις ἐκείνου
ἐνθάδ' ἀτιμάζει ἄλοχον καὶ φαίδιμον υἱόν."

Τὸν δ' ἀπαμειβόμενος προσέφης, Εὔμαιε συβῶτα·   165
"ὦ γέρον, οὔτ' ἄρ' ἐγὼν εὐαγγέλιον τόδε τίσω,
οὔτ' Ὀδυσεὺς ἔτι οἶκον ἐλεύσεται· ἀλλὰ ἔκηλος
πῖνε, καὶ ἄλλα παρὲξ μεμνώμεθα, μηδέ με τούτων
μίμνησκ· ἦ γὰρ θυμὸς ἐνὶ στήθεσσιν ἐμοῖσιν
ἄχνυται, ὁππότε τις μνήσῃ κεδνοῖο ἄνακτος.   170
ἀλλ' ἦ τοι ὅρκον μὲν ἐάσομεν, αὐτὰρ Ὀδυσσεὺς
ἔλθοι ὅπως μιν ἔγωγ' ἐθέλω καὶ Πηνελόπεια
Λαέρτης θ' ὁ γέρων καὶ Τηλέμαχος θεοειδής.
νῦν αὖ παιδὸς ἄλαστον ὀδύρομαι, ὃν τέκ' Ὀδυσσεύς,
Τηλεμάχου· τὸν ἐπεὶ θρέψαν θεοὶ ἔρνεϊ ἶσον,   175
καί μιν ἔφην ἔσσεσθαι ἐν ἀνδράσιν οὔ τι χέρεια
πατρὸς ἑοῖο φίλοιο, δέμας καὶ εἶδος ἀγητόν,
τὸν δέ τις ἀθανάτων βλάψε φρένας ἔνδον ἐΐσας
ἠέ τις ἀνθρώπων· ὁ δ' ἔβη μετὰ πατρὸς ἀκουὴν
ἐς Πύλον ἠγαθέην· τὸν δὲ μνηστῆρες ἀγαυοὶ   180
οἴκαδ' ἰόντα λοχῶσιν, ὅπως ἀπὸ φῦλον ὄληται
νώνυμον ἐξ Ἰθάκης Ἀρκεισίου ἀντιθέοιο.
ἀλλ' ἦ τοι κεῖνον μὲν ἐάσομεν, ἤ κεν ἁλώῃ
ἦ κε φύγῃ καί κέν οἱ ὑπέρσχῃ χεῖρα Κρονίων.
ἀλλ' ἄγε μοι σύ, γεραιέ, τὰ σ' αὐτοῦ κήδε' ἐνίσπες,   185
καί μοι τοῦτ' ἀγόρευσον ἐτήτυμον, ὄφρ' ἐὺ̈ εἰδῶ·
τίς πόθεν εἰς ἀνδρῶν; πόθι τοι πόλις ἠδὲ τοκῆες;
ὁπποίης τ' ἐπὶ νηὸς ἀφίκεο· πῶς δέ σε ναῦται

163 νοστήσας F P H U.   169-170 θυμὸς ... ἄχνυται G L W : θυμὸν ... ἄχνυμαι
F P H X D U.   171 ὅρκον] κεῖνον Zen.   174-184 obel. in M : perhaps
because Eumaeus could not know of the ambush.   176 χέρεια Ar.: χέρειω MSS.
177 δέμας L W, Eust.: φρένας vulg.   178 τὸν Ar., F P H : τοῦ G U al.

a sacred object, but is not a goddess,
like the later Ἑστία. It only occurs in
this form of oath ; the ordinary word
for 'hearth' in Homer is ἐσχάρη.
  The house of Eumaeus was not the
'hearth of Ulysses.' The words apply
only to his own palace, cp. 17. 156., 19.
304.
  171. Eumaeus declines the oath which

Ulysses offered, but which (if 158 ff. are
rejected) he had not actually taken.
  177. ἀγητόν, masc., in apposition to
οὔ τι χέρεια. On χέρεια see *H. G.* § 121.
  178. τὸν δέ, apodosis to ἐπεί (l. 175.).
  179. μετὰ πατρὸς ἀκουήν, like μετὰ
σὸν κλέος 13. 415.
  187-190. = l. 170-173.

ἤγαγον εἰς Ἰθάκην; τίνες ἔμμεναι εὐχετόωντο;
οὐ μὲν γάρ τί σε πεζὸν ὀίομαι ἐνθάδ' ἱκέσθαι."   190
Τὸν δ' ἀπαμειβόμενος προσέφη πολύμητις Ὀδυσσεύς·
"τοιγὰρ ἐγώ τοι ταῦτα μάλ' ἀτρεκέως ἀγορεύσω.
εἴη μὲν νῦν νῶϊν ἐπὶ χρόνον ἠμὲν ἐδωδὴ
ἠδὲ μέθυ γλυκερὸν κλισίης ἔντοσθεν ἐόυσι,
δαίνυσθαι ἀκέοντ', ἄλλοι δ' ἐπὶ ἔργον ἔποιεν·   195
ῥηϊδίως κεν ἔπειτα καὶ εἰς ἐνιαυτὸν ἅπαντα
οὔ τι διαπρήξαιμι λέγων ἐμὰ κήδεα θυμοῦ,
ὅσσα γε δὴ ξύμπαντα θεῶν ἰότητι μόγησα.
ἐκ μὲν Κρητάων γένος εὔχομαι εὐρειάων,
ἀνέρος ἀφνειοῖο πάϊς· πολλοὶ δὲ καὶ ἄλλοι   200
υἷες ἐνὶ μεγάρῳ ἠμὲν τράφεν ἠδ' ἐγένοντο
γνήσιοι ἐξ ἀλόχου· ἐμὲ δ' ὠνητὴ τέκε μήτηρ
παλλακίς, ἀλλά με ἶσον ἰθαιγενέεσσιν ἐτίμα
Κάστωρ Ὑλακίδης, τοῦ ἐγὼ γένος εὔχομαι εἶναι·
ὃς τότ' ἐνὶ Κρήτεσσι θεὸς ὣς τίετο δήμῳ   205
ὄλβῳ τε πλούτῳ τε καὶ υἱάσι κυδαλίμοισιν.
ἀλλ' ἦ τοι τὸν κῆρες ἔβαν θανάτοιο φέρουσαι
εἰς Ἀΐδαο δόμους· τοὶ δὲ ζωὴν ἐδάσαντο
παῖδες ὑπέρθυμοι καὶ ἐπὶ κλήρους ἐβάλοντο,
αὐτὰρ ἐμοὶ μάλα παῦρα δόσαν καὶ οἰκί' ἔνειμαν.   210
ἠγαγόμην δὲ γυναῖκα πολυκλήρων ἀνθρώπων

---

189 εὐχετόωντο F H M D U : -ται G P al.   202 ἀλόχου F P H X : ἀλόχων
G D al.   203 ἶσον] ἶσα P.   ἰθαιγενέεσσιν G F : ἰθαγ. P H X D U al.
205 ὃς τότ' G D al.: ὃς ποτ' F P H U.   208 τοὶ δὲ] ἐπὶ δὲ G.

195. δαίνυσθαι, inf. of consequence, 'wherewith to feast.'
196. ἅπαντα, with ἐνιαυτόν, as in 15. 455 : cp. the expression τελεσφόρον εἰς ἐνιαυτόν.
197. We expect a word meaning 'I could go on' (διατελοίην or the like), to which οὐ διαπρήξαιμι is equivalent.
201. Better τράφον, see on Il. 2. 661.
203. ἰθαιγενέεσσι. The quantity of the ι is not certain. The ῑ of the text is supported by Ἰθαιμένης (ῑ) in Il. 16. 586 : but both passages can be amended, as Fick proposed, by reading Ἰσ' here

and Σθένελον for Σθενέλαον in the Iliad.
209. 'Cast lots for it,' i.e. divided it and assigned the shares by lot. The order ἐδάσαντο καὶ .. ἐβάλοντο marks the division as the main thing, of which casting lots was a detail : cp. 13. 274.
210. οἰκία, sc. μάλα παῦρα, repeated from the preceding clause : cp. Il. 16. 271 ὃς μέγ' ἄριστος Ἀργείων παρὰ νηυσὶ καὶ ἀγχέμαχοι θεράποντες (sc. οὐ ἄριστοί εἰσιν).
211. ἀνθρώπων. The plur. stands for the family or tribe of the wife : cp. Il. 3. 49 νυὸν ἀνδρῶν αἰχμητάων.

εἵνεκ' ἐμῆς ἀρετῆς, ἐπεὶ οὐκ ἀποφώλιος ἦα
οὐδὲ φυγοπτόλεμος· νῦν δ' ἤδη πάντα λέλοιπεν·
ἀλλ' ἔμπης καλάμην γέ σ' ὀίομαι εἰσορόωντα
γιγνώσκειν· ἦ γάρ με δύη ἔχει ἤλιθα πολλή.   215
ἦ μὲν δὴ θάρσος μοι Ἄρης τ' ἔδοσαν καὶ Ἀθήνη
καὶ ῥηξηνορίην, ὁπότε κρίνοιμι λόχονδε
ἄνδρας ἀριστῆας, κακὰ δυσμενέεσσι φυτεύων·
οὔ ποτέ μοι θάνατον προτιόσσετο θυμὸς ἀγήνωρ,
ἀλλὰ πολὺ πρώτιστος ἐπάλμενος ἔγχει ἔλεσκον   220
ἀνδρῶν δυσμενέων ὅ τέ μοι εἴξειε πόδεσσι.
τοῖος ἔα ἐν πολέμῳ· ἔργον δέ μοι οὐ φίλον ἔσκεν
οὐδ' οἰκωφελίη, ἥ τε τρέφει ἀγλαὰ τέκνα,
ἀλλά μοι αἰεὶ νῆες ἐπήρετμοι φίλαι ἦσαν
καὶ πόλεμοι καὶ ἄκοντες ἐΰξεστοι καὶ ὀϊστοί,   225
λυγρά, τά τ' ἄλλοισίν γε καταριγηλὰ πέλονται.
αὐτὰρ ἐμοὶ τὰ φίλ' ἔσκε τά που θεὸς ἐν φρεσὶ θῆκεν·
[ἄλλος γάρ τ' ἄλλοισιν ἀνὴρ ἐπιτέρπεται ἔργοις.]
πρὶν μὲν γὰρ Τροίης ἐπιβήμεναι υἷας Ἀχαιῶν
εἰνάκις ἀνδράσιν ἦρξα καὶ ὠκυπόροισι νέεσσιν   230
ἄνδρας ἐς ἀλλοδαπούς, καί μοι μάλα τύγχανε πολλά.

222 ἔα ἐν F X : ἰαν ἐν G (perhaps for ἰα'ν): τ' ἐν P H(?) L W : ἰην J H². The
other examples of ἔα (Il. 4. 321., 5. 887, Od. 14. 352) permit or require ἄ. Read
therefore ἔα ἐν (with synizesis), or ἴα 'ν (cp. Il. 1. 277 Πηλείδη ἔθελ' or 'θέλ'). It is
tempting simply to omit ἐν: but there is no instance of πολέμῳ used as a locative.

212. **ἀρετῆς**, used of any advantages,
not only prowess in war : see 13. 45.
ἀποφώλιος 'useless,' for ἀπ-οφόλ-ιος
(ὀφελ-ος), with ω for ο *metri gratia*
(Schulze, *Quaest. Ep.* p. 243).

217. Editors generally put a colon
after **ῥηξηνορίην**, taking ὁπότε κρίνοιμι
with the following clause οὔ ποτέ μοι
κτλ. It is not Homeric, however, to
begin a sentence with a word like ὁπότε
in the middle of a line. But if ὁπότε
κτλ. is construed with the preceding
words, the clause οὔ ποτέ μοι κτλ. has
still the character of an apodosis : '(in
such a case) I never feared &c.' It is in
fact a repetition in a new form of ἦ μὲν
δὴ θάρσος μοι κτλ. (l. 216): hence the
asyndeton. Cp. 15. 317., 16. 466., 18.
278, and see Riddell's *Digest*, § 205 A.

221. ὅ τε is here = ὅτε τις or εἴ τις,
contrary to the Homeric usage of the
article (*H. G.* 262). We expect ὃς ἐμοί.
εἴξειε πόδεσσιν is obscure. The usual
renderings, 'whoever was inferior to me
in speed,' or 'whoever fled before me
with his feet,' give a poor sense. The
context is a boast of courage and prowess
rather than of speed, and does not
suggest the mere slaughter of a flying
enemy. Probably we should read (with
Bothe) ὅ τε μὴ εἴξειε, 'whoever did not
save himself by speedy retreat.'

227. τά που κτλ. 'things which a
god made dear to me' (not being the
things that would naturally be so).

228. This gnomic line is doubtless of
later date. The form ἔργοις (for ϝέρ-
γοισι) is doubly post-Homeric.

τῶν ἐξαιρεύμην μενοεικέα, πολλὰ δ' ὀπίσσω
λάγχανον· αἶψα δὲ οἶκος ὀφέλλετο, καί ῥα ἔπειτα
δεινός τ' αἰδοῖός τε μετὰ Κρήτεσσι τετύγμην.
ἀλλ' ὅτε δὴ τήν γε στυγερὴν ὁδὸν εὐρύοπα Ζεὺς   235
ἐφράσαθ', ἣ πολλῶν ἀνδρῶν ὑπὸ γούνατ' ἔλυσε,
δὴ τότ' ἔμ' ἤνωγον καὶ ἀγακλυτὸν Ἰδομενῆα
νήεσσ' ἡγήσασθαι ἐς Ἴλιον· οὐδέ τι μῆχος
ἦεν ἀνήνασθαι, χαλεπὴ δ' ἔχε δήμου φῆμις.
ἔνθα μὲν εἰνάετες πολεμίζομεν υἷες Ἀχαιῶν,   240
τῷ δεκάτῳ δὲ πόλιν Πριάμου πέρσαντες ἔβημεν
οἴκαδε σὺν νήεσσι, θεὸς δ' ἐκέδασσεν Ἀχαιούς.
αὐτὰρ ἐμοὶ δειλῷ κακὰ μήδετο μητίετα Ζεύς·
μῆνα γὰρ οἶον ἔμεινα τεταρπόμενος τεκέεσσι
κουριδίῃ τ' ἀλόχῳ καὶ κτήμασιν· αὐτὰρ ἔπειτα   245
Αἴγυπτόνδε με θυμὸς ἀνώγει ναυτίλλεσθαι,
νῆας ἐὺ στείλαντα, σὺν ἀντιθέοις ἑτάροισιν.
ἐννέα νῆας στεῖλα, θοῶς δ' ἐσαγείρετο λαός.
ἑξῆμαρ μὲν ἔπειτα ἐμοὶ ἐρίηρες ἑταῖροι
δαίνυντ'· αὐτὰρ ἐγὼν ἱερήϊα πολλὰ παρεῖχον   250
θεοῖσίν τε ῥέζειν αὐτοῖσί τε δαῖτα πένεσθαι.
ἑβδομάτῃ δ' ἀναβάντες ἀπὸ Κρήτης εὐρείης
ἐπλέομεν Βορέῃ ἀνέμῳ ἀκραέϊ καλῷ
ῥηϊδίως, ὡς εἴ τε κατὰ ῥόον· οὐδέ τις οὖν μοι
νηῶν πημάνθη, ἀλλ' ἀσκηθέες καὶ ἄνουσοι   255
ἥμεθα, τὰς δ' ἄνεμός τε κυβερνῆταί τ' ἴθυνον.
πεμπταῖοι δ' Αἴγυπτον ἐϋρρείτην ἱκόμεσθα,

---

233 καί ῥα] καί σφιν Zen.   239 δήμου MSS. : the archaic δήμοο may be restored.
248 ἐσαγείρετο Ar. : -ατο MSS.   255 ἀσκεθέες G P U², Eust.

232. ὀπίσσω 'afterwards,' in the regular division of the spoil. after the γέρα ἐξαίρετα had been assigned to the leaders: cp. Il. 1. 368.
235. τήν. The art. expresses aversion or disgust: *H. G.* § 261 (2).
237. ἤνωγον, sc. the Cretans.
246. Αἴγυπτος may mean the river here, as in 257-258, and elsewhere in Homer.

253. Βορέῃ, an instrumental, with a partly comitative force. This use of the dat. is comparatively rare in the singular.
ἀκραέϊ seems to mean 'blowing at its height,' with the subsidiary notion of rightness or perfection. This metaphorical use of ἄκρος is common in later Greek, but there is no other example in Homer. See the note on 2. 421.

στῆσα δ' ἐν Αἰγύπτῳ ποταμῷ νέας ἀμφιελίσσας.
ἔνθ' ἦ τοι μὲν ἐγὼ κελόμην ἐρίηρας ἑταίρους
αὐτοῦ πὰρ νήεσσι μένειν καὶ νῆας ἔρυσθαι,   260
ὀπτῆρας δὲ κατὰ σκοπιὰς ὤτρυνα νέεσθαι·
οἱ δ' ὕβρει εἴξαντες, ἐπισπόμενοι μένεϊ σφῷ,
αἶψα μάλ' Αἰγυπτίων ἀνδρῶν περικαλλέας ἀγροὺς
πόρθεον, ἐκ δὲ γυναῖκας ἄγον καὶ νήπια τέκνα,
αὐτούς τ' ἔκτεινον· τάχα δ' ἐς πόλιν ἵκετ' ἀϋτή.   265
οἱ δὲ βοῆς ἀΐοντες ἅμ' ἠοῖ φαινομένηφιν
ἦλθον· πλῆτο δὲ πᾶν πεδίον πεζῶν τε καὶ ἵππων
χαλκοῦ τε στεροπῆς· ἐν δὲ Ζεὺς τερπικέραυνος
φύζαν ἐμοῖς ἑτάροισι κακὴν βάλεν, οὐδέ τις ἔτλη
μεῖναι ἐναντίβιον· περὶ γὰρ κακὰ πάντοθεν ἔστη.   270
ἔνθ' ἡμέων πολλοὺς μὲν ἀπέκτανον ὀξέϊ χαλκῷ,
τοὺς δ' ἄναγον ζωούς, σφίσιν ἐργάζεσθαι ἀνάγκῃ.
αὐτὰρ ἐμοὶ Ζεὺς αὐτὸς ἐνὶ φρεσὶν ὧδε νόημα
ποίησ'—ὡς ὄφελον θανέειν καὶ πότμον ἐπισπεῖν
αὐτοῦ ἐν Αἰγύπτῳ· ἔτι γάρ νύ με πῆμ' ὑπέδεκτο—   275
αὐτίκ' ἀπὸ κρατὸς κυνέην εὔτυκτον ἔθηκα
καὶ σάκος ὤμοιϊν, δόρυ δ' ἔκβαλον ἔκτοσε χειρός·
αὐτὰρ ἐγὼ βασιλῆος ἐναντίον ἤλυθον ἵππων
καὶ κύσα γούναθ' ἑλών· ὁ δ' ἐρύσατο καί μ' ἐλέησεν,
ἐς δίφρον δέ μ' ἔσας ἄγεν οἴκαδε δάκρυ χέοντα.   280
ἦ μέν μοι μάλα πολλοὶ ἐπήϊσσον μελίῃσιν,
ἱέμενοι κτεῖναι—δὴ γὰρ κεχολώατο λίην—
ἀλλ' ἀπὸ κεῖνος ἔρυκε, Διὸς δ' ὠπίζετο μῆνιν
ξεινίου, ὅς τε μάλιστα νεμεσσᾶται κακὰ ἔργα.
ἔνθα μὲν ἑπτάετες μένον αὐτόθι, πολλὰ δ' ἄγειρα   285

262 σφῷ vulg. : σφῶν X D J al.   270 μεῖναι] The parallel passage 17.439 has
στῆναι, which may be right : see the note there.   272 ἄναγον] ἄγον F : ἄναγον
X D Z. The gloss ἀπέφερον (Sch. V) points to ἄναγον.   279 μ' ἐλέησεν]
μ' ἐσάωσεν G, Eust.   280 δέ μ' ἔσας] δ' ἀνέσας in the 'Aeolic' edition.

260. ἔρυσθαι 'to cover,' 'defend.'
272. ἄναγον 'took up,' i.e. inland.
Or perhaps 'into their hands'; cp. 18.
357 εἴ σ' ἀνελοίμην 'if I took you into
my service.'

279. ἐρύσατο καί μ' ἐλέησεν is a
prothysteron of the common type ; see
13. 274.
285. This chronology is not quite
arbitrary : the seven years in Egypt

χρήματ᾽ ἀν᾽ Αἰγυπτίους ἄνδρας· δίδοσαν γὰρ ἅπαντες.
ἀλλ᾽ ὅτε δὴ ὀγδοόν μοι ἐπιπλόμενον ἔτος ἦλθε,
δὴ τότε Φοῖνιξ ἦλθεν ἀνὴρ ἀπατήλια εἰδώς,
τρώκτης, ὃς δὴ πολλὰ κάκ᾽ ἀνθρώποισιν ἑώργει·
ὅς μ᾽ ἄγε παρπεπιθὼν ᾗσι φρεσίν, ὄφρ᾽ ἱκόμεσθα   290
Φοινίκην, ὅθι τοῦ γε δόμοι καὶ κτήματ᾽ ἔκειτο.
ἔνθα παρ᾽ αὐτῷ μεῖνα τελεσφόρον εἰς ἐνιαυτόν.
ἀλλ᾽ ὅτε δὴ μῆνές τε καὶ ἡμέραι ἐξετελεῦντο
ἂψ περιτελλομένου ἔτεος καὶ ἐπήλυθον ὧραι,
ἐς Λιβύην μ᾽ ἐπὶ νηὸς ἐέσσατο ποντοπόροιο   295
ψεύδεα βουλεύσας, ἵνα οἱ σὺν φόρτον ἄγοιμι,
κεῖθι δέ μ᾽ ὡς περάσειε καὶ ἄσπετον ὦνον ἕλοιτο.

289 ἀνθρώποισιν ἑώργει vulg.: ἀνθρώπους G D U al., ἑώργει G.   295 ἐφέσσατο
Rhianus: ἐφείσατο Zen.   297 περάσειε F H²: περάσῃσι vulg.   ἕλοιτο] ἄραιτο
F², γρ. S.

take the place of the seven years that in the true history were spent in Calypso's isle.

287. For ὀγδοον (- -) Dindorf reads ὀγδόατον, with synizesis.

The place of μοι after ὀγδοον (as has been pointed out by Mr. T. L. Agar in the *Journ. of Phil.* xxvi. 114) is accounted for by the emphasis on the numeral: so in Il. 9. 474 ἀλλ᾽ ὅτε δὴ δεκάτη μοι ἐπήλυθε νὺξ ἐρεβεννή, and the other instances which he quotes. The conjecture ὀγδόατον, with the synizesis δὴ ὀ-, may be supported by Od. 12. 399 (= 15. 477) ἀλλ᾽ ὅτε δὴ ἕβδομον ἦμαρ κτλ. It is difficult, however, to see why ὀγδόατον should have been corrupted into the unmetrical ὀγδοον, and it still seems possible (as suggested in *H. G.* § 365) that we have here a trace of an older form ὀγδωος, Indog. oktōu-o- (Brugmann, *Gr.* II. 481), Lat. *octāvus*.

289. τρώκτης. Barytone nouns in -της seem often to have a hostile or contemptuous meaning: so δέκτης, σίντης, ἀλήτης, προίκτης, ἀγύρτης. 'Gnawer' may suggest thieving vermin, mice, &c.

ἀνθρώποισι cannot well be a true dat. = 'to men,' since (as scholars have observed) the proper constr. is ἔρδειν κακὰ ἀνθρώπους. The locatival sense 'among men' is possible, but this sense of the dat. plur. is confined for the most part to certain idioms, such as the use

with words expressing rule or pre-eminence: see *H. G.* § 145 (7). The reading of G, ἀνθρώπους ἑώργει, is supported by Hesychius s. v. ἑώργει, where the alphabetical order (as M. Schmidt notes *a. l.*) requires us to read ἑώργει· εἰργάσατο ἐπεποιήκει. This ἑώργει points to an original ἐϜεϜόργει (Dawes, *Misc.Crit.* 184).

290. ᾗσι φρεσίν 'by his wit' or 'cunning': cp. Il. 1. 132 κλέπτε νόῳ.

291. ἕκειτο goes with κτήματα, but does not fit δόμοι, either in sense or in construction (Zeugma).

294. ἐπήλυθον seems to mean, not 'came on' (as we speak of a time coming *on*), but 'came round,' 'passed by': cp. ἐπιπλόμενον ἔτος (l. 287) and ἐπέρχομαι = 'to go round,' 'visit, *obire*, as 4. 268 πολλὴν ἐπελήλυθα γαῖαν, 16. 27 οὐ . . ἀγρὸν ἐπέρχεαι οὐδὲ νομῆας: ἐπί used as in ἐποίχομαι, ἐπιπωλέομαι.

295. ἐς Λιβύην ἐέσσατο, a pregnant use, 'put me on board (to take me) to Libya': cp. 1. 210 ἐς Τροίην ἀναβῆμεναι.

296. ἵνα has its local sense: 'that I should be his partner in taking a cargo there.'

297. The emphatic position of κεῖθι and the change from ἵνα to ὡς serve to indicate that this further purpose was not avowed, but was the real purpose: 'but in such wise that *when there* he might &c.'

II.   D

τῷ ἑπόμην ἐπὶ νηὸς ὀϊόμενός περ ἀνάγκῃ.
ἡ δ' ἔθεεν Βορέῃ ἀνέμῳ ἀκραέϊ καλῷ,
μέσσον ὑπὲρ Κρήτης· Ζεὺς δέ σφισι μήδετ' ὄλεθρον.   300
ἀλλ' ὅτε δὴ Κρήτην μὲν ἐλείπομεν, οὐδέ τις ἄλλη
φαίνετο γαιάων, ἀλλ' οὐρανὸς ἠδὲ θάλασσα,
δὴ τότε κυανέην νεφέλην ἔστησε Κρονίων
νηὸς ὕπερ γλαφυρῆς, ἤχλυσε δὲ πόντος ὑπ' αὐτῆς.
Ζεὺς δ' ἄμυδις βρόντησε καὶ ἔμβαλε νηῒ κεραυνόν·   305
ἡ δ' ἐλελίχθη πᾶσα Διὸς πληγεῖσα κεραυνῷ,
ἐν δὲ θεείου πλῆτο· πέσον δ' ἐκ νηὸς ἅπαντες.
οἱ δὲ κορώνῃσιν ἴκελοι περὶ νῆα μέλαιναν
κύμασιν ἐμφορέοντο· θεὸς δ' ἀποαίνυτο νόστον.
αὐτὰρ ἐμοὶ Ζεὺς αὐτός, ἔχοντί περ ἄλγεα θυμῷ,   310
ἱστὸν ἀμαιμάκετον νηὸς κυανοπρῴροιο
ἐν χείρεσσιν ἔθηκεν, ὅπως ἔτι πῆμα φύγοιμι.
τῷ ῥα περιπλεχθεὶς φερόμην ὀλοοῖς ἀνέμοισιν.

300 ὑπέρ] ὑπε (sic) P, i. e. ὑπὲκ, the κ having been lost before the initial κ of the next word.

300. μέσσον is apparently to be construed as an adverb with ἔθεεν, 'ran before the north wind (taking) the mid-sea course' (cp. 3. 174 πέλαγος μέσον εἰς Εὔβοιαν τέμνειν). What then is this 'mid-sea course' for a ship which, starting from Phoenicia, has made its way to the south-west corner of Asia Minor? It is further described as being ὑπὲρ Κρήτης, which words are generally taken as = 'beyond,' 'far past Crete,' viz. to the south. This, however, is not a Homeric use of ὑπέρ. It cannot be defended by such a phrase as ὑπὲρ πόντου 'across the sea' (said of Crete itself in 13. 257): land is seen 'over' sea, not conversely. Moreover, there is evidently a contrast intended between ἔθεεν μέσσον ὑπὲρ Κρήτης and the following line ἀλλ' ὅτε δὴ Κρήτην μὲν ἐλείπομεν, so that the former clause must belong to the time before the ship was far on its way to Libya. More probably, therefore, ὑπέρ is used like καθύπερθε Χίοιο in 3. 170, to denote the side on which they passed the island, viz. by the N.W. or windward side; and μέσσον implies keeping off the lee shore of Crete.

The alternative was to follow the chain of islands—Cos, Rhodes, and Carpathus—and then run under the lee of Crete, i.e. along the southern coast. The latter was the course taken on St. Paul's voyage to Rome, which as far as Cnidos was the same as that described here: cp. Acts xxvii. 7 καὶ μόλις γενόμενοι κατὰ τὴν Κνίδον, μὴ προσεῶντος ἡμᾶς τοῦ ἀνέμου, ὑπεπλεύσαμεν τὴν Κρήτην κατὰ Σαλμώνην (i.e. by the east). Here the fair N.E. wind made it possible to take the 'upper' or windward course.

311. ἀμαιμάκετον 'of vast length,' probably formed by intensive reduplication from the root μακ- (cp. δαίδαλος, παίπαλος, μαιμάω) with the suffix -τος, as περι-μήκετος, πάχετος. The d- is prothetic, as in ἀμαλδύνω, ἀμύνω, ἀμαυρός. The derivation from μαιμάσσω 'to rage, storm' (Ameis, &c.) is plausible, but the senses which it yields—'not to be raged against,' 'invincible,' or (with prothetic d-) 'raging,' 'furious'—hardly suit this passage. Such an epithet might however be applied to a mast in a spirit of burlesque, such as we occasionally trace in the Odyssey.

ἐννῆμαρ φερόμην, δεκάτῃ δέ με νυκτὶ μελαίνῃ
γαίῃ Θεσπρωτῶν πέλασεν μέγα κῦμα κυλίνδον.   315
ἔνθα με Θεσπρωτῶν βασιλεὺς ἐκομίσσατο Φείδων
ἥρως ἀπριάτην· τοῦ γὰρ φίλος υἱὸς ἐπελθὼν
αἴθρῳ καὶ καμάτῳ δεδμημένον ἦγεν ἐς οἶκον,
χειρὸς ἀναστήσας, ὄφρ' ἵκετο δώματα πατρός·
ἀμφὶ δέ με χλαῖνάν τε χιτῶνά τε εἵματα ἕσσεν.   320
ἔνθ' Ὀδυσῆος ἐγὼ πυθόμην· κεῖνος γὰρ ἔφασκε
ξεινίσαι ἠδὲ φιλῆσαι ἰόντ' ἐς πατρίδα γαῖαν,
καί μοι κτήματ' ἔδειξεν ὅσα ξυναγείρατ' Ὀδυσσεύς,
χαλκόν τε χρυσόν τε πολύκμητόν τε σίδηρον.
καί νύ κεν ἐς δεκάτην γενεὴν ἕτερόν γ' ἔτι βόσκοι·   325
τόσσα οἱ ἐν μεγάρῳ κειμήλια κεῖτο ἄνακτος.
τὸν δ' ἐς Δωδώνην φάτο βήμεναι, ὄφρα θεοῖο
ἐκ δρυὸς ὑψικόμοιο Διὸς βουλὴν ἐπακοῦσαι,
ὅππως νοστήσει' Ἰθάκης ἐς πίονα δῆμον
ἤδη δὴν ἀπεών, ἦ ἀμφαδὸν ἦε κρυφηδόν.   330
ὤμοσε δὲ πρὸς ἔμ' αὐτόν, ἀποσπένδων ἐνὶ οἴκῳ,
νῆα κατειρύσθαι καὶ ἐπαρτέας ἔμμεν ἑταίρους,
οἳ δή μιν πέμψουσι φίλην ἐς πατρίδα γαῖαν.
ἀλλ' ἐμὲ πρὶν ἀπέπεμψε· τύχησε γὰρ ἐρχομένη νηῦς
ἀνδρῶν Θεσπρωτῶν ἐς Δουλίχιον πολύπυρον.   335
ἔνθ' ὅ γέ μ' ἠνώγει πέμψαι βασιλῆϊ Ἀκάστῳ

---

317 ἀπριάτην Rhianus.   318 αἴθρῳ Zen. Aristoph. Ar.: λύθρῳ al.   325 νύ
κεν] νῦν P H al.   326 τόσσα Ar. (πᾶσαι Did.), F, Eust.: ὅσσα vulg. (cp.
19. 295).   μεγάρῳ G: μεγάροις vulg.   328 ἐπακοῦσαι Aristoph. Herodian,
Sch. A. Π. 1. 5, al.: ὑπ' ἀκοῦσαί G: ἐπακούσῃ Ar., vulg.   329 νοστήσῃ MSS.:
but cp. 19. 298, where the metre requires νοστήσειε.   331 ἐπισπένδων ed. Aeolica.

---

315. The wind must now have gone
round from north-east to south or south-
east.   This change would come with a
violent storm, such as is described. 'But
from Crete to Thesprotia is the regular
course of drift (independent of the wind),
owing to the set of the main current of
circulation in the Mediterranean.   In
the same way St. Paul is "driven about
in Adria" (Acts xxvii. 27) for fourteen
days, before getting to Malta' (J. L. M.).

The story, however, is none the less im-
probable, considering the distance.
318. αἴθρος is a word only found here.
It seems to mean exposure to the air: cp.
the later ὑπαίθριος, ἐν ὑπαίθρῳ.
325. 'Would feed another (and so
on) to the tenth generation,' *i.e.* one
owner and then another to ten genera-
tions.
329. ὅππως νοστήσῃ 'how he should
return—whether openly or secretly.'

D 2

ἐνδυκέως· τοῖσιν δὲ κακὴ φρεσὶν ἥνδανε βουλή
ἀμφ' ἐμοί, ὄφρ' ἔτι πάγχυ δύης ἐπὶ πῆμα γενοίμην.
ἀλλ' ὅτε γαίης πολλὸν ἀπέπλω ποντοπόρος νηῦς,
αὐτίκα δούλιον ἦμαρ ἐμοὶ περιμηχανόωντο.   340
ἐκ μέν με χλαῖνάν τε χιτῶνά τε εἵματ' ἔδυσαν,
ἀμφὶ δέ μοι ῥάκος ἄλλο κακὸν βάλον ἠδὲ χιτῶνα,
ῥωγαλέα, τὰ καὶ αὐτὸς ἐν ὀφθαλμοῖσιν ὅρηαι·
ἑσπέριοι δ' Ἰθάκης εὐδειέλου ἔργ' ἀφίκοντο.
ἔνθ' ἐμὲ μὲν κατέδησαν ἐϋσσέλμῳ ἐνὶ νηΐ   345
ὅπλῳ ἐϋστρεφέϊ στερεῶς, αὐτοὶ δ' ἀποβάντες
ἐσσυμένως παρὰ θῖνα θαλάσσης δόρπον ἕλοντο.
αὐτὰρ ἐμοὶ δεσμὸν μὲν ἀνέγναμψαν θεοὶ αὐτοὶ
ῥηϊδίως· κεφαλῇ δὲ κατὰ ῥάκος ἀμφικαλύψας
ξεστὸν ἐφόλκαιον καταβὰς ἐπέλασσα θαλάσσῃ   350
στῆθος, ἔπειτα δὲ χερσὶ διήρεσσ' ἀμφοτέρῃσι
νηχόμενος, μάλα δ' ὦκα θύρηθ' ἔα ἀμφὶς ἐκείνων.
ἔνθ' ἀναβάς, ὅθι τε δρίος ἦν πολυανθέος ὕλης,
κείμην πεπτηώς. οἱ δὲ μεγάλα στενάχοντες
φοίτων· ἀλλ' οὐ γάρ σφιν ἐφαίνετο κέρδιον εἶναι   355
μαίεσθαι προτέρω, τοὶ μὲν πάλιν αὖτις ἔβαινον
νηὸς ἔπι γλαφυρῆς· ἐμὲ δ' ἔκρυψαν θεοὶ αὐτοὶ
ῥηϊδίως, καί με σταθμῷ ἐπέλασσαν ἄγοντες
ἀνδρὸς ἐπισταμένου· ἔτι γάρ νύ μοι αἶσα βιῶναι."
    Τὸν δ' ἀπαμειβόμενος προσέφης, Εὔμαιε συβῶτα·   360
" ἆ δειλὲ ξείνων, ἦ μοι μάλα θυμὸν ὄρινας

---

338 δύῃ ἔτι πῆμα γένηται Aristoph.   343 ῥωγαλέον Rhianus.   349 κεφαλὴν
Aristoph.   351 διήρεσα vulg.

337. ἐνδυκέως 'with all kindness': in
contrast to the κακὴ βουλή of the crew.
See the note on l. 62.
338. ἐπὶ πῆμα γενοίμην 'might be
brought into sorrow,' regarded as a place
reached: cp. κακῶν ἐπιβασκέμεν, Il. 2. 234.
343. ὅρηαι, formed as from a present
ὅρημαι (like δίζημαι). Many MSS. give
ὁρῇαι, which is the Doric form: cp.
ὁρῆτο, read by Zen. in Il. 1. 56, &c.
348. ἀνέγναμψαν 'bent back,' i.e.
untied: cp. 8. 359 δεσμὸν ἀνίει.

350. ἐφόλκαιον is probably a 'lading
plank,' to take in (ἐφέλκεσθαι) cargo.
'They are quite common on sailing
boats, and on steamers in the Mediter-
ranean. I have seen the lading plank
used in shoal water as a gangway'
(J. L. M.). See the fig. on p. 44.
ἐπέλασσα, sc. without a splash. His
head is disguised (l. 349), so as to look
like flotsam as he swims away.
352. θύρηθι 'out of the sea': cp. 5.
410 ἔκβασις ἁλὸς πολιοῖο θύραζε.

ταῦτα ἕκαστα λέγων, ὅσα δὴ πάθες ἠδ' ὅσ' ἀλήθης.
ἀλλὰ τά γ' οὐ κατὰ κόσμον, ὀΐομαι, οὐδέ με πείσεις
εἰπὼν ἀμφ' Ὀδυσῆϊ· τί σε χρὴ τοῖον ἐόντα
μαψιδίως ψεύδεσθαι; ἐγὼ δ' εὖ οἶδα καὶ αὐτὸς   365
νόστον ἐμοῖο ἄνακτος, ὅ τ' ἤχθετο πᾶσι θεοῖσι
πάγχυ μάλ', ὅττι μιν οὔ τι μετὰ Τρώεσσι δάμασσαν
ἠὲ φίλων ἐν χερσίν, ἐπεὶ πόλεμον τολύπευσε.
τῷ κέν οἱ τύμβον μὲν ἐποίησαν Παναχαιοί,
ἠδέ κε καὶ ᾧ παιδὶ μέγα κλέος ἦρατ' ὀπίσσω.   370
νῦν δέ μιν ἀκλειῶς ἅρπυιαι ἀνηρείψαντο.
αὐτὰρ ἐγὼ παρ' ὕεσσιν ἀπότροπος· οὐδὲ πόλινδε
ἔρχομαι, εἰ μή πού τι περίφρων Πηνελόπεια
ἐλθέμεν ὀτρύνῃσιν, ὅτ' ἀγγελίη ποθὲν ἔλθῃ.
ἀλλ' οἱ μὲν τὰ ἕκαστα παρήμενοι ἐξερέουσιν,   375
ἠμὲν οἳ ἄχνυνται δὴν οἰχομένοιο ἄνακτος,
ἠδ' οἳ χαίρουσιν βίοτον νήποινον ἔδοντες·
ἀλλ' ἐμοὶ οὐ φίλον ἐστὶ μεταλλῆσαι καὶ ἐρέσθαι,
ἐξ οὗ δή μ' Αἰτωλὸς ἀνὴρ ἐξήπαφε μύθῳ,
ὅς ῥ' ἄνδρα κτείνας, πολλὴν ἐπὶ γαῖαν ἀληθείς,   380
ἦλθεν ἐμὰ πρὸς δώματ'· ἐγὼ δέ μιν ἀμφαγάπαζον.
φῆ δέ μιν ἐν Κρήτεσσι παρ' Ἰδομενῆϊ ἰδέσθαι
νῆας ἀκειόμενον, τάς οἱ ξυνέαξαν ἄελλαι·
καὶ φάτ' ἐλεύσεσθαι ἢ ἐς θέρος ἢ ἐς ὀπώρην,

366 δ τ'] δς G : δδ' X D al.   369-370 om. G F P H U Eust. : cp. I. 239-240.

363. κατὰ κόσμον 'aright': supply
εἶπες by anticipation from οὐδέ με πείσεις
εἰπών. The poet meant to say εἶπες, but
the subordinate and parenthetical οὐδέ
με πείσεις, coming before εἶπες, changed
it to εἰπών. On this view ὀΐομαι 'I sus-
pect' is a parenthesis.
366. νόστον, acc. de quo : 'I know of
his return that he has come to be hated,'
i. e. that his return has been prevented
by the hatred.
370. ἦρατο is doubtless a false form,
due to an old confusion between ἠρόμην
or (without augment) ἀρόμην, the 2 aor.
of ἄρνυμαι 'to win,' and ἠράμην, the
1 aor. mid. of αἴρω 'to lift.' The latter

of these is post-Homeric, the Homeric
form of the verb being ἀείρω. For ἦρατο
therefore we should restore ἤρετο.
371. ἅρπυιαι 'the snatchers,' a word
formed like ὄργυια, ἄγυια, αἴθυια. The
verb from which it comes is probably
concealed in ἀνηρείψαντο, for which
Fick (Odyss. p. 2) has happily proposed
to read ἀνάρέψαντο, from ἀν-αρέπω, 'to
snatch up' (rapio). Thus there is a
play of language—'the snatchers have
snatched up.' See 20. 77, Il. 20. 234.
For ἅρπυιαι Fick would read ἀρέπυιαι
(a form given in the Et. Mag.): but
ἅρπυια is related to the supposed ἀρέπω
(or ἀρέπω) as ὄργυια to ὀρέγω.

πολλὰ χρήματ' ἄγοντα, σὺν ἀντιθέοις ἑτάροισι.   385
καὶ σύ, γέρον πολυπενθές, ἐπεί σέ μοι ἤγαγε δαίμων,
μήτε τί μοι ψεύδεσσι χαρίζεο μήτε τι θέλγε·
οὐ γὰρ τοὔνεκ' ἐγώ σ' αἰδέσσομαι οὐδὲ φιλήσω,
ἀλλὰ Δία ξένιον δείσας αὐτόν τ' ἐλεαίρων."

Τὸν δ' ἀπαμειβόμενος προσέφη πολύμητις Ὀδυσσεύς·   390
" ἦ μάλα τίς τοι θυμὸς ἐνὶ στήθεσσιν ἄπιστος,
οἷόν σ' οὐδ' ὀμόσας περ ἐπήγαγον οὐδέ σε πείθω.
ἀλλ' ἄγε νῦν ῥήτρην ποιησόμεθ'· αὐτὰρ ὄπισθε
μάρτυροι ἀμφοτέροισι θεοί, τοὶ Ὄλυμπον ἔχουσιν.
εἴ κεν νοστήσειεν ἄναξ τεὸς ἐς τόδε δῶμα,   395
ἕσσας με χλαῖνάν τε χιτῶνά τε εἵματα πέμψαι
Δουλίχιόνδ' ἰέναι, ὅθι μοι φίλον ἔπλετο θυμῷ·
εἰ δέ κε μὴ ἔλθῃσιν ἄναξ τεὸς ὡς ἀγορεύω,
δμῶας ἐπισσεύας βαλέειν μεγάλης κατὰ πέτρης,
ὄφρα καὶ ἄλλος πτωχὸς ἀλεύεται ἠπεροπεύειν."   400

Τὸν δ' ἀπαμειβόμενος προσεφώνεε δῖος ὑφορβός·
" ξεῖν', οὕτω γάρ κέν μοι ἐϋκλείη τ' ἀρετή τε
εἴη ἐπ' ἀνθρώπους ἅμα τ' αὐτίκα καὶ μετέπειτα,
ὅς σ' ἐπεὶ ἐς κλισίην ἄγαγον καὶ ξείνια δῶκα
αὖτις δὲ κτείναιμι φίλον τ' ἀπὸ θυμὸν ἑλοίμην·   405
πρόφρων κεν δὴ ἔπειτα Δία Κρονίωνα λιτοίμην.
νῦν δ' ὥρη δόρποιο· τάχιστά μοι ἔνδον ἑταῖροι
εἶεν, ἵν' ἐν κλισίῃ λαρὸν τετυκοίμεθα δόρπον."

389 ξείνιον X D, a. c. U : cp. 15. 514 ξεινίων G, 15. 546 ξεινίων G F P.   As ξεῖνος (not ξένος) is the Homeric form, these readings may be right, and so ξεινίη in 14. 158., 17. 155., 20. 230., 24. 286, 314 (Schulze, *Quaest. Ep.* p. 85).   393 ὄπισθεν G F P H al. : ὑπερθεν D U Eust.   395 εἴ κεν νοστήσειεν G : εἰ μέν κεν νοστήσῃ vulg.   On εἴ κεν see *H. G.* § 313.   406 Κρονίων' ἀλιτοίμην X D H², v.l. ap. Eust.

389. αὐτόν 'thyself.'
392. οἷον 'seeing that in such wise.'
402 ff. The form of the sentence is that in which the speaker begins by giving the reason, and then goes on to announce what he will do : but here the latter part is left unexpressed, being sufficiently conveyed by the ironical tone of what has been already said.
οὕτω 'on *that* plan,' 'if I did as *you* say.'   On Homeric ἀρετή cp. 13. 45.
405. δέ, apodosis to ἐπεὶ δῶκα.

406. 'I should be fain thereupon to entreat Zeus' (sc. Ζεὺς ξείνιος), *i. e.* to make my peace with him.   The aor. must refer to some *single* prayer to be made.   The usual rendering—'with good heart, forsooth, would I pray'—neglects the force of the tense.   Moreover, πρόφρων implies *eagerness* to do something, not confidence in doing it.   The reading ἀλιτοίμην 'I should (thereby) sin' is tempting, but gives a forced meaning to πρόφρων (= ἐθέλων γε), and to ἔπειτα.

*Ὣς οἱ μὲν τοιαῦτα πρὸς ἀλλήλους ἀγόρευον,
ἀγχίμολον δὲ σύες τε καὶ ἀνέρες ἦλθον ὑφορβοί.   410
τὰς μὲν ἄρα ἔρξαν κατὰ ἤθεα κοιμηθῆναι,
κλαγγὴ δ' ἄσπετος ὦρτο συῶν αὐλιζομενάων·
αὐτὰρ ὁ οἷς ἑτάροισιν ἐκέκλετο δῖος ὑφορβός·
" ἄξεθ' ὑῶν τὸν ἄριστον, ἵνα ξείνῳ ἱερεύσω
τηλεδαπῷ· πρὸς δ' αὐτοὶ ὀνησόμεθ', οἵ περ ὀϊζὺν   415
δὴν ἔχομεν πάσχοντες ὑῶν ἕνεκ' ἀργιοδόντων,
ἄλλοι δ' ἡμέτερον κάματον νήποινον ἔδουσιν."
*Ὣς ἄρα φωνήσας κέασε ξύλα νηλέϊ χαλκῷ,
οἱ δ' ὗν εἰσῆγον μάλα πίονα πενταέτηρον.
τὸν μὲν ἔπειτ' ἔστησαν ἐπ' ἐσχάρῃ· οὐδὲ συβώτης   420
λήθετ' ἄρ' ἀθανάτων· φρεσὶ γὰρ κέχρητ' ἀγαθῇσιν·
ἀλλ' ὃ γ' ἀπαρχόμενος κεφαλῆς τρίχας ἐν πυρὶ βάλλεν
ἀργιόδοντος ὑός, καὶ ἐπεύχετο πᾶσι θεοῖσι
νοστῆσαι Ὀδυσῆα πολύφρονα ὅνδε δόμονδε.
κόψε δ' ἀνασχόμενος σχίζῃ δρυός, ἣν λίπε κείων·   425
τὸν δ' ἔλιπε ψυχή. τοὶ δ' ἔσφαξάν τε καὶ εὖσαν·
αἶψα δέ μιν διέχευαν· ὁ δ' ὠμοθετεῖτο συβώτης,
πάντων ἀρχόμενος μελέων, ἐς πίονα δημόν.
καὶ τὰ μὲν ἐν πυρὶ βάλλε, παλύνας ἀλφίτου ἀκτῇ,
μίστυλλόν τ' ἄρα τἆλλα καὶ ἀμφ' ὀβελοῖσιν ἔπειραν,   430
ὤπτησάν τε περιφραδέως ἐρύσαντό τε πάντα,
βάλλον δ' εἰν ἐλεοῖσιν ἀολλέα· ἂν δὲ συβώτης
ἵστατο δαιτρεύσων· περὶ γὰρ φρεσὶν αἴσιμα ᾔδη.

424 = 21. 204, where it is more in place.   428 πάντων Ar.: πάντοθεν MSS.
433 δαιτρεύσων] δαιτρεύων G P U, perhaps rightly.

419. Imitation (or parody?) of Il. 2.
402. The epithet 'five years old' is proper for beef, but not for pork (Pierron a.l.).
422. ἀπαρχόμενος, = ἀποτέμνων ὡς ἄργμα (l. 446). In this sense it governs τρίχας: cp. Il. 19. 254 κάπρου ἀπὸ τρίχας ἀρξάμενος. See on Od. 3. 445-463.
425. ἀνασχόμενος 'raising his hand aloft,' Il. 23. 660 πὺξ μάλ' ἀνασχομένω.
428. ἐς δημόν, with ὠμοθετεῖτο. The swineherd cut pieces of raw meat as first offerings from each of the limbs and laid them in fat. This, properly

speaking, represented the share of the gods in the sacrifice: but in the division among the guests one share was reserved for the host's especial patrons (l. 435), the nymphs and Hermes.
432. ἂν δὲ συβώτης κτλ.   'In Greece this is still done with great ceremony, and beforehand. The host stands, and picks over the whole dish of bits, putting fair equivalents towards each of the guests, before helping on to the plates—a clear survival from the plateless stage' (J. L. M.).

καὶ τὰ μὲν ἔπταχα πάντα διεμοιρᾶτο δαΐζων·
τὴν μὲν ἴαν νύμφῃσι καὶ Ἑρμῇ, Μαιάδος υἱεῖ,	435
θῆκεν ἐπευξάμενος, τὰς δ' ἄλλας νεῖμεν ἑκάστῳ·
νώτοισιν δ' Ὀδυσῆα διηνεκέεσσι γέραιρεν
ἀργιόδοντος ὑός, κύδαινε δὲ θυμὸν ἄνακτος·
καί μιν φωνήσας προσέφη πολύμητις Ὀδυσσεύς·
" αἴθ' οὕτως, Εὔμαιε, φίλος Διὶ πατρὶ γένοιο	440
ὡς ἐμοί, ὅττι με τοῖον ἐόντ' ἀγαθοῖσι γεραίρεις."

Τὸν δ' ἀπαμειβόμενος προσέφης, Εὔμαιε συβῶτα·
" ἔσθιε, δαιμόνιε ξείνων, καὶ τέρπεο τοῖσδε,
οἷα πάρεστι· θεὸς δὲ τὸ μὲν δώσει, τὸ δ' ἐάσει,
ὅττι κεν ᾧ θυμῷ ἐθέλῃ· δύναται γὰρ ἅπαντα."	445

Ἦ ῥα καὶ ἄργματα θῦσε θεοῖς αἰειγενέτῃσι,
σπείσας δ' αἴθοπα οἶνον Ὀδυσῆϊ πτολιπόρθῳ
ἐν χείρεσσιν ἔθηκεν· ὁ δ' ἕζετο ᾗ παρὰ μοίρῃ.
σῖτον δέ σφιν ἔνειμε Μεσαύλιος, ὅν ῥα συβώτης
αὐτὸς κτήσατο οἶος ἀποιχομένοιο ἄνακτος,	450
νόσφιν δεσποίνης καὶ Λαέρταο γέροντος·
πὰρ δ' ἄρα μιν Ταφίων πρίατο κτεάτεσσιν ἑοῖσιν.
οἱ δ' ἐπ' ὀνείαθ' ἑτοῖμα προκείμενα χεῖρας ἴαλλον.
αὐτὰρ ἐπεὶ πόσιος καὶ ἐδητύος ἐξ ἔρον ἔντο,
σῖτον μέν σφιν ἀφεῖλε Μεσαύλιος, οἱ δ' ἐπὶ κοῖτον	455
σίτου καὶ κρειῶν κεκορημένοι ἐσσεύοντο.

Νὺξ δ' ἄρ' ἐπῆλθε κακή, σκοτομήνιος· ὗε δ' ἄρα Ζεὺς
πάννυχος, αὐτὰρ ἄη Ζέφυρος μέγας αἰὲν ἔφυδρος.
τοῖς δ' Ὀδυσεὺς μετέειπε, συβώτεω πειρητίζων,
εἴ πώς οἱ ἐκδὺς χλαῖναν πόροι, ἤ τιν' ἑταίρων	460
ἄλλον ἐποτρύνειεν, ἐπεί ἑο κήδετο λίην·

---

443 τοῖσδε] Read perhaps τοῖσιν, which makes a better antecedent to οἷα πάρεστι.
449 σφ' ἔνειμε G.	456 κρειῶν] see on l. 28.	457 δ' ἄρ' (or δ' ἄρ)
G F U Eust.: γὰρ P H X al.	460 ἤ πως F.

435. Ἑρμῇ. The usual Homeric form
of the name is Ἑρμείας: hence there
must be some doubt of the genuineness
of ll. 435-436. It may be noted that
the giving of the chine as γέρας would
come *before* the division.

446. ἄργματα 'the firstling pieces,'
as described in l. 428.
457. σκοτομήνιος ' in the dark (part
of the) month,' *i. e.* when there was no
moon. It was then four days to the
new moon : see on ll. 158-162.

" κέκλυθι νῦν, Εὔμαιε καὶ ἄλλοι πάντες ἑταῖροι,
εὐξάμενός τι ἔπος ἐρέω· οἶνος γὰρ ἀνώγει
ἠλεός, ὅς τ' ἐφέηκε πολύφρονά περ μάλ' ἀεῖσαι
καί θ' ἁπαλὸν γελάσαι, καί τ' ὀρχήσασθαι ἀνῆκε,   465
καί τι ἔπος προέηκεν ὃ πέρ τ' ἄρρητον ἄμεινον.
. ἀλλ' ἐπεὶ οὖν τὸ πρῶτον ἀνέκραγον, οὐκ ἐπικεύσω.
εἴθ' ὣς ἡβώοιμι, βίη τέ μοι ἔμπεδος εἴη,
ὡς ὅθ' ὑπὸ Τροίην λόχον ἤγομεν ἀρτύναντες.
ἡγείσθην δ' Ὀδυσεύς τε καὶ Ἀτρεΐδης Μενέλαος,   470
τοῖσι δ' ἅμα τρίτος ἦρχον ἐγών· αὐτοὶ γὰρ ἄνωγον.
ἀλλ' ὅτε δή ῥ' ἱκόμεσθα ποτὶ πτόλιν αἰπύ τε τεῖχος,
ἡμεῖς μὲν περὶ ἄστυ κατὰ ῥωπήϊα πυκνά,
ἂν δόνακας καὶ ἕλος, ὑπὸ τεύχεσι πεπτηῶτες
κείμεθα, νὺξ δ' ἄρ' ἐπῆλθε κακὴ Βορέαο πεσόντος,   475
πηγυλίς· αὐτὰρ ὕπερθε χιὼν γένετ' ἠΰτε πάχνη,
ψυχρή, καὶ σακέεσσι περιτρέφετο κρύσταλλος.
ἔνθ' ἄλλοι πάντες χλαίνας ἔχον ἠδὲ χιτῶνας,
εὗδον δ' εὔκηλοι, σάκεσιν εἰλυμένοι ὤμους·
αὐτὰρ ἐγὼ χλαῖναν μὲν ἰὼν ἑτάροισιν ἔλειπον   480
ἀφραδίῃς, ἐπεὶ οὐκ ἐφάμην ῥιγωσέμεν ἔμπης,
ἀλλ' ἑπόμην σάκος οἶον ἔχων καὶ ζῶμα φαεινόν.
ἀλλ' ὅτε δὴ τρίχα νυκτὸς ἔην, μετὰ δ' ἄστρα βεβήκει,

466 προέηκεν Ar. MSS. (cp. 20. 105): παρέθηκεν Aristoph. (prob. understanding it in the sense of Attic παρέστησεν 'put into his mind'). 473 περὶ D U : παρὰ F M : προτὶ G P H al. 474 τεύχεσι Ar. : τείχεσι ancient v. l.

463. εὐξάμενος ἐρέω 'I will say with a wish,' i.e. give utterance to a wish. The aorist participle expresses *coincidence* with the action of the verb.
464. ἠλεός 'mad,' as being the cause of madness. So Διόνυσος is the 'mad god,' μαινόμενος (Il. 6. 132). '
467. τὸ πρῶτον 'once.' ἀνέκραγον 'raised my voice,' 'spoke out': the word has a colloquial stamp.
473. περὶ ἄστυ is used (with some vagueness) of besiegers : Il. 8. 519., 24. 548.
475. πεσόντος 'having fallen,' i.e. ceased to blow: so 19. 202 ἄνεμος πέσε.
476. The emendation ἠΰτε λάχνη (Naber) is very plausible.

477. περιτρέφετο 'grew thick,' 'solid,' cp. Od. 9. 246 (of milk curdling), 23. 237 περὶ χροΐ τέτροφεν ἄλμη.
479. The large oval 'Mycenaean' shield was swung round to the back, and served as a shelter, almost as an outer garment: see Reichel, *Ueber homerische Waffen*, p. 20.
481. ἔμπης, i.e. even without a χλαῖνα.
482. He has on a χιτών (l. 489): but that is always taken for granted. So in Il. 22. 124 Hector is γυμνός when he puts off his shield and helmet.
ζῶμα, a leather apron or kilt : note the absence of a θώρηξ, Reichel, p. 109.
483. τρίχα νυκτός 'the third part of the night,' see on 12. 312.

καὶ τότ' ἐγὼν Ὀδυσῆα προσηύδων ἐγγὺς ἐόντα
ἀγκῶνι νύξας· ὁ δ' ἄρ' ἐμμαπέως ὑπάκουσε·　　485
' διογενὲς Λαερτιάδη, πολυμήχαν' Ὀδυσσεῦ,
οὔ τοι ἔτι ζωοῖσι μετέσσομαι, ἀλλά με χεῖμα
δάμναται· οὐ γὰρ ἔχω χλαῖναν· παρά μ' ἤπαφε δαίμων
οἰοχίτων' ἔμεναι· νῦν δ' οὐκέτι φυκτὰ πέλονται.'
ὣς ἐφάμην, ὁ δ' ἔπειτα νόον σχέθε τόνδ' ἐνὶ θυμῷ,　　490
οἷος κεῖνος ἔην βουλευέμεν ἠδὲ μάχεσθαι,
φθεγξάμενος δ' ὀλίγῃ ὀπί με πρὸς μῦθον ἔειπε·
' σίγα νῦν, μή τίς σευ Ἀχαιῶν ἄλλος ἀκούσῃ.'
ἦ καὶ ἐπ' ἀγκῶνος κεφαλὴν σχέθεν εἶπέ τε μῦθον·
' κλῦτε, φίλοι· θεῖός μοι ἐνύπνιον ἦλθεν ὄνειρος.　　495
λίην γὰρ νηῶν ἑκὰς ἤλθομεν· ἀλλά τις εἴη
εἰπεῖν Ἀτρεΐδῃ Ἀγαμέμνονι, ποιμένι λαῶν,
εἰ πλέονας παρὰ ναῦφιν ἐποτρύνειε νέεσθαι.'
ὣς ἔφατ', ὦρτο δ' ἔπειτα Θόας, Ἀνδραίμονος υἱός,
καρπαλίμως, ἀπὸ δὲ χλαῖναν θέτο φοινικόεσσαν,　　500
βῆ δὲ θέειν ἐπὶ νῆας· ἐγὼ δ' ἐνὶ εἵματι κείνου
κείμην ἀσπασίως, φάε δὲ χρυσόθρονος Ἠώς.
ὣς νῦν ἡβώοιμι βίη τέ μοι ἔμπεδος εἴη·
[δοίη κέν τις χλαῖναν ἐνὶ σταθμοῖσι συφορβῶν,
ἀμφότερον, φιλότητι καὶ αἰδοῖ φωτὸς ἐῆος·　　505
νῦν δέ μ' ἀτιμάζουσι κακὰ χροΐ εἵματ' ἔχοντα.]'"
　　Τὸν δ' ἀπαμειβόμενος προσέφης, Εὔμαιε συβῶτα·
"ὦ γέρον, αἶνος μέν τοι ἀμύμων, ὃν κατέλεξας,

---

488 ἤλασε Callistratus.　　489 ἵμεναι Callistratus.　　491 βουλευέμεν ἠδὲ
μάχεσθαι] τελέσαι ἔργον τε ἔπος τε v. l. ap. Eust.　　494 σχέθεν] θέτο F P H M X.
500 θέτο G D U al.: βάλε F P H X.　　504-506 obel. M (καὶ ὁ Ἀθηνοκλῆς
προηθέτει Schol. H).

490. τόνδε 'this' (which follows),
viz. the device of sending Thoas.

495. This line is perhaps an interpola-
tion, as Aristarchus thought. from Il. 2.
56. We expect to be told what this
dream was, what it said, &c. In any
case λίην γὰρ κτλ. is the real beginning
of the speech, 'since we are so far &c.'
But a form of address, such as κλῦτε
φίλοι, cannot well be dispensed with.

504-506. These lines were rejected by
ancient critics. They are weak in them-
selves and spoil the preceding story, the
point of which is that it hints at the
need of a cloak without directly asking
for one.

508. αἶνος 'a tale,' 'account.' The
meanings 'fable' and 'praise' are not
clearly to be traced in Homer.

οὐδέ τί πω παρὰ μοῖραν ἔπος νηκερδὲς ἔειπες·
τῷ οὔτ' ἐσθῆτος δευήσεαι οὔτε τευ ἄλλου,   510
ὧν ἐπέοιχ' ἱκέτην ταλαπείριον ἀντιάσαντα,
νῦν· ἀτὰρ ἠῶθέν γε τὰ σὰ ῥάκεα δνοπαλίξεις.
οὐ γὰρ πολλαὶ χλαῖναι ἐπημοιβοί τε χιτῶνες
ἐνθάδε ἕννυσθαι, μία δ' οἵη φωτὶ ἑκάστῳ.
[αὐτὰρ ἐπὴν ἔλθῃσιν 'Οδυσσῆος φίλος υἱός,   515
αὐτός τοι χλαῖνάν τε χιτῶνά τε εἵματα δώσει,
πέμψει δ' ὅππῃ σε κραδίη θυμός τε κελεύει.]"

*Ὣς εἰπὼν ἀνόρουσε, τίθει δ' ἄρα οἱ πυρὸς ἐγγὺς
εὐνήν, ἐν δ' οἰῶν τε καὶ αἰγῶν δέρματ' ἔβαλλεν.
ἔνθ' 'Οδυσεὺς κατέλεκτ'· ἐπὶ δὲ χλαῖναν βάλεν αὐτῷ   520
πυκνὴν καὶ μεγάλην, ἥ οἱ παρεκέσκετ' ἀμοιβάς,
ἕννυσθαι ὅτε τις χειμὼν ἔκπαγλος ὄροιτο.

*Ὣς ὁ μὲν ἔνθ' 'Οδυσεὺς κοιμήσατο, τοὶ δὲ παρ' αὐτὸν
ἄνδρες κοιμήσαντο νεηνίαι· οὐδὲ συβώτῃ
ἥνδανεν αὐτόθι κοῖτος, ὑῶν ἄπο κοιμηθῆναι,   525

509 ἔειπες] ἔνισπες F M.   515-517 om. G F P H M X al.: cp. 15. 337-339,
where the lines are in place.   519 οἰῶν MSS.   521 μεγάλην] μαλακήν
F M al. παρεκέσκετ' Ar.: others (ἔν τισι Did.) παραχέσκετ'. MSS. are divided;
παρακέσκετ' G: παρέσκετ' P: παρεκέσκετ', παρεχέσκετ' al.   522 ἕννυσθαι
Aristoph. Rhianus: the true Ionic form, cp. εἷμα.

511. See on 6. 193.
512. δνοπαλίξεις has caused some
difficulty. The meaning evidently is
that Ulysses must wear his own rags
again next day. In the Iliad the verb
δνοπαλίζω seems to mean 'to knock
aside' or 'against.' So metaphorically
a man may be said to knock about the
clothes which he wears. The word is
doubtless colloquial, like so much of
the vocabulary of the Odyssey: cp.
14. 467., 15. 426, 445., 16. 63.
519. The gen. sing. and plur. of δῖς
appear in our texts of Homer in the
forms ὄιος, ὄιων and οἰός, οἰῶν. In a
majority of the passages (eighteen out of
twenty-eight) the disyllabic οἰός, οἰῶν
are required by the metre. In the re-
maining instances (as here) the metre
admits either form. The MSS. favour
ὄιος in Il. 9. 207., 15. 373 (but οἰός in H
and others), Od. 4. 764: οἰῶν in Il. 3.

198, Od. 9. 167., 14. 519., 20. 3; δῖον
in Il. 18. 529, Od. 9. 441, 443. The an-
cients were divided. Aristarchus wrote
οἰῶν (see La Roche on Il. 3. 198), and
presumably also οἰός. Others, repre-
sented by Herodian, preferred δῖος, δῖων.
They argued from the nom., which in
Homer is always δῖς (not οἷς, as in
Attic): so that the regular Ionic gen.
would be δῖ-ος, δῖ-ων. But οἰός and
οἰῶν, as the accent shows, are not con-
tracted from δῖος, δῖων, but come directly
from ὀϝι-ός, ὀϝι-ῶν: as ὄσσε from δκι-ε,
and similarly δουρός, γουνός from δορϝ-ός,
γονϝ-ός. Hence it is very probable that
the forms ὄιος, δίων are fictitious: as are
the gen. plur. δίων and the datives πτόλιι,
μήτιι, κόνιι, &c. introduced by some
modern grammarians.
521. ἀμοιβάς 'a change' = ἐπημοιβός
(14. 513).
525. ὑῶν 'the boars,' see l. 16 (supra).

ἀλλ' ὅ γ' ἄρ' ἔξω ἰὼν ὡπλίζετο· χαῖρε δ' Ὀδυσσεύς,
ὅττι ῥά οἱ βιότου περικήδετο νόσφιν ἐόντος.
πρῶτον μὲν ξίφος ὀξὺ περὶ στιβαροῖς βάλετ' ὤμοις,
ἀμφὶ δὲ χλαῖναν ἑέσσατ' ἀλεξάνεμον, μάλα πυκνήν,
ἂν δὲ νάκην ἕλετ' αἰγὸς ἐϋτρεφέος μεγάλοιο,   530
εἵλετο δ' ὀξὺν ἄκοντα, κυνῶν ἀλκτῆρα καὶ ἀνδρῶν.
βῆ δ' ἴμεναι κείων ὅθι περ σύες ἀργιόδοντες
πέτρῃ ὕπο γλαφυρῇ εὗδον, Βορέω ὑπ' ἰωγῇ.

528 στιβαροὺς . . . ὤμους F, perhaps rightly, since the dat. plur. in -οις is probably not Homeric (*H. G.* § 102). But the true reading may be στιβαρῷ . . . ὤμῳ: as in the recurring περὶ δὲ ξίφος ὀξὺ θέτ' ὤμῳ (Od. 2. 3., 4. 308., 20. 125). Cp. however 6. 235., 8. 19., 15. 61., 23. 162.

526. ὡπλίζετο 'furnished himself,' 'took what he needed for his bivouac.' The going out (ἔξω ἰών) properly comes after this furnishing, but is put first as being the main action: cp. 13. 274.

527. ἐόντος is a possessive gen. governed by βιότου, instead of being construed with οἱ. For other examples see *H. G.* § 243 (*d*).

532. κείων, a fut. participle, always construed, as the Homeric rule requires (*H. G.* § 244), with a verb of *motion*: cp. 18. 428., 19. 48., 23. 292, Il. 14. 340, and the recurring κακκείοντες ἔβαν κτλ.; also Od. 7. 342 ὅρσο κέων. In 18. 408 ἀλλ' εὖ δαισάμενοι κατακείετε οἴκαδ' ἰόντες (= 7. 188) we have the corresponding indicative (not an im-

perative, see the note *a. l.*); and the infiniti e in 8. 315 οὐ μὲν σφεας ἔτ' ἔολπα . . . κειέμεν. The fut. may also be seen in κείω (19. 340) and κατακείομεν (18. 419); but in both these places Homeric usage points rather to the subj. of an aorist ἔκεια, of which Hesychius has preserved the inf. (κακκείαι· κοιμηθῆναι). For the formation cp. ἔκευα: also δέατο *seemed*, which is for δεί-ατο. There is no good evidence in Homer of a pres. κείω or κίω: hence the hypothesis of a Desiderative κείω (for κιι-ψω) seems unnecessary (see however Schulze, *Quaest. Ep.* p. 246).

533. Βορέω ἰωγή 'shelter *from* the north wind.'

A MEDITERRANEAN VESSEL, WITH LADING PLANK.
From a drawing by Mr. J. L. Myres.

ΟΔΥΣΣΕΙΑΣ Ο

Τηλεμάχου πρὸς Εὔμαιον ἄφιξις.

'Η δ' εἰς εὐρύχορον Λακεδαίμονα Παλλὰς Ἀθήνη
ᾤχετ', Ὀδυσσῆος μεγαθύμου φαίδιμον υἱὸν
νόστου ὑπομνήσουσα καὶ ὀτρυνέουσα νέεσθαι.
εὗρε δὲ Τηλέμαχον καὶ Νέστορος ἀγλαὸν υἱὸν
εὕδοντ' ἐν προδόμῳ Μενελάου κυδαλίμοιο·   5
ἦ τοι Νεστορίδην μαλακῷ δεδμημένον ὕπνῳ,
Τηλέμαχον δ' οὐχ ὕπνος ἔχε γλυκύς, ἀλλ' ἐνὶ θυμῷ
νύκτα δι' ἀμβροσίην μελεδήματα πατρὸς ἔγειρεν.
ἀγχοῦ δ' ἱσταμένη προσέφη γλαυκῶπις Ἀθήνη·
" Τηλέμαχ', οὐκέτι καλὰ δόμων ἄπο τῆλ' ἀλάλησαι,   10
κτήματά τε προλιπὼν ἄνδρας τ' ἐν σοῖσι δόμοισιν
οὕτω ὑπερφιάλους· μή τοι κατὰ πάντα φάγωσι
κτήματα δασσάμενοι, σὺ δὲ τηϋσίην ὁδὸν ἔλθῃς.
ἀλλ' ὄτρυνε τάχιστα βοὴν ἀγαθὸν Μενέλαον
πεμπέμεν, ὄφρ' ἔτι οἴκοι ἀμύμονα μητέρα τέτμῃς.   15
ἤδη γάρ ῥα πατήρ τε κασίγνητοί τε κέλονται
Εὐρυμάχῳ γήμασθαι· ὁ γὰρ περιβάλλει ἅπαντας
μνηστῆρας δώροισι καὶ ἐξώφελλεν ἔεδνα·
μή νύ τι σεῦ ἀέκητι δόμων ἐκ κτῆμα φέρηται.
οἶσθα γὰρ οἷος θυμὸς ἐνὶ στήθεσσι γυναικός·   20

11 κτήματα F D Eust.: χρήματα G P H U al.: cp. 13. 203.   16 γάρ ῥα vulg.:
γάρ U : γάρ τε P L W : γάρ ἱ Bothe.   19 obel. Aristoph.

The scene changes to Sparta, whither
we follow Athene (13. 440). As the last
book ended with the coming on of night,
the story must now begin with the next
day, the 36th. The chronology is not
quite clear: see 17. 515.

4–7. There is an apparent contra-
diction : 'she found both sleeping . . .
but Telemachus was not sleeping.' It
may remind us of the famous contra-
diction about Zeus, between Il. 1. 611
and 2. 2. In both places the difficulty
lies in the epic style of narration.

8. μελεδήματα πατρός 'his anxious
thoughts about his father.'
ἔγειρεν 'roused,' 'kept him awake.'
10. τῆλε is perhaps said with allusion
to the name Τηλέμαχος.
19. φέρηται 'carry with her,' 'carry
off.' Aristophanes is said to have re-
jected the line ἐπὶ σμικρολογίᾳ, on ac-
count of the meanness to which it
appeals. But it is necessary to the next
sentence, οἶσθα γὰρ κτλ. The ancient
critics were apt to judge Homeric senti-
ment from their own standard.

κείνου βούλεται οἶκον ὀφέλλειν ὅς κεν ὀπυίῃ,
παίδων δὲ προτέρων καὶ κουριδίοιο φίλοιο
οὐκέτι μέμνηται τεθνηότος οὐδὲ μεταλλᾷ.
ἀλλὰ σύ γ' ἐλθὼν αὐτὸς ἐπιτρέψειας ἕκαστα
δμῳάων ἥ τίς τοι ἀρίστη φαίνεται εἶναι,　　　　　　25
εἰς ὅ κέ τοι φήνωσι θεοὶ κυδρὴν παράκοιτιν.
ἄλλο δέ τοί τι ἔπος ἐρέω, σὺ δὲ σύνθεο θυμῷ.
μνηστήρων σ' ἐπιτηδὲς ἀριστῆες λοχόωσιν
ἐν πορθμῷ Ἰθάκης τε Σάμοιό τε παιπαλοέσσης,
ἱέμενοι κτεῖναι, πρὶν πατρίδα γαῖαν ἱκέσθαι.　　　30
ἀλλὰ τά γ' οὐκ ὀΐω· πρὶν καί τινα γαῖα καθέξει
ἀνδρῶν μνηστήρων, οἵ τοι βίοτον κατέδουσιν.
ἀλλὰ ἑκὰς νήσων ἀπέχειν εὐεργέα νῆα,
νυκτὶ δ' ὁμῶς πλείειν· πέμψει δέ τοι οὖρον ὄπισθεν
ἀθανάτων ὅς τίς σε φυλάσσει τε ῥύεταί τε.　　　35
αὐτὰρ ἐπὴν πρώτην ἀκτὴν Ἰθάκης ἀφίκηαι,
νῆα μὲν ἐς πόλιν ὀτρῦναι καὶ πάντας ἑταίρους,
αὐτὸς δὲ πρώτιστα συβώτην εἰσαφικέσθαι,
ὅς τοι ὑῶν ἐπίουρος, ὁμῶς δέ τοι ἤπια οἶδεν.
ἔνθα δὲ νύκτ' ἀέσαι· τὸν δ' ὀτρῦναι πόλιν εἴσω　　　40
ἀγγελίην ἐρέοντα περίφρονι Πηνελοπείῃ,
οὕνεκά οἱ σῶς ἐσσι καὶ ἐκ Πύλου εἰλήλουθας."
　Ἣ μὲν ἄρ' ὣς εἰποῦσ' ἀπέβη πρὸς μακρὸν Ὄλυμπον,
αὐτὰρ ὁ Νεστορίδην ἐξ ἡδέος ὕπνου ἔγειρε

---

21 ὅς κεν vulg.: ὅς τις P.　ὀπυίοι MSS.　42 σῶς, see on 19. 300., 22. 28.

21. The use of ὅς κεν in a gnomic sentence is unusual; but cp. l. 55. It might be defended here on the ground that βούλεται ὀφέλλειν is felt as a future. But it is of little use to discuss the syntax until the F of Ϝοῖκον has been restored. In any case the subj. ὀπυίῃ is probably right: ὀπυίοι comes from 2. 336., 16. 386.

22. κουριδίοιο, sc. ἀνδρός: cp. 19. 266.

24-26. These three lines were rejected by some ancient critics, on the ground that they do not lead to anything in the subsequent story.

ἐπιτρέψειας, opt. as a polite form of imperative: 'I would have you entrust.'

28. ἐπιτηδές ' of set purpose.'

33. ἑκὰς νήσων, i. e. keeping close to the mainland. In νήσων the reference must be especially to Cephallonia, as the suitors lay in wait between that island and Ithaca. But the phrase seems regularly to denote the three islands often mentioned with Ithaca—Δουλίχιόν τε Σάμη τε καὶ ὑλήεσσα Ζάκυνθος. These are described as lying πρὸς Ἤλιδος (21. 347), and had therefore to be passed by Telemachus. See on 15. 299-300.

34. ὁμῶς, i. e. as well as by day: cp. the phrase ὁμῶς νύκτας τε καὶ ἦμαρ.

39. ὁμῶς κτλ. See on 13. 405.

λὰξ ποδὶ κινήσας, καί μιν πρὸς μῦθον ἔειπεν·   45
" ἔγρεο, Νεστορίδη Πεισίστρατε, μώνυχας ἵππους
ζεῦξον ὑφ' ἅρματ' ἄγων, ὄφρα πρήσσωμεν ὁδοῖο."

Τὸν δ' αὖ Νεστορίδης Πεισίστρατος ἀντίον ηὔδα·
" Τηλέμαχ', οὔ πως ἔστιν ἐπειγομένους περ ὁδοῖο
νύκτα διὰ δνοφερὴν ἐλάαν· τάχα δ' ἔσσεται ἠώς.   50
ἀλλὰ μέν' εἰς ὅ κε δῶρα φέρων ἐπιδίφρια θήῃ
ἥρως Ἀτρεΐδης, δουρικλειτὸς Μενέλαος,
καὶ μύθοις ἀγανοῖσι παραυδήσας ἀποπέμψῃ.
τοῦ γάρ τε ξεῖνος μιμνήσκεται ἤματα πάντα
ἀνδρὸς ξεινοδόκου, ὅς κεν φιλότητα παράσχῃ."   55
Ὣς ἔφατ', αὐτίκα δὲ χρυσόθρονος ἤλυθεν Ἠώς.
ἀγχίμολον δέ σφ' ἦλθε βοὴν ἀγαθὸς Μενέλαος,
ἀνστὰς ἐξ εὐνῆς, Ἑλένης πάρα καλλικόμοιο.
τὸν δ' ὡς οὖν ἐνόησεν Ὀδυσσῆος φίλος υἱός,
σπερχόμενός ῥα χιτῶνα περὶ χροῒ σιγαλόεντα   60
δῦνεν, καὶ μέγα φᾶρος ἐπὶ στιβαροῖς βάλετ' ὤμοις
ἥρως, βῆ δὲ θύραζε, παριστάμενος δὲ προσηύδα
[Τηλέμαχος, φίλος υἱὸς Ὀδυσσῆος θείοιο]·
"Ἀτρεΐδη Μενέλαε διοτρεφές, ὄρχαμε λαῶν,
ἤδη νῦν μ' ἀπόπεμπε φίλην ἐς πατρίδα γαῖαν·   65
ἤδη γάρ μοι θυμὸς ἐέλδεται οἴκαδ' ἱκέσθαι."

Τὸν δ' ἠμείβετ' ἔπειτα βοὴν ἀγαθὸς Μενέλαος·
" Τηλέμαχ', οὔ τί σ' ἔγωγε πολὺν χρόνον ἐνθάδ' ἐρύξω
ἱέμενον νόστοιο· νεμεσσῶμαι δὲ καὶ ἄλλῳ
ἀνδρὶ ξεινοδόκῳ, ὅς κ' ἔξοχα μὲν φιλέῃσιν,   70
ἔξοχα δ' ἐχθαίρῃσιν· ἀμείνω δ' αἴσιμα πάντα.
ἶσόν τοι κακόν ἐσθ', ὅς τ' οὐκ ἐθέλοντα νέεσθαι
ξεῖνον ἐποτρύνει καὶ ὃς ἐσσύμενον κατερύκει.

61 στιβαροῖς ὤμοις] see 14. 528.   63 om. vulg.   66 ἐέλδετο ? (H. G. § 73).

45. Ar. and modern critics object to λὰξ ποδὶ κτλ. as absurd when the man to be wakened was in a bed. But we do not know the form of the bed. In the parallel Il. 10. 158 this point is equally undetermined.

70. The opposition expressed by φι-λέῃσιν and ἐχθαίρῃσι is repeated and explained in 72-73. Too much kindness, shown in keeping a guest against his will, is as bad as sending him away before he wishes to go. But the gnomic line 74 is clearly an addition, as such a line is apt to be.

[χρὴ ξεῖνον παρεόντα φιλεῖν, ἐθέλοντα δὲ πέμπειν.]
ἀλλὰ μέν' εἰς ὅ κε δῶρα φέρων ἐπιδίφρια θείω   75
καλά, σὺ δ' ὀφθαλμοῖσιν ἴδῃς, εἴπω δὲ γυναιξὶ
δεῖπνον ἐνὶ μεγάροις τετυκεῖν ἅλις ἔνδον ἐόντων.
ἀμφότερον κῦδός τε καὶ ἀγλαΐη καὶ ὄνειαρ
δειπνήσαντας ἴμεν πολλὴν ἐπ' ἀπείρονα γαῖαν.
εἰ δ' ἐθέλεις τραφθῆναι ἀν' Ἑλλάδα καὶ μέσον Ἄργος,   80

74 ἐν πολλοῖς οὐκ ἐφέρετο Ariston.: see the note on l. 70.   76 ἴδῃς MSS.: ἴδῃ
Ar. (as we gather from the scholia on Il. 1. 203., 3. 163., &c.). ἴδῃς was read by
Zenodotus, and has most support in the manuscripts, especially in the Odyssey.
Moreover the true Homeric form was ἴδηαι, which is not likely to have been
contracted: *H. G.* § 378*, 2, *a*.   78–85 were rejected by Ar. (obel. M).

78. ἀμφότερον is adverbial. A feast is both an honour (κῦδος καὶ ἀγλαΐη) and a benefit (ὄνειαρ).

80–85. This passage has been recently discussed by Mr. J. B. Bury in the *Journal of Hellenic Studies*, vol. xv. pp. 217-238, with especial reference to the words ἀν' Ἑλλάδα καὶ μέσον Ἄργος. These words are generally understood as a poetical or traditional periphrasis for the whole of Greece,—Hellas (a part of Thessaly) representing the north and Argos the Peloponnesus. Mr. Bury points out that, if this is so, the offer here made by Menelaus is a strange one. Telemachus has just entreated to be allowed to return home at once. How could Menelaus, who has himself been dwelling on the duty of speeding the parting guest, suddenly propose to be his companion on so long a tour? In seeking for a solution of this difficulty, Mr. Bury is led to examine afresh the old question (Thuc. 1. 3, &c.) of the different uses of the names Ἑλλάς and Ἕλληνες. Among other results he arrives at the conclusion that, just as in the Iliad the names Ἑλλάς and Ἀχαιοί are closely associated in Thessaly, so the name Ἑλλάς at a somewhat later time was applied to the 'Achaia' of history, the north coast-land of the Poloponnesus. If then this is the sense of the term in the passage before us, Menelaus does not invite Telemachus to go with him all over Greece, but only to make a *détour* through Argolis and Achaia—countries then under the dominion of the Atridae.

It is impossible here to discuss Mr. Bury's history of the name Ἑλλάς: but a word may be said regarding its application to the Odyssey. In the first place,

the difficulty with which he begins is surely not insuperable. Granting that Telemachus was not likely to accept the invitation, it may be that ancient manners required some such speech from the host —the μῦθοι ἀγανοί promised by Pisistratus (l. 53). And the main purpose of Telemachus, the quest of news of his father, though not again mentioned here, must be supposed present to the minds of both. Moreover, the difficulty is not one that is very much diminished by Mr. Bury's interpretation. For surely it lies (poetically at least) not so much in the length of the proposed journey as in the fact of such an expedition being proposed at that moment. Again, the phrase ἀν' Ἑλλάδα καὶ μέσον Ἄργος is (or became) a piece of Epic commonplace. In Od. 1. 344 (= 4. 726, 816) τοῦ κλέος εὐρὺ καθ' Ἑλλάδα καὶ μέσον Ἄργος it seems to mean Greece generally. Moreover, it is plainly a variation of the line Ἄργος ἐς ἱππόβοτον καὶ Ἀχαιΐδα καλλιγύναικα, which is also of a traditional type. The meaning of these phrases no doubt changed with time and circumstances; but it must always have been wide and conventional. It is hard to believe that Menelaus would use them to describe a route which he particularly wished to represent as a definite and limited one.

The phrase μέσον Ἄργος is not to be pressed: cp. Il. 6. 224 Ἄργεϊ μέσσῳ. There is nothing to connect it with a distinction between Argos in the narrower sense of the Argive plain and in the wider sense in which it includes a large part (if not the whole) of Peloponnesus.

80. The apodosis to εἰ δ' ἐθέλεις

ὄφρα τοι αὐτὸς ἔπωμαι, ὑποζεύξω δέ τοι ἵππους,
ἄστεα δ' ἀνθρώπων ἡγήσομαι· οὐδέ τις ἡμέας
αὔτως ἀππέμψει, δώσει δέ τι ἔν γε φέρεσθαι,
ἠέ τινα τριπόδων ἐϋχάλκων ἠὲ λεβήτων,
ἠὲ δύ' ἡμιόνους ἠὲ χρύσειον ἄλεισον." 85

Τὸν δ' αὖ Τηλέμαχος πεπνυμένος ἀντίον ηὔδα·
·"Ἀτρείδη Μενέλαε διοτρεφές, ὄρχαμε λαῶν,
βούλομαι ἤδη νεῖσθαι ἐφ' ἡμέτερ'· οὐ γὰρ ὄπισθεν
οὖρον ἰὼν κατέλειπον ἐπὶ κτεάτεσσιν ἐμοῖσιν·
μὴ πατέρ' ἀντίθεον διζήμενος αὐτὸς ὄλωμαι, 90
ἤ τί μοι ἐκ μεγάρων κειμήλιον ἐσθλὸν ὄληται."

Αὐτὰρ ἐπεὶ τό γ' ἄκουσε βοὴν ἀγαθὸς Μενέλαος,
αὐτίκ' ἄρ' ᾗ ἀλόχῳ ἠδὲ δμῳῇσι κέλευσε
δεῖπνον ἐνὶ μεγάροις τετυκεῖν ἅλις ἔνδον ἐόντων.
ἀγχίμολον δέ οἱ ἦλθε Βοηθοΐδης Ἐτεωνεύς, 95
ἀνστὰς ἐξ εὐνῆς, ἐπεὶ οὐ πολὺ ναῖεν ἀπ' αὐτοῦ·
τὸν πῦρ κῆαι ἄνωγε βοὴν ἀγαθὸς Μενέλαος
ὀπτῆσαί τε κρεῶν· ὁ δ' ἄρ' οὐκ ἀπίθησεν ἀκούσας.
αὐτὸς δ' ἐς θάλαμον κατεβήσετο κηώεντα,
οὐκ οἶος, ἅμα τῷ γ' Ἑλένη κίε καὶ Μεγαπένθης. 100
ἀλλ' ὅτε δή ῥ' ἴκαν' ὅθι οἱ κειμήλια κεῖτο,
Ἀτρείδης μὲν ἔπειτα δέπας λάβεν ἀμφικύπελλον,
υἱὸν δὲ κρητῆρα φέρειν Μεγαπένθε' ἄνωγεν
ἀργύρεον· Ἑλένη δὲ παρίστατο φωριαμοῖσιν,
ἔνθ' ἔσαν οἱ πέπλοι παμποίκιλοι, οὓς κάμεν αὐτή. 105

83 δέ τι vulg.: δέ τε P J U: δέ τοι conj. Voss; cp. 4. 589., 17. 11, 19, 559.
101 ἴκαν' ὅθι οἱ F D: ἴκανον ὅθι οἱ G M U: ἴκανον ὅθι P H X al.: ἴκονθ' ὅθι οἱ
Herm. Orph. 779.   105 ἔνθ' ἔσαν οἱ] The most probable restoration is ἔνθα 'Ϝ'
ἔσαν, where 'Ϝ' is for 'ϝοι,' with elision.   But the pronoun is hardly needed.

τραφθῆναι is understood: 'if you wish
to turn ... (do so).' Cp. Il. 6. 150 εἰ
δ' ἐθέλεις καὶ ταῦτα δαήμεναι, ὄφρ' ἐΰ
εἰδῇς, κτλ. (so 20. 213., 21. 487): also
Il. 7. 375 αἴ κ' ἐθέλωσι παύσασθαι ... εἰς
ὅ κε κτλ., Od. 4. 388 (where ὅς κέν
τοι κτλ. cannot be the apodosis), 21.
260. These parallels show that it is
erroneous to make the apodosis begin at
ὄφρα (Ameis, &c.), or ὑποζεύξω (Bury).
81. αὐτός, of Menelaus in contra-

distinction to Pisistratus, who would
return to Pylos alone. The clause ὑπο-
ζεύξω κτλ. is subordinate in sense to
ἔπωμαι: hence the prothysteron, cp. 13.
274., 14. 209.
83. αὔτως 'as we came,' i. e. without
any present.
89. οὖρον 'watcher'; cp. the δοιδός
left in charge by Agamemnon, 3. 267.
91. Anciently rejected, cp. l. 19.
98. Perhaps we should read ὀπτῆσαι

II.   E

τῶν ἕν' ἀειραμένη 'Ελένη φέρε, δῖα γυναικῶν,
ὃς κάλλιστος ἔην ποικίλμασιν ἠδὲ μέγιστος,
ἀστὴρ δ' ὣς ἀπέλαμπεν· ἔκειτο δὲ νείατος ἄλλων.
βὰν δ' ἰέναι προτέρω διὰ δώματα, ἧος ἵκοντο
Τηλέμαχον· τὸν δὲ προσέφη ξανθὸς Μενέλαος·　　　110
"Τηλέμαχ', ἦ τοι νόστον, ὅπως φρεσὶ σῇσι μενοινᾷς,
ὥς τοι Ζεὺς τελέσειεν, ἐρίγδουπος πόσις "Ηρης.
[δώρων δ', ὅσσ' ἐν ἐμῷ οἴκῳ κειμήλια κεῖται,
δώσω ὃ κάλλιστον καὶ τιμηέστατόν ἐστι.
δώσω τοι κρητῆρα τετυγμένον· ἀργύρεος δὲ　　　115
ἔστιν ἅπας, χρυσῷ δ' ἐπὶ χείλεα κεκράανται,
ἔργον δ' 'Ηφαίστοιο· πόρεν δέ ἑ Φαίδιμος ἥρως,
Σιδονίων βασιλεύς, ὅθ' ἑὸς δόμος ἀμφεκάλυψε
κεῖσ' ἐμὲ νοστήσαντα· τεῖν δ' ἐθέλω τόδ' ὀπάσσαι."]
*Ὠς εἰπὼν ἐν χειρὶ τίθει δέπας ἀμφικύπελλον　　　120
ἥρως 'Ατρεΐδης· ὁ δ' ἄρα κρητῆρα φαεινὸν
θῆκ' αὐτοῦ προπάροιθε φέρων κρατερὸς Μεγαπένθης
ἀργύρεον· 'Ελένη δὲ παρίστατο καλλιπάρῃος
πέπλον ἔχουσ' ἐν χερσίν, ἔπος τ' ἔφατ' ἔκ τ' ὀνόμαζε·
"δῶρόν τοι καὶ ἐγώ, τέκνον φίλε, τοῦτο δίδωμι,　　　125
μνῆμ' 'Ελένης χειρῶν, πολυηράτου ἐς γάμου ὥρην,
σῇ ἀλόχῳ φορέειν· τῆος δὲ φίλῃ παρὰ μητρὶ
κεῖσθαι ἐνὶ μεγάρῳ. σὺ δέ μοι χαίρων ἀφίκοιο
οἶκον ἐϋκτίμενον καὶ σὴν ἐς πατρίδα γαῖαν."
*Ὠς εἰποῦσ' ἐν χερσὶ τίθει, ὁ δ' ἐδέξατο χαίρων.　　　130
καὶ τὰ μὲν ἐς πείρινθα τίθει Πεισίστρατος ἥρως
δεξάμενος, καὶ πάντα ἑῷ θηήσατο θυμῷ·
τοὺς δ' ἦγε πρὸς δῶμα κάρη ξανθὸς Μενέλαος.

---

109 δώματα Eust. : δώματος MSS.　　113–119 (= 4. 613–619) om. P H.
113 δῶρον δ' G U al.　　120 χειρὶ γρ. H.　　128 κεῖσθαι Ar. G F : κείσθω vulg.

κρεάων 'wherewith to roast some of the flesh.' For κρεάων see on 14. 28.

116. 'The lips are wrought above, are finished, with gold.'

128. κεῖσθαι. The inf. carries on the constr. of φορέειν (inf. of *consequence* after δίδωμι). It illustrates the process by which the inf. comes to be used as an imperative. In this place the vulg. κείσθω has a peremptory tone which the inf. avoids.

132. 'Gazed upon them with his heart,' i.e. with all his thoughts centred upon them.

ἐξέσθην δ' ἄρ' ἔπειτα κατὰ κλισμούς τε θρόνους τε.

χέρνιβα δ' ἀμφίπολος προχόῳ ἐπέχευε φέρουσα   135
καλῇ χρυσείῃ, ὑπὲρ ἀργυρέοιο λέβητος,
νίψασθαι· παρὰ δὲ ξεστὴν ἐτάνυσσε τράπεζαν.
σῖτον δ' αἰδοίη ταμίη παρέθηκε φέρουσα,
[εἴδατα πόλλ' ἐπιθεῖσα, χαριζομένη παρεόντων·]
πὰρ δὲ Βοηθοΐδης κρέα δαίετο καὶ νέμε μοίρας·   140
οἰνοχόει δ' υἱὸς Μενελάου κυδαλίμοιο.

οἱ δ' ἐπ' ὀνείαθ' ἑτοῖμα προκείμενα χεῖρας ἴαλλον.

αὐτὰρ ἐπεὶ πόσιος καὶ ἐδητύος ἐξ ἔρον ἔντο,
δὴ τότε Τηλέμαχος καὶ Νέστορος ἀγλαὸς υἱὸς
ἵππους τε ζεύγνυντ' ἀνά θ' ἅρματα ποικίλ' ἔβαινον,   145
ἐκ δ' ἔλασαν προθύροιο καὶ αἰθούσης ἐριδούπου.

τοὺς δὲ μετ' Ἀτρεΐδης ἔκιε ξανθὸς Μενέλαος,
οἶνον ἔχων ἐν χειρὶ μελίφρονα δεξιτερῆφι
ἐν δέπαϊ χρυσέῳ, ὄφρα λείψαντε κιοίτην.

στῆ δ' ἵππων προπάροιθε, δεδισκόμενος δὲ προσηύδα·   150
"χαίρετον, ὦ κούρω, καὶ Νέστορι ποιμένι λαῶν
εἰπεῖν· ἦ γὰρ ἔμοιγε πατὴρ ὣς ἤπιος ἦεν,
ἧος ἐνὶ Τροίῃ πολεμίζομεν υἷες Ἀχαιῶν."

Τὸν δ' αὖ Τηλέμαχος πεπνυμένος ἀντίον ηὔδα·
"καὶ λίην κείνῳ γε, διοτρεφές, ὡς ἀγορεύεις,   155
πάντα τάδ' ἐλθόντες καταλέξομεν· αἲ γὰρ ἐγὼν ὣς
νοστήσας Ἰθάκηνδε, κιχὼν Ὀδυσῆ ἐνὶ οἴκῳ,

139 om. G P H X al.; see on 17. 95.   141 οἰνοχόει Ar. G : ῳνοχόει vulg.
144 δὴ G U : καὶ vulg.   149 ἐν δέπαϊ χρυσέῳ G F U : χρυσέῳ ἐν δέπαϊ P X al. :
perhaps χρυσείῳ δέπαϊ (so Ar. in 3. 41).   157 κιχὼν G U al.: κιὼν F P H
al. Eust. With κιὼν it is necessary to take Ὀδυσῆ as Ὀδυσῆϊ, or to read Ὀδυσῆ
(as Ar., see Sch. H) or Ὀδυσεῖ (Eust.).

146. προθύροιο, the gateway of the
αὐλή or court-yard.
   αἰθούσης, the 'portico' or *loggia*
across the gateway, which echoed to the
tramp of the horses (ἐρίδουπος).
152. εἰπεῖν (so Ar.), sc. χαίρειν.
156–158. αἲ γὰρ ἐγὼν ὣς ... ὣς ...,
lit. 'would that I may tell it on return-
ing to Ithaca and finding Ulysses in the
house, even as I go on my way after re-
ceiving all hospitality from you,' i.e.
'my debt to you for hospitality is as
great and sure as my desire to see my

father again in Ithaca.' This is the only
interpretation consistent with the idio-
matic use of ὣς—ὣς in wishes. The
commentators take the first ὣς as = ' as
surely as I shall tell it to Nestor,' and
ὡς παρὰ σεῖο κτλ. as an object clause, so
that the sense is ' would that I may be
equally sure of telling my father of your
hospitality.' But this does not lay due
stress on ὡς παρὰ κτλ., which is the main
assertion of the sentence. Cp. 3. 218.,
18. 236., 21. 402, Il. 8. 538., 13. 825.,
18. 464.

εἴποιμ', ὡς παρὰ σεῖο τυχὼν φιλότητος ἁπάσης
ἔρχομαι, αὐτὰρ ἄγω κειμήλια πολλὰ καὶ ἐσθλά."

*Ὣς ἄρα οἱ εἰπόντι ἐπέπτατο δεξιὸς ὄρνις,   160
αἰετὸς ἀργὴν χῆνα φέρων ὀνύχεσσι πέλωρον,
ἥμερον ἐξ αὐλῆς· οἱ δ' ἰύζοντες ἕποντο
ἀνέρες ἠδὲ γυναῖκες· ὁ δέ σφισιν ἐγγύθεν ἐλθὼν
δεξιὸς ἤϊξε πρόσθ' ἵππων· οἱ δὲ ἰδόντες
γήθησαν, καὶ πᾶσιν ἐνὶ φρεσὶ θυμὸς ἰάνθη.   165
τοῖσι δὲ Νεστορίδης Πεισίστρατος ἤρχετο μύθων·
" φράζεο δή, Μενέλαε διοτρεφές, ὄρχαμε λαῶν,
ἢ νῶϊν τόδ' ἔφηνε θεὸς τέρας ἦε σοὶ αὐτῷ."

*Ὣς φάτο, μερμήριξε δ' ἀρηΐφιλος Μενέλαος,
ὅππως οἱ κατὰ μοῖραν ὑποκρίναιτο νοήσας.   170
τὸν δ' Ἑλένη τανύπεπλος ὑποφθαμένη φάτο μῦθον·
" κλῦτέ μευ, αὐτὰρ ἐγὼ μαντεύσομαι, ὡς ἐνὶ θυμῷ
ἀθάνατοι βάλλουσι καὶ ὡς τελέεσθαι. ὀΐω.
ὡς ὅδε χῆν' ἥρπαξ' ἀτιταλλομένην ἐνὶ οἴκῳ
ἐλθὼν ἐξ ὄρεος, ὅθι οἱ γενεή τε τόκος τε,   175
ὣς Ὀδυσεὺς κακὰ πολλὰ παθὼν καὶ πόλλ' ἐπαληθεὶς
οἴκαδε νοστήσει καὶ τίσεται· ἠὲ καὶ ἤδη
οἴκοι, ἀτὰρ μνηστῆρσι κακὸν πάντεσσι φυτεύει."

Τὴν δ' αὖ Τηλέμαχος πεπνυμένος ἀντίον ηὔδα·

159 ἄγω vulg.: ἔχω X U: ἐγὼ P M.   167 δή] νῦν G X al.

158. ἁπάσης, as we say, 'nothing but kindness.'

160. ἐπέπτατο 'flew by': ἐπί as in ἐπαληθείς (l. 176).

δεξιός 'to the right': equivalent to ἐπιδέξια, and thus meaning 'from left to right.' So in l. 164 δεξιὸς ἤϊξε πρόσθ' ἵππων means 'sped to the right in front of the chariot,' so as to cross its path in the lucky direction.

Note the order of the narrative: first a brief statement, in the words ἐπέπτατο δεξιὸς ὄρνις (l. 160), then the incident in detail (ll. 161-165). Hence the main fact is told over again in l. 164 δεξιὸς ἤϊξε κτλ. Cp. Il. 6. 158-168, where the story begins with the main fact of the banishment of Bellerophon (ὅς ῥ' ἐκ δήμου

ἔλασσε), and then goes back to the cause—τῷ δὲ γυνὴ Προίτου ἐπεμήνατο κτλ.

170. ὑποκρίναιτο 'should expound,' 'read the sign'; cp. 19. 535, 555.

172. αὐτὰρ marks the slight contrast between the listeners (κλῦτέ μευ) and the speaker: 'do you hear, and I &c.' Cp. ἀτάρ, ll. 178, 197.

175. γενεή τε τόκος τε is an example of the kind of hendiadys formed by two nearly synonymous words: e.g. κραδίη θυμός τε, ὕβρις τε βίη τε, βουλή τε νόος τε, ἀνείρεαι ἠδὲ μεταλλᾷς, μάχης ἠδὲ πτολέμοιο, Lat. more modoque, Germ. 'Art und Weise.' The two meanings are fused, as it were, into a single more complete conception.

" οὕτω νῦν Ζεὺς θείη, ἐρίγδουπος πόσις Ἥρης·   180
τῷ κέν τοι καὶ κεῖθι θεῷ ὣς εὐχετοῴμην."
Ἦ καὶ ἐφ' ἵπποιϊν μάστιν βάλεν· οἱ δὲ μάλ' ὦκα
ἤϊξαν πεδίονδε διὰ πτόλιος μεμαῶτες.
οἱ δὲ πανημέριοι σεῖον ζυγὸν ἀμφὶς ἔχοντες·
δύσετό τ' ἠέλιος σκιόωντό τε πᾶσαι ἀγυιαί,   185
ἐς Φηρὰς δ' ἵκοντο Διοκλῆος ποτὶ δῶμα,
υἱέος Ὀρτιλόχοιο, τὸν Ἀλφειὸς τέκε παῖδα.
ἔνθα δὲ νύκτ' ἄεσαν, ὁ δὲ τοῖς πὰρ ξείνια θῆκεν.

Ἦμος δ' ἠριγένεια φάνη ῥοδοδάκτυλος Ἠώς,
ἵππους τε ζεύγνυντ' ἀνά θ' ἅρματα ποικίλ' ἔβαινον,   190
ἐκ δ' ἔλασαν προθύροιο καὶ αἰθούσης ἐριδούπου·
μάστιξεν δ' ἐλάαν, τὼ δ' οὐκ ἀέκοντε πετέσθην.
αἶψα δ' ἔπειθ' ἵκοντο Πύλου αἰπὺ πτολίεθρον·
καὶ τότε Τηλέμαχος προσεφώνεε Νέστορος υἱόν·
" Νεστορίδη, πῶς κέν μοι ὑποσχόμενος τελέσειας   195
μῦθον ἐμόν; ξεῖνοι δὲ διαμπερὲς εὐχόμεθ' εἶναι
ἐκ πατέρων φιλότητος, ἀτὰρ καὶ ὁμήλικές εἰμεν·
ἥδε δ' ὁδὸς καὶ μᾶλλον ὁμοφροσύνῃσιν ἐνήσει.
μή με παρὲξ ἄγε νῆα, διοτρεφές, ἀλλὰ λίπ' αὐτοῦ,
μή μ' ὁ γέρων ἀέκοντα κατίσχῃ ᾧ ἐνὶ οἴκῳ   200
ἱέμενος φιλέειν· ἐμὲ δὲ χρεὼ θᾶσσον ἱκέσθαι."
Ὣς φάτο, Νεστορίδης δ' ἄρ' ἐφ' συμφράσσατο θυμῷ,

188 ὁ δὲ τοῖς πὰρ ξείνια θῆκεν] In the parallel 3. 490 most MSS. give the
smoother half-line ὁ δ' ἄρα ξεινήϊα δῶκεν. The other may come from Od. 5. 91.,
9. 517 ἵνα τοι πὰρ ξείνια θείω. 200 κατίσχῃ G : κατάσχῃ vulg.

181. τῷ κέν τοι ' then to thee I &c.'
184-192, = 3. 486-494. The line
δύσετό τ' ἠέλιος κτλ. is obviously
archaic and conventional. It is always
used when the poet wishes to say what
point, in a journey or process of some
kind, had been reached at sunset. The
form is noticeable as an instance of
primitive parataxis. Here (e.g.) there
are three statements virtually forming a
single sentence : ' the horses rattled the
yoke—the sun set—and they reached
Pherae ' ; i. e. ' they trotted along until,
at sunset, they reached Pherae.' The
connexion of the clauses is generally

obscured in our texts by the punctuation.
It is well seen in the shorter 6. 321
δύσετό τ' ἠέλιος καὶ τοὶ κλυτὸν ἄλσος
ἵκοντο (cp. 8. 417). See also the note
on 15. 296.
189. Morning of the 37th day.
198. Cp. Il. 9. 700 ἀγηνορίῃσιν ἐνῆκας
= ' you have encouraged in haughtiness.'
199. This shows, as Strabo points out,
that the city of Pylos was some way
inland.
201. ἐμέ may be subject to ἱκέσθαι (as
in 210), ' needs must that I reach my end
quickly.' But χρεώ (sc. ἐστί) may take
an accusative : 1. 225, Il. 9. 75., 10. 43.

ὅππως οἱ κατὰ μοῖραν ὑποσχόμενος τελέσειεν
ὧδε δέ οἱ φρονέοντι δοάσσατο κέρδιον εἶναι·
στρέψ' ἵππους ἐπὶ νῆα θοὴν καὶ θῖνα θαλάσσης,　　　205
νηΐ δ' ἐνὶ πρυμνῇ ἐξαίνυτο κάλλιμα δῶρα,
ἐσθῆτα χρυσόν τε, τά οἱ Μενέλαος ἔδωκε·
καί μιν ἐποτρύνων ἔπεα πτερόεντα προσηύδα·
" σπουδῇ νῦν ἀνάβαινε κέλευέ τε πάντας ἑταίρους,
πρὶν ἐμὲ οἴκαδ' ἱκέσθαι ἀπαγγειλαί τε γέροντι.　　　210
εὖ γὰρ ἐγὼ τόδε οἶδα κατὰ φρένα καὶ κατὰ θυμόν·
οἷος κείνου θυμὸς ὑπέρβιος, οὔ σε μεθήσει,
ἀλλ' αὐτὸς καλέων δεῦρ' εἴσεται, οὐδέ ἕ φημι
ἂψ ἴεναι κενεόν· μάλα γὰρ κεχολώσεται ἔμπης."

Ὣς ἄρα φωνήσας ἔλασεν καλλίτριχας ἵππους　　　215
ἂψ Πυλίων εἰς ἄστυ, θοῶς δ' ἄρα δώμαθ' ἵκανε.
Τηλέμαχος δ' ἑτάροισιν ἐποτρύνας ἐκέλευσεν·
" ἐγκοσμεῖτε τὰ τεύχε', ἑταῖροι, νηΐ μελαίνῃ,
αὐτοί τ' ἀμβαίνωμεν, ἵνα πρήσσωμεν ὁδοῖο."

Ὣς ἔφαθ', οἱ δ' ἄρα τοῦ μάλα μὲν κλύον ἠδ' ἐπίθοντο,
αἶψα δ' ἄρ' εἴσβαινον καὶ ἐπὶ κληῗσι καθῖζον.　　　221
ἦ τοι ὁ μὲν τὰ πονεῖτο καὶ εὔχετο, θῦε δ' Ἀθήνῃ
νηΐ πάρα πρυμνῇ· σχεδόθεν δέ οἱ ἤλυθεν ἀνὴρ
τηλεδαπός, φεύγων ἐξ Ἄργεος ἄνδρα κατακτάς,
μάντις· ἀτὰρ γενεήν γε Μελάμποδος ἔκγονος ἦεν,　　　225
ὃς πρὶν μέν ποτ' ἔναιε Πύλῳ ἔνι, μητέρι μήλων,
ἀφνειὸς Πυλίοισι μέγ' ἔξοχα δώματα ναίων·

213 εἴσεται] ἵξεται G F.　ἕ] σέ G F H M U al.　217 ἐποτρύνας F X D U al.
(H. G. § 77): ἐποτρύνων G P H.　218 ἑταῖροι νηΐ μελαίνῃ] ἐμοὶ ἐρίηρες ἑταῖροι P.

206. ἐξαίνυτο, a pregnant use, 'took
out (and placed)': cp. 13. 274, &c.
209. κέλευέ τε, sc. ἀναβαίνειν.
212. ὑπέρβιος 'overbearing,' 'master-
ful.' The words are repeated from Il.
18. 262, and here are only half-serious.
213. εἴσεται 'will make his way.'
214. ἔμπης 'in any case,' here with
a general affirmative force, ' for certain' :
see on 19. 37.
218. τὰ τεύχεα 'the arms,' cp. 16.

474 βεβρίθει δὲ σάκεσσι καὶ ἔγχεσιν
ἀμφιγύοισι (of the ship manned by the
Suitors). The word does not include
the rigging (ὅπλα), which is taken in
hand later (287-291).
225. ἔκγονος, sc. great-grandson : see
the genealogy of Theoclymenus given
in the notes on 11. 281 ff.
226. ὅς, sc. Melampus: cp. 11. 291.
227. Πυλίοισι, a locatival dative, with
μέγ' ἔξοχα δώματα ναίων: cp. 21. 266

δὴ τότε γ' ἄλλων δῆμον ἀφίκετο πατρίδα φεύγων
Νηλέα τε μεγάθυμον, ἀγαυότατον ζωόντων,
ὅς οἱ χρήματα πολλὰ τελεσφόρον εἰς ἐνιαυτὸν   230
εἶχε βίῃ. ὁ δὲ τέως μὲν ἐνὶ μεγάροις Φυλάκοιο
δεσμῷ ἐν ἀργαλέῳ δέδετο, κρατέρ' ἄλγεα πάσχων
εἵνεκα Νηλῆος κούρης ἄτης τε βαρείης,
τήν οἱ ἐπὶ φρεσὶ θῆκε θεὰ δασπλῆτις 'Ερινύς.
ἀλλ' ὁ μὲν ἔκφυγε κῆρα καὶ ἤλασε βοῦς ἐριμύκους   235
ἐς Πύλον ἐκ Φυλάκης καὶ ἐτίσατο ἔργον ἀεικὲς
ἀντίθεον Νηλῆα, κασιγνήτῳ δὲ γυναῖκα
ἠγάγετο πρὸς δώμαθ'· ὁ δ' ἄλλων ἵκετο δῆμον,
"Αργος ἐς ἱππόβοτον· τόθι γάρ νύ οἱ αἴσιμον ἦεν
ναιέμεναι πολλοῖσιν ἀνάσσοντ' 'Αργείοισιν.   240
ἔνθα δ' ἔγημε γυναῖκα καὶ ὑψερεφὲς θέτο δῶμα,
γείνατο δ' 'Αντιφάτην καὶ Μάντιον, υἷε κραταιώ.
'Αντιφάτης μὲν ἔτικτεν 'Οϊκλῆα μεγάθυμον,
αὐτὰρ 'Οϊκλείης λαοσσόον 'Αμφιάραον,
ὃν περὶ κῆρι φίλει Ζεύς τ' αἰγίοχος καὶ 'Απόλλων   245
παντοίην φιλότητ'· οὐδ' ἵκετο γήραος οὐδόν,
ἀλλ' ὄλετ' ἐν Θήβῃσι γυναίων εἵνεκα δώρων.
τοῦ δ' υἱεῖς ἐγένοντ' 'Αλκμαίων 'Αμφίλοχός τε.
Μάντιος αὖ τέκετο Πολυφείδεά τε Κλεῖτόν τε·
ἀλλ' ἦ τοι Κλεῖτον χρυσόθρονος ἥρπασεν 'Ηὼς   250
κάλλεος εἵνεκα οἷο, ἵν' ἀθανάτοισι μετείη·

---

228 ἄλλων G H U al.: ἄλλον F P X D (cp. 238).   231 τέως μὲν MSS.: but
originally doubtless τῆος.   234 ἐπὶ vulg.: ἐνὶ F U.   244 'Αμφιάρηον Zen.
G F P H U L W: probably the true Ionic form.   251 obel. Ar. (Il. 20. 235).

μέγ' ἔξοχοι αἰπολίοισιν, also 1. 70 κράτος
ἐστὶ μέγιστον πᾶσιν Κυκλώπεσσιν, and
Il. 2. 480 ἀγέληφι μέγ' ἔξοχος.
228. ἄλλων δῆμον, sc. Argos, as we
learn from l. 238, where the words are
taken up again.
234. δασπλῆτις 'smiter of houses':
cp. τειχεσιπλήτης. The first part of the
compound is probably from the same root
as δεσ- in δεσπότης 'house-master.'
240. ἀνάσσοντ', i. e. ἀνάσσοντα, acc.
with the subject of ναιέμεναι.

246. The 'threshold' of old age is
not here thought of as the entrance
or beginning. The meaning is that he
never fairly set foot in old age: cp. Il.
22. 60.
Some of the ancients (as Plutarch,
Consol. ad Apoll. c. 17) saw in this verse
a proof of the saying that those whom
the gods love die young. But no such
'pathetic fallacy' was in the poet's
mind.
247. γυναίων δώρων, II. 521.

αὐτὰρ ὑπέρθυμον Πολυφείδεα μάντιν Ἀπόλλων
θῆκε βροτῶν ὄχ᾽ ἄριστον, ἐπεὶ θάνεν Ἀμφιάραος·
ὃς ῥ᾽ Ὑπερησίηνδ᾽ ἀπενάσσατο πατρὶ χολωθείς,
ἔνθ᾽ ὅ γε ναιετάων μαντεύετο πᾶσι βροτοῖσι.　　　255

Τοῦ μὲν ἄρ᾽ υἱὸς ἐπῆλθε, Θεοκλύμενος δ᾽ ὄνομ᾽ ἦεν,
ὃς τότε Τηλεμάχου πέλας ἵστατο· τὸν δ᾽ ἐκίχανε
σπένδοντ᾽ εὐχόμενόν τε θοῇ παρὰ νηὶ μελαίνῃ,
καί μιν φωνήσας ἔπεα πτερόεντα προσηύδα·
" ὦ φίλ᾽, ἐπεί σε θύοντα κιχάνω τῷδ᾽ ἐνὶ χώρῳ,　　　26.
λίσσομ᾽ ὑπὲρ θυέων καὶ δαίμονος, αὐτὰρ ἔπειτα
σῆς τ᾽ αὐτοῦ κεφαλῆς καὶ ἑταίρων, οἵ τοι ἕπονται,
εἰπέ μοι εἰρομένῳ νημερτέα μηδ᾽ ἐπικεύσῃς·
τίς πόθεν εἰς ἀνδρῶν; πόθι τοι πόλις ἠδὲ τοκῆες; "

Τὸν δ᾽ αὖ Τηλέμαχος πεπνυμένος ἀντίον ηὔδα·　　　265
" τοιγὰρ ἐγώ τοι, ξεῖνε, μάλ᾽ ἀτρεκέως ἀγορεύσω.
ἐξ Ἰθάκης γένος εἰμί, πατὴρ δέ μοί ἐστιν Ὀδυσσεύς,
εἴ ποτ᾽ ἔην· νῦν δ᾽ ἤδη ἀπέφθιτο λυγρὸν ὄλεθρον.
τοὔνεκα νῦν ἑτάρους τε λαβὼν καὶ νῆα μέλαιναν
ἦλθον πευσόμενος πατρὸς δὴν οἰχομένοιο."　　　270

Τὸν δ᾽ αὖτε προσέειπε Θεοκλύμενος θεοειδής·
" οὕτω τοι καὶ ἐγὼν ἐκ πατρίδος, ἄνδρα κατακτὰς
ἔμφυλον· πολλοὶ δὲ κασίγνητοί τε ἔται τε
Ἄργος ἀν᾽ ἱππόβοτον, μέγα δὲ κρατέουσιν Ἀχαιῶν.
τῶν ὑπαλευάμενος θάνατον καὶ κῆρα μέλαιναν　　　275
φεύγω, ἐπεί νύ μοι αἶσα κατ᾽ ἀνθρώπους ἀλάλησθαι.

268 λυγρὸν ὄλεθρον Ar. (al χαριέστεραι Did.) : λυγρῷ ὀλέθρῳ MSS.

256. τοῦ, viz. Polypheides.
268. εἴ ποτ᾽ ἔην. This well-known
formula is generally understood as a
pathetic expression of *doubt* whether
a former happiness ever really existed.
It seems rather to be an *assurance*:
' Ulysses was my father if he lived' (as of
course he did); i. e. ' as surely as there
was a Ulysses.' So in Il. 3. 180 δαὴρ
ἐμὸς ἔσκε . . . εἴ ποτ᾽ ἔην γε, ' Agamem-
non was my brother-in-law, as surely as
he was at all ': and Il. 11. 762.
272. ἐκ πατρίδος, sc. εἰμί.

273. πολλοὶ δὲ κτλ. carries on in
paratactic form the description of ἄνδρα :
' one who has many brothers and com-
rades.'
275. Editors generally construe τῶν
θάνατον, ' their death ' = ' death at their
hands,' comparing 9. 411 νοῦσον Διὸς
μεγάλου. But the parallel does not hold :
a ' disease of Zeus ' is one that he only
is known to send. More probably τῶν
is governed by the ὑπό of ὑπαλευάμενος.
With φεύγω and similar verbs ὑπό c. gen.
is = ' under stress of.'

ἀλλά με νηὸς ἔφεσσαι, ἐπεί σε φυγὼν ἱκέτευσα,
μή με κατακτείνωσι· διωκέμεναι γὰρ ὀΐω."

Τὸν δ' αὖ Τηλέμαχος πεπνυμένος ἀντίον ηὔδα·
"ᾦ μὲν δή σ' ἐθέλοντά γ' ἀπώσω νηὸς ἐΐσης,   280
ἀλλ' ἔπευ· αὐτὰρ κεῖθι φιλήσεαι, οἷά κ' ἔχωμεν."

'Ὣς ἄρα φωνήσας οἱ ἐδέξατο χάλκεον ἔγχος,
καὶ τό γ' ἐπ' ἰκριόφιν τάννυσεν νεὸς ἀμφιελίσσης·
ἂν δὲ καὶ αὐτὸς νηὸς ἐβήσετο ποντοπόροιο.

ἐν πρύμνῃ δ' ἄρ' ἔπειτα καθέζετο, πὰρ δὲ οἱ αὐτῷ   285
εἷσε Θεοκλύμενον· τοὶ δὲ πρυμνήσι' ἔλυσαν.
Τηλέμαχος δ' ἑτάροισιν ἐποτρύνας ἐκέλευσεν
ὅπλων ἅπτεσθαι· τοὶ δ' ἐσσυμένως ἐπίθοντο.
ἱστὸν δ' εἰλάτινον κοίλης ἔντοσθε μεσόδμης
στῆσαν ἀείραντες, κατὰ δὲ προτόνοισιν ἔδησαν,   290
ἕλκον δ' ἱστία λευκὰ ἐϋστρέπτοισι βοεῦσι.
τοῖσιν δ' ἴκμενον οὖρον ἵει γλαυκῶπις Ἀθήνη,
λάβρον ἐπαιγίζοντα δι' αἰθέρος, ὄφρα τάχιστα
νηῦς ἀνύσειε θέουσα θαλάσσης ἁλμυρὸν ὕδωρ.   294
δύσετό τ' ἠέλιος σκιόωντό τε πᾶσαι ἀγυιαί·   296
ἡ δὲ Φεὰς ἐπέβαλλεν ἐπειγομένη Διὸς οὔρῳ,   297
[βὰν δὲ παρὰ Κρουνοὺς καὶ Χαλκίδα καλλιρέεθρον,]   295
ἠδὲ παρ' Ἤλιδα δῖαν, ὅθι κρατέουσιν Ἐπειοί.   298

---

293 ἐναίσσοντα Aristoph.   295 is not in any MS. of the Odyssey, but is
quoted by Strabo (viii. 26, p. 350). I have placed it after 297, for the reasons
stated below.   297 Φεὰς Ar.: Φειὰς U: Φερὰς vulg. ἀγαλλομένη Strab. l. c.

277. ἔφεσσαι 'put me on board,' cp.   427: βῆ δὲ παρὰ Κρουνοὺς καὶ Χαλκίδα
13. 274.   καὶ παρὰ Δύμην, | ἠδὲ παρ' Ἤλιδα δῖαν,
280. ἐθέλοντά γε 'fain as thou art   ὅθι κρατέουσιν Ἐπειοί | εὖτε Φερὰς ἐπέ-
(to come).'   βαλλεν ἀγαλλομένη Διὸς οὔρῳ, κτλ.
287-292. See on 2.420-426.   It will be seen that the differences
294. ὕδωρ is governed by ἀνύσειε, or   mainly concern the *order* of the lines,
perhaps rather by the phrase ἀνύσειε   and that these differences may be re-
θέουσα, which is = διαπρήξειε.   duced to two points: (1) line 295,
295-298. These four lines are quoted   which is placed first in Strabo's quota-
by Strabo in his discussion of the voyage   tion, comes before 298 in the Hymn to
of Telemachus (viii. 26, p. 350). Line   Apollo; and (2) line 297 is placed last
295, now placed after 297, is not in any   in the Hymn. If we can decide be-
MS. of the Odyssey: but the three   tween our sources on these points we
lines 295, 298, 297 (in this order) are   may go on to the other questions raised
found, with certain variations, in the   by the passage, and in particular the
Homeric Hymn to Apollo, vv. 425-   question whether it belongs originally

ἔνθεν δ' αὖ νήσοισιν ἐπιπροέηκε θοῇσιν,
ὁρμαίνων ἢ κεν θάνατον φύγοι ἢ κεν ἁλοίη.   300

300 ἁλοίη Ven. 457 : ἀλάη, ἀλόη, ἀλῴη vulg.

to the Odyssey, or is an ancient inter-
polation from the Homeric Hymn.
    1. It seems clear, in the first place,
that the Hymn is right, as against
Strabo, in putting the line βῆ δὲ παρὰ
κτλ. before ἠδὲ παρ' Ἤλιδα δῖαν. In
Strabo, as in our texts of the Odyssey,
παρ' Ἤλιδα δῖαν has to be construed
with ἐπέβαλλεν, which is apparently a
nautical term meaning 'stood for' or
'ran for' (a point in view). There is
therefore a 'zeugma' of more than
ordinary harshness. In the Hymn the
construction of βῆ δὲ παρὰ Κρουνοὺς . . .
ἠδὲ παρ' Ἤλιδα is smooth and natural.
Moreover it finds a close parallel—
perhaps an imitation—in Od. 24. 11-12
πὰρ δ' ἴσαν Ὠκεανοῦ τε ῥοὰς καὶ Λευκάδα
πέτρην, | ἠδὲ παρ' Ἠελίοιο πύλας καὶ δῆμον
ὀνείρων.
    The same conclusion follows with no
less certainty from the usage in regard
to the conventional line δύσετό τ' ἠέλιος
κτλ. (as to which see the note on 184-
186). That line is always preceded by
a description, also usually in a con-
ventional formula, of a journey (or
process of some kind)—here τοῖσιν δ'
ἴκμενον οὖρον ἵει κτλ.—and is followed
by a mention of the stage in the journey
then reached. Such a line as βὰν δὲ
παρὰ Κρουνοὺς κτλ. would come very
well after δύσετό τ' ἠέλιος, but not
before it. I have therefore no hesitation
in accepting 295 as genuine, and in
following the order of the Hymn so far
as to place it immediately before 298.
    2. The place of line 297 (ἢ δὲ Φεὰς
κτλ.) is almost fixed by the geography.
Nearly all the MSS. of the Odyssey
give the form Φεράς, and that is also
the word in the Hymn to Apollo: but
Aristarchus and Strabo read Φεάς, which
we can hardly be wrong in adopting,
and identifying with the Φειά of Il. 7.
135, a town on the Iardanus, and of
Thuc. 2. 25. A ship going northwards
from Pylos would steer for Pheia. The
headland near Pheia, the ancient Ichthys,
now Katákolo, must have been familiar
as a land-mark. On the other hand
there is no place of the name of Pherae
in this part of the Peloponnesus. But
Phea, being to the south of Elis,
naturally comes before it in this narra-

tive. Hence the original order of the
lines is—
    296. δύσετό τ' ἠέλιος . . .
    297. ἢ δὲ Φεὰς ἐπέβαλλεν . . .
    295. βὰν δὲ παρὰ Κρουνοὺς καὶ Χαλκίδα
    298. ἠδὲ παρ' Ἤλιδα δῖαν κτλ.
On this point, then, we are led to
adopt the order of the Odyssey in prefer-
ence to that of the Hymn.
    3. This last conclusion evidently
leads us to infer that the whole passage
belongs originally to the Odyssey: and
this again is strongly confirmed by the
words καὶ παρὰ Δύμην, which the Hymn
to Apollo gives in place of καλλιρέεθρον
at the end of 295. The town of Dyme,
in Achaia, is not on the course of Tele-
machus, and a fortiori nowhere near
Κρουνοί or Χαλκίς. It is evidently
brought in with a view to the voyage
described in the Hymn, the voyage
from Crete to Delphi. Similarly it is
not improbable that the substitution of
Φεάς for Φεὰς in 297 was suggested by
the Achaian town Φαραί.
    299-300. νήσοισιν ἐπιπροέηκε θοῇσιν.
These enigmatical words describe the
course of Telemachus after passing Elis.
According to Strabo's view he obeyed
the injunction of Athene ἐκὰς νήσων ἀπέ-
χειν εὐεργέα νῆα (15. 33) by first steering
eastwards towards the Echinades: the
νῆσοι Θοαί being part of that group, and
so called from their 'sharp' or 'pointed'
form. Again shifting his course, Tele-
machus passed between Acarnania and
Ithaca, and landed on the further side
of the island: thus escaping the Suitors,
who lay in wait for him in the channel
between Ithaca and Cephallonia.
    Plausible as this theory is, it fails
to explain the Homeric narrative. It
obliges us to suppose that the poet left
out the last part of the journey—a dis-
tinct stage in Strabo's account—viz.
from the Echinades home. We feel this
especially with the words ὁρμαίνων ἢ
κεν θάνατον φύγοι ἢ κεν ἁλοίη, which
evidently apply best to the critical
moment when Telemachus was ap-
proaching the shores of Ithaca. Again,
there is no independent ground for
Νῆσοι Θοαί as a proper name denoting
some of the Echinades. This is a view
which has satisfied many scholars (see

Τὼ δ' αὖτ' ἐν κλισίῃ 'Οδυσεὺς καὶ δῖος ὑφορβὸς
δορπείτην· παρὰ δέ σφιν ἐδόρπεον ἀνέρες ἄλλοι.
αὐτὰρ ἐπεὶ πόσιος καὶ ἐδητύος ἐξ ἔρον ἔντο,
τοῖς δ' 'Οδυσεὺς μετέειπε συβώτεω πειρητίζων,
ἢ μιν ἔτ' ἐνδυκέως φιλέοι μεῖναί τε κελεύοι   305
αὐτοῦ ἐνὶ σταθμῷ, ἢ ὀτρύνειε πόλινδε·
" κέκλυθι νῦν, Εὔμαιε, καὶ ἄλλοι πάντες ἑταῖροι·
ἠῶθεν προτὶ ἄστυ λιλαίομαι ἀπονέεσθαι
πτωχεύσων, ἵνα μή σε κατατρύχω καὶ ἑταίρους.
ἀλλά μοι εὖ θ' ὑπόθευ καὶ ἅμ' ἡγεμόν' ἐσθλὸν ὄπασσον,
ὅς κέ με κεῖσ' ἀγάγῃ· κατὰ δὲ πτόλιν αὐτὸς ἀνάγκῃ   311
πλάγξομαι, αἴ κέν τις κοτύλην καὶ πύρνον ὀρέξῃ.
καί κ' ἐλθὼν πρὸς δώματ' 'Οδυσσῆος θείοιο
ἀγγελίην εἴποιμι περίφρονι Πηνελοπείῃ,
καί κε μνηστήρεσσιν ὑπερφιάλοισι μιγείην,   315

304 δ' om. F.   309 πτωχεύων G P.   310 θ' om. P H al.

Buttmann's *Lex.* s.v. θοός); but there is nothing to show that it is more than the ancient geographer's hypothesis. It is true that on the other hand we are almost driven to some such hypothesis by the difficulty of explaining θοῇσιν otherwise. The meaning 'swift' cannot be seriously thought of. The meaning 'pointed' is supposed to be established by the verb θοόω 'to sharpen'. This, however, is not certain. It may be that θοόω meant 'to make quick' or 'active,' and only acquired the sense of sharpening when applied to weapons and implements. It seems best, then, to leave θοῇσιν unexplained.

Had it not been for the arguments based on θοῇσιν the commentators would doubtless have taken the expression 'the islands' to denote the three that are so often associated with Ithaca: cp. 1. 245 ὅσσοι γὰρ νήσοισιν ἐπικρατέουσιν ἄριστοι, | Δουλιχίῳ τε Σάμῃ τε καὶ ὑλήεντι Ζακύνθῳ, | ἠδ' ὅσσοι κραναὴν Ἰθάκην κτλ. (= 16. 122., 19. 130); and 21. 346 οὔθ' ὅσσοι κραναὴν Ἰθάκην κάτα κοιρανέουσιν, | οὔθ' ὅσσοι νήσοισι πρὸς Ἠλιδος ἱπποβότοιο. The description 'towards Elis' applies very well to Zante, and partly to Cephallonia; in any case it shows that in the poet's

conception Telemachus in coming from Elis would pass 'the islands' more or less closely. So in the Hymn to Apollo, after Elis is passed, Ithaca and the other islands come in sight. The injunction 'to keep his ship away from the islands' (ἑκὰς νήσων, 15. 33) would be satisfied by giving them a moderately wide berth: for he trusts rather to darkness (νυκτὶ ὁμῶς πλείειν), and to landing on Ithaca at a distance from the town.

On the whole it seems likely that 'the islands' here are the group associated with Ithaca, viz. Dulichium, Same, and Zacynthus. It is impossible to say what idea the poet had of their relative position: but the description of Ithaca in Od. 9. 25 as πανυπερτάτη πρὸς ζόφον falls in with the view now taken.

301-495. The scene changes to the hut of Eumaeus. This digression serves a double purpose in the narrative: (1) it carries on the idyl of Ulysses in the swine-herd's hut, and gives it artistic continuity; and (2) it fills up the otherwise blank space of the night voyage of Telemachus.

309. κατατρύχω, cp. Hes. Op. 305 (of drones) οἵ τε μελισσάων κάματον τρύχουσιν ἀεργοὶ ἔσθοντες.

311. αὐτός, without the guide.

εἴ μοι δεῖπνον δοῖεν ὀνείατα μυρί' ἔχοντες·
αἶψά κεν εὖ δρώοιμι μετὰ σφίσιν ἅσσ' ἐθέλοιεν.
ἐκ γάρ τοι ἐρέω, σὺ δὲ σύνθεο καί μευ ἄκουσον·
Ἑρμείαο ἕκητι διακτόρου, ὅς ῥά τε πάντων •
ἀνθρώπων ἔργοισι χάριν καὶ κῦδος ὀπάζει,   320
δρηστοσύνῃ οὐκ ἄν μοι ἐρίσσειε βροτὸς ἄλλος,
πῦρ τ' εὖ νηῆσαι διά τε ξύλα δανὰ κεάσσαι,
δαιτρεῦσαί τε καὶ ὀπτῆσαι καὶ οἰνοχοῆσαι,
οἷά τε τοῖς ἀγαθοῖσι παραδρώωσι χέρηες."

    Τὸν δὲ μέγ' ὀχθήσας προσέφης, Εὔμαιε συβῶτα·   325 .
"ὤ μοι, ξεῖνε, τίη τοι ἐνὶ φρεσὶ τοῦτο νόημα
ἔπλετο; ἦ σύ γε πάγχυ λιλαίεαι αὐτόθ' ὀλέσθαι,
εἰ δὴ μνηστήρων ἐθέλεις καταδῦναι ὅμιλον,
τῶν ὕβρις τε βίη τε σιδήρεον οὐρανὸν ἵκει.
οὔ τοι τοιοίδ' εἰσὶν ὑποδρηστῆρες ἐκείνων,   330
ἀλλὰ νέοι, χλαίνας εὖ εἱμένοι ἠδὲ χιτῶνας,
αἰεὶ δὲ λιπαροὶ κεφαλὰς καὶ καλὰ πρόσωπα,
οἵ σφιν ὑποδρώωσιν· ἐΰξεστοι δὲ τράπεζαι
σίτου καὶ κρειῶν ἠδ' οἴνου βεβρίθασιν.
ἀλλὰ μέν'· οὐ γάρ τίς τοι ἀνιᾶται παρεόντι,   335
οὔτ' ἐγὼ οὔτε τις ἄλλος ἑταίρων, οἵ μοι ἔασιν.
αὐτὰρ ἐπὴν ἔλθῃσιν Ὀδυσσῆος φίλος υἱός,
κεῖνός σε χλαῖνάν τε χιτῶνά τε εἵματα ἕσσει,
πέμψει δ' ὅππῃ σε κραδίη θυμός τε κελεύει."
    Τὸν δ' ἠμείβετ' ἔπειτα πολύτλας δῖος Ὀδυσσεύς·   340

---

317 ἅσσ' ἐθέλοιεν Ar. : the MSS. have ὅττι θέλοιεν or ὅττ' ἐθέλοιεν.   321 δρη-
σμοσύνη Ahrens: cp. h. Cer. 476.   322 δανὰ F P H Eust. : πολλὰ G X D U al.

317. αἶψά κεν κτλ. This is a kind
of second apodosis to εἴ μοι δεῖπνον
κτλ. : '(if they would), I would readily
serve right well, &c.' Cp. 14. 217, and
see Riddell, *Digest*, § 207 A.
322. νηῆσαι and the other infinitives
are to be construed with ἐρίσσειε, and
thus form a sort of epexegesis of δρηστο-
σύνῃ: 'no one would contend with me
in respect of service, in piling up a fire,
&c.' Cp. Ar. Pax 1133 ἐκκέας τῶν
ξύλων ἅττ' ἂν ᾖ δανότατα κτλ.

324. τοῖς ἀγαθοῖσι. The art. is used
as with comparatives, see on 14. 12 τὸ
μέλαν, 14. 61 οἱ νέοι, 12. 252 ἰχθύσι τοῖς
ὀλίγοισι.
327. αὐτόθι 'on the spot,' without
escape.
330. τοιοίδε 'such as you.'
334. This spondaic line has been
thought to express the notion of heavi-
ness (βεβρίθασι). But probably the
original was more dactylic : σίτοο καὶ
κρεάων ἰδὲ Fοίνοο βεβρίθασι.

" αἶθ' οὕτως, Εὔμαιε, φίλος Διὶ πατρὶ γένοιο
ὡς ἐμοί, ὅττι μ' ἔπαυσας ἄλης καὶ ὀϊζύος αἰνῆς.
πλαγκτοσύνης δ' οὐκ ἔστι κακώτερον ἄλλο βροτοῖσιν·
ἀλλ' ἕνεκ' οὐλομένης γαστρὸς κακὰ κήδε' ἔχουσιν
[ἀνέρες, ὅν τιν' ἵκηται ἄλη καὶ πῆμα καὶ ἄλγος.]   345
νῦν δ' ἐπεὶ ἰσχανάᾳς μεῖναί τέ με κεῖνον ἄνωγας,
εἶπ' ἄγε μοι περὶ μητρὸς 'Οδυσσῆος θείοιο
πατρός θ', ὃν κατέλειπεν ἰὼν ἐπὶ γήραος οὐδῷ,
ἤ που ἔτι ζώουσιν ὑπ' αὐγὰς ἠελίοιο,
ἤ ἤδη τεθνᾶσι καὶ εἰν 'Αΐδαο δόμοισι."   350
   Τὸν δ' αὖτε προσέειπε συβώτης, ὄρχαμος ἀνδρῶν·
" τοιγὰρ ἐγώ τοι, ξεῖνε, μάλ' ἀτρεκέως ἀγορεύσω.
Λαέρτης μὲν ἔτι ζώει, Διὶ δ' εὔχεται αἰεὶ
θυμὸν ἀπὸ μελέων φθίσθαι οἷς ἐν μεγάροισιν·
ἐκπάγλως γὰρ παιδὸς ὀδύρεται οἰχομένοιο   355
κουριδίης τ' ἀλόχοιο δαΐφρονος, ἥ ἑ μάλιστα
ἤκαχ' ἀποφθιμένη καὶ ἐν ὠμῷ γήραϊ θῆκεν.
ἡ δ' ἀχέϊ οὗ παιδὸς ἀπέφθιτο κυδαλίμοιο,
λευγαλέῳ θανάτῳ, ὡς μὴ θάνοι ὅς τις ἔμοιγε
ἐνθάδε ναιετάων φίλος εἴη καὶ φίλα ἔρδοι.   360
ὄφρα μὲν οὖν δὴ κείνη ἔην, ἀχέουσά περ ἔμπης,
τόφρα τί μοι φίλον ἔσκε μεταλλῆσαι καὶ ἐρέσθαι,
οὕνεκά μ' αὐτὴ θρέψεν ἅμα Κτιμένῃ τανυπέπλῳ,
θυγατέρ' ἰφθίμῃ, τὴν ὁπλοτάτην τέκε παίδων·
τῇ ὁμοῦ ἐτρεφόμην, ὀλίγον δέ τί μ' ἧσσον ἐτίμα.   365
αὐτὰρ ἐπεί ῥ' ἥβην πολυήρατον ἱκόμεθ' ἄμφω,
τὴν μὲν ἔπειτα Σάμηνδ' ἔδοσαν καὶ μυρί' ἕλοντο,

345 om. G F U.   τιν' P H al.: κεν Eust.   364 παῖδα U Eust.

344. οὐλομένης 'miserable.' The epithet in this context has a slightly mock-heroic effect.
The word οὐλόμενος has been again discussed by Schulze (Quaest. Ep. 192–201), who shows conclusively that it is the same as the 2 aor. participle ὀλόμενος, and not transitive in meaning (= ὀλοός or ὀλέθριος). It always means 'miserable,' 'accursed,' and has the

same relation to the curse ὄλοιο or ὄλοιτο that ὀνήμενος 'happy' has to the blessing ὄναιο. The ου for o in the first syllable is simply a metrical license, necessary in hexameter verse.
357. ὠμῷ 'unripe,' 'premature.' The meaning of ὠμογέρων is curiously different (Il. 23. 791).
367. Σάμηνδ' ἔδοσαν, pregnant use, cp. 14. 295 ἐς Λιβύην ἱέσσατο, Il. 10. 268

αὐτὰρ ἐμὲ χλαῖνάν τε χιτῶνά τε εἵματα κείνη
καλὰ μάλ' ἀμφιέσασα. ποσίν θ' ὑποδήματα δοῦσα
ἀγρόνδε προΐαλλε· φίλει δέ με κηρόθι μᾶλλον.   370
νῦν δ' ἤδη τούτων ἐπιδεύομαι· ἀλλά μοι αὐτῷ
ἔργον ἀέξουσιν μάκαρες θεοὶ ᾧ ἐπιμίμνω·
τῶν ἔφαγόν τ' ἔπιόν τε καὶ αἰδοίοισιν ἔδωκα.
ἐκ δ' ἄρα δεσποίνης οὐ μείλιχον ἔστιν ἀκοῦσαι
οὔτ' ἔπος οὔτε τι ἔργον, ἐπεὶ κακὸν ἔμπεσεν οἴκῳ,   375
ἄνδρες ὑπερφίαλοι· μέγα δὲ δμῶες χατέουσιν
ἀντία δεσποίνης φάσθαι καὶ ἕκαστα πυθέσθαι,
καὶ φαγέμεν πιέμεν τε, ἔπειτα δὲ καί τι φέρεσθαι
ἀγρόνδ', οἶά τε θυμὸν ἀεὶ δμώεσσιν ἰαίνει."

Τὸν δ' ἀπαμειβόμενος προσέφη πολύμητις Ὀδυσσεύς·   380
"ὢ πόποι, ὡς ἄρα τυτθὸς ἐών, Εὔμαιε συβῶτα,
πολλὸν ἀπεπλάγχθης σῆς πατρίδος ἠδὲ τοκήων.
ἀλλ' ἄγε μοι τόδε εἰπὲ καὶ ἀτρεκέως κατάλεξον,
ἠὲ διεπράθετο πτόλις ἀνδρῶν εὐρυάγυια,
ᾗ ἔνι ναιετάεσκε πατὴρ καὶ πότνια μήτηρ,   385
ἦ σέ γε μουνωθέντα παρ' οἴεσιν ἢ παρὰ βουσὶν
ἄνδρες δυσμενέες νηυσὶν λάβον ἠδ' ἐπέρασσαν
τοῦδ' ἀνδρὸς πρὸς δώμαθ', ὁ δ' ἄξιον ὦνον ἔδωκε."

Τὸν δ' αὖτε προσέειπε συβώτης, ὄρχαμος ἀνδρῶν·
"ξεῖν', ἐπεὶ ἂρ δὴ ταῦτά μ' ἀνείρεαι ἠδὲ μεταλλᾷς,   390

---

369 ποσίν θ' G F D: ποσίν δ' vulg.   379 δεὶ δμώεσσιν] ἐνὶ στήθεσσιν M X D Z.
385 ναιετάεσκε P X D U al. Eust.: -άασκε G F H.   390 ταῦτά μ'] με ταῦτ' G:
perhaps read ταῦτα (with hiatus).

Σκάνδειάνδ' ἄρα δῶκε Κυθηρίῳ Ἀμφιδά-
μαντι, also 7. 79 σῶμα δὲ οἴκαδ' ἐμὸν
δόμεναι πάλιν.
368. ἐμέ, with προΐαλλε (370).
370. κηρόθι μᾶλλον, a fixed phrase,
in which the comparative has no appli-
cation to the present context. It pro-
perly means 'rather much (than little),'
then, by a litotes, 'right well': cp.
θᾶσσον = 'right quickly.' It does not
mean 'more than before,' as Ameis
takes it.
373. τῶν, neut. plur., denoting the
things implied in ἔργον, viz. the different
fruits of the work. The gen. is partitive.

αἰδοίοισιν, i.e. to those who have a
claim on my regard (αἰδώς), as members
of the family (αἰδοίη παράκοιτις, &c.),
guests (9. 271 ξείνιος, ὃς ξείνοισιν ἅμ'
αἰδοίοισιν ὀπηδεῖ), suppliants (7. 165
ἱκέτῃσιν ἅμ' αἰδοίοισιν ὀπηδεῖ).
375. Note that ἀκοῦσαι only suits
ἔπος. But the zeugma is softened if
we restore οὐ ϝέπος οὐδέ τι ϝέργον.
379. οἶά τε refers to all the preceding
clauses, ἀντία φάσθαι, &c.
386. οἴεσιν, for ὄεσιν *metri gratia*.
387. ἐπέρασσαν πρὸς δώματα, a preg-
nant use, = 'brought to the house and
there sold'; cp. 367 (supra).

σιγῇ νῦν ξυνίει καὶ τέρπεο, πῖνέ τε οἶνον
ἥμενος. αἵδε δὲ νύκτες ἀθέσφατοι· ἔστι μὲν εὕδειν,
ἔστι δὲ τερπομένοισιν ἀκούειν· οὐδέ τί σε χρή,
πρὶν ὥρη, καταλέχθαι· ἀνίη καὶ πολὺς ὕπνος.
τῶν δ' ἄλλων, ὅτινα κραδίη καὶ θυμὸς ἀνώγῃ   395
εὑδέτω ἐξελθών· ἅμα δ' ἠοῖ φαινομένηφι
δειπνήσας, ἅμ' ὕεσσιν ἀνακτορίῃσιν ἐπέσθω.
νῶϊ δ' ἐνὶ κλισίῃ πίνοντέ τε δαινυμένω τε
κήδεσιν ἀλλήλων τερπώμεθα λευγαλέοισι
μνωομένω· μετὰ γάρ τε καὶ ἄλγεσι τέρπεται ἀνήρ,   400
ὅς τις δὴ μάλα πολλὰ πάθῃ καὶ πόλλ' ἐπαληθῇ.
τοῦτο δέ τοι ἐρέω ὅ μ' ἀνείρεαι ἠδὲ μεταλλᾷς.

Νῆσός τις Συρίη κικλήσκεται, εἴ που ἀκούεις,
Ὀρτυγίης καθύπερθεν, ὅθι τροπαὶ ἠελίοιο,
οὔ τι περιπληθὴς λίην τόσον, ἀλλ' ἀγαθὴ μέν,   405
εὔβοτος εὔμηλος, οἰνοπληθὴς πολύπυρος.
πείνη δ' οὔ ποτε δῆμον ἐσέρχεται, οὐδέ τις ἄλλη
νοῦσος ἐπὶ στυγερὴ πέλεται δειλοῖσι βροτοῖσιν·
ἀλλ' ὅτε γηράσκωσι πόλιν κάτα φῦλ' ἀνθρώπων,
ἐλθὼν ἀργυρότοξος Ἀπόλλων Ἀρτέμιδι ξὺν   410
οἷς ἀγανοῖσι βέλεσσιν ἐποιχόμενος κατέπεφνεν.
ἔνθα δύω πόλιες, δίχα δέ σφισι πάντα δέδασται·
τῇσιν δ' ἀμφοτέρῃσι πατὴρ ἐμὸς ἐμβασίλευε,
Κτήσιος Ὀρμενίδης, ἐπιείκελος ἀθανάτοισιν.

Ἔνθα δὲ Φοίνικες ναυσίκλυτοι ἤλυθον ἄνδρες,   415

393 ἀκούειν Ar. : -έμεν MSS.
βελέεσσιν vulg.

411 ἀγανοῖσι βέλεσσιν M U : ἀγανοῖς

394. πρὶν ὥρη, sc. ἔῃ.
400. μνωομένω, from μνάομαι ' call to
mind.'
μετά ' in turn.' cp. 460.
403. The islands Συρίη and Ὀρτυγίη
have a mythical character, as the ' turn-
ing points ' of the sun (so the island of
Circe has the house of the dawn and the
rising of the sun. 12. 4), and also in
respect of the superhuman felicity of
the inhabitants. We need not seek to
identify them with real places, such as
the islands Syra and Delos.

405. λίην τόσον. The force of τόσον
here is analogous to that of τοῖον in
θάμα τοῖον, &c. (see on l. 451), i.e. it
insists on the preceding word as not too
much: cp. 4. 371 νήπιός εἰς, ὦ ξεῖνε,
λίην τόσον ' you are really λίην νήπιος.'
Here the meaning is that the island is
large, but not quite to be called very
large. Similarly in Latin, tantum =
' just so much,' procul tantum = ' apart
but no more ' (Virg. Ecl. 6. 16).
407. ἄλλη νοῦσος ' disease as well,'
according to the familiar idiom.

τρῶκται, μυρί᾽ ἄγοντες ἀθύρματα νηῒ μελαίνῃ.
ἔσκε δὲ πατρὸς ἐμοῖο γυνὴ Φοίνισσ᾽ ἐνὶ οἴκῳ,
καλή τε μεγάλη τε καὶ ἀγλαὰ ἔργα ἰδυῖα·
τὴν δ᾽ ἄρα Φοίνικες πολυπαίπαλοι ἠπερόπευον.
πλυνούσῃ τις πρῶτα μίγη κοίλῃ παρὰ νηῒ   420
εὐνῇ καὶ φιλότητι, τά τε φρένας ἠπεροπεύει
θηλυτέρῃσι γυναιξί, καὶ ἥ κ᾽ εὐεργὸς ἔῃσιν.
εἰρώτα δὴ ἔπειτα τίς εἴη καὶ πόθεν ἔλθοι·
ἡ δὲ μάλ᾽ αὐτίκα πατρὸς ἐπέφραδεν ὑψερεφὲς δῶ·
‘ἐκ μὲν Σιδῶνος πολυχάλκου εὔχομαι εἶναι,   425
κούρη δ᾽ εἴμ᾽ Ἀρύβαντος ἐγὼ ῥυδὸν ἀφνειοῖο·
ἀλλά μ᾽ ἀνήρπαξαν Τάφιοι ληΐστορες ἄνδρες
ἀγρόθεν ἐρχομένην, πέρασαν δέ με δεῦρ᾽ ἀγαγόντες
τοῦδ᾽ ἀνδρὸς πρὸς δώμαθ᾽· ὁ δ᾽ ἄξιον ὦνον ἔδωκε.᾽

Τὴν δ᾽ αὖτε προσέειπεν ἀνήρ, ὃς ἐμίσγετο λάθρῃ·   430
‘ἦ ῥά κε νῦν πάλιν αὖτις ἅμ ἡμῖν οἴκαδ᾽ ἕποιο,
ὄφρα ἴδῃς πατρὸς καὶ μητέρος ὑψερεφὲς δῶ
αὐτούς τ᾽; ἦ γὰρ ἔτ᾽ εἰσὶ καὶ ἀφνειοὶ καλέονται.᾽

Τὸν δ᾽ αὖτε προσέειπε γυνὴ καὶ ἀμείβετο μύθῳ·
‘εἴη κεν καὶ τοῦτ᾽, εἴ μοι ἐθέλοιτέ γε, ναῦται,   435
ὅρκῳ πιστωθῆναι ἀπήμονά μ᾽ οἴκαδ᾽ ἀπάξειν.᾽

422 ἥ κ᾽] εἴ κ᾽ G F Eust.   432 ἴδῃς vulg.: ἴδῃ Ar. (!), P H M. See the note
on 15. 76.   436 μ᾽ om. X D Z Eust.: ἀπήμονα δ᾽ F: ἀπήμονα εὖ (sic) P. The
pronoun should probably be omitted.

416. τρῶκται, see on 14. 289.
417. πατρός, with οἴκῳ, not γυνή (as
Ameis takes it).
422. θηλύτερος does not mean ' more
θῆλυς,' but ' θῆλυ in contrast to ἄρσην ':
cp. θεώτερος 'divine' (13.111), ἀγρό-
τερος ' of the country,' &c.
424. πατρός must surely mean ' my
father,' as M. Pierron and Dr. Hay-
man explain it, not ' her father,' as it
is generally taken. ἐπέφραδεν, said of
a house, means 'pointed out,' ' showed
the way to,' cp. Od. 7.49., 10.111.
Here the woman naturally pointed out
the 'lofty roof' of the house that she
belonged to, and went on to relate that
she had been brought from her home in
Sidon τοῦδ᾽ ἀνδρὸς πρὸς δώματα, where
τοῦδε = ' this that I am showing you.'

The use of πατρός = πατρὸς ἐμοῦ is easier
on account of πατρὸς ἐμοῖο in l. 417.
The repetition of ὑψερεφὲς δῶ in l. 432
with a different reference is probably
intentional. The Phoenician seems to
say,—' You have shown us the " great
house " where you are kept in slavery :
will you return to the " great house " of
your father and mother!'
426. ῥυδόν ' in a stream '; ' one to
whom riches came in a flood '—an ap-
propriate word for a trader's wealth. It
sounds like a piece of mercantile argot.
'Ἀρύβας seems to be a Phoenician name
—perhaps Hasdrubal.
433. καλέονται ' are reputed,' ' have
the credit of being.' This also looks
like a trader's way of speaking.
435. τοῦτο, istud, ' what you say.'

*Ὣς ἔφαθ᾽, οἱ δ᾽ ἄρα πάντες ἐπώμνυον ὡς ἐκέλευεν·
αὐτὰρ ἐπεί ῥ᾽ ὄμοσάν τε τελεύτησάν τε τὸν ὄρκον,
τοῖς δ᾽ αὖτις μετέειπε γυνὴ καὶ ἀμείβετο μύθῳ·
'σιγῇ νῦν, μή τίς με προσαυδάτω ἐπέεσσιν   440
ὑμετέρων ἑτάρων, ξυμβλήμενος ἢ ἐν ἀγυιῇ
ἤ που ἐπὶ κρήνῃ· μή τις ποτὶ δῶμα γέροντι
ἐλθὼν ἐξείπῃ, ὁ δ᾽ ὀϊσάμενος καταδήσῃ
δεσμῷ ἐν ἀργαλέῳ, ὑμῖν δ᾽ ἐπιφράσσετ᾽ ὄλεθρον.
ἀλλ᾽ ἔχετ᾽ ἐν φρεσὶ μῦθον, ἐπείγετε δ᾽ ὦνον ὁδαίων.   445
ἀλλ᾽ ὅτε κεν δὴ νηῦς πλείη βιότοιο γένηται
ἀγγελίη μοι ἔπειτα θοῶς ἐς δώμαθ᾽ ἱκέσθω·
οἴσω γὰρ καὶ χρυσόν, ὅτις χ᾽ ὑποχείριος ἔλθῃ·
καὶ δέ κεν ἄλλ᾽ ἐπίβαθρον ἐγὼν ἐθέλουσά γε δοίην.
παῖδα γὰρ ἀνδρὸς ἑῆος ἐνὶ μεγάροις ἀτιτάλλω,   450
κερδαλέον δὴ τοῖον, ἅμα τροχόωντα θύραζε·
τόν κεν ἄγοιμ᾽ ἐπὶ νηός, ὁ δ᾽ ὑμῖν μυρίον ὦνον
ἄλφοι, ὅπῃ περάσαιτε κατ᾽ ἀλλοθρόους ἀνθρώπους.'
Ἦ μὲν ἄρ᾽ ὣς εἰποῦσ᾽ ἀπέβη πρὸς δώματα καλά·
οἱ δ᾽ ἐνιαυτὸν ἅπαντα παρ᾽ ἡμῖν αὖθι μένοντες   455

---

437 ἐπώμνυον Ar. vulg.: ἀπώμνυον G F X al.   443 ὀϊσσάμενος F P H M U
al., and so in Apoll. Rhod. &c. (Schulze, *Quaest. Ep.* p. 354: Veitch s.v.).
445 ἔχετε φρεσὶ X D U Z.   447 ἐς F U: πρὸς G P H X al.   448 ἔλθῃ F:
ἔλθοι vulg.: ἔῃ P H.   451 τροχόωντα] τρωχῶντα Schol. V: cp. τρώχαν
(Od. 6. 318) and τρωχῶσι (Il. 22. 163). But these are doubtless from original
τρόχαον, τροχάουσι, *H. G.* § 55, 9.   453 περάσαιτε] περάσητε, the reading of the
MSS., is post-Homeric both in form and in syntax (*H. G.* §§ 82, 298): cp. 14. 297,
where the opt. has been preserved in two MSS. only. κατ᾽ G X : πρὸς F P H U.

---

445. ὦνον ὀδαίων 'the buying (lit.
the price) of your freight': ὀδαῖα =
'things belonging to the voyage' (ὁδός),
hence cargo taken in on the way, return
cargo: see on 8. 163.
ὦνος always means 'price paid'; here
'hurry on with the price' must be a
(slightly colloquial) way of saying 'make
haste with your bargaining.'

449. ἐπίβαθρον 'passage money.'

451. τοῖον is best taken as an adjec-
tive, as in ἀβληχρὸς μάλα τοῖος (11. 135.,
23. 282), and so whenever it follows an
adj., as μέγα τοῖον (3. 321), σαρδάνιον
μάλα τοῖον (20. 302). After an adverb
it is of course adverbial, as θαμὰ τοῖον
(1. 209), σιγῇ τοῖον, &c. The meaning

is not, as usually given, 'so very —,'
but 'quite,' 'just': κερδαλέον δὴ τοῖον
of a child means that it may properly
be called κερδαλέος. So in the only
instance of the phrase in the Iliad, 23.
246 οὐ μάλα πολλόν, ἀλλ᾽ ἐπιεικέα τοῖον,
'but just a befitting one.' Compare
the corresponding use of τόσον (l. 405
supra): also the common use of οὕτω
after an adv. with the sense of 'quite,'
as in μάψ οὕτω (Il. 2. 120), Attic σαφῶς
οὑτωσί, &c. The modern use of 'so
much' in the sense of 'very much' is
not Greek. The supposition that τοῖος
may have a deictic force (= τοιόσδε) is
also untenable.

453. περάσαιτε, see the critical note.

ἐν νηῒ γλαφυρῇ βίοτον πολὺν ἐμπολόωντο.
ἀλλ' ὅτε δὴ κοίλη νηῦς ἤχθετο τοῖσι νέεσθαι,
καὶ τότ' ἄρ' ἄγγελον ἧκαν, ὃς ἀγγείλειε γυναικί.
ἤλυθ' ἀνὴρ πολυΐδρις ἐμοῦ πρὸς δώματα πατρὸς
χρύσεον ὅρμον ἔχων, μετὰ δ' ἠλέκτροισιν ἔερτο.　　　　460
τὸν μὲν ἄρ' ἐν μεγάρῳ δμῳαὶ καὶ πότνια μήτηρ
χερσίν τ' ἀμφαφόωντο καὶ ὀφθαλμοῖσιν ὁρῶντο,
ὦνον ὑπισχόμεναι· ὁ δὲ τῇ κατένευσε σιωπῇ.
ἦ τοι ὁ καννεύσας κοίλην ἐπὶ νῆα βεβήκει,
ἡ δ' ἐμὲ χειρὸς ἑλοῦσα δόμων ἐξῆγε θύραζε.　　　　465
εὗρε δ' ἐνὶ προδόμῳ ἠμὲν δέπα ἠδὲ τραπέζας
ἀνδρῶν δαιτυμόνων, οἵ μευ πατέρ' ἀμφεπένοντο.
οἱ μὲν ἄρ' ἐς θῶκον πρόμολον δήμοιό τε φῆμιν,
ἡ δ' αἶψα τρί' ἄλεισα κατακρύψασ' ὑπὸ κόλπῳ
ἔκφερεν· αὐτὰρ ἐγὼν ἑπόμην ἀεσιφροσύνῃσι.　　　　470
δύσετό τ' ἠέλιος σκιόωντό τε πᾶσαι ἀγυιαί·
ἡμεῖς δ' ἐς λιμένα κλυτὸν ἤλθομεν ὦκα κιόντες·
ἔνθ' ἄρα Φοινίκων ἀνδρῶν ἦν ὠκύαλος νηῦς.
οἱ μὲν ἔπειτ' ἀναβάντες ἐπέπλεον ὑγρὰ κέλευθα,
νὼ ἀναβησάμενοι· ἐπὶ δὲ Ζεὺς οὖρον ἵαλλεν.　　　　475

463 ὑπισχόμεναι vulg.: ὑποσχόμεναι F: ἐπισχόμεναι G.　　469 κόλπου Aristoph.
(see Sch. H on Od. 9.329).　　473 ὠκύπορος G al. cp. 12.182.

460. The ὅρμος was a chain which passed round the neck and hung down on the breast: cp. H. Ven. 88 ὅρμοι δ' ἀμφ' ἀπαλῇ δειρῇ περικαλλέες ἦσαν καλοὶ χρύσειοι παμποίκιλοι· ὡς δὲ σελήνη στήθεσιν ἀμφ' ἀπαλοῖσιν ἐλάμπετο: also H. vi. 10 δειρῇ δ' ἀμφ' ἀπαλῇ καὶ στήθεσιν ἀργυφέοισιν ὅρμοισι χρυσείοισιν ἐκόσμεον. It was therefore of some length (ἐννεάπηχυς, H. Apoll. 104).
μετά 'in turn,' 'at intervals.'
ἠλέκτροισιν 'with pieces of amber.' It appears that the ancients distinguished between neut. ἤλεκτρον 'amber' and masc. ἤλεκτρος, the metal so called, an alloy of gold and silver. The plural would not suit a metal, but it would naturally be used of a substance that is always found in lumps. See Helbig, *Hom. Epos²*, p. 268.
463. ὑπισχόμεναι 'tendering,' *i. e.*

making offers for it, chaffering.
466. προδόμῳ. After the feast the serving-maids carried off the remains, with the tables and drinking-cups (19. 61–62). From this place we may infer that they were taken into the πρόδομος or entrance hall of the μέγαρον.
467. ἀμφεπένοντο, viz. as γέροντες or counsellors, like the twelve elders in Phaeacia.
468. πρόμολον 'had gone forth': πρό as in προβαίνω, προερέσσω, προϊάλλω, &c. (not of *time*).
θῶκος is the 'sitting-place' or tribunal: φῆμις, which elsewhere means the 'talk' of the people, is here (= ἀγορή) the *place* of talking.
470. ἀεσιφροσύνῃσι must here mean 'in childish thoughtlessness.' The derivation is obscure: see the note on ἀεσίφρων (21. 302).

ἐξῆμαρ μὲν ὁμῶς πλέομεν νύκτας τε καὶ ἦμαρ·
ἀλλ' ὅτε δὴ ἕβδομον ἦμαρ ἐπὶ Ζεὺς θῆκε Κρονίων,
τὴν μὲν ἔπειτα γυναῖκα βάλ' Ἄρτεμις ἰοχέαιρα,
ἄντλῳ δ' ἐνδούπησε πεσοῦσ' ὡς εἰναλίη κήξ.
καὶ τὴν μὲν φώκῃσι καὶ ἰχθύσι κύρμα γενέσθαι   480
ἔκβαλον· αὐτὰρ ἐγὼ λιπόμην ἀκαχήμενος ἦτορ·
τοὺς δ' Ἰθάκῃ ἐπέλασσε φέρων ἄνεμός τε καὶ ὕδωρ,
ἔνθα με Λαέρτης πρίατο κτεάτεσσιν ἑοῖσιν.
οὕτω τήνδε γε γαῖαν ἐγὼν ἴδον ὀφθαλμοῖσι."

Τὸν δ' αὖ διογενὴς Ὀδυσεὺς ἠμείβετο μύθῳ·   485
"Εὔμαι', ἦ μάλα δή μοι ἐνὶ φρεσὶ θυμὸν ὄρινας
ταῦτα ἕκαστα λέγων, ὅσα δὴ πάθες ἄλγεα θυμῷ.
ἀλλ' ἦ τοι σοὶ μὲν παρὰ καὶ κακῷ ἐσθλὸν ἔθηκε
Ζεύς, ἐπεὶ ἀνδρὸς δώματ' ἀφίκεο πολλὰ μογήσας
ἠπίου, ὅς δή τοι παρέχει βρῶσίν τε πόσιν τε   490
ἐνδυκέως, ζώεις δ' ἀγαθὸν βίον· αὐτὰρ ἔγωγε
πολλὰ βροτῶν ἐπὶ ἄστε' ἀλώμενος ἐνθάδ' ἱκάνω."

Ὣς οἱ μὲν τοιαῦτα πρὸς ἀλλήλους ἀγόρευον,
καδδραθέτην δ' οὐ πολλὸν ἐπὶ χρόνον, ἀλλὰ μίνυνθα·
αἶψα γὰρ Ἠὼς ἦλθεν ἐύθρονος. οἱ δ' ἐπὶ χέρσου   495
Τηλεμάχου ἕταροι λύον ἱστία, κὰδ δ' ἕλον ἱστὸν
καρπαλίμως, τὴν δ' εἰς ὅρμον προέρεσσαν ἐρετμοῖς.
ἐκ δ' εὐνὰς ἔβαλον, κατὰ δὲ πρυμνῇσι' ἔδησαν·
ἐκ δὲ καὶ αὐτοὶ βαῖνον ἐπὶ ῥηγμῖνι θαλάσσης,
δεῖπνόν τ' ἐντύνοντο κερῶντό τε αἴθοπα οἶνον.   500

484 τήνδε γε Bothe : τήνδε τε MSS. : see 13. 238.   487 ἄλγεα θυμῷ] ἠδ' ὅσ'
ἀλήθης F M, cp. 14. 362.   497 ἐς λιμένα G X al.   προέρεσσαν Ar. : προέρυσσαν
MSS., see Il. 1. 435.   ἐρετμοῖς, see 13. 22.

479. ἐνδούπησε πεσοῦσα, an adapta-
tion, perhaps a parody, of the conven-
tional δούπησεν δὲ πεσών of the Iliad.
487. ἄλγεα properly belongs to the
antecedent clause, ἄλγεα ὅσα δὴ πάθες.
Cp. 18. 37.
488. καί goes with ἐσθλόν, and κακῷ
is placed between them in order to bring
the contrasted κακῷ ἐσθλόν together :
cp. 17. 285 μετὰ καὶ τόδε τοῖσι γενέσθω.
491. ἐνδυκέως, see on 14. 62.

495. Dawn of the 38th day. Change
of scene, to the landing of Telemachus
on the neighbouring coast.
ἐπὶ χέρσου means that they had now
reached land, not that they had landed.
The mast is taken down before the ship
is run aground (l. 497).
499. ἐπὶ ῥηγμῖνι, cp. 4. 430. The
word seems always to mean the 'broken
water' or 'surf' (χέρσῳ ῥηγνύμενον),
not the beach on which it breaks.

F 2

αὐτὰρ ἐπεὶ πόσιος καὶ ἐδητύος ἐξ ἔρον ἔντο,
τοῖσι δὲ Τηλέμαχος πεπνυμένος ἤρχετο μύθων·
"ὑμεῖς μὲν νῦν ἄστυδ᾽ ἐλαύνετε νῆα μέλαιναν,
αὐτὰρ ἐγὼν ἀγροὺς ἐπιείσομαι ἠδὲ βοτῆρας·
ἑσπέριος δ᾽ εἰς ἄστυ ἰδὼν ἐμὰ ἔργα κάτειμι.   505
ἠῶθεν δέ κεν ὔμμιν ὁδοιπόριον παραθείμην,
δαῖτ᾽ ἀγαθὴν κρειῶν τε καὶ οἴνου ἡδυπότοιο."

   Τὸν δ᾽ αὖτε προσέειπε Θεοκλύμενος θεοειδής·
"πῇ γὰρ ἐγώ, φίλε τέκνον, ἴω; τεῦ δώμαθ᾽ ἵκωμαι
ἀνδρῶν οἳ κραναὴν Ἰθάκην κάτα κοιρανέουσιν;   510
ἦ ἰθὺς σῆς μητρὸς ἴω καὶ σοῖο δόμοιο;"

   Τὸν δ᾽ αὖ Τηλέμαχος πεπνυμένος ἀντίον ηὔδα·
"ἄλλως μέν σ᾽ ἂν ἔγωγε καὶ ἡμέτερόνδε κελοίμην
ἔρχεσθ᾽· οὐ γάρ τι ξενίων ποθή· ἀλλὰ σοὶ αὐτῷ
χεῖρον, ἐπεί τοι ἐγὼ μὲν ἀπέσσομαι, οὐδέ σε μήτηρ   515
ὄψεται· οὐ μὲν γάρ τι θαμὰ μνηστῆρσ᾽ ἐνὶ οἴκῳ
φαίνεται, ἀλλ᾽ ἀπὸ τῶν ὑπερῷῳ ἱστὸν ὑφαίνει.
ἀλλά τοι ἄλλον φῶτα πιφαύσκομαι ὅν κεν ἵκοιο,
Εὐρύμαχον, Πολύβοιο δαΐφρονος ἀγλαὸν υἱόν,
τὸν νῦν ἶσα θεῷ Ἰθακήσιοι εἰσορόωσι·   520
καὶ γὰρ πολλὸν ἄριστος ἀνὴρ μέμονέν τε μάλιστα
μητέρ᾽ ἐμὴν γαμέειν καὶ Ὀδυσσῆος γέρας ἕξειν·
ἀλλὰ τά γε Ζεὺς οἶδεν Ὀλύμπιος, αἰθέρι ναίων,

---

503 νῆα μέλαιναν] δῖοι ἑταῖροι P.   504 ἀγροὺς vulg.: ἀγρόνδ᾽ F M : ἀγροὺς δ᾽ G.
ἐπιείσομαι] ἐπελεύσομαι G X al.: ἀγρόνδε ἐλεύσομαι La Roche.   507 κρειῶν]
See 14. 28.   514 ξεινίων G: see on 14. 389.

---

505. ἑσπέριος. Telemachus does not in fact return till next day.

511. ἦ 'or,' circumflexed because it is put as the second member of a disjunctive question, the first being in form a simple question : cp. *H. G.* § 340.

513. ἄλλως 'were it otherwise.'

517. ἀπὸ τῶν 'away from them.' This use of the article—as an unemphatic pronoun of the third person (= anaphoric οὐ οἱ ἑ)—is hardly found except with prepositions: see *H. G.* § 257, 5.

519. The introduction of the name of Eurymachus seems at first sight to have no sufficient motive, and to lead to

nothing in the sequel. Probably it is merely intended to give occasion for the prophecy of Theoclymenus, one of the steps which prepare us for the final *dénoûment.* Here Telemachus confesses that he cannot receive a stranger in his house, and advises Theoclymenus to go to Eurymachus, who seems likely to be the future lord of Ithaca. But on seeing the omen, Theoclymenus proclaims that the line of Ulysses will continue to be the 'most kingly.' In consequence of this prophecy the resort to Eurymachus is tacitly given up, and Telemachus promises ample hospitality.

εἴ κέ σφι πρὸ γάμοιο τελευτήσει κακὸν ἦμαρ."

Ὣς ἄρα οἱ εἰπόντι ἐπέπτατο δεξιὸς ὄρνις,   525
κίρκος, Ἀπόλλωνος ταχὺς ἄγγελος· ἐν δὲ πόδεσσι
τῖλλε πέλειαν ἔχων, κατὰ δὲ πτερὰ χεῦεν ἔραζε
μεσσηγὺς νηός τε καὶ αὐτοῦ Τηλεμάχοιο.
τὸν δὲ Θεοκλύμενος ἑτάρων ἀπονόσφι καλέσσας
ἔν τ' ἄρα οἱ φῦ χειρὶ ἔπος τ' ἔφατ' ἔκ τ' ὀνόμαζε·   530
"Τηλέμαχ', οὔ τοι ἄνευ θεοῦ ἔπτατο δεξιὸς ὄρνις·
ἔγνων γάρ μιν ἐσάντα ἰδὼν οἰωνὸν ἐόντα.
ὑμετέρου δ' οὐκ ἔστι γένος βασιλεύτερον ἄλλο
ἐν δήμῳ Ἰθάκης, ἀλλ' ὑμεῖς καρτεροὶ αἰεί."

Τὸν δ' αὖ Τηλέμαχος πεπνυμένος ἀντίον ηὔδα·   535
"αἲ γὰρ τοῦτο, ξεῖνε, ἔπος τετελεσμένον εἴη·
τῷ κε τάχα γνοίης φιλότητά τε πολλά τε δῶρα
ἐξ ἐμεῦ, ὡς ἄν τίς σε συναντόμενος μακαρίζοι."

Ἦ καὶ Πείραιον προσεφώνεε, πιστὸν ἑταῖρον·
"Πείραιε Κλυτίδη, σὺ δέ μοι τά περ ἄλλα μάλιστα   540
πείθῃ ἐμῶν ἑτάρων, οἵ μοι Πύλον εἰς ἅμ' ἕποντο·
καὶ νῦν μοι τὸν ξεῖνον ἄγων ἐν δώμασι σοῖσιν
ἐνδυκέως φιλέειν καὶ τιέμεν, εἰς ὅ κεν ἔλθω."

Τὸν δ' αὖ Πείραιος δουρικλυτὸς ἀντίον ηὔδα·
"Τηλέμαχ', εἰ γάρ κεν σὺ πολὺν χρόνον ἐνθάδε μίμνοις,   545
τόνδε δ' ἐγὼ κομιῶ, ξενίων δέ οἱ οὐ ποθὴ ἔσται."

531 ἵπτατο] ἧλθε G X U al.   533 γένος H² corr.: γίνευς vulg.: γίνεος G M.
The contraction of gen. -εος is extremely rare in Homer.   536 τετελεσμένον εἴη]
τελέσειε Κρονίων G, as in 4. 699., 20. 236.   546 τόνδε δ' Herodian, G: τὸν δέ τ'
vulg.: τόνδε τ' Wolf, Ludw.: τόνδε γ' U.   ξεινίων G F P; see on 14. 389.

524. εἴ κε ... τελευτήσει. This is
the only instance in Homer of εἴ κε with
the future in an object clause. We
should probably read τελευτήσῃ. Cp.
the similar question as to ἤ κε, 16. 261.,
18. 265.
525. ἐπέπτατο δεξιὸς ὄρνις, see the
note on l. 160.
532. ἔγνων, aor. of what happens in
the moment of speaking; H. G. § 78, 1.
οἰωνόν, from ὀϝι- (Lat. avi-s) 'a bird.'
The suffix is rare: cp. υἱωνός 'grand-
son.' It apparently has an ampliative
meaning.

534. καρτεροί 'powerful.' The word
is generally used of physical strength;
but cp. the common use of κρατέω in
the sense of 'bear rule.'
537. φιλότητά τε πολλά τε δῶρα,
perhaps a hendiadys, = δῶρα φιλοτήσια,
hospitality as shown in many gifts.
545. εἰ γάρ κεν 'why, if &c.' On
γάρ in this use—serving as a kind of
interjection—see H. G. § 348, 4: and
on εἰ κεν with the opt., § 313.
ἐνθάδε 'here': Telemachus has landed
at a point not far from the homestead of
Eumaeus.

Ὣς εἰπὼν ἐπὶ νηὸς ἔβη, ἐκέλευσε δ' ἑταίρους
αὐτούς τ' ἀμβαίνειν ἀνά τε πρυμνήσια λῦσαι.
οἱ δ' αἶψ' εἴσβαινον καὶ ἐπὶ κληῖσι καθῖζον·
Τηλέμαχος δ' ὑπὸ ποσσὶν ἐδήσατο καλὰ πέδιλα,　　　550
εἵλετο δ' ἄλκιμον ἔγχος, ἀκαχμένον ὀξέϊ χαλκῷ,
νηὸς ἀπ' ἰκριόφιν· τοὶ δὲ πρυμνήσι' ἔλυσαν.
οἱ μὲν ἀνώσαντες πλέον ἐς πόλιν, ὡς ἐκέλευσε
Τηλέμαχος, φίλος υἱὸς Ὀδυσσῆος θείοιο·
τὸν δ' ὦκα προβιβάντα πόδες φέρον, ὄφρ' ἵκετ' αὐλήν,　　555
ἔνθα οἱ ἦσαν ὕες μάλα μυρίαι, ᾗσι συβώτης
ἐσθλὸς ἐὼν ἐνίαυεν, ἀνάκτεσιν ἤπια εἰδώς.

552 ἀπ'] ἐπ' G F X U.　　555 προβιβάντα Ar. (see the note): προβιβῶντα MSS.
557 ἀνάκτεσιν vulg.: ἀνάκτεσσιν U: Γανάκτεσσ' Ahrens.

547. ἐπὶ νηὸς ἔβη, sc. Πείραιος, who
now takes the command of the ship, and
proceeds to carry out the directions
of Telemachus (l. 503 ὑμεῖς μὲν κτλ.).

548. Prothysteron, since they must
have unfastened the cables before em-
barking. The embarkation is put first
as being the main action: cp. 13. 274.

551. The reference is not to the spear
of Theoclymenus (l. 283), as Ameis sup-
poses. The spear usually carried by
Telemachus himself (2. 10) would also
be in the ἴκρια.

553. ἀνώσαντες 'pushing off': ἀνά
= 'out to sea'—not of the direction of
the voyage.

555. The question between the parti-
ciples βιβάς and βιβῶν is left unsettled
by La Roche (H. T. 215): and both
forms are admitted by Ludwich (βιβάς
in Od. 9. 450., 17. 27, βιβᾶσα in 11. 539,
προβιβῶντα here). The MSS. are over-
whelmingly in favour of the nom. masc.
βιβάς, while they give fem. βιβῶσα in
Od. 11. 539, and βιβάντα, &c. in Il.
3. 22., 13. 807., 16. 609, Od. 15. 555, but
βιβάντα in Il. 13. 371. About the
reading of Aristarchus there is an
apparent contradiction. On Il. 15. 307
both the 'marginal' and the 'text'
scholia of A tell us that he read βιβῶν
(βιβῶν πᾶσαι εἶχον A, Ἀρίσταρχος βιβῶν
Aᵗ,—both from Didymus). The Town-
ley scholia have: βιβάς] οὕτω τινές, ἐπεὶ
καὶ ὕψι βιβάντα (13. 371) φησίν· ἄλλοι
δὲ βιβῶν γράφουσι καὶ περισπῶσι. On
the other hand, on Il. 7. 213 Aᵗ has
οὕτως Ἀρίσταρχος βιβάς (from Did.):
and on Il. 13. 371 we find in A and T
the statement, probably coming from
Herodian (see Ludwich), that he wrote
βιβάντα as δαμέντα and ἱστάντα. It
seems to me certain that in the scholia
A and Aᵗ on Il. 15. 307 βιβάς should be
written for βιβῶν. The agreement of
scholia A and Aᵗ does not prove (as
La Roche seems to think) that βιβῶν
must be right. A and Aᵗ are taken
from a common source, the compara-
tively late 'epitome.' Against this
evidence we have the testimony of
Didymus himself on Il. 7. 213, and of
Herodian on Il. 13. 371, ascribing βιβάς
and βιβάντα to Aristarchus. Moreover,
Schol. T on Il. 15. 307 is practically
conclusive in the same direction. In
a Townley scholium of the form οὕτω
τινές, ἄλλοι δὲ—, the word τινές almost
certainly includes Aristarchus (see ex-
amples in Ludwich, A. H. T. p. 128).
This is strongly confirmed by the
reference to βιβάντα in Il. 13. 371, since
we know that that form was expressly
adopted there by Aristarchus. On the
whole, then, we may take it that in his
view the Homeric declension was βιβάς,
gen. βιβάντος, &c. And considering
that the MSS. are practically unanimous
for βιβάς, while they are not unanimous
against βιβάντος, &c., and further that
the declension βιβάς, gen. βιβῶντος, &c.
is improbable, we infer that βιβῶν,
βιβῶντος, &c. may be banished from
Homer.

ΟΔΥΣΣΕΙΑΣ Π

Τηλεμάχου ἀναγνωρισμὸς Ὀδυσσέως.

Τὼ δ᾽ αὖτ᾽ ἐν κλισίῃ Ὀδυσεὺς καὶ δῖος ὑφορβὸς
ἐντύνοντ᾽ ἄριστον ἅμ᾽ ἠοῖ, κηαμένω πῦρ,
ἔκπεμψάν τε νομῆας ἅμ᾽ ἀγρομένοισι σύεσσι·
Τηλέμαχον δὲ περίσσαινον κύνες ὑλακόμωροι,
οὐδ᾽ ὕλαον προσιόντα. νόησε δὲ δῖος Ὀδυσσεὺς   5
σαίνοντάς τε κύνας, περί τε κτύπος ἦλθε ποδοῖιν.
αἶψα δ᾽ ἄρ᾽ Εὔμαιον ἔπεα πτερόεντα προσηύδα·
" Εὔμαι᾽, ἦ μάλα τίς τοι ἐλεύσεται ἐνθάδ᾽ ἑταῖρος,
ἦ καὶ γνώριμος ἄλλος, ἐπεὶ κύνες οὐχ ὑλάουσιν,

2 ἐντύνοντ᾽ G F P X D Eust.   ἄριστον with ā, the original Homeric form prob-
ably being ἀϜέριστον; cp. Il. 24. 124.   8 ἑταίρων G.

The scene changes again, but without a sensible break in the narrative. The transition is made by means of the movements of Telemachus, whom we follow from the landing place, where he parted from his companions, to the hut of Eumaeus. A further link is formed by the mention of dawn (l. 2), which takes us back to the coming of dawn mentioned in 15. 495.

2. ἄριστον ἅμ᾽ ἠοῖ. There may be an intentional play of language here; the original doubtless was ἀϜέριστον ἅμ᾽ ἀϜόϊ. The stem ἀϜερ-, older *auser* (seen in ἦρι, ἥριος 'at dawn,' αὔριον 'to-morrow,' Lat. *aurōra*) is a parallel form to ἀϜοσ-, older *ausos*, 'dawn.' We may conjecture that ἀϜέριστον came from ἀϜερ- through a verb ἀϜερίζω 'to take a morning (meal).' The suffix -το- is regularly used of *time* or season; so in δείπνηστος, δόρπηστος, βουλυτός 'the time of unyoking,' ἄροτος 'plough-time,' ἄμητος 'reaping,' τρυγητός 'vintage.' Note that δείπν-ηστος may be a compound; the second part containing the

root ἐδ- 'to eat' (lengthened under the general rule as to compounds whose second part begins with a vowel, *H. G.* § 125, 8). So δόρπ-ηστος: but not ἀϜέριστον, which is properly ἡ ὥρα τοῦ ἀϜερίζειν. For ἀϜερίζω 'to breakfast,' cp. δειελιάω 'to sup' (17. 599). Similarly θερίζω 'to do summer-work,' *i.e.* 'to reap,' ὀπωρίζω 'to gather in fruit': also ἐαρίζω 'to blossom,' ὀρθρίζω 'to rise early' (Luke xxi. 38). See Curt. Stud. 11. 175.

4. ὑλακόμωροι, see on 14. 29.

6. The two clauses of this line are parallel in sense: Ulysses perceived at once the fawning of the dogs and the sound of feet. The governing word νόησε is strictly appropriate to σαίνοντας κύνας only: hence the poet was naturally led into the slight anacoluthon involved in the use of the indic. ἦλθε instead of a participle. Cp. Il. 3. 80 (ἐπετοξάζοντο) λοῖσίν τε τιτυσκόμενοι λάεσσί τ᾽ ἔβαλλον.

περί is often used of sound heard: cp. 17. 261 περὶ δέ σφεας ἦλυθ᾽ ἰωὴ φόρμιγγος. So ἀμφί, as 1. 352 ἀκουόντεσσι νεωτάτη ἀμφιπέληται.

ἀλλὰ περισσαίνουσι· ποδῶν δ' ὑπὸ δοῦπον ἀκούω." 10

Οὔ πω πᾶν εἴρητο ἔπος, ὅτε οἱ φίλος υἱὸς
ἔστη ἐνὶ προθύροισι. ταφὼν δ' ἀνόρουσε συβώτης,
ἐκ δ' ἄρα οἱ χειρῶν πέσον ἄγγεα, τοῖς ἐπονεῖτο
κιρνὰς αἴθοπα οἶνον. ὁ δ' ἀντίος ἦλθεν ἄνακτος,
κύσσε δέ μιν κεφαλήν τε καὶ ἄμφω φάεα καλά, 15
χείράς τ' ἀμφοτέρας· θαλερὸν δέ οἱ ἔκπεσε δάκρυ.
ὡς δὲ πατὴρ ὃν παῖδα φίλα φρονέων ἀγαπάζῃ
ἐλθόντ' ἐξ ἀπίης γαίης δεκάτῳ ἐνιαυτῷ,
μοῦνον τηλύγετον, τῷ ἔπ' ἄλγεα πολλὰ μογήσῃ,
ὣς τότε Τηλέμαχον θεοειδέα δῖος ὑφορβὸς 20
πάντα κύσεν περιφύς, ὡς ἐκ θανάτοιο φυγόντα·
καί ῥ' ὀλοφυρόμενος ἔπεα πτερόεντα προσηύδα·

13 πέσον F U: πέσεν vulg.   14 ἥλυθ' MSS.: ἦλθεν Wolf, Bekker.

10. ποδῶν δ' ὑπὸ δοῦπον ἀκούω. The constr. must be ὑπὸ ποδῶν: cp. Il. 2. 465 ὑπὸ χθὼν σμερδαλέον κονάβιζε ποδῶν. So Hes. Theog. 70 ἐρατὸς δὲ ποδῶν ὕπο δοῦπος ὀρώρει (cp. Hes. fr. 70). This constr. is confined in general to verbs expressing *motion*, or *sound made* (as in the passages quoted). In this place we must suppose a construction *ad sensum*, δοῦπον ἀκούω being = δοῦπος γίγνεται. The force of ὑπό is half-way between the literal sense of 'under' and the derived sense of 'caused by.'

12. προθύροισι 'the door-way,' sc. of the αὐλή: properly the spaces round the door, see on 10. 220.

15. φάεα, with ᾱ by metrical lengthening (Schulze, *Quaest. Ep.* p. 206).

18. ἐξ ἀπίης γαίης 'from a far-off land.' This must be the meaning here and in 7. 25 (see the note). From Aristonicus (Schol. A. on Il. 1. 270) we learn that οἱ νεώτεροι, i.e. post-Homeric authors, understood it as a name for the Peloponnesus. This is possible in the Iliad (1. 270., 3. 49). If it is so, we must suppose that in the time of the Odyssey the word ἄπιος survived, though its proper meaning was forgotten, and that it was then connected with ἀπό by a kind of 'popular etymology.' The true derivation may be, as Curtius conjectured (*Grundz.⁵* 469), from a root *ap* 'water,' whence Μεσσ-άπιοι, &c. Or, if

the root is *aq*, it may be connected with Latin *aqua*, Goth. *ahva* 'river.'

19. τηλύγετον. As Buttmann showed (*Lexil.* s.v.), this word probably meant 'beloved,' 'favourite.' No probable derivation has been proposed. It may be worth suggesting that it comes from θῆλυς 'soft,' 'delicate,' through a verb θηλύζω, and thus originally meant 'made tender,' 'caressed.' For the initial τ cp. τηλεθάω from θάλλω, θαλέθω. So Ταΰγετος is probably from ταΰς 'great' (ταΰσας μεγαλύνας Hesych.). The γ is doubtless a formative element, and has nothing to do with the root γᾶ.

21. πάντα. This is one of several places where πάντα may be either a masc. sing. or a neut. plur. used adverbially (='in all parts'). Here the neut. plur. would refer to the head and face and hands (l. 15). So in 17. 480 ἀποδρύψωσι δὲ πάντα, 19. 475 πάντα ἄνακτ' ἐμὸν ἀμφαφάασθαι, Il. 22. 354 κατὰ πάντα δάσονται, 24. 20 περὶ δ' αἰγίδι πάντα κάλυπτε. The adverbial use is clear in Il. 22. 491 ὑπεμνήμυκε, Od. 4. 654 τῷ δ' αὐτῷ πάντα ἐῴκει (so 24. 446, Il. 5. 181., 11. 613., 21. 600., 23. 66), perhaps in Od. 6. 227, ἐπεὶ δὴ πάντα λοέσσατο (viz. back, shoulders, and head): cp. also 18. 167. It seems to give the best construction in all the passages quoted.

" ἦλθες, Τηλέμαχε, γλυκερὸν φάος· οὔ σ' ἔτ' ἔγωγε
ὄψεσθαι ἐφάμην, ἐπεὶ ᾤχεο νηῒ Πύλονδε.
ἀλλ' ἄγε νῦν εἴσελθε, φίλον τέκος, ὄφρα σε θυμῷ 25
τέρψομαι εἰσορόων νέον ἄλλοθεν ἔνδον ἐόντα.
οὐ μὲν γάρ τι θάμ' ἀγρὸν ἐπέρχεαι οὐδὲ νομῆας,
ἀλλ' ἐπιδημεύεις· ὡς γάρ νύ τοι εὔαδε θυμῷ,
ἀνδρῶν μνηστήρων ἐσορᾶν ἀίδηλον ὅμιλον."

Τὸν δ' αὖ Τηλέμαχος πεπνυμένος ἀντίον ηὔδα· 30
" ἔσσεται οὕτως, ἄττα· σέθεν δ' ἕνεκ' ἐνθάδ' ἱκάνω,
ὄφρα σέ τ' ὀφθαλμοῖσιν ἴδω καὶ μῦθον ἀκούσω,
ἤ μοι ἔτ' ἐν μεγάροις μήτηρ μένει, ἦέ τις ἤδη
ἀνδρῶν ἄλλος ἔγημεν, 'Οδυσσῆος δέ που εὐνὴ
χήτει ἐνευναίων κάκ' ἀράχνια κεῖται ἔχουσα." 35

Τὸν δ' αὖτε προσέειπε συβώτης, ὄρχαμος ἀνδρῶν·
" καὶ λίην κείνη γε μένει τετληότι θυμῷ
σοῖσιν ἐνὶ μεγάροισιν· ὀϊζυραὶ δέ οἱ αἰεὶ
φθίνουσιν νύκτες τε καὶ ἤματα δάκρυ χεούσῃ."

Ὣς ἄρα φωνήσας οἱ ἐδέξατο χάλκεον ἔγχος· 40
αὐτὰρ ὁ γ' εἴσω ἴεν καὶ ὑπέρβη λάϊνον οὐδόν.
τῷ δ' ἕδρης ἐπιόντι πατὴρ ὑπόειξεν 'Οδυσσεύς·
Τηλέμαχος δ' ἑτέρωθεν ἐρήτυε φώνησέν τε·
" ἧσο, ξεῖν'· ἡμεῖς δὲ καὶ ἄλλοθι δήομεν ἕδρην

---

24 After this line n has in the margin λάθρῃ ἐμεῦ δέκητι φίλου μετὰ πατρὸς ἀκουήν
(17. 43).   29 ἐσορᾶν P H U al.: προσορᾶν G F M X Eust. al.   31 οὕτως
Ar. MSS.: αὕτως Zen. (?), cp. Il. 13. 447.   33 μεγάροις Ar. MSS.: there was
therefore a rival ancient reading—perhaps μεγάρῳ.   35 ἐνευναίῳ Schol. H Q,
v. l. ap. Eust.   44 ἧσο] ἧσ' ὦ G F Eust.

---

28. **ἐπιδημεύεις**, from δῆμος in the
sense of 'town'—probably the original
sense.

33-35. It has been thought strange
that Telemachus should ask this ques-
tion after an absence of a month. It is
no doubt designed to remind us that
the inevitable crisis in the fortunes of
Penelope and her son was rapidly
drawing near. Ulysses, as we shall see,
returned just in time.

35. **ἐνευναίων** may be masc., 'sleepers
in the bed,' or neut., 'bed-trappings.'
The latter sense is supported by 14. 51

ἐνεύναιον (sc. δέρμα); but it does not
suit this context nearly so well. The
reading χήτει ἐνευναίῳ, attributed by
Eust. to 'the ancients' (viz. Aristar-
chus?), might mean 'from want within
the bed.' But the phrase is more like
Aeschylus than Homer. For κεῖται cp.
καταθήσει in l. 45.

41. For the prothysteron cp. 13. 274.

42. **ἕδρης**, with ὑπόειξεν, not ἐπιόντι.

44. **ἡμεῖς ... ἡμετέρῳ**. Telemachus
takes care to associate the others, es-
pecially Eumaeus, in the reception of
the stranger, and the ownership of the

σταθμῷ ἐν ἡμετέρῳ· πάρα δ' ἀνὴρ ὃς καταθήσει."   45
Ὣς φάθ', ὁ δ' αὖτις ἰὼν κατ' ἄρ' ἕζετο· τῷ δὲ συβώτης
χεῦεν ὕπο χλωρὰς ῥῶπας καὶ κῶας ὕπερθεν·
ἔνθα καθέζετ' ἔπειτα 'Οδυσσῆος φίλος υἱός.
τοῖσιν δὲ κρειῶν πίνακας παρέθηκε συβώτης
ὀπταλέων, ἅ ῥα τῇ προτέρῃ ὑπέλειπον ἔδοντες,   .   50
σῖτον δ' ἐσσυμένως παρενήνεεν ἐν κανέοισιν,
ἐν δ' ἄρα κισσυβίῳ κίρνη μελιηδέα οἶνον·
αὐτὸς δ' ἀντίον ἷζεν 'Οδυσσῆος θείοιο. .
οἱ δ' ἐπ' ὀνείαθ' ἑτοῖμα προκείμενα χεῖρας ἴαλλον.
αὐτὰρ ἐπεὶ πόσιος καὶ ἐδητύος ἐξ ἔρον ἔντο,   55
δὴ τότε Τηλέμαχος προσεφώνεε δῖον ὑφορβόν·
" ἄττα, πόθεν τοι ξεῖνος ὅδ' ἵκετο; πῶς δέ ἑ ναῦται
ἤγαγον εἰς 'Ιθάκην; τίνες ἔμμεναι εὐχετόωντο;
οὐ μὲν γάρ τί ἑ πεζὸν ὀίομαι ἐνθάδ' ἱκέσθαι."
Τὸν δ' ἀπαμειβόμενος προσέφης, Εὔμαιε συβῶτα·   60
" τοιγὰρ ἐγώ τοι, τέκνον, ἀληθέα πάντ' ἀγορεύσω.
ἐκ μὲν Κρητάων γένος εὔχεται εὐρειάων,
φησὶ δὲ πολλὰ βροτῶν ἐπὶ ἄστεα δινηθῆναι
πλαζόμενος· ὡς γάρ οἱ ἐπέκλωσεν τά γε δαίμων.

<hr>

47 κώεα καλά G.   49 δὲ κρειῶν πίνακας F X D Eust.: δ' αὖ πίνακας κρειῶν vulg.
50 om. X¹ D Z k.   51 παρενήεεν P. Knight, perhaps rightly.   52 κίρνα G.
58 εὐχετόωντο] εὐχετόωνται G X al.: cp. 14. 189.

<hr>

homestead. The use of the plural ' we '
as a mere variety for the singular is not
Homeric: see however 16. 442., 19. 344,
Il. 13. 257., 15. 224.

45. καταθήσει, sc. ἔδρην, cp. Il. 3. 425
δίφρον . . . κατέθηκε φέρουσα.

49. πίνακες, lit. ' boards ' or ' panels,'
here wooden ' platters,' ' trenchers.' The
meaning ' slices of meat ' (so Ameis on
1. 141) is evidently less natural. The
platters of meat are mentioned, as are
also the baskets in which the bread was
brought, and the κισσύβιον in which the
wine was mixed (ll. 51, 52). According
to Athenaeus (vi. 228 d) Aristophanes
the grammarian said that the practice
of serving meat on πίνακες was later
than Homer. Whether he rejected Od.
1. 141-142 (= 4. 57-58), where the word
occurs in a similar passage, or took it

there in the sense of ' slices,' does not
appear.

51. παρενήνεεν ' heaped up and
served ': παρά as in παρέθηκε (l. 49).
The form νηνέω is given by the MSS.
here and in Od. 1. 147, Il. 7. 428, 431:
also by Eust. in Il. 23. 139, and by one
MS. in Il. 24. 276. But it is improbable
that there should have been two forms,
νηνέω and νηέω, identical in meaning.

52. κισσυβίῳ, see on 9. 346.

61. ἀληθέα πάντα 'nothing but the
truth': cp. 15. 158.

63. δινηθῆναι, lit. ' whirled,' 'wheeled
about,' but here ' wandered about ': so
9. 153 νῆσον θαυμάζοντες ἐδινεόμεσθα
κατ' αὐτήν, also 19. 67 δινεύων κατὰ
οἶκον. This derivative sense is probably
colloquial. It can hardly be traced in
the Iliad (except doubtfully in 4. 541).

νῦν αὖ Θεσπρωτῶν ἀνδρῶν παρὰ νηὸς ἀποδρὰς 65
ἤλυθ' ἐμὸν πρὸς σταθμόν, ἐγὼ δέ τοι ἐγγυαλίξω·
ἔρξον ὅπως ἐθέλεις· ἱκέτης δέ τοι εὔχεται εἶναι."

Τὸν δ' αὖ Τηλέμαχος πεπνυμένος ἀντίον ηὔδα·
"Εὔμαι', ἦ μάλα τοῦτο ἔπος θυμαλγὲς ἔειπες·
πῶς γὰρ δὴ τὸν ξεῖνον ἐγὼν ὑποδέξομαι οἴκῳ; 70
αὐτὸς μὲν νέος εἰμὶ καὶ οὔ πω χερσὶ πέποιθα
ἄνδρ' ἀπαμύνασθαι, ὅτε τις πρότερος χαλεπήνῃ·
μητρὶ δ' ἐμῇ δίχα θυμὸς ἐνὶ φρεσὶ μερμηρίζει,
ἢ αὐτοῦ παρ' ἐμοί τε μένῃ καὶ δῶμα κομίζῃ,
εὐνήν τ' αἰδομένη πόσιος δήμοιό τε φῆμιν, 75
ἦ ἤδη ἅμ' ἔπηται Ἀχαιῶν ὅς τις ἄριστος
μνᾶται ἐνὶ μεγάροισιν ἀνὴρ καὶ πλεῖστα πόρῃσιν.
ἀλλ' ἦ τοι τὸν ξεῖνον, ἐπεὶ τεὸν ἵκετο δῶμα,
ἕσσω μιν χλαῖνάν τε χιτῶνά τε εἵματα καλά,
δώσω δὲ ξίφος ἄμφηκες καὶ ποσσὶ πέδιλα, 80
πέμψω δ' ὅππῃ μιν κραδίη θυμός τε κελεύει.
εἰ δ' ἐθέλεις, σὺ κόμισσον ἐνὶ σταθμοῖσιν ἐρύξας·
εἵματα δ' ἐνθάδ' ἐγὼ πέμψω καὶ σῖτον ἅπαντα
ἔδμεναι, ὡς ἂν μή σε κατατρύχῃ καὶ ἑταίρους.
κεῖσε δ' ἂν οὔ μιν ἔγωγε μετὰ μνηστῆρας ἐῷμι 85
ἔρχεσθαι· λίην γὰρ ἀτάσθαλον ὕβριν ἔχουσι·
μή μιν κερτομέωσιν, ἐμοὶ δ' ἄχος ἔσσεται αἰνόν.
πρῆξαι δ' ἀργαλέον τι μετὰ πλεόνεσσιν ἐόντα
ἄνδρα καὶ ἴφθιμον, ἐπεὶ ἦ πολὺ φέρτεροί εἰσι."

Τὸν δ' αὖτε προσέειπε πολύτλας δῖος Ὀδυσσεύς· 90

---

65 παρὰ vulg.: ἐκ F D: ἀπὸ U.   70 ἐγὼν] ἐμῷ M. The ϝ may perhaps be
restored by reading πῶς γὰρ δὴ ξεῖνον (a stranger) ϝοίκῳ ὑποδέξομαι ἀμῷ. If the
ἀμῷ became ἐμῷ the rest of the corruption would easily follow.   73 δ' ἐμοὶ
(δέ μοι) G M U.   79 ἕσσω μιν Ar. and most MSS.: ἕσσω μὲν F. Cp. 17. 550,
where μίν is impossible.   85 ἰάσω P H M al.

72. χαλεπήνῃ 'does violently.'   line occurs, viz. 17. 550 and 21. 339.
75. αἰδομένη 'out of respect for'   80. This line looks like an abbrevia-
suits εὐνὴν πόσιος and δήμοιο φῆμιν   tion of the two lines 21. 340–341 δώσω
with hardly a variation of meaning.   δ' ὀξὺν ἄκοντα, κυνῶν ἀλκτῆρα καὶ ἀνδρῶν,
79. μιν, resuming τὸν ξεῖνον. This   καὶ ξίφος ἄμφηκες, δώσω δ' ὑπὸ ποσσὶ
use of the enclitic pronoun is hardly   πέδιλα.
Homeric; but the reading μιν is sup-   84. κατατρύχῃ, cp. 15. 309.
ported by the other places where the

"ὦ φίλ', ἐπεί θήν μοι καὶ ἀμείψασθαι θέμις ἐστίν,
ἦ μάλα μευ καταδάπτετ' ἀκούοντος φίλον ἦτορ,
οἷά φατε μνηστῆρας ἀτάσθαλα μηχανάασθαι
ἐν μεγάροις, ἀέκητι σέθεν τοιούτου ἐόντος.
εἰπέ μοι ἠὲ ἑκὼν ὑποδάμνασαι, ἦ σέ γε λαοὶ   95
ἐχθαίρουσ' ἀνὰ δῆμον, ἐπισπόμενοι θεοῦ ὀμφῇ,
ἦ τι κασιγνήτοις ἐπιμέμφεαι, οἷσί περ ἀνὴρ
μαρναμένοισι πέποιθε, καὶ εἰ μέγα νεῖκος ὄρηται.
αἲ γὰρ ἐγὼν οὕτω νέος εἴην τῷδ'. ἐπὶ θυμῷ,
ἢ παῖς ἐξ Ὀδυσῆος ἀμύμονος ἠὲ καὶ αὐτὸς   100
[ἔλθοι ἀλητεύων· ἔτι γὰρ καὶ ἐλπίδος αἶσα·]
αὐτίκ' ἔπειτ' ἀπ' ἐμεῖο κάρη τάμοι ἀλλότριος φώς,
εἰ μὴ ἐγὼ κείνοισι κακὸν πάντεσσι γενοίμην
ἐλθὼν ἐς μέγαρον Λαερτιάδεω Ὀδυσῆος.
εἰ δ' αὖ με πληθυῖ δαμασαίατο μοῦνον ἐόντα,   105

---

92 μευ] δή μευ H : perhaps we should read δὴ in place of μευ. The dat. μοι is
also possible, notwithstanding ἀκούοντος: see ll. 14. 25, Od. 9. 256, and other
instances given in *H. G.* § 243, 3, *d*.   100 ἐπὶ Ar. U : ἐπὶ vulg.   100 ἢ] ἠὲ
F P : read ἠὲ πάϊς Ὀδυσῆος ?   101 obelized by Ar. and perhaps other ancient
critics (οἱ παλαιοὶ ἠνόθευσαν τὸν στίχον ὀβελίσαντες Eust.).   104 obelized by
Zen. Ar. It may come from 21. 262: cp. also 18. 24.

96. θεοῦ ὀμφῇ, not probably an actual
' oracle' :—rather the Homeric mode of
conceiving what we now should call a
wave of unreasoning popular sentiment.
See the excellent note on 3. 215.
97. ἐπιμέμφεαι ' complain of' : ' is it
that you have brothers who do not stand
by you as they ought !'
99. οὕτω νέος 'so young' (as I had
need to be for the purpose), ' young
enough for that.'
ἐπὶ 'with' : ' would that I had the
youthful strength, as I have the spirit,
to act.' Cp. 17. 308 ἐπὶ εἴδεῖ τῷδε.
101. If this line is genuine, we must
suppose an anacoluthon : ' would that
I were young enough, either being the
son of Ulysses, or would that he might
come himself.' That is to say, instead
of ἠὲ καὶ αὐτὸς ἐλθών (subordinate to
νέος εἴην), the second alternative takes
the form of an independent clause of
wish. This is an irregularity of a type
common enough in Greek (cp. *H. G.*
§ 272) : but here there is a real anaco-

luthon or change of meaning ; since the
second clause—the wish that Ulysses
himself would come—does not fit οὕτω
νέος εἴην. Thus the line interferes with
the main point of the sentence—the duty
incumbent on Telemachus of resisting
the Suitors at all hazards. Moreover,
the half-line ἔτι γὰρ καὶ ἐλπίδος αἶσα
is much more effective in the other
place where it occurs, viz. 19. 84.
ἐλπίδος αἶσα ' hope has its share,' *i.e.*
a claim to its place, a *raison d'être.*
104. The objection that the ancient
critics made to this line probably was
that it interferes with the play of sug-
gestion which characterises the speech.
It implies that the speaker is only a
stranger offering help. But Ulysses is
now supposing himself to be Ulysses
(cp. l. 106). His aim is to lead rapidly
up to the point at which he reveals
himself to his son (l. 188). On the other
hand the introduction of the name
Λαερτιάδης Ὀδυσσεύς has some rhe-
torical value.

βουλοίμην κ' ἐν ἐμοῖσι κατακτάμενος μεγάροισι
τεθνάμεν ἢ τάδε γ' αἰὲν ἀεικέα ἔργ' ὁράασθαι,
ξείνους τε στυφελιζομένους δμωάς τε γυναῖκας
ῥυστάζοντας ἀεικελίως κατὰ δώματα καλά,
καὶ οἶνον διαφυσσόμενον, καὶ σῖτον ἔδοντας   110
μὰψ αὔτως ἀτέλεστον, ἀνηνύστῳ ἐπὶ ἔργῳ."
  Τὸν δ' αὖ Τηλέμαχος πεπνυμένος ἀντίον ηὔδα·
" τοιγὰρ ἐγώ τοι, ξεῖνε, μάλ' ἀτρεκέως ἀγορεύσω.
οὔτε τί μοι πᾶς δῆμος ἀπεχθόμενος χαλεπαίνει,
οὔτε κασιγνήτοις ἐπιμέμφομαι, οἷσί περ ἀνὴρ   115
μαρναμένοισι πέποιθε, καὶ εἰ μέγα νεῖκος ὄρηται.
ὧδε γὰρ ἡμετέρην γενεὴν μούνωσε Κρονίων·
μοῦνον Λαέρτην Ἀρκείσιος υἱὸν ἔτικτε,
μοῦνον δ' αὖτ' Ὀδυσῆα πατὴρ τέκεν· αὐτὰρ Ὀδυσσεὺς
μοῦνον ἔμ'· ἐν μεγάροισι τεκὼν λίπεν οὐδ' ἀπόνητο.   120
τῶ νῦν δυσμενέες μάλα μυρίοι εἴσ' ἐνὶ οἴκῳ.
ὅσσοι γὰρ νήσοισιν ἐπικρατέουσιν ἄριστοι,
Δουλιχίῳ τε Σάμῃ τε καὶ ὑλήεντι Ζακύνθῳ,
ἠδ' ὅσσοι κραναὴν Ἰθάκην κάτα κοιρανέουσι,
τόσσοι μητέρ' ἐμὴν μνῶνται, τρύχουσι δὲ οἶκον.   125
ἡ δ' οὔτ' ἀρνεῖται στυγερὸν γάμον οὔτε τελευτὴν
ποιῆσαι δύναται· τοὶ δὲ φθινύθουσιν ἔδοντες

---

106 κ' ἐν] κεν Ar. MSS.: κὶν (sic) F.   113 ἀγορεύσω] καταλέξω U.
120 ἔμ' ἐν] ἐμέ? cp. l. 106.

108–110 are three successive lines
without a caesura in the middle. The
rhythm is probably intended to mark
the rising passion of the speaker.
Throughout this speech Ulysses is on
the verge of using language only suited
to his own character.

109. ῥυστάζοντας, used substantively,
= ῥυστάζοντάς τινας: and so ἔδοντας in
the next line. For this use of the par-
ticiple cp. 13. 400. The force of -αζω is
frequentative or ampliative, 'dragging
about': see on 13. 9.

111. ἀτέλεστον is an adv., explained
in the phrase ἀνηνύστῳ ἐπὶ ἔργῳ ' with
no end to the business.' For examples

of this kind of epexegesis see on 1. 300.
For ἐπί = ' with,' ' in presence of,' cp.
11. 548 τοιῷδ' ἐπ' δέθλῳ, 16. 99 τῷδ' ἐπὶ
θυμῷ, also Il. 4. 175, 258.

114. ἀπεχθόμενος 'having become
your enemy,' cp. l. 95 σέ γε λαοὶ ἐχθαί-
ρουσι. ἀπηχθόμην is generally passive,
' came to be hated ' : but here it applies
to both sides of the supposed quarrel,
expressing simply the fact of enmity
between them. So probably in 19. 407
ὀδυσσάμενος, which is generally ' having
been angered,' is used in the more
comprehensive sense of ' having quar-
relled.'

125. τρύχουσι, cp. 15. 309.

οἶκον ἐμόν· τάχα δή με διαρραίσουσι καὶ αὐτόν.
ἀλλ' ἦ τοι μὲν ταῦτα θεῶν ἐν γούνασι κεῖται·
ἄττα, σὺ δ' ἔρχεο θᾶσσον, ἐχέφρονι Πηνελοπείῃ　　　130
εἴφ' ὅτι οἱ σῶς εἰμι καὶ ἐκ Πύλου εἰλήλουθα.
αὐτὰρ ἐγὼν αὐτοῦ μενέω, σὺ δὲ δεῦρο νέεσθαι
οἴῃ ἀπαγγεῖλας· τῶν δ' ἄλλων μή τις Ἀχαιῶν
πευθέσθω· πολλοὶ γὰρ ἐμοὶ κακὰ μηχανόωνται."

Τὸν δ' ἀπαμειβόμενος προσέφης, Εὔμαιε συβῶτα·　　　135
" γιγνώσκω, φρονέω· τά γε δὴ νοέοντι κελεύεις.
ἀλλ' ἄγε μοι τόδε εἰπὲ καὶ ἀτρεκέως κατάλεξον,
εἰ καὶ Λαέρτῃ αὐτὴν ὁδὸν ἄγγελος ἔλθω
δυσμόρῳ, ὃς τῆος μὲν Ὀδυσσῆος μέγ' ἀχεύων
ἔργα τ' ἐποπτεύεσκε μετὰ δμώων τ' ἐνὶ οἴκῳ　　　140
πῖνε καὶ ἦσθ', ὅτε θυμὸς ἐνὶ στήθεσσιν ἀνώγοι·
αὐτὰρ νῦν, ἐξ οὗ σύ γε ᾤχεο νηῒ Πύλονδε,
οὔ πώ μίν φασιν φαγέμεν καὶ πιέμεν αὔτως,
οὐδ' ἐπὶ ἔργα ἰδεῖν, ἀλλὰ στοναχῇ τε γόῳ τε
ἧσται ὀδυρόμενος, φθινύθει δ' ἀμφ' ὀστεόφι χρώς."　　145

Τὸν δ' αὖ Τηλέμαχος πεπνυμένος ἀντίον ηὔδα·
" ἄλγιον, ἀλλ' ἔμπης μιν ἐάσομεν ἀχνύμενοί περ·
εἰ γάρ πως εἴη αὐτάγρετα πάντα βροτοῖσι,
πρῶτόν κεν τοῦ πατρὸς ἑλοίμεθα νόστιμον ἦμαρ.

138 εἰ vulg.: ἢ M: ἢ H² al. The choice is between εἰ and ἢ.　　142 γε ᾤχεο]
γ' ἐπᾤχεο G: hence we may read γ' ἀπᾤχεο, a v. l. on the margin of Barnes' edition
(Van Leeuwen).　　145 ἧσθαι ὀδυρόμενον F.　　147 ἀχνύμενον F, v. l. in Eust.

128. διαρραίσουσι, lit. ' break in
pieces.'
131. σῶς, see on 22. 28.
140. μετά with the gen., as in 10. 320.
143. οὔ πω ' not yet,' *i.e.* he has not
reached the point of doing it.
αὔτως ' merely ': he has not so much
as barely eaten and drunk. A person
might eat and drink αὔτως, without
doing more : Laertes does not even do
this.
144. ἐπὶ ἰδεῖν ' has seen to,' cp.
ἐποπτεύω (l. 140).
148. αὐτάγρετα 'taken of themselves,'
without further ado, *i.e.* ' to be had for
the taking.'

149. τοῦ πατρός. The force of the
article probably is to point the contrast :
' my father is the one whom I should
choose.' See the examples of the article
with πατήρ and other words of relation-
ship given in *H. G.* § 261, 3.
This is one of the passages in which
Zenodotus probably read οὗ for τοῦ,
and understood it in a 'general reflexive'
sense, here = ' our own.' We know that
he read in Il. 11. 142 νῦν μὲν δὴ οὗ
πατρὸς δεικέα τίσετε λώβην. On this
question also I must refer to the dis-
cussion in *H. G.* § 255. It still seems
to me most probable that the reflexive
ἑός or ὅς was originally used of the

ἀλλὰ σύ γ' ἀγγεῐλας ὀπίσω κίε, μηδὲ κατ' ἀγροὺς   150
πλάζεσθαι μετ' ἐκεῖνον· ἀτὰρ πρὸς μητέρα εἰπεῖν
ἀμφίπολον ταμίην ὀτρυνέμεν ὅττι τάχιστα
κρύβδην· κείνη γάρ κεν ἀπαγγεῐλειε γέροντι."
    Ἦ ῥα καὶ ὦρσε συφορβόν· ὁ δ' εἵλετο χερσὶ πέδιλα,
δησάμενος δ' ὑπὸ ποσσὶ πόλινδ' ἴεν. οὐδ' ἄρ' Ἀθήνην   155
λῆθεν ἀπὸ σταθμοῖο κιὼν Εὔμαιος ὑφορβός,
ἀλλ' ἥ γε σχεδὸν ἦλθε· δέμας δ' ἤϊκτο γυναικὶ
καλῇ τε μεγάλῃ τε καὶ ἀγλαὰ ἔργα ἰδυίῃ.
στῆ δὲ κατ' ἀντίθυρον κλισίης Ὀδυσῆϊ φανεῖσα·
οὐδ' ἄρα Τηλέμαχος ἴδεν ἀντίον οὐδ' ἐνόησεν,   160
οὐ γάρ πως πάντεσσι θεοὶ φαίνονται ἐναργεῖς,
ἀλλ' Ὀδυσεύς τε κύνες τε ἴδον, καί ῥ' οὐχ ὑλάοντο,
κνυζηθμῷ δ' ἑτέρωσε διὰ σταθμοῖο φόβηθεν.
ἡ δ' ἄρ' ἐπ' ὀφρύσι νεῦσε· νόησε δὲ δῖος Ὀδυσσεύς,
ἐκ δ' ἦλθεν μεγάροιο παρὲκ μέγα τειχίον αὐλῆς,   165
στῆ δὲ πάροιθ' αὐτῆς· τὸν δὲ προσέειπεν Ἀθήνη·
" διογενὲς Λαερτιάδη, πολυμήχαν' Ὀδυσσεῦ,
ἤδη νῦν σῷ παιδὶ ἔπος φάο μηδ' ἐπίκευθε,
ὡς ἂν μνηστῆρσιν θάνατον καὶ κῆρ' ἀραρόντε
ἔρχησθον προτὶ ἄστυ περικλυτόν· οὐδ' ἐγὼ αὐτὴ   170
δηρὸν ἀπὸ σφῶϊν ἔσομαι μεμανία μάχεσθαι."
    Ἦ καὶ χρυσείῃ ῥάβδῳ ἐπεμάσσατ' Ἀθήνη.
φᾶρος μέν οἱ πρῶτον ἐΰπλυνὲς ἠδὲ χιτῶνα
θῆκ' ἀμφὶ στήθεσσι, δέμας δ' ὤφελλε καὶ ἥβην.

152-153 rejected by Ar.   161 πως G F X U al. Eust. : πω P H al.

Third person only, and that the exten-
sion to the First and Second persons,
though ancient, was on the whole post-
Homeric.

152. We hear no more of this message
to Laertes.

159. ἀντίθυρον seems to be the space
just outside the doorway of the αὐλή or
courtyard. Odysseus sees Athene from
the μέγαρον, passes out beyond the wall
(τειχίον) of the αὐλή, and is then some-
where in (κατά) the adjoining ἀντίθυρον.
In 343-344 (infra) the Suitors go out,

as here, παρὲκ μέγα τειχίον αὐλῆς, and
are then προπάροιθε θυράων.

162-163. An instance of the sympathy
with the dog which is so noticeable in
the Odyssey: cp. 14. 29., 16. 5, and
(above all) 17. 291-327.

165. τειχίον, of the wall of the court-
yard : τεῖχος being used of a city wall
or fortification.

174. δέμας δ' ὤφελλε καὶ ἥβην, a
slight zeugma: 'she glorified his form
and (granted him increase of) youthful
strength.'

ἂψ δὲ μελαγχροιὴς γένετο, γναθμοὶ δὲ τάνυσθεν,   175
κυάνεαι δ' ἐγένοντο γενειάδες ἀμφὶ γένειον.

ἡ μὲν ἄρ' ὣς ἔρξασα πάλιν κίεν· αὐτὰρ Ὀδυσσεὺς
ἤϊεν ἐς κλισίην· θάμβησε δέ μιν φίλος υἱός,
ταρβήσας δ' ἑτέρωσε βάλ' ὄμματα, μὴ θεὸς εἴη,
καί μιν φωνήσας ἔπεα πτερόεντα προσηύδα·   180
" ἀλλοῖός μοι, ξεῖνε, φάνης νέον ἠὲ πάροιθεν,
ἄλλα δὲ εἵματ' ἔχεις, καί τοι χρὼς οὐκέθ' ὁμοῖος.
ἦ μάλα τις θεός ἐσσι, τοὶ οὐρανὸν εὐρὺν ἔχουσιν·
ἀλλ' ἴληθ', ἵνα τοι κεχαρισμένα δώομεν ἱρὰ
ἠδὲ χρύσεα δῶρα, τετυγμένα· φείδεο δ' ἡμέων."   185

Τὸν δ' ἠμείβετ' ἔπειτα πολύτλας δῖος Ὀδυσσεύς·
" οὔ τίς τοι θεός εἰμι· τί μ' ἀθανάτοισιν ἐΐσκεις;
ἀλλὰ πατὴρ τεός εἰμι, τοῦ εἵνεκα σὺ στεναχίζων
πάσχεις ἄλγεα πολλά, βίας ὑποδέγμενος ἀνδρῶν."

Ὣς ἄρα φωνήσας υἱὸν κύσε, κὰδ δὲ παρειῶν   190
δάκρυον ἧκε χαμᾶζε· πάρος δ' ἔχε νωλεμὲς αἰεί.
Τηλέμαχος δ' οὐ γάρ πω ἐπείθετο ὃν πατέρ' εἶναι,
ἐξαῦτίς μιν ἔπεσσιν ἀμειβόμενος προσέειπεν·
" οὐ σύ γ' Ὀδυσσεύς ἐσσι, πατὴρ ἐμός, ἀλλά με δαίμων
θέλγει, ὄφρ' ἔτι μᾶλλον ὀδυρόμενος στεναχίζω.   195

176 γενειάδες] ἰθειράδες G U, v. l. in Eust.   179 ταρβήσας] θαμβήσας G P.
195 θέλγει] θέλγεις was an ancient variant (ἡ κυκλικὴ θέλγεις Sch. H, cp.
17. 25).

175. τάνυσθεν ' were filled out,' were
no longer shrunken.
176. κυάνεαι must mean ' dark.' The
poet forgets that Ulysses had ' yellow'
hair before : see Od. 13. 399, 431.
An interesting parallel to this contra-
diction has been pointed out to me by
a friend. In the first edition of Scott's
Heart of Midlothian, vol. I. ch. iv
(p. 119), Effie Deans is described as ' a
modest-looking *black*-haired girl.' In
ch. ix of the same volume (p. 240) it is
said that ' her Grecian-shaped head was
profusely rich in waving ringlets of
brown hair.' Finally, in vol. II. ch. x
(p. 231) in the account of the trial
special mention is made of ' her beautiful
and abundant tresses of long *fair* hair.'

In later editions the inconsistency was
removed by altering ' black-haired ' in
the first of these places into ' fair-haired.'
But the necessity for such a correction
was probably not felt before the ages
when ' second editions' and the like
made revision possible.
181. νέον, viz. when Telemachus saw
him. Telemachus was not now looking
towards Ulysses.
185. τετυγμένα, cp. 13. 32.
189. βίας ' the forceful deeds,' a
plural like ἀτασθαλίαι, ἱπποσύναι, &c. :
cp. the Latin *laudes* = ' glorious deeds.'
Cp. 13. 310.
191. πάρος δ' ἔχε νωλεμὲς αἰεί, para-
taxis, ' though up to that time he had
borne up firmly.'

οὐ γάρ πως ἂν θνητὸς ἀνὴρ τάδε μηχανόῳτο
ᾧ αὐτοῦ γε νόῳ, ὅτε μὴ θεὸς αὐτὸς ἐπελθὼν
ῥηϊδίως ἐθέλων θείη νέον ἠδὲ γέροντα.
ἦ γάρ τοι νέον ἦσθα γέρων καὶ ἀεικέα ἕσσο·
νῦν δὲ θεοῖσιν ἔοικας, οἳ οὐρανὸν εὐρὺν ἔχουσι."   200

Τὸν δ' ἀπαμειβόμενος προσέφη πολύμητις Ὀδυσσεύς·
"Τηλέμαχ', οὔ σε ἔοικε φίλον πατέρ' ἔνδον ἐόντα
οὔτε τι θαυμάζειν περιώσιον οὔτ' ἀγάασθαι·
οὐ μὲν γάρ τοι ἔτ' ἄλλος ἐλεύσεται ἐνθάδ' Ὀδυσσεύς,
ἀλλ' ὅδ' ἐγὼ τοιόσδε, παθὼν κακά, πολλὰ δ' ἀληθείς,   205
ἦλθον ἐεικοστῷ ἔτεϊ ἐς πατρίδα γαῖαν.
αὐτάρ τοι τόδε ἔργον Ἀθηναίης ἀγελείης,
ἥ τέ με τοῖον ἔθηκεν ὅπως ἐθέλει, δύναται γάρ,
ἄλλοτε μὲν πτωχῷ ἐναλίγκιον, ἄλλοτε δ' αὖτε
ἀνδρὶ νέῳ καὶ καλὰ περὶ χροΐ εἵματ' ἔχοντι.   210
ῥηΐδιον δὲ θεοῖσι, τοὶ οὐρανὸν εὐρὺν ἔχουσιν,
ἠμὲν κυδῆναι θνητὸν βροτὸν ἠδὲ κακῶσαι."

Ὣς ἄρα φωνήσας κατ' ἄρ' ἕζετο, Τηλέμαχος δὲ
ἀμφιχυθεὶς πατέρ' ἐσθλὸν ὀδύρετο, δάκρυα λείβων.
ἀμφοτέροισι δὲ τοῖσιν ὑφ' ἵμερος ὦρτο γόοιο·   215
κλαῖον δὲ λιγέως, ἀδινώτερον ἤ τ' οἰωνοί,

198 ἠδὲ vulg.: ἠὲ P H L W. So ἠὲ for ἠδὲ in 16. 273 (P H L W), 17. 202 (M), 24. 157 (L W).   205 ἀληθείς P H al.: ἀνατλὰς G F X U al.   206 ἤλυθον εἰκοστῷ is the reading of all MSS. here and 19. 484: but in 21. 208 ἦλθον M, ἐεικοστῷ H², and in 24. 322 ἦλθον ἐεικοστῷ U: cp. 23. 102, 170 ἔλθοι ἐεικοστῷ. These traces seem to justify us in adopting the form which the Ϝ of Ϝεικοστός proves to be the older one.   216 ἤ τ'] ἦντ' F.

198. ῥηϊδίως ἐθέλων is a kind of re- spectful parenthesis: ʻ as he does easily when he chooses.'
νέον ἠδὲ γέροντα ʻ young or old,' i.e. ʻ now young, now old.' Two opposites presented in this way as *alternating* with each other are usually connected by ἠμέν—ἠδέ (cp. 212, 306–307). Some- times by ἠδέ only: cp. 19. 316 ἀποπεμ- ψέμεν ἠδὲ δέχεσθαι, Il. 5. 223 (= 8. 107) διακέμεν ἠδὲ φίβεσθαι, 9. 100 (= Od. 17. 584) φάσθαι ἔπος ἠδ' ἐσακοῦσαι, 24. 45 μέγα σίνεται ἠδ' ὀνίησιν. Hence ἠδέ is here more idiomatic than ἠέ.

which has been adopted by editors from a few MSS.
202. ἔνδον ʻ at home ': cp. l. 355.
216. ἀδινώτερον. The adj. ἀδινός means ʻ thick,' ʻ full ' (Buttmann, *Lex.* s.v.). Applied to sound it suggests a continuous or ʻ thick-coming ' cry. It may be connected with ἅδην ʻ fully,' ʻ richly,' ἆτος (for ἅατος) ʻ unsatisfied,' and Lat. *sa-tis*, *sa-tur*.
ἤ τε ʻ than,' cp. Il. 4. 277 μελάντερον ἠΰτε πίσσα, where Bekker proposed to read ἠέ τε. If this is not adopted we must read ἠΰτ' or εὖτ' here (Buttmann,

φῆναι ἢ αἰγυπιοὶ γαμψώνυχες, οἷσί τε τέκνα
ἀγρόται ἐξείλοντο πάρος πετεηνὰ γενέσθαι·
ὣς ἄρα τοί γ' ἐλεεινὸν ὑπ' ὀφρύσι δάκρυον εἶβον.
καί νύ κ' ὀδυρομένοισιν ἔδυ φάος ἠελίοιο,   220
εἰ μὴ Τηλέμαχος προσεφώνεεν ὃν πατέρ' αἶψα·
"ποίη γὰρ νῦν δεῦρο, πάτερ φίλε, νηΐ σε ναῦται
ἤγαγον εἰς Ἰθάκην; τίνες ἔμμεναι εὐχετόωντο;
οὐ μὲν γάρ τί σε πεζὸν ὀΐομαι ἐνθάδ' ἱκέσθαι."

Τὸν δ' αὖτε προσέειπε πολύτλας δῖος Ὀδυσσεύς·   225
"τοιγὰρ ἐγώ τοι, τέκνον, ἀληθείην καταλέξω.
Φαίηκές μ' ἄγαγον ναυσίκλυτοι, οἵ τε καὶ ἄλλους
ἀνθρώπους πέμπουσιν, ὅτις σφέας εἰσαφίκηται·
καί μ' εὕδοντ' ἐν νηΐ θοῇ ἐπὶ πόντον ἄγοντες
κάτθεσαν εἰς Ἰθάκην, ἔπορον δέ μοι ἀγλαὰ δῶρα,   230
χαλκόν τε χρυσόν τε ἅλις ἐσθῆτά θ' ὑφαντήν.

219 δάκρυα λείβον P.   223 εὐχετόωντο F H : -ται G P X U al. : cp. 14. 189.,
16. 58.   230 εἰν' Ἰθάκῃ G.

Lex. s. v.). The former is supported by
one good manuscript, viz. F. This ηῦτε
or εὖτε is evidently to be identified with
ἠΰτε ' like as.' The disyllabic form is
found with the meaning ' as ' or ' like '
in two places in the Iliad, viz. 3. 10 εὖτ'
ὄρεος κορυφῇσι κτλ. (ancient variants ἠΰτ'
ὄρευς and ὥς τ' ὄρεος), and 19. 386 τῷ
δ' εὖτε πτερὰ γίγνετ' κτλ. (v. l. ηΰτε
and αὖτε). In the latter place ἐῦτε is
possible : cp. the variation of ἠΰ-, ἐΰ,
and εὖ.
    There remains the question,—what is
the force of the comparative followed
by ἠΰτε? Buttmann and other modern
scholars have taken ηῦτε as equivalent
to ' than,' comparing the use of *as* in
provincial English, and of *als* and *wie*
in German. The difficulty, however, is
not the use of a word with the double
sense of ' like as ' and ' than,' but the
improbability that such a use, if it
existed in the language, should occur
so very rarely. It must be said, too,
that the phrase ' blacker than pitch ' is
an exaggeration, such as Homer does
not resort to in his descriptions of nature.
In the ancient view, put forward or at
least maintained by Aristarchus, the

comparative was used as a positive (ἡ
διπλῆ ὅτι κέχρηται τῷ συγκριτικῷ ἀντὶ
ἀπλοῦ Aristonicus, στικτέον μετὰ τὸ
μελάντερον Nicanor). That is to say,
μελάντερον does not express a degree of
blackness, but blackness instead of its
opposite. Bekker (*H. B.* 1. 312) quotes
as instances ἀκιδνότερος (Od. 8. 169),
κουφότερον (8. 201), comparing Lucian
(Philopatr. 4) Αἰθίοψ᾿ ἀνδράσι μελαν-
τέροις καὶ τὴν ὄψιν ἐζοφωμένοις. The
meaning ' dark and pitch like ' seems
sufficiently Homeric. So here ἀδινώτερον,
of a cry that comes fast, like the cry of
certain birds, cp. ἐπασσύτερος. A good
parallel to the form of the sentence is to
be found in Herodotus (3. 23) ἐπὶ κρήνην
σφι ἡγήσασθαι, ἀπ' ἧς λουόμενοι λιπαρώ-
τεροι ἐγίνοντο, κατάπερ εἰ ἐλαίου εἴη,
where the meaning is not that they be-
came more shining than if it were a
fountain of oil, but that they shone as
with oil.
    219. ἐλεεινόν, adv. ' piteously.'
    222. The γάρ marks the suddenness
(αἶψα) of the speech.
    230. κάτθεσαν εἰς Ἰθάκην, pregnant
construction, ' brought to and set down
in Ithaca ': cp. 13. 274.

καὶ τὰ μὲν ἐν σπήεσσι θεῶν ἰότητι κέονται·
νῦν αὖ δεῦρ᾽ ἱκόμην ὑποθημοσύνῃσιν Ἀθήνης,
ὄφρα κε δυσμενέεσσι φόνου πέρι βουλεύσωμεν.
ἀλλ᾽ ἄγε μοι μνηστῆρας ἀριθμήσας κατάλεξον,   235
ὄφρ᾽ εἰδέω ὅσσοι τε καὶ οἵ τινες ἀνέρες εἰσί·
καί κεν ἐμὸν κατὰ θυμὸν ἀμύμονα μερμηρίξας
φράσσομαι, ἢ κεν νῶϊ δυνησόμεθ᾽ ἀντιφέρεσθαι
μούνω ἄνευθ᾽ ἄλλων, ἦ καὶ διζησόμεθ᾽ ἄλλους."

Τὸν δ᾽ αὖ Τηλέμαχος πεπνυμένος ἀντίον ηὔδα·   240
"ὦ πάτερ, ἦ τοι σεῖο μέγα κλέος αἰὲν ἄκουον,
χεῖράς τ᾽ αἰχμητὴν ἔμεναι καὶ ἐπίφρονα βουλήν·
ἀλλὰ λίην μέγα εἶπες· ἄγη μ᾽ ἔχει· οὐδέ κεν εἴη
ἄνδρε δύω πολλοῖσι καὶ ἰφθίμοισι μάχεσθαι.
μνηστήρων δ᾽ οὔτ᾽ ἂρ δεκὰς ἀτρεκὲς οὔτε δύ᾽ οἶαι,   245
ἀλλὰ πολὺ πλέονες· τάχα δ᾽ εἴσεαι αὐτὸς ἀριθμόν.
ἐκ μὲν Δουλιχίοιο δύω καὶ πεντήκοντα

---

234 βουλεύσωμεν] better βουλεύωμεν, see *H. G.* § 82.   238 ἢ H : εἰ vulg.
246 τάχα εἴσεαι (with asyndeton) would be idiomatic; cp. 13. 42.   αὐτὸς G P X U
(as 2. 40., 24. 506) : ἐνθάδ᾽ vulg.

232. σπήεσσι may stand for σπεί-εσσι, or may simply be a metrical licence for the regular σπέεσσι, which cannot come into the hexameter.

κέονται is an isolated thematic form, for the Homeric κέαται : see however Schulze, *Quaest. Ep.* p. 436.

238. δυνησόμεθα is doubtless a subj.: see on l. 261. So διζησόμεθα in the next line, although the ind. ἐδιζησάμην is not found.

242. βουλήν is generally taken as an acc. of limitation—'wise in counsel.' But if we compare 3. 128 νόῳ καὶ ἐπίφρονι βουλῇ, and 19. 326 νόον καὶ ἐπίφρονα μῆτιν, it becomes more probable that ἐπίφρονα is an epithet of βουλήν,—the constr. being χεῖράς τε καὶ βουλήν 'in strength of hands and wise counsel.' For 'wise in counsel' we should expect rather ἐπίφρων βουλῇ (cp. ἐπιστήμων βουλῇ in l. 374).

245. ἀτρεκές, adv. 'exactly': i. e. 'it is not a simple ten, or two tens only.'

247-251. It would seem from this enumeration that the recurring line

Δουλίχιόν τε Σάμη τε καὶ ὑλήεσσα Ζάκυνθος places the islands in the order of their importance—Ithaca itself being the smallest of the four, though, as the home of Ulysses, it was the most important.

The representation here given of the Suitors as the 'kings' or chief men of the four islands is borne out by the words of Telemachus in 1. 245 ff. ὅσσοι γὰρ νήσοισιν ἐπικρατέουσιν ἄριστοι Δουλιχίῳ κτλ. (= 19. 130 ff.): also by the instances of Amphinomus of Dulichium (16. 396), and Ctesippus of Same (20. 288). It is difficult, however, to reconcile it with other passages. The Suitors do not live in the palace of Ulysses. They come every day (2. 55 = 17. 534 οἱ δ᾽ εἰς ἡμέτερον πωλεύμενοι ἤματα πάντα), and return at night to their several abodes in the town of Ithaca (1. 424 κακκείοντες ἔβαν οἰκόνδε ἕκαστος, 2. 397 οἱ δ᾽ εὕδειν ὥρνυντο κατὰ πτόλιν, 18. 428 βάν ῥ᾽ ἴμεναι κείοντες ἐά πρὸς δώμαθ᾽ ἕκαστος, also 20. 6). And when they give presents to Penelope

G 2

.κοῦροι κεκριμένοι, ἐξ δὲ δρηστῆρες ἕπονται·
ἐκ δὲ Σάμης πίσυρές τε καὶ εἴκοσι φῶτες ἔασιν,
ἐκ δὲ Ζακύνθου ἔασιν ἐείκοσι κοῦροι Ἀχαιῶν,   250
ἐκ δ' αὐτῆς Ἰθάκης δυοκαίδεκα πάντες ἄριστοι,
καί σφιν ἅμ' ἐστὶ Μέδων κῆρυξ καὶ θεῖος ἀοιδὸς
καὶ δοιὼ θεράποντε, δαήμονε δαιτροσυνάων.
τῶν εἴ κεν πάντων ἀντήσομεν ἔνδον ἐόντων,
μὴ πολύπικρα καὶ αἰνὰ βίας ἀποτίσεαι ἐλθών.   255
ἀλλὰ σύ γ', εἰ δύνασαί τιν' ἀμύντορα μερμηρίξαι,
φράζευ, ὅ κέν τις νῶϊν ἀμύνοι πρόφρονι θυμῷ."

Τὸν δ' αὖτε προσέειπε πολύτλας δῖος Ὀδυσσεύς·
"τοιγὰρ ἐγὼν ἐρέω, σὺ δὲ σύνθεο καί μευ ἄκουσον·
καὶ φράσαι ἤ κεν νῶϊν Ἀθήνη σὺν Διὶ πατρὶ   260
ἀρκέσει, ἦέ τιν' ἄλλον ἀμύντορα μερμηρίξω."

Τὸν δ' αὖ Τηλέμαχος πεπνυμένος ἀντίον ηὔδα·
" ἐσθλώ τοι τούτω γ' ἐπαμύντορε, τοὺς ἀγορεύεις,

---

250 κοῦροι] φῶτες G X al.   257 φράζε' H : φράζε J : φράζευ vulg.: see the
note.   261 ἀρκέσει, see the note.

(18. 291 ff.), the messengers go and re-
turn immediately. So too in 2. 51 they
are described as τῶν ἀνδρῶν φίλοι υἶες οἱ
ἐνθάδε γ' (*i.e.* in Ithaca) εἰσὶν ἄριστοι.
The contradiction, such as it is, seems
undeniable. Moreover, it is not one
which can easily be explained by a dif-
ference of authorship..- Rather, like
other contradictions or unevennesses in
works of fiction, it arises partly from the
limitation of human memory, partly
from our ignorance of circumstances
which the contemporaries of the poet
would have been able to supply. If the
three other islands are apt to be ignored
(so in 1. 394 in reference to the ' king-
dom ' of Ulysses), that is because Ithaca
was the dominant island, to which the
others stood in the relation of περιοικίδες.
The chiefs of the dependent communities
doubtless had their πρόξενοι in the
capital. In any case, every hearer of
the Homeric poems would know how to
meet the difficulty of carrying on his
suit in a neighbouring town. (See Kern,
Ueber die Freier in der Odyssee, Ulm,
1861.)

255. 'See that you do not in right

bitter and terrible fashion take your
vengeance,' *i.e.* ' I fear that instead of
taking vengeance you will suffer a ter-
rible fate.' The expression is a kind
of oxymoron: cp. 17. 448 μὴ τάχα
πικρὴν Αἴγυπτον καὶ Κύπρον ἴηαι, *i.e.*
'something bitter *instead of* Egypt
and Crete.'

257. φράζευ 'think of.' But as ὅ
(the art.) is not generally used = ὅς with
an *indefinite* reference, perhaps we
should read φράζ' ὅς κέν τις 'tell me of
one who —.'

261. ἀρκέσει. The fut. after ἤ κεν
is very doubtful, see on 15. 524. We
should probably read ἀρκέσῃ.

263-264. The point of this passage
has generally been missed. Ulysses
having named Zeus and Athene as the
helpers to be looked for, Telemachus
answers ironically that Zeus and Athene
are good champions, no doubt—sitting
aloft in the clouds (instead of helping).
Hence the reply of Ulysses: ' yet will
these two not long hold aloof from the
combat.' Note the significant change
from τούτω γε, *isti*, 'those, forsooth,' to
κείνω γε, *illi*.

ὕψι περ ἐν νεφέεσσι καθημένῳ· ὧ τε καὶ ἄλλοις
ἀνδράσι τε κρατέουσι καὶ ἀθανάτοισι θεοῖσι."   265
  Τὸν δ' αὖτε προσέειπε πολύτλας δῖος 'Οδυσσεύς·
" οὐ μέν τοι κείνω γε πολὺν χρόνον ἀμφὶς ἔσεσθον
φυλόπιδος κρατερῆς, ὁπότε μνηστῆρσι καὶ ἡμῖν
ἐν μεγάροισιν ἐμοῖσι μένος κρίνηται Ἄρηος.
ἀλλὰ σὺ μὲν νῦν ἔρχευ ἅμ' ἠοῖ φαινομένηφιν   270
οἴκαδε, καὶ μνηστῆρσιν ὑπερφιάλοισιν ὁμίλει·
αὐτὰρ ἐμὲ προτὶ ἄστυ συβώτης ὕστερον ἄξει,
πτωχῷ λευγαλέῳ ἐναλίγκιον ἠδὲ γέροντι.
εἰ δέ μ' ἀτιμήσουσι δόμον κάτα, σὸν δὲ φίλον κῆρ
τετλάτω ἐν στήθεσσι κακῶς πάσχοντος ἐμεῖο,   275
ἤν περ καὶ διὰ δῶμα ποδῶν ἕλκωσι θύραζε
ἢ βέλεσιν βάλλωσι· σὺ δ' εἰσορόων ἀνέχεσθαι.
ἀλλ' ἦ τοι παύεσθαι ἀνωγέμεν ἀφροσυνάων,
μειλιχίοις ἐπέεσσι παραυδῶν· οἱ δέ τοι οὔ τι
πείσονται· δὴ γάρ σφι παρίσταται αἴσιμον ἦμαρ.   280
ἄλλο δέ τοι ἐρέω, σὺ δ' ἐνὶ φρεσὶ βάλλεο σῇσιν·
ὁππότε κεν πολύβουλος ἐνὶ φρεσὶ θῆσιν 'Αθήνη,
νεύσω μέν τοι ἐγὼ κεφαλῇ, σὺ δ' ἔπειτα νοήσας
ὅσσα τοι ἐν μεγάροισιν ἀρήϊα τεύχεα κεῖται
ἐς μυχὸν ὑψηλοῦ θαλάμου καταθεῖναι ἀείρας   285
πάντα μάλ'· αὐτὰρ μνηστῆρας μαλακοῖς ἐπέεσσι
παρφάσθαι, ὅτε κέν σε μεταλλῶσιν ποθέοντες·

---

264 ἄλλοις] Perhaps ἄλλως (cp. 15. 513, Il. 9. 699., 20. 99).   273 ἠδὲ]
ἠὲ P H L W.   274 εἰ δὲ] οἱ δὲ G F D.   280 αἴσιμον ἦμαρ] αἰπὺς ὄλεθρος G
(as 5. 305., 22. 28).   282 θῆσιν G X U al.: θήσει F P H.

269. κρίνηται 'is brought to the
issue,' i. e. when the combat has to be
decided.
281-298. These eighteen lines were
condemned by Zenodotus and Aristar-
chus. The question of their genuineness
must be treated in connexion with 19.
4-13 (where the advice to move the arms
is given nearly in the words of ll. 284-
294), and with the whole story of the
μνηστηροφονία. It may be observed that
the repetition of the formula ἄλλο δέ
τοι ἐρέω σὺ δ' ἐνὶ φρεσὶ βάλλεο σῇσιν

(l. 281 and l. 299) clearly indicates the
limits of the interpolation, if there
is one.
283. νεύσω κτλ. These words im-
ply that Ulysses is to give Telemachus
a secret signal, in the presence of the
Suitors, but unobserved by them. This
does not agree with the actual course of
events : see on 19. 4 ff. Indeed it is
inconsistent with 287 ὅτε κέν σε μεταλ-
λῶσιν ποθέοντες, which would be said
of men struck by the absence of some-
thing to which they are used.

'ἐκ καπνοῦ κατέθηκ', ἐπεὶ οὐκέτι τοῖσιν ἐῴκει
οἷά ποτε Τροίηνδε κιὼν κατέλειπεν Ὀδυσσεύς,
ἀλλὰ κατῄκισται, ὅσσον πυρὸς ἵκετ' ἀϋτμή.   290
πρὸς δ' ἔτι καὶ τόδε μεῖζον ἐνὶ φρεσὶ θῆκε Κρονίων,
μή πως οἰνωθέντες, ἔριν στήσαντες ἐν ὑμῖν,
ἀλλήλους τρώσητε καταισχύνητέ τε δαῖτα
καὶ μνηστύν· αὐτὸς γὰρ ἐφέλκεται ἄνδρα σίδηρος.'
νῶϊν δ' οἴοισιν δύο φάσγανα καὶ δύο δοῦρε   295
καλλιπέειν καὶ δοιὰ βοάγρια χερσὶν ἐλέσθαι,
ὡς ἂν ἐπιθύσαντες ἐλοίμεθα· τοὺς δέ κ' ἔπειτα
Παλλὰς Ἀθηναίη θέλξει καὶ μητίετα Ζεύς.
ἄλλο δέ τοι ἐρέω, σὺ δ' ἐνὶ φρεσὶ βάλλεο σῇσιν·
εἰ ἐτεόν γ' ἐμός ἐσσι καὶ αἵματος ἡμετέροιο,   300
μή τις ἔπειτ' Ὀδυσῆος ἀκουσάτω ἔνδον ἐόντος,
μήτ' οὖν Λαέρτης ἴστω τό γε· μήτε συβώτης
μήτε τις οἰκήων μήτ' αὐτὴ Πηνελόπεια,
ἀλλ' οἶοι σύ τ' ἐγώ τε γυναικῶν γνώομεν ἰθύν·
καί κέ τεο δμώων ἀνδρῶν ἔτι πειρηθεῖμεν,   305
ἠμὲν ὅπου τις νῶϊ τίει καὶ δείδιε θυμῷ,
ἠδ' ὅτις οὐκ ἀλέγει, σὲ δ' ἀτιμᾷ τοῖον ἐόντα."
  Τὸν δ' ἀπαμειβόμενος προσεφώνεε φαίδιμος υἱός·
" ὦ πάτερ, ἦ τοι ἐμὸν θυμὸν καὶ ἔπειτά γ', ὀΐω,

---

290 κατῄκισται] Read κατηείκισται (?).   293 τρώσητε] Read τράητε or τρώσαιτε
(note).   τε G F : δὲ P II D U al.   306 ὅπου G P H : ὅπως vulg.

288. ἐῴκει, in past time with reference
to κατέθηκα : = 'I found them no longer
like.'
290. κατῄκισται is not a good epic
form, since δεικής and δεικίζω are always
uncontracted (ἀϝεικ-). It is easy to
substitute κατηείκισται ὅσον (or perhaps
κατηείκιστο, like ἐῴκει)—unless we pre-
fer to regard the passage as a com-
paratively late insertion.
291. θῆκε Κρονίων. In 19. 10 ἔμβαλε
δαίμων.
293. τρώσητε. The subj. after the
aor. θῆκε may be defended, on the ground
that the event which is referred to is
still future. But the η of τρώσητε is not
Homeric. It is open to us (subject to
the remark made on l. 290) to read

either τράητε (cp. τρώει, Od. 21. 293),
or τρώσαιτε and καταισχύνοιτε. Cp.
369 (infra).
294. αὐτὸς γὰρ ἐφέλκεται ἄνδρα
σίδηρος. Cp. Tac. Hist. 1. 80 et visa
inter temulentos arma cupidinem sui
movere. Regarding this mention of iron
as the ordinary material of arms, see on
19. 13.
295. This injunction is not borne in
mind when the arms are removed (19.
31 ff.) : cp. 22. 101.
297. ἐπ-ιθύσαντες 'making a rush for
them' (not ἐπι-θύσαντες).
301. Notice the aor. imper. ἀκουσάτω
with μή: H. G. § 328.
306. ὅπου, viz. in the various ἔργα,
see 314.

γνώσεαι· οὐ μὲν γάρ τι χαλιφροσύναι γέ μ' ἔχουσιν· 310
ἀλλ' οὔ τοι τόδε κέρδος ἐγὼν ἔσσεσθαι ὀίω
ἡμῖν ἀμφοτέροισι· σὲ δὲ φράζεσθαι ἄνωγα.
δηθὰ γὰρ αὔτως εἴσῃ ἑκάστου πειρητίζων,
ἔργα μετερχόμενος· τοὶ δ' ἐν μεγάροισιν ἔκηλοι
χρήματα δαρδάπτουσιν ὑπέρβιον, οὐδ' ἔπι φειδώ. 315
ἀλλ' ἦ τοί σε γυναῖκας ἐγὼ δεδάασθαι ἄνωγα,
αἵ τέ σ' ἀτιμάζουσι καὶ αἳ νηλείτιδές εἰσιν·
ἀνδρῶν δ' οὐκ ἂν ἔγωγε κατὰ σταθμοὺς ἐθέλοιμι
ἡμέας πειράζειν, ἀλλ' ὕστερα ταῦτα πένεσθαι,
εἰ ἐτεόν γέ τι οἶσθα Διὸς τέρας αἰγιόχοιο." 320

*Ὣς οἱ μὲν τοιαῦτα πρὸς ἀλλήλους ἀγόρευον,
ἡ δ' ἄρ' ἔπειτ' Ἰθάκηνδε κατήγετο νηῦς ἐϋεργής,
ἣ φέρε Τηλέμαχον Πυλόθεν καὶ πάντας ἑταίρους.
οἱ δ' ὅτε δὴ λιμένος πολυβενθέος ἐντὸς ἵκοντο,
νῆα μὲν οἵ γε μέλαιναν ἐπ' ἠπείροιο ἔρυσσαν, 325
τεύχεα δέ σφ' ἀπένεικαν ὑπέρθυμοι θεράποντες,
αὐτίκα δ' ἐς Κλυτίοιο φέρον περικαλλέα δῶρα.
αὐτὰρ κήρυκα πρόεσαν δόμον εἰς Ὀδυσῆος,
ἀγγελίην ἐρέοντα περίφρονι Πηνελοπείῃ,

313 εἴσῃ] εἶσθα conj. Bekker.   317 νηλείτιδές] νηλιτεῖς vulg. Eust. (vulg. 19.
498): νηλιτέες J: νηλητεῖς G Hesych. (U 19. 498, H 22. 418: νηλητέες J 22.418):
νηλίτιδες Hesych. Suid. Eust. (F M X J Eust. 19. 498, F Eust. 22. 418).

313. δηθὰ αὔτως εἴσῃ (εἶσθα Bekk.)
'for a long time you will go about
doing no more than making trial.'
317 (=19.498., 22.418). νηλείτιδες.
Of the various forms offered to our
choice, here and in the two other places
where this line appears (see the crit.
note), the two which have most external
support are νηλιτεῖς and νηλίτιδες. If
however, as seems probable, the word
meant 'unoffending,' from ἀλιτεῖν, the
second syllable should be written with
ει (not ι): cp. ἀλείτης 'offender,' rightly
so written by Aristarchus, also the
'ablaut' form ἀλοιτός (Lycophr. 136).
Evidently νηλειτής is related to ἀλιτεῖν
as νημερτής to ἁμαρτεῖν. Further, we
have sufficient authority for preferring
the uncontracted ending -έες, to the

advantage of the metre. The final
question, therefore, lies between νηλει-
τέες and νηλείτιδές. Both forms doubt-
less existed, and may well have existed
together in the language of which this
line is an archaic fragment; but in the
present context the feminine form has
a good deal of point. It should be
observed, however, that a fem. νηλείτις
does not answer regularly to νηλειτής
(gen. -έος), but rather to a masc. of the
First Declension (possibly νηλείτης,
negative of ἀλείτης). Cp. the fem. forms
ἐργάτις, ληῖτις, δασπλῆτις, χερνῆτις, &c.,
which answer to barytone masc. forms
in -της.
322. Ἰθάκηνδε. Here the town is
meant.
326. τεύχεα 'arms,' see 15. 218.

οὕνεκα Τηλέμαχος μὲν ἐπ' ἀγροῦ, νῆα δ' ἀνώγει   330
ἄστυδ' ἀποπλείειν, ἵνα μὴ δείσασ' ἐνὶ θυμῷ
ἰφθίμη βασίλεια τέρεν κατὰ δάκρυον εἴβοι.
τὼ δὲ συναντήτην κῆρυξ καὶ δῖος ὑφορβὸς
τῆς αὐτῆς ἕνεκ' ἀγγελίης, ἐρέοντε γυναικί.
ἀλλ' ὅτε δή ῥ' ἵκοντο δόμον θείου βασιλῆος,   335
κῆρυξ μέν ῥα μέσῃσι μετὰ δμῳῆσιν ἔειπεν·
" ἤδη τοι, βασίλεια, φίλος πάϊς εἰλήλουθε."
Πηνελοπείῃ δ' εἶπε συβώτης ἄγχι παραστὰς
πάνθ' ὅσα οἱ φίλος υἱὸς ἀνώγει μυθήσασθαι.
αὐτὰρ ἐπεὶ δὴ πᾶσαν ἐφημοσύνην ἀπέειπε,   340
βῆ ῥ' ἵμεναι μεθ' ὗας, λίπε δ' ἕρκεά τε μέγαρόν τε.

  Μνηστῆρες δ' ἀκάχοντο κατήφησάν τ' ἐνὶ θυμῷ,
ἐκ δ' ἦλθον μεγάροιο παρὲκ μέγα τειχίον αὐλῆς,
αὐτοῦ δὲ προπάροιθε θυράων ἑδριόωντο.
τοῖσιν δ' Εὐρύμαχος, Πολύβου πάϊς, ἦρχ' ἀγορεύειν·   345
" ὦ φίλοι, ἦ μέγα ἔργον ὑπερφιάλως τετέλεσται
Τηλεμάχῳ ὁδὸς ἥδε· φάμεν δέ οἱ οὐ τελέεσθαι.
ἀλλ' ἄγε νῆα μέλαιναν ἐρύσσομεν, ἥ τις ἀρίστη,
ἐς δ' ἐρέτας ἁλιῆας ἀγείρομεν, οἵ κε τάχιστα
κείνοις ἀγγείλωσι θοῶς οἰκόνδε νέεσθαι."   350
  Οὔ πω πᾶν εἴρηθ', ὅτ' ἄρ' Ἀμφίνομος ἴδε νῆα

335 βασιλῆος] Ὀδυσῆος G, v. l. in Mᵃ.   337 εἰλήλουθε GFD: ἐκ Πύλου ἦλθεν
P H X U al.   344 αὐτοῦ] ἀγχοῦ G F al.   346 ἐτελέσθη G F X al.
348 ἥ τις ἀρίστη] εἰς ἅλα δῖαν G.   351 ἄρ' om. F P H : read εἴρητο, ὅτ' Ἀμφ.

331. δείσασα 'taking alarm,' viz. by
the ship arriving without Telemachus.
  333. συναντήτην is one of the curious
group of forms, chiefly duals and in-
finitives in -μεναι of verbs in -αω and -εω,
which have η instead of ᾱ (from αε) or
ει (from εε): συλήτην, προσαυδήτην,
φοιτήτην, ἀρήμεναι, γοήμεναι, πεινή-
μεναι: ἀπειλήτην, ὁμαρτήτην, καλήμεναι,
πενθήμεναι, φορήμεναι, φιλήμεναι, ποθή-
μεναι, ἀλιτήμενος, ὁρῆαι (14. 343).
Whether these are originally non-
thematic, as Brugmann holds (M. U. 1.
86, Grundr. II. 953, 963), or arise
from pre-Hellenic contraction of αϳε, εϳε
(as Wackernagel, K. Z. xxvii. 84–88),

can hardly be determined. In any case
there seems to be no reason for regarding
them as derived from Aeolic: especially
as in that dialect the dual was lost at
an early period.
  341. ἕρκεα is properly the whole en-
closure, μέγαρον the chief hall of the
palace.
  342. κατήφησαν 'were downcast':
from κατηφής (24. 432): cp. κατηφείη
'rebuke, disgrace.'
  343. Cp. l. 165.
  344. ἑδριόωντο 'held a sitting': on
the verbs in -ιάομαι see 17. 530.
  350. κείνοις 'those others,' viz. those
who lay in wait for Telemachus.

στρεφθεὶς ἐκ χώρης, λιμένος πολυβενθέος ἐντός, .
ἱστία τε στέλλοντας ἐρετμά τε χερσὶν ἔχοντας.
ἡδὺ δ' ἄρ' ἐκγελάσας μετεφώνεεν οἷς ἑτάροισι·
" μή τιν' ἔτ' ἀγγελίην ὀτρύνομεν· οἵδε γὰρ ἔνδον·   355
ἤ τίς σφιν τόδ' ἔειπε θεῶν, ἤ εἴσιδον αὐτοὶ
νῆα παρερχομένην, τὴν δ' οὐκ ἐδύναντο κιχῆναι."
Ὣς ἔφαθ', οἱ δ' ἀνστάντες ἔβαν ἐπὶ θῖνα θαλάσσης,
αἶψα δὲ νῆα μέλαιναν ἐπ' ἠπείροιο ἔρυσσαν,
τεύχεα δέ σφ' ἀπένεικαν ὑπέρθυμοι θεράποντες. ·   360
αὐτοὶ δ' εἰς ἀγορὴν κίον ἀθρόοι, οὐδέ τιν' ἄλλον
εἴων οὔτε νέων μεταΐζειν οὔτε γερόντων.
τοῖσιν δ' Ἀντίνοος μετέφη, Εὐπείθεος υἱός·
" ὢ πόποι, ὡς τόνδ' ἄνδρα θεοὶ κακότητος ἔλυσαν.
ἤματα μὲν σκοποὶ ἷζον ἐπ' ἄκριας ἠνεμοέσσας   365
αἰὲν ἐπασσύτεροι· ἅμα δ' ἠελίῳ καταδύντι
οὔ ποτ' ἐπ' ἠπείρου νύκτ' ἄσαμεν, ἀλλ' ἐνὶ πόντῳ
νηΐ θοῇ πλείοντες ἐμίμνομεν Ἠῶ δῖαν,
Τηλέμαχον λοχόωντες, ἵνα φθίσαιμεν ἑλόντες
αὐτόν· τὸν δ' ἄρα τῆος ἀπήγαγεν οἴκαδε δαίμων,   370

358 θινὶ G X D.   367 ἄσαμεν vulg.: ἔσσαμεν F X: ἀέσσαμεν D. The form
ἄσαμεν (for ἀέσαμεν) is not elsewhere found: read perhaps ἐπ' ἠπείροιο ἀέσσαμεν
(Wackernagel, K. Z. xxv. 278).   369 φθίσαιμεν Hermann: φθίσωμεν MSS.
The opt. is required by form and syntax.   370 τῆος] τέως vulg.: τέως μὲν F U.

352. ἐκ χώρης, with ἴδε: 'turning, saw from his place.' Cp. Il. 23. 349 ἂψ ἐνὶ χώρῃ ἵζετο 'took his seat again.'
353. ἱστία τε κτλ. a kind of apposition to νῆα, 'saw the ship, men furling sails, &c.'
361. αὐτοί 'themselves,' in contrast to θεράποντες.
362. μεταΐζειν 'to sit with them' (ἵζω); so with a collective noun (= a plural) in 11. 449 μετ' ἀνδρῶν ἵζει ἀριθμῷ.
365. ἐπ' ἄκριας 'along the heights': ἐπὶ gives the notion of distribution over a space: cp. 14. 2.
366. ἐπασσύτεροι 'one close upon another.' The force of the comparative is 'closer than commonly' (cp. 15. 370., 16. 216). The word is usually connected with ἄσσων, ἀσσοτέρω: but on this view the υ is not easily accounted for. A probable derivation has now

been given by Brugmann (Rh. Mus. liii. p. 630). He supposes an adverb ἐπασσύ(ς), for ἐπ-αν-σσύ(ς), from the root of σεύω (Indog. qiēu, qiu), with the meaning 'pressing on after': cp. πανσυδίῃ (v. l. πασσυδίῃ), and the adverbs formed from root-nouns, as ἐγ-γύς, μεσση-γύ(ς), ἀντι-κρύ(ς), πρό-χνυ, ὑπό-δρα, ἐπί-καρ, ἐπι-μίξ. This explanation suits the use of ἐπασσύτερος in the Iliad (nearly = ἐπεσσύμενος), and is supported by the gloss ἀσσυτία· ἄλλα ἐπ' ἄλλοις (Hesych.). An adj. ἀσσυτίος would stand to ἀσσύ as πλησίος to πέλας.
370. αὐτόν, in implied contrast to his companions and ship, about which they did not care. But probably we should read αὐτοῦ, the sense being 'just where we took him,' not letting him go further. So Bekker (Hom. Bl. i. 274), quoting such passages as Il. 15. 349

ἡμεῖς δ' ἐνθάδε οἱ φραζώμεθα λυγρὸν ὅλεθρον
Τηλεμάχῳ, μηδ' ἧμας ὑπεκφύγοι· οὐ γὰρ ὀΐω
τούτου γε ζώοντος ἀνύσσεσθαι τάδε ἔργα.
αὐτὸς μὲν γὰρ ἐπιστήμων βουλῇ τε νόῳ τε,
λαοὶ δ' οὐκέτι πάμπαν ἐφ' ἡμῖν ἦρα φέρουσιν.   375
ἀλλ' ἄγετε, πρὶν κεῖνον ὁμηγυρίσασθαι Ἀχαιοὺς
εἰς ἀγορήν—οὐ γάρ τι μεθησέμεναί μιν ὀΐω,
ἀλλ' ἀπομηνίσει, ἐρέει δ' ἐν πᾶσιν ἀναστὰς
οὕνεκά οἱ φόνον αἰπὺν ἐράπτομεν οὐδ' ἐκίχημεν·
οἱ δ' οὐκ αἰνήσουσιν ἀκούοντες κακὰ ἔργα·   380
μή τι κακὸν ῥέξωσι καὶ ἡμέας ἐξελάσωσι
γαίης ἡμετέρης, ἄλλων δ' ἀφικώμεθα δῆμον·
ἀλλὰ φθέωμεν ἐλόντες ἐπ' ἀγροῦ νόσφι πόληος
ἢ ἐν ὁδῷ· βίοτον δ' αὐτοὶ καὶ κτήματ' ἔχωμεν,
δασσάμενοι κατὰ μοῖραν ἐφ' ἡμέας, οἰκία δ' αὖτε   385
κείνου μητέρι δοῖμεν ἔχειν ἠδ' ὅς τις ὀπυίοι.
εἰ δ' ὑμῖν ὅδε μῦθος ἀφανδάνει, ἀλλὰ βόλεσθε
αὐτόν τε ζώειν καὶ ἔχειν πατρώϊα πάντα,
μή οἱ χρήματ' ἔπειτα ἅλις θυμηδέ' ἔδωμεν
ἐνθάδ' ἀγειρόμενοι, ἀλλ' ἐκ μεγάροιο ἕκαστος   390

372 ἧμας] a form only found here: read ἄμμε.   387 βόλεσθε G U²: βούλεσθε vulg.   389 θυμήρε' Bekker: but θυμαρέ' would be more Homeric. The form θυμηδής must be later: in Homer it would be θυμοϜαδής.

αὐτοῦ οἱ θάνατον μητίσομαι, Il. 11. 141 αὖθι κατακτεῖναι μηδ' ἐξέμεν ἄψ ἐς Ἀχαιούς, &c. For the combination αὐτοῦ ἐλόντες cp. Od. 18. 91 αὖθι πεσόντα 'even as he falls.'

375. οὐκέτι πάμπαν, = 'do not now at all.' So in Attic οὐ πάνυ = 'not at all.' This idiom is originally a litotes, like our ironical ' hardly,' ' rather,' &c.: see Riddell's *Digest*, § 139.

On the phrase ἐπὶ ἦρα φέρειν see the note on 3. 164.

376. ἀλλ' ἄγετε κτλ. The sentence is taken up again in 383 ἀλλὰ φθέωμεν κτλ.

380. οὐκ αἰνήσουσιν, a litotes, = ' will resent.'

385. ἐφ' ἡμέας 'among us': ἐπί nearly as in l. 365.

386. δοῖμεν is concessive, *i. e.* it expresses, not a direct *purpose* (like ἐχω-

μεν), but a part of the plan to be *acquiesced in.*

387. ἀφανδάνει cannot be ἀφ-ανδάνει in Homer, since ἀνδάνω has the Ϝ. The form ἀϜανδάνει, proposed by Dr. Hayman, is against analogy, the prefix ἀ- not being used with verbs (for ἀτίει in Theogn. 621 is a word coined for the nonce). Is it possible that ἀϜανδάνω contains the preposition αὐ, Sanscr. *ἀva*, Lat. *au* (in *aufero, aufugio*)? See Delbrück, *Grundriss* III. 670.

βόλεσθε is perhaps an aor.: cp. 1. 234 νῦν δ' ἑτέρως ἐβόλοντο θεοί, where an aor. is required by the sense.

390. ἐκ μεγάροιο ἕκαστος ' each from his own hall.' ἐκ μεγάροιο goes with μνάσθω ἐέδνοισιν, words that imply sending ἔδνα, or at least offers of ἔδνα, *from* the several houses. Cp. 19. 256 (ἐγὼ πόρον) ἐκ θαλάμου.

μνάσθω ἐέδνοισιν διζήμενος· ἡ δέ κ' ἔπειτα
γήμαιθ' ὅς κε πλεῖστα πόροι καὶ μόρσιμος ἔλθοι."
Ὣς ἔφαθ', οἱ δ' ἄρα πάντες ἀκὴν ἐγένοντο σιωπῇ.
τοῖσιν δ' Ἀμφίνομος ἀγορήσατο καὶ μετέειπε,
Νίσου φαίδιμος υἱός, Ἀρητιάδαο ἄνακτος,   395
ὅς ῥ' ἐκ Δουλιχίου πολυπύρου ποιήεντος
ἡγεῖτο μνηστῆρσι, μάλιστα δὲ Πηνελοπείῃ
ἥνδανε μύθοισι· φρεσὶ γὰρ κέχρητ' ἀγαθῇσιν·
ὅ σφιν ἐϋφρονέων ἀγορήσατο καὶ μετέειπεν·
"ὦ φίλοι, οὐκ ἂν ἔγωγε κατακτείνειν ἐθέλοιμι   400
Τηλέμαχον· δεινὸν δὲ γένος βασιλήϊόν ἐστι
κτείνειν· ἀλλὰ πρῶτα θεῶν εἰρώμεθα βουλάς.
εἰ μέν κ' αἰνήσωσι Διὸς μεγάλοιο θέμιστες,
αὐτός τε κτενέω τούς τ' ἄλλους πάντας ἀνώξω·
εἰ δέ κ' ἀποτρωπῶσι θεοί, παύσασθαι ἄνωγα."   405
Ὣς ἔφατ' Ἀμφίνομος, τοῖσιν δ' ἐπιήνδανε μῦθος.
αὐτίκ' ἔπειτ' ἀναστάντες ἔβαν δόμον εἰς Ὀδυσῆος,
ἐλθόντες δὲ καθῖζον ἐπὶ ξεστοῖσι θρόνοισιν.

Ἡ δ' αὖτ' ἀλλ' ἐνόησε περίφρων Πηνελόπεια,
μνηστήρεσσι φανῆναι ὑπέρβιον ὕβριν ἔχουσι·   410
πεύθετο γὰρ οὗ παιδὸς ἐνὶ μεγάροισιν ὄλεθρον·
κῆρυξ γάρ οἱ ἔειπε Μέδων, ὃς ἐπεύθετο βουλάς.
βῆ δ' ἴεναι μέγαρόνδε σὺν ἀμφιπόλοισι γυναιξίν.
ἀλλ' ὅτε δὴ μνηστῆρας ἀφίκετο δῖα γυναικῶν,
στῆ ῥα παρὰ σταθμὸν τέγεος πύκα ποιητοῖο,   415
ἄντα παρειάων σχομένη λιπαρὰ κρήδεμνα,

---

392 ὅς κε] ὅς τις G U al. (cp. 21. 162).   401 δεινὸν] χαλεπὸν G.   403 θέμιστες]
τύμουροι τινές (Strab. vii. p. 328).   405 ἀποτρωπῶσι vulg.: ἀποτροπόωσι M,
perhaps rightly, the verb being τροπάω, not τρωπάω.   408 θρόνοισιν F D U
Eust.: λίθοισιν G P H al.

401. γένος is doubtless nom. to ἐστί,
the construction being personal : so 17.
15 φίλ' ἀληθέα μυθήσασθαι, 17. 347.
403. θέμιστες 'sentences,' 'oracles'
in the sense of answers to the question
what ought to be done.
For θέμιστες there was an ancient
v. l. Τόμουροι, preserved by Strabo.

The word denoted the priests of Zeus
at Dodona. It was doubtless brought
into the Homeric text by some learned
grammarian.
414-416. Repeated from 1. 332-334.
The σταθμὸς τέγεος is generally taken
to be the door-post of the μέγαρον: see
the Appendix on the Homeric house.

'Αντίνοον δ' ἐνένιπεν ἔπος τ' ἔφατ' ἔκ τ' ὀνόμαζεν·
"'Αντίνο', ὕβριν ἔχων, κακομήχανε, καὶ δέ σέ φασιν
ἐν δήμῳ 'Ιθάκης μεθ' ὁμήλικας ἔμμεν ἄριστον
βουλῇ καὶ μύθοισι· σὺ δ' οὐκ ἄρα τοῖος ἔησθα.   420
μάργε, τίη δὲ σὺ Τηλεμάχῳ θάνατόν τε μόρον. τε
ῥάπτεις, οὐδ' ἱκέτας ἐμπάζεαι, οἷσιν ἄρα Ζεὺς
μάρτυρος, οὐδ' ὁσίη κακὰ ῥάπτειν ἀλλήλοισιν;
ἦ οὐκ οἶσθ' ὅτε δεῦρο πατὴρ τεὸς ἵκετο φεύγων,
δῆμον ὑποδείσας; δὴ γὰρ κεχολώατο λίην,   425
οὕνεκα λῃστῆρσιν ἐπισπόμενος Ταφίοισιν
ἤκαχε Θεσπρωτούς, οἱ δ' ἡμῖν ἄρθμιοι ἦσαν.
τόν ῥ' ἔθελον φθῖσαι καὶ ἀπορραῖσαι φίλον ἦτορ
ἠδὲ κατὰ ζωὴν φαγέειν μενοεικέα πολλήν·

428 φθῖσαι vulg.: κτεῖναι X D U al.

417. ἐνένιπεν appears to be a form of the type of ἀνώγε, πέπληγον, ἐγέγωνε, &c., sc. a pf. stem with thematic endings (*H. G.* p. 397).

419. μεθ' ὁμήλικας. The acc. with μετά 'among' is rare except with verbs of motion. Possibly the convenience of ὁμήλικας for the metre had something to do with this extension of use.

422. ἱκέτας ἐμπάζεαι. This cannot be applied to Telemachus, who was in no sense a 'suppliant' to the Suitors. It must refer to the story which Penelope proceeds to tell, about the father of Antinous coming as a suppliant (ἵκετο φεύγων) to Ulysses, and receiving his protection; in consequence of which Antinous was bound by a sacred tie (ὁσίη) to the house of Ulysses. Thus the sense is not 'you neglect (certain persons who are) suppliants,' but, more generally, 'you disregard the order or class of suppliants,'—the relation of suppliant and protector. Elsewhere ἐμπάζομαι takes a gen. of the person or thing that is cared for, as 19. 134 οὔτε ξείνων ἐμπάζομαι οὔθ' ἱκετάων. Possibly the use of the acc. marks this difference of meaning; as with οἶδα and μέμνημαι the acc. is used when the existence of a person or thing constitutes the *fact* known or remembered (*H. G.* § 140 (3), § 151 *d*). The ancients, who saw that Antinous, as representing his father, was

the suppliant, met the difficulty by holding that ἱκέτης was a word of double meaning, and might denote the protector of the suppliant (viz. Ulysses or Telemachus), just as ξεῖνος meant 'host' as well as 'guest.' Of this, however, there is no other evidence.

423. It is best to put a comma only after μάρτυρος, since the sense is continuous: 'to whom Zeus is witness, and for whom it is impiety to devise evil to one another,'='who in the sight of Ζεὺς ἱκετήσιος are bound to be at peace with each other.'

428. ἀπορραῖσαι 'to smite away,' *i. e.* to take away with violence. The word is formed like ἀπαράσσω, ἀπορρήγνυμι, ἀποκόπτω (*H. G.* § 224): cp. 1. 404 κτήματ' ἀπορραίσειε. Mr. T. L. Agar (*Journ. of Phil.* xxvi. 116) would restore ἀποϝρῆσαι, ἀποϝρήσειε, supposing the words to be first aorists formed from the root which we have in ἀπηύρων, part. ἀπούρας, and perhaps also in the fut. ἀπουρήσουσιν in Il. 22.489—if we follow the reading and analysis suggested by Buttmann and adopted by Bekker and Curtius. The proposed tense, it is evident, would yield a very suitable sense in the context. On the other hand there are considerable difficulties in regard to the form of the word. The point is, what is the root! If, as G. Meyer holds (*G. G.*'

ἀλλ' Ὀδυσεὺς κατέρυκε καὶ ἔσχεθεν ἱεμένους περ.　　430
τοῦ νῦν οἶκον ἄτιμον ἔδεις, μνάᾳ δὲ γυναῖκα
παῖδά τ' ἀποκτείνεις, ἐμὲ δὲ μεγάλως ἀκαχίζεις·
ἀλλά σε παύσασθαι κέλομαι καὶ ἀνωγέμεν ἄλλους."
Τὴν δ' αὖτ' Εὐρύμαχος, Πολύβου πάϊς, ἀντίον ηὔδα·
" κούρη Ἰκαρίοιο, περίφρον Πηνελόπεια,　　435
θάρσει· μή τοι ταῦτα μετὰ φρεσὶ σῇσι μελόντων.
οὐκ ἔσθ' οὗτος ἀνὴρ οὐδ' ἔσσεται οὐδὲ γένηται,
ὅς κεν Τηλεμάχῳ σῷ υἱέϊ χεῖρας ἐποίσει
ζώοντός γ' ἐμέθεν καὶ ἐπὶ χθονὶ δερκομένοιο.
ὧδε γὰρ ἐξερέω, καὶ μὴν τετελεσμένον ἔσται·　　440
αἶψά οἱ αἷμα κελαινὸν ἐρωήσει περὶ δουρὶ
ἡμετέρῳ, ἐπεὶ ἦ καὶ ἐμὲ πτολίπορθος Ὀδυσσεὺς
πολλάκι γούνασιν οἷσιν ἐφεσσάμενος κρέας ὀπτὸν
ἐν χείρεσσιν ἔθηκεν, ἐπέσχε τε οἶνον ἐρυθρόν.
τῶ μοι Τηλέμαχος πάντων πολὺ φίλτατός ἐστιν　　445
ἀνδρῶν, οὐδέ τί μιν θάνατον τρομέεσθαι ἄνωγα
ἔκ γε μνηστήρων· θεόθεν δ' οὐκ ἔστ' ἀλέασθαι."
Ὣς φάτο θαρσύνων, τῷ δ' ἤρτυεν αὐτὸς ὄλεθρον.
ἡ μὲν ἄρ' εἰσαναβᾶσ' ὑπερώϊα σιγαλόεντα
κλαῖεν ἔπειτ' Ὀδυσῆα, φίλον πόσιν, ὄφρα οἱ ὕπνον　　450
ἡδὺν ἐπὶ βλεφάροισι βάλε γλαυκῶπις Ἀθήνη.
Ἑσπέριος δ' Ὀδυσῆϊ καὶ υἱέϊ δῖος ὑφορβὸς
ἤλυθεν· οἱ δ' ἄρα δόρπον ἐπισταδὸν ὁπλίζοντο,
σὺν ἱερεύσαντες ἐνιαύσιον. αὐτὰρ Ἀθήνη

---

432 ἐμὲ δὲ G: ἐμέ τε P H X al., Eust.　　433 παύεσθαι G P H.　　434 Πολύβου
πάϊς] πεπνυμένος G U al.

§ 527), ἀπηύρα is for ἀπ-εϝρά, and this
ϝρα- is the weak form of a root ϝερ-,
the first aorist would not be ἔ-ϝρη-σα,
but ἔ-ϝερ-σα or ἔ-ϝειρα.
429. ζωήν 'substance,' as in 14. 96.
431. ἄτιμον ' without recompense,'
like νήποινον ἔδοντες (14. 377).
437. Cp. 6. 201. The Attic idiom
corresponding to οὐ γένηται is given in
Plato's translation, *Repub.* p. 492 οὔτε
γὰρ γίγνεται οὔτε γέγονεν οὐδ' οὖν μὴ

γένηται.
442. ἡμετέρῳ. The plur. is used in
order to seem to associate others with
the speaker : cp. l. 44 (supra).
446. οὐδέ . . . ἄνωγα = 'I bid him not
to,' 'I forbid '; as οὔ φημι = 'I deny,'
οὐκ ἐάω 'I prevent.'
453. ἐπισταδόν means ' attending to
each in order,' viz. in the distribution of
the shares of meat, see on 12. 392., 18.
425.

ἄγχι παρισταμένη Λαερτιάδην Ὀδυσῆα   455
ῥάβδῳ πεπληγυῖα πάλιν ποίησε γέροντα,
λυγρὰ δὲ εἵματα ἕσσε περὶ χροΐ, μή ἑ συβώτης
γνοίη ἐσάντα ἰδὼν καὶ ἐχέφρονι Πηνελοπείῃ
ἔλθοι ἀπαγγέλλων μηδὲ φρεσὶν εἰρύσσαιτο.

Τὸν καὶ Τηλέμαχος πρότερος πρὸς μῦθον ἔειπεν·   460
" ἦλθες, δῖ' Εὔμαιε. τί δὴ κλέος ἔστ' ἀνὰ ἄστυ;
ἦ ῥ' ἤδη μνηστῆρες ἀγήνορες ἔνδον ἔασιν
ἐκ λόχου, ἦ ἔτι μ' αὖθ' εἰρύαται οἴκαδ' ἰόντα;"

Τὸν δ' ἀπαμειβόμενος προσέφης, Εὔμαιε συβῶτα·
" οὐκ ἔμελέν μοι ταῦτα μεταλλῆσαι καὶ ἐρέσθαι   465
ἄστυ καταβλώσκοντα· τάχιστά με θυμὸς ἀνώγει
ἀγγελίην εἰπόντα πάλιν δεῦρ' ἀπονέεσθαι.
ὡμήρησε δέ μοι παρ' ἑταίρων ἄγγελος ὠκύς,
κῆρυξ, ὃς δὴ πρῶτος ἔπος σῇ μητρὶ ἔειπεν.
ἄλλο δέ τοι τόδε οἶδα· τὸ γὰρ ἴδον ὀφθαλμοῖσιν·   470
ἤδη ὑπὲρ πόλιος, ὅθι θ' Ἕρμαιος λόφος ἐστίν,
ἦα κιών, ὅτε νῆα θοὴν ἰδόμην κατιοῦσαν
ἐς λιμέν' ἡμέτερον· πολλοὶ δ' ἔσαν ἄνδρες ἐν αὐτῇ,
βεβρίθει δὲ σάκεσσι καὶ ἔγχεσιν ἀμφιγύοισι·

461 δῖ' Εὔμαιε G U P²: δή, Εὔμαιε vulg.   462 ἦ ῥ'] editors generally write
ἦ ῥ': but the disjunctive ἦ—ἦ seems in place here.   463 αὖθ' vulg. : αὖτ'
G F U al.   εἰρύαται] perhaps εἰρύατο 'were they guarding (when you heard)?'
οἴκαδ' ἰόντα] ἔνδον ἐόντα n.   466 ἀνώγει G al.: ἄναγεν vulg.   470 τόδε
vulg. : τό γε H J al.

459. εἰρύσσαιτο 'keep safe': the
aorist because 'keeping silence' is
thought of as a single act. or exercise of
will.
463. αὖθι 'in the same place,' 'as
before' (not 'yonder,' as some com-
mentators translate). The reading αὖτ'
(i.e. αὖτε 'on the other hand,' 'in-
stead') is not so pointed.
εἰρύαται 'keep in guard': the word
is properly used of protection, but here
ironically of men watching with hostile
purpose.
The reading ἔνδον ἐόντα is plausible:
but after ἔνδον ἔασι in the preceding
line it is somewhat too epigrammatic
for Homer.

466. καταβλώσκοντα 'as I went down
through.' The acc., notwithstanding
μοι, to show that it goes with the in-
finitives μεταλλῆσαι καὶ ἐρέσθαι: H. G.
§ 240.
τάχιστά με κτλ. The asyndeton is
epexegetic, the clause being put as a re-
statement: 'I did not care to ask about
this:—my desire was &c.' See on 14.
217., 15. 317., 18. 278.
ἀνώγει, plpf.: a past tense is re-
quired to correspond with ἔμελεν.
470. τόδε 'this' (which I am going
to tell) : the reading τό γε is less appro-
priate.
474. ἀμφιγύοισι. . It is uncertain,
according to Helbig (Das hom. Epos³,

καὶ σφέας ὤϊσθην τοὺς ἔμμεναι, οὐδέ τι οἶδα." · 475
ˈΩς φάτο, μείδησεν δ᾽ ἱερὴ ἲς Τηλεμάχοιο
ἐς πατέρ᾽ ὀφθαλμοῖσιν ἰδών, ἀλέεινε δ᾽ ὑφορβόν.
Οἱ δ᾽ ἐπεὶ οὖν παύσαντο πόνου τετύκοντό τε δαῖτα,
δαίνυντ᾽, οὐδέ τι θυμὸς ἐδεύετο δαιτὸς ἐΐσης.
αὐτὰρ ἐπεὶ πόσιος καὶ ἐδητύος ἐξ ἔρον ἔντο, 480
κοίτου τε μνήσαντο καὶ ὕπνου δῶρον ἕλοντο.

481 κοίτου τε μνήσαντο] δὴ τότε κοιμήσαντο F, Eust.

p. 245), whether this epithet means that
the spears were sharp at the butt end as
well as the point, or that the spear
heads were sharp on both sides (like
the blade of a two-edged sword). Mr.
Myres decides in favour of the second
alternative. 'There are some specimens
of the Mycenaean σαυρωτήρ, but they are
rare, and not the least like the *head* of
the lance. Nor do the monuments show
Mycenaean spears as double-ended, but
rather with a butt. On the other hand
the Mycenaean (and especially the late
Mycenaean and Iron Age) lance-head is
decidedly two-edged, with two "hollow-
ground" cutting blades and a tubular
mid-rib' (see Tsountas and Manatt,
fig. 90). It may be noticed also that
in Homer the word σαυρωτήρ only occurs
in the Doloneia.

From a vase, probably of the seventh century, in the Capitoline
Museum at Rome.

ΟΔΥΣΣΕΙΑΣ Ρ

Τηλεμάχου ἐπάνοδος εἰς Ἰθάκην.

Ἦμος δ' ἠριγένεια φάνη ῥοδοδάκτυλος Ἠώς,
δὴ τότ' ἔπειθ' ὑπὸ ποσσὶν ἐδήσατο καλὰ πέδιλα
Τηλέμαχος, φίλος υἱὸς Ὀδυσσῆος θείοιο,
εἵλετο δ' ἄλκιμον ἔγχος, ὅ οἱ παλάμηφιν ἀρήρει,
ἄστυδε ἱέμενος, καὶ ἑὸν προσέειπε συβώτην·   5
"ἄττ', ἦ τοι μὲν ἐγὼν εἶμ' ἐς πόλιν, ὄφρα με μήτηρ
ὄψεται· οὐ γάρ μιν πρόσθεν παύσεσθαι ὀΐω
κλαυθμοῦ τε στυγεροῖο γόοιό τε δακρυόεντος,
πρίν γ' αὐτόν με ἴδηται· ἀτὰρ σοί γ' ὧδ' ἐπιτέλλω.
τὸν ξεῖνον δύστηνον ἄγ' ἐς πόλιν, ὄφρ' ἂν ἐκεῖθι   10
δαῖτα πτωχεύῃ· δώσει δέ οἱ ὅς κ' ἐθέλῃσι
πύρνον καὶ κοτύλην· ἐμὲ δ' οὔ πως ἔστιν ἅπαντας
ἀνθρώπους ἀνέχεσθαι, ἔχοντά περ ἄλγεα θυμῷ.
ὁ ξεῖνος δ' εἴ περ μάλα μηνίει, ἄλγιον αὐτῷ
ἔσσεται· ἦ γὰρ ἐμοὶ φίλ' ἀληθέα μυθήσασθαι."   15

10 ὄφρ' ἂν ἐκεῖθι] Better ὄφρα κε κεῖθι, cp. 2. 124 ὄφρα κε κείῃ. The form
ἐκεῖθι is not found.

1. Here the 39th day of the action
begins. The story of the day extends
to 20. 90.

The three main threads of the narra-
tive—the fortunes of Ulysses himself, of
Penelope, and of Telemachus—are now
drawn together, and the climax of the
poem is speedily reached.

4. παλάμηφιν is an instrumental
dative with ἀρήρει, while οἱ is *dat. com-
modi* : 'fitted his hands.'

13. ἀνέχεσθαι 'to hold up against,'
'tolerate': cp. 7. 32 οὐ γὰρ ξείνους ἀν-
έχονται, 19. 27 ἀεργὸν ἀνέξομαι.

ἔχοντά περ 'even when I have,' 'at
the very time when I have.'

14. ὁ ξεῖνος δ' κτλ. The inversion
of the usual order gives emphasis to
ὁ ξεῖνος : cp. 8. 408 ἔπος δ' εἴ πέρ τι βέ-
βακται δεινόν, 11. 113 αὐτὸς δ' εἴ πέρ κεν
ἀλύξῃς, 13. 143 ἀνδρῶν δ' εἴ πέρ τίς σε
κτλ., Il. 10. 225 μοῦνος δ' εἴ πέρ τε
νοήσῃ.

The article is not deictic—'*this*
stranger'—but probably gives a con-
temptuous tone: so in l. 10 τὸν ξεῖνον
δύστηνον.

Τὸν δ' ἀπαμειβόμενος προσέφη πολύμητις 'Οδυσσεύς·
" ὦ φίλος, οὐδέ τοι αὐτὸς ἐρύκεσθαι μενεαίνω·
πτωχῷ βέλτερόν ἐστι κατὰ πτόλιν ἠὲ κατ' ἀγροὺς
δαῖτα πτωχεύειν· δώσει δέ μοι ὅς κ' ἐθέλῃσιν.
οὐ γὰρ ἐπὶ σταθμοῖσι μένειν ἔτι τηλίκος εἰμί,   20
ὥς τ' ἐπιτειλαμένῳ σημάντορι πάντα πιθέσθαι.
ἀλλ' ἔρχευ· ἐμὲ δ' ἄξει ἀνὴρ ὅδε, τὸν σὺ κελεύεις,
αὐτίκ' ἐπεί κε πυρὸς θερέω ἀλέη τε γένηται.
αἰνῶς γὰρ τάδε εἵματ' ἔχω κακά· μή με δαμάσσῃ
στίβη ὑπηοίη· ἕκαθεν δέ τε ἄστυ φάτ' εἶναι."   25
Ὣς φάτο, Τηλέμαχος δὲ διὰ σταθμοῖο βεβήκει,
κραιπνὰ ποσὶ προβιβάς, κακὰ δὲ μνηστῆρσι φύτευεν.
αὐτὰρ ἐπεί ῥ' ἵκανε δόμους εὖ ναιετάοντας,
ἔγχος μέν ῥ' ἔστησε φέρων πρὸς κίονα μακρήν,
αὐτὸς δ' εἴσω ἴεν καὶ ὑπέρβη λάϊνον οὐδόν.   30
Τὸν δὲ πολὺ πρώτη εἶδε τροφὸς Εὐρύκλεια,
κώεα καστορνῦσα θρόνοις ἔνι δαιδαλέοισι,
δακρύσασα δ' ἔπειτ' ἰθὺς κίεν· ἀμφὶ δ' ἄρ' ἄλλαι
δμῳαὶ 'Οδυσσῆος ταλασίφρονος ἠγερέθοντο,
καὶ κύνεον ἀγαπαζόμεναι κεφαλήν τε καὶ ὤμους.   35
'Η δ' ἴεν ἐκ θαλάμοιο περίφρων Πηνελόπεια,

17 οὐδέ τοι αὐτὸς G F X al., Eust. : οὐδ' αὐτός τοι vulg.   25 ἡ κυκλικὴ ἐπηοίη
Sch. H : see on 16. 195.   26 διὰ] δὲκ G U al.   29 ἔγχος μὲν στῆσε πρὸς
κίονα μακρὸν ἐρείσας G al. : ἔγχος μὲν ῥ' ἔστησε φέρων πρὸς κίονα μακρὸν ἐρείσας X,
doubtless from 8. 66, 473. The reading of G was probably a correction of this
unmetrical line.

21. ὥς τ'... πιθέσθαι. This is not
properly an instance of the Attic use of
ὥς τε with an inf., since πιθέσθαι carries
on the construction of μένειν (inf. of
consequence after τηλίκος). Similarly in
Il. 9. 42 ἐπίσσυνται ὥς τε νέεσθαι the inf.
is governed by ἐπίσσυνται. But these
instances show how the later Attic con-
struction must have originated.

23. θερέω is regarded by Curtius
(*Verb.* ii. 334) as the subj. of a pass.
aor. θερῆναι. But from θερ- (θέρομαι,
θέρος) the regular form would be θαρείω.
Perhaps there was a present θερέω (like
τέλεω, &c.), with intrans. meaning.

ἀλέη is said to mean 'the sun's

warmth,' *i. e.* the heat of the day. It is
doubtless connected with εἵλη 'warmth':
but not (surely) with σέλας or Lat. *sōl.*

29. This line may be taken as show-
ing that the δουροδόκη or receptacle for
spears was outside the μέγαρον. So in
16. 40 Telemachus gives his spear to
Eumaeus and then crosses the threshold:
cp. 1. 128. The column used for this
purpose was doubtless one of those
which formed the πρόθυρον.

35. κύνεον. The metrical lengthen-
ing of -ον, -αν (3 plur.) is not found in
the Iliad except in the Catalogue. For
the Odyssey cp. 7. 341., 9. 413., 16. 358.,
21. 224., 22. 449, 499., 24. 311.

II.   H

Ἀρτέμιδι ἰκέλη ἠὲ χρυσέῃ Ἀφροδίτῃ,
ἀμφὶ δὲ παιδὶ φίλῳ βάλε πήχεε δακρύσασα,
κύσσε δέ μιν κεφαλήν τε καὶ ἄμφω φάεα καλά,
καί ῥ᾽ ὀλοφυρομένη ἔπεα πτερόεντα προσηύδα·   40
" ἦλθες, Τηλέμαχε, γλυκερὸν φάος. οὔ σ᾽ ἔτ᾽ ἔγωγε
ὄψεσθαι ἐφάμην, ἐπεὶ ᾤχεο νηῒ Πύλονδε
λάθρῃ, ἐμεῦ ἀέκητι, φίλου μετὰ πατρὸς ἀκουήν.
ἀλλ᾽ ἄγε μοι κατάλεξον ὅπως ἤντησας ὀπωπῆς."

Τὴν δ᾽ αὖ Τηλέμαχος πεπνυμένος ἀντίον ηὔδα·   45
" μῆτερ ἐμή, μή μοι γόον ὄρνυθι μηδέ μοι ἦτορ
ἐν στήθεσσιν ὄρινε φυγόντι περ αἰπὺν ὄλεθρον·
ἀλλ᾽ ὑδρηναμένη, καθαρὰ χροΐ εἵμαθ᾽ ἑλοῦσα,
[εἰς ὑπερῷ᾽ ἀναβᾶσα σὺν ἀμφιπόλοισι γυναιξὶν]
εὔχεο πᾶσι θεοῖσι τεληέσσας ἑκατόμβας   50
ῥέξειν, αἴ κέ ποθι Ζεὺς ἄντιτα ἔργα τελέσσῃ.
αὐτὰρ ἐγὼν ἀγορήνδε ἐλεύσομαι, ὄφρα καλέσσω
ξεῖνον, ὅτις μοι κεῖθεν ἅμ᾽ ἕσπετο δεῦρο κιόντι.
τὸν μὲν ἐγὼ προὔπεμψα σὺν ἀντιθέοις ἑτάροισι,
Πείραιον δέ μιν ἠνώγεα προτὶ οἶκον ἄγοντα   55

37 ἠὲ G Eust. al.: ἠδὲ F H X U al.: κε (sic) P.   46 μή τοι Eust.   49 om.
vulg.: cp. 4. 751.   52 ἀγορήνδε ἐλεύσομαι Aristophanes: ἀγορήνδ᾽ ἐλεύσομαι F:
ἀγορήνδ᾽ ἐσελεύσομαι Ar., J H²: ἀγορὴν ἐσελ- G H U al.: ἀγορὴν ἐσελ- P.
Thus ἀγορήνδε has the strongest ancient support, while the variety in the MSS.
points to the simple ἐλεύσομαι. Cp. Od. 1. 88, Il. 6. 365.

44. ' How thou hast gained sight of
him,' i. e. εἴ που ὅπωπας ὀφθαλμοῖσι
τεοῖσιν ἢ ἄλλου μῦθον ἄκουσας (3. 93).
Strictly of course ὀπωπή applies only to
the former alternative.
46-56. Ameis justly directs attention
to the dramatic truth and propriety of
this speech. Telemachus is still under
the influence of the recognition scene,
and is oppressed by the great secret of
his father's presence in Ithaca. Con-
sequently his reply to Penelope is brief
and troubled. As she afterwards com-
plains (ll. 104-106), he does not answer
her question, or even tell her whether
he has news of Ulysses or not. He bids
her make vows to the immortals, and
offer hecatombs if Zeus will grant retri-
bution. This is like the answer of
Hector when he was met at the Scaean

gate by the Trojan women, who asked
about their husbands and brothers (Il.
6. 240 ὁ δ᾽ ἔπειτα θεοῖς εὔχεσθαι ἀνώγει
πάσας ἑξείης). It was perhaps a recog-
nized formula for refusing to say any-
thing. Telemachus then pleads that he
must hasten to the ἀγορά. It is only on
his return, and when he has had time
to collect himself, that he is ready to
give Penelope a connected story of his
journey.
47. φυγόντι περ ' even when I have
escaped': see on l. 13 (supra).
53. ὅτις is used, instead of ὅς, of the
comparatively unknown stranger : ' one
that followed ' (whoever he was).
55. μιν is governed by ἄγοντα φιλέειν.
It is placed early in the sentence accord-
ing to the general rule ; as to which see
H. G. § 365.

ἐνδυκέως φιλέειν καὶ τιέμεν, εἰς ὅ κεν ἔλθω."
*Ὡς ἄρ' ἐφώνησεν, τῇ δ' ἄπτερος ἔπλετο μῦθος.
ἡ δ' ὑδρηναμένη, καθαρὰ χροῒ εἵμαθ' ἑλοῦσα,
εὔχετο πᾶσι θεοῖσι τεληέσσας ἑκατόμβας
ῥέξειν, αἴ κέ ποθι Ζεὺς ἄντιτα ἔργα τελέσσαι.   60
Τηλέμαχος δ' ἄρ' ἔπειτα διὲκ μεγάροιο βεβήκει
ἔγχος ἔχων, ἅμα τῷ γε δύω κύνες ἀργοὶ ἕποντο.
θεσπεσίην δ' ἄρα τῷ γε χάριν κατέχευεν Ἀθήνη·
τὸν δ' ἄρα πάντες λαοὶ ἐπερχόμενον θηεῦντο.
ἀμφὶ δέ μιν μνηστῆρες ἀγήνορες ἠγερέθοντο   65
ἐσθλ' ἀγορεύοντες, κακὰ δὲ φρεσὶ βυσσοδόμευον.
αὐτὰρ ὁ τῶν μὲν ἔπειτα ἀλεύατο πουλὺν ὅμιλον,
ἀλλ' ἵνα Μέντωρ ἧστο καὶ Ἄντιφος ἠδ' Ἁλιθέρσης,
οἵ τέ οἱ ἐξ ἀρχῆς πατρώϊοι ἦσαν ἑταῖροι,
ἔνθα καθέζετ' ἰών· τοὶ δ' ἐξερέεινον ἕκαστα.   70
τοῖσι δὲ Πείραιος δουρικλυτὸς ἐγγύθεν ἦλθε
ξεῖνον ἄγων ἀγορήνδε διὰ πτόλιν· οὐδ' ἄρ' ἔτι δὴν

---

60 τελέσσαι Hermann Op. 1. 287 : τελέσσῃ MSS.   62 δύω κύνες ἀργοὶ U :
κύνες πόδας ἀργοὶ vulg. See 2. 11.

56. ἔλθω, subj. notwithstanding the
past tense ἠνώγεα, because the action
is future at the time of speaking. But
in l. 60 Hermann's τελέσσαι, for the
τελέσσῃ of the MSS., is necessary.
57. τῇ δ' ἄπτερος ἔπλετο μῦθος is
generally taken to mean that the speech
stayed in the mind, was not forgotten or
neglected. But ἔπεα πτερόεντα, the Epic
phrase upon which this one is evidently
founded, means words *uttered*, not words
that fly away and are lost ; and similarly
ἄπτερος μῦθος must be an *unspoken*
word. Hence 'her speech took not
wings' means simply that she heard in
silence. Cp. 13. 254 πάλιν δ' ὅ γε λάζετο
μῦθον 'he took back his (unspoken)
word,' *i.e.* did not utter what he thought;
and the common phrases ἔχειν ἐν φρεσὶ
μῦθον, ἔχειν σιγῇ μῦθον, &c.
62-64, = 2. 11-13, a description of
Telemachus going from his house to
the ἀγορά. Hence ἔγχος ἔχων is not to
be pressed as implying that he had his
spear within the μέγαρον : cp. the note

on l. 29.
66. βυσσοδόμευον, the indic. instead
of a participle, by a species of para-
taxis ; cp. 1. 162., 16. 6, 101., 19. 368,
Il. 3. 80.
67. πουλύν is a very doubtful form :
the lengthening is only defensible *metri
gratia*, viz. only in such words as πουλύ-
ποδος, πουλοβότειρα, which cannot other-
wise be scanned. πουλύς and πουλύν
occur in nine places in Homer. Schulze
(*Quaest. Ep.* p. 447) has pointed out
the curious facts (1) that in five of these
places the word is feminine, and (2)
that the neut. πουλύ is only found in
one place, Od. 19. 387, and there only
in a few MSS.; whereas in later epic
poets it is quite common. Hence he
infers that the masc. πουλύς and πουλύν
are corrupted from πολλός, πολλόν.
72. οὐδ' ἄρ' ἔτι δὴν κτλ. is a litotes,
meaning that he did not turn away *at
all*: cp. Il. 16. 736 οὐδὲ δὴν χάζετο
φωτός 'it did not long give way from,'
= 'was quick in reaching the man.'

Τηλέμαχος ξείνοιο ἑκὰς τράπετ', ἀλλὰ παρέστη.
τὸν καὶ Πείραιος πρότερος πρὸς μῦθον ἔειπε·
" Τηλέμαχ', αἶψ' ὄτρυνον ἐμὸν ποτὶ δῶμα γυναῖκας,   75
ὥς τοι δῶρ' ἀποπέμψω, ἅ τοι Μενέλαος ἔδωκε."

Τὸν δ' αὖ Τηλέμαχος πεπνυμένος ἀντίον ηὔδα·
" Πείραι', οὐ γάρ τ' ἴδμεν ὅπως ἔσται τάδε ἔργα,
εἴ κεν ἐμὲ μνηστῆρες ἀγήνορες ἐν μεγάροισι
λάθρῃ κτείναντες πατρώϊα πάντα δάσωνται,   80
αὐτὸν ἔχοντα σὲ βούλομ' ἐπαυρέμεν ἤ τινα τῶνδε·
εἰ δέ κ' ἐγὼ τούτοισι φόνον καὶ κῆρα φυτεύσω,
δὴ τότε μοι χαίροντι φέρειν πρὸς δώματα χαίρων."

Ὣς εἰπὼν ξεῖνον ταλαπείριον ἦγεν ἐς οἶκον.
αὐτὰρ ἐπεί ῥ' ἵκοντο δόμους εὖ ναιετάοντας,   85
χλαίνας μὲν κατέθεντο κατὰ κλισμούς τε θρόνους τε,
ἐς δ' ἀσαμίνθους βάντες ἐϋξέστας λούσαντο.
τοὺς δ' ἐπεὶ οὖν δμῳαὶ λοῦσαν καὶ χρῖσαν ἐλαίῳ,
ἀμφὶ δ' ἄρα χλαίνας οὔλας βάλον ἠδὲ χιτῶνας,
ἔκ ῥ' ἀσαμίνθων βάντες ἐπὶ κλισμοῖσι καθῖζον.   90
χέρνιβα δ' ἀμφίπολος προχόῳ ἐπέχευε φέρουσα
καλῇ χρυσείῃ, ὑπὲρ ἀργυρέοιο λέβητος,
νίψασθαι· παρὰ δὲ ξεστὴν ἐτάνυσσε τράπεζαν.
σῖτον δ' αἰδοίη ταμίη παρέθηκε φέρουσα,
εἴδατα πόλλ' ἐπιθεῖσα, χαριζομένη παρεόντων.   95

84 ἦγεν ἐς οἶκον] Originally perhaps ἤγετο ϝοῖκον.   90 ἀσαμίνθων U: -θου
vulg.

78. οὐ γάρ τ' κτλ. 'inasmuch as we
do not know': cp. I. 337 (note).
81. σέ. The orthotone form seems
required by the sense. The editors
generally write ἔχοντά σε.
95. This conventional line is found
in Od. 1. 140., 4. 56., 7. 176, and (in
some MSS.) in 10. 372., 15. 139. It was
explained by Aristarchus (see the com-
ment of Aristonicus on Od. 4. 54–56)
as applying to the cases in which hasty
preparation is made for an unexpected
guest. On that ground, apparently, he
rejected 1. 140 (or possibly did not find
it in his sources). In his view—if we

may judge of it from the argument in
Athenaeus (V. p. 193 b)—the εἴδατα of
this line are pieces of meat, the remnants
of a former feast, which the ταμίη has
in her store: consequently they are
superfluous when meat is otherwise
provided in the usual way. This theory
is surely open to much objection. There
is no reason for confining the word
εἴδατα to meat (see Brosin, De Coenis
Homericis, p. 55). In the style of
Homer the participial phrase εἴδατα
πόλλ' ἐπιθεῖσα after σῖτον παρέθηκε would
naturally be taken as a simple epex-
egesis. And εἴδατα may well denote

μήτηρ δ' ἀντίον ἷζε παρὰ σταθμὸν μεγάροιο
κλισμῷ κεκλιμένη, λέπτ' ἠλάκατα στρωφῶσα.
οἱ δ' ἐπ' ὀνείαθ' ἑτοῖμα προκείμενα χεῖρας ἴαλλον.
αὐτὰρ ἐπεὶ πόσιος καὶ ἐδητύος ἐξ ἔρον ἕντο,
τοῖσι δὲ μύθων ἦρχε περίφρων Πηνελόπεια·   100
" Τηλέμαχ', ἦ τοι ἐγὼν ὑπερώϊον εἰσαναβᾶσα
λέξομαι εἰς εὐνήν, ἥ μοι στονόεσσα τέτυκται,
αἰεὶ δάκρυσ' ἐμοῖσι πεφυρμένη, ἐξ οὗ 'Οδυσσεὺς
ᾤχεθ' ἅμ' 'Ατρεΐδῃσιν ἐς Ἴλιον· οὐδέ μοι ἔτλης,
πρὶν ἐλθεῖν μνηστῆρας ἀγήνορας ἐς τόδε δῶμα,   105
νόστον σοῦ πατρὸς σάφα εἰπέμεν, εἴ που ἄκουσας."
Τὴν δ' αὖ Τηλέμαχος πεπνυμένος ἀντίον ηὔδα·
" τοιγὰρ ἐγώ τοι, μῆτερ, ἀληθείην καταλέξω.
ᾤχόμεθ' ἔς τε Πύλον καὶ Νέστορα, ποιμένα λαῶν·
δεξάμενος δέ με κεῖνος ἐν ὑψηλοῖσι δόμοισιν   110
ἐνδυκέως ἐφίλει, ὡς εἴ τε πατὴρ ἑὸν υἷα
ἐλθόντα χρόνιον νέον ἄλλοθεν· ὣς ἐμὲ κεῖνος
ἐνδυκέως ἐκόμιζε σὺν υἱάσι κυδαλίμοισιν.
αὐτὰρ 'Οδυσσῆος ταλασίφρονος οὔ ποτ' ἔφασκε
ζωοῦ οὐδὲ θανόντος ἐπιχθονίων τευ ἀκοῦσαι,   115

---

111 υἷα vulg. : υἱόν X D al. The scholium found in H X (οὕτως 'Αρίσταρχος· ὁ δὲ Ζηνόδοτος ἐνδυκέως ἐφίλει ὡς εἴ τε πατὴρ ἑὸν παῖδα) does not decide whether Ar. wrote υἷα or υἱόν. The reading ascribed to Zen. is evidently corrupt. As Dindorf suggests, he probably ended the line like Il. 9. 481 ὡς εἴ τε πατὴρ ὃν παῖδα φιλήσῃ (simply omitting ἐφίλει ?).

the various 'bake meats' that the ταμίη would bring in her basket (like Pharaoh's chief baker, Gen. xl. 17). In general, the bread and the wine are in the keeping of the ταμίη (cp. Il. 19. 44 ταμίαι σίτοιο δοτῆρες); but the meat is freshly killed, roasted on the spot, and taken in hand at once by the δαιτρός, who gives the portions. It is only in the humble household of Eumaeus that we hear of remnants from a former meal (Od. 16. 50). It does not seem at all likely that a stately formula, like the line in question, should have been framed for such a case.

96. σταθμόν, see the Appendix.

97. στρωφῶσα, perhaps an early corruption from στροφάουσα, see Il. G.

§ 55, 9. The forms with o can be easily restored everywhere except in Il. 13. 557, where στρωφᾶτ' begins the line. And στροφάετο may there be defended on metrical grounds (Schulze, *Quaest. Ep.* p. 140 ff., p. 400).

104. οὐδέ μοι ἔτλης κτλ. This clause really qualifies the preceding sentence : Penelope complains that she will have to return to her chamber *before* Telemachus has consented to give his report.

106. νόστον is *acc. de quo*; the meaning is 'to tell whether you have heard of the return.'

115. ζωοῦ οὐδὲ θανόντος 'of his being alive, nor yet of his death.' The second is the more important point, Telemachus

ἀλλά μ᾽ ἐς Ἀτρεΐδην, δουρικλειτὸν Μενέλαον,
ἵπποισι προὔπεμψε καὶ ἅρμασι κολλητοῖσιν.
ἔνθ᾽ ἴδον Ἀργείην Ἑλένην, ἧς εἵνεκα πολλὰ
Ἀργεῖοι Τρῶές τε θεῶν ἰότητι μόγησαν.
εἴρετο δ᾽ αὐτίκ᾽ ἔπειτα βοὴν ἀγαθὸς Μενέλαος　　　　120
ὅττευ χρηΐζων ἱκόμην Λακεδαίμονα δῖαν·
αὐτὰρ ἐγὼ τῷ πᾶσαν ἀληθείην κατέλεξα·
καὶ τότε δή μ᾽ ἐπέεσσιν ἀμειβόμενος προσέειπεν·
‘ὢ πόποι, ἦ μάλα δὴ κρατερόφρονος ἀνδρὸς ἐν εὐνῇ
ἤθελον εὐνηθῆναι, ἀνάλκιδες αὐτοὶ ἐόντες.　　　　125
ὡς δ᾽ ὁπότ᾽ ἐν ξυλόχῳ ἔλαφος κρατεροῖο λέοντος
νεβροὺς κοιμήσασα νεηγενέας γαλαθηνοὺς
κνημοὺς ἐξερέῃσι καὶ ἄγκεα ποιήεντα
βοσκομένη, ὁ δ᾽ ἔπειτα ἑὴν εἰσήλυθεν εὐνήν,
ἀμφοτέροισι δὲ τοῖσιν ἀεικέα πότμον ἐφῆκεν,　　　　130
ὣς Ὀδυσεὺς κείνοισιν ἀεικέα πότμον ἐφήσει.
αἲ γάρ, Ζεῦ τε πάτερ καὶ Ἀθηναίη καὶ Ἄπολλον,
τοῖος ἐὼν οἷός ποτ᾽ ἐϋκτιμένη ἐνὶ Λέσβῳ
ἐξ ἔριδος Φιλομηλεΐδη ἐπάλαισεν ἀναστάς,
κὰδ δ᾽ ἔβαλε κρατερῶς, κεχάροντο δὲ πάντες Ἀχαιοί,　　　　135
τοῖος ἐὼν μνηστῆρσιν ὁμιλήσειεν Ὀδυσσεύς·
πάντες κ᾽ ὠκύμοροί τε γενοίατο πικρόγαμοί τε.
ταῦτα δ᾽ ἅ μ᾽ εἰρωτᾷς καὶ λίσσεαι, οὐκ ἂν ἔγωγε
ἄλλα παρὲξ εἴποιμι παρακλιδόν, οὐδ᾽ ἀπατήσω,
ἀλλὰ τὰ μέν μοι ἔειπε γέρων ἅλιος νημερτής,　　　　140
τῶν οὐδέν τοι ἐγὼ κρύψω ἔπος οὐδ᾽ ἐπικεύσω,

118-119 πολλὰ ... μόγησαν F P H (?) D: πολλοὶ ... δάμησαν G U L W Z.
129 ὁ δ᾽ ἔπειτα] ὁ δέ τ᾽ ἆκα G X D U.　　130 ἐφῆκεν] ἐφήει Η K (i.e. ἐφίει).

wishing to make it clear that Nestor's account was at least not unfavourable. The commentators who take οὐδὲ θανόντος as a mere epexegesis of ζωοῦ— 'living, not dead'—lose sight of this.

124-141. Repeated from 4. 333-350. So 142-146 = 4. 556-560, and 148-149 = 4. 585-586.

130. ἀμφοτέροισι, i.e. both the hind and her fawns.

134. ἐξ ἔριδος. For the force of ἐξ cp. 18. 38 ὁ ξεῖνός τε καὶ Ἶρος ἐρίζετον ἀλλήλοιϊν χερσὶ μαχέσσασθαι. The dispute (ἔρις) leads up to a challenge to fight.

137. πικρόγαμοι, an oxymoron, cp. l. 448: 'bitter marriage' means no marriage—μόρος instead of γάμος.

140 (= 4. 349). For the use of the article cp. Il. 1. 125.

φῆ μιν ὅ γ' ἐν νήσῳ ἰδέειν κρατέρ' ἄλγε' ἔχοντα,
νύμφης ἐν μεγάροισι Καλυψοῦς, ἥ μιν ἀνάγκῃ
ἴσχει, ὁ δ' οὐ δύναται ἣν πατρίδα γαῖαν ἱκέσθαι.
οὐ γάρ οἱ πάρα νῆες ἐπήρετμοι καὶ ἑταῖροι,   145
οἵ κέν μιν πέμποιεν ἐπ' εὐρέα νῶτα θαλάσσης.'
ὣς ἔφατ' Ἀτρεΐδης, δουρικλειτὸς Μενέλαος.
ταῦτα τελευτήσας νεόμην· ἔδοσαν δέ μοι οὖρον
ἀθάνατοι, τοί μ' ὦκα φίλην ἐς πατρίδ' ἔπεμψαν."
*Ὣς φάτο, τῇ δ' ἄρα θυμὸν ἐνὶ στήθεσσιν ὄρινε.   105
τοῖσι δὲ καὶ μετέειπε Θεοκλύμενος θεοειδής·
"ὦ γύναι αἰδοίη Λαερτιάδεω Ὀδυσῆος,
ἦ τοι ὅ γ' οὐ σάφα οἶδεν, ἐμεῖο δὲ σύνθεο μῦθον·
ἀτρεκέως γάρ τοι μαντεύσομαι οὐδ' ἐπικεύσω.
ἴστω νῦν Ζεὺς πρῶτα θεῶν ξενίη τε τράπεζα   155
ἱστίη τ' Ὀδυσῆος ἀμύμονος, ἣν ἀφικάνω,
ὡς ἦ τοι Ὀδυσεὺς ἤδη ἐν πατρίδι γαίῃ,
ἥμενος ἢ ἕρπων, τάδε πευθόμενος κακὰ ἔργα,
ἔστιν, ἀτὰρ μνηστῆρσι κακὸν πάντεσσι φυτεύει·
οἷον ἐγὼν οἰωνὸν ἐϋσσέλμου ἐπὶ νηὸς   160
ἥμενος ἐφρασάμην καὶ Τηλεμάχῳ ἐγεγώνευν."

150-165 ἀθετοῦνται Schol. H : but according to Schol. Q X (as emended by
Buttmann, see his note a. l.) only the two lines 160-161 were rejected ἐν τοῖς
χαριεστέροις, while ἐν τοῖς εἰκαιοτέροις (or κοινοτέροις) the condemnation extended
to the sixteen 150-165. The meaning of this statement is obscure. Elsewhere
we usually hear of χαριέστεραι and εἰκαιότεραι, sc. ἐκδόσεις, but the neuter (sc.
ἀντίγραφα 'copies') is not unknown (cp. 2. 182., 19. 83, Il. 15. 50., 18. 100., 20.
255, 384); the reference in either case being to editions or copies made use of, or
at least referred to, by Aristarchus. The term ἀθετεῖν, however, expresses the
judgement of a critic, not the reading of a manuscript. Hence the meaning of the
scholium probably is that Aristarchus found that the 'common' texts favoured the
rejection of 150-165 (which may have been προηθετημένοι, obelized by Zenodotus
or Aristophanes), but was led by his own better sources to confine the athetesis to
160-161.   153 ὅ γ' vulg.: ὅδ' F.

143. ἦ μιν ἀνάγκῃ ἴσχει, ὁ δ' οὐ δύνα-
ται κτλ. Note the change to *oratio recta*:
Telemachus is still quoting Menelaus,
whose speech ends with l. 146.
148. ταῦτα τελευτήσας. Telemachus
does not give an account of all that
he did, but only of what he heard re-
garding Ulysses.
153. As ὅ γε is not used as a deictic
pronoun, it can only refer here to Mene-
laus, who has just been mentioned. On

the other hand the context points rather
to Telemachus. Perhaps we should read
ὅδ', with one of the oldest manuscripts.
161. ἐγεγώνευν 'declared aloud, made
known': a use of the word that is
common in later poets, esp. Aeschylus.
The evidence for a form γεγωνέω is very
slight: e. g. for ἐγεγώνευν we can always
read ἐγέγωνον (9 47., 12. 370). The
line is doubted on other grounds: see
the crit. note.

Τὸν δ' αὖτε προσέειπε περίφρων Πηνελόπεια·
"αἲ γὰρ τοῦτο, ξεῖνε, ἔπος τετελεσμένον εἴη·
τῶ κε τάχα γνοίης φιλότητά τε πολλά τε δῶρα
ἐξ ἐμεῦ, ὡς ἄν τίς σε συναντόμενος μακαρίζοι."   165
*Ὣς οἱ μὲν τοιαῦτα πρὸς ἀλλήλους ἀγόρευον·
μνηστῆρες δὲ πάροιθεν Ὀδυσσῆος μεγάροιο
δίσκοισιν τέρποντο καὶ αἰγανέῃσιν ἱέντες,
ἐν τυκτῷ δαπέδῳ, ὅθι περ πάρος, ὕβριν ἔχοντες.
ἀλλ' ὅτε δὴ δείπνηστος ἔην καὶ ἐπήλυθε μῆλα   170
πάντοθεν ἐξ ἀγρῶν, οἱ δ' ἤγαγον οἳ τὸ πάρος περ,
καὶ τότε δή σφιν ἔειπε Μέδων, ὃς γάρ ῥα μάλιστα
ἥνδανε κηρύκων καί σφιν παρεγίγνετο δαιτί·
"κοῦροι, ἐπεὶ δὴ πάντες ἐτέρφθητε φρέν' ἀέθλοις,
ἔρχεσθε πρὸς δώμαθ', ἵν' ἐντυνώμεθα δαῖτα·   175
οὐ μὲν γάρ τι χέρειον ἐν ὥρῃ δεῖπνον ἑλέσθαι."
*Ὣς ἔφαθ', οἱ δ' ἀνστάντες ἔβαν πείθοντό τε μύθῳ.
αὐτὰρ ἐπεί ῥ' ἵκοντο δόμους εὖ ναιετάοντας,
χλαίνας μὲν κατέθεντο κατὰ κλισμούς τε θρόνους τε,
οἱ δ' ἱέρευον δῖς μεγάλους καὶ πίονας αἶγας,   180
ἵρευον δὲ σύας σιάλους καὶ βοῦν ἀγελαίην,
δαῖτ' ἐντυνόμενοι.   τοὶ δ' ἐξ ἀγροῖο πόλινδε
ὠτρύνοντ' Ὀδυσεύς τ' ἰέναι καὶ δῖος ὑφορβός.
τοῖσι δὲ μύθων ἦρχε συβώτης, ὄρχαμος ἀνδρῶν·
"ξεῖν', ἐπεὶ ἂρ δὴ ἔπειτα πόλινδ' ἰέναι μενεαίνεις   185
σήμερον, ὡς ἐπέτελλεν ἄναξ ἐμός, —ἦ σ' ἂν ἔγωγε

---

169 ἔχοντες Ar. G U Eust.: ἐχέσκον vulg.   170 Herodian distinguishes
δαπνηστός = τὸ δεῖπνον, and δείπνηστος 'the time of δεῖπνον'; and similarly with
ἄμητος, &c.   See on 16. 2, also Spitzner on Il. 19. 223.   174 δέθλων, a v. l. in
the edition of Stephanus, perhaps preserves the original reading. The gen. is used
with τέρπω meaning 'to satisfy.'   177 πείθοντό τε μύθῳ] οἰκόνδε ἕκαστος F :
ποτὶ οἶκον ἕκαστος P H al.—phrases elsewhere used of returning home.
181. Obelized by Aristoph. (and Ar. ? see Ludw.).

169. ὅθι περ πάρος does not qualify
ὕβριν ἔχοντες, but the whole description.
The poet wishes to insist on the daily
repetition of the scene: cp. l. 171 οἱ δ'
ἤγαγον οἳ τὸ πάρος περ.
176. οὐ χέρειον 'not a bad kind of
thing.' The comparative does not mean
'worse' (as Ameis takes it), but ' bad

rather than good': cp. 15. 370., 16. 216.
185. ἐπεὶ κτλ. The apodosis is in
l. 190 ἀλλ' ἄγε νῦν ἴομεν.
186. The words ἦ σ' ἂν ἔγωγε κτλ.
are a parenthetical 'though for my part
I would rather &c.': see on Il. 3. 215.
Note the use of ἄν = ' else,' ' otherwise,'
where κεν would be less pointed.

αὐτοῦ βουλοίμην σταθμῶν ῥυτῆρα λιπέσθαι·
ἀλλὰ τὸν αἰδέομαι καὶ δείδια, μή μοι ὀπίσσω
νεικείῃ· χαλεπαὶ δέ τ' ἀνάκτων εἰσὶν ὁμοκλαί·
ἀλλ' ἄγε νῦν ἴομεν· δὴ γὰρ μέμβλωκε μάλιστα   190
ἦμαρ, ἀτὰρ τάχα τοι ποτὶ ἕσπερα ῥίγιον ἔσται."
    Τὸν δ' ἀπαμειβόμενος προσέφη πολύμητις Ὀδυσσεύς·
" γιγνώσκω, φρονέω· τά γε δὴ νοέοντι κελεύεις.
ἀλλ' ἴομεν, σὺ δ' ἔπειτα διαμπερὲς ἡγεμόνευε.
δὸς δέ μοι, εἴ ποθί τοι ῥόπαλον τετμημένον ἐστί,   195
σκηρίπτεσθ', ἐπεὶ ἦ φατ' ἀρισφαλέ' ἔμμεναι οὐδόν."
    Ἦ ῥα καὶ ἀμφ' ὤμοισιν ἀεικέα βάλλετο πήρην,
πυκνὰ ῥωγαλέην· ἐν δὲ στρόφος ἦεν ἀορτήρ.
Εὔμαιος δ' ἄρα οἱ σκῆπτρον θυμαρὲς ἔδωκε.
τὼ βήτην, σταθμὸν δὲ κύνες καὶ βώτορες ἄνδρες   200
ῥύατ' ὄπισθε μένοντες· ὁ δ' ἐς πόλιν ἦγεν ἄνακτα
πτωχῷ λευγαλέῳ ἐναλίγκιον ἠδὲ γέροντι,
σκηπτόμενον· τὰ δὲ λυγρὰ περὶ χροῒ εἵματα ἕστο.
    Ἀλλ' ὅτε δὴ στείχοντες ὁδὸν κάτα παιπαλόεσσαν
ἄστεος ἐγγὺς ἔσαν καὶ ἐπὶ κρήνην ἀφίκοντο   205
τυκτὴν καλλίροον, ὅθεν ὑδρεύοντο πολῖται,.
τὴν ποίησ' Ἴθακος καὶ Νήριτος ἠδὲ Πολύκτωρ·
ἀμφὶ δ' ἄρ' αἰγείρων ὑδατοτρεφέων ἦν ἄλσος,

187 λιπέσθαι G P H U : γενέσθαι F X al. Eust. (from 223, where it is the vulg.).
191 ῥίγιον] ἄλγιον F.   193 φρονέοντι M, cp. 281.   199 θυμηρὲς F al.
The distinction made by Herodian between θυμᾱρής and θυμήρης cannot be well
founded. Doubtless θυμηρής is Ionic, θυμᾱρής either Old Attic or Aeolic: H. G.
p. 391.

187. ῥυτῆρα 'as keeper': cp. ῥύατο
(l. 201, &c.).
191. ἕσπερα 'the evening time,' a col-
lective plural of ἕσπερος.
196. It is impossible to explain οὐδός
as the Ionic form, only found here, of
ὁδός. In all similar cases (κοῦρος and
κόρος, ξεῖνος and ξένος, &c.) the long
form is the regular Homeric form. The
word must surely be the same as οὐδός
'threshold.' Probably, when applied
to a road, it had the meaning 'road-
way,' agger viae. See however Schulze,
Quaest. Ep. p. 435.

206. τυκτήν, that is, with a basin of
wrought stone.
207. According to Acusilaus, the
three brothers Ithacus, Neritus and
Polyctor were founders, first of Cephal-
lenia, and afterwards of Ithaca. As
they are evidently local names, and not
connected by tradition with the family
of Ulysses, this seems to be one of
the instances in which the ruling families
of the Trojan War have partially sup-
planted an earlier group of heroes. See
the English Historical Review, vol. I.
pp. 43-52.

πάντοσε κυκλοτερές, κατὰ δὲ ψυχρὸν ῥέεν ὕδωρ
ὑψόθεν ἐκ πέτρης· βωμὸς δ' ἐφύπερθε τέτυκτο   210
νυμφάων, ὅθι πάντες ἐπιρρέζεσκον ὁδῖται·
ἔνθα σφέας ἐκίχανεν υἱὸς Δολίοιο Μελανθεὺς
αἶγας ἄγων, αἳ πᾶσι μετέπρεπον αἰπολίοισι,
δεῖπνον μνηστήρεσσι· δύω δ' ἄμ' ἔποντο νομῆες
τοὺς δὲ ἰδὼν νείκεσσεν ἔπος τ' ἔφατ' ἔκ τ' ὀνόμαζεν   215
ἔκπαγλον καὶ ἀεικές· ὄρινε δὲ κῆρ Ὀδυσῆος·
" νῦν μὲν δὴ μάλα πάγχυ κακὸς κακὸν ἡγηλάζει·
ὡς αἰεὶ τὸν ὁμοῖον ἄγει θεὸς ὡς τὸν ὁμοῖον.
πῇ δὴ τόνδε μολοβρὸν ἄγεις, ἀμέγαρτε συβῶτα,
πτωχὸν ἀνιηρόν, δαιτῶν ἀπολυμαντῆρα;   220
ὃς πολλῆς φλιῇσι παραστὰς θλίψεται ὤμους,
αἰτίζων ἀκόλους, οὐκ ἄορά γ' οὐδὲ λέβητας·

217 ἡγηλάζει (not -ζεις) Aristoph. Ar. MSS.: cp. 16. 195.   218 ὡς τὸν] ἐς τὸν
G P X D (evidently an emendation).   221 ὃς πολλῆς G P al.: ὃς πολλῇσι F H U al.
Read perhaps ὃς πολλὰ: or πολλῇσι (omitting ὃς). θλίψεται vulg.: φλίψεται H X U
al., v. l. ap. Eust.   The two readings were discussed by Zen. and Ar., but the
scholia are too fragmentary to enable us to say more.   In Schol. Q V we should
doubtless read φλίψεται Αἰολικῶς ἀντὶ τοῦ θλιβήσεται (φ for θ being Aeolic).   With
this reading there is probably an intentional play in φλιῇσι φλίψεται.   222 ἄορά
γ' P H: ἄορας vulg.   The form ἄορα is noticed in the Scholia, and by Eust.

212. Μελανθεύς, so called in 20. 255.,
21.176, 22.152, 159, but more com-
monly Μελάνθιος.   These (and also the
female name Μελανθώ) are abbrevia-
tions; cp. Πάτροκλος from Πατρο-κλέης.
The full form may have been Μελαν-
άνθης (Fick, *Personennamen*. p. 54).
213. Cp. 14. 105-106.   We are to
imagine these parties with their tributes
of sheep or goats coming in from all parts
of the island (170 ἐπήλυθε μῆλα π ντοθεν
ἐξ ἀγρῶν), and occasionally meeting, as
now.
217. ἡγηλάζει 'plays fugleman to.'
The form implies an adj. ἡγηλός 'apt
to lead,' and doubtless has an ironical
or contemptuous force: cp. the note on
ἀκουάζομαι, 13. 9.
218. ὡς ... ὡς are correlatives: 'as
heaven brings one (like', so it ever
brings his like.'   This was first pointed
out by Mr. Ridgeway (*Journ. of Phil.*
xvii. 113).   The commentators take the
second ὡς to be the Attic preposition
ὡς, = εἰς or πρός.   Such a solitary use is
evidently most improbable.

219. The only clue to the meaning of
μολοβρός is the statement that μολό-
βριον denoted the young of the wild
swine (Aelian, *N. H.* vii. 47).   This at
least is a meaning which suits the use of
the word here and in 18. 26.   As we
find ὀβρίκαλα and ὄβρια used in nearly
the same sense we may gather that
μολ-οβρός is a compound; but the
derivation of μολ- (Curt. *Gr.*⁴ p. 370)
must be very doubtful.   The explana-
tion ought to include various other
words; μόλος (Hesych.), μόλουρος, μο-
λούειν, and the proper names Μόλορχος,
Μολώτας, Μολίων, Μόλυκος, &c.   In any
case the *derivation* of μολοβρός need
not affect the sense which it bears in
the context.   If it means a kind of pig,
it is not likely that the first syllable is
a mere general epithet, such as 'dirty.'
220. δαιτῶν, from δαίς: unless we
read δαιτέων, gen. plur. of δαίτη.
222. ἄορά γ'.   The common reading
ἄορας is open to the objections (1) that
the noun ἄορ is only known as a neuter,
and (2) that scansion of the first α as

τόν γ' εἴ μοι δοίης σταθμῶν ῥυτῆρα γενέσθαι
σηκοκόρον τ' ἔμεναι θαλλόν τ' ἐρίφοισι φορῆναι,
καί κεν ὀρὸν πίνων μεγάλην ἐπιγουνίδα θεῖτο.   225
ἀλλ' ἐπεὶ οὖν δὴ ἔργα κάκ' ἔμμαθεν, οὐκ ἐθελήσει
ἔργον ἐποίχεσθαι, ἀλλὰ πτώσσων κατὰ δῆμον
βούλεται αἰτίζων βόσκειν ἣν γαστέρ' ἄναλτον.
ἀλλ' ἔκ τοι ἐρέω, τὸ δὲ καὶ τετελεσμένον ἔσται·
αἴ κ' ἔλθῃ πρὸς δώματ' Ὀδυσσῆος θείοιο,   230
πολλά οἱ ἀμφὶ κάρη σφέλα ἀνδρῶν ἐκ παλαμάων
πλευραὶ ἀποτρίψουσι δόμον κάτα βαλλομένοιο."

Ὣς φάτο, καὶ παριὼν λὰξ ἔνθορεν ἀφραδίῃσιν
ἰσχίῳ· οὐδέ μιν ἐκτὸς ἀταρπιτοῦ ἐστυφέλιξεν,
ἀλλ' ἔμεν' ἀσφαλέως· ὁ δὲ μερμήριξεν Ὀδυσσεὺς   235
ἠὲ μεταΐξας ῥοπάλῳ ἐκ θυμὸν ἕλοιτο,
ἦ πρὸς γῆν ἐλάσειε κάρη ἀμφουδὶς ἀείρας.
ἀλλ' ἐπετόλμησε, φρεσὶ δ' ἔσχετο· τὸν δὲ συβώτης
νείκεσ' ἐσάντα ἰδών, μέγα δ' εὔξατο χεῖρας ἀνασχών·
" νύμφαι κρηναῖαι, κοῦραι Διός, εἴ ποτ' Ὀδυσσεὺς   240
ὕμμ' ἐπὶ μηρί' ἔκηε, καλύψας πίονι δημῷ,

223 λιπέσθαι Ρ Η.   After 233 ἦλθεν ἰσσυμένως μεγάλην σοφίην ἀνιχνεύων F.
237 ἀμφουδὶς Herodian, G P H : ἀμφ' οὖδας F X U al.   ἀείρας] ἐρείσας Μ.
Apoll. Soph. 29, 30.   241 πίονα δῆμον G : ἀργέτι δημῷ F M al.

long is a metrical licence only allowable in forms like ἄορα and ἄορι, which cannot otherwise be used in the hexameter (Schulze, *Quaest. Ep.* p. 207). Some would read ἄορα, with hiatus in the bucolic diaeresis : but the γε seems in place here.

225. θεῖτο ' would make,' 'would get himself.'

228. ἄναλτος, for ἄναλστος, which again is for ἀν-αλδ-τος, 'not to be filled out ': ἀλδ- as in ἀλδ-άνω and ἀλδ-ήσκω. This derivation (given by Van Leeuwen) seems more probable than that from ἀλ- (Lat. *al-ere*), which is not found as a root in Greek.

231-232. 'His ribs will wear out many a foot-stool (flung at him) on both sides of his head ': a piece of exaggeration or inversion of the natural statement, suited to the rough humour of the speech. The difficulty is to explain ἀμφὶ κάρη, especially to connect it with πλευραί. The meaning cannot be that some foot-stools will be flung at his head, some at his ribs. This sense may be obtained by reading πλευρά τ' (as Bothe proposed): 'his head on both sides and his ribs will wear out &c.': or perhaps better (taking σφέλα as the nom.), 'many a foot-stool will bang him about the head and ribs.' Cp. 18.335 ἀμφὶ κάρη κεκοπὼς χερσὶ στιβαρῇσι.

237. The exact sense of ἀμφουδὶς is unknown ; but it evidently implies lifting by the middle. Ameis quotes Ter. *Adelph.* iii. 2. 18 *Sublimem medium arriperem et capite in terram statuerem, ut cerebro dispergat viam.* Probably it is an adverb in -δις, and has nothing to do with οὐδός or οὖδας.

238. φρεσὶ δ' ἔσχετο 'refrained in his heart,' mastered his impulse.

ἀρνῶν ἠδ' ἐρίφων, τόδε μοι κρηήνατ' ἐέλδωρ,
ὡς ἔλθοι μὲν κεῖνος ἀνήρ, ἀγάγοι δέ ἑ δαίμων·
τῷ κέ τοι ἀγλαΐας γε διασκεδάσειεν ἁπάσας,
τὰς νῦν ὑβρίζων φορέεις, ἀλαλήμενος αἰεὶ   245
ἄστυ κάτ'· αὐτὰρ μῆλα κακοὶ φθείρουσι νομῆες."

Τὸν δ' αὖτε προσέειπε Μελάνθιος, αἰπόλος αἰγῶν·
" ὦ πόποι, οἷον ἔειπε κύων ὀλοφώϊα εἰδώς,
τόν ποτ' ἐγὼν ἐπὶ νηὸς ἐϋσσέλμοιο μελαίνης
ἄξω τῆλ' Ἰθάκης, ἵνα μοι βίοτον πολὺν ἄλφοι.   250
αἰ γὰρ Τηλέμαχον βάλοι ἀργυρότοξος Ἀπόλλων
σήμερον ἐν μεγάροις, ἢ ὑπὸ μνηστῆρσι δαμείη,
ὡς Ὀδυσῆΐ γε τηλοῦ ἀπώλετο νόστιμον ἦμαρ."

ˇΩς εἰπὼν τοὺς μὲν λίπεν αὐτόθι ἦκα κιόντας,
αὐτὰρ ὁ βῆ, μάλα δ' ὦκα δόμους ἵκανεν ἄνακτος.   255
αὐτίκα δ' εἴσω ἴεν, μετὰ δὲ μνηστῆρσι καθῖζεν,
ἀντίον Εὐρυμάχου· τὸν γὰρ φιλέεσκε μάλιστα.
τῷ πάρα μὲν κρειῶν μοῖραν θέσαν οἱ πονέοντο,
σῖτον δ' αἰδοίη ταμίη παρέθηκε φέρουσα
ἔδμεναι. ἀγχίμολον δ' Ὀδυσεὺς καὶ δῖος ὑφορβὸς   260
στήτην ἐρχομένω, περὶ δὲ σφεας ἤλυθ' ἰωὴ
φόρμιγγος γλαφυρῆς· ἀνὰ γάρ σφισι βάλλετ' ἀείδειν
Φήμιος. αὐτὰρ ὁ χειρὸς ἑλὼν προσέειπε συβώτην·
" Εὔμαι', ἦ μάλα δὴ τάδε δώματα κάλ' Ὀδυσῆος,
ῥεῖα δ' ἀρίγνωτ' ἐστὶ καὶ ἐν πολλοῖσιν ἰδέσθαι.   265
ἐξ ἑτέρων ἕτερ' ἐστίν, ἐπήσκηται δέ οἱ αὐλὴ

247 Μελανθεύς G.   250 ἄλφοι MSS.: but the true reading is probably ἄλφῃ,
cp. H. G. § 306, 1 a.   254 αὐτόθι G F U: αὐτοῦ vulg.   262 γάρ G F U:
δέ P H X al.

244. ἀγλαΐας 'bravery,' as in l. 310.
248. ὀλοφώϊα seems to mean 'crafty'
or 'deceitful' rather than 'destructive':
see 4. 410, 460., 10. 289. Hence it may
be connected with ἐλεφαίρομαι.
254. ἦκα 'gently,' 'quietly': Ulysses
is in the guise of the infirm old man.
257. τὸν γὰρ φιλέεσκε μάλιστα must
mean that Eurymachus was especially
kind to Melanthius. Cp. for the change
of subject, and also the usage of φιλέω,

7. 171 ὅς οἱ πλησίον ἷζε, μάλιστα δέ μιν
φιλέεσκε, Il. 3. 388. The word applies
to the protector, hardly to the protégé.
261. περί, of sound filling the ears,
cp. 16. 6.
262. ἀνὰ βάλλετο, 1. 155.
266. 'One set of buildings joining
on to another': meaning probably the
women's apartments, which lay behind
the main hall or μέγαρον. See however
the Appendix on the Homeric House.

τοίχῳ καὶ θριγκοῖσι, θύραι δ' εὐερκέες εἰσὶ
δικλίδες· οὐκ ἄν τίς μιν ἀνὴρ ὑπεροπλίσσαιτο.
γιγνώσκω δ' ὅτι πολλοὶ ἐν αὐτῷ δαῖτα τίθενται
ἄνδρες, ἐπεὶ κνίση μὲν ἐνήνοθεν, ἐν δέ τε φόρμιγξ   270
ἠπύει, ἣν ἄρα δαιτὶ θεοὶ ποίησαν ἑταίρην."
    Τὸν δ' ἀπαμειβόμενος προσέφης, Εὔμαιε συβῶτα·
" ῥεῖ' ἔγνως, ἐπεὶ οὐδὲ τά τ' ἄλλα πέρ ἐσσ' ἀνοήμων.
ἀλλ' ἄγε δὴ φραζώμεθ' ὅπως ἔσται τάδε ἔργα.
ἠὲ σὺ πρῶτος ἔσελθε δόμους εὖ ναιετάοντας,   275
δύσεο δὲ μνηστῆρας, ἐγὼ δ' ὑπολείψομαι αὐτοῦ·
εἰ δ' ἐθέλεις, ἐπίμεινον, ἐγὼ δ' εἶμι προπάροιθε·
μηδὲ σὺ δηθύνειν, μή τίς σ' ἔκτοσθε νοήσας
ἢ βάλῃ ἢ ἐλάσῃ· τὰ δέ σε φράζεσθαι ἄνωγα."
    Τὸν δ' ἠμείβετ' ἔπειτα πολύτλας δῖος Ὀδυσσεύς·   280
" γιγνώσκω, φρονέω· τά γε δὴ νοέοντι κελεύεις.
ἀλλ' ἔρχευ προπάροιθεν, ἐγὼ δ' ὑπολείψομαι αὐτοῦ.
οὐ γάρ τι πληγέων ἀδαήμων οὐδὲ βολάων.
τολμήεις μοι θυμός, ἐπεὶ κακὰ πολλὰ πέπονθα
κύμασι καὶ πολέμῳ· μετὰ καὶ τόδε τοῖσι γενέσθω.   285
γαστέρα δ' οὔ πως ἔστιν ἀποκρύψαι μεμαυῖαν,

267 εὐεργέες H J U, v. l. ap. Eust.   270 ἐνήνοθεν Ar. H J : ἀνήνοθεν (αἱ κοιναὶ
Did.) vulg.   276 δῦσαι (δῦσε) P H M.   281 φρονέοντι M K.   284 κακὰ
πολλά] δὴ πολλά M J.

268. ὑπεροπλίσσαιτο 'would show
himself able to spurn it.' From ὑπέρο-
πλος 'haughty,' 'masterful,' comes the
verb ὑπεροπλίζομαι 'to play the supe-
rior,' in the aorist ' to do some act of
superiority,' to spurn or the like.
270. ἐνήνοθεν is the reading of Aris-
tarchus, but the MSS. generally have
ἀνήνοθεν. It is difficult to believe that
these are distinct words, as Buttmann
and most scholars have held. The form
ἀνήνοθεν can be explained as the regular
perfect from the root ἀνεθ-, ἀνθ-, which
means 'to rise or spring from,' 'appear
on the surface'; and this meaning suits
all the Homeric uses. But no similar
account of ἐνήνοθεν can be given. So
far, therefore, ἀνήνοθεν has the better
claim to a place in the Homeric text.

The supposed connexion with ἀνά or
ἐνί takes us into extremely speculative
ground.
273. The τε in the phrase τά τ' ἄλλα
πέρ is probably a survival from the full
form τά τ' ἄλλα — καὶ νῦν —. Cp. 5. 29
σὺ γὰρ αὖτε τά τ' ἄλλα πέρ ἄγγελός
ἐσσι.
275-277. Ulysses and Eumaeus affect
to be unknown to each other, in order
to avoid exciting the suspicions of the
Suitors.
284. τολμήεις 'full of hardihood.'
285. The contrasted words τόδε τοῖσι
are brought together for effect : so in
15. 488 παρὰ καὶ κακῷ ἐσθλὸν ἔθηκε,
5. 155 παρ' οὐκ ἐθέλων ἐθελούσῃ.
286. ἀποκρύψαι 'to hide away,'
'make a secret of.'

οὐλομένην, ἣ πολλὰ κάκ' ἀνθρώποισι δίδωσι,
τῆς ἕνεκεν καὶ νῆες ἐΰζυγοι ὁπλίζονται
πόντον ἐπ' ἀτρύγετον, κακὰ δυσμενέεσσι φέρουσαι."

Ὣς οἱ μὲν τοιαῦτα πρὸς ἀλλήλους ἀγόρευον·   290
ἂν δὲ κύων κεφαλήν τε καὶ οὔατα κείμενος ἔσχεν,
Ἄργος, Ὀδυσσῆος ταλασίφρονος, ὅν ῥά ποτ' αὐτὸς
θρέψε μέν, οὐδ' ἀπόνητο, πάρος δ' εἰς Ἴλιον ἱρὴν
ᾤχετο. τὸν δὲ πάροιθεν ἀγίνεσκον νέοι ἄνδρες
αἶγας ἐπ' ἀγροτέρας ἠδὲ πρόκας ἠδὲ λαγωούς·   295
δὴ τότε κεῖτ' ἀπόθεστος ἀποιχομένοιο ἄνακτος,
ἐν πολλῇ κόπρῳ, ἥ οἱ προπάροιθε θυράων
ἡμιόνων τε βοῶν τε ἅλις κέχυτ', ὄφρ' ἂν ἄγοιεν
δμῶες Ὀδυσσῆος τέμενος μέγα κοπρήσοντες·
ἔνθα κύων κεῖτ' Ἄργος, ἐνίπλειος κυνοραιστέων.   300
δὴ τότε γ', ὡς ἐνόησεν Ὀδυσσῆ ἐγγὺς ἐόντα,
οὐρῇ μέν ῥ' ὅ γ' ἔσηνε καὶ οὔατα κάββαλεν ἄμφω,
ἆσσον δ' οὐκέτ' ἔπειτα δυνήσατο οἷο ἄνακτος
ἐλθέμεν· αὐτὰρ ὁ νόσφιν ἰδὼν ἀπομόρξατο δάκρυ,
ῥεῖα λαθὼν Εὔμαιον, ἄφαρ δ' ἐρεείνετο μύθῳ·   305
" Εὔμαι', ἦ μάλα θαῦμα κύων ὅδε κεῖτ' ἐνὶ κόπρῳ.
καλὸς μὲν δέμας ἐστίν, ἀτὰρ τόδε γ' οὐ σάφα οἶδα,
εἰ δὴ καὶ ταχὺς ἔσκε θέειν ἐπὶ εἴδεϊ τῷδε,
ἦ αὕτως οἷοί τε τραπεζῆες κύνες ἀνδρῶν
γίγνοντ', ἀγλαΐης δ' ἕνεκεν κομέουσιν ἄνακτες."   310

296 ἄνακτος] Ὀδυσῆος G F P H M U.   301 Ὀδυσσῆ G: Ὀδυσσέα vulg. (a form
not elsewhere found in Homer).   304 νόσφι κιὼν G.   305 μῦθον F, v. l.
ap. Eust.   308 εἰ] ἢ Bekker, perhaps rightly.

296. ἀπόθεστος 'cast aside': prob-
ably from a root meaning 'to desire,
pray for.' This root is probably not
θεσ-, as Curtius supposed, but θεθ-
(whence θέσσαντο for θεθ-σαντο, θέστωρ
for θεθ-τωρ, &c.), Indo-germanic *ghedh*:
whence also πόθ-ος for φόθ-ος (related
to θεθ- as φόνος to θεν- in θείνω). See
Brugmann, *Grundr.* i. 320, 366.
298. ὄφρ' ἂν ἄγοιεν '(waiting) till
they should take it away.'
306. The wonder that Ulysses affects
to feel is that so fine looking a dog

should be allowed to lie on the dung-
hill.
308. ἐπὶ εἴδεϊ 'with this beauty of
form,' cp. l. 454.
309. τραπεζῆες 'fed from the table,'
Il. 22.69., 23.173.
310. ἀγλαΐης δ' κτλ. This clause
is logically dependent, = οἵους δὲ κομέ-
ουσιν ἄνακτες: but as usual the relative
is not repeated. It is incorrect to re-
gard this as a specially Homeric kind
of parataxis (Kühner, II. § 799).

Τὸν δ' ἀπαμειβόμενος προσέφης, Εὔμαιε συβῶτα·
" καὶ λίην ἀνδρός γε κύων ὅδε τῆλε θανόντος·
εἰ τοιόσδ' εἴη ἠμὲν δέμας ἠδὲ καὶ ἔργα,
οἷόν μιν Τροίηνδε κιὼν κατέλειπεν Ὀδυσσεύς,
αἶψά κε θηήσαιο ἰδὼν ταχυτῆτα καὶ ἀλκήν.　　　315
οὐ μὲν γάρ τι φύγεσκε βαθείης βένθεσιν ὕλης
κνώδαλον, ὅττι δίοιτο· καὶ ἴχνεσι γὰρ περιῄδη·
νῦν δ' ἔχεται κακότητι, ἄναξ δέ οἱ ἄλλοθι πάτρης
ὤλετο, τὸν δὲ γυναῖκες ἀκηδέες οὐ κομέουσι.
δμῶες δ', εὖτ' ἂν μηκέτ' ἐπικρατέωσιν ἄνακτες,　　　320
οὐκέτ' ἔπειτ' ἐθέλουσιν ἐναίσιμα ἐργάζεσθαι·
ἥμισυ γάρ τ' ἀρετῆς ἀποαίνυται εὐρύοπα Ζεὺς
ἀνέρος, εὖτ' ἄν μιν κατὰ δούλιον ἦμαρ ἕλῃσιν."
*Ὣς εἰπὼν εἰσῆλθε δόμους εὖ ναιετάοντας,
βῆ δ' ἰθὺς μεγάροιο μετὰ μνηστῆρας ἀγαυούς.　　　325
Ἄργον δ' αὖ κατὰ μοῖρ' ἔλαβεν μέλανος θανάτοιο,
αὐτίκ' ἰδόντ' Ὀδυσῆα ἐεικοστῷ ἐνιαυτῷ.
Τὸν δὲ πολὺ πρῶτος ἴδε Τηλέμαχος θεοειδὴς
ἐρχόμενον κατὰ δῶμα συβώτην, ὦκα δ' ἔπειτα

318 πάτρης] γαίης M.　　322-323 are quoted by Plato (Legg. vi. p. 777 a) in the form ἥμισυ γάρ τε νόου ἀπαμείρεται εὐρύοπα Ζεὺς ἀνδρῶν οὓς ἂν δὴ κατὰ δούλιον ἦμαρ ἕλῃσι. This version appears in Eust., who follows it in commenting on 14. 434 with reference to ἀπαμείρεται, and only notices the variation between ἀρετῆς and νόου. When he comes to the present passage, however, he quotes the vulgate and does not refer to any difference of reading. ἀπαμείρεται is recognized in the Et. Mag., and occurs in Hesiod (Op. 578 ἔργοιο τρίτην ἀπαμείρεται αἶσαν, also Th. 801). The meaning 'takes away a portion' is not inappropriate here, with ἥμισυ (cp. τρίτην αἶσαν in Hesiod): but νοῦν and ἀνδρῶν οὓς ἂν δὴ are evidently less Homeric than ἀρετῆς and ἀνέρος εὖτ' ἄν μιν.　　327 Perhaps αὖθι 'on the spot when he saw' (Bekker, *H. B.* i. 275).

312. It seems best to put a stop at the end of this line, rather than to treat 312-315 as one sentence. Eumaeus explains at once what seemed to surprise Ulysses : the dog belonged to one who had died far from his home—hence his neglected condition. καὶ λίην = 'you may well see that,' 'it is indeed because' (Lat. *immo*).

317. ὅττι δίοιτο 'whatever one he chased.'

ἴχνεσι 'in tracking,' 'hunting by scent.'

318. ἄλλοθι πάτρης must here be = 'away from his country,' a use of ἄλλοθι not elsewhere found. The Venetian MS. (M) has γαίης (as in Od. 2. 131). The vulgate here may have arisen by contamination of ἄλλοθι γαίης with τηλόθι πάτρης (2. 365).

322. ἀρετή appears here to have its later meaning (see 13. 45). But probably the sense is very general : 'Zeus takes out half the *good* of a man, when &c.'

νεῦσ' ἐπὶ οἷ καλέσας· ὁ δὲ παπτήνας ἔλε δίφρον　330
κείμενον, ἔνθα τε δαιτρὸς ἐφίζεσκε κρέα πολλὰ
δαιόμενος μνηστῆρσι δόμον κάτα δαινυμένοισι·
τὸν κατέθηκε φέρων πρὸς Τηλεμάχοιο τράπεζαν
ἀντίον, ἔνθα δ' ἄρ' αὐτὸς ἐφέζετο· τῷ δ' ἄρα κῆρυξ
μοῖραν ἑλὼν ἐτίθει κανέου τ' ἐκ σῖτον ἀείρας.　335

Ἀγχίμολον δὲ μετ' αὐτὸν ἐδύσετο δώματ' Ὀδυσσεύς,
πτωχῷ λευγαλέῳ ἐναλίγκιος ἠδὲ γέροντι,
σκηπτόμενος· τὰ δὲ λυγρὰ περὶ χροῒ εἵματα ἔστο.
ἷζε δ' ἐπὶ μελίνου οὐδοῦ ἔντοσθε θυράων,
κλινάμενος σταθμῷ κυπαρισσίνῳ, ὅν ποτε τέκτων　340
ξέσσεν ἐπισταμένως καὶ ἐπὶ στάθμην ἴθυνε.
Τηλέμαχος δ' ἐπὶ οἷ καλέσας προσέειπε συβώτην,
ἄρτον τ' οὖλον ἑλὼν περικαλλέος ἐκ κανέοιο
καὶ κρέας, ὥς οἱ χεῖρες ἐχάνδανον ἀμφιβαλόντι·
" δὸς τῷ ξείνῳ ταῦτα φέρων αὐτόν τε κέλευε　345
αἰτίζειν μάλα πάντας ἐποιχόμενον μνηστῆρας·
αἰδὼς δ' οὐκ ἀγαθὴ κεχρημένῳ ἀνδρὶ παρεῖναι."

Ὡς φάτο, βῆ δὲ συφορβός, ἐπεὶ τὸν μῦθον ἄκουσεν,
ἀγχοῦ δ' ἱστάμενος ἔπεα πτερόεντ' ἀγόρευε·
" Τηλέμαχός τοι, ξεῖνε, διδοῖ τάδε, καί σε κελεύει　350
αἰτίζειν μάλα πάντας ἐποιχόμενον μνηστῆρας·
αἰδὼ δ' οὐκ ἀγαθήν φησ' ἔμμεναι ἀνδρὶ προΐκτῃ."

---

334 ἔνθα δ' ἄρ'] ἔνθα περ P H al.　344 κρέα U.　347 κεχρημένῳ ἀνδρὶ παρεῖναι]
κεχρημένον ἄνδρα κομίζειν G.　　　προΐκτῃ (for παρεῖναι) U Eust. (from l. 352).
349 ἀγόρευε] προσηύδα F X U al.

330. νεῦσι καλέσας. The aor. part.
is used as a description of an act, 'made
a sign to call him': H. G. § 77.
331. κείμενον 'placed,' 'set': cp.
κατ-έθηκε, l. 333.
ἐφίζεσκε 'used to sit in attend-
ance': ἐπί as in ἐπίουρος, &c.
332. Notice the play of words, δαιό-
μενος ... δαινυμένοισι: cp. 13. 24, &c.
338. τά, with εἵματα (H. G. § 259. a),
λυγρά being a predicate; cp. l. 573.
339. μελίνου. On the relation of this
threshold to the λάϊνος οὐδός of l. 30 see

the Appendix on the Homeric House.
Elsewhere the word is always μείλινος.
341. στάθμη is properly 'a weight,'
then a plumb line, a line with a weight
attached.
345. αὐτόν, with αἰτίζειν, 'to beg in
person.'
347. οὐκ ἀγαθὴ παρεῖναι 'is not good
to be with,' a personal constr. for 'it is
not a good thing that it should attend
on': cp. Il. 1. 107, &c.
352. προΐκτῃ, from προΐξ, or rather
προΐξ, see on 13. 15.

Τὸν δ' ἀπαμειβόμενος προσέφη πολύμητις 'Οδυσσεύς·
" Ζεῦ ἄνα, Τηλέμαχόν μοι ἐν ἀνδράσιν ὄλβιον εἶναι,
καί οἱ πάντα γένοιτο ὅσα φρεσὶν ᾗσι μενοινᾷ." 355
'Η ῥα καὶ ἀμφοτέρῃσιν ἐδέξατο καὶ κατέθηκεν
αὖθι ποδῶν προπάροιθεν, ἀεικελίης ἐπὶ πήρης,
ἤσθιε δ' ἧος ἀοιδὸς ἐνὶ μεγάροισιν ἄειδεν·
εὖθ' ὁ δεδειπνήκειν, ὁ δ' ἐπαύετο θεῖος ἀοιδός,
μνηστῆρες δ' ὁμάδησαν ἀνὰ μέγαρ'· αὐτὰρ Ἀθήνη 360
ἄγχι παρισταμένη Λαερτιάδην 'Οδυσῆα
ὤτρυν', ὡς ἂν πύρνα κατὰ μνηστῆρας ἀγείροι,
γνοίη θ' οἵ τινες εἶεν ἐναίσιμοι οἵ τ' ἀθέμιστοι·
ἀλλ' οὐδ' ὧς τιν' ἔμελλ' ἀπαλεξήσειν κακότητος.
βῆ δ' ἴμεν αἰτήσων ἐνδέξια φῶτα ἕκαστον, 365
πάντοσε χεῖρ' ὀρέγων, ὡς εἰ πτωχὸς πάλαι εἴη.
οἱ δ' ἐλεαίροντες δίδοσαν, καὶ ἐθάμβεον αὐτόν,
ἀλλήλους τ' εἴροντο τίς εἴη καὶ πόθεν ἔλθοι.
τοῖσι δὲ καὶ μετέειπε Μελάνθιος, αἰπόλος αἰγῶν·
" κέκλυτέ μευ, μνηστῆρες ἀγακλειτῆς βασιλείης, 370
τοῦδε περὶ ξείνου· ἦ γάρ μιν πρόσθεν ὄπωπα.
ἦ τοι μέν οἱ δεῦρο συβώτης ἡγεμόνευεν·
αὐτὸν δ' οὐ σάφα οἶδα, πόθεν γένος εὔχεται εἶναι."

Ὣς ἔφατ', Ἀντίνοος δ' ἔπεσιν νείκεσσε συβώτην·
" ὦ ἀρίγνωτε συβῶτα, τίη δὲ σὺ τόνδε πόλινδε 375
ἤγαγες; ἦ οὐχ ἅλις ἧμιν ἀλήμονές εἰσι καὶ ἄλλοι,

---

358 ἦος] ἴως U : ἴως ὅτ' H² Mᵃ : ὡς ὅτ' vulg.   363 εἶεν F : εἰσιν G P H X al.
371 μιν πρόσθεν H : πρόσθεν μιν G F P X U al.   374 ἔπεσιν] αἰσχρῶς
Bekker.

---

358. The readings ἴως ὅτ' (or ὅ τ')
and ὡς ὅτ' are excluded by the sense,
and are in fact merely successive cor-
ruptions of ἴως, for which the metre
requires – ◡. The original is doubtless
ἦος or ἄος.

359. The apodosis is the aor. ὁμάδη-
σαν, rather than the impf. ἐπαύετο,
which is logically subordinate : ' when
he had eaten, with the pausing of the
singer the noise of the Suitors began.'
For the succession of tenses compare

Il. I. 193-4 ἧος ὥρμαινε . . . ἵκετο
δὲ . . . ἦλθε δ' Ἀθήνη.
364. ' She was not going to,' ' was des-
tined not to.' μέλλω does not refer to
intention.
367. αὐτόν 'the man': αὐτός is es-
pecially used of bodily presence, figure,
&c.
372. ἡγεμόνευεν, impf. because re-
ferred to the time of ὄπωπα : ' I have
seen him—when the swine-herd was
leading him.'

II.   I

πτωχοὶ ἀνιηροί, δαιτῶν ἀπολυμαντῆρες;
ἢ ὄνοσαι ὅτι τοι βίοτον κατέδουσιν ἄνακτος
ἐνθάδ' ἀγειρόμενοι, σὺ δὲ καὶ προτὶ τόνδ' ἐκάλεσσας;"
　　Τὸν δ' ἀπαμειβόμενος προσέφης, Εὔμαιε συβῶτα·　　380
"'Αντίνο', οὐ μὲν καλὰ καὶ ἐσθλὸς ἐὼν ἀγορεύεις·
τίς γὰρ δὴ ξεῖνον καλεῖ ἄλλοθεν αὐτὸς ἐπελθὼν
ἄλλον γ', εἰ μὴ τῶν οἳ δημιοεργοὶ ἔασι,
μάντιν ἢ ἰητῆρα κακῶν ἢ τέκτονα δούρων,
ἢ καὶ θέσπιν ἀοιδόν, ὅ κεν τέρπῃσιν ἀείδων;　　385
οὗτοι γὰρ κλητοί γε βροτῶν ἐπ' ἀπείρονα γαῖαν·
πτωχὸν δ' οὐκ ἄν τις καλέοι τρύξοντα ἓ αὐτόν.
ἀλλ' αἰεὶ χαλεπὸς περὶ πάντων εἰς μνηστήρων
δμωσὶν Ὀδυσσῆος, πέρι δ' αὖτ' ἐμοί· αὐτὰρ ἔγωγε
οὐκ ἀλέγω, ἧός μοι ἐχέφρων Πηνελόπεια　　390
ζώει ἐνὶ μεγάρῳ καὶ Τηλέμαχος θεοειδής·"
　　Τὸν δ' αὖ Τηλέμαχος πεπνυμένος ἀντίον ηὔδα·
" σίγα, μή μοι τοῦτον ἀμείβεο πόλλ' ἐπέεσσιν·
Ἀντίνοος δ' εἴωθε κακῶς ἐρεθιζέμεν αἰεὶ

379 προτὶ P H : ποτὶ G : ποθι Herodian, F X U al.　　389 πέρι U, Eust. : περὶ vulg.　　391 μεγάρῳ J L W q : μεγάροις vulg.　　393 σίγα] ἅττα P H M al. On the possibility of ᾰ in the thesis of the first foot see Schulze, Quaest. Ep. p. 419.

377. δαιτῶν, see l. 220.
378. ὄνοσαι 'are you dissatisfied ?' i.e. 'do you not think it (bad) enough ?' Cp. the ironical sense of paenitet in Latin comedy: e. g. Ter. Eun. 3, 6, 12 an paenitebat flagitii te auctore quod fecisset adulescens?
383. δημιοεργοί 'workers for the common weal,' in contrast to husbandmen or merchants, who deal only with their own or their master's property.
386. ἐπ' ἀπείρονα γαῖαν 'all the world over': ἐπί of extent, without a verb of motion—a use chiefly found in the Odyssey (H. G. § 199, 4).
387. τρύξοντα ἓ αὐτόν, cp. for the metre Il. 17. 551 πυκάσασα ἓ αὐτήν. We get rid of one hiatus by writing either 'Ϝὲ αὐτόν or ἑϝ' αὐτόν, but we cannot account in this way for both. The anomaly is probably due to causes similar to those which produced the Attic σεαυτόν and ἑαυτόν as alternatives with σαυτόν and αὐτόν. Ahrens and

Brugmann (Griech. Gr.³ p. 133), suppose that the genitives σέο αὐτοῦ, 'Ϝέο αὐτοῦ, passing into σεαυτοῦ, ἑαυτοῦ, were the model on which other cases were formed. This view is strongly supported by the form Ϝεαυτῶ (gen. found in the Cyprian dialect. Wackernagel (K. Z. xxvii. 279) finds the solution in the double forms τεν, τϝε and σεν, σϝε. Thus he treats ἑαυτόν and αὐτόν as ἑϝ' αὐτόν and 'Ϝ' αὐτόν respectively. The two explanations are not wholly incompatible, since ἑϝ' αὐτόν and 'Ϝεαυτόν may have both existed. and after the loss of Ϝ would both become ἑαυτόν. In Homer, however, the hiatus of 'Ϝὲ αὐτόν is easily accounted for by the analogy of ἕο αὐτοῦ and οἷ αὐτῷ. We may compare ἄφθιτα αἰεί in Il. 13. 22, due to the recurring ἄφθιτον αἰεί : also μέροπες ἄνθρωποι (Il. 18. 288), due to μερόπων ἀνθρώπων, &c. But ἑϝ' αὐτήν may be recognized in Il. 14. 162 εὖ ἐντύνασα ἓ αὐτήν.

μύθοισιν χαλεποῖσιν, ἐποτρύνει δὲ καὶ ἄλλους." 395

Ἦ ῥα καὶ Ἀντίνοον ἔπεα πτερόεντα προσηύδα·
"Ἀντίνο', ἦ μευ καλὰ πατὴρ ὣς κήδεαι υἱος,
ὃς τὸν ξεῖνον ἄνωγας ἀπὸ μεγάροιο δίεσθαι
μύθῳ ἀναγκαίῳ· μὴ τοῦτο θεὸς τελέσειε.
δός οἱ ἑλών· οὔ τοι φθονέω· κέλομαι γὰρ ἔγωγε. 400
μήτ' οὖν μητέρ' ἐμὴν ἅζευ τό γε μήτε τιν' ἄλλον
δμώων, οἳ κατὰ δώματ' Ὀδυσσῆος θείοιο.
ἀλλ' οὔ τοι τοιοῦτον ἐνὶ στήθεσσι νόημα·
αὐτὸς γὰρ φαγέμεν πολὺ βούλεαι ἢ δόμεν ἄλλῳ."

Τὸν δ' αὖτ' Ἀντίνοος ἀπαμειβόμενος προσέειπε· 405
" Τηλέμαχ' ὑψαγόρη, μένος ἄσχετε, ποῖον ἔειπες.
εἴ οἱ τόσσον πάντες ὀρέξειαν μνηστῆρες,
καί κέν μιν τρεῖς μῆνας ἀπόπροθι οἶκος ἐρύκοι."

Ὣς ἄρ' ἔφη, καὶ θρῆνυν ἑλὼν ὑπέφηνε τραπέζης
κείμενον, ᾧ ῥ' ἔπεχεν λιπαροὺς πόδας εἰλαπινάζων. 410
οἱ δ' ἄλλοι πάντες δίδοσαν, πλῆσαν δ' ἄρα πήρην
σίτου καὶ κρειῶν· τάχα δὴ καὶ ἔμελλεν Ὀδυσσεὺς
αὖτις ἐπ' οὐδὸν ἰὼν προικὸς γεύσεσθαι Ἀχαιῶν·
στῆ δὲ παρ' Ἀντίνοον, καί μιν πρὸς μῦθον ἔειπε·
" δός, φίλος· οὐ μέν μοι δοκέεις ὁ κάκιστος Ἀχαιῶν 415

401 μήτ' οὖν] μήτε τι G al. (from μήτε τιν'?). τό γε vulg.: τόδε F : read perhaps τόδε γ' ἄζεο. 405 ἀπαμείβετο φώνησέν τε X D Z, γρ. H². 408 ἀπόπροθι G U : ἀπόπροθεν vulg. 409 ὑπέφηνε] ὑπέθηκε G U. τραπέζης H : τραπέζῃ vulg. 415 ὦ φίλος P : οὐ γάρ Ariston.

399. Cp. 7. 316 μὴ τοῦτο φίλον Διΐ πατρὶ γένοιτο.
401. τό γε 'to that point,' i.e. so as to refuse to give away what belongs to her.
407. ὀρέξειαν. The word is chosen to cover the sort of dole that Antinous thought of.
408. 'The house would keep him aloof for quite three months.' The words are intentionally ambiguous; they might mean that the beggar would have food enough for three months.
409. ὑπέφηνε 'showed from under,' 'made to peep from under the table.'
410. κείμενον, cp. l. 331 (supra).
413. προικὸς γεύσεσθαι Ἀχαιῶν is generally translated 'to taste the present

of the Achaeans,' i.e. to eat the food which he has just collected from them. But (1) προικός is only known as an adverb, = gratis (see 13.15); and (2) the verb γεύομαι in other Homeric passages always has the metaphorical sense 'to make trial of': Il. 20.258 γευσόμεθ' ἀλλήλων χαλκήρεσιν ἐγχείῃσιν, and so γ. χειρῶν (Od. 20.181), ὀϊστοῦ (Od. 21.98), δουρὸς ἀκωκῆς (Il. 21.61). Hence the meaning more probably is, ' he was going to try (his fortune with) the Achaeans without paying for it,' i.e. his bold experiment on the good nature of the Suitors was like to be made with impunity.
415. There is much to be said for reading ὦ φίλοι, οὐ γάρ μοι κτλ. The

ἔμμεναι, ἀλλ' ἄριστος, ἐπεὶ βασιλῆϊ ἔοικας.
τῶ σε χρὴ δόμεναι καὶ λώϊον ἤ περ ἄλλοι
σίτου· ἐγὼ δέ κέ σε κλείω κατ' ἀπείρονα γαῖαν.
καὶ γὰρ ἐγώ ποτε οἶκον ἐν ἀνθρώποισιν ἔναιον
ὄλβιος ἀφνειὸν καὶ πολλάκι δόσκον ἀλήτῃ,   420
τοίῳ ὁποῖος ἔοι καὶ ὅτευ κεχρημένος ἔλθοι·
ἦσαν δὲ δμῶες μάλα μυρίοι ἄλλα τε πολλὰ
οἷσίν τ' εὖ ζώουσι καὶ ἀφνειοὶ καλέονται.
ἀλλὰ Ζεὺς ἀλάπαξε Κρονίων—ἤθελε γάρ που—
ὅς μ' ἅμα ληϊστῆρσι πολυπλάγκτοισιν ἀνῆκεν   425
Αἴγυπτόνδ' ἰέναι, δολιχὴν ὁδόν, ὄφρ' ἀπολοίμην.
στῆσα δ' ἐν Αἰγύπτῳ ποταμῷ νέας ἀμφιελίσσας.
ἔνθ' ἦ τοι μὲν ἐγὼ κελόμην ἐρίηρας ἑταίρους
αὐτοῦ πὰρ νήεσσι μένειν καὶ νῆας ἔρυσθαι,
ὀπτῆρας δὲ κατὰ σκοπιὰς ὤτρυνα νέεσθαι.   430
οἱ δ' ὕβρει εἴξαντες, ἐπισπόμενοι μένεϊ σφῷ,
αἶψα μάλ' Αἰγυπτίων ἀνδρῶν περικαλλέας ἀγροὺς
πόρθεον, ἐκ δὲ γυναῖκας ἄγον καὶ νήπια τέκνα,
αὐτούς τ' ἔκτεινον· τάχα δ' ἐς πόλιν ἵκετ' ἀϋτή.
οἱ δὲ βοῆς ἀΐοντες ἅμ' ἠοῖ φαινομένηφιν   435
ἦλθον· πλῆτο δὲ πᾶν πεδίον πεζῶν τε καὶ ἵππων
χαλκοῦ τε στεροπῆς· ἐν δὲ Ζεὺς τερπικέραυνος
φύζαν ἐμοῖς ἑτάροισι κακὴν βάλεν, οὐδέ τις ἔτλη
στῆναι ἐναντίβιον· περὶ γὰρ κακὰ πάντοθεν ἔστη.
ἔνθ' ἡμέων πολλοὺς μὲν ἀπέκτανον ὀξέϊ χαλκῷ,   440
τοὺς δ' ἄναγον ζωούς, σφίσιν ἐργάζεσθαι ἀνάγκῃ.

---

421 ὅτευ] Perhaps ὅτις: see 19. 77.   441 ἄναγον] see 14. 272.

sentence would then consist of a clause with γάρ with the main clause following it and introduced by τῶ: = 'since you are the best of the Achaeans, therefore you should give me most.' The only objection is that this form of sentence is confined to the Iliad (*H. G.* § 382. 2).

418. σίτου, a partitive gen., as in l. 457.

κλείω may be either a subj. (Cobet, *Misc. Crit.* 315), or a fut. (Schulze,

Quaest. Ep. p. 281). In either case the original Homeric form is κλεϜέω, from κλέϜος : cp. τελέω, &c.

423. οἷσίν τ' κτλ. 'because of which men live well.'

425. ὅς, with causal force, 'in respect that he &c.'

427–441. Repeated from 14. 258–272.

439. στῆναι makes an awkward jingle with ἔστη. In the parallel 14. 270 most MSS. have μεῖναι.

441. ἄναγον, see on 14. 272.

αὐτὰρ ἔμ᾽ ἐς Κύπρον ξείνῳ δόσαν ἀντιάσαντι,
Δμήτορι Ἰασίδῃ, ὃς Κύπρου ἶφι ἄνασσεν·
ἔνθεν δὴ νῦν δεῦρο τόδ᾽ ἵκω πήματα πάσχων."

Τὸν δ᾽ αὖτ᾽ Ἀντίνοος ἀπαμείβετο φώνησέν τε·   445
" τίς δαίμων τόδε πῆμα προσήγαγε, δαιτὸς ἀνίην ;
στῆθ᾽ οὕτως ἐς μέσσον, ἐμῆς ἀπάνευθε τραπέζης,
μὴ τάχα πικρὴν Αἴγυπτον καὶ Κύπρον ἵκηαι·
ὡς τις θαρσαλέος καὶ ἀναιδής ἐσσι προΐκτης.
ἑξείης πάντεσσι παρίστασαι· οἱ δὲ διδοῦσι   450
μαψιδίως, ἐπεὶ οὔ τις ἐπίσχεσίς οὐδ᾽ ἐλεητὺς
ἀλλοτρίων χαρίσασθαι, ἐπεὶ πάρα πολλὰ ἑκάστῳ."

Τὸν δ᾽ ἀναχωρήσας προσέφη πολύμητις Ὀδυσσεύς·
" ὦ πόποι, οὐκ ἄρα σοί γ᾽ ἐπὶ εἴδεϊ καὶ φρένες ἦσαν·
οὐ σύ γ᾽ ἂν ἐξ οἴκου σῷ ἐπιστάτῃ οὐδ᾽ ἅλα δοίης,   455
ὃς νῦν ἀλλοτρίοισι παρήμενος οὔ τί μοι ἔτλης
σίτου ἀποπροελὼν δόμεναι· τὰ δὲ πολλὰ πάρεστιν."

Ὣς ἔφατ᾽, Ἀντίνοος δ᾽ ἐχολώσατο κηρόθι μᾶλλον,
καί μιν ὑπόδρα ἰδὼν ἔπεα πτερόεντα προσηύδα·
" νῦν δή σ᾽ οὐκέτι καλὰ διὲκ μεγάροιό γ᾽ ὀΐω   460
ἂψ ἀναχωρήσειν, ὅτε δὴ καὶ ὀνείδεα βάζεις."

Ὣς ἄρ᾽ ἔφη, καὶ θρῆνυν ἑλὼν βάλε δεξιὸν ὦμον

450–452 obel. Ar. (νοθεύονται Ariston.).

447. οὕτως, not properly an adverb of place, but used to emphasize the words ἐς μέσσον, 'to the middle, as I tell you': cp. the use in the phrase μὰψ οὕτω (Il. 2.120), lit. 'vainly—just so,' = 'quite vainly,' and similar phrases in Attic (σαφῶς οὑτωσί, &c.); also the idiomatic use of τόσον (15.405) and τοῖον (15.451), and of ὧδε in l. 544 (infra). In these uses it is generally unnecessary to suppose any explanatory gesture.

448. A typical example of oxymoron: 'a sad kind of Egypt,' meaning something quite different from Egypt. Cp. πικρόγαμοι, l. 137 (supra).

454. οὐκ ἄρα ἦσαν 'are not as we thought.'

ἐπὶ εἴδεϊ 'with a fair outside,' cp. 308 (supra).

455. ἐπιστάτῃ generally taken to mean a 'suppliant' or 'almsman,' one that comes and takes his stand to beg. But perhaps the notion is rather that of 'standing by' as follower or dependant. As the patron is προστάτης, 'standing in front,' the client might be described as standing 'with' or 'behind.' Similarly προστάτης in Attic military language meant 'front rank man,' and ἐπιστάτης 'rear rank man.' We may compare the Latin *applicatio* denoting a mode of creating client-ship (Cic. de Orat. 1.39,177 *si se ad aliquem quasi patronum applicavisset*).

456. ὅς has a causal force, = 'seeing that you had not the heart': cp. 425 (supra). ἀλλοτρίοισι, neut. : so 18.18.

458. κηρόθι μᾶλλον 'right heartily,' see 15.370.

πρυμνότατον κατὰ νῶτον· ὁ δ' ἐστάθη ἠΰτε πέτρη
ἔμπεδον, οὐδ' ἄρα μιν σφῆλεν βέλος Ἀντινόοιο,
ἀλλ' ἀκέων κίνησε κάρη, κακὰ βυσσοδομεύων.   465
ἂψ δ' ὅ γ' ἐπ' οὐδὸν ἰὼν κατ' ἄρ' ἕζετο, κὰδ δ' ἄρα πήρην
θῆκεν ἐῢπλείην, μετὰ δὲ μνηστῆρσιν ἔειπε·
"κέκλυτέ μευ, μνηστῆρες ἀγακλειτῆς βασιλείης,
ὄφρ' εἴπω τά με θυμὸς ἐνὶ στήθεσσι κελεύει.
οὐ μὰν οὔτ' ἄχος ἐστὶ μετὰ φρεσὶν οὔτε τι πένθος,   470
ὁππότ' ἀνὴρ περὶ οἷσι μαχειόμενος κτεάτεσσι
βλήεται, ἢ περὶ βουσὶν ἢ ἀργεννῆς ὀΐεσσιν·
αὐτὰρ ἔμ' Ἀντίνοος βάλε γαστέρος εἵνεκα λυγρῆς,
οὐλομένης, ἣ πολλὰ κάκ' ἀνθρώποισι δίδωσιν.
ἀλλ' εἴ που πτωχῶν γε θεοὶ καὶ ἐρινύες εἰσίν,   475
Ἀντίνοον πρὸ γάμοιο τέλος θανάτοιο κιχείη."

Τὸν δ' αὖτ' Ἀντίνοος προσέφη, Εὐπείθεος υἱός·
"ἔσθι' ἔκηλος, ξεῖνε, καθήμενος, ἢ ἄπιθ' ἄλλῃ,
μή σε νέοι διὰ δῶμα ἐρύσσωσ', οἷ' ἀγορεύεις,
ἢ ποδὸς ἢ καὶ χειρός, ἀποδρύψωσι δὲ πάντα."   480

Ὣς ἔφαθ', οἱ δ' ἄρα πάντες ὑπερφιάλως νεμέσησαν·
ὧδε δέ τις εἴπεσκε νέων ὑπερηνορεόντων·
"Ἀντίνο', οὐ μὲν κάλ' ἔβαλες δύστηνον ἀλήτην·

---

466 ἂψ δ' ὅ γ' F P al.: ἂψ ὅ γ' H : ἂψ δ' ἄρ G X al.: ἂψ ἄρ U.   475-480 obe-
lized by Ar.   478 ἔσθι' ἔκηλος] Originally perhaps ἔσθε Γέκηλος.   479 δῶμα
ᾤ M: δῶμ' U: δώματ' vulg.

463. πρυμνότατον goes with ὦμον, as
in l. 504: 'the shoulder at its very
base,' which is then explained by κατὰ
νῶτον, = 'where it joins the back.' Ameis
and others take πρυμνότατον with νῶτον,
and explain it of the upper part of the
back. It is difficult to say what πρυμνὸν
νῶτον would mean. The word is regu-
larly used of the *hindmost* or *under-
most* part of a thing (the base, root,
&c.), and in the case of a limb denotes
the end next the body. Here the point
is that the blow was from *behind*, and
also that it struck Ulysses *full* in the
back – not so as to glance off.

468. βυσσοδομεύων, see on l. 66.

471. μαχειόμενος metrical lengthen-
ing for μαχεόμενος. ὄψι μαχεούμενος

(11. 403., 24. 113).

480. πάντα, probably a neut. plur. :
see 16. 21.

483 ff. It is usual to punctuate as
though the clause εἰ δή πού τις κτλ.
were construed with the preceding line.
But the vocative οὐλόμενε (wretched
man!) makes a break which obliges us
to take it as the beginning of a new
sentence. This sentence will then con-
sist of a protasis—'if now perchance he
is some god'—with no apodosis ex-
pressed, but followed by a parenthesis,
καί τε θεοὶ κτλ., which suggests the
proper apodosis (viz. 'it will go hard
with us,' or the like). This apodosis is
especially indicated by the last words
of the parenthesis, ἄβρως ... ἐφορῶντες).

οὐλόμεν', εἰ δή πού τις ἐπουράνιος θεός ἐστι,—
καί τε θεοὶ ξείνοισιν ἐοικότες ἀλλοδαποῖσι,   \   485
παντοῖοι τελέθοντες, ἐπιστρωφῶσι πόληας,
ἀνθρώπων ὕβριν τε καὶ εὐνομίην ἐφορῶντες."
*Ὣς ἄρ' ἔφαν μνηστῆρες, ὁ δ' οὐκ ἐμπάζετο μύθων.
Τηλέμαχος δ' ἐν μὲν κραδίῃ μέγα πένθος ἄεξε
βλημένου, οὐδ' ἄρα δάκρυ χαμαὶ βάλεν ἐκ βλεφάροιῖν,   490
ἀλλ' ἀκέων κίνησε κάρη, κακὰ βυσσοδομεύων.
Τοῦ δ' ὣς οὖν ἤκουσε περίφρων Πηνελόπεια
βλημένου ἐν μεγάρῳ, μετ' ἄρα δμῳῆσιν ἔειπεν·
"αἴθ' οὕτως αὐτόν σε βάλοι κλυτότοξος Ἀπόλλων."
τὴν δ' αὖτ' Εὐρυνόμη ταμίη πρὸς μῦθον ἔειπεν·   495
" εἰ γὰρ ἐπ' ἀρῇσιν τέλος ἡμετέρῃσι γένοιτο·
οὐκ ἄν τις τούτων γε ἐΰθρονον Ἠῶ ἵκοιτο."
Τὴν δ' αὖτε προσέειπε περίφρων Πηνελόπεια·
" μαῖ', ἐχθροὶ μὲν πάντες, ἐπεὶ κακὰ μηχανόωνται·
Ἀντίνοος δὲ μάλιστα μελαίνῃ κηρὶ ἔοικε.   500
ξεῖνός τις δύστηνος ἀλητεύει κατὰ δῶμα
ἀνέρας αἰτίζων· ἀχρημοσύνη γὰρ ἄνωγεν·
ἔνθ' ἄλλοι μὲν πάντες ἀνέπλησάν τ' ἔδοσάν τε,
οὗτος δὲ θρήνυι πρυμνὸν βάλε δεξιὸν ὦμον."
Ἡ μὲν ἄρ' ὣς ἀγόρευε μετὰ δμῳῆσι γυναιξίν,   505
ἡμένη ἐν θαλάμῳ· ὁ δ' ἐδείπνει δῖος Ὀδυσσεύς.

496 τέλος X U al.: τέκος G F P H M al.   502 ἄνωγεν G : ἀνάγει vulg.

Thus the structure of the sentence is like Il. 1. 580 εἴ περ γάρ κ' ἐθέλησιν Ὀλύμπιος . . . στυφελίξαι, ὁ γὰρ πολὺ φέρτατός ἐστιν: cp. Il. 21. 567, Od. 21. 260.

486. τελέθοντες 'turning,' i. e. ' becoming.' ἐπιστρωφῶσι, see l. 97.

489. ἄεξε 'cherished,' 'allowed to swell,' cp. Il. 17. 139 μέγα πένθος ἐνὶ στήθεσσιν ἀέξων.

490. βλημένου, gen. of the object, ' sorrow for him thus struck,' or rather (since the emphasis is on the *fact*) ' for that he had been struck.'

494. οὕτως 'in like manner,' ' as you have done to him.'

499–504. It is difficult to see how

Penelope is supposed to have gained the knowledge which she here shows of what has been passing in the μέγαρον. She appears to assume that Eurynome and the maids know nothing: see Seeck, *Quellen*, p. 29. Possibly the ' lady's bower' in the Homeric palace was furnished with some window or opening by which she could see the company in the hall. So she hears Telemachus sneeze (l. 542), and the song of Phemius (1. 328); and Ulysses hears her voice (20. 92).

501. The asyndeton is epexegetic : Penelope is explaining the words μελαίνῃ κηρὶ ἔοικε.

504. πρυμνόν, see l. 463.

ἡ δ' ἐπὶ οἷ καλέσασα προσηύδα δῖον ὑφορβόν
" ἔρχεο, δῖ' Εὔμαιε, κιὼν τὸν ξεῖνον ἄνωχθι
ἐλθέμεν, ὄφρα τί μιν προσπτύξομαι ἠδ' ἐρέωμαι
εἴ που 'Οδυσσῆος ταλασίφρονος ἠὲ πέπυσται   510
ἢ ἴδεν ὀφθαλμοῖσι· πολυπλάγκτῳ γὰρ ἔοικε."

Τὴν δ' ἀπαμειβόμενος προσέφης, Εὔμαιε συβῶτα·
" εἰ γάρ τοι, βασίλεια, σιωπήσειαν Ἀχαιοί·
οἷ' ὅ γε μυθεῖται, θέλγοιτό κέ τοι φίλον ἦτορ.
τρεῖς γὰρ δή μιν νύκτας ἔχον, τρία δ' ἤματ' ἔρυξα   515
ἐν κλισίῃ· πρῶτον γὰρ ἔμ' ἵκετο νηὸς ἀποδράς·
ἀλλ' οὔ πω κακότητα διήνυσεν ἣν ἀγορεύων.
ὡς δ' ὅτ' ἀοιδὸν ἀνὴρ ποτιδέρκεται, ὅς τε θεῶν ἐξ
ἀείδῃ δεδαὼς ἔπε' ἱμερόεντα βροτοῖσι,
τοῦ δ' ἄμοτον μεμάασιν ἀκουέμεν, ὁππότ' ἀείδῃ·   520
ὣς ἐμὲ κεῖνος ἔθελγε παρήμενος ἐν μεγάροισι.
φησὶ δ' 'Οδυσσῆος ξεῖνος πατρώιος εἶναι,
Κρήτῃ ναιετάων, ὅθι Μίνωος γένος ἐστίν.
ἔνθεν δὴ νῦν δεῦρο τόδ' ἵκετο πήματα πάσχων,

514. οἷα is causal : 'with such things as he tells.'

515. νύκτας. The night is regularly put first, as in the phrase νύκτας τε καὶ ἦμαρ, and the later νυχθήμερον.

The chronology is open to some doubt. If the homeward journey of Telemachus did not begin till the morning after Ulysses landed in Ithaca (as we have assumed, see the note on 15. 1), Ulysses must have spent *four* nights in the hut of Eumaeus, viz. (1) the night after his landing ; (2) the night which Telemachus passed at Pherae, 15. 188 ; (3) the night of the voyage from Pylos ; and (4) the night after the return of Telemachus. This is the reckoning of Kirchhoff, who observes that ' in this and similar things it is advisable not to demand too scrupulous an exactness from the poet ' (*Die homerische Odyssee*, p. 516). The ancients got rid of the discrepancy by making Telemachus start on his journey on the same day as that on which his father reached Ithaca. On this view (if a prosaic accuracy is insisted on)

Athene reached Sparta before she left Ulysses in Ithaca (so Dr. Hayman, vol. III. app. H 2). And in any case, when one book ends with the end of a day (14. 523 ff.), and the next begins with an early morning scene (15. 1-55), the days are surely meant to be successive. On the other hand, the miscalculation—if such a word may be applied to it—becomes intelligible when we consider that only three evenings in the hut of Eumaeus are actually described—one in each of the three books 14-16. The rest of the time spent there—the second and early part of the third day—is a blank in respect of incident, and naturally passed even from the poet's own mind.

522. This is quite different from the account given by Ulysses himself to Eumaeus (14. 321 ff.) ; but it agrees with the story which he tells to Penelope 19. 172 ff. A discrepancy of this kind, in a story supposed to be the invention of the moment, does not seem to have as much significance as modern critics are apt to give it.

προπροκυλινδόμενος· στεῦται δ' Ὀδυσῆος ἀκοῦσαι   525
ἀγχοῦ, Θεσπρωτῶν ἀνδρῶν ἐν πίονι δήμῳ,
ζωοῦ· πολλὰ δ' ἄγει κειμήλια ὅνδε δόμονδε."
    Τὸν δ' αὖτε προσέειπε περίφρων Πηνελόπεια·
" ἔρχεο, δεῦρο κάλεσσον, ἵν' ἀντίον αὐτὸς ἐνίσπῃ.
οὗτοι δ' ἠὲ θύρῃσι καθήμενοι ἐψιαάσθων   530
ἢ αὐτοῦ κατὰ δώματ', ἐπεί σφισι θυμὸς ἐΰφρων.
αὐτῶν μὲν γὰρ κτήματ' ἀκήρατα κεῖτ' ἐνὶ οἴκῳ,
σῖτος καὶ μέθυ ἡδύ· τὰ μέν τ' οἰκῆες ἔδουσιν,
οἱ δ' εἰς ἡμετέρου πωλεύμενοι ἤματα πάντα,
βοῦς ἱερεύοντες καὶ ὄϊς καὶ πίονας αἶγας,   535
εἰλαπινάζουσιν πίνουσί τε αἴθοπα οἶνον
μαψιδίως· τὰ δὲ πολλὰ κατάνεται· οὐ γὰρ ἔπ' ἀνήρ,
οἷος Ὀδυσσεὺς ἔσκεν, ἀρὴν ἀπὸ οἴκου ἀμῦναι.
εἰ δ' Ὀδυσεὺς ἔλθοι καὶ ἵκοιτ' ἐς πατρίδα γαῖαν,
αἶψά κε σὺν ᾧ παιδὶ βίας ἀποτίσεται ἀνδρῶν."   540
    Ὣς φάτο, Τηλέμαχος δὲ μέγ' ἔπταρεν, ἀμφὶ δὲ δῶμα
σμερδαλέον κονάβησε· γέλασσε δὲ Πηνελόπεια,
αἶψα δ' ἄρ' Εὔμαιον ἔπεα πτερόεντα προσηύδα·
" ἔρχεό μοι, τὸν ξεῖνον ἐναντίον ὧδε κάλεσσον.
οὐχ ὁράᾳς ὅ μοι υἱὸς ἐπέπταρε πᾶσιν ἔπεσσι;   545
τῶ κε καὶ οὐκ ἀτελὴς θάνατος μνηστῆρσι γένοιτο

534 ἡμετέρου G F P H : ἡμέτερον vulg.   The gen. ἡμετέρου cannot well be
explained by ellipse, like ἐς πατρός, ἐς διδασκάλου, &c., but may be due to the
analogy of these phrases.   It is supported by the scholiasts, who probably followed
Ar., and is the reading of most MSS. in Od. 2. 55., 7. 301.   See also H. Merc. 370
Hdt. 1. 35., 7. 8, 4.

525. στεῦται literally means ' presses
up ' or ' forwards ' (as 11. 584 στεῦτο δὲ
διψάων) ; here with an aor. inf. ' he
insists,' ' is positive that he has heard.'
    530. The verb ἐψιάομαι means 'to
indulge in play, to jest.' It implies
a noun ἔψις, from a root ἐπ-, Indog. ἰεq,
seen in Lat. jocus.   Verbs in -ιαω seem
often to have a frequentative meaning,
or at least to express some form of
continuous action : cp. μειδιάω (beside
μειδάω), δηριάομαι, ἱδριάομαι (16. 344),
ὀκριάομαι (18. 33), μητιάω, δοιδιάω, κυδιάω,

κελευτιάω, φυσιάω, δειελιάω (17. 599) ;
also (of play of colour, &c.) γλαυκιάω,
ἀκροκελαινιάω, φαληριάω.
    534–538. Repeated from 2. 55–59.
    542. σμερδαλέον is an adv., qualifying
κονάβησε.   The use of such a word to
describe a sneeze is mock-heroic : see
on 18. 5, also on ll. 499-504.
    544. ὧδε qualifies ἐναντίον : cp. l. 447
οὕτως ἐς μέσσον ; 18. 224 ἥμενος ὧδε :
21. 196.
    546. οὐκ ἀτελὴς θάνατος seems to be
a variation of the phrase τέλος θανάτοιο.

πᾶσι μάλ', οὐδέ κέ τις θάνατον καὶ κῆρας ἀλύξαι.
ἄλλο δέ τοι ἐρέω, σὺ δ' ἐνὶ φρεσὶ βάλλεο σῇσιν·
αἴ κ' αὐτὸν γνώω νημερτέα πάντ' ἐνέποντα,
ἕσσω μιν χλαῖνάν τε χιτῶνά τε, εἵματα καλά."　　550
Ὣς φάτο, βῆ δὲ συφορβός, ἐπεὶ τὸν μῦθον ἄκουσεν,
ἀγχοῦ δ' ἱστάμενος ἔπεα πτερόεντα προσηύδα·
" ξεῖνε πάτερ, καλέει σε περίφρων Πηνελόπεια,
μήτηρ Τηλεμάχοιο· μεταλλῆσαί τί ἑ θυμὸς
ἀμφὶ πόσει κέλεται, καὶ κήδεά περ πεπαθυίη.　　555
εἰ δέ κέ σε γνώῃ νημερτέα πάντ' ἐνέποντα,
ἕσσει σε χλαῖνάν τε χιτῶνά τε, τῶν σὺ μάλιστα
χρηΐζεις· σῖτον δὲ καὶ αἰτίζων κατὰ δῆμον
γαστέρα βοσκήσεις· δώσει δέ τοι ὅς κ' ἐθέλῃσι."
Τὸν δ' αὖτε προσέειπε πολύτλας δῖος Ὀδυσσεύς·　　560
" Εὔμαι', αἶψά κ' ἐγὼ νημερτέα πάντ' ἐνέποιμι
κούρῃ Ἰκαρίοιο, περίφρονι Πηνελοπείῃ·
οἶδα γὰρ εὖ περὶ κείνου, ὁμὴν δ' ἀνεδέγμεθ' ὀϊζύν.
ἀλλὰ μνηστήρων χαλεπῶν ὑποδείδι' ὅμιλον,
τῶν ὕβρις τε βίη τε σιδήρεον οὐρανὸν ἵκει.　　565
καὶ γὰρ νῦν, ὅτε μ' οὗτος ἀνὴρ κατὰ δῶμα κιόντα
οὔ τι κακὸν ῥέξαντα βαλὼν ὀδύνῃσιν ἔδωκεν,
οὔτε τι Τηλέμαχος τό γ' ἐπήρκεσεν οὔτε τις ἄλλος.
τῷ νῦν Πηνελόπειαν ἐνὶ μεγάροισιν ἄνωχθι

547 om. G F U. ἀλύξαι DU¹: ἀλύξει P H M: ἀλύξοι Eust. al.　555 πεπαθυίη]
Read perhaps πεπαθυίης: see the note.　556 γνώῃ] γνάῃ G: γνοίη vulg.
564 ὅμιλον] ὄλεθρον P Y.　565 om. P H X U.　568 After this line
U J have δμώων οἳ κατὰ δώματ' Ὀδυσσῆος θείοιο (from 402).

547. The aor. opt. ἀλύξαι has not
much support in the MSS., but it is
most according to Homeric usage, and
suits γένοιτο in the preceding clause.
549. αὐτόν, in contrast to the report
of Eumaeus, 'with his own lips.'
555. πεπαθυίη. The dat. is construed
with θυμὸς κέλεται, on the analogy of
such constructions as 16. 73 μητρὶ δ' ἐμῇ
δίχα θυμὸς ἐνὶ φρεσὶ μερμηρίζει, 18. 75.
Schol. Q has the note ἀντὶ τοῦ πέπον-
θας, from which Buttmann inferred a v. l.
κήδε' ἅ περ πεπαθοίης. It is surely more
probable that the scholium is corrupt:

read ἀντὶ τοῦ πεπονθυίᾳ, or πεπονθυίας.
If the latter reading is right, the original
word must have been πεπαθυίης, a gen.
to be construed with θυμός: cp. 6. 155–
157 μάλα πού σφισι θυμός ... ἰαίνεται ...
λευσσόντων, and H. G. § 243, 3, d.
561 ff. Regarding this answer see the
Appendix on the Homeric House.
564. ὑποδείδια. The prep. ὑπό indi-
cates the quasi-passive meaning of the
verb: so ὑπακούω. It does not mean
'I am a little afraid.' Cp. Soph. Aj. 691
μέγαν αἰγυπιὸν ὑποδείσαντες, of birds
cowering beneath a bird of prey.

μεῖναι, ἐπειγομένην περ, ἐς ἥέλιον καταδύντα·   570
καὶ τότε μ' εἰρέσθω πόσιος πέρι νόστιμον ἦμαρ,
ἀσσοτέρω καθίσασα παραὶ πυρί· εἵματα γάρ τοι
λύγρ' ἔχω· οἶσθα καὶ αὐτός, ἐπεί σε πρῶθ' ἱκέτευσα."
Ὣς φάτο, βῆ δὲ συφορβός, ἐπεὶ τὸν μῦθον ἄκουσε.
τὸν δ' ὑπὲρ οὐδοῦ βάντα προσηύδα Πηνελόπεια·   575
" οὐ σύ γ' ἄγεις, Εὔμαιε; τί τοῦτ' ἐνόησεν ἀλήτης;
ἦ τινά που δείσας ἐξαίσιον ἦε καὶ ἄλλως
αἰδεῖται κατὰ δῶμα; κακὸς δ' αἰδοῖος ἀλήτης."
Τὴν δ' ἀπαμειβόμενος προσέφης, Εὔμαιε συβῶτα·
" μυθεῖται κατὰ μοῖραν, ἅ πέρ κ' ὀίοιτο καὶ ἄλλος,   580
ὕβριν ἀλυσκάζων ἀνδρῶν ὑπερηνορεόντων.
ἀλλά σε μεῖναι ἄνωγεν ἐς ἥέλιον καταδύντα.
καὶ δὲ σοὶ ὧδ' αὐτῇ πολὺ κάλλιον, ὦ βασίλεια,
οἵην πρὸς ξεῖνον φάσθαι ἔπος ἠδ' ἐπακοῦσαι."
Τὸν δ' αὖτε προσέειπε περίφρων Πηνελόπεια·   585
" οὐκ ἄφρων ὁ ξεῖνος· ὀίεται, ὥς περ ἂν εἴη·
οὐ γάρ πού τινες ὧδε καταθνητῶν ἀνθρώπων
ἀνέρες ὑβρίζοντες ἀτάσθαλα μηχανόωνται."
Ἡ μὲν ἄρ' ὣς ἀγόρευεν, ὁ δ' ᾤχετο δῖος ὑφορβὸς
μνηστήρων ἐς ὅμιλον, ἐπεὶ διεπέφραδε πάντα.   590
αἶψα δὲ Τηλέμαχον ἔπεα πτερόεντα προσηύδα,
ἄγχι σχὼν κεφαλήν, ἵνα μὴ πευθοίαθ' οἱ ἄλλοι·
" ὦ φίλ', ἐγὼ μὲν ἄπειμι, σύας καὶ κεῖνα φυλάξων,

573 οἶσθα καὶ αὐτός] Originally perhaps αὐτὸς ϝοῖσθα.   577 After this line F
has ὕβριν ἀλυσκάζειν (sic) ἀνδρῶν ὑπερηνορεόντων (from 581).   581 ἀλυσκάζειν
F: ἀλυσκάζων vulg. (ἐν τοῖς πλείστοις Did.).   586 ὅς vulg.: ὃς D U Eust. al.
587 πού Eust.: πώ vulg.

571. εἰρέσθω ... ἦμαρ. The acc. is
used because the sense is 'let her ask
which is the day of return.' So with
οἶδα, μέμνημαι, πυνθάνομαι, &c.: H. G.
§ 140, 3, a.

578. κακός is predicate, with personal
constr.; the meaning being 'it is a bad
thing for an ἀλήτης to be αἰδοῖος' (cp.
l. 347). It is hardly likely that there
is an allusion to the sense in which
Ulysses is really αἰδοῖος (as Ameis
suggests).

586. It seems necessary to put a stop
at ξεῖνος : 'the stranger is no fool,—he
divines &c.' The construction ἄφρων
ὀίεται 'he thinks foolishly,' required
with the usual punctuation of the line,
is hardly Homeric.
ὥς περ ἂν εἴη 'how it may be' : cp.
19. 312 ὀίεται ὡς ἔσεταί περ. The read-
ing ὃς περ is indefensible : it cannot
mean ' whoever he may be ' (ὃς τις ἂν
ἔῃ).

587. ὧδε 'as (the suitors do) here.'

σὸν καὶ ἐμὸν βίοτον· σοὶ δ᾽ ἐνθάδε πάντα μελόντων.

αὐτὸν μέν σε πρῶτα σάω, καὶ φράζεο θυμῷ   595

μή τι πάθῃς· πολλοὶ δὲ κακὰ φρονέουσιν Ἀχαιῶν,

τοὺς Ζεὺς ἐξολέσειε πρὶν ἡμῖν πῆμα γενέσθαι."

   Τὸν δ᾽ αὖ Τηλέμαχος πεπνυμένος ἀντίον ηὔδα·

" ἔσσεται οὕτως, ἄττα· σὺ δ᾽ ἔρχεο δειελιήσας·

ἠῶθεν δ᾽ ἰέναι καὶ ἄγειν ἱερήϊα καλά·   600

αὐτὰρ ἐμοὶ τάδε πάντα καὶ ἀθανάτοισι μελήσει."

   Ὣς φάθ᾽, ὁ δ᾽ αὖτις ἄρ᾽ ἕζετ᾽ ἐϋξέστου ἐπὶ δίφρου,

πλησάμενος δ᾽ ἄρα θυμὸν ἐδητύος ἠδὲ ποτῆτος

βῆ ῥ᾽ ἴμεναι μεθ᾽ ὗας, λίπε δ᾽ ἕρκεά τε μέγαρόν τε

πλεῖον δαιτυμόνων· οἱ δ᾽ ὀρχηστυῖ καὶ ἀοιδῇ   605

τέρποντ᾽· ἤδη γὰρ καὶ ἐπήλυθε δείελον ἦμαρ.

596 Ἀχαιῶν G F U : Ἀχαιοί P H X al.   602 ἐϋξέστου ἐπὶ δίφρου G F (ἔνιοι
Did.) : ἐϋξέστῳ ἐπὶ δίφρῳ U : ἐπὶ θρόνου ἔνθεν ἀνέστη P H J.   603 After this
line U has αὐτὰρ ἐπεὶ δείπνησε καὶ ἤραρε θυμὸν ἐδωδῇ (from 5. 95., 14. 111).

599. δειελιήσας. The verb δειελιάω
properly means 'to evening,' 'to act as
befits the evening,' here apparently 'to
sup.' So ἄριστον is from a verb ἀερίζω
'to do the early,' sc. breakfast: cp.
the note on 16. 2.

606. The impf. τέρποντο is to be
connected with the aor. ἦλθε at the
beginning of the next book: 'they
were pleasing themselves with dance
and song, *when* there came the beggar
Irus.'

PENELOPE AT HER LOOM, WITH TELEMACHUS.
(From a vase in the Museum at Chiusi.)

'Οδυσσέως καὶ Ἴρου πυγμή.

'Ἦλθε δ' ἐπὶ πτωχὸς πανδήμιος, ὃς κατὰ ἄστυ
πτωχεύεσκ' Ἰθάκης, μετὰ δ' ἔπρεπε γαστέρι μάργῃ
ἀζηχὲς φαγέμεν καὶ πιέμεν· οὐδέ οἱ ἦν ἲς
οὐδὲ βίη,· εἶδος δὲ μάλα μέγας ἦν ὁράασθαι.
Ἀρναῖος δ' ὄνομ' ἔσκε· τὸ γὰρ θέτο πότνια μήτηρ 5
ἐκ γενετῆς· Ἴρον δὲ νέοι κίκλησκον ἅπαντες,
οὕνεκ' ἀπαγγέλλεσκε κιών, ὅτε πού τις ἀνώγοι·
ὅς ῥ' ἐλθὼν Ὀδυσῆα διώκετο οἷο δόμοιο,
καί μιν νεικείων ἔπεα πτερόεντα προσηύδα·
"εἶκε, γέρον, προθύρου, μὴ δὴ τάχα καὶ ποδὸς ἕλκῃ. 10
οὐκ ἀΐεις ὅτι δή μοι ἐπιλλίζουσιν ἅπαντες,
ἑλκέμεναι δὲ κέλονται; ἐγὼ δ' αἰσχύνομαι ἔμπης.
ἀλλ' ἄνα, μὴ τάχα νῶϊν ἔρις καὶ χερσὶ γένηται."
Τὸν δ' ἄρ' ὑπόδρα ἰδὼν προσέφη πολύμητις Ὀδυσσεύς·

5 θέτο πότνια] θέτο οἱ ποτε Et. M. 146, 12. 6 γενετῆς] γενεῆς was an ancient
v. l. (διχῶς Did.). 14 τὸν δ' ἀπαμειβόμενος P H al.

1. πανδήμιος is explained by the
following clause ὃς κατὰ ἄστυ κτλ.
On δῆμος cp. 16. 28.

3. ἀζηχές is usually explained as ἀ-
διεχές: but the lengthening of εχ- to
ηχ- is against all analogy. The form
points to a noun *ζῆχος, from a verbal
stem ζηχ-. If the χ is formative (as in
νή-χω, τρύ-χω, &c.), the root would be
ζη-, Indog. gī̆, gī̆ (Sanscr. jyā), 'to be
strong,' 'to live.' Possibly ἀ-ζηχ-ές,
with copulative ἀ-, means 'with one
life,' that is, 'with uniform, unbroken
vigour.' Cp. ἄξυλος ὕλη of a wood that
is 'all trees.'

4. βίη is not meant to be distinguished
from ἴς. The two words are used for

the sake of emphasis, by a kind of
hendiadys: see 15. 176.

5. πότνια. The epithet is here mock-
heroic. But the ancient reading τὸ γὰρ
θέτο οἱ ποτε μήτηρ is plausible.

6. Ἴρος. The name is evidently
formed by turning Ἴρις into the corre-
sponding masculine.

8. διώκετο, impf. de conatu.

10. προθύρου, here the gateway of
the μέγαρον: cp. 15. 146.
ἕλκῃ, for ἕλκηαι, a rare contraction
in Homer. Read perhaps μή τις . . .
ἕλκῃ.

11. ἐπιλλίζουσιν, lit. 'squint;' make
side-long glances: cp. the adj. ἰλλός
'squinting.'

"δαιμόνι', οὔτε τί σε ῥέζω κακὸν οὔτ' ἀγορεύω,   15
οὔτε τινὰ φθονέω δόμεναι καὶ πόλλ' ἀνελόντα·
οὐδὸς δ' ἀμφοτέρους ὅδε χείσεται, οὐδέ τί σε χρὴ
ἀλλοτρίων φθονέειν· δοκέεις δέ μοι εἶναι ἀλήτης
ὥς περ ἐγών, ὄλβον δὲ θεοὶ μέλλουσιν ὀπάζειν.
χερσὶ δὲ μή τι λίην προκαλίζεο, μή με χολώσῃς,   20
μή σε γέρων περ ἐὼν στῆθος καὶ χείλεα φύρσω
αἵματος· ἡσυχίη δ' ἂν ἐμοὶ καὶ μᾶλλον ἔτ' εἴη
αὔριον· οὐ μὲν γάρ τί σ' ὑποστρέψεσθαι ὀίω
δεύτερον ἐς μέγαρον Λαερτιάδεω 'Οδυσῆος."

Τὸν δὲ χολωσάμενος προσεφώνεεν Ἶρος ἀλήτης·   25
"ὢ πόποι, ὡς ὁ μολοβρὸς ἐπιτροχάδην ἀγορεύει,
γρηὶ καμινοῖ ἶσος· ὃν ἂν κακὰ μητισαίμην
κόπτων ἀμφοτέρῃσι, χαμαὶ δέ κε πάντας ὀδόντας
γναθμῶν ἐξελάσαιμι συὸς ὣς ληϊβοτείρης.
ζῶσαι νῦν, ἵνα πάντες ἐπιγνώωσι καὶ οἵδε   30
μαρναμένους· πῶς δ' ἂν σὺ νεωτέρῳ ἀνδρὶ μάχοιο;"
Ὣς οἱ μὲν προπάροιθε θυράων ὑψηλάων
οὐδοῦ ἔπι ξεστοῦ πανθυμαδὸν ὀκριόωντο.
τοῖιν δὲ ξυνέηχ' ἱερὸν μένος 'Αντινόοιο,
ἡδὺ δ' ἄρ' ἐκγελάσας· μετεφώνει μνηστήρεσσιν·   35
"ὢ φίλοι, οὐ μέν πώ τι πάρος τοιοῦτον ἐτύχθη,
οἵην τερπωλὴν θεὸς ἤγαγεν ἐς τόδε δῶμα.
ὁ ξεῖνός τε καὶ Ἶρος ἐρίζετον ἀλλήλοιιν
χερσὶ μαχέσσασθαι· ἀλλὰ ξυνελάσσομεν ὦκα."·

---

28 δέ κε Ar. (σχεδὸν πᾶσαι Did., i. e. nearly all the ancient editions quoted by Aristarchus): δ' ἐκ MSS.

19. μέλλουσιν, with pres. inf., 'are like to,' i. e. it would seem to be the gods who grant wealth.
22. αἵματος, gen. of material.
26. μολοβρός, 17. 219.
33. πανθυμαδόν = παντὶ θυμῷ, 'with all spirit,' most heartily.
ὀκριόωντο, probably 'dealt in sharps,' jarred with each other: cp. ὀκριόεις 'rough,' jagged, from ὄκρις 'a jagged point.'

34. τοῖιν, gen. as often with verbs meaning to hear or learn.
36. 37. τοιοῦτον οἵην τερπωλήν is put for τοιαύτη τερπωλὴ οἵην: as we say 'nothing like the pleasure which,' instead of 'no pleasure like that which.' Cp. the note on 15. 487. The word τερπωλή does not occur elsewhere in Homer.
38. ἐρίζετον 'are provoking,' 'challenging.'

*Ὣς ἔφαθ', οἱ δ' ἄρα πάντες ἀνήϊξαν γελόωντες,   40
ἀμφὶ δ' ἄρα πτωχοὺς κακοείμονας ἠγερέθοντο.
τοῖσιν δ' Ἀντίνοος μετέφη, Εὐπείθεος υἱός·
" κέκλυτέ μευ, μνηστῆρες ἀγήνορες, ὄφρα τι εἴπω.
γαστέρες αἵδ' αἰγῶν κέατ' ἐν πυρί, τὰς ἐπὶ δόρπῳ
κατθέμεθα κνίσης τε καὶ αἵματος ἐμπλήσαντες.   .   45
ὁππότερος δέ κε νικήσῃ κρείσσων τε γένηται,
τάων ἥν · κ' ἐθέλῃσιν ἀναστὰς αὐτὸς ἑλέσθω·
αἰεὶ δ' αὖθ' ἡμῖν μεταδαίσεται, οὐδέ τιν' ἄλλον
πτωχὸν ἔσω μίσγεσθαι ἐάσομεν αἰτήσοντα."
   *Ὣς ἔφατ' Ἀντίνοος, τοῖσιν δ' ἐπιήνδανε μῦθος.   50
τοῖς δὲ δολοφρονέων μετέφη πολύμητις Ὀδυσσεύς·
" ὦ φίλοι, οὔ πως ἔστι νεωτέρῳ ἀνδρὶ μάχεσθαι
ἄνδρα γέροντα, δύῃ ἀρημένον· ἀλλά με γαστὴρ
ὀτρύνει κακοεργός, ἵνα πληγῇσι δαμείω.
ἀλλ' ἄγε νῦν μοι πάντες ὀμόσσατε καρτερὸν ὅρκον,   55
μή τις ἐπ' Ἴρῳ ἦρα φέρων ἐμὲ χειρὶ βαρείῃ
πλήξῃ ἀτασθάλλων, τούτῳ δέ με ἶφι δαμάσσῃ."
   *Ὣς ἔφαθ', οἱ δ' ἄρα πάντες ἐπώμνυον ὡς ἐκέλευεν.
αὐτὰρ ἐπεί ῥ' ὄμοσάν τε τελεύτησάν τε τὸν ὅρκον,
τοῖς αὖτις μετέειφ' ἱερὴ ἲς Τηλεμάχοιο·   60
" ξεῖν', εἴ σ' ὀτρύνει κραδίη καὶ θυμὸς ἀγήνωρ
τοῦτον ἀλέξασθαι, τῶν δ' ἄλλων μή τιν' Ἀχαιῶν
δείδιθ', ἐπεὶ πλεόνεσσι μαχήσεται ὅς κέ σε θείνῃ.

---

44 τὰς G P M U : τὰς δ' F H X al.   51 προσέφη G F.   56 βαρείῃ
G P H U al. : ταχείῃ F X Eust. al.   58 ἐπώμνυον Ar. F P H X U al. : ἀπώμνυον
G D Eust. (cp. 15. 437).   59 om. F Eust.   60 τοῖς G F M U : τοῖς δ' vulg.
   62 δ' om. G.

46. ὁππότερος δέ κε νικήσῃ κρείσσων τε γένηται, a formula repeated from Il. 3. 71, — doubtless in the spirit of parody.

53. ἀρημένος seems rightly explained as = βεβλαμμένος 'impaired, broken down.' It is doubtless derived from ἀρή 'harm' (ἄρος· ἑκούσιον βλάβος Hesych.). The ā is a difficulty: it must represent a reduplication: but the temporal reduplication (there is no evidence of initial ϝ or σ) would give ἠρημένος.

Possibly the true form is ἀραρημένος, like ἀλαλήμενος, ἀκαχήμενος (properly ἀλαλημένος, ἀκαχημένος).

58. The weight of authority is for ἐπώμνυον (against ἀπ-) here and in 15. 437. Elsewhere in the Odyssey (2. 377., 10. 345, 381., 12. 303) ἀπόμνυμι is used of swearing *not* to do a thing. For ἐπί with ὄμνυμι denoting a *negative* oath, see Il. 9. 132, 274., 10. 332., 21. 373., 23. 42.

ξεινοδόκος μὲν ἐγών, ἐπὶ δ' αἰνεῖτον βασιλῆε,
Ἀντίνοός τε καὶ Εὐρύμαχος, πεπνυμένω ἄμφω." 　　65
Ὣς ἔφαθ', οἱ δ' ἄρα πάντες ἐπήνεον, αὐτὰρ Ὀδυσσεὺς
ζώσατο μὲν ῥάκεσιν περὶ μήδεα, φαῖνε δὲ μηροὺς
καλούς τε μεγάλους τε, φάνεν δέ οἱ εὐρέες ὦμοι
στήθεά τε στιβαροί τε βραχίονες· αὐτὰρ Ἀθήνη
ἄγχι παρισταμένη μέλε' ἤλδανε ποιμένι λαῶν. 　　70
μνηστῆρες δ' ἄρα πάντες ὑπερφιάλως ἀγάσαντο·
ὧδε δέ τις εἴπεσκεν ἰδὼν ἐς πλησίον ἄλλον·
" ἦ τάχα Ἶρος Ἄϊρος ἐπίσπαστον κακὸν ἕξει,
οἵην ἐκ ῥακέων ὁ γέρων ἐπιγουνίδα φαίνει."
Ὣς ἄρ' ἔφαν, Ἴρῳ δὲ κακῶς ὠρίνετο θυμός. 　　75
ἀλλὰ καὶ ὣς δρηστῆρες ἄγον ζώσαντες ἀνάγκῃ
δειδιότα· σάρκες δὲ περιτρομέοντο μέλεσσιν.
Ἀντίνοος δ' ἐνένιπεν ἔπος τ' ἔφατ' ἔκ τ' ὀνόμαζε·
" νῦν μὲν μήτ' εἴης, βουγάϊε, μήτε γένοιο,

---

64 βασιλῆε Ατ. : -ῆες MSS.　　65 Ἀντίνοός τε καὶ Εὐρύμαχος G X D Eust. :
Εὐ. τε καὶ Ἀντ. F P H U L W.　　75 κακὸς F X al.

65. This line is an echo (or parody) of Il. 3. 148 Οὐκαλέγων τε καὶ Ἀντήνωρ, πεπνυμένω ἄμφω.

71. ὑπερφιάλως 'beyond measure.' This is perhaps an example of the original sense of ὑπερφίαλος, viz. 'overflowing the φιάλη or pan.' That derivation has been rejected by modern scholars, but no other at all probable has been put forward. We may compare ὑπέροπλος 'with excess of tackle,' 'over-rigged.' Words of this kind begin by being colloquial metaphors; when they have made their way into general use the original metaphor is apt to be more or less forgotten.

73. Ἄϊρος 'Irus no more,' no longer fit to be our messenger.
ἐπίσπαστον 'drawn upon himself.'

74. οἵην, with causal force, = ὅτι τοίην.

79. μήτ' εἴης κτλ., in form a wish, really an impassioned way of saying ' What is the use of your existence ! ' So Il. 2. 340 ἐν πυρὶ δὴ γενοίατο = 'might as well be thrown into the fire,' 6. 164 τεθναίης 'you might as well be dead.' Cp. also Hdt. vii. 11 μὴ εἴην ἐκ Δαρείου

... μὴ τιμωρησάμενος κτλ., 'to what purpose am I the son of Darius, if I do not punish &c.'

βουγάϊε. In Il. 13. 824 this word is addressed by Hector to Ajax, and evidently carries with it the notion of stupidity or clumsiness. Here the application is somewhat·different ; Irus is accused of sheer cowardice. Perhaps there is meant to be a sarcastic allusion to the use in the Iliad : as though Irus claimed to be the Ajax of his class. The meaning ' braggart ' (L. and S.) is not especially appropriate in either passage. As to the derivation, the most hopeful material is the gloss of Hesychius, γαῖος ὁ ἐργάτης βοῦς καὶ ὁ ἀπόγειος ἄνεμος. This at least proves that there was a word γαῖος (or γάϊος), and that ἄνεμος γ. was 'a land breeze,' βοῦς γ. 'a plough ox.' Hence βοῦς γ. or βουγάϊος might mean ἄνθρωπος παχὺς καὶ ἀναίσθητος (Eust.). The notice in Eust. that among the people of Dulichium and Samos οἱ γαλακτοφαγοῦντες καὶ μηδὲν ἰσχύοντες were called βουγάϊοι may point to the same etymology.

εἰ δὴ τοῦτόν γε τρομέεις καὶ δείδιας αἰνῶς, 80
ἄνδρα γέροντα, δύῃ ἀρημένον, ἥ μιν ἱκάνει.
ἀλλ' ἔκ τοι ἐρέω, τὸ δὲ καὶ τετελεσμένον ἔσται·
αἴ κέν σ' οὗτος νικήσῃ κρείσσων τε γένηται,
πέμψω σ' ἤπειρόνδε, βαλὼν ἐν νηὶ μελαίνῃ,
εἰς Ἔχετον βασιλῆα, βροτῶν δηλήμονα πάντων, 85
ὅς κ' ἀπὸ ῥῖνα τάμῃσι καὶ οὔατα νηλέϊ χαλκῷ,
μήδεά τ' ἐξερύσας δώῃ κυσὶν ὠμὰ δάσασθαι."
  Ὣς φάτο, τῷ δ' ἔτι μᾶλλον ὑπὸ τρόμος ἔλλαβε γυῖα..
ἐς μέσσον δ' ἄναγον· τὼ δ' ἄμφω χεῖρας ἀνέσχον.
δὴ τότε μερμήριξε πολύτλας δῖος Ὀδυσσεὺς 90
ἢ ἐλάσει' ὥς μιν ψυχὴ λίποι αὖθι πεσόντα,
ἠέ μιν ἦκ' ἐλάσειε τανύσσειέν τ' ἐπὶ γαίῃ.
ὧδε δέ οἱ φρονέοντι δοάσσατο κέρδιον εἶναι,
ἦκ' ἐλάσαι, ἵνα μή μιν ἐπιφρασσαίατ' Ἀχαιοί,
δὴ τότ' ἀνασχομένω ὁ μὲν ἤλασε δεξιὸν ὦμον 95
Ἴρος, ὁ δ' αὐχέν' ἔλασσεν ὑπ' οὔατος, ὀστέα δ' εἴσω
ἔθλασεν· αὐτίκα δ' ἦλθε κατὰ στόμα φοίνιον αἷμα,
κὰδ δ' ἔπεσ' ἐν κονίῃσι μακών, σὺν δ' ἦλασ' ὀδόντας
λακτίζων ποσὶ γαῖαν· ἀτὰρ μνηστῆρες ἀγαυοὶ
χεῖρας ἀνασχόμενοι γέλῳ ἔκθανον. αὐτὰρ Ὀδυσσεὺς 100

---

88 ἔλλαβε] ἤλυθε G F U.   97 ἦλθε κατά] ἦλθεν ἀνὰ G F.   98 μακών]
χανών ed. Aeolica.   99 ποσὶ vulg.: ποτὶ G P X al.   100 γέλῳ G F X U al.

---

85. Ἔχετος is doubtless purely
imaginary, the 'Croquemitaine' of the
Odyssey. See on 20. 383.
94. ἐπιφρασσαίατο 'should take note
of him,' begin to wonder who he was.
95. ἀνασχομένω 'raising their hands':
cp. Il. 3. 362., 22. 34., 23. 660, Od. 14.
425.
98. μακών 'with a cry': a word
properly used of the *bleating* of sheep.
100. γέλῳ ἔκθανον. The common
rendering is 'were ready to die with
laughter.' But this sense can hardly be
extracted from the *aor.* of ἐκθνήσκω (if
that compound was known to Homer,
of which there is no other evidence).
Possibly the word should be ἔκχανον
'gaped, opened their mouths in laughter.'

It is conceivable also that ἔκθανον is
grammatically the 2 aor. of the verb
ἐκ-θείνω, and means properly 'struck
out,' *i.e.* 'burst' or 'broke out.' Cp. προ-
τύπτω in 24. 319 δριμὺ μένος προὔτυψε.
It is true that θνήσκω and ἔθανον are
now supposed to be from the same root
(*ghen*) as θείνω, ἔπεφνον, Lat. *fendo*,
&c. (Brugmann, *Grundr.* I. p. 370).
Possibly ἔκθανον represents an older
use of the root, before θαν-εῖν acquired
the sense of *dying*. This hypothesis
would explain Attic ἐκθνήσκω meaning
'I faint' (not 'I die'). But the later
use was doubtless influenced by this
passage: cp. Antiphanes Πλοῦσ. 1. 7
γελῶντες ἐξέθνῃσκον ἐπὶ τῷ πράγματι,
Menand. Κολ. 2 γέλωτι ἐκθανούμενοι.

II.   K

ἕλκε διὲκ προθύροιο λαβὼν ποδός, ὄφρ᾽ ἵκετ᾽ αὐλὴν
αἰθούσης τε θύρας· καί μιν ποτὶ ἑρκίον αὐλῆς
εἷσεν ἀνακλίνας, σκῆπτρον δέ οἱ ἔμβαλε χειρί,
καί μιν φωνήσας ἔπεα πτερόεντα προσηύδα·
" ἐνταυθοῖ νῦν ἧσο σύας τε κύνας τ᾽ ἀπερύκων,   105
μηδὲ σύ γε ξείνων καὶ πτωχῶν κοίρανος εἶναι
λυγρὸς ἐών, μή πού τι κακὸν καὶ μεῖζον ἐπαύρῃς."
᾽Η ῥα καὶ ἀμφ᾽ ὤμοισιν ἀεικέα βάλλετο πήρην,
πυκνὰ ῥωγαλέην· ἐν δὲ στρόφος ἦεν ἀορτήρ.
ἂψ δ᾽ ὅ γ᾽ ἐπ᾽ οὐδὸν ἰὼν κατ᾽ ἄρ᾽ ἕζετο· τοὶ δ᾽ ἴσαν εἴσω
ἡδὺ γελοίωντες καὶ δεικανόωντ᾽ ἐπέεσσι·   111
" Ζεύς τοι δοίη, ξεῖνε, καὶ ἀθάνατοι θεοὶ ἄλλοι
ὅττι μάλιστ᾽ ἐθέλεις καί τοι φίλον ἔπλετο θυμῷ,
ὃς τοῦτον τὸν ἄναλτον ἀλητεύειν ἀπέπαυσας
ἐν δήμῳ· τάχα γάρ μιν ἀνάξομεν ἠπειρόνδε   115
εἰς Ἔχετον βασιλῆα, βροτῶν δηλήμονα πάντων."
᾽Ως ἄρ᾽ ἔφαν, χαῖρεν δὲ κλεηδόνι δῖος Ὀδυσσεύς.
Ἀντίνοος δ᾽ ἄρα οἱ μεγάλην παρὰ γαστέρα θῆκεν,

---

101 ἕλκε Ar. F P: εἷλκε vulg.   105 κύνας τε σύας τ᾽ G F U.   107 ἐπαύρης
F: ἐπαύρῃ vulg.   110 ὅ γ᾽ F M J: ἄρ G P H U al. (cp. 17. 466).   111 γε-
λοίωντες, cp. 20. 347.   After 111 G and others have the line ὧδε δέ τις εἴπεσκε
νέων ὑπερηνορεόντων (2. 324, &c.).   115-116 obel. by Ar., as a repetition of
84-85.

102. θύρας, the gate of the αὐλή or
courtyard : called 'gate of the αἴθουσα'
because the αἴθουσα or 'portico' was
across the gateway, cp. 15. 146.
105. ἐνταυθοῖ κτλ., from Il. 21. 122
ἐνταυθοῖ νῦν κεῖσο μετ᾽ ἰχθύσιν.
107. ἐπαύρῃς (or ἐπαύρῃ, as nearly
all the MSS. read) means 'take,' 'incur.'
ἐπαυρίσκω, literally 'to touch,' 'graze.'
acquires (especially in the mid., but
sometimes also in the act.) the sense of
deriving from contact, 'gaining from.'
In this sense it is construed with a neut.
adj. or pronoun in the accusative, ex-
pressing the good or harm taken or
'gained': e. g. Theogn. 111 τὸ μέγιστον
ἐπαυρίσκουσι, Aesch. Prom. 28 τοιαῦτ᾽
ἐπηύρω τοῦ φιλανθρώπου τρόπου, Andoc.
20. 2 ἀγαθὸν ἐμοῦ ἐπαυρέσθαι. Of the
two readings ἐπαύρῃ is not satisfactory
as 2 sing. subj. mid., the proper Homeric
form of which is ἐπαύρηαι (Il. 15. 17).

Hence we should read ἐπαύρῃς (with
Buttmann, &c.). Some take ἐπαύρῃ as
3 sing. act., and κακόν as nom. to it ; as
though the evil were a weapon that is
to 'touch' the beggar. This however
is a metaphor at variance with the usus
loquendi, in which the good or evil is
always treated as the thing gained by ·
touch.
111. γελοίωντες, see the note on 20.
347.
δεικανόωντο, by metrical lengthening
for δεικανόωντο : cp. δεικανᾶται· ἀσπάζεται
Hesych. (Schulze, Quaest. Ep. p. 155).
114. τὸν ἄναλτον. The article ex-
presses contempt : H. G. § 261, 2.
117. A κλεηδών, or φήμη (so in 2. 35.,
20. 105), is a word which conveys a
truth unknown to the person who utters
it. Such is evidently the prayer that
the stranger may have his desire ful-
filled.

ἐμπλείην κνίσης τε καὶ αἵματος· Ἀμφίνομος δὲ
ἄρτους ἐκ κανέοιο δύω παρέθηκεν ἀείρας   120
<αὶ δέπαϊ χρυσέῳ δειδίσκετο φώνησέν τε·
" χαῖρε, πάτερ ὦ ξεῖνε· γένοιτό τοι ἔς περ ὀπίσσω
ὄλβος· ἀτὰρ μὲν νῦν γε κακοῖς ἔχεαι πολέεσσι."
    Τὸν δ' ἀπαμειβόμενος προσέφη πολύμητις Ὀδυσσεύς·
" Ἀμφίνομ', ἦ μάλα μοι δοκέεις πεπνυμένος εἶναι·   125
τοίου γὰρ καὶ πατρός, ἐπεὶ κλέος ἐσθλὸν ἄκουον,
Νῖσον Δουλιχιῆα ἐΰν τ' ἔμεν ἀφνειόν τε·
τοῦ σ' ἔκ φασι γενέσθαι, ἐπητῇ δ' ἀνδρὶ ἔοικας.
τούνεκά τοι ἐρέω, σὺ δὲ σύνθεο καί μευ ἄκουσον·
οὐδὲν ἀκιδνότερον γαῖα τρέφει ἀνθρώποιο   130
πάντων ὅσσα τε γαῖαν ἔπι πνείει τε καὶ ἕρπει.
οὐ μὲν γάρ ποτέ φησι κακὸν πείσεσθαι ὀπίσσω,
ὄφρ' ἀρετὴν παρέχωσι θεοὶ καὶ γούνατ' ὀρώρῃ·
ἀλλ' ὅτε δὴ καὶ λυγρὰ θεοὶ μάκαρες τελέσωσι,
καὶ τὰ φέρει ἀεκαζόμενος τετληότι θυμῷ.   135
τοῖος γὰρ νόος ἐστὶν ἐπιχθονίων ἀνθρώπων
οἷον ἐπ' ἦμαρ ἄγῃσι πατὴρ ἀνδρῶν τε θεῶν τε.
καὶ γὰρ ἐγώ ποτ' ἔμελλον ἐν ἀνδράσιν ὄλβιος εἶναι,
πολλὰ δ' ἀτάσθαλ' ἔρεξα· βίῃ καὶ κάρτεϊ εἴκων,
πατρί τ' ἐμῷ πίσυνος καὶ ἐμοῖσι κασιγνήτοισι.   140
τῶ μή τίς ποτε πάμπαν ἀνὴρ ἀθεμίστιος εἴη,
ἀλλ' ὅ γε σιγῇ δῶρα θεῶν ἔχοι, ὅττι διδοῖεν·
οἵ' ὁρόω μνηστῆρας ἀτάσθαλα μηχανόωντας,
κτήματα κείροντας καὶ ἀτιμάζοντας ἄκοιτιν

---

122 ἔς περ] ὥς περ G F X U al.   130 οὐθέν Zen.   131 om. F P H.
134 τελέσωσι D H² U²: τελέωσι vulg.

126. τοίου 'of such a kind (as to
account for your good qualities).'
133. ἀρετήν 'prosperity,' cp. 13. 45.
137. ἐπ' ἦμαρ ἄγῃσι 'brings round
the day,' ἐπί as in ἐπιπλόμενον ἔτος.
The two lines are imitated by Archi-
lochus, fr. 70 τοῖος ἀνθρώποισι θυμός,
Γλαῦκε Λεπτίνεω παῖ, γίγνεται θνητοῖς
ὁκοίην Ζεὺς ἐπ' ἡμέρην ἄγῃ.
138. ἔμελλον, not 'I was destined'

—which would require a fut. inf.—
but 'I was like to be,' i. e. it seemed
that I ought to be ὄλβιος. Cp. l. 19.
139. βίῃ καὶ κάρτεϊ εἴκων, 13. 143.
141. The opt. is a softened impera-
tive: 'I would have no one be lawless,
but' &c.
143. οἷα is causal: ='I say so, con-
sidering what outrages I see &c.': cp.
16. 93., 17. 479, 514.

K 2

ἀνδρός, ὃν οὐκέτι φημὶ φίλων καὶ πατρίδος αἴης   145
δηρὸν ἀπέσσεσθαι· μάλα δὲ σχεδόν· ἀλλά σε δαίμων
οἴκαδ' ὑπεξαγάγοι, μηδ' ἀντιάσειας ἐκείνῳ,
ὁππότε νοστήσειε φίλην ἐς πατρίδα γαῖαν·
οὐ γὰρ ἀναιμωτί γε διακρινέεσθαι ὀίω
μνηστῆρας καὶ κεῖνον, ἐπεί κε μέλαθρον ὑπέλθῃ."   150
    ῝Ως φάτο, καὶ σπείσας ἔπιεν μελιηδέα οἶνον,
ἂψ δ' ἐν χερσὶν ἔθηκε δέπας κοσμήτορι λαῶν.
αὐτὰρ ὁ βῆ διὰ δῶμα φίλον τετιημένος ἦτορ,
νευστάζων κεφαλῇ· δὴ γὰρ κακὸν ὄσσετο θυμῷ.
ἀλλ' οὐδ' ὣς φύγε κῆρα· πέδησε δὲ καὶ τὸν Ἀθήνη   155
Τηλεμάχου ὑπὸ χερσὶ καὶ ἔγχεϊ ἶφι δαμῆναι.
ἂψ δ' αὖτις κατ' ἄρ' ἕζετ' ἐπὶ θρόνου ἔνθεν ἀνέστη.
    Τῇ δ' ἄρ' ἐπὶ φρεσὶ θῆκε θεὰ γλαυκῶπις Ἀθήνη,

153 διά F: κατά G P H X al.: πρὸς U.   154 θυμῷ vulg.: θυμός F M.

152. κοσμήτορι λαῶν, viz. Amphinomus, who had given him the cup, l. 121.

154. Cp. 10. 374 κακὰ δ' ὄσσετο θυμός, where the v. l. θυμῷ is impossible.

158–303. The scene which now follows has been recently discussed by Kirchhoff, Wilamowitz, Seeck and others, from the points of view suggested by their different theories of the Odyssey. Confining ourselves here to the immediate context, we may notice briefly some of the suggestions which bear on the meaning and character of the passage.

The whole scene, as Wilamowitz observes (Hom. Unt. p. 30), may be struck out without causing any break in the narrative. It is now late afternoon (δείελον ἦμαρ 17. 606), and the Suitors have interrupted their usual dance and song (ibid.) to enjoy the combat between Ulysses and Irus. When this is over, the story naturally goes on as in 18. 304 οἱ δ' εἰς ὀρχηστύν τε καὶ ἱμερόεσσαν ἀοιδὴν τρεψάμενοι τέρποντο, μένον δ' ἐπὶ ἔσπερον ἐλθεῖν. Moreover, as the poet has given us these indications, there is force in the remark that the appearance of Penelope, with the sending for the gifts which she requires from the Suitors, would take up too much time. Other arguments are found in the character of Penelope—who suddenly throws aside the restraint of so many years, and descends to arts hardly consistent with modesty—and in the tone and style.

We may add, surely, that the narrative betrays some want of the Homeric finish. The sleep of Penelope (187–197) begins and ends while Eurynome is calling the maids from the μέγαρον—a space of time which would naturally be neglected altogether. On the other hand, when the Suitors send to fetch costly presents for Penelope (291–303), a considerable interval must be supposed, during which the action in the palace is at an absolute standstill. This is surely a violation of one of the most fundamental rules of Epic art. There are many examples of the care which the poet takes to avoid any sensible pause of the kind : see Il. 1. 493., 3. 121.

The tendency of the considerations put forward by Seeck (Quellen, pp. 34-40) is to show that the passage has suffered some mutilation, and that this is due to its having originally been part of a shorter poem, one of those which, on his theory, were combined to form the existing Odyssey. His argument is somewhat as follows. He finds traces of mutilation in the speech of Eurynome

κούρῃ Ἰκαρίοιο, περίφρονι Πηνελοπείῃ,
μνηστήρεσσι φανῆναι, ὅπως πετάσειε μάλιστα 160
θυμὸν μνηστήρων ἰδὲ τιμήεσσα γένοιτο
μᾶλλον πρὸς πόσιός τε καὶ υἱέος ἢ πάρος ἦεν.
ἀχρεῖον δ' ἐγέλασσεν ἔπος τ' ἔφατ' ἔκ τ' ὀνόμαζεν·
" Εὐρυνόμη, θυμός μοι ἐέλδεται, οὔ τι πάρος γε,
μνηστήρεσσι φανῆναι, ἀπεχθομένοισί περ ἔμπης· 165
παιδὶ δέ κεν εἴποιμι ἔπος, τό κε κέρδιον εἴη,
μὴ πάντα μνηστῆρσιν ὑπερφιάλοισιν ὁμιλεῖν,
οἵ τ' εὖ μὲν βάζουσι, κακῶς δ' ὄπιθεν φρονέουσι."
Τὴν δ' αὖτ' Εὐρυνόμη ταμίη πρὸς μῦθον ἔειπε·
" ναὶ δὴ ταῦτά γε πάντα, τέκος, κατὰ μοῖραν ἔειπες. 170

160 πετάσειε vulg.: θέλξειε U al.   164 γε] περ G P.   167 ὁμιλεῖν] ἐπαινεῖν
G M.

(170–176), which must have conveyed more than finds expression in the present text. Penelope, as we see, does not merely appear to the Suitors in order to gain their admiration and their gifts. She announces the end of her long refusal of their advances, and puts this on the ground that Telemachus has now reached man's estate (269 ἐπὴν δὴ παῖδα γενειήσαντα ἴδηαι). Now this is precisely what Eurynome had said (176). Hence Eurynome must have meant to urge Penelope to make the declaration that she consented to marriage. The lines in which she did so are wanting: hence, they were cut out in the process of 'working up' the Odyssey. The advice to adorn herself must have been merely a consequence. The 'word to Telemachus,' again, cannot have been the trivial warning of l. 167, but the announcement that he would thenceforth be master in the house.

The reasons now adduced, and especially the comparison of l. 176 and l. 269, make it probable that Seeck's interpretation of the speech of Eurynome is the true one. The question, then, is whether the desired meaning is to be gathered from the present text. Surely this may be done without too much forcing, or reading between the lines. Eurynome, it may be understood, could not venture to advise her mistress in so many words to accept one of the Suitors. But when Penelope declared her inten-

tion to show herself to them, she took this as meaning all that (as we see from the sequel) it did mean. She did not use the word marriage (any more than Nausicaa did to her father, 6. 66), but merely said: ' Do so, my child: but adorn yourself, lay aside your mourning; your son, who has been your care till now, is a bearded man.'

On the whole it seems not improbable that the passage in question is an interpolation as regards the context in which we now find it. There are some traces of post-Homeric language: as χρῶτα (172, 179), τέως (190), θησαίατο (191), πλέονες scanned πλεῦνες (247), ἀνέσει (265), κάλλος = 'a cosmetic' (192). Cp. also the scanning δάκρύοισι (173).

160. πετάσειε 'might flutter.' The metaphor is obscure. The notion may be that the minds of the Suitors would be excited or 'elated' as a sail is filled by the wind: cp. the phrase ἀνά θ' ἱστία λευκὰ πετάσσας, and the later uses of διαστέλλω. See also l. 327.

163. ἀχρεῖον ἐγέλασσεν 'laughed a needless,' *i.e.* a pointless, forced laugh: cp. ἀχρειόγελως of untimely laughter, in Cratinus (incert. 51).

164. οὔ τι πάρος γε, sc. ἐέλδεται, ' it has by no means so desired before.' πάρος γε means 'before' in opposition to 'now': πάρος περ = 'even before,' ' before as well as now' (*H. G.* § 354).

168. ὄπιθεν 'afterwards.' κακῶς φρονέουσι ' have evil purposes.'

ἀλλ' ἴθι καὶ σῷ παιδὶ ἔπος φάο μηδ' ἐπίκευθε,
χρῶτ' ἀπονιψαμένη καὶ ἐπιχρίσασα παρειάς·
μηδ' οὕτω δακρύοισι πεφυρμένη ἀμφὶ πρόσωπα
ἔρχευ, ἐπεὶ κάκιον πενθήμεναι ἄκριτον αἰεί.
ἤδη μὲν γάρ τοι παῖς τηλίκος, ὃν σὺ μάλιστα   175
ἠρῶ ἀθανάτοισι γενειήσαντα ἰδέσθαι."

Τὴν δ' αὖτε προσέειπε περίφρων Πηνελόπεια·
"Εὐρυνόμη, μὴ ταῦτα παραύδα κηδομένη περ,
χρῶτ' ἀπονίπτεσθαι καὶ ἐπιχρίεσθαι ἀλοιφῇ·
ἀγλαΐην γὰρ ἔμοιγε θεοί, τοὶ Ὄλυμπον ἔχουσιν,   180
ὤλεσαν, ἐξ οὗ κεῖνος ἔβη κοίλῃς ἐνὶ νηυσίν.
ἀλλά μοι Αὐτονόην τε καὶ Ἱπποδάμειαν ἄνωχθι
ἐλθέμεν, ὄφρα κέ μοι παρστήετον ἐν μεγάροισιν·
οἴη δ' οὐκ εἴσειμι μετ' ἀνέρας· αἰδέομαι γάρ."

Ὣς ἄρ' ἔφη, γρηῢς δὲ διὲκ μεγάροιο βεβήκει   185
ἀγγελέουσα γυναιξὶ καὶ ὀτρυνέουσα νέεσθαι.

Ἔνθ' αὖτ' ἄλλ' ἐνόησε θεὰ γλαυκῶπις Ἀθήνη·
κούρῃ Ἰκαρίοιο κατὰ γλυκὺν ὕπνον ἔχευεν,
εὗδε δ' ἀνακλινθεῖσα, λύθεν δέ οἱ ἅψεα πάντα
αὐτοῦ ἐνὶ κλιντῆρι· τέως δ' ἄρα δῖα θεάων   190
ἄμβροτα δῶρα δίδου, ἵνα μιν θησαίατ' Ἀχαιοί.
κάλλεϊ μέν οἱ πρῶτα προσώπατα καλὰ κάθηρεν

---

173 δάκρυσι P H al.   178 κηδομένη MSS.: κηδομένῃ was an ancient variant,
cp. Il. 22. 416 καί μ' οἷον ἔασατε κηδόμενοί περ κτλ., where κηδόμενοι is the reading
of Ar., but the best MSS. have κηδόμενον. Here the scholia are corrupt, see
Ludwich a. l., who makes it probable that Ar. preferred the nom. in both places.
179 ἀπονίψασθαι G.   184 οὐκ εἴσειμι vulg.: οὐ κεῖσ' εἶμι Hdn. F H al.
190 δῖα θεάων] δι' Ἀφροδίτη Zen. The scholium has been wrongly referred
to l. 197, see Ludwich a. l.   191 θησαίατο is hardly a possible form in Homer:
read ἵνα θησαίατ'.

172. χρῶτα (here and l. 179) is post-
Homeric, for χρόα: so χρωτός in Il.
10. 575.
173. The shortening of the α in δα-
κρύοισι may be defended by metrical
necessity: but cp. δάκρυπλώειν, 19. 122.
The form δάκρυσσι, suggested by Nauck,
is not Homeric: for νέκυσσι &c. see on
22. 401.
174. κάκιον 'it is ill' (not well): the
compar. as in 15. 370., 17. 176.
ἄκριτον, lit. ' undistinguishing,' hence

'endless,' 'unmeasured': so Il. 2. 796
μῦθοι ἄκριτοι, &c.
175. τηλίκος 'of the age' (to lead
you to do so): cp. τοίου in l. 126.
190. κλιντῆρι. The word only occurs
here in Homer. If the passage were
certainly genuine we should be tempted
to read κλισίῃ (or κλισμῷ)· τῆος δ' ἄρα
κτλ.
192. κάλλεϊ ἀμβροσίῳ appears to be
used in a concrete sense, for some kind
of paint or ointment.

ἀμβροσίῳ, οἵῳ περ ἐϋστέφανος Κυθέρεια
χρίεται, εὖτ᾽ ἂν ἴῃ Χαρίτων χορὸν ἱμερόεντα·
[καί μιν μακροτέρην καὶ πάσσονα θῆκεν ἰδέσθαι,]   195
λευκοτέρην δ᾽ ἄρα μιν θῆκε πριστοῦ ἐλέφαντος.
ἡ μὲν ἄρ᾽ ὣς ἔρξασ᾽ ἀπεβήσετο δῖα θεάων,
ἦλθον δ᾽ ἀμφίπολοι λευκώλενοι ἐκ μεγάροιο
φθόγγῳ ἐπερχόμεναι· τὴν δὲ γλυκὺς ὕπνος ἀνῆκε,
καί ῥ᾽ ἀπομόρξατο χερσὶ παρειὰς φώνησέν τε·   200
" ἦ με μάλ᾽ αἰνοπαθῆ μαλακὸν περὶ κῶμ᾽ ἐκάλυψεν.
αἴθε μοι ὣς μαλακὸν θάνατον πόροι Ἄρτεμις ἁγνὴ
αὐτίκα νῦν, ἵνα μηκέτ᾽ ὀδυρομένη κατὰ θυμὸν
αἰῶνα φθινύθω, πόσιος ποθέουσα φίλοιο
παντοίην ἀρετήν, ἐπεὶ ἔξοχος ἦεν Ἀχαιῶν."   205
Ὣς φαμένη κατέβαιν᾽ ὑπερώϊα σιγαλόεντα,
οὐκ οἴη, ἅμα τῇ γε καὶ ἀμφίπολοι δύ᾽ ἕποντα.
ἡ δ᾽ ὅτε δὴ μνηστῆρας ἀφίκετο δῖα γυναικῶν,
στῆ ῥα παρὰ σταθμὸν τέγεος πύκα ποιητοῖο
ἄντα παρειάων σχομένη λιπαρὰ κρήδεμνα·   210
ἀμφίπολος δ᾽ ἄρα οἱ κεδνὴ ἑκάτερθε παρέστη.
τῶν δ᾽ αὐτοῦ λύτο γούνατ᾽, ἔρῳ δ᾽ ἄρα θυμὸν ἔθελχθεν,
πάντες δ᾽ ἠρήσαντο παραὶ λεχέεσσι κλιθῆναι.
ἡ δ᾽ αὖ Τηλέμαχον προσεφώνεεν, ὃν φίλον υἱόν·

197 ἀπέβη γλαυκῶπις Ἀθήνη P.   212 ἔθελχθεν] ἔθελγεν G P al.

195 (= 8. 20) .is out of place here,
as Kirchhoff notices (*Odyssee*, p. 520).
The ivory complexion follows as the
effect (ἄρα) of the cosmetic. Observe
also the needless repetition of θῆκε.

206. κατέβαιν᾽ ὑπερώϊα must mean
'came down from the upper chambers,'
a use only found here and in 23. 85.
Elsewhere in the Odyssey καταβαίνω
with the acc. means 'to come down to'
or 'by' (a ladder, &c.). The constr. is
not found in the Iliad.

207-211 = 1.331-335, and 213 =
1. 366.

214-243. These lines are almost
certainly an interpolation, as has been
shown by Wilamowitz (*Hom. Unt.* p.
30). The Suitors are described as struck

with admiration of the beauty of Pene-
lope (212-213), and their admiration is
expressed in glowing language by Eury-
machus (244 ff.). It is evident that the
speech of Eurymachus was intended to
follow immediately on the statement in
ll. 212-213. Furthermore, the dialogue
which thus breaks in upon the thread of
the narrative is irrelevant to the context,
as it has nothing to do with the appear-
ance of Penelope in the μέγαρον. More-
over, it is a dialogue which must have
been intended to be secret: yet it is
carried on in the presence of the Suitors,
with every circumstance that could tend
to arrest their attention. The interpola-
tion was no doubt suggested by Pene-
lope's words in l. 166, though the 'word

" Τηλέμαχ', οὐκέτι τοι φρένες ἔμπεδοι ·οὐδὲ νόημα·　　215
παῖς ἔτ' ἐὼν καὶ μᾶλλον ἐνὶ φρεσὶ κέρδε' ἐνώμας·
νῦν δ' ὅτε δὴ μέγας ἐσσὶ καὶ ἥβης μέτρον ἱκάνεις,
καί κέν τις φαίη γόνον ἔμμεναι ὀλβίου ἀνδρός,
ἐς μέγεθος καὶ κάλλος ὁρώμενος, ἀλλότριος φώς,
οὐκέτι τοι φρένες εἰσὶν ἐναίσιμοι οὐδὲ νόημα,　　220
οἷον δὴ τόδε ἔργον ἐνὶ μεγάροισιν ἐτύχθη,
ὃς τὸν ξεῖνον ἔασας ἀεικισθήμεναι οὕτως.
πῶς νῦν, εἴ τι ξεῖνος ἐν ἡμετέροισι δόμοισιν
ἥμενος ὧδε πάθοι ῥυστακτύος ἐξ ἀλεγεινῆς;
σοί κ' αἶσχος λώβη τε μετ' ἀνθρώποισι πέλοιτο."　　225
Τὴν δ' αὖ Τηλέμαχος πεπνυμένος ἀντίον ηὔδα·
" μῆτερ ἐμή, τὸ μὲν οὔ σε νεμεσσῶμαι κεχολῶσθαι·
αὐτὰρ ἐγὼ θυμῷ νοέω καὶ οἶδα ἕκαστα,
ἐσθλά τε καὶ τὰ χέρεια· πάρος δ' ἔτι νήπιος ἦα.
ἀλλά τοι οὐ δύναμαι πεπνυμένα πάντα νοῆσαι·　　230
ἐκ γάρ με πλήσσουσι παρήμενοι ἄλλοθεν ἄλλος
οἵδε κακὰ φρονέοντες, ἐμοὶ δ' οὐκ εἰσὶν ἀρωγοί.
οὐ μέν τοι ξείνου γε καὶ Ἴρου μῶλος ἐτύχθη
μνηστήρων ἰότητι, βίῃ δ' ὅ γε φέρτερος ἦεν.

---

223 τι Ar. vulg.: τις G F al. : τοι M al.　　225 πέλοιτο] γένοιο F.　　229
obel. by Aristoph. and Aristarchus.　　234 βίην F.

to Telemachus' there indicated is quite
different from what she now says. See
also the note on 244-245.
216. κέρδεα 'clever thoughts,' cp.
κερδαλέος.
217. ἥβης μέτρον, i.e. the point from
which ἥβη is measured, is considered to
begin: cp. ὅρμου μέτρον (13. 101) 'the
distance for anchorage.'
219. ἀλλότριος, who therefore would
have no other knowledge of him.
221-222. οἷον κτλ. and ὃς κτλ. are
both causal, and do not go together
quite smoothly, especially as ὃς must
refer back to τοι in l. 220.
224. ἥμενος ὧδε, cp. 17.447,544. The
adv. re-affirms ἥμενος: 'while sitting,
as he does,'—as much as to say 'while
he sits here quietly.'
229. τὰ χέρεια. The art. is regular

with comparatives, but there is also an
express contrast here: H. G. § 259.
231. παρήμενοι 'keeping by my
side': as Il. 9. 311 ὥς μή μοι τρύζητε
παρήμενοι ἄλλοθεν ἄλλος, cp. Il. 24.652.
234. μνηστήρων ἰότητι 'at the will
of the Suitors,' as they wished (so the
Schol.). This hardly agrees with the
story as told. The Suitors are quite
impartial: indeed, Antinous affects a
sympathy for Ulysses (79-81) which
does not belong to his usual character.
Moreover, ἰότητι in Homer means not
'in accordance with the wish,' but 'by
the will,' i. e. the command or instiga-
tion. So θεῶν ἰότητι (often in the
Odyssey) = 'by divine providence,' and
Il. 15. 41 μὴ δ' ἐμὴν ἰότητα = 'it is not
my doing that.' Hence the sense here
should be that the combat with Irus was

αἲ γάρ, Ζεῦ τε πάτερ καὶ Ἀθηναίη καὶ Ἄπολλον,   235
οὕτω νῦν μνηστῆρες ἐν ἡμετέροισι δόμοισι
νεύοιεν κεφαλὰς δεδμημένοι, οἱ μὲν ἐν αὐλῇ,
οἱ δ' ἔντοσθε δόμοιο, λελῦτο δὲ γυῖα ἑκάστου,
ὡς νῦν Ἶρος κεῖνος ἐπ' αὐλείῃσι θύρῃσιν
ἧσται νευστάζων κεφαλῇ, μεθύοντι ἐοικώς,   240
οὐδ' ὀρθὸς στῆναι δύναται ποσὶν οὐδὲ νέεσθαι
οἴκαδ', ὅπῃ οἱ νόστος, ἐπεὶ φίλα γυῖα λέλυνται."

Ὣς οἱ μὲν τοιαῦτα πρὸς ἀλλήλους ἀγόρευον·
Εὐρύμαχος δ' ἐπέεσσι προσηύδα Πηνελόπειαν·
" κούρη Ἰκαρίοιο, περίφρον Πηνελόπεια,   245
εἰ πάντες σε ἴδοιεν ἀν' Ἴασον Ἄργος Ἀχαιοί,
πλέονές κε μνηστῆρες ἐν ὑμετέροισι δόμοισιν   ·
ἠῶθεν δαινύατ', ἐπεὶ περίεσσι γυναικῶν
εἶδός τε μέγεθός τε ἰδὲ φρένας ἔνδον ἐΐσας."

Τὸν δ' ἠμείβετ' ἔπειτα περίφρων Πηνελόπεια·   250
" Εὐρύμαχ', ἦ τοι ἐμὴν ἀρετὴν εἶδός τε δέμας τε
ὤλεσαν ἀθάνατοι, ὅτε Ἴλιον εἰσανέβαινον
Ἀργεῖοι, μετὰ τοῖσι δ' ἐμὸς πόσις ἦεν Ὀδυσσεύς.
εἰ κεῖνός γ' ἐλθὼν τὸν ἐμὸν βίον ἀμφιπολεύοι,

---

238 οἱ δὲ καὶ ἔκτοσθεν μεγάρων εὖ ναιεταόντων G.   λελῦτο Hdn. G P H al. :
λελῦτο X D Z.   247 πλέονες] Baunack (*Stud.* 1. 6) would restore the old
comparative form πλεῖες : cp. πλέες (Il. 11. 395), πλέας (Il. 2. 129).   253 ἦεν
Aristoph. Ar., vulg. : ἦν G P U al.

not brought about by the Suitors. This
however does not fit the next words βίῃ
δ' ὅ γε φέρτερος ἦεν. Thus we are driven
to regard the use of ἰότητι as one of the
indications of the post-Homeric charac-
ter of the scene (158–303).

238. λελῦτο, pf. opt., for λελῦ-ι-το.
So in l. 248 δαινύατο for δαινυ-ι-ατο.

244-245. The repetition of the name
Πηνελόπεια is a little awkward. When
the interpolated lines 214-243 are cut
out the name is not wanted in 244. It
would certainly be an improvement in
that case to read Εὐρύμαχος δὲ ἔπεσσι
προσηύδα μειλιχίοισι.

246. Ἴασον Ἄργος, a phrase which
only occurs here, must denote the whole
of the Peloponnesus, if not all the
Greece of the time (cp. 15. 80). It is

one of the old geographical names that
survive in poetical tradition, sometimes
after their original application is for-
gotten. It is quoted by E. Curtius as a
proof of the wide diffusion of Ionian
settlements in the earliest period of
Greek history. He combines it with
the statement of Pausanias (ii. 37, 3)
that before the Dorian invasion the
people of Argos spoke the same dialect
as the Athenians (Curtius, *Die Ionier*,
p. 3). On the other hand it is difficult
to understand why the Peloponnese .
should be called ' Ionian ' when it was
mainly occupied by an Achaean popula-
tion. And the formation of the word
Ἴασος, in the sense of Ἰαόνιος (or Ἰόνιος),
is not according to any obvious analogy.

251. ἀρετήν, cp. 13. 45.

μεῖζόν κε κλέος εἴη ἐμὸν καὶ κάλλιον οὕτως.   255
νῦν δ' ἄχομαι· τόσα γάρ μοι ἐπέσσευεν κακὰ δαίμων.
ἦ μὲν δὴ ὅτε τ' ᾖε λιπὼν κάτα πατρίδα γαῖαν,
δεξιτερὴν ἐπὶ καρπῷ ἑλὼν ἐμὲ χεῖρα προσηύδα·
'ὦ γύναι, οὐ γὰρ ὀίω ἐϋκνήμιδας Ἀχαιοὺς
ἐκ Τροίης εὖ πάντας ἀπήμονας ἀπονέεσθαι·   260
καὶ γὰρ Τρῶάς φασι μαχητὰς ἔμμεναι ἄνδρας,
ἠμὲν ἀκοντιστὰς ἠδὲ ῥυτῆρας ὀιστῶν
ἵππων τ' ὠκυπόδων ἐπιβήτορας, οἵ κε τάχιστα
ἔκριναν μέγα νεῖκος ὁμοιίου πτολέμοιο.
τῶ οὐκ οἶδ' ἤ κέν μ' ἀνέσει θεός, ἦ κεν ἁλώω   265
αὐτοῦ ἐνὶ Τροίῃ· σοὶ δ' ἐνθάδε πάντα μελόντων.
μεμνῆσθαι πατρὸς καὶ μητέρος ἐν μεγάροισιν
ὡς νῦν, ἢ ἔτι μᾶλλον ἐμεῦ ἀπονόσφιν ἐόντος·
αὐτὰρ ἐπὴν δὴ παῖδα γενειήσαντα ἴδηαι,
γήμασθ' ᾧ κ' ἐθέλῃσθα, τεὸν κατὰ δῶμα λιποῦσα.'   270

256 ἐπίκλωσεν F (cp. 19. 129).   263 τάχιστα] μάλιστα M J.   264 πτολέμοιο F P al.: πολέμοιο vulg.   265 ἤ] εἰ MSS. ἀνέσει, better ἀνέσῃ, see the note.   269 ἐπὴν δὴ] ἐπειδὴ F: read probably ἐπεί κεν.

263. οἵ κε τάχιστα ἔκριναν. These words can hardly be made to yield a satisfactory sense. They can only mean 'who would have decided' (in a case which has not happened). If the aorist is gnomic, as is generally supposed, it cannot take κε. We may however read οἵ τε, which gives the gnomic sense required. The change is supported by a parody (as it seems to be) in the Comic poet Metagenes, Αὖρ. 1 αὐλητρίδας αἵ τε τάχιστα ἀνδρῶν φορτηγῶν ὑπὸ γούνατα μισθοῦ ἔλυσαν.

264. πτολέμοιο, for πολέμοιο, which is given in a few MSS., is doubtless a survival of the original Epic formula ὁμοιίου πτολέμοιο. Similarly the πτ- has been preserved in 24. 543, Il. 9. 440., 13. 358, 635., 15. 670., 18. 242., 21. 294. In the Iliad the weight of MS. authority in its favour is greater than is shown in La Roche's edition.

265. ἀνέσει is said by the commentators to be shortened from ἀνήσει (fut. of ἀνίημι), and to mean 'will let me return home.' Such a licence, however,

is quite inadmissible. If any part of the verb ἀνίημι is required here we must read ἀνῇ (with hiatus after με), or else ἀνέῃ, as Thiersch conjectured (*Gr.* § 226, comparing ἀφέῃ in Il. 16. 590). But it is a further question whether ἀνίημι can have the sense of 'sending home.' It seems much more probable that the word is from the root *sed*, whence aor. εἷσα (inf. ἕσσαι, ἕσαι). It is true that the fut. ἕσσω or ἕσω is only found in one doubtful instance (viz. Il. 9. 455 ἐφέσσεσθαι, with v. l. ἐφέσσασθαι), the true fut. being probably preserved in the Attic καθ-εδοῦμαι. And the use of the fut. after ἦ κεν (with the subj. ἁλώω in the other clause) is very doubtful. These difficulties, however, may be met by the easy correction ἀνέσῃ. The meaning 'seat again,' 'restore to my place,' seems possible enough: the examples are confined to the literal sense, e. g. Il. 1. 310 ἀνὰ δὲ Χρυσηίδα εἷσεν ἄγων, Il. 13. 657 ἐς δίφρον ἀνέσαντες, Il. 14. 209 εἰς εὐνὴν ἀνέσαιμι (the two last wrongly referred by L. and S. to ἀνίημι).

κεῖνος τὼς ἀγόρευε· τὰ δὴ νῦν πάντα τελεῖται.
νὺξ δ' ἔσται ὅτε δὴ στυγερὸς γάμος ἀντιβολήσει
οὐλομένης ἐμέθεν, τῆς τε Ζεὺς ὄλβον ἀπηύρα.
ἀλλὰ τόδ' αἰνὸν ἄχος κραδίην καὶ θυμὸν ἱκάνει·
μνηστήρων οὐχ ἥδε δίκη τὸ πάροιθε τέτυκτο,   275
οἵ τ' ἀγαθήν τε γυναῖκα καὶ ἀφνειοῖο θύγατρα
μνηστεύειν ἐθέλωσι καὶ ἀλλήλοις ἐρίσωσιν·
αὐτοὶ τοί γ' ἀπάγουσι βόας καὶ ἴφια μῆλα,
κούρης δαῖτα φίλοισι, καὶ ἀγλαὰ δῶρα διδοῦσιν·
ἀλλ' οὐκ ἀλλότριον βίοτον νήποινον ἔδουσιν."   280

*Ὣς φάτο, γήθησεν δὲ πολύτλας δῖος Ὀδυσσεύς,
οὕνεκα τῶν μὲν δῶρα παρέλκετο, θέλγε δὲ θυμὸν
μειλιχίοις ἐπέεσσι, νόος δέ οἱ ἄλλα μενοίνα.

Τὴν δ' αὖτ' Ἀντίνοος προσέφη, Εὐπείθεος υἱός·
" κούρη Ἰκαρίοιο, περίφρον Πηνελόπεια,   285
δῶρα μὲν ὅς κ' ἐθέλῃσιν Ἀχαιῶν ἐνθάδ' ἐνεῖκαι,

---

271 τὼς Ar. (H. 2. 530): θ' ὣς Herodian, G F H al.: τόσ' U.   275 τέτυκται P,
perhaps rightly.

272. νὺξ ἔσται, perhaps said with conscious allusion to the formula ἔσσεται ἦμαρ ὅτ' ἄν κτλ.

275. Most editors put a colon or full stop at τέτυκτο, which gives rather an abrupt effect to the next sentence. On the other hand the asyndeton after ἐρίσωσιν (l. 277) is regular, since αὐτοὶ τοί γ' ἀπάγουσι κτλ. is a restatement, in an affirmative form, of μνηστήρων οὐχ ἥδε δίκη κτλ. Other examples of this epexegetic asyndeton are 14. 216-219., 15. 318., 16. 466.

282. παρέλκετο 'drew off to herself': παρά implies something irregular or wrong, as in παραπλάζω (20. 346), παρεξελθεῖν (5. 104), and frequently in Attic. See also on 21. 111.
The customs governing the giving and receiving of presents evidently had a serious importance in Homeric times, as they still have in the East, and in uncivilized countries generally. We have several indications in the Odyssey of the richness of the parting gifts (ξεινήϊα) which a hero such as Ulysses or Menelaus

might collect: see 14. 323-326., 15. 82-86., 19. 272.
It has been asked how Ulysses can be supposed to know that Penelope is only deceiving her suitors, and is still faithful to himself (Seeck, Quellen der Odyssee, p. 35). The accounts which he has had from Athene (13. 336, 379), confirmed, as we may assume, by Eumaeus and Telemachus, surely go a long way to account for his trust. We may note that the actual words νόος δέ οἱ ἄλλα μενοίνα (l. 283) recall 13. 381, where they are said to him by Athene. His knowledge of Penelope's character would do the rest. The incident, therefore, gives no support to the theory of an Odyssey in which the recognition by Penelope came earlier in the story. Indeed we may hold that the confidence shown by Ulysses is true to nature, and adds to the poetical value of the passage.

286. ὅς κ' ἐθέλῃσιν. The antecedent is understood: 'receive from him who,' &c.: H. G. § 267, 2, a.

δέξασθ'· οὐ γὰρ καλὸν ἀνήνασθαι δόσιν ἐστίν·
ἡμεῖς δ' οὔτ' ἐπὶ ἔργα πάρος γ' ἴμεν οὔτε πῃ ἄλλῃ,
πρίν γέ σε τῷ γήμασθαι Ἀχαιῶν ὅς τις ἄριστος."

*Ὣς ἔφατ' Ἀντίνοος, τοῖσιν δ' ἐπιήνδανε μῦθος,   290
δῶρα δ' ἄρ' οἰσέμεναι πρόεσαν κήρυκα ἔκαστος.
Ἀντινόῳ μὲν ἔνεικε μέγαν περικαλλέα πέπλον,
ποικίλον· ἐν δ' ἄρ' ἔσαν περόναι δυοκαίδεκα πᾶσαι
χρύσειαι, κληῗσιν ἐϋγνάμπτοις ἀραρυῖαι.
ὅρμον δ' Εὐρυμάχῳ πολυδαίδαλον αὐτίκ' ἔνεικε,   295
χρύσεον, ἠλέκτροισιν ἐερμένον, ἠέλιον ὥς.
ἕρματα δ' Εὐρυδάμαντι δύω θεράποντες ἔνεικαν
τρίγληνα μορόεντα· χάρις δ' ἀπελάμπετο πολλή.
ἐκ δ' ἄρα Πεισάνδροιο Πολυκτορίδαο ἄνακτος
ἴσθμιον ἤνεικεν θεράπων, περικαλλὲς ἄγαλμα.   300
ἄλλο δ' ἄρ' ἄλλος δῶρον Ἀχαιῶν καλὸν ἔνεικεν.
ἡ μὲν ἔπειτ' ἀνέβαιν' ὑπερώϊα δῖα γυναικῶν,
τῇ δ' ἄρ' ἅμ' ἀμφίπολοι ἔφερον περικαλλέα δῶρα.
Οἱ δ' εἰς ὀρχηστύν τε καὶ ἱμερόεσσαν ἀοιδὴν
τρεψάμενοι τέρποντο, μένον δ' ἐπὶ ἕσπερον ἐλθεῖν.   305

302 ὑπερώϊα σιγαλόεντα Ρ (16. 449).

287. δέξασθαι, inf. = a softened imperative, expressing what Penelope will naturally do as her part: 'if the Suitors bring gifts, it is for you to take them at their hands.'
ἀνήνασθαι δόσιν 'to refuse (to give) a gift': so 4. 651 χαλεπόν κεν ἀνήνασθαι δόσιν εἴη. This may be taken to be a formula for unwilling consent. The next words limit this consent to the gifts: 'yes, but we will not leave the house.'
291. οἰσέμεναι is aor. inf.: cp. the imper. οἶσε (22. 106, 481), οἰσέτω (8. 255), &c.
294. The 'keys' of a περόνη or brooch are the metal sheaths into which the pins were passed. They were curved in form, hence ἐϋγναμπτοι. See Helbig, p. 275 (ed. 2).
295. For the ὅρμος, with its ornaments consisting of pieces of amber

(ἤλεκτρα), see the passages quoted on 15. 460.
297. ἕρματα 'ear-rings': cp. Il. 14. 182.
298. τρίγληνα 'of three drops' or 'beads': γλήνη is properly a 'bead,' hence applied to the pupil of the eye. Cp. the Attic τριοττίς, also τριοτίς, the name of a 'three-eyed' brooch. As to μορόεντα the most probable suggestion is that it means 'clustering' (μόρον being a mulberry). But as the word only occurs in this obviously conventional verse, it may be an archaism—one of the words that kept their place in Epic poetry after their meaning was more or less forgotten.
305. τρεψάμενοι τέρποντο, apparently an intentional play of language: cp. 13. 144, &c.
μένον ... ἐλθεῖν, cp. Simonides fr. 1, 7 οἱ μὲν ἡμέρην μένουσιν ἐλθεῖν.

τοῖσι δὲ τερπομένοισι μέλας ἐπὶ ἕσπερος ἦλθεν.
αὐτίκα λαμπτῆρας τρεῖς ἵστασαν ἐν μεγάροισιν,
ὄφρα φαείνοιεν· περὶ δὲ ξύλα κάγκανα θῆκαν,
αὖα πάλαι περίκηλα, νέον κεκεασμένα χαλκῷ,
καὶ δαΐδας μετέμισγον· ἀμοιβηδὶς δ' ἀνέφαινον   310
δμῳαὶ Ὀδυσσῆος ταλασίφρονος· αὐτὰρ ὁ τῇσιν
αὐτὸς διογενὴς μετέφη πολύμητις Ὀδυσσεύς·
" δμῳαὶ Ὀδυσσῆος, δὴν οἰχομένοιο ἄνακτος,
ἔρχεσθε πρὸς δώμαθ', ἵν' αἰδοίη βασίλεια·
τῇ δὲ παρ' ἠλάκατα στροφαλίζετε, τέρπετε δ' αὐτὴν   315
ἥμεναι ἐν μεγάρῳ, ἢ εἴρια πείκετε χερσίν·
αὐτὰρ ἐγὼ τούτοισι φάος πάντεσσι παρέξω.
εἴ περ γάρ κ' ἐθέλωσιν ἐΰθρονον Ἠῶ μίμνειν,
οὔ τί με νικήσουσι· πολυτλήμων δὲ μάλ' εἰμί."

Ὣς ἔφαθ', αἱ δ' ἐγέλασσαν, ἐς ἀλλήλας δὲ ἴδοντο.   320
τὸν δ' αἰσχρῶς ἐνένιπε Μελανθὼ καλλιπάρῃος,
τὴν Δολίος μὲν ἔτικτε, κόμισσε δὲ Πηνελόπεια,
παῖδα δὲ ὣς ἀτίταλλε, δίδου δ' ἄρ' ἀθύρματα θυμοῦ·
ἀλλ' οὐδ' ὣς ἔχε πένθος ἐνὶ φρεσὶ Πηνελοπείης,
ἀλλ' γ' Εὐρυμάχῳ μισγέσκετο καὶ φιλέεσκεν.   325

---

3   ἵστασαν G U: other MSS. have ἵστασαν or ἵστασαν.   308 περὶ] ἐπὶ P H
M   310 ἀνέφαινον] ἀνέκαιον G.   314 δῶμα P, perhaps rightly.   318 εἰ
F   vulg.   323 θυμοῦ F P H U.   324 ἔχε] σχέθε F U M.

7. λαμπτῆρες are ' brasiers,' cp.
1   3.

8. περὶ δὲ ξύλα κτλ. These words
seem to describe the making of the fire
in the brasiers (not the mere placing of
fuel with which to feed it): cp. the re-
plenishing of the fire in 19. 63 ἄλλα δ'
ἐπ' αὐτῶν νήησαν ξύλα πολλὰ φόως ἔμεν
ἠδὲ θέρεσθαι.

310. δαΐδας μετέμισγον, i. e. besides
the λαμπτῆρες, and in the spaces be-
tween them, there were torches held by
attendants. These relieved each other
in this service (ἀμοιβηδὶς ἀνέφαινον).
Cp. the figures holding torches in the
palace of Alcinous, φαίνοντες νύκτας (7.
100–103). Some commentators take
δαΐδας here in the sense of ' slips of
pine wood,' which were mixed with the

ξύλα (of which, therefore, they were
merely a variety), and ἀνέφαινον as ·
' kept up the fire,' sc. of the λαμπτῆρες.
But on this view the service of the δμῳαί
is not very noticeable, and we lose the
striking picture of Ulysses acting himself
as the unwearied torch-bearer.

316. πείκετε is probably only a metrical
lengthening of πέκετε (Schulze, Quaest.
Ep. p. 223): cp. Il. 14. 176.

323. The MSS. are divided pretty
equally between θυμοῦ and θυμῷ. The
dat. would be construed with δίδου,
'gave to please her mind': the gen.
would go with ἀθύρματα, cp. μειλίγματα
θυμοῦ (Od. 10. 217). The latter is
more Homeric.

324. Πηνελοπείης, objective gen.,
' sorrow for Penelope.'

ἥ ῥ' Ὀδυσῆ' ἐνένιπεν ὀνειδείοις ἐπέεσσι·
" ξεῖνε τάλαν, σύ γέ τις φρένας ἐκπεπαταγμένος ἐσσί,
οὐδ' ἐθέλεις εὕδειν χαλκήιον ἐς δόμον ἐλθών,
ἠέ που ἐς λέσχην, ἀλλ' ἐνθάδε πόλλ' ἀγορεύεις
[θαρσαλέως πολλοῖσι μετ' ἀνδράσιν, οὐδέ τι θυμῷ   330
ταρβεῖς· ἦ ῥά σε οἶνος ἔχει φρένας, ἤ νύ τοι αἰεὶ
τοιοῦτος νόος ἐστίν, ὃ καὶ μεταμώνια βάζεις.]
ἦ ἀλύεις ὅτι Ἶρον ἐνίκησας τὸν ἀλήτην;
μή τίς τοι τάχα Ἴρου ἀμείνων ἄλλος ἀναστῇ,
ὅς τίς σ' ἀμφὶ κάρη κεκοπὼς χερσὶ στιβαρῇσι   335
δώματος ἐκπέμψῃσι φορύξας αἵματι πολλῷ."

   Τὴν δ' ἄρ' ὑπόδρα ἰδὼν προσέφη πολύμητις Ὀδυσσεύς·
" ἦ τάχα Τηλεμάχῳ ἐρέω, κύον, οἷ' ἀγορεύεις,
κεῖσ' ἐλθών, ἵνα σ' αὖθι διὰ μελεϊστὶ τάμῃσιν."

   Ὣς εἰπὼν ἐπέεσσι διεπτοίησε γυναῖκας.   340
βὰν δ' ἴμεναι διὰ δῶμα, λύθεν δ' ὑπὸ γυῖα ἑκάστης
ταρβοσύνῃ· φὰν γάρ μιν ἀληθέα μυθήσασθαι.
αὐτὰρ ὁ πὰρ λαμπτῆρσι φαείνων αἰθομένοισιν
ἑστήκειν ἐς πάντας ὁρώμενος· ἄλλα δέ οἱ κῆρ
ὥρμαινε φρεσὶν ᾗσιν, ἅ ῥ' οὐκ ἀτέλεστα γένοντο.   345

---

327 ἐκπεπετασμένος L W.   332 μεταμώλια F H M U al.   336 ἐπέμψειε G.
   343 αὐτὰρ ὁ λαμπτήρεσσι G.   344 ἐστήκει G U al.: -ειν P H K: see Ludwich on Il. 14. 412.

327. φρένας ἐκπεπαταγμένος is a somewhat difficult phrase. The word πατάσσω is used of the beating of the heart from fear (Il. 7. 216., 13. 282) or excitement (Il. 23. 370): hence the meaning might be 'frightened out of his wits,' or else 'stirred to madness.' Two MSS. have ἐκπεπετασμένος, and perhaps a better sense, or at least one more suitable to the context, may be obtained by connecting this word with the obscure πετάσειε of l. 160. If πετάννυμι said of the mind means 'to set agog' or 'intoxicate,' the participle would express the restless excitement that Melantho complains of.
328. χαλκήιον δόμον 'house of the χαλκεύς,' cp. l. 353.
329. This is the only mention in Homer of the λέσχη, afterwards a familiar institution in Greece.
330–332. These lines, which recur in 390–392, were rejected by Aristarchus. They certainly fit the later context, and are superfluous here. And the repetition πολλά ... πολλοῖσι is awkward.
332. ὃ καὶ 'wherefore.' 'which is the reason that.' Cp. 4. 206 τοίου γὰρ καὶ πατρός, ὃ καὶ πεπνυμένα βάζεις: H. G. § 269, 1.
338. οἷ' ἀγορεύεις, not 'what things you say,' but with causal force, 'since you say such things': cp. 389, &c.
343. φαείνων. Ulysses took the place of the maidservants and held up lights, as they had been doing in turn.
344. ἄλλα 'other' than he seemed to be attending to.

Μνηστῆρας δ' οὐ πάμπαν ἀγήνορας εἴα Ἀθήνη
λώβης ἴσχεσθαι θυμαλγέος, ὄφρ' ἔτι μᾶλλον
δύη ἄχος κραδίην Λαερτιάδεω Ὀδυσῆος.
τοῖσιν δ' Εὐρύμαχος, Πολύβου πάϊς, ἦρχ' ἀγορεύειν,
κερτομέων Ὀδυσῆα, γέλω δ' ἑτάροισιν ἔτευχε·   350
" κέκλυτέ μευ, μνηστῆρες ἀγακλειτῆς βασιλείης,
ὄφρ' εἴπω τά με θυμὸς ἐνὶ στήθεσσι κελεύει.
οὐκ ἀθεεὶ ὅδ' ἀνὴρ Ὀδυσήϊον ἐς δόμον ἵκει·
ἔμπης μοι δοκέει δαΐδων σέλας ἔμμεναι αὐτοῦ
κὰκ κεφαλῆς, ἐπεὶ οὔ οἱ ἔνι τρίχες οὐδ' ἡβαιαί."   355
'Η ῥ' ἅμα τε προσέειπεν Ὀδυσσῆα πτολίπορθον·
" ξεῖν', ἦ ἄρ κ' ἐθέλοις θητευέμεν, εἴ σ' ἀνελοίμην,
ἀγροῦ ἐπ' ἐσχατιῆς—μισθὸς δέ τοι ἄρκιος ἔσται—
αἱμασιάς τε λέγων καὶ δένδρεα μακρὰ φυτεύων ;
ἔνθα κ' ἐγὼ σῖτον μὲν ἐπηετανὸν παρέχοιμι,   360
εἵματα δ' ἀμφιέσαιμι ποσίν θ' ὑποδήματα δοίην.
ἀλλ' ἐπεὶ οὖν δὴ ἔργα κάκ' ἔμμαθες, οὐκ ἐθελήσεις
ἔργον ἐποίχεσθαι, ἀλλὰ πτώσσειν κατὰ δῆμον
βούλεαι, ὄφρ' ἂν ἔχῃς βόσκειν σὴν γαστέρ' ἄναλτον."
Τὸν δ' ἀπαμειβόμενος προσέφη πολύμητις Ὀδυσσεύς·   365

---

348 Λαερτιάδην Ὀδυσῆα G U : cp. 20. 286.   350 γέλων vulg. (cp. 20. 8).
δ' ἑτάροισιν] δ' ἄρα τοῖσιν P H M al.   ἔτευξε P H M al.   355 κὰκ Barnes : καὶ
MSS.   356 πτολίπορθον] μεγάθυμον U.

---

346. οὐ πάμπαν ‘not at all,’—Attic
οὐ πάνυ.

348. δύη is opt., for δῦ-ιη.

354. ἔμπης ‘after all,’ ‘really now,’
said in a deprecating tone before an-
nouncing a prodigy : cp. 19. 37 ἔμπης
μοι τοῖχοι κτλ. Eurymachus pretends
to think that Ulysses with his torches
is a source of light that can only be
ascribed to the presence of a divine
being (19. 40 ἦ μάλα τις θεὸς ἔνδον).

355. κὰκ κεφαλῆς ‘down from his
very own head.’ The gen. with κατά
is generally found with verbs of *motion*:
here δοκέει σέλας ἔμμεναι = ‘light seems
to come.’ The joke about Ulysses as
a self-luminous body is now improved

upon by the remark that the light must
come from himself, since he has no hair
which could help to produce it. The
MS. reading καὶ κεφαλῆς involves the
hardly possible constr. ἔμμεναι κεφαλῆς
‘ to be on, or come from, the head.’

357. ἀνελοίμην, of taking into service :
cp. 14. 272, also 19. 22 ἐπιφροσύνας
ἀνέλοιο of ‘ taking thought.’

359. αἱμασιάς ‘a wall,’ as 24. 224
αἱμασιὰς λέγοντες ἀλωῆς ἔμμεναι ἕρκος.
It is apparently a *dry* wall, as Herodotus
speaks of lizards living in such a wall
(2. 69 κροκοδείλοισι τοῖσι ἐν τῇσι αἱμα-
σιῇσι). λέγων must here mean ‘laying’:
cp. αἱμασιολογεῖν in Theopompus Com.
(incert. 11).

" Εὐρύμαχ', εἰ γὰρ νῶϊν ἔρις ἔργοιο γένοιτο
ὥρῃ ἐν εἰαρινῇ, ὅτε τ' ἥματα μακρὰ πέλονται,
ἐν ποίῃ, δρέπανον μὲν ἐγὼν εὐκαμπὲς ἔχοιμι,
καὶ δὲ σὺ τοῖον ἔχοις, ἵνα πειρησαίμεθα ἔργου
νήστιες ἄχρι μάλα κνέφαος, ποίη δὲ παρείη. 　　　　370
εἰ δ' αὖ καὶ βόες εἶεν ἐλαυνέμεν, οἵ περ ἄριστοι,
αἴθωνες μεγάλοι, ἄμφω κεκορηότε ποίης,
ἥλικες ἰσοφόροι, τῶν τε σθένος οὐκ ἀλαπαδνόν,
τετράγυον δ' εἴη, εἴκοι δ' ὑπὸ βῶλος ἀρότρῳ·
τῷ κέ μ' ἴδοις, εἰ ὦλκα διηνεκέα προταμοίμην. 　　　375
εἰ δ' αὖ καὶ πόλεμόν ποθεν ὁρμήσειε Κρονίων
σήμερον, αὐτὰρ ἐμοὶ σάκος εἴη καὶ δύο δοῦρε
καὶ κυνέη πάγχαλκος, ἐπὶ κροτάφοις ἀραρυῖα,
τῷ κέ μ' ἴδοις πρώτοισιν ἐνὶ προμάχοισι μιγέντα,
οὐδ' ἄν μοι τὴν γαστέρ' ὀνειδίζων ἀγορεύοις. 　　　380
ἀλλὰ μάλ' ὑβρίζεις καί τοι νόος ἐστὶν ἀπηνής·
καί πού τις δοκέεις μέγας ἔμμεναι ἠδὲ κραταιός, .
οὕνεκα πὰρ παύροισι καὶ οὐτιδανοῖσιν ὁμιλεῖς.
εἰ δ' Ὀδυσεὺς ἔλθοι καὶ ἵκοιτ' ἐς πατρίδα γαῖαν,
αἶψά κέ τοι τὰ θύρετρα, καὶ εὐρέα περ μάλ' ἐόντα, 　　385
φεύγοντι στείνοιτο διὲκ προθύροιο θύραζε."
　"Ὣς ἔφατ', Εὐρύμαχος δ' ἐχολώσατο κηρόθι μᾶλλον,
καί μιν ὑπόδρα ἰδὼν ἔπεα πτερόεντα προσηύδα·
" ἆ δειλ', ἦ τάχα τοι τελέω κακόν, οἵ' ἀγορεύεις

---

370 κνέφεος G al. 　　371 ὦ περ ἀρίστω G. Probably the dual should be restored in the two next lines also: thus αἴθωνε μεγάλω . . . ἥλικε ϝισοφόρω. 379 κεν ἴδοις P, i.e. originally κε ϝίδοις, and so in 375. In 379 the pronoun με can be understood from the context. 　　383 οὐτιδανοῖσιν G U : οὐκ ἀγαθοῖσιν vulg. 386 προθύροιο Ar. G F P H U : μεγάροιο Rhianus, X D al.

366. ἔρις 'rivalry,' as 6. 92 θοῶς ἔριδα προφέρουσαι.
367. πέλονται 'come round,' cp. ἐπιπλόμενον ἔτος.
377. Note the absence of the θώρηξ : so in 14. 482.
380. The art. with μοι has the force of a possessive adj. (μοι τὴν γαστέρα = τὴν ἐμὴν γ.) : see on 13. 262, and H. G. § 261, 3, b.

381. ἀπηνής 'averse, ungentle': cp. προσηνής 'favouring, kind': prob. from a word ἦνος (or ἄνος) 'mouth' or 'face' (Sanscr. anika, ānana). Hence also ὑπ-ήνη 'beard.'
383. οὐτιδανοῖσιν, conjectured by Barnes in place of the prosaic οὐκ ἀγαθοῖσιν, is now found in two good MSS.

θαρσαλέως πολλοῖσι μετ' ἀνδράσιν, οὐδέ τι θυμῷ   390
ταρβεῖς· ἦ ῥά σε οἶνος ἔχει φρένας, ἤ νύ τοι αἰεὶ
τοιοῦτος νόος ἐστίν, ὃ καὶ μεταμώνια βάζεις.
[ἦ ἀλύεις, ὅτι Ἶρον ἐνίκησας τὸν ἀλήτην;]"
*Ὣς ἄρα φωνήσας σφέλας ἔλλαβεν· αὐτὰρ Ὀδυσσεὺς
Ἀμφινόμου πρὸς γοῦνα καθέζετο Δουλιχιῆος,   395
Εὐρύμαχον δείσας· ὁ δ' ἄρ' οἰνοχόον βάλε χεῖρα
δεξιτερήν· πρόχοος δὲ χαμαὶ βόμβησε πεσοῦσα,
αὐτὰρ ὅ γ' οἰμώξας πέσεν ὕπτιος ἐν κονίῃσι.
μνηστῆρες δ' ὁμάδησαν ἀνὰ μέγαρα σκιόεντα,
ὧδε δέ τις εἴπεσκεν ἰδὼν ἐς πλησίον ἄλλον·   400
" αἴθ' ὤφελλ' ὁ ξεῖνος ἀλώμενος ἄλλοθ' ὀλέσθαι
πρὶν ἐλθεῖν· τῷ κ' οὔ τι τόσον κέλαδον μετέθηκε·
νῦν δὲ περὶ πτωχῶν ἐριδαίνομεν, οὐδέ τι δαιτὸς
ἐσθλῆς ἔσσεται ἦδος, ἐπεὶ τὰ χερείονα νικᾷ."
Τοῖσι δὲ καὶ μετέειφ' ἱερὴ ἲς Τηλεμάχοιο·   405
" δαιμόνιοι, μαίνεσθε καὶ οὐκέτι κεύθετε θυμῷ
βρωτὺν οὐδὲ ποτῆτα· θεῶν νύ τις ὔμμ' ὀροθύνει.
ἀλλ' εὖ δαισάμενοι κατακείετε οἴκαδ' ἰόντες,
ὁππότε θυμὸς ἄνωγε· διώκω δ' οὔ τιν' ἔγωγε."
*Ὣς ἔφαθ', οἱ δ' ἄρα πάντες ὀδὰξ ἐν χείλεσι φύντες   410
Τηλέμαχον θαύμαζον, ὃ θαρσαλέως ἀγόρευε.
τοῖσιν δ' Ἀμφίνομος ἀγορήσατο καὶ μετέειπε

---

392 μεταμώλια F al.   393 om. G F X U al.   402 τόσον] πολὺν G F.
μετέθηκε Ar. : μιθήηκε MSS. (μεθῆκεν P).

390-392. See on 330-332.
393. This line is repeated from 333.
It is wanting in several good MSS.,
and is evidently out of place here.
397. πρόχοος here a ' wine-jug ': else-
where in Homer it is a vessel from
which water was poured on the hands.
402. μετέθηκε ' brought among us ':
cp. Il. 1. 575 ἐν δὲ θεοῖσι κολῳὸν ἐλαύνε-
'τον. The next two lines are obviously
an imitation—in some respects a parody
— of Il. 1. 574-576.
406. κεύθετε κτλ. The food and
wine are thought of as reappearing in

the insolence and violence of which they
are the exciting cause. Cp. Hdt. 1. 212
ὥστε κατιόντος τοῦ οἴνου ἐς τὸ σῶμα
ἐπαναπλώειν ὑμῖν ἔπεα κακά.
408. κατακείετε, fut. indic. (not im-
perative), used to show that Telemachus
does not wish to do more than hint at
the end of the feast (διώκω δ' οὔ τιν'
ἔγωγε). On κείω see 14. 532. For the
future = an imperative with a difference
(i. e. an indirect, not a direct, request)
we may compare Il. 6. 70 ἀλλ' ἄνδρας
κτείνωμεν· ἔπειτα δὲ . . . συλήσετε τε-
θνηῶτας.

II.   L

[Νίσου φαίδιμος υἱός, Ἀρητιάδαο ἄνακτος]·
" ὦ φίλοι, οὐκ ἂν δή τις ἐπὶ ῥηθέντι δικαίῳ
ἀντιβίοις ἐπέεσσι καθαπτόμενος χαλεπαίνοι·   415
μήτε τι τὸν ξεῖνον στυφελίζετε μήτε τιν' ἄλλον
δμώων, οἳ κατὰ δώματ' Ὀδυσσῆος θείοιο.
ἀλλ' ἄγετ', οἰνοχόος μὲν ἐπαρξάσθω δεπάεσσιν,
ὄφρα σπείσαντες κατακείομεν οἴκαδ' ἰόντες·
τὸν ξεῖνον δὲ ἐῶμεν ἐνὶ μεγάροις Ὀδυσῆος   420
Τηλεμάχῳ μελέμεν· τοῦ γὰρ φίλον ἵκετο δῶμα."
    Ὣς φάτο, τοῖσι δὲ πᾶσιν ἑαδότα μῦθον ἔειπε.
τοῖσιν δὲ κρητῆρα κεράσσατο Μούλιος ἥρως,
κῆρυξ Δουλιχιεύς· θεράπων δ' ἦν Ἀμφινόμοιο·
νώμησεν δ' ἄρα πᾶσιν ἐπισταδόν· οἳ δὲ θεοῖσι   425
λείψαντες μακάρεσσι πίον μελιηδέα οἶνον.
αὐτὰρ ἐπεὶ σπεῖσάν τ' ἔπιόν θ' ὅσον ἤθελε θυμός,
βάν ῥ' ἴμεναι κείοντες ἑὰ πρὸς δώμαθ' ἕκαστος.

---

413 om. G H X U al. (16. 395).   418 ἄγε D X Z, perhaps rightly, if we
restore the Ϝ of οἰνοχόος.   419 κατακείομεν] Perhaps κατακείετε, as in 408 (cp.
στυφελίζετε in 416).   420 μεγάροισιν ἔπλον Rhianus, who may have thought
μεγάροις Ὀδυσῆος not consistent with τοῦ γάρ . . . δῶμα in the next line.
426 λείψαντες G F X U al. : σπείσαντες vulg.   428 βάν δ' P H X al.

414. ἐπὶ ῥηθέντι δικαίῳ 'after the
right word has been spoken.'
418. ἐπαρξάσθω. This word denotes
the pouring in of the first drop, which
was then immediately poured out in liba-
tion (σπείσαντες), and the full draught
poured in by the οἰνοχόος. The pre-
position ἐπί has the force of going
'round' the company : see on 14. 294.

419. κατακείομεν, cp. l. 408. For
ὄφρα with fut. indic. see *H. G.* § 326, 3.
425. ἐπισταδόν means 'stopping at
each in succession.' The οἰνοχόος waited
for the libation to be made by the
guest, and then passed to the next.
The preposition has the same force as
in ἐπάρχεσθαι (418). On the whole
passage see the note on 3. 340.

MYCENEAN CRATER FOUND IN CYPRUS.

ΟΔΥΣΣΕΙΑΣ Τ

Ὀδυσσέως καὶ Πηνελόπης ὁμιλία· ἀναγνωρισμὸς ὑπὸ
Εὐρυκλείας.

Αὐτὰρ ὁ ἐν μεγάρῳ ὑπελείπετο δῖος Ὀδυσσεύς,
μνηστήρεσσι φόνον σὺν Ἀθήνῃ μερμηρίζων·
αἶψα δὲ Τηλέμαχον ἔπεα πτερόεντα προσηύδα·
"Τηλέμαχε, χρὴ τεύχε' ἀρήϊα κατθέμεν εἴσω
πάντα μάλ', αὐτὰρ μνηστῆρας μαλακοῖς ἐπέεσσι   5

1-50. The removal of the arms from the μέγαρον to an inner θάλαμος has already been mentioned in 16. 281-298. The two passages are to some extent identical, the nine lines 19. 5-13 being a repetition of 16. 286-294. Ancient and modern critics are generally agreed in regarding 16. 281-298 as an interpolation, founded upon the present passage, and intended to lead up to it. They argue that Ulysses would not be likely to think of the arms in the μέγαρον until he came to the palace himself: that exact directions, such as he gives for an answer to the Suitors, are more appropriate at the later stage: that the phrase μαλακοῖς ἐπέεσσι παρφάσθαι (16. 286) comes awkwardly after μειλιχίοις ἐπέεσσι παραυδῶν in 16. 279: and that the injunction to keep two sets of arms for himself and Telemachus, which does not recur in the 19th book, is inconsistent with the subsequent story. It has also been pointed out that the words in 16. 283 νεύσω κτλ. refer to a signal to be given by Ulysses to Telemachus while the Suitors are in the hall, whereas the removal of the arms could only be carried out while they were absent. Finally, the repetition of

the formula ἄλλο δέ τοι ἐρέω κτλ. (16. 281, 299) is strongly suggestive of insertion.

On the other hand it is maintained by Kirchhoff (Odyssee, p. 560) that the passage in the 16th book is genuine, and is the source from which the passage before us was derived. His arguments turn upon minute points of comparison between the language of the two places. Thus in 19. 10 the unusual construction ἐνὶ φρεσὶν ἔμβαλε is best accounted for by supposing that the vague phrase ἔμβαλε δαίμων was substituted for θῆκε Κρονίων, which is the reading in 16. 291. Again, 19. 4 gives in one line the substance of the two lines 16. 284-285, and has probably been abbreviated from them. The speech of Ulysses in 19. 4 ff. begins abruptly, and is not clear by itself: e. g. the words κατθέμεν εἴσω are only intelligible if they recall 16. 285 ἐς μυχὸν ὑψηλοῦ θαλάμου καταθεῖναι. And χρὴ κατθέμεν is not so Homeric as the use of the infinitives καταθεῖναι and παρφάσθαι as imperatives.

These considerations, if not all equally decisive, show at least that we cannot be content simply to bracket 16. 281-298. But other reasons lead rather to

παρφάσθαι, ὅτε κέν σε μεταλλῶσιν ποθέοντες·
ἐκ καπνοῦ κατέθηκ', ἐπεὶ οὐκέτι τοῖσιν ἐῴκει,
οἷά ποτε Τροίηνδε κιὼν κατέλειπεν Ὀδυσσεύς,

the conclusion that both passages are additions to the original context.

(1) If the repetition of ἄλλο δέ τοι ἐρέω κτλ. is suspicious, the same may be said with still greater force of 19. 1–2 and 51–52. And it may be noticed that αὐτὰρ ὁ ἐν μεγάρῳ ὑπελείπετο δῖος Ὀδυσσεύς is more correct in l. 51, when Ulysses is left quite alone, than in l. 1, when Telemachus is still with him.

(2) The speech which Telemachus is to make to the Suitors (16. 286–294 = 19. 5–13) does not fall in with the course of events. He is here furnished with the answer to be given to them when they notice the absence of the arms. This leads us to expect that the Suitors, when they come to the palace next day, will at once ask about the arms, and receive the preconcerted answer, repeated in the Epic manner. But no such incident takes place.

(3) One of the reasons which Telemachus is to give is that arms tempt men to use them. This assumes that the Suitors were otherwise unarmed': whereas (as we presently find) every one had his sword by his side. It would seem, then, that this argument was suggested in an age when the habit of wearing arms no longer prevailed.

(4) The proverb ἐφέλκεται ἄνδρα σίδηρος is a similar anachronism. It belongs to a period when iron was the chief or only metal of which weapons were made. But although the use of iron was well known in the time of the Odyssey, it was evidently still rare in comparison with bronze. Not only do we never hear of iron spears or swords, but the word χαλκός is often used of weapons generally, like σίδηρος here: cp. Od. 4. 226, 700, 743., 11. 120, 519, 535., 13. 271., 14. 271., 17. 440, &c.

(5) The vocabulary in the two passages in question has a post-Homeric stamp. This applies to κατήκισται (for κατηρείκισται), τρώσητε (for τρώσετε), χρύσεον as a spondee, λύχνον. See also the note on l. 48.

There are however two passages in the 22nd book, and one in the 24th, which seem to imply that the arms had been removed from the μέγαρον.

(1) 22. 23–25, where the μνηστηροφονία begins by the slaying of Antinous, and the others start up in excitement πάντοσε παπταίνοντες εὐδμήτους ποτὶ τοίχους, οὐδέ πῃ ἀσπὶς ἔην οὐδ' ἄλκιμον ἔγχος ἐλέσθαι. These words however, as Kirchhoff has happily shown, do not suit the context. They imply that the Suitors looked for arms for their combat with Ulysses. But the Suitors did not yet expect any combat. They thought that the stranger had killed Antinous by accident, and did not dream of the fate that was hanging over them. Hence these lines are an interpolation, and prove nothing about the removal of the arms.

(2) 22. 140–141 ἐκ θαλάμοιο· ἔνδον γάρ, ὀΐομαι, οὐδὲ πῃ ἄλλῃ τεύχεα κατθέσθην Ὀδυσεὺς καὶ φαίδιμος υἱός. These words are generally taken to mean that Melanthius would bring arms from the θάλαμος, since it was there, and nowhere else, that Ulysses and Telemachus had put them. But as Kirchhoff points out, that cannot be the true sense. The word ἔνδον does not mean 'there,' but 'within' (opposed to 'without'), hence 'at home,' 'in their place.' What Melanthius wishes to say is that the arms will be found in their proper place, the θάλαμος —that Ulysses and Telemachus have not put them anywhere else (which they might have done as a precaution). The passage therefore is really a confirmation of the view that the whole incident of the removal of the arms is a later addition.

We may go further, and conjecture that it was the misunderstanding of this passage that gave the incident its place in the existing narrative.

(3) The removal of the arms is also mentioned in 24. 164–166. The fact may rank with other indications of the later date of that book. It is worth while noticing that the words ἀλλ' ὅτε δὴ μιν ἔγειρε Διὸς νόος (24. 164) recall 16. 291 ἐνὶ φρεσὶ θῆκε Κρονίων (16. 291), and ἀείρας in 24. 165 must come from 16. 285. Possibly the author of the 24th book knew 16. 281–298, but not 19. 1–50.

ἀλλὰ κατήκισται, ὅσσον πυρὸς ἵκετ' ἀϋτμή.

πρὸς δ' ἔτι καὶ τόδε μεῖζον ἐνὶ φρεσὶν ἔμβαλε δαίμων,   10
μή πως οἰνωθέντες, ἔριν στήσαντες ἐν ὑμῖν,
ἀλλήλους τρώσητε καταισχύνητέ τε δαῖτα
καὶ μνηστύν· αὐτὸς γὰρ ἐφέλκεται ἄνδρα σίδηρος."

Ὣς φάτο, Τηλέμαχος δὲ φίλῳ ἐπεπείθετο πατρί,
ἐκ δὲ καλεσσάμενος προσέφη τροφὸν Εὐρύκλειαν·   15
"μαῖ', ἄγε δή μοι ἔρυξον ἐνὶ μεγάροισι γυναῖκας,
ὄφρα κεν ἐς θάλαμον καταθείομαι ἔντεα πατρὸς
καλά, τά μοι κατὰ οἶκον ἀκηδέα καπνὸς ἀμέρδει
πατρὸς ἀποιχομένοιο· ἐγὼ δ' ἔτι νήπιος ἦα.
νῦν δ' ἐθέλω καταθέσθαι, ἵν' οὐ πυρὸς ἵξετ' ἀϋτμή."   20

Τὸν δ' αὖτε προσέειπε φίλη τροφὸς Εὐρύκλεια·
"αἲ γὰρ δή ποτε, τέκνον, ἐπιφροσύνας ἀνέλοιο
οἴκου κήδεσθαι καὶ κτήματα πάντα φυλάσσειν.
ἀλλ' ἄγε, τίς τοι ἔπειτα μετοιχομένη φάος οἴσει;
δμῳὰς δ' οὐκ εἴας προβλωσκέμεν, αἵ κεν ἔφαινον."   25

Τὴν δ' αὖ Τηλέμαχος πεπνυμένος ἀντίον ηὔδα·
"ξεῖνος ὅδ'· οὐ γὰρ ἀεργὸν ἀνέξομαι ὅς κεν ἐμῆς γε
χοίνικος ἅπτηται, καὶ τηλόθεν εἰληλουθώς."

Ὣς ἄρ' ἐφώνησεν, τῇ δ' ἄπτερος ἔπλετο μῦθος.
κλήϊσεν δὲ θύρας μεγάρων εὖ ναιεταόντων.   30
τὼ δ' ἄρ' ἀναΐξαντ' Ὀδυσεὺς καὶ φαίδιμος υἱὸς
ἐσφόρεον κόρυθάς τε καὶ ἀσπίδας ὀμφαλοέσσας
ἔγχεά τ' ὀξυόεντα· πάροιθε δὲ Παλλὰς Ἀθήνη,
χρύσεον λύχνον ἔχουσα, φάος περικαλλὲς ἐποίει.

---

9 κατήκισται, see 16. 290.   10 ἔμβαλε δαίμων] θῆκε Κρονίων (16. 291) should perhaps be read here, to avoid the tautology ἐνὶ φρεσὶν ἔμβαλε. see on 16. 293.   12 τρώσητε,   31 ἀναΐξαντε πατὴρ F.

16. ἐνὶ μεγάροισι 'indoors': the plural μέγαρα is used of the house or palace generally. It is not likely that the women's apartments are here meant, as some think.

24. μετοιχομένη, not 'going after you,' but 'going off to fetch' (the light): cp. 8. 47 κῆρυξ δὲ μετῴχετο θεῖον ἀοιδόν.

25. οὐκ εἴας = 'yon forbade.'

28. χοίνικος ἅπτηται 'lays hold of a ration of meal.' χοῖνιξ is used like κοτύλη καὶ τέρμον (15. 312., 17. 12). But the phrase seems colloquial.

29. ἄπτερος κτλ. See the note on 17. 57.

34. λύχνος is post-Homeric, both word and thing. The synizesis in the word χρύσεον is not Homeric.

δὴ τότε Τηλέμαχος προσεφώνεεν ὃν πατέρ' αἶψα·　35
" ὦ πάτερ, ἦ μέγα θαῦμα τόδ' ὀφθαλμοῖσιν ὁρῶμαι.
ἔμπης μοι τοῖχοι μεγάρων καλαί τε μεσόδμαι
εἰλάτιναί τε δοκοὶ καὶ κίονες ὑψόσ' ἔχοντες
φαίνοντ' ὀφθαλμοῖς ὡς εἰ πυρὸς αἰθομένοιο.
ἦ μάλα τις θεὸς ἔνδον, οἳ οὐρανὸν εὐρὺν ἔχουσι."　40

Τὸν δ' ἀπαμειβόμενος προσέφη πολύμητις Ὀδυσσεύς·
" σίγα καὶ κατὰ σὸν νόον ἴσχανε μηδ' ἐρέεινε·
αὕτη τοι δίκη ἐστὶ θεῶν, οἳ Ὄλυμπον ἔχουσιν.
ἀλλὰ σὺ μὲν κατάλεξαι, ἐγὼ δ' ὑπολείψομαι αὐτοῦ,
ὄφρα κ' ἔτι δμφὰς καὶ μητέρα σὴν ἐρεθίζω·　45
ἡ δέ μ' ὀδυρομένη εἰρήσεται ἀμφὶς ἕκαστα."

Ὣς φάτο, Τηλέμαχος δὲ διὲκ μεγάροιο βεβήκει
κείων ἐς θάλαμον δαΐδων ὑπο λαμπομενάων,
ἔνθα πάρος κοιμᾶθ', ὅτε μιν γλυκὺς ὕπνος ἱκάνοι·
ἔνθ' ἄρα καὶ τότ' ἔλεκτο καὶ Ἠῶ δῖαν ἔμιμνεν.　50
αὐτὰρ ὁ ἐν μεγάρῳ ὑπελείπετο δῖος Ὀδυσσεύς,
μνηστήρεσσι φόνον σὺν Ἀθήνῃ μερμηρίζων.

Ἡ δ' ἴεν ἐκ θαλάμοιο περίφρων Πηνελόπεια,
Ἀρτέμιδι ἰκέλη ἠὲ χρυσέῃ Ἀφροδίτῃ.

---

37 μεγάρων] μεγάλαι G.　　　54 ἠὲ U al. : ἠδὲ G F P al.

37. ἔμπης. See on 18. 354.
The μεσόδμαι of a house, according
to Aristarchus, were the spaces between
the columns (τὰ μεσόστυλα): according
to others, the interval between the
beams (τὰ μεταξὺ τῶν δοκῶν διαστήματα).
When used of a ship the word meant
a sort of box in which the mast was
set (κοίλης ἔντοσθε μεσόδμης, see note
on 2. 424). It does not seem likely
that the same word would denote two
things so different. Moreover, a phrase
like καλαὶ μεσόδμαι, used as it is in this
context, would naturally be applied to
a prominent part of the building, or at
least to something of importance for
the decoration. Possibly the μεσόδμαι
are the stone bases or pedestals on which
the wooden columns stood. In the
palace at Tiryns thirty-one stone bases
are still *in situ* (Tsountas and Manatt,

p. 53). The resemblance between the
base of a pillar and the box in which
the mast was set is sufficiently obvious.
39. ὡς εἰ πυρὸς αἰθομένοιο ' as though
with a fire blazing,' *i. e.* as if in the
light of a bright fire.
40. Cp. 18. 353 οὐκ ἀθεεὶ ὅδ' ἀνὴρ
κτλ.
42 κατὰ ἴσχανε ' keep in check.'
48. δαΐδων ὑπο ' by the light of
torches.' The poet does not explain
who held these torches. Apparently
the maidservants came back with or
after Penelope (60).
The θάλαμος of Telemachus was pro-
bably a building that opened on the
αὐλή : cp. Il. 9. 475-476 καὶ τότ' ἐγὼ
θαλάμοιο θύρας πυκινῶς ἀραρυίας ῥήξας
ἐξῆλθον, καὶ ὑπέρθορον ἑρκίον αὐλῆς (of
the escape of Phoenix).

τῇ παρὰ μὲν κλισίην πυρὶ κάτθεσαν, ἔνθ' ἄρ' ἐφῖζε, 55
δινωτὴν ἐλέφαντι καὶ ἀργύρῳ· ἣν ποτε τέκτων
ποίησ' Ἰκμάλιος, καὶ ὑπὸ θρῆνυν ποσὶν ἧκε
προσφυέ· ἐξ αὐτῆς, ὅθ' ἐπὶ μέγα βάλλετο κῶας.
ἔνθα καθέζετ' ἔπειτα περίφρων Πηνελόπεια.
ἦλθον δὲ δμῳαὶ λευκώλενοι ἐκ μεγάροιο. 60
αἱ δ' ἀπὸ μὲν σῖτον πολὺν ᾕρεον ἠδὲ τραπέζας
καὶ δέπα, ἔνθεν ἄρ' ἄνδρες ὑπερμενέοντες ἔπινον·
πῦρ δ' ἀπὸ λαμπτήρων χαμάδις βάλον, ἄλλα δ' ἐπ' αὐτῶν
νήησαν ξύλα πολλά, φόως ἔμεν ἠδὲ θέρεσθαι.
ἡ δ' Ὀδυσῆ' ἐνένιπε Μελανθὼ δεύτερον αὖτις· 65
" ξεῖν', ἔτι καὶ νῦν ἐνθάδ' ἀνιήσεις διὰ νύκτα
δινεύων κατὰ οἶκον, ὀπιπεύσεις δὲ γυναῖκας ;
ἀλλ' ἔξελθε θύραζε, τάλαν, καὶ δαιτὸς ὄνησο·
ἢ τάχα καὶ δαλῷ βεβλημένος. εἴσθα θύραζε."
Τὴν δ' ἄρ' ὑπόδρα ἰδὼν προσέφη πολύμητις Ὀδυσσεύς·
" δαιμονίη, τί μοι ὧδ' ἐπέχεις κεκοτηότι θυμῷ ; 71
ἦ ὅτι δὴ ῥυπόω, κακὰ δὲ χροῒ εἵματα εἷμαι,
πτωχεύω δ' ἀνὰ δῆμον ; ἀναγκαίη γὰρ ἐπείγει.
τοιοῦτοι πτωχοὶ καὶ ἀλήμονες ἄνδρες ἔασι.
καὶ γὰρ ἐγώ ποτε οἶκον ἐν ἀνθρώποισιν ἔναιον 75
ὄλβιος ἀφνειὸν καὶ πολλάκι δόσκον ἀλήτῃ
τοίῳ, ὁποῖος ἔοι καὶ ὅτευ κεχρημένος ἔλθοι·

---

57 ὑπὸ] ἐπὶ G. θρῆνυς ποσὶν ἧεν F. 67 ὀπιπεύσεις H U : ὀπιπεύεις G F al.:
ὀπιπτεύεις P. 69 εἴσθα] ἦσθα G F P. 72 ὅτι οὐ λιπόω H U k v. l. in M.
73 ἐπείγει vulg.: ἱκάνει G. 77 ὅτευ] ὅτις M (cp. 17.421).

55. κλισίην 'a couch': here and in 4.123 apparently = κλισμός.
56. δινωτὴν 'turned,' with ivory and silver carried round the wood-work.
60. μεγάροιο, sc. that of the women.
61. Cp. Simonides, fr. 26 ἀπὸ τράπεζαν εἷλε καὶ ποτήρια.
63. πῦρ δ' . . . βάλον, 'they raked out the fire from the brasiers on to the floor,' and then replenished them with fresh wood.
67. δινεύων 'circling round.'
ὀπιπεύσεις, the fut. is generally pre-ferred, as agreeing with ἀνιήσεις. But the pres., which is given by some of the best MSS., seems admissible.
68. δαιτὸς ὄνησο 'make the best of your feast,' i.e. take it and be thankful. It is an ironical form of the German gesegnete Mahlzeit.
71. ἐπέχεις 'press on,' 'set upon.' This sense of ἐπέχω is probably derived from holding a weapon aimed at a person: cp. ἐπισχόμενος in 22. 15.
74. τοιοῦτοι, 'are such' (as you complain of), viz. dirty and ill-clothed.

ἦσαν δὲ δμῶες μάλα μυρίοι, ἄλλα τε πολλὰ
οἷσίν τ᾽ εὖ ζώουσι καὶ ἀφνειοὶ καλέονται.
ἀλλὰ Ζεὺς ἀλάπαξε Κρονίων· ἤθελε γάρ που·　　　80
τῷ νῦν μή ποτε καὶ σύ, γύναι, ἀπὸ πᾶσαν ὀλέσσῃς
ἀγλαΐην, τῇ νῦν γε μετὰ δμῳῇσι κέκασσαι·
μή πώς τοι δέσποινα κοτεσσαμένη χαλεπήνῃ,
ἢ Ὀδυσεὺς ἔλθῃ· ἔτι γὰρ καὶ ἐλπίδος αἶσα.
εἰ δ᾽ ὁ μὲν ὣς ἀπόλωλε καὶ οὐκέτι νόστιμός ἐστιν,　　　85
ἀλλ᾽ ἤδη παῖς τοῖος Ἀπόλλωνός γε ἕκητι,
Τηλέμαχος· τὸν δ᾽ οὔ τις ἐνὶ μεγάροισι γυναικῶν
λήθει ἀτασθάλλουσ᾽, ἐπεὶ οὐκέτι τηλίκος ἐστίν."

Ὣς φάτο, τοῦ δ᾽ ἤκουσε περίφρων Πηνελόπεια,
ἀμφίπολον δ᾽ ἐνένιπεν ἔπος τ᾽ ἔφατ᾽ ἔκ τ᾽ ὀνόμαζε·　　　90
"πάντως, θαρσαλέη, κύον ἀδεές, οὔ τί με λήθεις
ἔρδουσα μέγα ἔργον, ὃ σῇ κεφαλῇ ἀναμάξεις·
πάντα γὰρ εὖ ᾔδησθ᾽, ἐπεὶ ἐξ ἐμεῦ ἔκλυες αὐτῆς,
ὡς τὸν ξεῖνον ἔμελλον ἐνὶ μεγάροισιν ἐμοῖσιν
ἀμφὶ πόσει εἴρεσθαι, ἐπεὶ πυκινῶς ἀκάχημαι."　　　95
Ἦ ῥα καὶ Εὐρυνόμην ταμίην πρὸς μῦθον ἔειπεν·
"Εὐρυνόμη, φέρε δὴ δίφρον καὶ κῶας ἐπ᾽ αὐτοῦ,
ὄφρα καθεζόμενος εἴπῃ ἔπος ἠδ᾽ ἐπακούσῃ
ὁ ξεῖνος ἐμέθεν· ἐθέλω δέ μιν ἐξερέεσθαι."

86. τοῖος 'like him.'
88. τηλίκος 'of an age for that ': he
was no longer too young to note such
things.
91. πάντως 'any way,' i.e. 'be sure
that ': cp. the use of ἔμπης (l. 37, &c.).
92. μέγα ἔργον here has a bad sense,
a 'violent' or 'outrageous deed': so
in 3. 261., 11. 272., 12. 373., 24. 426,
458. Elsewhere it is neutral in meaning,
as in 3. 275, 4. 663., 16. 346., 22. 149,
408, and always in the Iliad.
σῇ κεφαλῇ ἀναμάξεις 'thou shalt wipe
out the stain of it with thine own head.'
The traditional explanation is that this
refers to a belief that the pollution
incurred by murder could be got rid of
by the murderer wiping off the blood
from his weapon on the hair of the

slain man's head. So Clytemnestra,
when she murdered Agamemnon, κόρᾳ
κηλῖδας ἐξέμαξεν (Soph. El. 445). The
expression however owes some of its
force to the use of κεφαλή in the sense
of 'life,' as in Il. 4. 161 σύν τε μεγάλῳ
ἀπέτισαν, σὺν σφῆσιν κεφαλῇσι κτλ. It
is borrowed by Herodotus, 1. 155 τὰ μὲν
γὰρ πρότερον ἐγώ τε ἔρηξα καὶ ἐγὼ ἐμῇ
κεφαλῇ ἀναμάξας φέρω. Cp. also Od.
22. 218 σῷ δ᾽ αὐτοῦ κράτι τίσεις.
95. εἴρεσθαι, almost the only instance
in Homer of a pres. inf. after μέλλω
meaning 'to be about to ': see on 14. 133.,
18. 138. The exceptions are, νέεσθαι
(6. 110, Il. 17. 497,—where however it
may be fut.), and λίσσεσθαι in Il. 10.
455. The aor. inf. is also very rare
(Krüger, Dial. § 53, 8, 6).

*Ὣς ἔφαθ', ἡ δὲ μάλ' ὀτραλέως κατέθηκε φέρουσα   100
δίφρον ἐΰξεστον καὶ ἐπ' αὐτῷ κῶας ἔβαλλεν·
ἔνθα καθέζετ' ἔπειτα πολύτλας δῖος Ὀδυσσεύς.
τοῖσι δὲ μύθων ἦρχε περίφρων Πηνελόπεια·
" ξεῖνε, τὸ μέν σε πρῶτον ἐγὼν εἰρήσομαι αὐτή·
τίς πόθεν εἰς ἀνδρῶν; πόθι τοι πόλις ἠδὲ τοκῆες;"   105
Τὴν δ' ἀπαμειβόμενος προσέφη πολύμητις Ὀδυσσεύς·
" ὦ γύναι, οὐκ ἄν τίς σε βροτῶν ἐπ' ἀπείρονα γαῖαν
νεικέοι· ἦ γάρ σευ κλέος οὐρανὸν εὐρὺν ἱκάνει,
ὥς τέ τευ ἢ βασιλῆος ἀμύμονος, ὅς τε θεουδὴς
ἀνδράσιν ἐν πολλοῖσι καὶ ἰφθίμοισιν ἀνάσσων   110
εὐδικίας ἀνέχῃσι, φέρῃσι δὲ γαῖα μέλαινα
πυροὺς καὶ κριθάς, βρίθῃσι δὲ δένδρεα καρπῷ,
τίκτῃ δ' ἔμπεδα μῆλα, θάλασσα δὲ παρέχῃ ἰχθῦς
ἐξ εὐηγεσίης, ἀρετῶσι δὲ λαοὶ ὑπ' αὐτοῦ.
τῷ ἐμὲ νῦν τὰ μὲν ἄλλα μετάλλα σῷ ἐνὶ οἴκῳ,   115*

---

101 αὐτῷ G F U: αὐτοῦ P H al.   108 σευ] σοι Eust.   113 ἔμπεδα] ἄσπετα
Rhianus.   μῆλα] πάντα Ar., Themist. Or. xv. 189 a, U.   114 εὐεργεσίης G M.
αὐτοῦ vulg.: αὐτῷ M U K.

109-114. These lines are not quite
in place here. The general words of
l. 108 form a sufficient introduction to
the speech of Ulysses. And, as Fried-
länder has pointed out (*Analecta Hom.*
p. 462), l. 115 τῷ ἐμὲ νῦν κτλ. implies
that a reason has been given why Pene-
lope should not ask who the stranger
is—a reason which the lines in question
cannot be thought to supply. In sub-
stance and in style they are Hesiodic:
see the very similar passage Hes. Op.
225-237. The mention of fishing as
an important source of wealth points to
a post-Homeric state of things. The
scanning πάρέχῃ is perhaps to be de-
fended by σῠνεχές in 9. 74, but is at
least unusual. Probably we have here
one of the instances of a fragment of
early gnomic poetry finding its way
into epic narrative.

109. ὥς τέ τευ ἤ. With this reading
ἤ is an affirmative or emphasizing
particle, as in τίη (or τί ἤ), ἐπεὶ ἤ. The
vulgate reading ἤ is usually supported
by the parallel 3. 348 ὅτ τέ τευ ἤ παρὰ
πάμπαν ἀνείμονος ἠὲ πενιχροῦ. But, as

Bekker showed (*Hom. Bl.* ii. 200), the
disjunctive ἤ—ἤ is out of place there,
and we must read ἤ—ἠδέ. So in Il.
2. 289 we should probably read (with
Ameis) ὥς τε γὰρ ἤ παῖδες νεαροὶ χῆραί
τε γυναῖκες.

θεουδής, properly θεοδϜής, 'god-
fearing.'

111-112. φέρῃσι, βρίθῃσι. The subj.
is used as if the construction with the
relative were carried on: the sense
being ' and under whom the earth bears
&c.'

113. τίκτῃ ἔμπεδα 'bring forth un-
failingly.' So in Hesiod (l. c.) τίκτουσιν
δὲ γυναῖκες κτλ.

114. ἐξ εὐηγεσίης 'from his good
leading': the word only occurs here.
The use of ἐξ with an abstract word is
hardly Homeric: *H. G.* § 229, 5. The
other reading εὐεργεσίης gives us a word
that is otherwise known; but the sense
is less satisfactory. Toup's conjecture
εὐηγρεσίης 'good sport' is not more
than plausible.

ἀρετῶσι 'prosper,' see on 13. 45.

μηδ' ἐμὸν ἐξερέεινε γένος καὶ πατρίδα γαῖαν,
μή μοι μᾶλλον θυμὸν ἐνιπλήσῃς ὀδυνάων
μνησαμένῳ· μάλα δ' εἰμὶ πολύστονος· οὐδέ τί με χρὴ
οἴκῳ ἐν ἀλλοτρίῳ γοόωντά τε μυρόμενόν τε
ἧσθαι, ἐπεὶ κάκιον πενθήμεναι ἄκριτον αἰεί·   120
μή τίς μοι δμῳῶν νεμεσήσεται, ἠὲ σύ γ' αὐτή,
φῇ δὲ δακρυπλώειν βεβαρηότα με φρένας οἴνῳ."

Τὸν δ' ἠμείβετ' ἔπειτα περίφρων Πηνελόπεια·
"ξεῖν', ἦ τοι μὲν ἐμὴν ἀρετὴν εἶδός τε δέμας τε
ὤλεσαν ἀθάνατοι, ὅτε Ἴλιον εἰσανέβαινον   125
Ἀργεῖοι, μετὰ τοῖσι δ' ἐμὸς πόσις ἦεν Ὀδυσσεύς.
εἰ κεῖνός γ' ἐλθὼν τὸν ἐμὸν βίον ἀμφιπολεύοι,
μεῖζόν κε κλέος εἴη ἐμὸν καὶ κάλλιον οὕτω.
νῦν δ' ἄχομαι· τόσα γάρ μοι ἐπέσσευεν κακὰ δαίμων.
[ὅσσοι γὰρ νήσοισιν ἐπικρατέουσιν ἄριστοι,   130
Δουλιχίῳ τε Σάμῃ τε καὶ ὑλήεντι Ζακύνθῳ,
οἵ τ' αὐτὴν Ἰθάκην εὐδείελον ἀμφινέμονται,
οἵ μ' ἀεκαζομένην μνῶνται, τρύχουσι δὲ οἶκον.]
τῶ οὔτε ξείνων ἐμπάζομαι οὔθ' ἱκετάων
οὔτε τι κηρύκων, οἳ δημιοεργοὶ ἔασιν·   135
ἀλλ' Ὀδυσῆ ποθέουσα φίλον κατατήκομαι ἦτορ.
οἱ δὲ γάμον σπεύδουσιν· ἐγὼ δὲ δόλους τολυπεύω.
φᾶρος μέν μοι πρῶτον ἐνέπνευσε φρεσὶ δαίμων
στησαμένη μέγαν ἱστὸν ἐνὶ μεγάροισιν ὑφαίνειν,
λεπτὸν καὶ περίμετρον· ἄφαρ δ' αὐτοῖς μετέειπον·   140

---

116 μηδ' ἐμὸν vulg. : μηδέ μοι Ar. : μηδ' ἐμοὶ G.   122 om. G U: καὶ μέ·φησι
δάκρυ πλώειν βεβαρημένον οἴνῳ Arist. Probl. 30. 1, from which we may perhaps
restore καί τί με φῇ δακρυπλώειν βεβαρηότα οἴνῳ. The vulgate cannot be a
genuine Homeric verse.   129 ἐπέσσευεν] ἐπέκλωσεν G F (cp. 18. 256).
130–133 obelized by Ar. (1. 245., 16. 122).   136 Ὀδυσῆ ποθέουσα Ar. : Ὀδυσῆα
ποθέουσα or ποθεῦσα G F H U M al. : ἀλλὰ πόσιν ποθέουσα Fick.   138 φρεσὶ]
μέγα G.   139 ὑφαίνειν Ar., F : ὕφαινον G P H X U al.

---

120. κάκιον 'not well,' κακόν rather
than not. On this comparative see 15.
370.
122. δακρυπλώειν 'to be maudlin.'
The second part of the word is de-
rived from the root *pleu*, in the sense

which it has in Lat. *pluere* 'to rain.'
For the application to tears cp. *plōrāre*.
124. ἀρετήν, cp. 13. 45.
135. δημιοεργοί 'in the public ser-
vice,' in contrast with the κήρυκες who
belong to individual chiefs.

' κοῦροι, ἐμοὶ μνηστῆρες, ἐπεὶ θάνε δῖος Ὀδυσσεύς,
μίμνετ' ἐπειγόμενοι τὸν ἐμὸν γάμον, εἰς ὅ κε φᾶρος
ἐκτελέσω, μή μοι μεταμώνια νήματ' ὄληται,
Λαέρτῃ ἥρωϊ ταφήϊον, εἰς ὅτε κέν μιν
μοῖρ' ὀλοὴ καθέλῃσι τανηλεγέος θανάτοιο·   145
μή τίς μοι κατὰ δῆμον Ἀχαιϊάδων νεμεσήσῃ,
αἵ κεν ἄτερ σπείρου κεῖται πολλὰ κτεατίσσας.'
ὣς ἐφάμην, τοῖσιν δ' ἐπεπείθετο θυμὸς ἀγήνωρ.
ἔνθα καὶ ἠματίη μὲν ὑφαίνεσκον μέγαν ἱστόν,
νύκτας δ' ἀλλύεσκον, ἐπεὶ δαΐδας παραθείμην.   150
ὣς τρίετες μὲν ἔληθον ἐγὼ καὶ ἔπειθον Ἀχαιούς·
ἀλλ' ὅτε τέτρατον ἦλθεν ἔτος καὶ ἐπήλυθον ὧραι,
[μηνῶν φθινόντων, περὶ δ' ἤματα πόλλ' ἐτελέσθη,]
καὶ τότε δή με διὰ δμῳάς, κύνας οὐκ ἀλεγούσας,
εἷλον ἐπελθόντες καὶ ὁμόκλησαν ἐπέεσσιν.   155
ὣς τὸ μὲν ἐξετέλεσσα καὶ οὐκ ἐθέλουσ' ὑπ' ἀνάγκης·
νῦν δ' οὔτ' ἐκφυγέειν δύναμαι γάμον οὔτε τιν' ἄλλην
μῆτιν ἔθ' εὑρίσκω· μάλα δ' ὀτρύνουσι τοκῆες
γήμασθ', ἀσχαλάᾳ δὲ πάϊς βίοτον κατεδόντων,
γιγνώσκων· ἤδη γὰρ ἀνὴρ οἷός τε μάλιστα   160
οἴκου κήδεσθαι, τῷ τε Ζεὺς κῦδος ὀπάζει.
ἀλλὰ καὶ ὣς μοι εἰπὲ τεὸν γένος, ὁππόθεν ἐσσί·

---

142 ἐπειγόμενοί περ Van Leeuwen, perhaps rightly.   147 κεῖται vulg.:
κῆται n.   150 ἐπεὶ] ἐπὴν MSS.   153 om. G U D.   161 κῦδος G F al.:
κῆδος X U: ὄλβον P H M al.   ὀπάζῃ P: hence perhaps read ὀπάζῃ.

147. κεῖται here is subj. The regular
form would be κείεται (cp. φθίεται,
βλήεται, &c.),whence κέεται, κεῖται. The
form κῆται is found in one MS. here,
and in one (viz. Ven. A) in Il. 19. 32.
It was adopted by Hermann (Op. ii.
55), Wolf, &c. Probably the true
Homeric form was κείεται, which suits
the metre everywhere except in Il. 24.
554 (where κεῖται is admissible). It
may be noticed that the contracted subj.
form κεῖται would originally have been
quite distinguishable from the indic.
κεῖται. In the pre-Euclidean alphabet

the former would be written ΚΕΤΑΙ, the
latter ΚΕΙΤΑΙ.
150. παραθείμην ' caused to be placed
beside me.'
159. κατεδόντων, gen. after ἀσχαλάᾳ.
160. οἷός τε ... κήδεσθαι. This use
of οἷος with the infinitive is still rare in
Homer: cp. 5. 484., 21. 117, 173. It
is not found in the Iliad. For the
corresponding use of ὥς τε see on 17. 20,
also Il. 9. 42 : H. G. § 235, § 271, 3.
161. τῷ refers to οἴκου, not to ἀνήρ
(as Ameis takes it).

οὐ γὰρ ἀπὸ δρυός ἐσσι παλαιφάτου οὐδ' ἀπὸ πέτρης."

Τὴν δ' ἀπαμειβόμενος προσέφη πολύμητις Ὀδυσσεύς·

"ὦ γύναι αἰδοίη Λαερτιάδεω Ὀδυσῆος,   165

οὐκέτ' ἀπολλήξεις τὸν ἐμὸν γόνον ἐξερέουσα;

ἀλλ' ἔκ τοι ἐρέω· ἦ μέν μ' ἀχέεσσί γε δώσεις

πλείοσιν ἢ ἔχομαι· ἡ γὰρ δίκη, ὁππότε πάτρης

ἧς ἀπέῃσιν ἀνὴρ τόσσον χρόνον ὅσσον ἐγὼ νῦν,

πολλὰ βροτῶν ἐπὶ ἄστε' ἀλώμενος, ἄλγεα πάσχων.   170

ἀλλὰ καὶ ὧς ἐρέω ὅ μ' ἀνείρεαι ἠδὲ μεταλλᾷς.

Κρήτη τις γαῖ' ἔστι, μέσῳ ἐνὶ οἴνοπι πόντῳ,

καλὴ καὶ πίειρα, περίρρυτος· ἐν δ' ἄνθρωποι

πολλοί, ἀπειρέσιοι, καὶ ἐννήκοντα πόληες—

ἄλλη δ' ἄλλων γλῶσσα μεμιγμένη· ἐν μὲν Ἀχαιοί,   175

174 ἐννήκοντα U: ἐνενήκοντα vulg.

163. ' For you are not come of some old-world stock or stone.' The phrase is evidently an echo from older poetry; and, as usually happens in such cases, the original application had been more or less forgotten. In Il. 22. 126 οὔ πως ἐστιν ἀπὸ δρυὸς οὐδ' ἀπὸ πέτρης τῷ ὀαριζέμεναι seems to mean 'you cannot converse with him just as you like,' in casual fashion; and so Hes. Theog. 35 τίη μοι ταῦτα περὶ δρῦν ἢ περὶ πέτρην; (= περὶ τὰ τυχόντα). A different turn is given to the phrase by Plato, Apol. 34 D οὐδ' ἐγὼ ἀπὸ δρυὸς οὐδ' ἀπὸ πέτρης πέφυκα, ἀλλ' ἐξ ἀνθρώπων. Similarly here it appears to be = οὐ τοῦ τυχόντος εἶ γένους, 'you are not a terrae filius— a mere nobody in birth.' The attempts to connect the phrase with myths of the origin of mankind are surely quite in the wrong direction.

175-177. The form of the sentence ἐν μὲν Ἀχαιοί, ἐν δὲ κτλ. seems intended to make a distinction between the Ἀχαιοί and the four other nations. As this distinction is expressly founded upon language (ἄλλη δ' ἄλλων γλῶσσα), it is practically the later contrast of ' Hellene ' and ' barbarian.'

The name Ἐτεόκρητες—' true ' or ' native ' Cretans—shows that they were commonly recognized as the original population of the island, like the Sicani and Siculi in Sicily. In historical times

they are found in the eastern end of Crete, near Mount Dicte, the seat of the primitive worship of the Dictaean Zeus. Their city was Praesus (Πρᾶσος in Strabo, x. 4. 6, but Πραῖσος on the inscriptions: see Pashley, i. p. 290). From an inscription discovered at Praesus some years ago it appears that they retained their ancient non-Hellenic language down to a comparatively late period. See Kretschmer, Einl. in die Gesch. der griech. Sprache, p. 407: Evans, Cretan Pictographs, pp. 85-86: Journal of Hellenic Studies, xiv. 354.

The Κύδωνες were probably Semitic, either Carian or Phoenician. They are described in Od. 3. 292 as living ' about the streams of the Ἰάρδανος ' or ' Jordan ' (see Bursian, Geogr. von Griechenland, ii. 534).

The name Δωριέες presents great difficulty. It is hard ·to believe that these were the Dorians of history, of whom as yet there is no trace in the Peloponnesus. They are represented here as speaking a different language from the Ἀχαιοί, whereas even in later times the divergence between Doric and Achaean Greek was unimportant. The name Δωριέες means simply ' people of Δώριον,' and as there was a Δώριον in Messenia (as well as in Doris itself), there may have been one among the non-Achaean cities of Crete. The name

ἐν δ' Ἐτεόκρητες μεγαλήτορες, ἐν δὲ Κύδωνες,
Δωριέες τε τριχάικες δῖοί τε Πελασγοί—
τῇσι δ' ἐνὶ Κνωσός, μεγάλη πόλις, ἔνθα τε Μίνως
ἐννέωρος βασίλευε Διὸς μεγάλου ὀαριστής,
πατρὸς ἐμοῖο πατήρ, μεγαθύμου Δευκαλίωνος.   180
Δευκαλίων δ' ἐμὲ τίκτε καὶ Ἰδομενῆα ἄνακτα·
ἀλλ' ὁ μὲν ἐν νήεσσι κορωνίσιν Ἴλιον εἴσω
ᾤχεθ' ἅμ' Ἀτρεΐδῃσιν, ἐμοὶ δ' ὄνομα κλυτὸν Αἴθων,
ὁπλότερος γενεῇ· ὁ δ' ἄρα πρότερος καὶ ἀρείων.
ἔνθ' Ὀδυσῆα ἐγὼν ἰδόμην καὶ ξείνια δῶκα.   185

178 τοῖσι M X D Eust. al.   180 ἐμοῖο Ar. vulg.: ἐμεῖο Zen. F al.
184 ἄρα] ἅμα U (cp. Il. 2. 707).

Ἰάρδανος also occurs both in Triphylia and in Crete. On the other hand it may be said that the Dorian colonization of Rhodes is referred to in the Catalogue (Il. 2. 653 ff.), and that their settlements in Crete are not likely to have been later. But if so, we should expect to find the Catalogue making some distinction, such as the Odyssey makes here, between the Achaean and the Dorian element in Crete.

The epithet τριχάικες must be derived from θρίξ and ἀΐσσω, and compared in respect of form with κορυθάϊκι πτολεμιστῇ (Il. 22. 132) and πολυάϊξ (epithet of κάματος); in meaning with κορυθαίολος, κάρη κομόωντες, ὄπιθεν κομόωντες and the like. It is a picturesque word, descriptive of the dashing movement of long-haired warriors. In time however it suffered a kind of popular etymology, and came to be connected with τρίχα and the threefold division which was characteristically Dorian. Thus we find quoted from Hesiod (fr. 178) πάντες δὲ τριχάικες καλέονται, οὕνεκα τρισσὴν γαῖαν ἑκὰς πάτρης ἐδάσαντο. Modern attempts to clothe this derivation in a scientific form have not been satisfactory (Fick in Bezz. Beitr. 111-168).

The Πελασγοί appear in the Iliad (2. 840., 10. 429) among the allies of the Trojans, and are therefore non-Achaean, and presumably βαρβαρόφωνοι. This agrees with the statement in Hdt. 1. 57 about the historical Pelasgians speaking a 'barbarous' language (Grote,

Pt. II. ch. ii). In Homeric times their chief seat was Larisa (Il. 2. 841),—probably the city of that name in Aeolis, to the south of the Troad. There are also Homeric traces of Pelasgians in Thessaly—the name Πελασγικὸν Ἄργος, and Πελασγικός as an epithet of Zeus at Dodona.

On the various traces of affinity between Crete and Asia Minor, see Grote, Pt. I. ch. xii.

178. τῇσι δ' ἐνὶ 'among them,' viz. the ninety cities.

179. ἐννέωρος probably means 'in the ninth season,' and so 'nine years old.' Sometimes however nine seems to be used as a vague or round number; so that the word would mean 'of full age.' Plato (Legg. 624) takes it here with ὀαριστής (τοῦ Μίνω φοιτῶντος πρὸς τὴν τοῦ πατρὸς ἑκάστοτε συνουσίαν δι' ἐνάτου ἔτους). It is more natural to join ἐννέωρος βασίλευε, the adjective having an adverbial force: 'was king' (i. e. came down from his converse with Zeus and ruled his people) 'after nine years,' or, with the vaguer sense, 'in the fulness of the seasons.' Some translate ἐννέωρος 'at nine years old,' others 'during nine years.' The former rendering gives us a marvel of a somewhat pointless kind; the latter is against the usage of adjectives of time (e. g. δευτεραῖος 'on the second day').

184. ὁπλότερος, nom. by attraction to Αἴθων: the dat. would be more logical, since the word qualifies ἐμοί (183).

καὶ γὰρ τὸν Κρήτηνδε κατήγαγεν ἲς ἀνέμοιο,
ἱέμενον Τροίηνδε, παραπλάγξασα Μαλειῶν·
στῆσε δ' ἐν Ἀμνισῷ, ὅθι τε σπέος Εἰλειθυίης,
ἐν λιμέσιν χαλεποῖσι, μόγις δ' ὑπάλυξεν ἀέλλας.
αὐτίκα δ' Ἰδομενῆα μετάλλα ἄστυδ' ἀνελθών·   190
ξεῖνον γάρ οἱ ἔφασκε φίλον τ' ἔμεν αἰδοῖόν τε.
τῷ δ' ἤδη δεκάτη ἢ ἑνδεκάτη πέλεν ἠὼς
οἰχομένῳ σὺν νηυσὶ κορωνίσιν Ἴλιον εἴσω.
τὸν μὲν ἐγὼ πρὸς δώματ' ἄγων εὖ ἐξείνισσα,
ἐνδυκέως φιλέων, πολλῶν κατὰ οἶκον ἐόντων·   195
καί οἱ τοῖς ἄλλοις ἑτάροις, οἳ ἅμ' αὐτῷ ἕποντο,
δημόθεν ἄλφιτα δῶκα καὶ αἴθοπα οἶνον ἀγείρας
καὶ βοῦς ἱρεύσασθαι, ἵνα πλησαίατο θυμόν.
ἔνθα δυώδεκα μὲν μένον ἤματα δῖοι Ἀχαιοί·
εἴλει γὰρ Βορέης ἄνεμος μέγας οὐδ' ἐπὶ γαίῃ   200
εἴα ἵστασθαι, χαλεπὸς δέ τις ὤρορε δαίμων·
τῇ τρισκαιδεκάτῃ δ' ἄνεμος πέσε, τοὶ δ' ἀνάγοντο."
Ἴσκε ψεύδεα πολλὰ λέγων ἐτύμοισιν ὁμοῖα·
τῆς δ' ἄρ' ἀκουούσης ῥέε δάκρυα, τήκετο δὲ χρώς.
ὡς δὲ χιὼν κατατήκετ' ἐν ἀκροπόλοισιν ὄρεσσιν,   205
ἥν τ' Εὖρος κατέτηξεν, ἐπὴν Ζέφυρος καταχεύῃ

189 μόγις F : μόλις vulg.   192 πέλεν] γένετ' G.   197 ἀγείρας F al. : ἀείρας G P H U.   200 γαίης G.

188. στῆσε, sc. νῆας, cp. 14. 258.
Ἀμνισός was the ancient harbour of the city of Cnossus (Bursian, ii. 560).
195. πολλῶν, gen. of material, 'of the great store that was within.'
197. δημόθεν goes with δῶκα and ἀγείρας: 'I gave from the public store, making a collection' (ἀγειρόμενος κατὰ δῆμον, 13. 14).
200. 'Did not allow them even to stand up on land'—much less therefore to put to sea.
203. ἴσκε 'he made like,' i. e. 'feigned,' 'imitated': as 4. 279 φωνὴν ἴσκουσ' ἀλόχοισι. See also on 22. 31.
ψεύδεα, with λέγων, as in Hes. Theog. 27 ἴδμεν ψεύδεα πολλὰ λέγειν ἐτύμοισιν ὁμοῖα.

204-208. Note the difference in the sense of τήκω, first (in 204) 'to moisten' but in the simile 'to melt.'
206. In this line the parts which we expect to be assigned to the two winds Eurus and Zephyrus are reversed. Elsewhere Zephyrus is represented as stormy and wet (ἔφυδρος, see 14. 458), but not as bringing frost or snow. It ripens the fruits in the garden of Alcinous (7. 118), and blows constantly in the Elysian fields (4. 567). On the other hand Eurus is a cold and snowy wind in the Mediterranean lands. It is true that Boreas and Zephyrus are sometimes associated, as in Il. 9. 5 Βορέης καὶ Ζέφυρος, τώ τε Θρῄκηθεν ἄητον, and in Il. 23. 195: but this does not make

τηκομένης δ' ἄρα τῆς ποταμοὶ πλήθουσι ῥέοντες·
ὣς τῆς τήκετο καλὰ παρήϊα δάκρυ χεούσης,
κλαιούσης ἑὸν ἄνδρα παρήμενον. αὐτὰρ Ὀδυσσεὺς
θυμῷ μὲν γοόωσαν ἐὴν ἐλέαιρε γυναῖκα,   210
ὀφθαλμοὶ δ' ὡς εἰ κέρα ἕστασαν ἠὲ σίδηρος
ἀτρέμας ἐν βλεφάροισι· δόλῳ δ' ὅ γε δάκρυα κεῦθεν.
ἡ δ' ἐπεὶ οὖν τάρφθη πολυδακρύτοιο γόοιο,
ἐξαῦτίς μιν ἔπεσσιν ἀμειβομένη προσέειπε·
" νῦν δὴ σεῖο, ξεῖνε, ὀΐω πειρήσεσθαι,   215
εἰ ἐτεὸν δὴ κεῖθι σὺν ἀντιθέοις ἑτάροισι
ξείνισας ἐν μεγάροισιν ἐμὸν πόσιν, ὡς ἀγορεύεις.
εἰπέ μοι ὁπποῖ' ἄσσα περὶ χροῒ εἵματα ἕστο,
αὐτός θ' οἷος ἔην, καὶ ἑταίρους, οἵ οἱ ἕποντο."

Τὴν δ' ἀπαμειβόμενος προσέφη πολύμητις Ὀδυσσεύς·
" ὦ γύναι, ἀργαλέον τόσσον χρόνον ἀμφὶς ἐόντα   221
εἰπέμεν· ἤδη γάρ οἱ ἐεικοστὸν ἔτος ἐστὶν
ἐξ οὗ κεῖθεν ἔβη καὶ ἐμῆς ἀπελήλυθε πάτρης·
αὐτάρ τοι ἐρέω ὥς μοι ἰνδάλλεται ἦτορ.
χλαῖναν πορφυρέην οὔλην ἔχε δῖος Ὀδυσσεύς,   225
διπλῆν· αὐτάρ οἱ περόνη χρυσοῖο τέτυκτο

215 δὴ σεῖο Flor.: δή σευ F: μὲν δή σευ vulg. ξεῖνέ γ᾽ MSS. πειρηθῆναι
P, perhaps rightly. 223 ἐξ οὗ] μέσφ᾽ ὅτε G M U. 226 αὐτάρ] ἐν δ᾽ ἄρα G.

it likely that Zephyrus was a cold wind.

Mr. Myres suggests that the two names should be interchanged: ἦν Ζέφυρος κατέτηξεν, ἐπεί κ᾽ Εὖρος καταχεύῃ.

207. τηκομένης δ' ἄρα τῆς. This inversion of the natural order throws a stress on τηκομένης, to show that it refers to κατέτηξεν in the preceding line.

215. νῦν δὴ σεῖο. This, which is the reading of the *editio princeps*, seems better than the vulg. νῦν μὲν δή σευ. The MSS. give ξεῖνέ γ᾽, but the use of γε or any similar particle with a voc. is unknown in Homer: H. G. § 164.

221. τόσσον χρόνον ἀμφὶς ἐόντα has a double meaning, since it may be understood by the hearer (though not by Penelope) of the absence of Ulysses from his own home.

224. ὥς μοι ἰνδάλλεται ἦτορ. The sense required evidently is, 'as his figure remains in my mind'; but there is no satisfactory construction. We cannot take ἦτορ as an acc. of the part affected, or as a dat. so e.g. Döderlein, *Hom. Gloss.* 414). If the reading is right, ἦτορ must be the nom., and ἰνδάλλεται = 'imagines, pictures to itself': cp. δοκέω meaning 'I think' as well as 'I seem', also ὅἰεται in 19. 312. The easiest emendation is ἰνδάλλεται εἶναι (Nauck).

225. οὔλην 'thick,' 'woolly,' from the same root as Lat. *vellus*, also *lāna* (for *vlā-na*). Whether it is akin to εἶρος, ἔρια (Lat. *vervēx*) is more than doubtful.

αὐλοῖσιν διδύμοισι· πάροιθε δὲ δαίδαλον ἦεν·
ἐν προτέροισι πόδεσσι κύων ἔχε ποικίλον ἑλλόν,
ἀσπαίροντα λάων· τὸ δὲ θαυμάζεσκον ἅπαντες,
ὡς οἱ χρύσεοι ἐόντες ὁ μὲν λάε νεβρὸν ἀπάγχων,   230
αὐτὰρ ὁ ἐκφυγέειν μεμαὼς ἤσπαιρε πόδεσσι.
τὸν δὲ χιτῶν' ἐνόησα περὶ χροῒ σιγαλόεντα,
οἶόν τε κρομύοιο λοπὸν κάτα ἰσχαλέοιο·
τὼς μὲν ἔην μαλακός, λαμπρὸς δ' ἦν ἠέλιος ὥς·
ἦ μὲν πολλαί γ' αὐτὸν ἐθηήσαντο γυναῖκες.   235
ἄλλο δέ τοι ἐρέω, σὺ δ' ἐνὶ φρεσὶ βάλλεο σῇσιν·
οὐκ οἶδ' ἢ τάδε ἕστο περὶ χροῒ οἴκοθ' Ὀδυσσεύς,
ἦ τις ἑταίρων δῶκε θοῆς ἐπὶ νηὸς ἰόντι,
ἦ τίς που καὶ ξεῖνος, ἐπεὶ πολλοῖσιν Ὀδυσσεὺς
ἔσκε φίλος· παῦροι γὰρ Ἀχαιῶν ἦσαν ὁμοῖοι.   240
καί οἱ ἐγὼ χάλκειον ἄορ καὶ δίπλακα δῶκα
καλὴν πορφυρέην καὶ τερμιόεντα χιτῶνα
αἰδοίως δ' ἀπέπεμπον ἐϋσσέλμου ἐπὶ νηός.
καὶ μέν οἱ κῆρυξ ὀλίγον προγενέστερος αὐτοῦ

239 τίς που] πού τις G.

227. αὐλοῖσιν. These are the tubes or sheaths into which the two pins are passed, answering to the 'keys' of the brooches described in 18. 293–4.

πάροιθε 'in front,' *i.e.* at the heads of the pins, where the ornament was placed: see Helbig², p. 188.

229, 230. The verb λάω must be a technical term for a dog 'gripping' or 'pinning' an animal. The sense of 'gazing at' or 'watching,' which occurs in H. Merc. 360 αἰετὸς ὀξὺ λάων, might apply to a dog with something between its paws, but hardly to one that holds a struggling animal by the throat (ἀπάγχων).

230. χρύσεοι ἐόντες, cp. Il. 18. 549 χρυσείη περ ἐοῦσα, τὸ δὴ περὶ θαῦμα τέτυκτο. The marvel was that inanimate gold should have the effect of life and movement.

233. οἶόν τε κρομύοιο λοπὸν κάτα ἰσχαλέοιο. With this reading the sense must be 'like as (it glistens) over the skin of a dried onion.' That is, the

tunic glistened all over like the surface of a dried onion. Or, reading κατά, and taking οἶόν τε λόπον as = οἷός ἐστι λόπος, 'as is the peel over (covering) a dried onion': κατά with a gen. as 18. 355. The explanation of λόπον κάτα as ='after the fashion of peel' is surely untenable. Several MSS., however, read καταΐσχαλέοιο, which is free from difficulty. The prep. may be used as in καταριγηλός, κατηρεφής, &c.

The passage is referred to in a fragment of the Comic poet Theopompus (Mein. ii. 806) χιτῶνά μοι φέρων δέδωκας δαιδάλεον ὃν ἤκασεν ἀρισθ' Ὅμηρος κρομμύου λεπυχάνῳ. 'The χιτών or shirt, a cut and sewn linen garment which fits like an onion peel, in sharp contrast with the mere web of woollen girt about the loins as an apron or thrown over the shoulders like a cloak' (Tsountas and Manatt, p. 161).

242. τερμιόεντα 'with a τέρμις,' *i.e.* a fringe: cp. Il. 16. 803.

εἵπετο· καὶ τόν τοι μυθήσομαι, οἷος ἔην περ.　　245
γυρὸς ἐν ὤμοισιν, μελανόχροος, οὐλοκάρηνος,
Εὐρυβάτης δ' ὄνομ' ἔσκε· τίεν δέ μιν ἔξοχον ἄλλων
ὧν ἑτάρων Ὀδυσεύς, ὅτι οἱ φρεσὶν ἄρτια ᾔδη."
Ὣς φάτο, τῇ δ' ἔτι μᾶλλον ὑφ' ἵμερον ὦρσε γόοιο,
σήματ' ἀναγνούσῃ τά οἱ ἔμπεδα πέφραδ' Ὀδυσσεύς.　　250
ἡ δ' ἐπεὶ οὖν τάρφθη πολυδακρύτοιο γόοιο,
καὶ τότε μιν μύθοισιν ἀμειβομένη προσέειπε·
" νῦν μὲν δή μοι, ξεῖνε, πάρος περ ἐὼν ἐλεεινός,
ἐν μεγάροισιν ἐμοῖσι φίλος τ' ἔσῃ αἰδοῖός τε·
αὐτὴ γὰρ τάδε εἵματ' ἐγὼ πόρον, οἷ' ἀγορεύεις,　　255
πτύξασ' ἐκ θαλάμου, περόνην τ' ἐπέθηκα φαεινὴν
κείνῳ ἄγαλμ' ἔμεναι· τὸν δ' οὐχ ὑποδέξομαι αὖτις
οἴκαδε νοστήσαντα φίλην ἐς πατρίδα γαῖαν.
τῶ ῥα κακῇ αἴσῃ κοίλης ἐπὶ νηὸς Ὀδυσσεὺς
ᾤχετ' ἐποψόμενος Κακοίλιον οὐκ ὀνομαστήν."　　260
Τὴν δ' ἀπαμειβόμενος προσέφη πολύμητις Ὀδυσσεύς·
" ὦ γύναι αἰδοίη Λαερτιάδεω Ὀδυσῆος,
μηκέτι νῦν χρόα καλὸν ἐναίρεο μηδέ τι θυμὸν
τῆκε πόσιν γοόωσα· νεμεσσῶμαί γε μὲν οὐδέν·
καὶ γάρ τίς τ' ἀλλοῖον ὀδύρεται ἄνδρ' ὀλέσασα　　265
κουρίδιον, τῷ τέκνα τέκῃ φιλότητι μιγεῖσα,
ἡ Ὀδυσῆ', ὅν φασι θεοῖς ἐναλίγκιον εἶναι.

246 γυρὸς ἔην ὤμοισι Herodian, who must also have read μελάγχροος, with
Aphthon. in Rhet. Gr. I. 104, 1.

255. οἱ' ἀγορεύεις doubtless has the
usual causal sense, = 'since thou dost
declare such things' (of them), i. e. 'as
I judge from your account of them.'
263. ἐναίρεο, lit. 'spoil' (a slain
enemy): hence by a (perhaps collo-
quial) metaphor 'ruin,' 'cry havoc to.'
265. ἀλλοῖον ... ἡ Ὀδυσῆα 'one far
other than Ulysses,' i. e. inferior to him.
266. κουρίδιον. This word, as Butt-
mann showed, means 'wedded,' 'legiti-
mate.' It is probably derived from
some part of the marriage ceremony;
cp. Hesych. κουριζόμενος· ὑμεναιούμενος.

Ahrens ('Pᾶ, p. 7) compares Pind. Pyth.
3. 18 παρθένοι φιλέοισιν ἑταίραι ἑσπερίαις
ὑποκουρίζεσθ' ἀοιδαῖς, and suggests that
this song of the κούραι was called κουρίς,
whence κουρίζεσθαι 'to honour with
bridal song,' and κουρίδιος of a bride-
groom or bride so honoured. Curtius
finds the explanation in the practice of
cutting the bride's hair (κουρά), for which
he quotes Hesych. s. v. γάμου ἔθη, Pollux
iii. 38, Paus. i. 43, 4. ii. 32, 1 (ἑκάστη
παρθένος πλόκαμον ἀποκείρεταί οἱ πρὸ
γάμου 'cuts off a lock,' sc. as an offering
to Hippolytus).

ἀλλὰ γόου μὲν παῦσαι, ἐμεῖο δὲ ·σύνθεο μῦθον·
νημερτέως γάρ τοι μυθήσομαι οὐδ' ἐπικεύσω
ὡς ἤδη Ὀδυσῆος ἐγὼ περὶ νόστου ἄκουσα　　　　　270
ἀγχοῦ, Θεσπρωτῶν ἀνδρῶν ἐν πίονι δήμῳ,
ζωοῦ· αὐτὰρ ἄγει κειμήλια πολλὰ καὶ ἐσθλὰ
αἰτίζων ἀνὰ δῆμον· ἀτὰρ ἐρίηρας ἑταίρους
ὤλεσε καὶ νῆα γλαφυρὴν ἐνὶ οἴνοπι πόντῳ,
Θρινακίης ἄπο νήσου ἰών· ὀδύσαντο γὰρ αὐτῷ　　275
Ζεύς τε καὶ Ἥλιος· τοῦ γὰρ βόας ἔκταν ἑταῖροι.
οἱ μὲν πάντες ὄλοντο πολυκλύστῳ ἐνὶ πόντῳ·
τὸν δ' ἄρ' ἐπὶ τρόπιος νεὸς ἔκβαλε κῦμ' ἐπὶ χέρσου,
Φαιήκων ἐς γαῖαν, οἳ ἀγχίθεοι γεγάασιν,
οἳ δή μιν περὶ κῆρι θεὸν ὣς τιμήσαντο　　　　　280
καί οἱ πολλὰ δόσαν πέμπειν τέ μιν ἤθελον αὐτοὶ
οἴκαδ' ἀπήμαντον. καί κεν πάλαι ἐνθάδ' Ὀδυσσεὺς
ἦην· ἀλλ' ἄρα οἱ τό γε κέρδιον εἴσατο θυμῷ,　·
χρήματ' ἀγυρτάζειν πολλὴν ἐπὶ γαῖαν ἰόντι·
ὡς περὶ κέρδεα πολλὰ καταθνητῶν ἀνθρώπων　　285
οἶδ' Ὀδυσεύς, οὐδ' ἄν τις ἐρίσσειε βροτὸς ἄλλος.
ὣς μοι Θεσπρωτῶν βασιλεὺς μυθήσατο Φείδων·
ὤμνυε δὲ πρὸς ἔμ' αὐτόν, ἀποσπένδων ἐνὶ οἴκῳ,
νῆα κατειρύσθαι καὶ ἐπαρτέας ἔμμεν ἑταίρους,

---

272 πολλὰ δ' ἄγει κειμήλια ὅνδε δόμονδε U (17. 527).　　275-277 om. F U.
278 νεὸς ἔκβαλε D U : νεὸς ἔμβαλε H al.: νηὸς ἔμβαλε F P : νηὸς βάλε G (Ludw.).
　　283 ἦην vulg.: εἴην P H al.: εἴη]ν eras. U: ᾔειν, which is a v.l. on the
margin of Barnes' ed., is plausible : but εἴη is probably right.　　τό γε Ϝείσατο
κέρδιον εἶναι Cobet.

270. Ὀδυσῆος must surely be taken
with νόστου, notwithstanding the con-
struction Ὀδυσῆος ἀκοῦσαι in 17. 114,
525. Cp. 1. 287 εἰ μέν κεν πατρὸς βίο-
τον καὶ νόστον ἀκούσῃς, also 2. 215, 218,
264, &c.
περί with the gen. after verbs mean-
ing to speak, hear, &c., is occasionally
found in the Odyssey, but not in the
Iliad.
272. ζωοῦ, = ὅτι ζωός ἐστι. After
a verb of hearing, &c., an adj. or part.
expresses the fact heard: as 16. 301

Ὀδυσῆος ἀκουσάτω ἔνδον ἐόντος, Il. 4.
357 ὡς γνῶ χωομένοιο.
278 ff. Ulysses here omits the long
episode of the island of Calypso. It is
the landing on that island to which the
incident of the keel belongs, see 12.
424 ff.
283. For ἦην see on 23. 316.
285. Construe περὶ ἀνθρώπων 'beyond
all men.'
288-299. These lines are repeated
from 14. 323, 325-335, with some change
of order.

οἳ δή μιν πέμψουσι φίλην ἐς πατρίδα γαῖαν.　　290
ἀλλ' ἐμὲ πρὶν ἀπέπεμψε· τύχησε γὰρ ἐρχομένη νηῦς
ἀνδρῶν Θεσπρωτῶν ἐς Δουλίχιον πολύπυρον.
καί μοι κτήματ' ἔδειξεν, ὅσα ξυναγείρατ' Ὀδυσσεύς·
καί νύ κεν ἐς δεκάτην γενεὴν ἕτερόν γ' ἔτι βόσκοι·
τόσσα οἱ ἐν μεγάροις κειμήλια κεῖτο ἄνακτος.　　295
τὸν δ' ἐς Δωδώνην φάτο βήμεναι, ὄφρα θεοῖο
ἐκ δρυὸς ὑψικόμοιο Διὸς βουλὴν ἐπακοῦσαι,
ὅππως νοστήσειε φίλην ἐς πατρίδα γαῖαν
ἤδη δὴν ἀπεών ἢ ἀμφαδὸν ἦε κρυφηδόν.
ὣς ὁ μὲν οὕτως ἐστὶ σόος καὶ ἐλεύσεται ἤδη　　300
ἀγχι μάλ', οὐδ' ἔτι τῆλε φίλων καὶ πατρίδος αἴης
δηρὸν ἀπεσσεῖται· ἔμπης δέ τοι ὅρκια δώσω.
ἴστω νῦν Ζεὺς πρῶτα, θεῶν ὕπατος καὶ ἄριστος,
ἱστίη τ' Ὀδυσῆος ἀμύμονος, ἣν ἀφικάνω·
ἦ μέν τοι τάδε πάντα τελείεται ὡς ἀγορεύω.　　305
τοῦδ' αὐτοῦ λυκάβαντος ἐλεύσεται ἐνθάδ' Ὀδυσσεύς,
τοῦ μὲν φθίνοντος μηνός, τοῦ δ' ἱσταμένοιο."

291-292 om. G Z.　　295 τόσσα Ar. ! H² U : ὅσσα vulg. (cp. 14. 326).
297 ἐπακοῦσαι G F U : ἐπακούσῃ vulg. : ὑπακούσῃ P.

300. σόος. The original form of this adj. is σάος, preserved in σαώτερος (Il. 1. 32), σαόφρων, and the verb σαόω. The form σάον is given as an ancient variant in Il. 16. 252, where Aristarchus read σόον (this appears from the use made of Il. 16. 252 in the notes of Didymus on Il. 1. 117 and 9. 681). It is also found in a quotation of Il. 1. 117 in Apollonius *de conj.* (Bekker's *Anecdota*, p. 489, 16). A trace of σάος also remains in the rare Attic neut. plur. σᾶ (for σάα, see on Od. 13. 364).
The form σῶς, acc. σῶν, arose from the contraction of σάος. Aristarchus read σῶς and σῶν wherever the metre admits a long monosyllable. The MSS. are inconsistent: they read nom. σῶς wherever it is metrically possible, but always acc. σόον,—except in Il. 17. 367, where one important family of MSS. (Mr. Allen's h) has σῶν.
The form σόος (σόον, σόοι, σόη, σόα) must have arisen by the process which

produced φόως for φάος, ὁρόω for ὁράω, &c. That is, to say, where the metre forbade the usual form σῶς, an approximation to it was made in the shape of σόος (*H. G.* § 55, 10). Thus σόος is a conventional form not drawn from any living dialect, and is necessarily later than the contraction of σάος to σῶς. Nevertheless it was adopted by Aristarchus where the metre required a disyllable.
Out of nine instances of σῶς and σῶν there is only one (Il. 22. 332) that does not admit σάος, σάον. It can hardly be assumed, however, that σῶς is a post-Homeric contraction. The forms σάος and σῶς may have subsisted together, like ἰό and εὖ, πάϊς and παῖς.
302. ἔμπης 'nay even,' *immo*: *i. e.* whether my story is enough for you or not, 'anyhow I will go on to confirm it with an oath.'
303-307 = 14. 158-162: see the notes on that passage.

M 2

Τὸν δ' αὖτε προσέειπε περίφρων Πηνελόπεια·
"αἲ γὰρ τοῦτο, ξεῖνε, ἔπος τετελεσμένον εἴη·
τῷ κε τάχα γνοίης φιλότητά τε πολλά τε δῶρα   310
ἐξ ἐμεῦ, ὡς ἄν τίς σε συναντόμενος μακαρίζοι.
ἀλλά μοι ὧδ' ἀνὰ θυμὸν ὀΐεται, ὡς ἔσεταί περ·
οὔτ' Ὀδυσεὺς ἔτι οἶκον ἐλεύσεται, οὔτε σὺ πομπῆς
- τεύξε', ἐπεὶ οὐ τοῖοι σημάντορές εἰσ' ἐνὶ οἴκῳ
οἷος Ὀδυσσεὺς ἔσκε μετ' ἀνδράσιν, εἴ ποτ' ἔην γε,   315
ξείνους αἰδοίους ἀποπεμπέμεν ἠδὲ δέχεσθαι.
ἀλλά μιν, ἀμφίπολοι, ἀπονίψατε, κάτθετε δ' εὐνήν,
δέμνια καὶ χλαίνας καὶ ῥήγεα σιγαλόεντα,
ὥς κ' εὖ θαλπιόων χρυσόθρονον Ἠῶ ἵκηται.
ἠῶθεν δὲ μάλ' ἦρι λοέσσαι τε χρῖσαί τε,   320
ὥς κ' ἔνδον παρὰ Τηλεμάχῳ δείπνοιο μέδηται
ἥμενος ἐν μεγάρῳ· τῷ δ' ἄλγιον ὅς κεν ἐκείνων
τοῦτον ἀνιάζῃ θυμοφθόρος· οὐδέ τι ἔργον
ἐνθάδ' ἔτι πρήξει, μάλα περ κεχολωμένος αἰνῶς.
πῶς γὰρ ἐμεῦ σύ, ξεῖνε, δαήσεαι εἴ τι γυναικῶν   325
ἀλλάων περίειμι νόον καὶ ἐπίφρονα μῆτιν,
εἴ κεν ἀϋσταλέος κακὰ εἱμένος ἐν μεγάροισι
δαινύῃ; ἄνθρωποι δὲ μινυνθάδιοι τελέθουσιν.
ὃς μὲν ἀπηνὴς αὐτὸς ἔῃ καὶ ἀπηνέα εἰδῇ,

---

314 τεύξε'] τεύξεαι G M X D H²: τεύξεαι (τεύξε'?) F: τεύξῃ P al.   οὐ τοῖοι
G F: οὔ τι P H al. : οὔ τοι D Eust.   319 κ' εὖ] κεν G P M.   325 σύ om.
F X : read perhaps ἐμεῖο (cp. 215).   326 ἐχέφρονα G Eust. al.   μῆτιν]
βουλήν P U, cp. 3. 128.

---

312. ὀΐεται. This is the only instance
of ὀΐομαι used impersonally. Axt conj.
ὑπὸ θυμὸς ὀΐεται (Conj. Hom. p. 34).

315. εἴ ποτ' ἔην γε, see on 15. 268.

316. ἀποπεμπέμεν ἠδὲ δέχεσθαι, an
apparent prothysteron : but it is a πομπή
that is in question, and ἠδὲ δέχεσθαι is
merely added to cover all the duties of
a host.

323. θυμοφθόρος 'corrupting the
mind,' 'heart-breaking,' i. e. vexing be-
yond endurance. So in 4. 716 ἄχος
θυμοφθόρον, of the 'crushing grief' of
Penelope on hearing of the departure of

Telemachus : and Il. 6. 169 θυμοφθόρα
σήματα of the letter which was to poison
the mind of the King of Lycia against
Bellerophon. Cp. θυμοδακὴς μῦθος (8.
185), also θυμοβόρος (of ἔρις, &c.).

323-324. 'He will bring nothing to
an issue in this house, however furiously
wrathful he may be,' i. e. 'he will have
no success in his wooing, and I will not
care how he may storm.'

325. The omission of σύ in three
MSS. suggests reading ἐμεῖο, ξεῖνε.

329. ἀπηνής, ἀπηνέα, see on 18.
381.

τῷ δὲ καταρῶνται πάντες βροτοὶ ἄλγε' ὀπίσσω   330
ζωῷ, ἀτὰρ τεθνεῶτί γ' ἐφεψιόωνται ἅπαντες·
ὃς δ' ἂν ἀμύμων αὐτὸς ἔῃ καὶ ἀμύμονα εἰδῇ,
τοῦ μέν τε κλέος εὐρὺ διὰ ξεῖνοι φορέουσι
πάντας ἐπ' ἀνθρώπους, πολλοί τέ μιν ἐσθλὸν ἔειπον."
    Τὴν δ' ἀπαμειβόμενος προσέφη πολύμητις Ὀδυσσεύς·
" ὦ γύναι αἰδοίη Λαερτιάδεω Ὀδυσῆος,   336
ἦ τοι ἐμοὶ χλαῖναι καὶ ῥήγεα σιγαλόεντα
ἤχθεθ', ὅτε πρῶτον Κρήτης ὄρεα νιφόεντα
νοσφισάμην ἐπὶ νηὸς ἰὼν δολιχηρέτμοιο,
κείω δ' ὡς τὸ πάρος περ ἀΰπνους νύκτας ἴαυον·   340
πολλὰς γὰρ δὴ νύκτας ἀεικελίῳ ἐνὶ κοίτῃ
ἄεσα καί τ' ἀνέμεινα ἐΰθρονον Ἠῶ δῖαν.
οὐδέ τί μοι ποδάνιπτρα ποδῶν ἐπιήρανα θυμῷ
γίγνεται· οὐδὲ γυνὴ ποδὸς ἅψεται ἡμετέροιο
τάων αἵ τοι δῶμα κάτα δρήστειραι ἔασιν,   345
εἰ μή τις γρηῦς ἐστι παλαιή, κεδνὰ ἰδυῖα,

---

334. ἐσθλόν is masc., 'call him ἐσ-
θλός,' say of him 'a true man.'
338. ἤχθετο, aor. 'have become hate-
ful.'
340. κείω, see on 18. 408.
344. ἡμετέροιο. The plural of the
First Person is not used in Homer as
a mere variety for the singular. Here
the intention may be to lessen the self-
assertion of the speech: as though
Ulysses spoke for others as well as him-
self. Cp. the notes on 16. 44, 442.
346-348. These three lines were re-
jected by ancient critics on the ground
that Ulysses could not choose to be
washed by one who would recognize
the scar. But (1) the poet makes the
very natural supposition that he has not
yet remembered about the scar (cp.
l. 390); and (2) in the praise which
Penelope gives him in her answer she
is evidently moved by his preference for
the aged nurse.
    Some recent writers have been led to
another solution of the difficulty. They
see in the incident a trace of a different
version of the story. Ulysses, they say,
must have asked for the services of

Eurycleia in order to be recognized by
her,—desiring in this way to bring about
his recognition by Penelope, which in
our Odyssey follows the slaying of the
Suitors. There was therefore an Odyssey
in which Penelope recognized Ulysses at
this point, and acted in concert with
him in the τόξου θέσις and other events
of the 20th and 21st books. And this
version is supported by Od. 24. 167-
169 αὐτὰρ ὃ ἦν ἄλοχον πολυκερδείῃσιν
ἄνωγε τόξον κτλ. (Niese, Hom. Poesie,
p. 164: Wilamowitz, Hom. Unters.
p. 55: Seeck, Quellen, p. 4).
    It will be admitted, in the first place,
that the recognition of Ulysses as told
in the Odyssey is an admirable specimen
of a common type of incident. In almost
every tale or romance there is a point at
which the author allows the fortunes of
his hero to be brought to the verge of
ruin by the intervention of some un-
foreseen agency. In the highly wrought
story of the Odyssey the recognition by
the nurse is just such a critical moment,
and has probably heightened the interest
of every hearer or reader of the poem.
It is, in short, an incident which any

ἤ τις δὴ τέτληκε τόσα φρεσὶν ὅσσα τ' ἐγώ περ·
τῇ δ' οὐκ ἀν φθονέοιμι ποδῶν ἅψασθαι ἐμεῖο."

Τὸν δ' αὖτε προσέειπε περίφρων Πηνελόπεια·
"ξεῖνε φίλ'· οὐ γάρ πώ τις ἀνὴρ πεπνυμένος ὧδε   350
ξείνων τηλεδαπῶν φιλίων ἐμὸν ἵκετο δῶμα,
ὡς σὺ μάλ' εὐφραδέως πεπνυμένα πάντ' ἀγορεύεις·
ἔστι δέ μοι γρηῦς πυκινὰ φρεσὶ μήδε' ἔχουσα,
ἢ κεῖνον δύστηνον ἐὖ τρέφεν ἠδ' ἀτίταλλε,
δεξαμένη χείρεσσ', ὅτε μιν πρῶτον τέκε μήτηρ·   355
ἥ σε πόδας νίψει, ὀλιγηπελέουσά περ ἔμπης.
ἀλλ' ἄγε νῦν ἀνστᾶσα, περίφρων Εὐρύκλεια,
νίψον σοῖο ἄνακτος ὁμήλικα. καί που Ὀδυσσεὺς
ἤδη τοιόσδ' ἐστὶ πόδας τοιόσδε τε χεῖρας·
αἶψα γὰρ ἐν κακότητι βροτοὶ καταγηράσκουσιν."   360

Ὣς ἄρ' ἔφη, γρηῦς δὲ κατέσχετο χερσὶ πρόσωπα,
δάκρυα δ' ἔκβαλε θερμά, ἔπος δ' ὀλοφυδνὸν ἔειπεν·
"ὤ μοι ἐγὼ σέο, τέκνον, ἀμήχανος· ἦ σε περὶ Ζεὺς

348 τῇ δ' οὐκ ἀν F: τῇ δ' οὐδ' ἀν U: τῆδε δ' ἀν οὐ G P H : τήνδε δ' ἀν οὐ Eust.
al.   358 σοῖο P H U : σεῖο G F al.

poet who knew of it, or was capable of
inventing it, would desire to weave into
his narrative.

The only difficulty, then, is the way
in which it is introduced. Why make
Ulysses *ask* to be washed by Eurycleia?
Why does not Penelope simply tell
Eurycleia to wash 'the compeer of her
master'? The answer is probably to be
sought in the code of manners which
governed the Homeric age. We may
gather from the words of Ulysses in
344 ff. (οὐδὲ γυνὴ ποδὸς ἅψεται κτλ.),
and of Eurycleia in 373 ff. (τάων . . .
ἀλεείνων οὐκ ἐάᾳς νίζειν), that in the
ordinary course the washing would have
been done by one of the younger maid-
servants. Cp. the washing of Tele-
machus at Pylos (3. 464) by a daughter
of the house.

If this is so, the poet had to contrive
some reason why Ulysses was to be
washed by the old nurse. And he has
done so in a way that serves also to
bring out the modesty and wisdom of
his hero. It is the invariable discretion

(πεπνυμένα πάντα) of Ulysses that leads
him to refuse the services of the maids.
In the same spirit soon afterwards (20.
140 ff.) he declared himself to be too
miserable an outcast to sleep in the
couch offered to him by the order of
Penelope.

As to 24. 167 it is probably enough
to point out that it does not directly
contradict 19. 570-587. The difference
is accounted for by the later date of the
24th book.

350-352. The sense is, 'no one that
has come to the house has been so wise
as you are': ὧδε—ὡς as in 380-381.
Hence φιλίων is out of place; it must
have crept in from 24. 268 οὔ τις . . .
ξείνων τηλεδαπῶν φιλίων ἐμὸν ἵκετο δῶμα.
The original half-line here may have
been ἐμὸν ἵκετο χαλκοβατὲς δῶ, or κλυ-
τὸν ἵκετο δῶμ' Ὀδυσῆος: see 13. 4. The
comparative φιλίων is doubtless one of
the post-Homeric words of the 24th
book.

363. ὤ μοι . . . σέο, gen. as 20. 209
ὤ μοι ἔπειτ' Ὀδυσῆος. For the phrase ὤ

ἀνθρώπων ἤχθηρε θεουδέα θυμὸν ἔχοντα.

οὐ γάρ πώ τις τόσσα βροτῶν Διὶ τερπικεραύνῳ   365
πίονα μηρί' ἔκη' οὐδ' ἐξαίτους ἑκατόμβας,
ὅσσα σὺ τῷ ἐδίδους, ἀρώμενος ἧος ἵκοιο
γῆράς τε λιπαρὸν θρέψαιό τε φαίδιμον υἱόν·
νῦν δέ τοι οἴῳ πάμπαν ἀφείλετο νόστιμον ἦμαρ.

οὕτω που καὶ κείνῳ ἐφεψιόωντο γυναῖκες   370
ξείνων τηλεδαπῶν, ὅτε τευ κλυτὰ δώμαθ' ἵκοιτο,
ὡς σέθεν αἱ κύνες αἵδε καθεψιόωνται ἅπασαι,
τάων νῦν λώβην τε καὶ αἴσχεα πόλλ' ἀλεείνων·
οὐκ ἐάᾳς νίζειν· ἐμὲ δ' οὐκ ἀέκουσαν ἄνωγε
κούρη Ἰκαρίοιο, περίφρων Πηνελόπεια.   375
τῶ σε πόδας νίψω ἅμα τ' αὐτῆς Πηνελοπείης
καὶ σέθεν εἵνεκ', ἐπεί μοι ὀρώρεται ἔνδοθι θυμὸς
κήδεσιν. ἀλλ' ἄγε νῦν ξυνίει ἔπος, ὅττι κεν εἴπω·
πολλοὶ δὴ ξεῖνοι ταλαπείριοι ἐνθάδ' ἵκοντο,
ἀλλ' οὔ πώ τινά φημι ἐοικότα ὧδε ἰδέσθαι   380
ὡς σὺ δέμας φωνήν τε πόδας τ' Ὀδυσῆϊ ἔοικας."

Τὴν δ' ἀπαμειβόμενος προσέφη πολύμητις Ὀδυσσεύς·
" ὦ γρηῦ, οὕτω φασὶν ὅσοι ἴδον ὀφθαλμοῖσιν
ἡμέας ἀμφοτέρους, μάλα εἰκέλω ἀλλήλοιϊν
ἔμμεναι, ὡς σύ περ αὐτὴ ἐπιφρονέουσ' ἀγορεύεις."   385

Ὣς ἄρ' ἔφη, γρηῦς δὲ λέβηθ' ἕλε παμφανόωντα,

---

366 οὐδ'] ἠδ' G : read perhaps ἵκηεν ἰδ' (note).   371 ὅτε τευ] Perhaps ὅτεο.
372 καθεψιόωνται F Eust.: καθεψιόωντο G P H X al.

μοι ἐγὼ ἀμήχανος cp. 5. 299 ὦ μοι ἐγὼ δειλός, also Il. 18. 54., 24. 255. Elsewhere in Homer ἀμήχανος means 'not to be managed,' 'with whom no contrivance avails'; but here it must be = 'helpless.'

366. For the more rhythmical reading ἵκηεν ἰδ' it may be noticed that ἠδέ after a negative (instead of οὐδέ) seems to be allowed when the things denied constitute in effect a single notion. So 21. 233 οὐκ ἐάσουσιν ἐμοὶ δόμεναι βιὸν ἠδὲ φαρέτρην, Il. 9. 133 (= 275) μή ποτε τῆς εὐνῆς ἐπιβήμεναι ἠδὲ μιγῆναι, 11.

255 οὐδ' ἄς ἀπέληγε μάχης ἠδὲ πτολέμοιο. In these cases there is a kind of hendiadys.

368. The place of the first τε is due to a slight anacoluthon, the sentence beginning as if ἵκοιο were the governing word of both clauses. Cp. Il. 3. 80 λοῖσίν τε τιτυσκόμενοι λάεσσί τ' ἔβαλλον.

372. αἱ κύνες, the art. of aversion or contempt: H. G. § 261, 2.

374. The form ἄνωγε may be a pf. or an impf. (as from a thematic *ἀνώγω). Here the pf. agrees better with the pres. ἐάᾳς.

τοῦ πόδας ἐξαπένιζεν, ὕδωρ δ' ἐνεχεύατο πολλὸν
ψυχρόν, ἔπειτα δὲ θερμὸν ἐπήφυσεν. αὐτὰρ Ὀδυσσεὺς
ἷζεν ἀπ' ἐσχαρόφιν, ποτὶ δὲ σκότον ἐτράπετ' αἶψα·
αὐτίκα γὰρ κατὰ θυμὸν ὀΐσατο, μή ἑ λαβοῦσα   390
οὐλὴν ἀμφράσσαιτο καὶ ἀμφαδὰ ἔργα γένοιτο.
νίζε δ' ἄρ' ἄσσον ἰοῦσα ἄναχθ' ἑόν· αὐτίκα δ' ἔγνω
οὐλήν, τήν ποτέ μιν σῦς ἤλασε λευκῷ ὀδόντι
Παρνησόνδ' ἐλθόντα μετ' Αὐτόλυκόν τε καὶ υἷας,
μητρὸς ἑῆς πατέρ' ἐσθλόν, ὃς ἀνθρώπους ἐκέκαστο   395
κλεπτοσύνη θ' ὅρκῳ τε· θεὸς δέ οἱ αὐτὸς ἔδωκεν
Ἑρμείας· τῷ γὰρ κεχαρισμένα μηρία καῖεν
ἀρνῶν ἠδ' ἐρίφων· ὁ δέ οἱ πρόφρων ἅμ' ὀπήδει.
Αὐτόλυκος δ' ἐλθὼν Ἰθάκης ἐς πίονα δῆμον
παῖδα νέον γεγαῶτα κιχήσατο θυγατέρος ἧς·   400
τόν ῥά οἱ Εὐρύκλεια φίλοις ἐπὶ γούνασι θῆκε
παυομένῳ δόρποιο, ἔπος τ' ἔφατ' ἔκ τ' ὀνόμαζεν·
" Αὐτόλυκ', αὐτὸς νῦν ὄνομ' εὗρεο ὅττι κε θῆαι

---

387 τοῦ U : τῷ vulg.   πολλὸν G P H U al. : πουλὺ F.   389 ἀπ' G U Eust.
al. : ἐπ' F P H.   391 ἀμφατὰ G.   403 θῆαι] θείαι G U : θεῖο P H al. : θείης F.

---

387. τοῦ πόδας ἐξαπένιζε 'from it
(with water taken from it) she set about
washing his feet.' ἐξ as in 10. 361 λό'
ἐκ τρίποδος: so 6. 224. Nearly all the
MSS. have τῷ, but this does not give so
good a construction for ἐξαπένιζε. Note
the impf., 'she was going to wash.'
389. ἷζεν ἀπ' ἐσχαρόφιν 'sat away
from the fire-place.' Ulysses had to
seat himself for the purpose of the wash-
ing, and as he did so he bethought him
of the wound. He therefore kept away
from the fire-light, and turned his back
upon it. After the washing (506) he
drew his seat nearer to the fire again
(αὖτις).
There is also a reading ἐπ' ἐσχαρόφιν,
which may perhaps be explained by
pressing the tenses of ἷζεν and ἐτράπετο:
'as he sat by the fire, he suddenly turned
away.' But this does not account for
the evidently significant αὖτις of. l. 506.
Probably, too, ἐσχαρόφιν is meant as
a gen., used instead of the unmetrical
ἐσχάρης : and ἐπ' ἐσχάρης would not be

said of a person sitting at or by the
fire-place (only of the fire on the fire-
place, as 5. 59).
391. ἀμφαδὰ ἔργα. The difficulty is
that ἀμφαδὰ must be an adv., derived
from an abstract noun in -δο- (plur.
-δα) : the adj. being ἀμφάδιος. It is
possible that ἀμφατά, the reading of G,
is right.
395-466. This episode has been con-
demned as an interpolation (Kirchhoff.
Odyssee, p. 523; Wilamowitz, Hom.
Unters. p. 59). It certainly interrupts
the action in a way that is not Homeric.
And the repetition of Παρνησόνδ' ἐλ-
θόντα κτλ. as well as other words (393-
394 = 465-466) points in the same
direction. On the other hand (as
Wilamowitz observes) the mention of
Autolycus without any description of
him is too abrupt : and if we keep 395-
398 the reference of τήν in 467 becomes
obscure. The style and language of the
passage show no trace of later date.
403. θῆαι, the subj., is better after

παιδὸς παιδὶ φίλῳ· πολυάρητος δέ τοί ἐστι."

Τὴν δ' αὖτ' Αὐτόλυκος ἀπαμείβετο φώνησέν τε·   405
" γαμβρὸς ἐμὸς θυγάτηρ τε, τίθεσθ' ὄνομ' ὅττι κεν εἴπω·
πολλοῖσιν γὰρ ἔγωγε ὀδυσσάμενος τόδ' ἱκάνω,
ἀνδράσιν ἠδὲ γυναιξὶν ἀνὰ χθόνα πουλυβότειραν·
τῷ δ' Ὀδυσεὺς ὄνομ' ἔστω ἐπώνυμον. αὐτὰρ ἔγωγε,
ὁππότ' ἂν ἡβήσας μητρώϊον ἐς μέγα δῶμα   410
ἔλθῃ Παρνησόνδ', ὅθι πού μοι κτήματ' ἔασι,
τῶν οἱ ἐγὼ δώσω καί μιν χαίροντ' ἀποπέμψω."
Τῶν ἕνεκ' ἦλθ' Ὀδυσεύς, ἵνα οἱ πόροι ἀγλαὰ δῶρα.
τὸν μὲν ἄρ' Αὐτόλυκός τε καὶ υἱέες Αὐτολύκοιο
χερσίν τ' ἠσπάζοντο ἔπεσσί τε μειλιχίοισι·   415
μήτηρ δ' Ἀμφιθέη μητρὸς περιφῦσ' Ὀδυσῆϊ
κύσσ' ἄρα μιν κεφαλήν τε καὶ ἄμφω φάεα καλά.
Αὐτόλυκος δ' υἱοῖσιν ἐκέκλετο κυδαλίμοισι
δεῖπνον ἐφοπλίσσαι· τοὶ δ' ὀτρύνοντος ἄκουσαν,
αὐτίκα δ' εἰσάγαγον βοῦν ἄρσενα πενταέτηρον·   420
τὸν δέρον ἀμφί θ' ἕπον, καί μιν διέχευαν ἅπαντα,
μίστυλλόν τ' ἄρ' ἐπισταμένως πεῖράν τ' ὀβελοῖσιν,
ὤπτησάν τε περιφραδέως δάσσαντό τε μοίρας.

408 βωτιάνειραν G P H U Eust.   409 ἔγωγε] ἔπειτα G.   410 πατρώϊον
G.   416 Ὀδυσῆα G F Z.   422 ἄρα τἆλλα καὶ ἀμφ' ὀβελοῖσιν ἔπειραν G (cp.
3. 462, &c.).   423 δάσσαντό τε μοίρας G U: ἐρύσαντό τε μοίρας P H al. :
ἐρύσαντό τε πάντα F M X al.

the imperative εὕρεο than θεῖο, which
most MSS. have. The middle is
properly used of the *parents* giving the
name : but Autolycus is to be regarded
as acting for them.
406. θυγάτηρ τε. The nom. is re-
quired here by the rule that the voc. is
never used with a conjunction such as
τε or δέ. So in Sanscrit, and doubtless
in the original language, the voc. cannot
be *part* of a sentence in any respect :
Il. G. § 164.
407. γάρ introduces the reason: 'inas-
much as I have come to you here as one
that has been angered with many,' as
a man of many quarrels. Some take
ὀδυσσάμενος to be = 'having been the

object of anger'; but there is no support
for this sense of ὀδύσασθαι.
409. ὄνομα ἐπώνυμον 'a name to be
named by.'
410. μητρώϊον probably means, not
strictly 'maternal,' but 'belonging to
the μήτρωες,' the mother's kindred. It
is true that πατρώϊος in Homer means
simply 'belonging to a father'; but it
is not unlikely that it was originally
used in a more limited sense, as the adj.
of πάτρως.
421. ἀμφί θ' ἕπον 'dealt with,' the
most general word for doing whatever
was necessary.
ἅπαντα, see on 16. 21.

ὣς τότε μὲν πρόπαν ἧμαρ ἐς ἠέλιον καταδύντα
δαίνυντ', οὐδέ τι θυμὸς ἐδεύετο δαιτὸς ἐΐσης·   425
ἧμος δ' ἠέλιος κατέδυ καὶ ἐπὶ κνέφας ἦλθε,
δὴ τότε κοιμήσαντο καὶ ὕπνου δῶρον ἕλοντο.

Ἦμος δ' ἠριγένεια φάνη ῥοδοδάκτυλος Ἠώς,
βάν ῥ' ἴμεν ἐς θήρην, ἠμὲν κύνες ἠδὲ καὶ αὐτοὶ
υἱέες Αὐτολύκου· μετὰ τοῖσι δὲ δῖος Ὀδυσσεὺς   430
ἤϊεν· αἰπὺ δ' ὄρος προσέβαν καταειμένον ὕλῃ
Παρνησοῦ, τάχα δ' ἴκανον πτύχας ἠνεμοέσσας.
Ἥλιος μὲν ἔπειτα νέον προσέβαλλεν ἀρούρας
ἐξ ἀκαλαρρείταο βαθυρρόου Ὠκεανοῖο,
οἱ δ' ἐς βῆσσαν ἴκανον ἐπακτῆρες· πρὸ δ' ἄρ' αὐτῶν   435
ἴχνι' ἐρευνῶντες κύνες ἤϊσαν, αὐτὰρ ὄπισθεν
υἱέες Αὐτολύκου· μετὰ τοῖσι δὲ δῖος Ὀδυσσεὺς
ἤϊεν ἄγχι κυνῶν, κραδάων δολιχόσκιον ἔγχος.
ἔνθα δ' ἄρ' ἐν λόχμῃ πυκινῇ κατέκειτο μέγας σῦς·
τὴν μὲν ἄρ' οὔτ' ἀνέμων διάη μένος ὑγρὸν ἀέντων,   440
οὔτε μιν Ἥλιος φαέθων ἀκτῖσιν ἔβαλλεν,
οὔτ' ὄμβρος περάασκε διαμπερές· ὣς ἄρα πυκνὴ
ἦεν, ἀτὰρ φύλλων ἐνέην χύσις ἤλιθα πολλή.
τὸν δ' ἀνδρῶν τε κυνῶν τε περὶ κτύπος ἦλθε ποδοῖϊν,
ὡς ἐπάγοντες ἐπῇσαν· ὁ δ' ἀντίος ἐκ ξυλόχοιο,   445
φρίξας εὖ λοφιήν, πῦρ δ' ὀφθαλμοῖσι δεδορκώς,
στῆ ῥ' αὐτῶν σχεδόθεν· ὁ δ' ἄρα πρώτιστος Ὀδυσσεὺς
ἔσσυτ' ἀνασχόμενος δολιχὸν δόρυ χειρὶ παχείῃ,
οὐτάμεναι μεμαώς· ὁ δέ μιν φθάμενος ἔλασεν σῦς
γουνὸς ὕπερ, πολλὸν δὲ διήφυσε σαρκὸς ὀδόντι   450

---

429 αὐτοί] ἄνδρες G.   431 ἐπέβαν F M X.   ὕλην G F.   436 ἴχνη
F U.   440 διάη G U : διάει vulg.

440-443, repeated from 5. 478 ff.
444. ποδοῖϊν, dual used in a distri-
butive sense: cp. 20. 348, Il. 23. 362.
445. ἐπάγοντες 'driving on' (sc. the
game), cp. ἐπακτῆρες (l. 435).
446. Cp. Ar. Ran. 822 φρίξας δ' αὐτο-
κόμου λοφιᾶς λασιαύχενα χαίταν—evi-
dently a reminiscence of Homer.

450. πολλόν is adverbial, = 'a long
way,' 'far,' and σαρκός is a partitive
gen., akin to the gen. of the space
within which something moves; cp.
Il. 20. 178 ὁμίλου πολλὸν ἐπελθών.
διήφυσε 'drained,' laid open so as to
draw off the life: Il. 13. 507 διὰ δ'
ἔντερα χαλκὸς ἤφυσε, also 14. 517.

λικριφὶς ἀΐξας, οὐδ' ὀστέον ἵκετο φωτός.
τὸν δ' Ὀδυσεὺς οὔτησε τυχὼν κατὰ δεξιὸν ὦμον,
ἀντικρὺ δὲ διῆλθε φαεινοῦ δουρὸς ἀκωκή·
κὰδ δ' ἔπεσ' ἐν κονίῃσι μακών, ἀπὸ δ' ἔπτατο θυμός.
τὸν μὲν ἄρ' Αὐτολύκου παῖδες φίλοι ἀμφεπένοντο,   455
ὠτειλὴν δ' Ὀδυσῆος ἀμύμονος ἀντιθέοιο
δῆσαν ἐπισταμένως, ἐπαοιδῇ δ' αἷμα κελαινὸν
ἔσχεθον, αἶψα δ' ἵκοντο φίλου πρὸς δώματα πατρός.
τὸν μὲν ἄρ' Αὐτόλυκός τε καὶ υἱέες Αὐτολύκοιο
εὖ ἰησάμενοι ἠδ' ἀγλαὰ δῶρα πορόντες   460
καρπαλίμως χαίροντα φίλην ἐς πατρίδ' ἔπεμπον
εἰς Ἰθάκην. τῷ μέν ῥα πατὴρ καὶ πότνιά μήτηρ
χαῖρον νοστήσαντι καὶ ἐξερέεινον ἕκαστα,
οὐλὴν ὅττι πάθοι· ὁ δ' ἄρα σφίσιν εὖ κατέλεξεν
ὥς μιν θηρεύοντ' ἔλασεν σῦς λευκῷ ὀδόντι,   465
Παρνησόνδ' ἐλθόντα σὺν υἱάσιν Αὐτολύκοιο.

Τὴν γρηῢς χείρεσσι καταπρηνέσσι λαβοῦσα
γνῶ ῥ' ἐπιμασσαμένη, πόδα δὲ προέηκε φέρεσθαι·
ἐν δὲ λέβητι πέσε κνήμη, κανάχησε δὲ χαλκός,
ἂψ δ' ἑτέρωσ' ἐκλίθη· τὸ δ' ἐπὶ χθονὸς ἐξέχυθ' ὕδωρ.   470
τὴν δ' ἅμα χάρμα καὶ ἄλγος ἕλε φρένα, τὼ δέ οἱ ὄσσε
δακρυόφι πλῆσθεν, θαλερὴ δέ οἱ ἔσχετο φωνή.
ἁψαμένη δὲ γενείου Ὀδυσσῆα προσέειπεν·
"ἦ μάλ' Ὀδυσσεύς ἐσσι, φίλον τέκος· οὐδέ σ' ἔγωγε

---

461 φίλην ἐς πατρίδ' F al.: φίλοι χαίροντες vulg.: φίλην χαίροντες Wolf, Bekk.
463 ἕκαστα] ἅπαντα 1 (Vind. 5). 474 μάλ'] σύ γ' F O Z. ,

---

454. μακών 'with a cry,' 18. 98.
455. τὸν . . . ἀμφεπένοντο 'busied themselves with it' (sc. the boar), i.e. did what it was usual for hunters to do on killing their game.
461. Most MSS. have φίλοι χαίροντες ἔπεμπον, which is intolerably harsh after καρπαλίμως. Possibly χαίροντες is a gloss on φίλως: cp. Il. 4. 347 νῦν δὲ φίλως χ' ὁρόῳτε, which is = φίλον ἂν εἴη ὑμῖν ὁρᾶν. Or it may be due to 17. 83 χαίροντι φέρειν πρὸς δώματα χαίρων.

However this may be, the reading φίλην ἐς πατρίδ' ἔπεμπον, given by the Laurentian (F) and other MSS., is free from objection, and has been adopted by Ludwich. The reading φίλην χαίροντες separates φίλην too far from the substantive (Ἰθάκην) which it qualifies.
464. οὐλήν is acc. de quo, 'asked about the wound, what befell him,' i.e. asked for the story of the wound.
470. ἐκλίθη, sc. χαλκός, 'the vessel was turned over.'

πρὶν ἔγνων, πρὶν πάντα ἄνακτ' ἐμὸν ἀμφαφάασθαι."   475
Ἦ καὶ Πηνελόπειαν ἐσέδρακεν ὀφθαλμοῖσι,
πεφραδέειν ἐθέλουσα φίλον πόσιν ἔνδον ἐόντα.
ἡ δ' οὔτ' ἀθρῆσαι δύνατ' ἀντίη οὔτε νοῆσαι·
τῇ γὰρ Ἀθηναίη νόον ἔτραπεν· αὐτὰρ Ὀδυσσεὺς
χείρ' ἐπιμασσάμενος φάρυγος λάβε δεξιτερῆφι,   480
τῇ δ' ἑτέρῃ ἕθεν ἆσσον ἐρύσσατο φώνησέν τε·
" μαῖα, τίη μ' ἐθέλεις ὀλέσαι; σὺ δέ μ' ἔτρεφες αὐτὴ
τῷ σῷ ἐπὶ μαζῷ· νῦν δ' ἄλγεα πολλὰ μογήσας
ἦλθον ἐεικοστῷ ἔτεϊ ἐς πατρίδα γαῖαν.
ἀλλ' ἐπεὶ ἐφράσθης καί τοι θεὸς ἔμβαλε θυμῷ,   485
σίγα, μή τίς τ' ἄλλος ἐνὶ μεγάροισι πύθηται.
ὧδε γὰρ ἐξερέω, καὶ μὴν τετελεσμένον ἔσται·
εἴ χ' ὑπ' ἔμοιγε θεὸς δαμάσῃ μνηστῆρας ἀγαυούς,
οὐδὲ τροφοῦ οὔσης σεῦ ἀφέξομαι, ὁππότ' ἂν ἄλλας
δμῳὰς ἐν μεγάροισιν ἐμοῖς κτείνωμι γυναῖκας."   490
    Τὸν δ' αὖτε προσέειπε περίφρων Εὐρύκλεια·
" τέκνον ἐμόν, ποῖόν σε ἔπος φύγεν ἕρκος ὀδόντων.
οἶσθα μὲν οἷον ἐμὸν μένος ἔμπεδον, οὐκ ἐπιεικτόν,
ἕξω δ' ὡς ὅτε τις στερεὴ λίθος ἠὲ σίδηρος.
ἄλλο δέ τοι ἐρέω, σὺ δ' ἐνὶ φρεσὶ βάλλεο σῇσιν·   495
εἴ χ' ὑπὸ σοί γε θεὸς δαμάσῃ μνηστῆρας ἀγαυούς,
δὴ τότε τοι καταλέξω ἐνὶ μεγάροισι γυναῖκας,
αἵ τέ σ' ἀτιμάζουσι καὶ αἳ νηλείτιδές εἰσι."
    Τὴν δ' ἀπαμειβόμενος προσέφη πολύμητις Ὀδυσσεύς·
" μαῖα, τίη δὲ σὺ τὰς μυθήσεαι; οὐδέ τί σε χρή.   500
εὖ νυ καὶ αὐτὸς ἐγὼ φράσομαι καὶ εἴσομ' ἑκάστην·
ἀλλ' ἔχε σιγῇ μῦθον, ἐπίτρεψον δὲ θεοῖσιν."

484 ἤλυθον εἰκοστῷ MSS. : see on 16. 206.   487 καὶ μὴν] καί κεν P al. : τὸ δὲ
καί F : τὸ δέ κεν J.   490 ἐμοῖς] Read perhaps ἐμὰς.   κτείνωμι H U :
κτείναιμι G F P.   493 οὐκ G F P U : οὐδ' H X D al.   498 νηλείτιδες, cp.
16. 317.

475. πάντα, see on 16. 21.
489. οὔσης. This is not the Homeric
form ; but no good emendation of the
line has been proposed.

494. ἔξω, intrans., as with adverbs.
498. νηλείτιδες, cp. 16. 317.
502. ἐπίτρεψον δὲ θεοῖσιν 'leave the
matter to the gods,' a formula for de-

Ὡς ἄρ' ἔφη, γρηὺς δὲ διὲκ μεγάροιο βεβήκει
οἰσομένη ποδάνιπτρα· τὰ γὰρ πρότερ' ἔκχυτο πάντα.
αὐτὰρ ἐπεὶ νίψεν τε καὶ ἤλειψεν λίπ' ἐλαίῳ,   505
αὖτις ἄρ' ἀσσοτέρω πυρὸς ἕλκετο δίφρον Ὀδυσσεὺς
θερσόμενος, οὐλὴν δὲ κατὰ ῥακέεσσι κάλυψε.
τοῖσι δὲ μύθων ἦρχε περίφρων Πηνελόπεια·
" ξεῖνε, τὸ μέν σ' ἔτι τυτθὸν ἐγὼν εἰρήσομαι αὐτή·
καὶ γὰρ δὴ κοίτου τάχα ἡδέος ἔσσεται ὥρη,   510
ὅν τινά γ' ὕπνος ἕλῃ γλυκερός, καὶ κηδόμενόν περ.
αὐτὰρ ἐμοὶ καὶ πένθος ἀμέτρητον πόρε δαίμων·
ἤματα μὲν γὰρ τέρπομ' ὀδυρομένη, γοόωσα,
ἔς τ' ἐμὰ ἔργ' ὁρόωσα καὶ ἀμφιπόλων ἐνὶ οἴκῳ·
αὐτὰρ ἐπεὶ νὺξ ἔλθῃ, ἕλῃσί τε κοῖτος ἅπαντας,   515
κεῖμαι ἐνὶ λέκτρῳ, πυκιναὶ δέ μοι ἀμφ' ἀδινὸν κῆρ   Κ
ὀξεῖαι μελεδῶνες ὀδυρομένην ἐρέθουσιν.
ὡς δ' ὅτε Πανδαρέου κούρη, χλωρηῒς ἀηδών,

510 κοίτοιο τάχ' ἡδέος ἔσσεται ed. Flor.: κοίτοιο τάχ' ἔσσεται ἡδέος MSS.: corr. Herwerden.   511 ἔλῃ G F M X U al.: ἔλοι P H.   515 ἐπεὶ H: ἐπὴν vulg.   517 μελεδῶνες M U al.: μελεδῶναι vulg.   518 Πανδαρίη G.

precating further action. Cp. 22. 288 ἀλλὰ θεοῖσι μῦθον ἐπιτρέψαι (in contrast to μέγα εἰπεῖν): also of the contest with the bow, 21. 279 νῦν μὲν παῦσαι τόξον, ἐπιτρέψαι δὲ θεοῖσι. Here, as Ameis points out, and in 21. 279 it has a double meaning. To the person addressed it is a mere formula = 'say no more': to the hearer, who knows the course of events, it is significant of the fate that the gods have in store.

505. The final α of λίπα is always elided in Homer, but the form is proved by Thuc. 1. 6. 5. It is doubtless one of the adverbs in -ᾰ (like λίγα, πύκα, κάρτα, &c.), which are generally regarded as survivals of the instrumental case (Brugmann, M. U. ii. 158). Possibly the phrase λίπ' ἐλαίῳ represents an ancient instrum. λίπα ἐλαίω 'with oil olive.'

507. θερσόμενος, fut. part.

509. τυτθόν is adverbial.

511. ἔλῃ the subj. suits the context best: the effect of the opt. ἔλοι would be to avoid assuming that any one will sleep: H. G. § 305 (c).

512. καί strengthens ἀμέτρητον.

513. τέρπομαι goes with ὀδυρομένη γοόωσα (not with the next line, as some take it). Cp. 4. 194 τέρπομ' ὀδυρόμενος, also 4. 102 γόῳ φρένα τέρπομαι. The sense is that Penelope mourns both by day, when she has other occupation, and by night, when she is sleepless with grief. The sense is much the same in 20. 83–87.

515. ἐπεί, which is more in accordance with Homeric syntax than ἐπήν (H. G. § 362), is here preserved by the Harleian MS.

518. χλωρηῒς cannot be explained of the colour of the nightingale, which is in the main a dull brown, the throat and breast only being greenish. Moreover, the form of the word is against taking it as simply = χλωρός, and favours the interpretation of the Schol. ἡ ἐν χλωροῖς διατρίβουσα. Cp. νηῒς and νηρηῒς of the nymphs that live in springs (νάω) and water (if Modern Greek νερό points to an ancient νηρόν): also ὀρειάς, δρυάς, &c. The epithet χλωραύχην given to the bird by Simonides (fr. 73) may have been suggested by misunderstand-

καλὸν ἀείδῃσιν ἔαρος νέον ἱσταμένοιο,
δενδρέων ἐν πετάλοισι καθεζομένη πυκινοῖσιν,   520
ἥ τε θαμὰ τρωπῶσα χέει πολυηχέα φωνήν,
παῖδ᾽ ὀλοφυρομένη Ἴτυλον φίλον, ὅν ποτε χαλκῷ
κτεῖνε δι᾽ ἀφραδίας, κοῦρον Ζήθοιο ἄνακτος,
ὣς καὶ ἐμοὶ δίχα θυμὸς ὀρώρεται ἔνθα καὶ ἔνθα,
ἠὲ μένω παρὰ παιδὶ καὶ ἔμπεδα πάντα φυλάσσω,   525
κτῆσιν ἐμήν, δμῳάς τε καὶ ὑψερεφὲς μέγα δῶμα,
εὐνήν τ᾽ αἰδομένη πόσιος δήμοιό τε φῆμιν,
ἦ ἤδη ἅμ᾽ ἕπωμαι Ἀχαιῶν ὅς τις ἄριστος
μνᾶται ἐνὶ μεγάροισι, πορὼν ἀπερείσια ἔδνα,
παῖς δ᾽ ἐμὸς ᾗος ἔην ἔτι νήπιος ἠδὲ χαλίφρων,   530
γήμασθ᾽ οὔ μ᾽ εἴα πόσιος κατὰ δῶμα λιποῦσαν·
νῦν δ᾽ ὅτε δὴ μέγας ἐστὶ καὶ ἥβης μέτρον ἱκάνει,
καὶ δή μ᾽ ἀρᾶται πάλιν ἐλθέμεν ἐκ μεγάροιο,
κτήσιος ἀσχαλόων, τὴν οἱ κατέδουσιν Ἀχαιοί.
ἀλλ᾽ ἄγε μοι τὸν ὄνειρον ὑπόκριναι καὶ ἄκουσον.   535
χῆνές μοι κατὰ οἶκον ἐείκοσι πυρὸν ἔδουσιν
ἐξ ὕδατος, καί τέ σφιν ἰαίνομαι εἰσορόωσα·
ἐλθὼν δ᾽· ἐξ ὄρεος μέγας αἰετὸς ἀγκυλοχείλης

521 τρωπῶσα] Better perhaps τροπόωσα, cp. 16. 405.   530 ᾗος] ἴως μὲν MSS.:
corr. Nauck.   534 ἀσχαλόων vulg.: ἀσχάλλων U al.

ing of this or some similar passage,
though the later poet took care to be
more true to nature. But such a term
as bird 'of the greenwood' is surely
more natural than any description based
upon colour.

521. χέει πολυηχέα φωνήν, cp. Ar.
Vesp. 555 τὴν φωνὴν οἰκτροχοοῦντες.

522. Ἴτυλος seems to be a name
formed in imitation of the nightingale's
note.

529. μνᾶται, subj. It has been pro-
posed to read μνάητ᾽ ἐν, but need-
lessly.

535. τὸν ὄνειρον. The article seems
to have a possessive force, μοι τὸν = τὸν
ἐμόν: H. G. § 261.

ὑπόκριναι καὶ ἄκουσον, a prothysteron
arising from the important word being
put first: cp. 13. 274.

537. ἐξ ὕδατος. Two explanations
are given in the scholia: ἢ ἀντὶ τοῦ
βεβρεγμένον ὕδατι σῖτον, ἢ ἐξιόντες τοῦ
ὕδατος ἔνθα διατρίβουσιν B.P. ἔξω καὶ
χωρὶς ὕδατος V. The second seems the
more probable. The geese come from
the water, which is their usual abode;—
just as the eagle has come from the
mountain (ἐξ ὄρεος, cp. the preceding
line). They are fed on grain from a
trough or box (πύελος). The picture
which the commentators draw of a flock
of geese eating grain that had been
thrown into a water trough does not
rest on any evidence.

538. ἀγκυλοχείλης. The true form
is probably ἀγκυλοχήλης 'with crooked
claw'; cp. Ar. Eq. 205, where the
epithet is said to be given ὅτι ἀγκύλαις
ταῖς χερσὶν ἁρπάζων φέρει.

πᾶσι κατ' αὐχέν' ἔαξε καὶ ἔκτανεν· οἱ δ' ἐκέχυντο
ἀθρόοι ἐν μεγάροις, ὁ δ' ἐς αἰθέρα δῖαν ἀέρθη.   540
αὐτὰρ ἐγὼ κλαῖον καὶ ἐκώκυον ἔν περ ὀνείρῳ,
ἀμφὶ δέ μ' ἠγερέθοντο ἐϋπλοκαμῖδες Ἀχαιαί,
οἴκτρ' ὀλοφυρομένην ὅ μοι αἰετὸς ἔκτανε χῆνας.
ἂψ δ' ἐλθὼν κατ' ἄρ' ἕζετ' ἐπὶ προὔχοντι μελάθρῳ,
φωνῇ δὲ βροτέῃ κατερήτυε φώνησέν τε·   545
' θάρσει, Ἰκαρίου κούρη τηλεκλειτοῖο·
οὐκ ὄναρ, ἀλλ' ὕπαρ ἐσθλόν, ὅ τοι τετελεσμένον ἔσται.
χῆνες μὲν μνηστῆρες, ἐγὼ δέ τοι αἰετὸς ὄρνις
ἦα πάρος, νῦν αὖτε τεὸς πόσις εἰλήλουθα,
ὃς πᾶσι μνηστῆρσιν ἀεικέα πότμον ἐφήσω.'   550
ὣς ἔφατ', αὐτὰρ ἐμὲ μελιηδὴς ὕπνος ἀνῆκε·
παπτήνασα δὲ χῆνας ἐνὶ μεγάροισι νόησα
πυρὸν ἐρεπτομένους παρὰ πύελον, ᾗχι πάρος περ."

Τὴν δ' ἀπαμειβόμενος προσέφη πολύμητις Ὀδυσσεύς·
"ὦ γύναι, οὔ πως ἔστιν ὑποκρίνασθαι ὄνειρον   555
ἄλλῃ ἀποκλίναντ', ἐπεὶ ἦ ῥά τοι αὐτὸς Ὀδυσσεὺς
πέφραδ' ὅπως τελέει· μνηστῆρσι δὲ φαίνετ' ὄλεθρος
πᾶσι μάλ', οὐδέ κέ τις θάνατον καὶ κῆρας ἀλύξῃ."

Τὸν δ' αὖτε προσέειπε περίφρων Πηνελόπεια·
"ξεῖν', ἦ τοι μὲν ὄνειροι ἀμήχανοι ἀκριτόμυθοι   560
γίγνοντ', οὐδέ τι πάντα τελείεται ἀνθρώποισι.
δοιαὶ γάρ τε πύλαι ἀμενηνῶν εἰσὶν ὀνείρων·
αἱ μὲν γὰρ κεράεσσι τετεύχαται, αἱ δ' ἐλέφαντι·
τῶν οἳ μέν κ' ἔλθωσι διὰ πριστοῦ ἐλέφαντος,

---

539 αὐχέν' ἔαξε] αὐχέν' ἐῆξε Herodian π. μον. λέξ. p. 15 Dind. (but ἔαξε in cod.
V): αὐχένας ἧξε MSS.   558 ἀλύξῃ] ἀλύξει vulg.: ἀλύξοι F.

544. ἐπὶ προὔχοντι μελάθρῳ 'on a
projecting roof-beam.'
552. παπτήνασα 'peering,' 'looking
about for': χῆνας is to be construed
with παπτήνασα as well as νόησα, cp.
Il. 4. 200 παπταίνων ἥρωα Μαχάονα· τὸν
δ' ἐνόησεν κτλ.
556. αὐτὸς Ὀδυσσεύς has a fuller
meaning to the hearer than to Penelope
—'the real Ulysses,' not merely the

Ulysses of her dream.
557. τελέει, sc. Ὀδυσσεύς.
558. ἀλύξῃ. The subj. after οὐδέ κεν
is more Homeric than the fut.
560. ἀκριτόμυθοι, cp. Il. 2. 796 μῦθοι
ἄκριτοι.
562. ἀμενηνῶν 'shadowy,' 'bodiless.
564–567. There is a play of language
on ἐλέφας and ἐλεφαίρομαι, and doubt-
less also on κέρας and κραίνω.

οἳ ῥ᾽ ἐλεφαίρονται, ἔπε᾽ ἀκράαντα φέροντες·   565
οἱ δὲ διὰ ξεστῶν κεράων ἔλθωσι θύραζε,
οἵ ῥ᾽ ἔτυμα κραίνουσι, βροτῶν ὅτε κέν τις ἴδηται.
ἀλλ᾽ ἐμοὶ οὐκ ἐντεῦθεν ὀίομαι αἰνὸν ὄνειρον
ἐλθέμεν· ἦ κ᾽ ἀσπαστὸν ἐμοὶ καὶ παιδὶ γένοιτο.
ἄλλο δέ τοι ἐρέω, σὺ δ᾽ ἐνὶ φρεσὶ βάλλεο σῇσιν·   570
ἤδε δὴ ἠὼς εἶσι δυσώνυμος, ἥ μ᾽ Ὀδυσῆος
οἴκου ἀποσχήσει· νῦν γὰρ καταθήσω ἄεθλον

567 ὅτε κέν τις] Read probably ὅτε τίς τε, *H. G.* § 365, 4.

FIG. A.   FIG. B.   FIG. C.

565. ἐλεφαίρονται 'deceive': cp. ὀλοφώϊα (17. 248, with the note).

572–578. The latest and most adequate commentary on this much vexed passage will be found in Helbig's work, *Das homerische Epos*, ed. 2, pp. 348–353. This discussion is the basis of the following notes.

The δρυόχοι to which the axes are compared in l. 574 are stays or trestles on which the keel of a ship rested while it was being built (στηρίγματα τῆς πηγνυμένης νεώς Suid.; ξύλα ἐφ᾽ ὧν ἡ τρόπις ἵσταται Eust.). Hence the phrase ἐκ δρυόχων = 'from the laying down of the keel.' Others (as Ameis) understand the word of the ribs of the ship. In any case we are to imagine a straight line of upright pieces of timber.

In what sense, then, could it be said that Ulysses 'used to shoot an arrow through' (διαρρίπτασκεν ὀϊστόν) all the twelve axes? In 21. 421–422 we are told that he 'did not miss the foremost point of the haft' of any of them (see the note there on the phrase πρώτη στειλειῆ᾽. Evidently we must suppose that at the end of the haft, *i. e.* at or in

the head of the axe, there was a hole or opening of some sort, and that the axes could be so placed that the twelve openings were in line, and formed a kind of tube, through which a very expert archer could send an arrow. Two forms of axe satisfying these conditions are given by Helbig. One of these is a double axe or *bipennis*, in which the two blades are separated by circular openings, above and below the end of the shaft (fig. A). This form is chiefly known from post-Alexandrian representations, but Helbig finds traces of it in early times. In the other, which is known from the figure of an Amazon on one of the metopes of Selinunte, the two sides are different. One side is a fragmentary blade (or, as Mr. Myres thinks, an adze seen edge-ways); the other is rounded, and perforated by a crescent-shaped opening (fig. B). To these alternatives—between which Helbig does not decide—a third has now been added by an axe found in the famous 'Mycenean' tomb at Vaphio (fig. C, from Tsountas and Manatt. p. 207). In this axe the blade is shaped

τοὺς πελέκεας, τοὺς κεῖνος ἐνὶ μεγάροισιν ἑοῖσιν
ἵστασχ᾽ ἑξείης, δρυόχους ὥς, δώδεκα πάντας·
στὰς δ᾽ ὅ γε πολλὸν ἄνευθε διαρρίπτασκεν ὀϊστόν.   575
νῦν δὲ μνηστήρεσσιν ἄεθλον τοῦτον ἐφήσω·
ὃς δέ κε ῥηῖτατ᾽ ἐντανύσῃ βιὸν ἐν παλάμῃσι
καὶ διοϊστεύσῃ πελέκεων δυοκαίδεκα πάντων,
τῷ κεν ἅμ᾽ ἑσποίμην, νοσφισσαμένη τόδε δῶμα
κουρίδιον, μάλα καλόν, ἐνίπλειον βιότοιο,   580
τοῦ ποτε μεμνήσεσθαι ὀΐομαι ἔν περ ὀνείρῳ."

Τὴν δ᾽ ἀπαμειβόμενος προσέφη πολύμητις Ὀδυσσεύς·
"ὦ γύναι αἰδοίη Λαερτιάδεω Ὀδυσῆος,
μηκέτι νῦν ἀνάβαλλε δόμοις ἔνι τοῦτον ἄεθλον·
πρὶν γάρ τοι πολύμητις ἐλεύσεται ἐνθάδ᾽ Ὀδυσσεύς,   585
πρὶν τούτους τόδε τόξον ἐΰξοον ἀμφαφάοντας
νευρήν τ᾽ ἐντανύσαι διοϊστεῦσαί τε σιδήρου."

Τὸν δ᾽ αὖτε προσέειπε περίφρων Πηνελόπεια·
"εἴ κ᾽ ἐθέλοις μοι, ξεῖνε, παρήμενος ἐν μεγάροισι
τέρπειν, οὔ κέ μοι ὕπνος ἐπὶ βλεφάροισι χυθείη.   590
ἀλλ᾽ οὐ γάρ πως ἔστιν ἀΰπνους ἔμμεναι αἰὲν
ἀνθρώπους· ἐπὶ γάρ τοι ἑκάστῳ μοῖραν ἔθηκαν
ἀθάνατοι θνητοῖσιν ἐπὶ ζείδωρον ἄρουραν.
ἀλλ᾽ ἦ τοι μὲν ἐγὼν ὑπερώϊον εἰσαναβᾶσα

---

579 ἅμ᾽ ἑσποίμην] Better ἅμα σποίμην, H. G. § 36, 6 note.   586 ἀμφαφάωντας
G F : -όωντας vulg.   589 εἴ κ᾽] The κε is doubtful : to what *condition* can it
refer? Read perhaps εἴ γ᾽ (*H. G.* § 313).

---

like an arch, with two large holes in-
stead of the single opening in the second
form.

If we had merely to consider which
of these forms answers best to the story
as told in the Odyssey, it might be
difficult to arrive at a conclusion. But
as a question of archaeological evidence
there is no doubt that the Vaphio axe
has the advantage. We possess the
actual implement (or weapon): and we
know that it belongs, in time and in
place, to the Homeric world.

572. ἄεθλον is acc. masc., as in 576
and 584, meaning a 'contest' or 'com-

petition' (later ἀγών). The axes were
to be made 'the contest,' in the sense
that they were the material of it : cp.
21. 3-4 τόξον μνηστήρεσσι θέμεν πολιόν
τε σίδηρον ἐν μεγάροις Ὀδυσῆος ἄεθλια
καὶ φόνου ἀρχήν.

591-593 are perhaps interpolated :
the repetition of ἀλλά in 594 is sus-
picious.

592. ἑκάστῳ, apparently neut.: 'to
each thing the gods have assigned a
share for mortals,' *i.e.* sleep, like other
things, has its place among men. See
on 20. 171 οὐδ᾽ αἰδοῦς μοῖραν ἔχουσιν,
also ἐλπίδος αἶσα (19. 84).

II.   N

λέξομαι εἰς εὐνήν, ἥ μοι στονόεσσα τέτυκται,   595
αἰεὶ δάκρυσ' ἐμοῖσι πεφυρμένη, ἐξ οὗ 'Οδυσσεὺς
ᾤχετ' ἐποψόμενος Κακοΐλιον οὐκ ὀνομαστήν.
ἔνθα κε λεξαίμην· σὺ δὲ λέξεο τῷδ' ἐνὶ οἴκῳ,
ἢ χαμάδις στορέσας ἤ τοι κατὰ δέμνια θέντων.''
  ⁴Ὣς εἰποῦσ' ἀνέβαιν' ὑπερώϊα σιγαλόεντα,   600
οὐκ οἴη, ἅμα τῇ γε καὶ ἀμφίπολοι κίον ἄλλαι.
ἐς δ' ὑπερῷ' ἀναβᾶσα σὺν ἀμφιπόλοισι γυναιξὶ
κλαῖεν ἔπειτ' 'Οδυσῆα, φίλον πόσιν, ὄφρα οἱ ὕπνον
ἡδὺν ἐπὶ βλεφάροισι βάλε γλαυκῶπις Ἀθήνη·

599. There is a slight anacoluthon: after ἢ χαμάδις στορέσας we expect another participle, to be construed (like στορέσας) with the verb λέξεο. Instead of this we have an independent imperative θέντων: cp. l. 368.

EURYCLEIA WASHING ULYSSES.
(From a vase in the Museum at Chiusi.)

ΟΔΥΣΣΕΙΑΣ Υ

Τὰ πρὸ τῆς μνηστηροφονίας.

Αὐτὰρ ὁ ἐν προδόμῳ εὐνάζετο δῖος Ὀδυσσεύς·
κὰμ μὲν ἀδέψητον βοέην στόρεσ᾽, αὐτὰρ ὕπερθε
κώεα πόλλ᾽ οἰῶν, τοὺς ἱρεύεσκον Ἀχαιοί·
Εὐρυνόμη δ᾽ ἄρ᾽ ἐπὶ χλαῖναν βάλε κοιμηθέντι.
ἔνθ᾽ Ὀδυσεὺς μνηστῆρσι κακὰ φρονέων ἐνὶ θυμῷ   5
κεῖτ᾽ ἐγρηγορόων· ταὶ δ᾽ ἐκ μεγάροιο γυναῖκες
ἤισαν, αἳ μνηστῆρσιν ἐμισγέσκοντο πάρος περ,
ἀλλήλῃσι γέλω τε καὶ εὐφροσύνην παρέχουσαι.
τοῦ δ᾽ ὠρίνετο θυμὸς ἐνὶ στήθεσσι φίλοισι·
πολλὰ δὲ μερμήριζε κατὰ φρένα καὶ κατὰ θυμόν,   10
ἠὲ μεταΐξας θάνατον τεύξειεν ἑκάστῃ,
ἦ ἔτ᾽ ἐῷ μνηστῆρσιν ὑπερφιάλοισι μιγῆναι
ὕστατα καὶ πύματα, κραδίη δέ οἱ ἔνδον ὑλάκτει.
ὡς δὲ κύων ἀμαλῇσι περὶ σκυλάκεσσι βεβῶσα
ἄνδρ᾽ ἀγνοιήσασ᾽ ὑλάει μέμονέν τε μάχεσθαι,   15
ὥς ῥα τοῦ ἔνδον ὑλάκτει ἀγαιομένου κακὰ ἔργα·
στῆθος δὲ πλήξας κραδίην ἠνίπαπε μύθῳ·

---

3 οἰῶν G P H U M al.: δίων F.   8 γέλω τε G P X U: γέλων τε H al.:
γέλωτα F M.   14 βεβῶσα is probably not Homeric: βιβᾶσα Fick (cp. 11. 539).

1. αὐτὰρ κτλ. This clause should be
read with the last sentence of the pre-
ceding book.
6. ἐκ μεγάροιο, and so past the
entrance-hall where 'Ulysses was, on
their way to the houses of the Suitors
(Ameis). See however the Appendix
on the Homeric house.

14. περὶ βεβῶσα 'standing over.'
The comparison is imitated by Simonides
of Amorgos, fr. 7. 15 λέληκεν ἦν καὶ
μηδέν᾽ ἀνθρώπων ὁρᾷ, 7. 33 ὥσπερ ἀμφὶ
τέκνοισιν κύων.
15. ἀγνοιήσασα. The force of the
aor. must be 'having failed to recognize,'
'having heard and not known.'

" τέτλαθι δή, κραδίη· καὶ κύντερον ἄλλο ποτ' ἔτλης,
ἤματι τῷ ὅτε μοι μένος ἄσχετος ἤσθιε Κύκλωψ
ἰφθίμους ἑτάρους· σὺ δ' ἐτόλμας, ὄφρα σε μῆτις   20
ἐξάγαγ' ἐξ ἄντροιο διόμενον θανέεσθαι."

  Ὣς ἔφατ', ἐν στήθεσσι καθαπτόμενος φίλον ἦτορ·
τῷ δὲ μάλ' ἐν πείσῃ κραδίη μένε τετληυῖα
νωλεμέως· ἀτὰρ αὐτὸς ἑλίσσετο ἔνθα καὶ ἔνθα.
ὡς δ' ὅτε γαστέρ' ἀνὴρ πολέος πυρὸς αἰθομένοιο,   25
ἐμπλείην κνίσης τε καὶ αἵματος, ἔνθα καὶ ἔνθα
αἰόλλῃ, μάλα δ' ὦκα λιλαίεται ὀπτηθῆναι,
ὣς ἄρ' ὅ γ' ἔνθα καὶ ἔνθα ἑλίσσετο μερμηρίζων
ὅππως δὴ μνηστῆρσιν ἀναιδέσι χεῖρας ἐφήσει
μοῦνος ἐὼν πολέσι. σχεδόθεν δέ οἱ ἦλθεν Ἀθήνη   30
οὐρανόθεν καταβᾶσα· δέμας δ' ἤϊκτο γυναικί·
στῆ δ' ἄρ' ὑπὲρ κεφαλῆς καί μιν πρὸς μῦθον ἔειπε·
" τίπτ' αὖτ' ἐγρήσσεις, πάντων περὶ κάμμορε φωτῶν;
οἶκος μέν τοι ὅδ' ἐστί, γυνὴ δέ τοι ἥδ' ἐνὶ οἴκῳ
καὶ πάϊς, οἷόν πού τις ἐέλδεται ἔμμεναι υἷα."   35

  Τὴν δ' ἀπαμειβόμενος προσέφη πολύμητις Ὀδυσσεύς·
" ναὶ δὴ ταῦτά γε πάντα, θεά, κατὰ μοῖραν ἔειπες·
ἀλλά τί μοι τόδε θυμὸς ἐνὶ φρεσὶ μερμηρίζει,
ὅππως δὴ μνηστῆρσιν ἀναιδέσι χεῖρας ἐφήσω
μοῦνος ἐών· οἱ δ' αἰὲν ἀολλέες ἔνδον ἔασι.   40

18. Cp. the imitation in Archilochus, fr. 66 θυμέ, θύμ' ἀμηχάνοισι κήδεσιν κυκώμενε, ἀνσχεο.

19. For μοι some good MSS. have τοι, which agrees with σύ and σε in the next line. But, though slightly illogical, μοι seems more likely to be right.

23. ἐν πείσῃ, ἐν δεσμοῖς (Schol.). The word πεῖσα only occurs here. It is probably akin to πεῖσμα 'a cable' (root πενθ- 'to bind').

25. πυρός might be a gen. absolute, but it is better to take it as a local gen. with ἔνθα καὶ ἔνθα, 'this way and that in the blaze of the great fire': cp. Il. 6. 2 ἔνθα καὶ ἔνθ' ἴθυσε μάχη πεδίοιο.

27. αἰόλλῃ 'tosses,' 'makes it dance': from αἰόλος, in the sense which it has in κορυθαίολος, &c.—a sense in which the notions of light and movement seem to pass into each other.

29. ἐφήσει. With ὅπως or a similar adv., after a past tense in the governing clause, Homeric usage almost requires the opt.: see Hermann, Op. ii. 26. The only real parallel to this fut. is Il. 12. 59 πεζοὶ δὲ μενοίνεον εἰ τελέουσιν. In l. 386 some MSS. have ὁπότε ... ἐφείη, whence we may read ἐφείη here also. The form ἐφήσει may have crept in from l. 39 ὅππως δὴ ... ἐφήσω: cp. also 13. 376 φράζευ ὅπως ... ἐφήσεις.

πρὸς δ' ἔτι καὶ τόδε μεῖζον ἐνὶ φρεσὶ μερμηρίζω·
εἴ περ γὰρ κτείναιμι Διός τε σέθεν τε ἕκητι,
πῇ κεν ὑπεκπροφύγοιμι; τά σε φράζεσθαι ἄνωγα."

Τὸν δ' αὖτε προσέειπε θεὰ γλαυκῶπις Ἀθήνη·
" σχέτλιε, καὶ μέν τίς τε χερείονι πείθεθ' ἑταίρῳ,   45
ὅς περ θνητός τ' ἐστὶ καὶ οὐ τόσα μήδεα οἶδεν·
αὐτὰρ ἐγὼ θεός εἰμι, διαμπερὲς ἥ σε φυλάσσω
ἐν πάντεσσι πόνοις. ἐρέω δέ τοι ἐξαναφανδόν·
εἴ περ πεντήκοντα λόχοι μερόπων ἀνθρώπων
νῶϊ περισταῖεν, κτεῖναι μεμαῶτες Ἄρηϊ,   50
καί κεν τῶν ἐλάσαιο βόας καὶ ἴφια μῆλα.
ἀλλ' ἑλέτω σε καὶ ὕπνος· ἀνίη καὶ τὸ φυλάσσειν
πάννυχον ἐγρήσσοντα, κακῶν δ' ὑποδύσεαι ἤδη."

Ὣς φάτο, καί ῥά οἱ ὕπνον ἐπὶ βλεφάροισιν ἔχευεν,
αὐτὴ δ' ἂψ ἐς Ὄλυμπον ἀφίκετο δῖα θεάων.   55
εὖτε τὸν ὕπνος ἔμαρπτε, λύων μελεδήματα θυμοῦ,
λυσιμελής, ἄλοχος δ' ἄρ' ἐπέγρετο κεδνὰ ἰδυῖα,
κλαῖε δ' ἄρ' ἐν λέκτροισι καθεζομένη μαλακοῖσιν.
αὐτὰρ ἐπεὶ κλαίουσα κορέσσατο ὃν κατὰ θυμόν,
Ἀρτέμιδι πρώτιστον ἐπεύξατο δῖα γυναικῶν·   60
"Ἄρτεμι, πότνα θεά, θύγατερ Διός, αἴθε μοι ἤδη
ἰὸν ἐνὶ στήθεσσι βαλοῦσ' ἐκ θυμὸν ἕλοιο
αὐτίκα νῦν, ἢ ἔπειτά μ' ἀναρπάξασα θύελλα
οἴχοιτο προφέρουσα κατ' ἠερόεντα κέλευθα,

---

43 τά σε vulg. : τὸ δὲ F : τόδε σε M : τό σε Barnes.   55 ἂψ] αὖτ' G.

43. ὑπεκπροφύγοιμι, viz. from the vengeance of the relatives of the slain, as in every case of homicide: cp. 15. 224 φεύγων ἐξ Ἀργεος ἄνδρα κατακτάς, Il. 13. 696., 15. 335.

45. σχέτλιε ' obstinate,' ' incorrigible,' said in a half-admiring tone: cp. Il. 16. 203 (the Myrmidons to Achilles), 22. 41 (Priam to Hector), 22. 86 (Hecuba to Hector), Od. 12. 279, &c.

49. λόχοι, here apparently = 'troops,' a sense of λόχος not found elsewhere in Homer.

52. ἀνίη καὶ τὸ φυλάσσειν. This is the nearest approach in Homer to the ' articular infinitive ' : cp. 1. 370 ἐπεὶ τό γε καλὸν ἀκουέμεν ἐστὶν ἀοιδοῦ, where the art. is not brought so close to the inf. as in this place.

57. λυσιμελής is used as if it were equivalent to the phrase λύων μελεδήματα θυμοῦ in the line before. We cannot, however, suppose that the poet understood λυσιμελής in this sense. He probably meant no more than to play on the likeness between μελέδημα ' care' and μέλος ' limb.' For the latter cp. 18. 189 λύθεν δέ οἱ ἄψεα πάντα.

ἐν προχοῇς δὲ βάλοι ἀψορρόου Ὠκεανοῖο.   65
ὡς· δ᾽ ὅτε Πανδαρέου κούρας ἀνέλοντο θύελλαι,
τῇσι τοκῆας μὲν φθῖσαν θεοί, αἱ δ᾽ ἐλίποντο
ὀρφαναὶ ἐν μεγάροισι, κόμισσε δὲ δῖ᾽ Ἀφροδίτη
τυρῷ καὶ μέλιτι γλυκερῷ καὶ ἡδέϊ οἴνῳ·
Ἥρη δ᾽ αὐτῇσιν περὶ πᾱσέων δῶκε γυναικῶν   70
εἶδος καὶ πινυτήν, μῆκος δ᾽ ἔπορ᾽ Ἄρτεμις ἀγνή,
ἔργα δ᾽ Ἀθηναίη δέδαε κλυτὰ ἐργάζεσθαι.
εὖτ᾽ Ἀφροδίτη δῖα προσέστιχε μακρὸν Ὄλυμπον,
κούρης αἰτήσουσα τέλος θαλεροῖο γάμοιο,
ἐς Δία τερπικέραυνον—ὁ γάρ τ᾽ εὖ οἶδεν ἅπαντα,   75
μοῖράν τ᾽ ἀμμορίην τε καταθνητῶν ἀνθρώπων—
τόφρα δὲ τὰς κούρας ἅρπυιαι ἀνηρείψαντο
καί ῥ᾽ ἔδοσαν στυγερῇσιν ἐρινύσιν ἀμφιπολεύειν·
ὣς ἔμ᾽ ἀϊστώσειαν Ὀλύμπια δώματ᾽ ἔχοντες,
ἠέ μ᾽ ἐϋπλόκαμος βάλοι Ἄρτεμις, ὄφρ᾽ Ὀδυσῆα   80
ὀσσομένη καὶ γαῖαν ὕπο στυγερὴν ἀφικοίμην,
μηδέ τι χείρονος ἀνδρὸς ἐϋφραίνοιμι νόημα.
ἀλλὰ τὸ μὲν καὶ ἀνεκτὸν ἔχει κακόν, ὁππότε κέν τις

65 προχοῇ G (cp. 11. 242).

66. This story of the 'daughters of Pandareus' does not directly clash with the story told of Aedon 'daughter of Pandareus' in 19. 518-523: but the two passages have the air of belonging to different myths, as Bekker observed (*H. Bl.* I. 125).

74. τέλος γάμοιο. The word τέλος, in phrases like this, means the 'coming to pass,' hence the crisis or 'supreme moment': so τέλος θανάτοιο (often), also νόστοιο τέλος (Od. 22. 323), μισθοῖο τέλος (Il. 21. 450) 'the actual payment of the wage.'

77. ἀνηρείψαντο, see on 14. 371. It should have been noticed there that the correction ἀνηρέψαντο was suggested by Döderlein (*Hom. Gloss.* 2325), and supported by the Hesychian gloss ἀνερέψαμενοι· ἀναρπάσαντες, and by some MSS. in Hesiod Theog. 990 (ἀναρεψαμένη V, ἀναρρειψαμένη Ald. al.).

78. ἐρινύσιν should rather be ἐρινύσσ᾽,

cp. νέκυσσι, &c. (better perhaps νέκυσι, &c., Brugmann, *Gr. Gr.* § 90).

ἀμφιπολεύειν 'to attend to,' a euphemism.

81. ὀσσομένη 'looking for Ulysses,' 'with his image before my mind,' cp. 1. 115 ὀσσόμενος πατέρ᾽ ἐσθλὸν ἐνὶ φρεσίν, εἴ ποθεν ἐλθὼν κτλ. See also the note on l. 93 (infra).

82. νόημα 'thought, mind': cp. Hesiod, fr. 189 γυνὴ τέρπουσα νόημα.

83-87. The general sense is the same as in Penelope's speech, 19. 512-517. She weeps by day, and even at night her dreams are full of sorrow.

83. ἀνεκτὸν ἔχει κακόν 'has in it (brings with it, involves) an endurable ill.' So Faesi and the older commentators, rightly. Ameis objects that ἔχω cannot be shown to have this meaning. Accordingly he takes τό as an acc., and supplies τις as nom. from the following clause ὁππότε κέν τις κτλ.: 'a man

ἤματα μὲν κλαίῃ, πυκινῶς ἀκαχήμενος ἦτορ,
νύκτας δ' ὕπνος ἔχῃσιν—ὁ γάρ τ' ἐπέλησεν ἁπάντων, 85
ἐσθλῶν ἠδὲ κακῶν, ἐπεὶ ἀρ βλέφαρ' ἀμφικαλύψῃ—
αὐτὰρ ἐμοὶ καὶ ὀνείρατ' ἐπέσσευεν κακὰ δαίμων.
τῇδε γὰρ αὖ μοι νυκτὶ παρέδραθεν εἴκελος αὐτῷ,
τοῖος ἐὼν οἷος ἦεν ἅμα στρατῷ· αὐτὰρ ἐμὸν κῆρ
χαῖρ', ἐπεὶ οὐκ ἐφάμην ὄναρ ἔμμεναι, ἀλλ' ὕπαρ ἤδη." 90
Ὣς ἔφατ', αὐτίκα δὲ χρυσόθρονος ἤλυθεν Ἠώς.
τῆς δ' ἄρα κλαιούσης ὄπα σύνθετο δῖος Ὀδυσσεύς·
μερμήριζε δ' ἔπειτα, δόκησε δέ οἱ κατὰ θυμὸν
ἤδη γιγνώσκουσα παρεστάμεναι κεφαλῆφι.
χλαῖναν μὲν συνελὼν καὶ κώεα, τοῖσιν ἐνεῦδεν, 95
ἐς μέγαρον κατέθηκεν ἐπὶ θρόνου, ἐκ δὲ βοείην
θῆκε θύραζε φέρων, Διὶ δ' εὔξατο χεῖρας ἀνασχών·
"Ζεῦ πάτερ, εἴ μ' ἐθέλοντες ἐπὶ τραφερήν τε καὶ ὑγρὴν
ἤγετ' ἐμὴν ἐς γαῖαν, ἐπεί μ' ἐκακώσατε λίην,
φήμην τίς μοι φάσθω ἐγειρομένων ἀνθρώπων 100
ἔνδοθεν, ἔκτοσθεν δὲ Διὸς τέρας ἄλλο φανήτω."
Ὣς ἔφατ' εὐχόμενος· τοῦ δ' ἔκλυε μητίετα Ζεύς,

85 ἀπάντων] ἅπαντας P. 101 φανῆναι F.

suffers an endurable evil when he ' &c.
But this is too artificial, and is against
the Homeric usage of the correlatives
τό—ὅτε (e. g. Il. 15. 207 ἐσθλὸν καὶ τὸ
τέτυκται ὅτ' ἄγγελος αἴσιμα εἰδῇ), in
which τό means the whole fact or state
of things described by the clause with
ὅτι. Here (e. g.) τό—ὁππότε κέν τις
κλαίῃ would be in later prose (ἀνεκτὸν
ἔχει κακὸν) τὸ κλαίειν τινά. As to ἔχω
the only question is whether the phrase
ἔχειν κακόν, which is said of a person
suffering evil, may be said also of a state of
things. We may compare the Attic
phrases such as ἀγανάκτησιν ἔχει, κατά-
μεμψιν ἔχει (Thuc.), ταῦτ' ἀπιστίαν ἔχει,
ταῦτ' ὀργὴν ἔχει (Demosth.). Some
take κακόν as a nom., and ἔχει = ἔχει
τινά : but this absolute use of ἔχω is
doubtful. Possibly, however, ἔχει is an
old corruption for ἔπει, as in 12. 209 οὐ
μὲν δὴ τόδε μεῖζον ἔπει κακόν (so Ameis,
La Roche: vulg. ἔπι κακόν). In that

place, it is worth noting, Zen. read
ἔχα.

91. Dawn of the 40th day—that which
ends at 23. 343.

93. δόκησε δέ οἱ κτλ. These words
describe a vivid *waking* impression: the
recognition to which Ulysses is looking
forward seems turned into a present
reality by the sound of her voice. The
Odyssey is rich in words expressing
strong imagination, such as ὄσσομαι,
ὄιομαι, ἰνδάλλομαι.

98. ἐθέλοντες, plur. because he de-
sires to include the action of the gods
generally. ἐθέλω is used (not βούλομαι)
to express the *will* of the gods.

99. ἤγετε is used like an aor.: *H. G.*
§ 72, 2, note 2.

100. A φήμη, called also κληηδών
(4. 317., 18. 117., 20. 120), is a speech
that serves as an omen : see on 18. 117.
Neither word occurs in the Iliad.

101. τέρας ἄλλο 'a sign besides.'

αὐτίκα δ' ἐβρόντησεν ἀπ' αἰγλήεντος Ὀλύμπου,
ὑψόθεν ἐκ νεφέων· γήθησε δὲ δῖος Ὀδυσσεύς.
φήμην δ' ἐξ οἴκοιο γυνὴ προέηκεν ἀλετρὶς　　　　　　105
πλησίον, ἔνθ' ἄρα οἱ μύλαι ἥατο ποιμένι λαῶν,
τῇσιν δώδεκα πᾶσαι ἐπερρώοντο γυναῖκες
ἄλφιτα τεύχουσαι καὶ ἀλείατα, μυελὸν ἀνδρῶν.
αἱ μὲν ἄρ' ἄλλαι εὗδον, ἐπεὶ κατὰ πυρὸν ἄλεσσαν,
ἡ δὲ μί' οὔ πω παύετ', ἀφαυροτάτη δ' ἐτέτυκτο·　　　110
ἥ ῥα μύλην στήσασα ἔπος φάτο, σῆμα ἄνακτι·
"Ζεῦ πάτερ, ὅς τε θεοῖσι καὶ ἀνθρώποισιν ἀνάσσεις,
ἦ μεγάλ' ἐβρόντησας ἀπ' οὐρανοῦ ἀστερόεντος,

108 ἀλείατα] ἀλείφατα F P H.

103. Ὀλύμπου, here simply = 'sky': in the Iliad, as Aristarchus observed, Ὀλυμπος is always a mountain.

104. The words ἐκ νεφέων destroy the significance of the thunder as an omen—the point being. that it came from a clear sky (l. 113 ἀστερόεντος, οὐδέ ποθι νέφος ἐστί). Probably therefore the line is spurious : the latter part of it anticipates 120-121.

105. οἴκοιο, not the μέγαρον, but one of the detached buildings or minor θάλαμοι, opening on the αὐλή. These were inhabited by slaves or used for household operations, and would be within earshot of Ulysses, who is in the πρόδομος (J. L. M.).

106. ἥατο 'were set down.' This is the only place where ἧμαι is used of inanimate objects. The mills 'sat,' i.e. (probably) 'lay flat.' Presumably, like the hand-mills still used in Greece, they were too heavy to be placed on any support, such as a table.

107. ἐπερρώοντο 'sped on, plied their task at' (the mills). ῥώομαι seems to express continuous movement, e. g. the 'rippling' of hair (Il. 1. 529). For the ἐπί cp. 7. 104 ἀλετρεύουσι μύλης ἐπι μήλοπα καρπόν.

108. ἀλείατα, the later ἄλευρα, 'wheaten flour,' ἄλφιτα being of barley : cp. Plat. Rep. 372 B ἐκ μὲν τῶν κριθῶν ἄλφιτα σκευαζόμενοι, ἐκ δὲ τῶν πυρῶν ἄλευρα ; also Arist. Probl. 1. 36, where it is said to be an argument for πτισάνη of wheat as compared with barley water ὅτι πολὺ

εὐχρούστεροι οἱ περὶ τὴν τῶν ἀλεύρων ἐργασίαν ἢ τὴν τῶν ἀλφίτων. In this case, however, the grain was all wheat (l. 109): while ἄλφιτα is much commoner than ἀλείατα (only mentioned here in Homer). Probably the original distinction was one between meal (ἄλφιτα) and flour (ἀλείατα, as being more ground): but practically the 'meal' was usually of barley, and the 'flour' of wheat.

The form ἀλείατα is a metrical lengthening of ἄλατα (Schulze, Quaest. Ep. p. 226).

109. To avoid the hiatus Fick reads ἄλλαι ἔθ' εὗδον, supposing that the woman who presently speaks had got up before the rest. But this does not agree with οὔ πω παύετο in the next line. Apparently the work of grinding was done at or before dawn, so that the meal should be fresh and ready for the day's use, and the workers were allowed to sleep when their task was done.

110. ἡ δὲ μία 'but one,' cp. 14. 26.

111. μύλην στήσασα, apparently 'stopping the mill': otherwise he could not have heard what she said. The Greek women at the present day sing while the mill is going, and always stop when you speak to them. Hence the place given to the circumstance in the account of the φήμη. It is a 'sound-note,' like the step on the threshold (J. L. M.).

οὐδέ ποθι νέφος ἐστί· τέρας νύ τεῳ τόδε φαίνεις.
κρῆνον νῦν καὶ ἐμοὶ δειλῇ ἔπος, ὅττι κεν εἴπω·   115
μνηστῆρες πύματόν τε καὶ ὕστατον ἤματι τῷδε
ἐν μεγάροις 'Οδυσῆος ἐλοίατο δαῖτ' ἐρατεινήν,
οἳ δή μοι καμάτῳ θυμαλγέϊ γούνατ' ἔλυσαν
ἄλφιτα τευχούσῃ· νῦν ὕστατα δειπνήσειαν."

Ὣς ἄρ' ἔφη, χαῖρεν δὲ κλεηδόνι δῖος 'Οδυσσεὺς   120
Ζηνός τε βροντῇ· φάτο γὰρ τίσεσθαι ἀλείτας.

Αἱ δ' ἄλλαι δμῳαὶ κατὰ δώματα κάλ' 'Οδυσῆος
ἐγρόμεναι ἀνέκαιον ἐπ' ἐσχάρῃ ἀκάματον πῦρ.
Τηλέμαχος δ' εὐνῆθεν ἀνίστατο, ἰσόθεος φώς,
εἵματα ἐσσάμενος· περὶ δὲ ξίφος ὀξὺ θέτ' ὤμῳ·   125
ποσσὶ δ' ὑπὸ λιπαροῖσιν ἐδήσατο καλὰ πέδιλα,
εἵλετο δ' ἄλκιμον ἔγχος, ἀκαχμένον ὀξέϊ χαλκῷ·
στῆ δ' ἄρ' ἐπ' οὐδὸν ἰών, πρὸς δ' Εὐρύκλειαν ἔειπε·
" μαῖα φίλη, πῶς ξεῖνον ἐτιμήσασθ' ἐνὶ οἴκῳ
εὐνῇ καὶ σίτῳ, ἦ αὕτως κεῖται ἀκηδής;   130
τοιαύτη γὰρ ἐμὴ μήτηρ, πινυτή περ ἐοῦσα·
ἐμπλήγδην ἕτερόν γε τίει μερόπων ἀνθρώπων
χείρονα, τὸν δέ τ' ἀρείον' ἀτιμήσασ' ἀποπέμπει.'

Τὸν δ' αὖτε προσέειπε περίφρων Εὐρύκλεια·
" οὐκ ἄν μιν νῦν, τέκνον, ἀναίτιον αἰτιόῳο.   135
οἶνον μὲν γὰρ πῖνε καθήμενος, ὄφρ' ἔθελ' αὐτός,
σίτου δ' οὐκέτ' ἔφη πεινήμεναι· εἴρετο γάρ μιν.
ἀλλ' ὅτε δὴ κοίτοιο καὶ ὕπνου μιμνήσκοντο,

---

115 κρήηνον F P H al. This, the Homeric form, may be restored, omitting νῦν
(Bothe).   121 τίσεσθαι, cp. Il. 3. 28 : τίσασθαι Ven. 457 : τίσασθαι MSS.
123 ἐγρόμεναι G U : ἀγρόμεναι vulg.   132 ἐμπλήγδην Ar., vulg. : ἐκπλήγδην
F M al.   138 μιμνήσκοντο U : μιμνήσκετο G : μιμνήσκοιτο vulg.

123. ἐγρόμεναι 'waking' seems much
more in point than the vulg. ἀγρόμεναι
'assembling.' Conversely ἔγρετο has
probably taken the place of ἄγρετο (or
ἤγρετο) in Il. 7. 434., 24. 789.
132. ἐμπλήγδην 'mightily,' lit. 'in
striking fashion' : the reading ἐκπλήγ-
δην 'in maddening fashion,' 'astound-
ingly' is not impossible, but errs by

being somewhat too emphatic.
135. οὐκ ἄν αἰτιόῳο is a polite form
of saying 'do not blame' : cp. Il. 2.
250., 14. 126.
138. μιμνήσκοντο, sc. Penelope and
her guest. The opt., which is the vulg.
reading, would have an iterative force,
which is inapplicable in this context
(L. and C.).

ἡ μὲν δέμνι' ἄνωγεν ὑποστορέσαι δμῳῆσιν,
αὐτὰρ ὁ γ', ὥς τις πάμπαν ὀϊζυρὸς καὶ ἄποτμος,   140
οὐκ ἔθελ' ἐν λέκτροισι καὶ ἐν ῥήγεσσι καθεύδειν,
ἀλλ' ἐν ἀδεψήτῳ βοέῃ καὶ κώεσιν οἰῶν
ἔδραθ' ἐνὶ προδόμῳ· χλαῖναν δ' ἐπιέσσαμεν ἡμεῖς."

Ὣς φάτο, Τηλέμαχος δὲ διὲκ μεγάροιο βεβήκει
ἔγχος ἔχων· ἅμα τῷ γε δύω κύνες ἀργοὶ ἕποντο.   145
βῆ δ' ἴμεν εἰς ἀγορὴν μετ' ἐϋκνήμιδας Ἀχαιούς.
ἡ δ' αὖτε δμῳῆσιν ἐκέκλετο δῖα γυναικῶν,
Εὐρυκλεί', Ὦπος θυγάτηρ Πεισηνορίδαο·
" ἀγρεῖθ', αἱ μὲν δῶμα κορήσατε ποιπνύσασαι,
ῥάσσατέ τ' ἔν τε θρόνοις εὐποιήτοισι τάπητας   150
βάλλετε πορφυρέους· αἱ δὲ σπόγγοισι τραπέζας
πάσας ἀμφιμάσασθε, καθήρατε δὲ κρητῆρας
καὶ δέπα ἀμφικύπελλα τετυγμένα· ταὶ δὲ μεθ' ὕδωρ
ἔρχεσθε κρήνηνδε, καὶ οἴσετε θᾶσσον ἰοῦσαι.
οὐ γὰρ δὴν μνηστῆρες ἀπέσσονται μεγάροιο,   155
ἀλλὰ μάλ' ἦρι νέονται, ἐπεὶ καὶ πᾶσιν ἑορτή."

Ὣς ἔφαθ', αἱ δ' ἄρα τῆς μάλα μὲν κλύον ἠδ' ἐπίθοντο.
αἱ μὲν ἐείκοσι βῆσαν ἐπὶ κρήνην μελάνυδρον,
αἱ δ' αὐτοῦ κατὰ δώματ' ἐπισταμένως πονέοντο.
ἐς δ' ἦλθον δρηστῆρες ἀγήνορες· οἱ μὲν ἔπειτα   160
εὖ καὶ ἐπισταμένως κέασαν ξύλα, ταὶ δὲ γυναῖκες
ἦλθον ἀπὸ κρήνης· ἐπὶ δέ σφισιν ἦλθε συβώτης

---

145 δύω κύνες Bekker, cp. 2.11., 17.62 : κύνες πόδας MSS.   159 δῶμα F P.
160 ἐς G F U : ἐκ P H al.   δρηστῆρες P H U al. : μνηστῆρες G F.

139. ἄνωγεν with the dat. (δμῳῆσιν) is not found elsewhere in Homer.

140. Cp. the note on 19. 346–348. It is part of the character assumed by Ulysses to refuse all luxury.

153. τετυγμένα, cp. 13. 32.

156. ἑορτή, viz. the νουμηνία, 'day of new moon': see on 14. 162. 'It is a high-day for them all' may be intended to bear a double significance.

According to the Herodotean life of Homer the νουμηνία was kept as a festival of Apollo in the island of Samos. This is implied in the story that Homer went about there *on the day of new moon* to the richest houses, led by children and singing the short poem called εἰρεσιώνη : 'whence (adds the writer) these verses were sung for a long time afterwards by the children in Samos when they went round begging at the festival of Apollo' (ὅτ' ἀγείρουσιν ἐν τῇ ἑορτῇ τοῦ Ἀπόλλωνος). See E. Meyer in *Hermes*, xxvi. 376.

158. αἱ ἐείκοσι 'twenty of them,' cp. 14. 26.

τρεῖς σιάλους κατάγων, οἳ ἔσαν μετὰ πᾶσιν ἄριστοι.
καὶ τοὺς μέν ῥ᾽ εἴασε καθ᾽ ἕρκεα καλὰ νέμεσθαι,
αὐτὸς δ᾽ αὖτ᾽ Ὀδυσῆα προσηύδα μειλιχίοισι·   165
" ξεῖν᾽, ἦ ἄρ τί σε μᾶλλον Ἀχαιοὶ εἰσορόωσιν,
ἦέ σ᾽ ἀτιμάζουσι κατὰ μέγαρ᾽, ὡς τὸ πάρος περ;"
    Τὸν δ᾽ ἀπαμειβόμενος προσέφη πολύμητις Ὀδυσσεύς·
" αἲ γὰρ δή, Εὔμαιε, θεοὶ τισαίατο λώβην,
ἣν οἵδ᾽ ὑβρίζοντες ἀτάσθαλα μηχανόωνται   170
οἴκῳ ἐν ἀλλοτρίῳ, οὐδ᾽ αἰδοῦς μοῖραν ἔχουσιν."
    Ὣς οἱ μὲν τοιαῦτα πρὸς ἀλλήλους ἀγόρευον,
ἀγχίμολον δέ σφ᾽ ἦλθε Μελάνθιος, αἰπόλος αἰγῶν,
αἶγας ἄγων αἳ πᾶσι μετέπρεπον αἰπολίοισι,
δεῖπνον μνηστήρεσσι· δύω δ᾽ ἅμ᾽ ἕποντο νομῆες.   175
καὶ τὰς μὲν κατέδησεν ὑπ᾽ αἰθούσῃ ἐριδούπῳ,
αὐτὸς δ᾽ αὖτ᾽ Ὀδυσῆα προσηύδα κερτομίοισι·
" ξεῖν᾽, ἔτι καὶ νῦν ἐνθάδ᾽ ἀνιήσεις κατὰ δῶμα
ἀνέρας αἰτίζων, ἀτὰρ οὐκ ἔξεισθα θύραζε;
πάντως οὐκέτι νῶϊ διακρινέεσθαι ὀΐω   180
πρὶν χειρῶν γεύσασθαι, ἐπεὶ σύ περ οὐ κατὰ κόσμον
αἰτίζεις· εἰσὶν δὲ καὶ ἄλλαι δαῖτες Ἀχαιῶν."
    Ὣς φάτο, τὸν δ᾽ οὔ τι προσέφη πολύμητις Ὀδυσσεύς,
ἀλλ᾽ ἀκέων κίνησε κάρη, κακὰ βυσσοδομεύων.
    Τοῖσι δ᾽ ἐπὶ τρίτος ἦλθε Φιλοίτιος, ὄρχαμος ἀνδρῶν,
βοῦν στεῖραν μνηστήρσιν ἄγων καὶ πίονας αἶγας.   186
πορθμῆες δ᾽ ἄρα τούς γε διήγαγον, οἵ τε καὶ ἄλλους

---

170 ἀτάσθαλα G X H², as 3. 207., 16. 93., 17. 588., 18. 143., 20. 370: δεικία F P
H U al., as 20. 394., 22. 432.   176 τὰς F X: τοὺς G P H U al.   κατέδησεν
F H X: -σαν G P al.   182 ἄλλαι F P H al.: ἄλλοθι G X U al.

171. οὐδ᾽ αἰδοῦς μοῖραν ἔχουσιν.
The notion is that there is a certain
place or share in the mind to which
αἰδώς is entitled, and which the Suitors
do not assign to it. So in 19. 592 it is
said that each thing—and therefore sleep
.—has its μοῖρα or claim upon men.
Cp. also ἐλπίδος αἶσα (16. 101., 19. 84)
'place to be given to hope'; and the
later phrase μοῖραν νέμειν 'to respect,

value.'
178. Cobet would read εἰ for ἔτι,
making πάντως κτλ. the apodosis. But
ἔτι is supported by 19. 66, where the
same words are put into the mouth of
Melantho. And πάντως usually begins
a fresh sentence, like our 'really now':
cp. 19. 91, Il. 8. 450.
187. For the flocks on the mainland
see 14. 100 ff.

ἀνθρώπους πέμπουσιν, ὅτις σφέας εἰσαφίκηται.
καὶ τὰ μὲν εὖ κατέδησεν ὑπ' αἰθούσῃ ἐριδούπῳ,
αὐτὸς δ' αὖτ' ἐρέεινε συβώτην ἄγχι παραστάς·   190
" τίς δὴ ὅδε ξεῖνος νέον εἰλήλουθε, συβῶτα,
ἡμέτερον πρὸς δῶμα; τέων δ' ἐξ εὔχεται εἶναι
ἀνδρῶν; ποῦ δέ νύ οἱ γενεὴ καὶ πατρὶς ἄρουρα;
δύσμορος, ἦ τε ἔοικε δέμας βασιλῆϊ ἄνακτι·
ἀλλὰ θεοὶ δυόωσι πολυπλάγκτους ἀνθρώπους,·   195
ὁππότε καὶ βασιλεῦσιν ἐπικλώσωνται ὀϊζύν."
Ἦ καὶ δεξιτερῇ δειδίσκετο χειρὶ παραστάς,
καί μιν φωνήσας ἔπεα πτερόεντα προσηύδα·
" χαῖρε, πάτερ ὦ ξεῖνε· γένοιτό τοι ἔς περ ὀπίσσω
ὄλβος· ἀτὰρ μὲν νῦν γε κακοῖς ἔχεαι πολέεσσι.   200
Ζεῦ πάτερ, οὔ τις σεῖο θεῶν ὀλοώτερος ἄλλος·
οὐκ ἐλεαίρεις ἄνδρας, ἐπὴν δὴ γείνεαι αὐτός,
μισγέμεναι κακότητι καὶ ἄλγεσι λευγαλέοισιν.
ἴδιον, ὡς ἐνόησα, δεδάκρυνται δέ μοι ὄσσε
μνησαμένῳ Ὀδυσῆος, ἐπεὶ καὶ κεῖνον ὀΐω   205
τοιάδε λαίφε' ἔχοντα κατ' ἀνθρώπους ἀλάλησθαι,
εἴ που ἔτι ζώει καὶ ὁρᾷ φάος ἠελίοιο.
εἰ δ' ἤδη τέθνηκε καὶ εἰν Ἀΐδαο δόμοισιν,
ὤ μοι ἔπειτ' Ὀδυσῆος ἀμύμονος, ὅς μ' ἐπὶ βουσὶν

---

188 ἐπ' εὐρέα νῶτα θαλάσσης G.   189 τὰ μὲν εὖ] τὰς μὲν εὖ G²: τὰς μὲν (as
in 176).   199 ἔς περ U Eust.: ὥς περ vulg.   204 μοι ὄσσε] μοι παρειαί G.

---

189. τὰ μὲν εὖ κτλ. The neut. is
used of sheep, &c., when they are spoken
of collectively: see *H. G.* § 171, 5. It
is especially suitable when animals of
different kinds are intended.

196. The words καὶ βασιλεῦσιν be-
long logically to the principal clause:
the sense is that 'the gods mar the form
of much-wandering men, even of kings,
whenever they ordain sorrow for them.'
The effect of the postponement of the
words is that they come in as an after-
thought: 'whenever the gods decree,
even to kings, the lot of sorrow.'
A different explanation was given by
Ernesti: 'sensus est; sed intellegi potest

quam proclives dii sint ad homines
miseriis mergendos, cum etiam regibus
decernant atque immittant miseriam.'
If by 'cum decernant' he means 'since
they decree,' these words cannot be ac-
cepted as the translation of ὁππότε with
a subj.

203. μισγέμεναι 'to bring into, make
acquainted with.' The inf. is construed
as with a verb of *privative* meaning,
'pity in regard to mixing' = 'pity so as
not to mix.' Cp. Il. 7. 408 κατακαιέμεν
οὔ τι μεγαίρω· οὐ γάρ τις φειδὼ . . .
μειλισσέμεν: Soph. Aj. 652 οἰκτείρω δέ
νιν χήραν παρ' ἐχθροῖς παῖδά τ' ὀρφανὸν
λιπεῖν.

εἶσ' ἔτι τυτθὸν ἐόντα Κεφαλλήνων ἐνὶ δήμῳ.　　210
νῦν δ' αἱ μὲν γίγνονται ἀθέσφατοι, οὐδέ κεν ἄλλως
ἀνδρί γ' ὑποσταχύοιτο βοῶν γένος εὐρυμετώπων·
τὰς δ' ἄλλοι με κέλονται ἀγινέμεναί σφισιν αὐτοῖς
ἔδμεναι· οὐδέ τι παιδὸς ἐνὶ μεγάροις ἀλέγουσιν,
οὐδ' ὄπιδα τρομέουσι θεῶν· μεμάασι γὰρ ἤδη　　215
κτήματα δάσσασθαι δὴν οἰχομένοιο ἄνακτος.
αὐτὰρ ἐμοὶ τόδε θυμὸς ἐνὶ στήθεσσι φίλοισι
πόλλ' ἐπιδινεῖται· μάλα μὲν κακὸν υἷος ἐόντος
ἄλλων δῆμον ἱκέσθαι ἰόντ' αὐτῇσι βόεσσιν
ἄνδρας ἐς ἀλλοδαπούς· τὸ δὲ ῥίγιον αὖθι μένοντα　　220
βουσὶν ἐπ' ἀλλοτρίῃσι καθήμενον ἄλγεα πάσχειν.
καί κεν δὴ πάλαι ἄλλον ὑπερμενέων βασιλήων
ἐξικόμην φεύγων, ἐπεὶ οὐκέτ' ἀνεκτὰ πέλονται·
ἀλλ' ἔτι τὸν δύστηνον ὀΐομαι, εἴ ποθεν ἐλθὼν
ἀνδρῶν μνηστήρων σκέδασιν κατὰ δώματα θείη."　　225
　　Τὸν δ' ἀπαμειβόμενος προσέφη πολύμητις Ὀδυσσεύς·
" βουκόλ', ἐπεὶ οὔτε κακῷ οὔτ' ἄφρονι φωτὶ ἔοικας,
γιγνώσκω δὲ καὶ αὐτὸς ὅ τοι πινυτὴ φρένας ἵκει,
τοὔνεκά τοι ἐρέω καὶ ἐπὶ μέγαν ὅρκον ὀμοῦμαι·
ἴστω νῦν Ζεὺς πρῶτα θεῶν ξενίη τε τράπεζα,　　230

---

213 αὕτως?　　215 φρονέουσι G P.　　230 ὕπατος καὶ ἄριστος G P U.

210. Κεφαλλῆνες as a national or tribal name is applied in the Catalogue (Il. 2. 631 ff.) to all the subjects of Ulysses. Here the mainland, where the herds of cattle were (14. 100), must be intended. There is nothing in the Odyssey to connect the name with the island afterwards called Κεφαλληνία. Possibly it was then still confined to a district of Epirus.

211. 'Cattle could not thrive in other fashion' means, not merely that they could not do better, but that they thrive *unice*, in the one right way, ' like nothing else.' Cp. 8. 176.

212. ἀνδρί γε 'for a *man*' (not a god): cp. 5. 129., 9. 191.
ὑποσταχύοιτο 'yield *t*heir increase,' a metaphor from the growth and ripening of corn.

215. ὄπιδα, cp. 14. 82.
218. ἐπιδινεῖται 'turns over,' cp. 16. 63 ἐπὶ ἄστεα δινηθῆναι. Here also ἐπί =' over' or 'round,' cp. 16. 365.
219. αὐτῇσι βόεσσι 'my cattle all alive with me,' 'cowherd and cows.' The phrase has a curiously different meaning in Il. 7. 474 ἄλλοι δὲ ῥινοῖς, ἄλλοι δ' αὐτῇσι βόεσσιν, i. e. with the whole animals.
221. ἀλλοτρίῃσι, because now given over to the use of the Suitors,—the ἄλλοι of l. 213.
224. τὸν δύστηνον is an acc. *de quo*; that is to say, ὀΐομαι would not take an acc. of the *person* unless such a clause as εἰ ποθεν κτλ. followed to express the *thing* expected.
230-231 = 14. 158-159 (where see the note).

ἱστίη τ᾽ Ὀδυσῆος ἀμύμονος, ἣν ἀφικάνω·
ἦ σέθεν ἐνθάδ᾽ ἐόντος ἐλεύσεται οἴκαδ᾽ Ὀδυσσεύς,
σοῖσιν δ᾽ ὀφθαλμοῖσιν ἐπόψεαι, αἴ κ᾽ ἐθέλῃσθα,
κτεινομένους μνηστῆρας, οἳ ἐνθάδε κοιρανέουσι."

Τὸν δ᾽ αὖτε προσέειπε βοῶν ἐπιβουκόλος ἀνήρ·   235
" αἲ γὰρ τοῦτο, ξεῖνε, ἔπος τελέσειε Κρονίων·
γνοίης χ᾽ οἵη ἐμὴ δύναμις καὶ χεῖρες ἔπονται."

Ὣς δ᾽ αὔτως Εὔμαιος ἐπεύξατο πᾶσι θεοῖσι
νοστῆσαι Ὀδυσῆα πολύφρονα ὅνδε δόμονδε.

Ὣς οἱ μὲν τοιαῦτα πρὸς ἀλλήλους ἀγόρευον,   240
μνηστῆρες δ᾽ ἄρα Τηλεμάχῳ θάνατόν τε μόρον τε
ἤρτυον· αὐτὰρ ὁ τοῖσιν ἀριστερὸς ἤλυθεν ὄρνις,
αἰετὸς ὑψιπέτης, ἔχε δὲ τρήρωνα πέλειαν.
τοῖσιν δ᾽ Ἀμφίνομος ἀγορήσατο καὶ μετέειπεν·
" ὦ φίλοι, οὐχ ἡμῖν συνθεύσεται ἥδε γε βουλή,   245
Τηλεμάχοιο φόνος· ἀλλὰ μνησώμεθα δαιτός."

Ὣς ἔφατ᾽ Ἀμφίνομος, τοῖσιν δ᾽ ἐπιήνδανε μῦθος.
ἐλθόντες δ᾽ ἐς δώματ᾽ Ὀδυσσῆος θείοιο
χλαίνας μὲν κατέθεντο κατὰ κλισμούς τε θρόνους τε,
οἱ δ᾽ ἱέρευον ὄϊς μεγάλους καὶ πίονας αἶγας,   250
ἵρευον δὲ σύας σιάλους καὶ βοῦν ἀγελαίην·
σπλάγχνα δ᾽ ἄρ᾽ ὀπτήσαντες ἐνώμων, ἐν δ᾽ ἄρα οἶνον
κρητῆρσιν κερόωντο· κύπελλα δὲ νεῖμε συβώτης.

---

232 οἴκαδ᾽] ἐνθάδ᾽ G U.   248 δῶμα P.   252 ἐν δ᾽ ἄρα F M X U : ἐν δέ τε
G P H Eust. (13. 244).

232. ἐνθάδε, i. e. in Ithaca, before the
neat-herd's return to the mainland (187,
210).
237. οἵη ἐμὴ δύναμις, sc. ἐστι.
καὶ χεῖρες ἔπονται 'and (how) my
hands play their part.' We have to
understand ὅπως out of οἵη (ἐμὴ δύναμις) :
cp. Il. 16. 271 ὃς μέγ᾽ ἄριστος Ἀργείων
παρὰ νηυσὶ καὶ ἀγχέμαχοι θεράποντες.
240 ff. Arrival of the Suitors. It is
not clear where they are supposed to be
when they are plotting to kill Tele-
machus. In 16. 361 ff. they assemble
in the Agora, and when Amphinomus
warns them against any such attempt

(16. 400 ff.) they then go to the palace
of Ulysses.
246. Τηλεμάχοιο φόνος, in apposition
to βουλή, as being the substance of the
βουλή : cp. the similar brachylogy, 21.
4 ἄεθλια καὶ φόνου ἀρχήν (of the bow
and the axes), 21. 24 al (sc. the mares)
καὶ ἔπειτα φόνος καὶ μοῖρα γένοντο.
248. ἐλθόντες κτλ. So in 16. 407 ff.
αὐτίκ᾽ ἔπειτ᾽ ἀνστάντες ἔβαν δόμον εἰς
Ὀδυσῆος, ἐλθόντες δὲ καθῖζον ἐπὶ ξεστοῖσι
θρόνοισι.
252. σπλάγχνα κτλ., as a kind of
πρόγευσις, or preliminary rite, before
the feast; see on 3. 461.

σῖτον δέ σφ' ἐπένειμε Φιλοίτιος, ὄρχαμος ἀνδρῶν,
καλοῖς ἐν κανέοισιν, ἐφνοχόει δὲ Μελανθεύς.   255
οἱ δ' ἐπ' ὀνείαθ' ἑτοῖμα προκείμενα χεῖρας ἴαλλον.

Τηλέμαχος δ' Ὀδυσῆα καθίδρυε, κέρδεα νωμῶν,
ἐντὸς ἐϋσταθέος μεγάρου, παρὰ λάϊνον οὐδόν,
δίφρον ἀεικέλιον καταθεὶς ὀλίγην τε τράπεζαν·
πὰρ δ' ἐτίθει σπλάγχνων μοίρας, ἐν δ' οἶνον ἔχευεν   260
ἐν δέπαϊ χρυσέῳ, καί μιν πρὸς μῦθον ἔειπεν·
" ἐνταυθοῖ νῦν ἧσο μετ' ἀνδράσιν οἰνοποτάζων·
κερτομίας δέ τοι αὐτὸς ἐγὼ καὶ χεῖρας ἀφέξω
πάντων μνηστήρων, ἐπεὶ οὔ τοι δήμιός ἐστιν
οἶκος ὅδ', ἀλλ' Ὀδυσῆος, ἐμοὶ δ' ἐκτήσατο κεῖνος.   265
ὑμεῖς δέ, μνηστῆρες, ἐπίσχετε θυμὸν ἐνιπῆς
καὶ χειρῶν, ἵνα μή τις ἔρις καὶ νεῖκος ὄρηται."

Ὣς ἔφαθ', οἱ δ' ἄρα πάντες ὀδὰξ ἐν χείλεσι φύντες
Τηλέμαχον θαύμαζον, ὃ θαρσαλέως ἀγόρευε.
τοῖσιν δ' Ἀντίνοος μετέφη, Εὐπείθεος υἱός·   270
" καὶ χαλεπόν περ ἐόντα δεχώμεθα μῦθον, Ἀχαιοί,
Τηλεμάχου· μάλα δ' ἧμιν ἀπειλήσας ἀγορεύει.
οὐ γὰρ Ζεὺς εἴασε Κρονίων· τῶ κέ μιν ἤδη
παύσαμεν ἐν μεγάροισι, λιγύν περ ἐόντ' ἀγορητήν."

Ὣς ἔφατ' Ἀντίνοος· ὁ δ' ἄρ' οὐκ ἐμπάζετο μύθων.   275
κήρυκες δ' ἀνὰ ἄστυ θεῶν ἱερὴν ἑκατόμβην

---

259 καταθεὶς Χ U : καθεὶς G : παραθεὶς F P H al. (perhaps from πὰρ δ' ἐτίθει in 260). 261 Read perhaps χρυσείῳ δέπαϊ, as Ar. in 3. 41 : cp. 15. 149, Il. 24. 285.

257. κέρδεα νωμῶν seems to imply that Telemachus knew of the stratagem of the bow. Or the reference may be vague : he did the proper thing, and so fell in with his father's plan.

258. λάϊνον οὐδόν, here (as always) the threshold at the entrance : cp. 17. 30.

262. ἐνταυθοῖ, cp. 18. 105.

273. οὐ γὰρ Ζεὺς εἴασε 'Zeus did not suffer it—.' The sentence is elliptical : what it was that Zeus did not suffer is not expressed, but is implied in the following clause τῶ κέ κτλ. = 'if he had, we should have silenced Telemachus.' Thus the whole sentence is

a paratactic way of saying 'for Zeus did not suffer us to silence him as we should otherwise have done.' Antinous naturally chooses to use somewhat veiled language.

For τῶ = 'in that case,' when the case is one that has not happened, cp. 14. 369 τῶ κέν οἱ τύμβον μὲν ἐποίησαν κτλ. It is commoner after a wish, as in 18. 402., 24. 32, Il. 21. 280, 432., 22. 427.

276-278. As to this feast of Apollo see on 14. 158 ff. The mention of it is rather abrupt. It serves to remind us that the eventful day had now come.

ἦγον· τοὶ δ' ἀγέροντο κάρη κομόωντες Ἀχαιοὶ
ἄλσος ὕπο σκιερὸν ἑκατηβόλου Ἀπόλλωνος.

Οἱ δ' ἐπεὶ ὤπτησαν κρέ' ὑπέρτερα καὶ ἐρύσαντο,
μοίρας δασσάμενοι δαίνυντ' ἐρικυδέα δαῖτα·   280
πὰρ δ' ἄρ' Ὀδυσσῆϊ μοῖραν θέσαν οἱ πονέοντο
ἴσην, ὡς αὐτοί περ ἐλάγχανον· ὡς γὰρ ἀνώγει
Τηλέμαχος, φίλος υἱὸς Ὀδυσσῆος θείοιο.

Μνηστῆρας δ' οὐ πάμπαν ἀγήνορας εἴα Ἀθήνη
λώβης ἴσχεσθαι θυμαλγέος, ὄφρ' ἔτι μᾶλλον   285
δύη ἄχος κραδίην Λαερτιάδεω Ὀδυσῆος.
ἦν δέ τις ἐν μνηστῆρσιν ἀνὴρ ἀθεμίστια εἰδώς,
Κτήσιππος δ' ὄνομ' ἔσκε, Σάμῃ δ' ἐνὶ οἰκία ναῖεν·
ὃς δή τοι κτεάτεσσι πεποιθὼς θεσπεσίοισι
μνάσκετ' Ὀδυσσῆος δὴν οἰχομένοιο δάμαρτα.   290
ὅς ῥα τότε μνηστῆρσιν ὑπερφιάλοισι μετηύδα·
" κέκλυτέ μευ, μνηστῆρες ἀγήνορες, ὄφρα τι εἴπω·
μοῖραν μὲν δὴ ξεῖνος ἔχει πάλαι, ὡς ἐπέοικεν,
ἴσην· οὐ γὰρ καλὸν ἀτέμβειν οὐδὲ δίκαιον
ξείνους Τηλεμάχου, ὅς κεν τάδε δώμαθ' ἵκηται.   295
ἀλλ' ἄγε οἱ καὶ ἐγὼ δῶ ξείνιον, ὄφρα καὶ αὐτὸς
ἠὲ λοετροχόῳ δώῃ γέρας ἤ τῳ ἄλλῳ
δμώων, οἳ κατὰ δώματ' Ὀδυσσῆος θείοιο."

Ὣς εἰπὼν ἔρριψε βοὸς πόδα χειρὶ παχείῃ,
κείμενον ἐκ κανέοιο λαβών· ὁ δ' ἀλεύατ' Ὀδυσσεὺς   300
ἦκα παρακλίνας κεφαλήν, μείδησε δὲ θυμῷ

286 Λαερτιάδεω Ὀδυσῆος G : Λαερτιάδην Ὀδυσῆα vulg., but cp. 18. 348.
289 θεσπεσίοισι G X U Eust. : πατρὸς ἑοῖο F P H al.

278. A sanctuary in Homer is usually
an altar in a grove : cp. 6. 291., 8. 363.,
9. 200, &c.   But temples are not un-
known, cp. 6. 10.
279. κρέ' ὑπέρτερα, i. e. the flesh on
the carcase (not the ἔγκατα), cp. 3. 65.
280. δασσάμενοι δαίνυντο, a play of
language : cp. 13. 24.
284-286, repetition of 18. 346-348.
286. δύη, opt., cp. 18. 348.
297. λοετροχόῳ, apparently a 'bath
attendant,' one who made ready the hot

water.   It is a ἄπαξ εἰρημένον as a sub-
stantive, but it is applied elsewhere
(8. 435, Il. 18. 346) as an adj. to the
tripod which served to carry the kettle
of hot water.
301. θυμῷ is naturally used with
verbs of *feeling* or *thought*, hardly with
a word like μείδησε, denoting an act or
outward *sign* of feeling. Cp. however
8. 450 ὁ δ' ἄρ' ἀσπασίαν ἴδε θυμῷ, and
the phrase θηήσατο θυμῷ (15. 132, &c.)
'gazed (and admired) at heart.'

σαρδάνιον μάλα τοῖον· ὁ δ' εὔδμητον βάλε τοῖχον.
Κτήσιππον δ' ἄρα Τηλέμαχος ἠνίπαπε μύθῳ·
" Κτήσιππ', ἦ μάλα τοι τόδε κέρδιον ἔπλετο θυμῷ·
οὐκ ἔβαλες τὸν ξεῖνον· ἀλεύατο γὰρ βέλος αὐτός.   305
ἦ γάρ κέν σε μέσον βάλον ἔγχεϊ ὀξυόεντι,
καί κέ τοι ἀντὶ γάμοιο πατὴρ τάφον ἀμφεπονεῖτο
ἐνθάδε. τῷ μή τίς μοι ἀεικείας ἐνὶ οἴκῳ
φαινέτω· ἤδη γὰρ νοέω καὶ οἶδα ἕκαστα,
ἐσθλά τε καὶ τὰ χέρεια· πάρος δ' ἔτι νήπιος ἦα.   310
ἀλλ' ἔμπης τάδε μὲν καὶ τέτλαμεν εἰσορόωντες,
μήλων σφαζομένων οἴνοιό τε πινομένοιο
καὶ σίτου· χαλεπὸν γὰρ ἐρυκακέειν ἕνα πολλούς.
ἀλλ' ἄγε μηκέτι μοι κακὰ ῥέζετε δυσμενέοντες,
εἰ δὴ μή μ' αὐτὸν κτεῖναι μενεαίνετε χαλκῷ·   315
καί κε τὸ βουλοίμην καί κεν πολὺ κέρδιον εἴη
τεθνάμεν ἢ τάδε γ' αἰὲν ἀεικέα ἔργ' ὁράασθαι,
ξείνους τε στυφελιζομένους δμῳάς τε γυναῖκας

---

302 σαρδάνιον H, Plat. Rep. 337 A, Apoll. Soph., &c.: σαρδόνιον G F P X al.,
Hesych. Et. M. &c.   315 εἰ δὴ μή G P H al.: εἰ δὴ μή U: εἰ δ' ἤδη F X, Eust.

---

302. σαρδάνιον μάλα τοῖον 'surely
a smile of quite Sardanic bitterness.'
For τοῖον in this use cp. 15. 451.

σαρδάνιον or σαρδόνιον—the former
spelling has rather the better claim to
antiquity—must come from some proper
name which had passed into a proverb,
or else from some foreign word—perhaps
Egyptian or Phoenician. The notion
that it meant 'Sardinian,' and referred
to a certain bitter herb found in that
island, is doubtless later than Homer.

304. θυμῷ is even more difficult here
than in 301. The clause looks like a
contamination of the common phrase
φίλον ἔπλετο θυμῷ and 19. 283 τό γε
κέρδιον εἴσατο θυμῷ. But we may
translate 'this has been a wiser thought
in thy heart,' = 'you show discretion in
not hitting the stranger.' The compli-
ment is ironical, as Telemachus shows
by immediately adding that it was the
stranger himself who avoided the missile.

Notice the paratactic structure, with
asyndeton, = κέρδιόν ἐστιν ὅτι οὐκ ἔβαλες,

or τὸ μὴ βαλεῖν: cp. 4. 655 ἀλλά τὸ
θαυμάζον ἴδον κτλ.

The recurrence of θυμῷ at the end of
ll. 301, 304 is suspicious, especially as
it does not give a perfectly smooth sense
in either place.

315. εἰ δὴ μή μ'. With this reading,
which has the best support in the MSS.,
there should be only a comma at
δυσμενέοντες, but a colon at χαλκῷ:
the sense being, 'do not go on doing
mischief to me,—unless you desire to
slay me : and indeed I would rather die
than &c.' This gives a more natural
train of thought than the usual reading
εἰ δ' ἤδη μ', with the chief stop at
δυσμενέοντες.

317-319. = 16. 107-109. The lines
are perhaps wrongly repeated here.
They are superfluous in the construc-
tion, and do not agree with 311-313.
which express a similar complaint, but
in a somewhat different tone. Notice
too the awkward repetition εἰσορόωντες
(l. 311), ὁράασθαι (l. 317).

II.   O

ῥυστάζοντας ἀεικελίως κατὰ δώματα καλά."

Ὣς ἔφαθ', οἱ δ' ἄρα πάντες ἀκὴν ἐγένοντο σιωπῇ·   320
ὀψὲ δὲ δὴ μετέειπε Δαμαστορίδης Ἀγέλαος·
" ὦ φίλοι, οὐκ ἂν δή τις ἐπὶ ῥηθέντι δικαίῳ
ἀντιβίοις ἐπέεσσι καθαπτόμενος χαλεπαίνοι·
μήτε τι τὸν ξεῖνον στυφελίζετε μήτε τιν' ἄλλον
δμώων, οἳ κατὰ δώματ' Ὀδυσσῆος θείοιο.   325
Τηλεμάχῳ δέ κε μῦθον ἐγὼ καὶ μητέρι φαίην
ἤπιον, εἰ σφῶϊν κραδίη ἅδοι ἀμφοτέροιϊν.
ὄφρα μὲν ὑμῖν θυμὸς ἐνὶ στήθεσσιν ἐώλπει
νοστήσειν Ὀδυσῆα πολύφρονα ὅνδε δόμονδε,
τόφρ' οὔ τις νέμεσις μενέμεν τ' ἦν ἰσχέμεναί τε   330
μνηστῆρας κατὰ δώματ', ἐπεὶ τόδε κέρδιον ἦεν,
εἰ νόστησ' Ὀδυσεὺς καὶ ὑπότροπος ἵκετο δῶμα·
νῦν δ' ἤδη τόδε δῆλον, ὅ τ' οὐκέτι νόστιμός ἐστιν.
ἀλλ' ἄγε, σῇ τάδε μητρὶ παρεζόμενος κατάλεξον,
γήμασθ' ὅς τις ἄριστος ἀνὴρ καὶ πλεῖστα πόρῃσιν,   335
ὄφρα σὺ μὲν χαίρων πατρώϊα πάντα νέμηαι,
ἔσθων καὶ πίνων, ἡ δ' ἄλλου δῶμα κομίζῃ."

Τὸν δ' αὖ Τηλέμαχος πεπνυμένος ἀντίον ηὔδα·
" οὐ μὰ Ζῆν', Ἀγέλαε, καὶ ἄλγεα πατρὸς ἐμοῖο,
ὅς που τῆλ' Ἰθάκης ἢ ἔφθιται ἢ ἀλάληται,   340
οὔ τι διατρίβω μητρὸς γάμον, ἀλλὰ κελεύω
γήμασθ' ᾧ κ' ἐθέλῃ, ποτὶ δ' ἄσπετα δῶρα δίδωμι.

329 νοστήσειν G, Eust. : νοστῆσαι F P H al.   333 τόδε vulg.: τό γε G: τὸ ·
U al.   337 δώμαθ' ἵκηται Eust.   339 ἐμοῖο] ἐμεῖο G P X.

322-325, = 18.414-417.
330. ἰσχέμεναι 'to restrain the Suitors,'
i.e. to hold your ground, not to give
way to them.
331. τόδε, i.e. what you have done.
332. εἰ νόστησ' Ὀδυσεύς suggests a
slightly different principal clause, but
one implied in τόδε κέρδιον ἦεν : ' this
was the wiser course (and would have
been proved wiser), if Ulysses had re-
turned.' Cp. the implied conditional
protasis in 4. 171 καί μιν ἔφην ἐλθόντα
φιλησέμεν . . . εἰ νῶϊν νόστον ἔδωκε Ζεύς,

= ' I thought I should entertain him
(and would have done so), if Zeus &c.':
4. 292 οὐ γάρ οἱ τι τάδ' ἤρκεσε λυγρὸν
ὄλεθρον, οὐδ' εἰ οἱ κραδίη γε σιδηρέη
ἔνδοθεν ἦεν ' this did not save him—not
even (would it have saved him) though
his heart had been of iron.' Compare
also the Latin use of the indic. in such
sentences as Cic. Verr. 5. 49 si licitum
esset, matres veniebant, i.e. ' were
coming (and would have come) if it
had been allowed ' (Roby, ii. p. 246).
342. For δίδωμι Eust. reads δίδωσι,

αἰδέομαι δ' ἀέκουσαν ἀπὸ μεγάροιο δίεσθαι
μύθῳ ἀναγκαίῳ· μὴ τοῦτο θεὸς τελέσειεν."
*Ὣς φάτο Τηλέμαχος· μνηστῆρσι δὲ Παλλὰς Ἀθήνη
ἄσβεστον γέλω ὦρσε, παρέπλαγξεν δὲ νόημα.   346
οἱ δ' ἤδη γναθμοῖσι γελοίων ἀλλοτρίοισιν,
αἱμοφόρυκτα δὲ δὴ κρέα ἤσθιον· ὄσσε δ' ἄρα σφέων
δακρυόφιν πίμπλαντο, γόον δ' ὤιετο θυμός.
τοῖσι δὲ καὶ μετέειπε Θεοκλύμενος θεοειδής·   350
" ἆ δειλοί, τί κακὸν τόδε πάσχετε; νυκτὶ μὲν ὑμέων
εἰλύαται κεφαλαί τε πρόσωπά τε νέρθε τε γοῦνα,
οἰμωγὴ δὲ δέδηε, δεδάκρυνται δὲ παρειαί,
αἵματι δ' ἐρράδαται τοῖχοι καλαί τε μεσόδμαι·
εἰδώλων δὲ πλέον πρόθυρον, πλείη δὲ καὶ αὐλή,   355

---

346 γέλω P X U : γέλον M U² : γέλων G al. : γέλωτ' F.   347 γελοίων Eust. :
γελώων vulg.   351 ἆ δειλοί] δαιμόνιοι Plat. Ion 539 A.   352 γοῦνα] γυῖα
ibid.   355 πλέον] πλέων G F P X al.

---

a subj. to be construed as if it were καὶ
ὅς κε δίδωσι. But on this view ποτὶ δέ
'and besides' would have no reference.
Note the conative use of δίδωμι 'offer,'
as of διατρίβω in l. 341: cp. 16. 432.,
18. 8.

347. The impf. γελοίων or γελώων,
and the participle variously written
γελοίωντες, γελώοντες, γελώωντες (18.
111., 20. 390) cannot come from γελάω.
We must assume a derivative verb
γελοιάω (or γελῳάω), meaning 'to deal
with, indulge in laughter' (γέλως or
γελοία). The form γελοιάω is supported
by H. Ven. 49 ἡδὺ γελοιήσασα, and by
Eust.: the MSS. of Homer generally
have γελώων, &c. For the formation
cp. κολῳάω (Il. 2. 212), ὀκριάομαι (18.
33), δψιάομαι (17. 530, see the note),
κυδιάων, φυσιόων, &c.

ἀλλοτρίοισιν 'not their own,' not
answering to their real feeling. The
phrase ἀχρεῖον γελάσαι (18. 163) ex-
presses much the same thing.

348. 'They even (δή) were eating
meat bedabbled with blood,' i. e. the
meat seemed to be bleeding as they ate.
So in a passage of the Icelandic Njal-
saga (quoted in the notes to Butcher
and Lang's translation of the Odyssey):
'It seems as though the gable wall

were thrown down, but the whole board
and the meat on it is one gore of blood.'

349, = 10. 248 (where see the note).
γόον ὤιετο = 'was full of the thought
of lamentation.' It impelled them to
lamentation, while outwardly they were
laughing.

351 ff. Theoclymenus by his gift of
divination or 'second sight' has the
future scene before him as if it were
already present,—the darkness of death
on the heads of the Suitors, the loosing
of knees, the wailing cries that burst
forth, the tears, the blood bespattering
the walls, the shades of the slain passing
to Hades.

The shroud of mist covering the feet
and knees is found in Celtic belief as
a sign of approaching death. If it
reaches (as here) to the head it shows
that the death is very near. The be-
spattering of the walls with blood occurs
as a portent in the oracle in Hdt. 7. 140
(νηούς) οἱ που νῦν ἱδρῶτι ῥεόμενοι
ἑστήκασι δείματι παλλόμενοι· κατὰ δ'
ἀκροτάτοις ὀρόφοισι αἷμα μέλαν κέχυται,
προϊδὸν κακότητος ἀνάγκας (Butcher and
Lang, l. c.).

353. δέδηε, lit. 'is lighted up': cp.
Il. 2. 93 μετὰ δέ σφισιν Ὄσσα δεδήει,
also Il. 12. 35 μάχη ἐνοπή τε δεδήει.

ἱεμένων "Ερεβόσδε ὑπὸ ζόφον· ἥλιος δὲ
οὐρανοῦ ἐξαπόλωλε, κακὴ δ' ἐπιδέδρομεν ἀχλύς."
*Ὣς ἔφαθ', οἱ δ' ἄρα πάντες ἐπ' αὐτῷ ἡδὺ γέλασσαν.
τοῖσιν δ' Εὐρύμαχος, Πολύβου πάϊς, ἦρχ' ἀγορεύειν·
"ἀφραίνει ξεῖνος νέον ἄλλοθεν εἰληλουθώς.   360
ἀλλά μιν αἶψα, νέοι, δόμου ἐκπέμψασθε θύραζε
εἰς ἀγορὴν ἔρχεσθαι, ἐπεὶ τάδε νυκτὶ ἔϊσκει."
Τὸν δ' αὖτε προσέειπε Θεοκλύμενος θεοειδής·
" Εὐρύμαχ', οὔ τί σ' ἄνωγα ἐμοὶ πομπῆας ὀπάζειν·
εἰσί μοι ὀφθαλμοί τε καὶ οὔατα καὶ πόδες ἀμφω   365
καὶ νόος ἐν στήθεσσι τετυγμένος οὐδὲν ἀεικής.
τοῖς ἔξειμι θύραζε, ἐπεὶ νοέω κακὸν ὕμμιν
ἐρχόμενον, τό κεν οὔ τις ὑπεκφύγοι οὐδ' ἀλέαιτο
μνηστήρων, οἳ δῶμα κάτ' ἀντιθέου 'Οδυσῆος
ἀνέρας ὑβρίζοντες ἀτάσθαλα μηχανάασθε."   370
*Ὣς εἰπὼν ἐξῆλθε δόμων εὖ ναιεταόντων,
ἵκετο δ' ἐς Πείραιον, ὅ μιν πρόφρων ὑπέδεκτο.
μνηστῆρες δ' ἄρα πάντες ἐς ἀλλήλους ὁρόωντες
Τηλέμαχον ἐρέθιζον, ἐπὶ ξείνοις γελόωντες·
ὧδε δέ τις εἴπεσκε νέων ὑπερηνορεόντων·   375
" Τηλέμαχ', οὔ τις σεῖο κακοξεινώτερος ἄλλος·
οἷον μέν τινα τοῦτον ἔχεις ἐπίμαστον ἀλήτην,

---

361 μιν] μοι G.   362 ἐῴκει M al.   368 τό κεν F X U: τὸ μὲν G P H al.
369 ἀνδρῶν οἱ κατὰ δώματ' 'Οδυσσῆος θείοιο G, v. l. in H². 370 μηχανόωνται G.
374 ἐρέθιζον] θαύμαζον G al.   ξείνω F.   377 ἔχεις] ἄγεις v. l. ap. Eust.

---

357. We do not hear of any actual
darkness on the day of the μνηστηροφονία.
Although it was new moon, we can
hardly suppose that an eclipse is in-
tended by the words κακὴ δ' ἐπιδέδρομεν
ἀχλύς. Rather, the darkness or 'night'
is that of death: cp. Il. 13. 425 ἐρεβεννῇ
νυκτὶ καλύψαι = 'to slay,' and phrases
such as θανάτοιο μέλαν νέφος, κατὰ δ'
ὀφθαλμῶν κέχυτ' ἀχλύς, &c.

362. ἔϊσκει is transitive, 'thinks like.'

365-367. The structure is paratactic:
' I have eyes &c., with them I will go
out,' = 'I will go out guided by the
eyes &c. that I have.'

366. Cobet would omit this line, so
that τοῖς ἔξειμι may be taken closely
with πόδες in l. 365. But τοῖς has
a 'comitative' sense, which will apply
to eyes and ears as well as feet : cp. Il. 18.
506 τοῖσιν ἤϊσσον 'with these (sceptres)
they started up.'

374. ξείνοις, see on l. 383.

377. ἐπίμαστον, apparently from
ἐπιμαίομαι 'I feel after, seek out,' cp.
ἀπροτίμαστος 'untouched' (Il. 19. 263).
The exact meaning is difficult to deter-
mine. Probably the vagrant is 'sought
out' in the sense that he did not come
unasked, but was brought by Eumaeus.

σίτου καὶ οἴνου κεχρημένον, οὐδέ τι ἔργων
ἔμπαιον οὐδὲ βίης, ἀλλ' αὔτως ἄχθος ἀρούρης.
ἄλλος δ' αὖτέ τις οὗτος ἀνέστη μαντεύεσθαι.　　　380
ἀλλ' εἴ μοί τι πίθοιο, τό κεν πολὺ κέρδιον εἴη·
τοὺς ξείνους ἐν νηὶ πολυκλήϊδι βαλόντες
ἐς Σικελοὺς πέμπωμεν, ὅθεν κέ τοι ἄξιον ἄλφοι."
Ὣς ἔφασαν μνηστῆρες· ὁ δ' οὐκ ἐμπάζετο μύθων,
ἀλλ' ἀκέων πατέρα προσεδέρκετο, δέγμενος αἰεὶ　　385
ὁππότε δὴ μνηστῆρσιν ἀναιδέσι χεῖρας ἐφήσει.
Ἡ δὲ κατ' ἄντηστιν θεμένη περικαλλέα δίφρον
κούρη Ἰκαρίοιο, περίφρων Πηνελόπεια,
ἀνδρῶν ἐν μεγάροισιν ἑκάστου μῦθον ἄκουε.

380 μαντεύεσθαι G X U: -σασθαι F P H M D.　381 εἴ μοί τι G P H al.: εἰ δή τι U: ἤδη τι F.　383 πέμπωμεν (or -ομεν) F M al.: πέμψωμεν vulg.　386 ἐφήσει vulg.: ἐφείη F X n: ἐφίει M.

Cp. ἐπίστατον κακόν (18. 73) of an evil which a man brings on himself (so Döderlein, *Hom. Gloss.*).

379. ἔμπαιον 'experienced,' cp. 21. 400. The scansion of the diphthong αι as a short syllable is without parallel in Homer, but οι is similarly treated in οἶος. The derivation of ἔμπαιον is not ascertained: it may be connected with the Doric πάομαι 'I possess,' and thus with ἔμπης, παμπήδην, and the Attic παμπησία 'full possession' (Brugmann, *Griech. Gr.*, p. 548).

383. Σικελούς. The earliest Greek colonists in the south of Italy came in contact with a people of this name, apparently the same as the *Siculi* of history. In the time of the Odyssey these Italian Σικελοί may have been known to the Greeks as slave-dealers: cp. the γρηῢ Σικελή among the servants of Laertes (24. 211).

A different view was suggested by Niebuhr (*Philological Museum*, I. 174). The scholia on Od. 18. 85 tell us that the king Ἔχετος there mentioned was said to have been 'tyrant of the Σικελοί.' As other indications place him in Epirus, Niebuhr inferred that the Σικελοί of the Odyssey were to be found in that country. But, though Σικελοί may have been the name of a real people, it is most probable that Ἔχετος was purely mythical. The notice connecting him

with the Σικελοί looks like the guess of an ancient commentator.

ὅθεν κέ τοι ἄξιον ἄλφοι. The difficulty here is to find a nominative for ἄλφοι. It is extremely harsh to understand 'the thing done,' viz. 'the sale,' as subject (as proposed by Nauck). Bentley conjectured ὅθεν κέ τια, which seems to meet the case. As Dr. Hayman observes, the word ἄλφοι must be understood of the man who is sold: so that τις would be = τῶν ξείνων τις. There is some plausibility in Düntzer's conjecture τὸν ξεῖνον, for τοὺς ξείνους in l. 382. If it is adopted (or if l. 382 is struck out, with Bergk), we should also read ξείνῳ for ξείνους in l. 374 (ξείνῳ F Z). The subject will then be the *new* ξεῖνος, Theoclymenus, with only a parenthetical reference in 377–379 to Ulysses. Failure to perceive this would easily lead to the plurals ξείνους and τοὺς ξείνους. Bekker's proposal (in *H. B.* I. 113) to read ἄλφοιν as a 3rd plur. is quite inadmissible.

387. κατ' ἄντηστιν seems to mean 'opposite,' like κατ' ἐναντίον. The supposed ἄντηστις may be compared in formation with the nouns implied in the words ἀγχιστῖνοι and προμνηστῖνοι —both used of *relative position* (21. 230). Regarding the place of Penelope, see on 17. 492, 542 and the appendix on the Homeric House.

δεῖπνον μὲν γὰρ τοί γε γελοιῶντες τετύκοντο   390
ἡδύ τε καὶ μενοεικές, ἐπεὶ μάλα πόλλ' ἱέρευσαν·
δόρπου δ' οὐκ ἄν πως ἀχαρίστερον ἄλλο γένοιτο,
οἷον δὴ τάχ' ἔμελλε θεὰ καὶ καρτερὸς ἀνὴρ
θησέμεναι· πρότεροι γὰρ ἀεικέα μηχανόωντο.

390. On the form γελοιῶντες see the   392. οὐκ ἂν γένοιτο 'there could not
note on l. 347.   have been,'—οὐκ ἂν ἐγένετο.

HARPIES
(From a Lebes in the Museum of Berlin.)

ΟΔΥΣΣΕΙΑΣ Φ

Τόξου θέσις.

Τῇ δ' ἄρ' ἐπὶ φρεσὶ θῆκε θεὰ γλαυκῶπις Ἀθήνη,
κούρῃ Ἰκαρίοιο, περίφρονι Πηνελοπείῃ,
τόξον μνηστήρεσσι θέμεν πολιόν τε σίδηρον
ἐν μεγάροις Ὀδυσῆος ἀέθλια καὶ φόνου ἀρχήν.
κλίμακα δ' ὑψηλὴν προσεβήσετο οἷο δόμοιο,   5
εἵλετο δὲ κληῖδ' εὐκαμπέα χειρὶ παχείῃ
καλὴν χαλκείην· κώπη δ' ἐλέφαντος ἐπῆεν.
βῆ δ' ἴμεναι θάλαμόνδε σὺν ἀμφιπόλοισι γυναιξὶν
ἔσχατον· ἔνθα δέ οἱ κειμήλια κεῖτο ἄνακτος,
χαλκός τε χρυσός τε πολύκμητός τε σίδηρος.   10
ἔνθα δὲ τόξον κεῖτο παλίντονον ἠδὲ φαρέτρη
ἰοδόκος, πολλοὶ δ' ἔνεσαν στονόεντες ὀϊστοί,
δῶρα τά οἱ ξεῖνος Λακεδαίμονι δῶκε τυχήσας
Ἴφιτος Εὐρυτίδης, ἐπιείκελος ἀθανάτοισι.
τὼ δ' ἐν Μεσσήνῃ ξυμβλήτην ἀλλήλοιϊν   15

7 χρυσείην F P H al.

3. σίδηρον, viz. the axes which were brought with the bow, cp. 61, 81, 97.
4. ἀέθλια ' a contest,' *i. e.* the material of a contest, cp. 19. 572–573.
5. προσεβήσετο 'set foot upon,' 'began to descend.'
9. ἔσχατον, a distant store-room, not in common use: cp. l. 48.
11. παλίντονον. It is difficult to decide whether this is a general epithet —'springing back,' as a bow does when drawn—, or denotes a particular kind of bow, as in Herodotus (7.69). In the latter case it may imply that the middle part of the bow is curved 'backwards,' *i. e.* is convex towards the archer: cp. Il. 8. 266.
12. στονόεντες ' charged with groaning.' The groans which the arrow may cause are regarded as something that is inherent in it.
15. Perhaps the only line in Homer that consists wholly of spondees. In some others (as 15. 334, 23. 323, Il.

οἴκῳ ἐν Ὀρτιλόχοιο δαΐφρονος. ἦ τοι Ὀδυσσεὺς
ἦλθε μετὰ χρεῖος, τό ῥά οἱ πᾶς δῆμος ὄφελλε·
μῆλα γὰρ ἐξ Ἰθάκης Μεσσήνιοι ἄνδρες ἄειραν
νηυσὶ πολυκλήϊσι τριηκόσι᾽ ἠδὲ νομῆας.
τῶν ἕνεκ᾽ ἐξεσίην πολλὴν ὁδὸν ἦλθεν Ὀδυσσεὺς   20
παιδνὸς ἐών· πρὸ γὰρ ἧκε πατὴρ ἄλλοι τε γέροντες.
Ἴφιτος αὖθ᾽ ἵππους διζήμενος, αἵ οἱ ὄλοντο
δώδεκα θήλειαι, ὑπὸ δ᾽ ἡμίονοι ταλαεργοί·
αἳ δή οἱ καὶ ἔπειτα φόνος καὶ μοῖρα γένοντο,
ἐπεὶ δὴ Διὸς υἱὸν ἀφίκετο καρτερόθυμον,   25
φῶθ᾽ Ἡρακλῆα, μεγάλων ἐπίστορα ἔργων,
ὅς μιν ξεῖνον ἐόντα κατέκτανεν ᾧ ἐνὶ οἴκῳ,
σχέτλιος, οὐδὲ θεῶν ὄπιν ᾐδέσατ᾽ οὐδὲ τράπεζαν
τὴν ἥν οἱ παρέθηκεν· ἔπειτα δὲ πέφνε καὶ αὐτόν,
ἵππους δ᾽ αὐτὸς ἔχε κρατερώνυχας ἐν μεγάροισι.   30
τὰς ἐρέων Ὀδυσῆϊ συνήντετο, δῶκε δὲ τόξον,
τὸ πρὶν μέν ῥ᾽ ἐφόρει μέγας Εὔρυτος, αὐτὰρ ὁ παιδὶ
κάλλιπ᾽ ἀποθνῄσκων ἐν δώμασιν ὑψηλοῖσι.
τῷ δ᾽ Ὀδυσεὺς ξίφος ὀξὺ καὶ ἄλκιμον ἔγχος ἔδωκεν,

---

11. 130) one or more contracted syllables can be resolved.

Messenia, as this passage shows, was regarded in Homeric times as part of Lacedaemon. Pherae, the home of Ortilochus (3. 488), is treated by Agamemnon (Il. 9. 293) as being within his dominions.

17. χρεῖος, better perhaps χρῆος: cp. 3. 367, Il. 11. 686.

20. ἐξεσίην᾽ 'on an embassy' (ἐξίημι): acc. like ἀγγελίην ἐλθεῖν.

24. ἔπειτα 'thereafter,' 'in the sequel.' φόνος κτλ. 'turned to, led in the end to, his slaughter and fate.' The idiom is Homeric: as Il. 1. 228 τὸ δέ τοι κῆρ εἴδεται εἶναι, and so 4. 155 θάνατόν νύ τοι ὅρκι᾽ ἔταμνον ' I made a truce (that turned to) death for you.'

26. μεγάλων ἐπίστορα ἔργων is a phrase of which it is very difficult to determine the exact meaning. ἴστωρ in Homer means ' a judge,' one who takes cognizance and decides (Il. 18. 501., 23. 486): and ἐπίστωρ must be much

the same (cp. μάρτυρος and ἐπιμάρτυρος, οὖρος and ἐπίουρος, &c.). It can hardly mean ' knowing, versed in,' though that sense is probable in Hom. H. xxxii (where the Muses are called ἴστορες ᾠδῆς) and in Hes. Op. 790. Still less can it mean ' privy to,' ' an accomplice in.' Again, μεγάλα ἔργα can only mean ' great deeds' or ' great things.' The bad sense, or tendency to a bad sense, observable in the phrase μέγα ἔργον depends on the context (see on 19. 92). It does not justify us in taking μεγάλα ἔργα as simply equivalent to ' deeds of violence.' But how or under what aspect of his character Heracles is called ' judge of great deeds' is hard to say. The title does not appear particularly suitable to the context in which we find it here.

27. ᾧ refers to μιν (not to ὅς).

29. ἔπειτα ' thereafter,' i. e. after they had eaten at the same table.

31. ἐρέων ' asking about,' ' looking for.'

ἀρχὴν ξεινοσύνης προσκηδέος· οὐδὲ τραπέζῃ 35
γνώτην ἀλλήλω· πρὶν γὰρ Διὸς υἱὸς ἔπεφνεν
Ἴφιτον Εὐρυτίδην, ἐπιείκελον ἀθανάτοισιν,
ὅς οἱ τόξον ἔδωκε. τὸ δ' οὔ ποτε δῖος Ὀδυσσεὺς
ἐρχόμενος πόλεμόνδε μελαινάων ἐπὶ νηῶν
ἡρεῖτ', ἀλλ' αὐτοῦ μνῆμα ξείνοιο φίλοιο 40
κέσκετ' ἐνὶ μεγάροισι, φόρει δέ μιν ἧς ἐπὶ γαίης.

Ἡ δ' ὅτε δὴ θάλαμον τὸν ἀφίκετο δῖα γυναικῶν,
οὐδόν τε δρύϊνον προσεβήσετο, τόν ποτε τέκτων
ξέσσεν ἐπισταμένως καὶ ἐπὶ στάθμην ἴθυνεν,
ἐν δὲ σταθμοὺς ἄρσε, θύρας δ' ἐπέθηκε φαεινάς· 45
αὐτίκ' ἄρ' ἥ γ' ἱμάντα θοῶς ἀπέλυσε κορώνης,
ἐν δὲ κληῖδ' ἧκε, θυρέων δ' ἀνέκοπτεν ὀχῆας
ἄντα τιτυσκομένη· τὰ δ' ἀνέβραχεν ἠΰτε ταῦρος
βοσκόμενος λειμῶνι· τόσσ' ἔβραχε καλὰ θύρετρα
πληγέντα κληῖδι, πετάσθησαν δέ οἱ ὦκα. 50
ἡ δ' ἄρ' ἐφ' ὑψηλῆς σανίδος βῆ· ἔνθα δὲ χηλοὶ

---

35 περικηδέος P : εὐκηδέος U.   36 ἀλλήλω G al. : ἀλλήλων vulg., cp. 23. 109.
41 θέσκετ' G F al.   42 τὸν om. F P : ὃν U², v.l. in K.   46 κορώνῃ G P, v.l.
ap. Eust.

42. τόν 'that' chamber, viz. the one
described in l. 8. But this use of the
article is hardly defensible. The reading
ὃν is attractive, but has little MS.
support. The omission of τόν in two
good MSS. suggests the conjecture
θάλαμόνδε ἀφίκετο (so Nauck).

43. δρύϊνον is perhaps used here in
the general sense of 'wooden.' δρῦς is
etymologically the same word as 'tree,'
and originally had an equally wide
meaning.

46-48. The bar or bolt (ὀχεύς), which
was on the inside of the door, was drawn
from the outside by means of a thong
(ἱμάς) passing through a hole or slit in
the door. Cp. 4. 802, where the vision
came into the chamber παρὰ κληῖδος
ἱμάντα. After the door was bolted the
thong was fastened to a knob or handle
(κορώνη) on the outside. The 'key'
(κληῒς) was a curved instrument with
a handle (ll. 6-7). When the door was
opened from without the key was passed

through the aperture (which of course
fitted it in size and shape), and was so
directed or 'aimed' (ἄντα τιτυσκομένη)
as to thrust back (ἀνακόπτειν) the bolts.
Before this was done it was necessary
to unfasten the thong from the knob.

It does not appear why the thong
was so fastened: it could not add much
to the security of the door. But it
would serve to prevent the door being
opened *from within*. The κορώνη was
also used as a handle to pull the door
to (1. 441 θύρην ἐπέρυσσε κορώνῃ ἀργυρέῃ).

On other points, especially the double
sense of κληῒς, see the note on 1. 441-
442. Cp. also l. 241 (infra).

48. τά, neut. in anticipation of καλὰ
θύρετρα, the words ἠΰτε... ἔβραχε being
of the nature of a parenthesis. The
creaking of the lock reminds us that it
has not been opened for a long time.

49. τόσσα, adv. 'so loud.'

51. σανίδος, generally explained as
a dais or stage on which the chests were

ἔστασαν, ἐν δ' ἄρα τῇσι θυώδεα εἵματ' ἔκειτο.
ἔνθεν ὀρεξαμένη ἀπὸ πασσάλου αἴνυτο τόξον
αὐτῷ γωρυτῷ, ὅς οἱ περίκειτο φαεινός.
ἑζομένη δὲ κατ' αὖθι, φίλοις ἐπὶ γούνασι θεῖσα,　　　　55
κλαῖε μάλα λιγέως, ἐκ δ' ᾗρεε τόξον ἄνακτος.
ἡ δ' ἐπεὶ οὖν τάρφθη πολυδακρύτοιο γόοιο,
βῆ ῥ' ἴμεναι μέγαρόνδε μετὰ μνηστῆρας ἀγαυοὺς
τόξον ἔχουσ' ἐν χειρὶ παλίντονον ἠδὲ φαρέτρην
ἰοδόκον· πολλοὶ δ' ἔνεσαν στονόεντες ἄϊστοί.　　　　60
τῇ δ' ἄρ' ἅμ' ἀμφίπολοι φέρον ὄγκιον, ἔνθα σίδηρος
κεῖτο πολὺς καὶ χαλκός, ἀέθλια τοῖο ἄνακτος.
ἡ δ' ὅτε δὴ μνηστῆρας ἀφίκετο δῖα γυναικῶν,
στῆ ῥα παρὰ σταθμὸν τέγεος πύκα ποιητοῖο,
ἄντα παρειάων σχομένη λιπαρὰ κρήδεμνα.　　　　65
[ἀμφίπολος δ ἄρα οἱ κεδνὴ ἑκάτερθε παρέστη.]
αὐτίκα δὲ μνηστῆρσι μετηύδα καὶ φάτο μῦθον·
" κέκλυτέ μευ, μνηστῆρες ἀγήνορες, οἳ τόδε δῶμα
ἐχράετ' ἐσθιέμεν καὶ πινέμεν ἐμμενὲς αἰεὶ
ἀνδρὸς ἀποιχομένοιο πολὺν χρόνον· οὐδέ τιν' ἄλλην　　　70
μύθου ποιήσασθαι ἐπισχεσίην ἐδύνασθε,
ἀλλ' ἐμὲ ἱέμενοι γῆμαι θέσθαι τε γυναῖκα.

56 ᾗρεε] ᾗρετο P.　τόξα Dawes.　58 ἴμεναι G U : ἴμεν ἰς vulg.　66 om.
P H U M.　69 ἐσθιέμεναι Van Leeuwen.

placed, to raise them above the earthen
floor of the room. Mr. Myres thinks it
probable that the room, being upstairs,
had a wooden floor, and that the word
σανίς 'boarding' refers to this floor.
The mention of it, he thinks, is a 'sound-
note': the ring of Penelope's steps as
she reaches the boarding forms a cha-
racteristic touch in the description.

61. ὄγκιον is ἅπαξ εἰρημένον: it is
said by the ancients to be a box for
holding ὄγκοι, i.e. barbs for arrow-
heads. The explanation seems improb-
able, and is evidently a mere inference
from this passage. Perhaps, as Döder-
lein suggested (Hom. Gloss. 2399), it is
from the root ἐνεκ- 'to carry,' and means
a box or 'tray' for carrying things.

62. ἀέθλια, as in l. 4. It does not
mean that the iron and bronze (i.e. the
axes &c.) had been won as prizes.
63–66, = 1. 332–335: see on 16. 414.
69. ἐχράετε 'have set on, assailed':
cp. Il. 21. 369 ἐμὸν ῥόον ἔχραε κλ̅δεν.
ἐσθιέμεν is an inf. of purpose (cp.
Il. 24. 212 τοῦ ἐγὼ μέσον ἧπαρ ἔχοιμι
ἐσθιέμεναι), and governs δῶμα, 'have
set on to eat up this house.'
71. μύθου ἐπισχεσίην 'the offering,
putting forward, of a word,' i.e. of a
plea in defence of their conduct. Cp.
Hdt. 6. 133 τοῦτο μὲν δὴ πρόσχημα λόγου
ἦν (λόγος = Homeric μῦθος).
72. ἀλλ' ἐμὲ ἱέμενοι κτλ. is a brachy-
logy, the full sense being 'but (you only
pretended that you did so) desiring &c.'

ἀλλ' ἄγετε, μνηστῆρες, ἐπεὶ τόδε φαίνετ' ἄεθλον·
θήσω γὰρ μέγα τόξον 'Οδυσσῆος θείοιο·
ὃς δέ κε ῥηΐτατ' ἐντανύσῃ βιὸν ἐν παλάμῃσι   75
καὶ διοϊστεύσῃ πελέκεων δυοκαίδεκα πάντων,
τῷ κεν ἅμ' ἑσποίμην, νοσφισσαμένη τόδε δῶμα
κουρίδιον, μάλα καλόν, ἐνίπλειον βιότοιο,
τοῦ ποτε μεμνήσεσθαι ὀΐομαι ἔν περ ὀνείρῳ."

*Ως φάτο, καί ῥ' Εὔμαιον ἀνώγει, δῖον ὑφορβόν,   80
τόξον μνηστήρεσσι θέμεν πολιόν τε σίδηρον.
δακρύσας δ' Εὔμαιος ἐδέξατο καὶ κατέθηκε·
κλαῖε δὲ βουκόλος ἄλλοθ', ἐπεὶ ἴδε τόξον ἄνακτος.
'Αντίνοος δ' ἐνένιπεν ἔπος τ' ἔφατ' ἔκ τ' ὀνόμαζε·
" νήπιοι ἀγροιῶται, ἐφημέρια φρονέοντες·   85
ἆ δειλώ, τί νυ δάκρυ κατείβετον ἠδὲ γυναικὶ
θυμὸν ἐνὶ στήθεσσιν ὀρίνετον; ἦ τε καὶ ἄλλως
κεῖται ἐν ἄλγεσι θυμός, ἐπεὶ φίλον ὤλεσ' ἀκοίτην.
ἀλλ' ἀκέων δαίνυσθε καθήμενοι, ἠὲ θύραζε
κλαίετον ἐξελθόντε, κατ' αὐτόθι τόξα λιπόντε,   90
μνηστήρεσσιν ἄεθλον ἀάατον· οὐ γὰρ ὀΐω
ῥηϊδίως τόδε τόξον ἐΰξοον ἐντανύεσθαι.
οὐ γάρ τις μέτα τοῖος ἀνὴρ ἐν τοῖσδεσι πᾶσιν
οἷος 'Οδυσσεὺς ἔσκεν· ἐγὼ δέ μιν αὐτὸς ὄπωπα,
καὶ γὰρ μνήμων εἰμί, πάϊς δ' ἔτι νήπιος ἦα."   95

*Ως φάτο, τῷ δ' ἄρα θυμὸς ἐνὶ στήθεσσιν ἐώλπει
νευρὴν ἐντανύειν διοϊστεύσειν τε σιδήρου.
ἦ τοι ὀϊστοῦ γε πρῶτος γεύσεσθαι ἔμελλεν

---

83 ἄλλοθ' G: ἄλλος F P H al.
(τοισίδε) F X U al.

73. ἐπεὶ κτλ. The apodosis is left
to be understood. 'Since this prize is
open to you—for I will offer the bow
&c.—(come and join in the contest).'
See the note on 15. 80.
ἄεθλον 'prize,' viz. the hand of Pene-
lope, as she proceeds to explain: cp.
106-107 ἄεθλον, δή νῦν χθι ἔστι γυνή.
75-79. = 19. 577-581.
85. This line is an exclar

93 τοῖσδεσι (τοῖσ-) G P H al.: τοῖσι δὲ

the Virgilian *O fortunatos* &c. The
speech addressed to Eumaeus and the
ox-herd begins with ἆ δειλώ, in the
next line.
89. ἀκέων. The indeclinable use of
this word has seemingly not been ex-
plained. Eust. mentions the variant
ἀλλὰ καὶ ὣς, which is plausible.
91. ἀάατος, from ἀάτη (Homeric
form of ἄτη), with irregular ἀ- for ἀν-

ἐκ χειρῶν Ὀδυσῆος ἀμύμονος, ὃν τότ' ἀτίμα.
ἥμενος ἐν μεγάροις, ἐπὶ δ' ὤρνυε πάντας ἑταίρους.　　　100
τοῖσι δὲ καὶ μετέειφ' ἱερὴ ἲς Τηλεμάχοιο·
" ὢ πόποι, ἦ μάλα με Ζεὺς ἄφρονα θῆκε Κρονίων·
μήτηρ μέν μοί φησι φίλη, πινυτή περ ἐοῦσα,
ἄλλῳ ἅμ' ἕψεσθαι νοσφισσαμένη τόδε δῶμα·
αὐτὰρ ἐγὼ γελόω καὶ τέρπομαι ἄφρονι θυμῷ.　　　105
ἀλλ' ἄγετε, μνηστῆρες, ἐπεὶ τόδε φαίνετ' ἄεθλον,
οἵη νῦν οὐκ ἔστι γυνὴ κατ' Ἀχαιΐδα γαῖαν,
οὔτε Πύλου ἱερῆς οὔτ' Ἄργεος οὔτε Μυκήνης·
[οὔτ' αὐτῆς Ἰθάκης οὔτ' ἠπείροιο μελαίνης·]
καὶ δ' αὐτοὶ τό γε ἴστε· τί με χρὴ μητέρος αἴνου;　　　110
ἀλλ' ἄγε μὴ μύνῃσι· παρέλκετε μηδ' ἔτι τόξου
δηρὸν ἀποτρωπᾶσθε τανυστύος, ὄφρα ἴδωμεν.
καὶ δέ κεν αὐτὸς ἐγὼ τοῦ τόξου πειρησαίμην·
εἰ δέ κεν ἐντανύσω διοϊστεύσω τε σιδήρου,
οὔ κέ μοι ἀχνυμένῳ τάδε δώματα πότνια μήτηρ　　　115
λείποι ἅμ' ἄλλῳ ἰοῦσ', ὅτ' ἐγὼ κατόπισθε λιποίμην
οἷός τ' ἤδη πατρὸς ἀέθλια κάλ' ἀνελέσθαι."
Ἦ καὶ ἀπ' ὤμοιϊν χλαῖναν θέτο φοινικόεσσαν
ὀρθὸς ἀναΐξας, ἀπὸ δὲ ξίφος ὀξὺ θέτ' ὤμων.
πρῶτον μὲν πελέκεας στῆσεν, διὰ τάφρον ὀρύξας　　　120

99 ὃν τοτ' P Eust.　　　105 ἐγὼ γελόω vulg.: ἐγω γ' ἔσθω F: ἐγὼ ἔσθω M.
109 om. P H M U.　　　110 τό γε 1 (Vind. 5): τόδε F U: τόδε γ' G P H al.
111 μύνῃσι] μ' ὤρησι F.　　　119 ὤμῳ (-ω) F P al.

privative; hence 'not admitting ἄτη,'
'not to be done mischief to,' 'un-
impeachable' or 'decisive': cp. 22. 5,
Il. 14. 271. See Buttmann, *Lexil. s.v.*
100. For ἥμενος Wilamowitz con-
jectures ἥμενον, comparing 1. 424 οὔ σ'
ὁ ξεῖνος ἐνὶ μεγάροισιν ἐλέγχει ἥμενος.
106–107. 'Since there is offered this
prize, namely a woman, whose like is
not in the Achaean land.'
111. μύνῃσι appears to mean 'with
excuses, pretexts.' If μύνη is connected
with ἀ-μύνω it may mean 'a defence,'
a way of parrying or evading. It is not
otherwise known.
παρέλκετε 'play false,' 'trick': cp.

18. 282 παρέλκετο = 'gained by a trick.'
The meaning is mainly given by the
preposition, as in Attic παρακρούομαι,
παρακόπτω, &c.
112. ἀποτρωπᾶσθε, better ἀποτρω-
πᾶσθε, a frequentative: cp. 16. 405.,
19. 521.
115. οὔ κέ μοι ἀχνυμένῳ can only
mean 'I should not be vexed if &c.'
This interpretation is confirmed by the
clause ὅτ' ἐγὼ κτλ. 'if I were left
behind (*i. e.* seeing that I should remain
here) able to take up my father's con-
tests.'
120 ff. It has been a matter of
doubt whether the row of axes was set

πᾶσι μίαν μακρήν, καὶ ἐπὶ στάθμην ἴθυνεν,
ἀμφὶ δὲ γαῖαν ἔναξε· τάφος δ' ἕλε πάντας ἰδόντας,
ὡς εὐκόσμως στῆσε· πάρος δ' οὔ πώ ποτ' ὀπώπει.
στῆ δ' ἄρ' ἐπ' οὐδὸν ἰὼν καὶ τόξου πειρήτιζε.
τρὶς μέν μιν πελέμιξεν ἐρύσσεσθαι μενεαίνων,   125
τρὶς δὲ μεθῆκε βίης, ἐπιελπόμενος τό γε θυμῷ,
νευρὴν ἐντανύειν διοϊστεύσειν τε σιδήρου.
καί νύ κε δή ῥ' ἐτάνυσσε βίῃ τὸ τέταρτον ἀνέλκων,
ἀλλ' Ὀδυσεὺς ἀνένευε καὶ ἔσχεθεν ἱέμενόν περ.
τοῖς δ' αὖτις μετέειφ' ἱερὴ ἲς Τηλεμάχοιο·   130
" ὢ πόποι, ἦ καὶ ἔπειτα κακός τ' ἔσομαι καὶ ἄκικυς,
ἠὲ νεώτερός εἰμι καὶ οὔ πω χερσὶ πέποιθα
ἄνδρ' ἀπαμύνασθαι, ὅτε τις πρότερος χαλεπήνῃ.
ἀλλ' ἄγεθ', οἵ περ ἐμεῖο βίῃ προφερέστεροί ἐστε,
τόξου πειρήσασθε, καὶ ἐκτελέωμεν ἄεθλον."   135

Ὣς εἰπὼν τόξον μὲν ἀπὸ ἕο θῆκε χαμᾶζε,
κλίνας κολλητῇσιν ἐϋξέστῃς σανίδεσσιν,
αὐτοῦ δ' ὠκὺ βέλος καλῇ προσέκλινε κορώνῃ,
ἂψ δ' αὖτις κατ' ἄρ' ἕζετ' ἐπὶ θρόνου ἔνθεν ἀνέστη.
τοῖσιν δ' Ἀντίνοος μετέφη, Εὐπείθεος υἱός·   140
" ὄρνυσθ' ἑξείης ἐπιδέξια πάντες ἑταῖροι,
ἀρξάμενοι τοῦ χώρου ὅθεν τ' ἐπιοινοχοεύει."
Ὣς ἔφατ' Ἀντίνοος, τοῖσιν δ' ἐπιήνδανε μῦθος.

122 ἰδόντας] Ἀχαιούς Et. M., al.: cp. 3. 372 θάμβος δ' ἔχε πάντας ἰδόντας
(Ἀχαιούς G P M), and 24. 441 ἄνδρα ἕκαστον (πάντας Ἀχαιούς L W).   131 ἄκικυς]
ἄναλκις M al.   142 τ' ἐπιοινοχοεύει (-ειν) F X U J : τὲ περ οἰνοχοεύει vulg.

up within the μέγαρον, or outside in the αὐλή. The question is surely settled in favour of the former alternative by the procedure described, and especially by the repeated formula ἂψ δ' αὖτις κτλ. (ll. 139, 166). The Suitors were to try in turn, according to the order in which they sat, counting from left to right. Each was to go to the threshold, make his effort with the bow, and return to his seat. Moreover, it is while this is proceeding that Ulysses goes out and reveals himself to Eumaeus and the neat-herd, unseen by any of the company in the

μέγαρον (l. 229). And when Antinous proposes to leave the axes standing till the next day, it is because no one will come to the μέγαρον and take them up (l. 262).

The floor of the μέγαρον was not paved or boarded, but was of earth trodden hard (γαῖαν ἔναξε, l. 122): cp. 22. 455.

125. = Il. 21. 176, where πελεμίζω is used of the effort of pulling out a spear that has been struck in the ground. Here the word does not seem to be quite so appropriate.

Λειώδης δὲ πρῶτος ἀνίστατο, Οἴνοπος υἱός,
ὅ σφι θυοσκόος ἔσκε, παρὰ κρητῆρα δὲ καλὸν　　　　145
ἷζε μυχοίτατος αἰέν· ἀτασθαλίαι δέ οἱ οἴῳ
ἐχθραὶ ἔσαν, πᾶσιν δὲ νεμέσσα μνηστήρεσσιν·
ὅς ῥα τότε πρῶτος τόξον λάβε καὶ βέλος ὠκύ.
στῆ δ' ἄρ' ἐπ' οὐδὸν ἰὼν καὶ τόξου πειρήτιζεν,
οὐδέ μιν ἐντάνυσε· πρὶν γὰρ κάμε χεῖρας ἀνέλκων　　150
ἀτρίπτους ἁπαλάς· μετὰ δὲ μνηστῆρσιν ἔειπεν·
"ὦ φίλοι, οὐ μὲν ἐγὼ τανύω, λαβέτω δὲ καὶ ἄλλος.
πολλοὺς γὰρ τόδε τόξον ἀριστῆας κεκαδήσει
θυμοῦ καὶ ψυχῆς, ἐπεὶ ἦ πολὺ φέρτερόν ἐστι
τεθνάμεν ἢ ζώοντας ἁμαρτεῖν, οὗ θ' ἕνεκ' αἰεὶ　　　155
ἐνθάδ' ὁμιλέομεν, ποτιδέγμενοι ἤματα πάντα.
νῦν μέν τις καὶ ἔλπετ' ἐνὶ φρεσὶν ἠδὲ μενοινᾷ
γῆμαι Πηνελόπειαν, Ὀδυσσῆος παράκοιτιν.
αὐτὰρ ἐπὴν τόξου πειρήσεται ἠδὲ ἴδηται,
ἄλλην δή τιν' ἔπειτα Ἀχαιϊάδων εὐπέπλων　　　　160
μνάσθω ἐέδνοισιν διζήμενος· ἡ δέ κ' ἔπειτα
γήμαιθ' ὅς κε πλεῖστα πόροι καὶ μόρσιμος ἔλθοι."
　Ὣς ἄρ' ἐφώνησεν καὶ ἀπὸ ἕο τόξον ἔθηκε,
κλίνας κολλητῇσιν ἐϋξέστῃς σανίδεσσιν,
αὐτοῦ δ' ὠκὺ βέλος καλῇ προσέκλινε κορώνῃ,　　　165
ἂψ δ' αὖτις κατ' ἄρ' ἕζετ' ἐπὶ θρόνου ἔνθεν ἀνέστη.
Ἀντίνοος δ' ἐνένιπεν ἔπος τ' ἔφατ' ἔκ τ' ὀνόμαζε·
"Λειῶδες, ποῖόν σε ἔπος φύγεν ἕρκος ὀδόντων,
δεινόν τ' ἀργαλέον τε,—νεμεσσῶμαι δέ τ' ἀκούων,—
εἰ δὴ τοῦτό γε τόξον ἀριστῆας κεκαδήσει　　　　170
θυμοῦ καὶ ψυχῆς, ἐπεὶ οὐ δύνασαι σὺ τανύσσαι.
οὐ γάρ τοι σέ γε τοῖον ἐγείνατο πότνια μήτηρ

---

144 οἴνοπος H U: ἥνοπος G F P M al.　　162 ὅς κε] ὅς τις G F X U al. (cp.
16. 392).　ἔλθοι] εἴη F M al.　　165 πρόσκλινε Spitzner *metri causa*.

153. The prediction here put into　　this dramatic effect see 17. 355. Here
the mouth of Leiodes is to be fulfilled　　it is especially in place, since Leiodes
in a manner which was very far from　　was a θυοσκόος, and as such had the
his thoughts. For other examples of　　gift of prophecy.

οἷόν τε ῥυτῆρα βιοῦ τ' ἔμεναι καὶ ὀϊστῶν·
ἀλλ' ἄλλοι τανύουσι τάχα μνηστῆρες ἀγανοί."

Ὣς φάτο, καί ῥ' ἐκέλευσε Μελάνθιον, αἰπόλον αἰγῶν
" ἄγρει δή, πῦρ κῆον ἐνὶ μεγάροισι, Μελανθεῦ,   176
πὰρ δὲ τίθει δίφρον τε μέγαν καὶ κῶας ἐπ' αὐτοῦ,
ἐκ δὲ στέατος ἔνεικε μέγαν τροχὸν ἔνδον ἐόντος,
ὄφρα νέοι θάλποντες, ἐπιχρίοντες ἀλοιφῇ,
τόξου πειρώμεσθα καὶ ἐκτελέωμεν ἄεθλον."   180

Ὣς φάθ', ὁ δ' αἶψ' ἀνέκαιε Μελάνθιος ἀκάματον πῦρ,
πὰρ δὲ φέρων δίφρον θῆκεν καὶ κῶας ἐπ' αὐτοῦ,
ἐκ δὲ στέατος ἔνεικε μέγαν τροχὸν· ἔνδον ἐόντος·
τῷ ῥα νέοι θάλποντες ἐπειρῶντ'· οὐδ' ἐδύναντο
ἐντανύσαι, πολλὸν δὲ βίης ἐπιδευέες ἦσαν.   185

Ἀντίνοος δ' ἔτ' ἐπεῖχε καὶ Εὐρύμαχος θεοειδής,
ἀρχοὶ μνηστήρων· ἀρετῇ δ' ἔσαν ἔξοχ' ἄριστοι.
τὼ δ' ἐξ οἴκου βῆσαν ὁμαρτήσαντες ἅμ' ἄμφω
βουκόλος ἠδὲ συφορβὸς Ὀδυσσῆος θείοιο·
ἐκ δ' αὐτὸς μετὰ τοὺς δόμου ἤλυθε δῖος Ὀδυσσεύς.   190
ἀλλ' ὅτε δή ῥ' ἐκτὸς θυρέων ἔσαν ἠδὲ καὶ αὐλῆς,
φθεγξάμενός σφ' ἐπέεσσι προσηύδα μειλιχίοισι·
" βουκόλε καὶ σύ, συφορβέ, ἔπος τί κε μυθησαίμην,
ἦ αὔτως κεύθω; φάσθαι δέ με θυμὸς ἀνώγει.
ποῖοί κ' εἶτ' Ὀδυσῆϊ ἀμυνέμεν, εἴ ποθεν ἔλθοι   195

181 φάθ', ὁ δ' αἶψ' G X U : φάτο, αἶψα δ' F P H M al.   Μελανθεὺς G.
188 ὁμαρτήσαντες] ὁμ- F U al. : ἁμ- Ar. G P H. Ar. probably wrote ἁμ- (La
Roche, H. T. 189).   191 ἱκτοσθε G al.   192 σφ' ἐπέεσσι G X : μιν
ἔπεσσι P H al. (cp. l. 206) : μιν ἐπέεσι F : the original being σφε Ϝέπεσσι.
194 αὔτως P al., conj. Bothe : αὐτὸς vulg.

173. οἷόν τε ... ἔμεναι. For the use
of οἷος with an inf. cp. 19. 160; and
see H. G. § 235.
178. Either στέατος is scanned as
a disyllable (εα by synizesis), or the
vowel before στ- is allowed to be short,
as in the case of Σκάμανδρος, Ζάκυνθος,
&c.
186. The fresh paragraph should begin
here, not with l. 188 : for the meaning
is that while Antinous and Eurymachus
were still busy with the bow, Ulysses

took the opportunity to steal out and
make himself known to the two faithful
servants. Hence the impf. ἐπεῖχε fol-
lowed by the aor. βῆσαν.
ἐπεῖχε 'held on,' 'persisted' : as we
say, 'kept at it.' This interpretation,
given in Ebeling's Lexicon, suits the
context best. Most commentators take
it to mean 'waited,' 'refrained' from
trying. But when ἐπέχω has this sense
it is generally more clear what is the
process or action that is stopped.

ὧδε μάλ' ἐξαπίνης καί τις θεὸς αὐτὸν ἐνείκαι;
ἦ κε μνηστήρεσσιν ἀμύνοιτ' ἦ 'Οδυσῆϊ;
εἴπαθ' ὅπως ὑμέας κραδίη θυμός τε κελεύει."

Τὸν δ' αὖτε προσέειπε βοῶν ἐπιβουκόλος ἀνήρ·
" Ζεῦ πάτερ, αἰ γὰρ τοῦτο τελευτήσειας ἐέλδωρ,		200
ὡς ἔλθοι μὲν κεῖνος ἀνήρ, ἀγάγοι δέ ἑ δαίμων·
γνοίης χ' οἵη ἐμὴ δύναμις καὶ χεῖρες ἕπονται."

*Ὣς δ' αὔτως Εὔμαιος ἐπεύχετο πᾶσι θεοῖσι
νοστῆσαι 'Οδυσῆα πολύφρονα ὅνδε δόμονδε.
αὐτὰρ ἐπεὶ δὴ τῶν γε νόον νημερτέ' ἀνέγνω,		205
ἐξαῦτίς σφ' ἐπέεσσιν ἀμειβόμενος προσέειπεν·
" ἔνδον μὲν δὴ ὅδ' αὐτὸς ἐγώ, κακὰ πολλὰ μογήσας·
ἦλθον ἐεικοστῷ ἔτεϊ ἐς πατρίδα γαῖαν.
γιγνώσκω δ' ὡς σφῶϊν ἐελδομένοισιν ἱκάνω
οἴοισι δμώων· τῶν δ' ἄλλων οὔ τευ ἄκουσα		210
εὐξαμένου ἐμὲ αὖτις ὑπότροπον οἴκαδ' ἱκέσθαι.
σφῶϊν δ', ὡς ἔσεταί περ, ἀληθείην καταλέξω.
εἴ χ' ὑπ' ἔμοιγε θεὸς δαμάσῃ μνηστῆρας ἀγαυούς,
ἄξομαι ἀμφοτέροις ἀλόχους καὶ κτήματ' ὀπάσσω
οἰκία τ' ἐγγὺς ἐμεῖο τετυγμένα· καί μοι ἔπειτα		215
Τηλεμάχου ἑτάρω τε κασιγνήτω τε ἔσεσθον.
εἰ δ' ἄγε δὴ καὶ σῆμα ἀριφραδὲς ἄλλο τι δείξω,
ὄφρα μ' ἐὖ γνῶτον πιστωθῆτόν τ' ἐνὶ θυμῷ,
οὐλήν, τήν ποτέ με σῦς ἤλασε λευκῷ ὀδόντι
Παρνησόνδ' ἐλθόντα σὺν υἱάσιν Αὐτολύκοιο."		220

*Ὣς εἰπὼν ῥάκεα μεγάλης ἀποέργαθεν οὐλῆς.
τὼ δ' ἐπεὶ εἰσιδέτην ἐὖ τ' ἐφράσσαντο ἕκαστα,
κλαῖον ἄρ' ἀμφ' 'Οδυσῆϊ δαΐφρονι χεῖρε βαλόντε,

203 ἐπεύξατο G al.	206 μιν ἐπεσσιν F M.	208 ἦλθον εἰκοστῷ M : ἦλθων
εἰκοστῷ vulg.: see on 16. 206.	211 ἐμὲ Ϝοίκαδ' ὑπότροπον αὖτις ἱκέσθαι Fick.
213 αἱ G F P H U al.	219 με] μοι G al.	220 μετ' (ἐς G) Αὐτόλυκόν τε
καὶ υἷας Mª Eust.	222 ἕκαστα] ἄνακτα L W, v. l. in M.	223 'Οδυσῆα
δαΐφρονα G Eust.

196. ὧδε μάλ' ἐξαπίνης 'just sud-	201, = 17. 243.
denly,' see on 17. 447, 544.	202-204, = 20. 237-239.

καὶ κύνεον ἀγαπαζόμενοι κεφαλήν τε καὶ ὤμους.
ὣς δ' αὔτως 'Οδυσεὺς κεφαλὰς καὶ χεῖρας ἔκυσσε.   225
καί νύ κ' ὀδυρομένοισιν ἔδυ φάος ἠελίοιο,
εἰ μὴ 'Οδυσσεὺς αὐτὸς ἐρύκακε φώνησέν τε·
"παύεσθον κλαυθμοῖο γόοιό τε, μή τις ἴδηται
ἐξελθὼν μεγάροιο, ἀτὰρ εἴπῃσι καὶ εἴσω.
ἀλλὰ προμνηστῖνοι ἐσέλθετε, μηδ' ἅμα πάντες,   230
πρῶτος ἐγώ, μετὰ δ' ὔμμες· ἀτὰρ τόδε σῆμα τετύχθω·
ἄλλοι μὲν γὰρ πάντες, ὅσοι μνηστῆρες ἀγανοί,
οὐκ ἐάσουσιν ἐμοὶ δόμεναι βιὸν ἠδὲ φαρέτρην·
ἀλλὰ σύ, δῖ' Εὔμαιε, φέρων ἀνὰ δώματα τόξον
ἐν χείρεσσιν ἐμοὶ θέμεναι, εἰπεῖν τε γυναιξὶ   235
κληῖσαι μεγάροιο θύρας πυκινῶς ἀραρυίας,
ἢν δέ τις ἢ στοναχῆς ἠὲ κτύπου ἔνδον ἀκούσῃ
ἀνδρῶν ἡμετέροισιν ἐν ἕρκεσι, μή τι θύραζε
προβλώσκειν, ἀλλ' αὐτοῦ ἀκὴν ἔμεναι παρὰ ἔργῳ.
σοὶ δέ, Φιλοίτιε δῖε, θύρας ἐπιτέλλομαι αὐλῆς   240
κληῖσαι κληῖδι, θοῶς δ' ἐπὶ δεσμὸν ἰῆλαι."

Ὣς εἰπὼν εἰσῆλθε δόμους εὖ ναιετάοντας·
ἕζετ' ἔπειτ' ἐπὶ δίφρον ἰὼν ἔνθεν περ ἀνέστη·
ἐς δ' ἄρα καὶ τὼ δμῶε ἴτην θείου 'Οδυσῆος.

Εὐρύμαχος δ' ἤδη τόξον μετὰ χερσὶν ἐνώμα,   245
θάλπων ἔνθα καὶ ἔνθα σέλᾳ πυρός· ἀλλά μιν οὐδ' ὣς
ἐντανύσαι δύνατο, μέγα δ' ἔστενε κυδάλιμον κῆρ·
ὀχθήσας δ' ἄρα εἶπεν ἔπος τ' ἔφατ' ἔκ τ' ὀνόμαζεν·

224 χεῖράς τε καὶ ὤμους Μ᾿ : κεφαλήν τε χέρας τε Χ.   229 εἴσω] ἄλλως G,
cp. 22. 373.   233 οὔ μοι ἐάσουσιν P. Knight.   244 δμῶες ἴστην P : δμῶ' ἐσίτην
D al.   248 εἶπε πρὸς ὃν μεγαλήτορα θυμόν F P H al.

230. προμνηστῖνοι 'one after another'
(11. 233): the opposite of ἀγχιστῖνοι
'close together.' The two words are
formed as if from abstract nouns, viz.
προμνηστις and ἀγχιστις: cp. ἀντησις
(20. 387).
231. The sense is: 'Let this be made
the sign, namely (γάρ) the refusal of
the Suitors to allow the bow to be given
to me.' When this took place (285-
358) Eumaeus was to bring the bow

and give it to Ulysses (so 369 ff.).
236. μεγάροιο. If this means the
great hall, we must suppose a second
door, opposite to the main entrance,
and leading to the women's quarters.
Otherwise the μέγαρον of the women
is meant. See the Appendix on the
Homeric house.
243. δίφρον, the same as the δίφρος
δεικέλιος which Ulysses placed by the
door (20. 259).

II.   P

" ὦ πόποι, ἦ μοι ἄχος περί τ' αὐτοῦ καὶ περὶ πάντων·
οὔ τι γάμου τοσσοῦτον ὀδύρομαι, ἀχνύμενός περ·   250
εἰσὶ καὶ ἄλλαι πολλαὶ Ἀχαιΐδες, αἱ μὲν ἐν αὐτῇ
ἀμφιάλῳ Ἰθάκῃ, αἱ δ' ἄλλῃσιν πολίεσσιν·
ἀλλ' εἰ δὴ τοσσόνδε βίης ἐπιδευέες εἰμὲν
ἀντιθέου Ὀδυσῆος, ὅ τ' οὐ δυνάμεσθα τανύσσαι
τόξον· ἐλεγχείη δὲ καὶ ἐσσομένοισι πυθέσθαι."   255
    Τὸν δ' αὖτ' Ἀντίνοος προσέφη, Εὐπείθεος υἱός·
" Εὐρύμαχ', οὐχ οὕτως ἔσται· νοέεις δὲ καὶ αὐτός.
νῦν μὲν γὰρ κατὰ δῆμον ἑορτὴ τοῖο θεοῖο
ἁγνή· τίς δέ κε τόξα τιταίνοιτ'; ἀλλὰ ἕκηλοι
κάτθετ'· ἀτὰρ πελέκεάς γε καὶ εἴ κ' εἴωμεν ἅπαντας   260
ἑστάμεν· οὐ μὲν γάρ τιν' ἀναιρήσεσθαι ὀΐω,
ἐλθόντ' ἐς μέγαρον Λαερτιάδεω Ὀδυσῆος.
ἀλλ' ἄγετ', οἰνοχόος μὲν ἐπαρξάσθω δεπάεσσιν,
ὄφρα σπείσαντες καταθείομεν ἀγκύλα τόξα·
ἠῶθεν δὲ κέλεσθε Μελάνθιον, αἰπόλον αἰγῶν,   265
αἶγας ἄγειν, αἳ πᾶσι μέγ' ἔξοχοι αἰπολίοισιν,
ὄφρ' ἐπὶ μηρία θέντες Ἀπόλλωνι κλυτοτόξῳ
τόξου πειρώμεσθα καὶ ἐκτελέωμεν ἄεθλον."
    Ὣς ἔφατ' Ἀντίνοος, τοῖσιν δ' ἐπιήνδανε μῦθος.
τοῖσι δὲ κήρυκες μὲν ὕδωρ ἐπὶ χεῖρας ἔχευαν,   270
κοῦροι δὲ κρητῆρας ἐπεστέψαντο ποτοῖο,
νώμησαν δ' ἄρα πᾶσιν ἐπαρξάμενοι δεπάεσσιν.
οἱ δ' ἐπεὶ οὖν σπεῖσάν τ' ἔπιόν θ' ὅσον ἤθελε θυμός,
τοῖς δὲ δολοφρονέων μετέφη πολύμητις Ὀδυσσεύς·

260 εἴωμεν] originally ἐάωμεν : εἰ- is only correct in augmented forms.
263 ἄγετ'] originally ἄγε, as in l. 281.   274 τοῖσι δὲ D L W : τοῖσι Uᵃ.

258. ἑορτή, viz. the 'new moon,' see
on 14. 162., 20. 156.
τοῖο θεοῖο, sc. Apollo (20. 276-278).
260. εἰ κ' εἴωμεν. The apodosis is
not expressed, but is suggested by
ἑστάμεν : 'if we leave them to stand
(they will).' The form of the sentence
is like 15. 80 εἰ δ' ἐθέλεις τραφθῆναι (see
the note): see also on 4. 388 (where

the first of the two explanations given
is the better one), and 17. 483.
263. See on 18. 418.
267-268. κλυτοτόξῳ is used here
with meaning. The sacrifice to Apollo,
god of the bow, will properly come
before a contest with the bow.
270-272. = 3. 338-340. See the note
on ἐπαρξάμενοι (3. 340).

" κέκλυτέ μευ, μνηστῆρες ἀγακλειτῆς βασιλείης·   275
[ὄφρ' εἴπω τά με θυμὸς ἐνὶ στήθεσσι κελεύει·]
Εὐρύμαχον δὲ μάλιστα καὶ Ἀντίνοον θεοειδέα
λίσσομ', ἐπεὶ καὶ τοῦτο ἔπος κατὰ μοῖραν ἔειπε,
νῦν μὲν παῦσαι τόξον, ἐπιτρέψαι δὲ θεοῖσιν·
ἠῶθεν δὲ θεὸς δώσει κράτος ᾧ κ' ἐθέλῃσιν.   280
ἀλλ' ἄγ' ἐμοὶ δότε τόξον ἐΰξοον, ὄφρα μεθ' ὑμῖν
χειρῶν καὶ σθένεος πειρήσομαι, ἤ μοι ἔτ' ἐστὶν
ἴς, οἵη πάρος ἔσκεν ἐνὶ γναμπτοῖσι μέλεσσιν,
ἦ ἤδη μοι ὄλεσσεν ἄλη τ' ἀκομιστίη τε."
  Ὣς ἔφαθ', οἱ δ' ἄρα πάντες ὑπερφιάλως νεμέσησαν,   285
δείσαντες μὴ τόξον ἐΰξοον ἐντανύσειεν.
Ἀντίνοος δ' ἐνένιπεν ἔπος τ' ἔφατ' ἔκ τ' ὀνόμαζεν·
" ἆ δειλὲ ξείνων, ἔνι τοι φρένες οὐδ' ἠβαιαί·
οὐκ ἀγαπᾷς ὃ ἕκηλος ὑπερφιάλοισι μεθ' ἡμῖν
δαίνυσαι, οὐδέ τι δαιτὸς ἀμέρδεαι, αὐτὰρ ἀκούεις   290
μύθων ἡμετέρων καὶ ῥήσιος; οὐδέ τις ἄλλος
ἡμετέρων μύθων ξεῖνος καὶ πτωχὸς ἀκούει.
οἶνός σε τρώει μελιηδής, ὅς τε καὶ ἄλλους
βλάπτει, ὃς ἄν μιν χανδὸν ἕλῃ μηδ' αἴσιμα πίνῃ.
οἶνος καὶ Κένταυρον, ἀγακλυτὸν Εὐρυτίωνα,   295
ἆσ' ἐνὶ μεγάρῳ μεγαθύμου Πειριθόοιο,
ἐς Λαπίθας ἐλθόνθ'· ὁ δ' ἐπεὶ φρένας ἆσεν οἴνῳ,
μαινόμενος κάκ' ἔρεξε δόμον κάτα Πειριθόοιο·
ἥρωας δ' ἄχος εἷλε, διὲκ προθύρου δὲ θύραζε
ἕλκον ἀναΐξαντες, ἀπ' οὔατα νηλέϊ χαλκῷ   300

---

276 is wanting in the MSS.   It is found in the old editions (Flor. Rom. &c.).
289 δ] ὄθ' F : ὁ δὲ P.   296 ἆασ' ἐνὶ] ἄασεν F Z.

281. ἄγε, sing. notwithstanding the plur. δότε : the form ἀλλ' ἄγε having become a mere interjection : cp. 16. 348., 18. 55., 20. 314., 21. 111.
285. ὑπερφιάλως 'beyond measure,' see 18. 71.
νεμέσησαν ' affected indignation ': their real feeling was fear.
294. χανδόν 'open-mouthed' (χαίνω).

296. ἄασε 'did harm to,' 'impaired.' The word is especially used of mental injury or aberration, as in ll. 297, 301. Hence the middle ἀασάμην and passive ἀάσθην ' I was stricken in mind,' — ' I did a senseless thing.' And so ἄτη means originally the mental ' harm' that causes acts of folly.

ῥῖνάς τ' ἀμήσαντες· ὁ δὲ φρεσὶν ᾗσιν ἀασθεὶς
ἤϊεν ἥν ἄτην ὀχέων ἀεσίφρονι θυμῷ.
ἐξ οὗ Κενταύροισι καὶ ἀνδράσι νεῖκος ἐτύχθη,
οἳ δ' αὐτῷ πρώτῳ κακὸν εὕρετο οἰνοβαρείων.
ὣς καὶ σοὶ μέγα πῆμα πιφαύσκομαι, αἴ κε τὸ τόξον   305
ἐντανύσῃς· οὐ γάρ τευ ἐπητύος ἀντιβολήσεις
ἡμετέρῳ ἐνὶ δήμῳ, ἄφαρ δέ σε νηὶ μελαίνῃ
εἰς Ἔχετον βασιλῆα, βροτῶν δηλήμονα πάντων,
πέμψομεν· ἔνθεν δ' οὔ τι σαώσεαι· ἀλλὰ ἔκηλος
πῖνέ τε, μηδ' ἐρίδαινε μετ' ἀνδράσι κουροτέροισι."   310
   Τὸν δ' αὖτε προσέειπε περίφρων Πηνελόπεια·
"'Αντίνο', οὐ μὲν καλὸν ἀτέμβειν οὐδὲ δίκαιον
ξείνους Τηλεμάχου, ὅς κεν τάδε δώμαθ' ἵκηται.
ἔλπεαι, αἴ χ' ὁ ξεῖνος 'Οδυσσῆος μέγα τόξον
ἐντανύσῃ χερσίν τε βίηφί τε ᾗφι πιθήσας,   315
οἴκαδέ μ' ἄξεσθαι καὶ ἑὴν θήσεσθαι ἄκοιτιν;
οὐδ' αὐτός που τοῦτό γ' ἐνὶ στήθεσσιν ἔολπε·
μηδέ τις ὑμείων τοῦ γ' εἵνεκα θυμὸν ἀχεύων
ἐνθάδε δαινύσθω, ἐπεὶ οὐδὲ μὲν οὐδὲ ἔοικε."
   Τὴν δ' αὖτ' Εὐρύμαχος, Πολύβου παῖς, ἀντίον ηὔδα·
" κούρη 'Ικαρίοιο, περίφρον Πηνελόπεια,   321
οὔ τί σε τόνδ' ἄξεσθαι ὀϊόμεθ'· οὐδὲ ἔοικεν·
ἀλλ' αἰσχυνόμενοι φάτιν ἀνδρῶν ἠδὲ γυναικῶν,
μή ποτέ τις εἴπῃσι κακώτερος ἄλλος 'Αχαιῶν·
'ἦ πολὺ χείρονες ἄνδρες ἀμύμονος ἀνδρὸς ἄκοιτιν   325
μνῶνται, οὐδέ τι τόξον ἐΰξοον ἐντανύουσιν·

302 ὀχέων] ἀχέων G al.   308 om. G X U.   315 πεποιθώς P Eust.
326 μνῶνται δτ' F P H U X: μνῶνται ὁ D L W: the original reading was
probably μνάοντ'.

302. ἀεσίφρονι. We expect the form
ἀασί-φρων, from ἄασα, cp. ταλασί-φρων.
But ἀεσι- may be due to the analogy of
ταμεσί-χρως, ὠλεσί-καρπος, ἀλφεσί-βοιος,
ἐλκεσί-πεπλος, &c.
306. ἐπητύος 'gentleness,' 'courteous
treatment': the abstract noun that
answers to ἐπητής (13. 332, &c.).
312-313. = 20. 294-295.

318. θυμὸν ἀχεύων is the logical
predicate, the sense being 'let no one
of you that feast here vex his soul on
that account.'
323. αἰσχυνόμενοι is construed ad
sensum; οὔ τι ὀϊόμεθα = οὔ τι πράττομεν
ὀϊόμενοι, 'we do not do so because we
think' &c.

ἀλλ' ἄλλος τις πτωχὸς ἀνὴρ ἀλαλήμενος ἐλθὼν
ῥηϊδίως ἐτάνυσσε βιόν, διὰ δ' ἧκε σιδήρου.'
ὡς ἐρέουσ', ἡμῖν δ' ἂν ἐλέγχεα ταῦτα γένοιτο."

Τὸν δ' αὖτε προσέειπε περίφρων Πηνελόπεια·   330
" Εὐρύμαχ', οὔ πως ἔστιν ἐϋκλείας κατὰ δῆμον
ἔμμεναι, οἳ δὴ οἶκον ἀτιμάζοντες ἔδουσιν
ἀνδρὸς ἀριστῆος· τί δ' ἐλέγχεα ταῦτα τίθεσθε ;
οὗτος δὲ ξεῖνος μάλα μὲν μέγας ἠδ' εὐπηγής,
πατρὸς δ' ἐξ ἀγαθοῦ γένος εὔχεται ἔμμεναι υἱός.   335
ἀλλ' ἄγε οἱ δότε τόξον ἐΰξοον, ὄφρα ἴδωμεν.
ὧδε γὰρ ἐξερέω, τὸ δὲ καὶ τετελεσμένον ἔσται·
εἴ κέ μιν ἐντανύσῃ, δώῃ δέ οἱ εὖχος Ἀπόλλων,
ἔσσω μιν χλαῖνάν τε χιτῶνά τε, εἴματα καλά,
δώσω δ' ὀξὺν ἄκοντα, κυνῶν ἀλκτῆρα καὶ ἀνδρῶν, 340
καὶ ξίφος ἄμφηκες· δώσω δ' ὑπὸ ποσσὶ πέδιλα,
πέμψω δ' ὅππῃ μιν κραδίη θυμός τε κελεύει."

Τὴν δ' αὖ Τηλέμαχος πεπνυμένος ἀντίον ηὔδα·
" μῆτερ ἐμή, τόξον μὲν Ἀχαιῶν οὔ τις ἐμεῖο
κρείσσων, ᾧ κ' ἐθέλω, δόμεναί τε καὶ ἀρνήσασθαι, 345
οὔθ' ὅσσοι κραναὴν Ἰθάκην κάτα κοιρανέουσιν,
οὔθ' ὅσσοι νήσοισι πρὸς Ἤλιδος ἱπποβότοιο·
τῶν οὔ τίς μ' ἀέκοντα βιήσεται αἴ κ' ἐθέλωμι
καὶ καθάπαξ ξείνῳ δόμεναι τάδε τόξα φέρεσθαι.

335 πατρὸς] ἀνδρὸς F M U Eust.

327. Join ἀλαλήμενος ἐλθών, cp. 13.
333 ἀσπασίως γάρ κ' ἄλλος ἀνὴρ ἀλαλή-
μενος ἐλθών κτλ.
329. ἐλέγχεα is predicate: 'this would
be a reproach.'
333. τί δ' ἐλέγχεα ταῦτα τίθεσθε ; In
this question Penelope echoes the last
words of Eurymachus. 'In any case,'
she says, 'your action does you no
credit : but why make this (the success
of the stranger in stringing the bow)
into a reproach ?' It is unnecessary to
give τίθεσθε the post-Homeric sense
'regard,' 'consider as.'
335. γένος is an acc., cp. 14. 199.,
16. 62. The line is taken from Il. 14.

113 πατρὸς δ' ἐξ ἀγαθοῦ καὶ ἐγὼ γένος
εὔχομαι εἶναι. The superfluous word
υἱός was doubtless added to fill up the
verse, after the necessary omission of
καὶ ἐγὼ (Sittl, Die Wiederholungen in
der Odyssee, p. 41).
344. τόξον is object to δόμεναι, but is
placed at the beginning of the sentence
for the sake of emphasis.
347. 'The islands towards Elis' are
evidently the three so often named,
Δουλίχιόν τε Σάμη τε καὶ ὑλήεσσα Ζά-
κυνθος: see the notes on 15. 33, 299.
349. καὶ καθάπαξ 'once for all,' 'out-
right.'
φέρεσθαι ' to take with him.'

ἀλλ' εἰς οἶκον ἰοῦσα τὰ σ' αὐτῆς ἔργα κόμιζε,　350
ἱστόν τ' ἠλακάτην τε, καὶ ἀμφιπόλοισι κέλευε
ἔργον ἐποίχεσθαι· τόξον δ' ἄνδρεσσι μελήσει
πᾶσι, μάλιστα δ' ἐμοί· τοῦ γὰρ κράτος ἔστ' ἐνὶ οἴκῳ."
Ἡ μὲν θαμβήσασα πάλιν οἶκόνδε βεβήκει·
παιδὸς γὰρ μῦθον πεπνυμένον ἔνθετο θυμῷ.　355
ἐς δ' ὑπερῷ' ἀναβᾶσα σὺν ἀμφιπόλοισι γυναιξὶ
κλαῖεν ἔπειτ' Ὀδυσῆα, φίλον πόσιν, ὄφρα οἱ ὕπνον
ἡδὺν ἐπὶ βλεφάροισι βάλε γλαυκῶπις Ἀθήνη.

Αὐτὰρ ὁ τόξα λαβὼν φέρε καμπύλα δῖος ὑφορβός·
μνηστῆρες δ' ἄρα πάντες ὁμόκλεον ἐν μεγάροισιν·　360
ὧδε δέ τις εἴπεσκε νέων ὑπερηνορεόντων·
" πῇ δὴ καμπύλα τόξα φέρεις, ἀμέγαρτε συβῶτα,
πλαγκτέ; τάχ' αὖ σ' ἐφ' ὕεσσι κύνες ταχέες κατέδονται
οἷον ἀπ' ἀνθρώπων, οὓς ἔτρεφες, εἴ κεν Ἀπόλλων
ἡμῖν ἱλήκῃσι καὶ ἀθάνατοι θεοὶ ἄλλοι."　365
Ὣς φάσαν, αὐτὰρ ὁ θῆκε φέρων αὐτῇ ἐνὶ χώρῃ,
δείσας, οὕνεκα πολλοὶ ὁμόκλεον ἐν μεγάροισι.
Τηλέμαχος δ' ἑτέρωθεν ἀπειλήσας ἐγεγώνει·
" ἄττα, πρόσω φέρε τόξα· τάχ' οὐκ εὖ πᾶσι πιθήσεις·

---

352 τόξον X U L W Eust. : μῦθος G F P M al. (cp. 1. 358).　360 ἄρα] ἅμα P.
366 αὐτῇ ἐνὶ χώρῃ P H : αὐτοῦ ἐνὶ χώρῃ G : αὐτῷ ἐνὶ χώρῳ F al.

350-358 repeat 1.356-364, with τόξον in place of μῦθος. And in both places the first four lines (here 350-353) are an adaptation, or parody, of Hector's words to Andromache, Il. 6. 490-493. This is shown by the fact that the πόλεμος δ' ἄνδρεσσι μελήσει of Hector's speech is more intelligible and appropriate than the parallel phrase in either passage of the Odyssey. Here it is distinctly inappropriate, because the bow was in the charge of Penelope, and the contest was brought about by her. But probably the poet had in view the ironical double meaning of μελήσει. The bow was to be 'the concern of the men, all of them,' in a sense which they did not anticipate.

354 οἶκόνδε, i. e. to the οἶκος or building in which her own ὑπερῷον was.

The object of the passage is to explain the absence of Penelope from the hall during the scene which followed.

363. The literal meaning of πλαγκτός is 'sent adrift,' hence 'unsettled,' 'crazy.' Cp. the rocks called Πλαγκταί because they moved about (12. 61., 23. 327). For the metaphor as applied to the mind cp. φρένας ἐκπεπαταγμένος (Od. 18. 327), φρένες ἠερέθονται (Il. 3. 108), φρένες ἔμπεδοι (Od. 18. 215).

366. αὐτῇ ἐνὶ χώρῃ 'on the spot,' 'just where he stood.'

369. τάχα 'presently,' an echo of the τάχα of 363 : cp. also τάχα in 374. The use of τάχα in the sense of 'perhaps' is post-Homeric.

οὐκ εὖ πᾶσι πιθήσεις 'it will not be well for you that you obey them all.'

μή σε καὶ ὁπλότερός περ ἐὼν ἀγρόνδε δίωμαι,   370
βάλλων χερμαδίοισι· βίηφι δὲ φέρτερός εἰμι.
αἰ γὰρ πάντων τόσσον, ὅσοι κατὰ δώματ' ἔασι,
μνηστήρων χερσίν τε βίηφί τε φέρτερος εἴην·
τῶ κε τάχα στυγερῶς τιν' ἐγὼ πέμψαιμι νέεσθαι
ἡμετέρου ἐξ οἴκου, ἐπεὶ κακὰ μηχανόωνται."   375
Ὣς ἔφαθ', οἱ δ' ἄρα πάντες ἐπ' αὐτῷ ἡδὺ γέλασσαν
μνηστῆρες, καὶ δὴ μέθιεν χαλεποῖο χόλοιο
Τηλεμάχῳ· τὰ δὲ τόξα φέρων ἀνὰ δῶμα συβώτης
ἐν χείρεσσ' Ὀδυσῆϊ δαΐφρονι θῆκε παραστάς.
ἐκ δὲ καλεσσάμενος προσέφη τροφὸν Εὐρύκλειαν·   380
" Τηλέμαχος κέλεταί σε, περίφρων Εὐρύκλεια,
κλῆῖσαι μεγάροιο θύρας πυκινῶς ἀραρυίας,
ἣν δέ τις ἢ στοναχῆς ἠὲ κτύπου ἔνδον ἀκούσῃ
ἀνδρῶν ἡμετέροισιν ἐν ἔρκεσι, μή τι θύραζε
προβλώσκειν, ἀλλ' αὐτοῦ ἀκὴν ἔμεναι παρὰ ἔργῳ."   385
Ὣς ἄρ' ἐφώνησεν, τῇ δ' ἄπτερος ἔπλετο μῦθος,
κλήῖσεν δὲ θύρας μεγάρων εὖ ναιεταόντων.
Σιγῇ δ' ἐξ οἴκοιο Φιλοίτιος ἆλτο θύραζε,
κλήῖσεν δ' ἄρ' ἔπειτα θύρας ἐυερκέος αὐλῆς.

381 om. FPUZ.

374. The use of τινα, 'some one,' 'one or another,' really meaning 'every one,' is a sarcastic *litotes* : cp. 13. 394, 427., 22. 67.

377. μέθιεν χόλοιο 'they let go,' 'relaxed the violence of their anger' : the gen. is partitive, as in Il. 21. 177 μεθῆκε βίης. But the acc. is used in the closely similar Il. 1. 283 Ἀχιλλῆϊ μεθίεμεν χόλον. The dat. in both places is ethical.

382–385, repetition of 236–239.

382. μεγάροιο θύρας. This must mean the door of, *i.e.* leading into, the μέγαρον of the women's apartments. The passage has been thought to favour the view that the μέγαρον of the women was immediately behind the men's hall, and that the door now intended was one at the upper end of the hall, by which the two rooms communicated. Eumaeus, it is argued, was in the hall: if he 'called forth' Eurycleia, he must have done so through such a door. But Eumaeus was with Ulysses at the lower end of the hall, near the main entrance, and could hardly have given his order to Eurycleia from that point without exciting the suspicion of the Suitors. It was much easier for him to go out (as Philoetius did), and go to the door by which the women's μέγαρον was entered from the αὐλή. On this view there is no argument either for or against the existence of a second door at the upper end of the hall.

388. ἐξ οἴκοιο 'from an οἶκος,'—probably not the μέγαρον, but one of the buildings that opened into the αὐλή : cp. l. 354. Philoetius went out σιγῇ, so that the Suitors should not *hear* him : which would have been useless if they had *seen* him leave the μέγαρον. But from his οἶκος he could see Ulysses standing in the door-way.

κεῖτο δ' ὑπ' αἰθούσῃ ὅπλον νεὸς ἀμφιελίσσης　　　　390
βύβλινον, ᾧ ῥ' ἐπέδησε θύρας, ἐς δ' ἤϊεν αὐτός·
ἕζετ' ἔπειτ' ἐπὶ δίφρον ἰών, ἔνθεν περ ἀνέστη,
εἰσορόων Ὀδυσῆα. ὁ δ' ἤδη τόξον ἐνώμα
πάντῃ ἀναστρωφῶν, πειρώμενος ἔνθα καὶ ἔνθα,
μὴ κέρα ἶπες ἔδοιεν ἀποιχομένοιο ἄνακτος.　　　　395
ὧδε δέ τις εἴπεσκεν ἰδὼν ἐς πλησίον ἄλλον·
" ἦ τις θηητὴρ καὶ ἐπίκλοπος ἔπλετο τόξων.
ἦ ῥά νύ που τοιαῦτα καὶ αὐτῷ οἴκοθι κεῖται,
ἢ ὅ γ' ἐφορμᾶται ποιησέμεν, ὡς ἐνὶ χερσὶ
νωμᾷ ἔνθα καὶ ἔνθα κακῶν ἔμπαιος ἀλήτης"　　　　400
Ἄλλος δ' αὖτ' εἴπεσκε νέων ὑπερην̣̣
" αἲ γὰρ δὴ τοσσοῦτον ὀνήσιος ἀντιάσει̣
ὡς οὗτός ποτε τοῦτο δυνήσεται ἐντανύσα̣
Ὣς ἄρ' ἔφαν μνηστῆρες· ἀτὰρ πολύ̣ Ὀδυσσεύς,
αὐτίκ' ἐπεὶ μέγα τόξον ἐβάστασε καὶ ̣　　　　405
ὡς ὅτ' ἀνὴρ φόρμιγγος ἐπιστάμενος καὶ ἀο̣
ῥηϊδίως ἐτάνυσσε νέῳ περὶ κόλλοπι χορδήν,

392 δίφρου G.　397 θηητήρ] θηρητήρ X D al.　400 νωμᾶτ' F.　407 περὶ
G X U J: ἐπὶ F H al.

390. αἰθούσῃ, sc. over the door-way
of the αὐλή, cp. 15. 146.

391. ἐπέδησε 'made fast,' from ἐπι-
δέω. The preposition ἐπί is used of
shutting, as in ἐπιθεῖναι (13. 370, Il.
5. 751, &c.), ἐπικεκλιμένας σανίδας (Il.
12. 121).

394. ἀναστρωφῶν, see on 17. 97.

395. ἔδοιεν 'should eat,' i.e. should
be found eating (or having eaten).

397. θηητήρ 'an admirer,' 'fancier';
from θηέομαι in the sense which it has
(e. g.) in the recurring line αὐτὰρ ἐπεὶ δὴ
πάντα ἑῷ θηήσατο θυμῷ.

ἐπίκλοπος 'cunning about,' 'knowing
the tricks of the thing,' cp. Il. 22. 281.
The word is used in a good or at least
an indulgent sense: cp. κλεπτοσύνη in
19. 396.

The pronoun τις qualifies θηητὴρ καὶ
ἐπίκλοπος, 'a sort of fancier and con-
noisseur': cp. 18. 382 καί πού τις δοκέεις
μέγας ἔμμεναι κτλ.

398. 'Either he has such bows at

home' (and therefore is interested in
comparing this one) 'or he is bent
upon making' (bows). We need not
suppose (with Ameis) that the Suitors
suspect him of intending to steal the
bow.

400. ἔμπαιος seems to mean 'an
expert in,' 'having the command of':
cp. 20. 379. The whole speech is finely
'ironical': the Suitors are made to
express suspicions and apprehensions,
but have no idea how much ground
there is for these.

402-403. This again is a piece of
poetical irony. 'Would that the fellow
(οὗτος) may benefit by it in proportion
as he is sure of being able to string this
bow.' The speaker means 'not at all,'
but his wish is fulfilled in the opposite
sense to that which is in his mind.
Note that οὗτος properly belongs to the
former of the two clauses, but is post-
poned in order to bring οὗτος and τοῦτο
together.

ἄψας ἀμφοτέρωθεν ἐΰστρεφὲς ἔντερον οἰός,
ὡς ἄρ' ἄτερ σπουδῆς τάνυσεν μέγα τόξον Ὀδυσσεύς·
δεξιτερῇ δ' ἄρα χειρὶ λαβὼν πειρήσατο νευρῆς·   410
ἡ δ' ὑπὸ καλὸν ἄεισε, χελιδόνι εἰκέλη αὐδήν.
μνηστῆρσιν δ' ἄρ' ἄχος γένετο μέγα, πᾶσι δ' ἄρα χρὼς
ἐτράπετο. Ζεὺς δὲ μεγάλ' ἔκτυπε, σήματα φαίνων·
γήθησέν τ' ἄρ' ἔπειτα πολύτλας δῖος Ὀδυσσεύς,
ὅττι ῥά οἱ τέρας ἧκε Κρόνου πάϊς ἀγκυλομήτεω·   415
εἵλετο δ' ὠκὺν ὀϊστόν, ὅ οἱ παρέκειτο τραπέζῃ
γυμνός· τοὶ δ' ἄλλοι κοίλης ἔντοσθε φαρέτρης
κείατο, τῶν τάχ' ἔμελλον Ἀχαιοὶ πειρήσεσθαι.
τόν ῥ' ἐπὶ πήχ   ἕλκεν νευρὴν γλυφίδας τε,
αὐτόθεν ἐκ δίφρ   καθήμενος, ἧκε δ' ὀϊστὸν   420
ἄντα τιτυσκόμε   πελέκεων δ' οὐκ ἤμβροτε πάντων
πρώτης στειλει   διὰ δ' ἀμπερὲς ἦλθε θύραζε
ἰὸς χαλκοβαρής   Τηλέμαχον προσέειπε·
" Τηλέμαχ', οὐ   ὁ ξεῖνος ἐνὶ μεγάροισιν ἐλέγχει
ἥμενος, οὐδέ τι τοῦ σκοποῦ ἤμβροτον οὐδέ τι τόξον   425
δὴν ἔκαμον τανύων· ἔτι μοι μένος ἔμπεδόν ἐστιν,
οὐχ ὥς με μνηστῆρες ἀτιμάζοντες ὄνονται.
νῦν δ' ὥρη καὶ δόρπον Ἀχαιοῖσιν τετυκέσθαι
ἐν φάει, αὐτὰρ ἔπειτα καὶ ἄλλως ἑψιάασθαι

---

412 ἄρα] ἀνὰ G.   414 δ' ἄρ' G.   415 ἀγκυλόμητις G.   419 ἕλκεν Ar.
X: εἵλκεν vulg. The reading of Ar. is supported in Il. 4. 213 by most of his
manuscripts (al πλείους Did., see Sch. A).

411. ὑπό ' in answer to his touch ':
ὑπό as in ὑπ-ακούω, ὑποκρίνομαι, &c.
413. ἐτράπετο 'changed colour.'
μεγάλα is an adverb with ἔκτυπε, cp.
20. 113 μεγάλ' ἐβρόντησας.
415. The reading ἀγκυλόμητις was
first proposed by Nauck, Mélanges Gr.-
Rom. IV. 123. Being supported here
by G (one of the oldest MSS.), it should
now perhaps be adopted.
419. ἐπὶ πήχει ἑλών, taking (and
placing) on the πῆχυς or 'elbow,' i.e.
on the middle part which joined the
two ' horns,' as the elbow joins the two
parts of the arm. For the brachylogy

or 'pregnant' use of ἑλών cp. 15. 206
νηΐ δ' ἐνὶ πρύμνῃ ἐξαίνυντο κάλλιμα δῶρα,
also 13. 274 (note).
422. πρώτης στειλειῆς 'the top of the
handle': to be construed with ἤμβροτε,
' did not miss the στειλειή of any of the
axes.'
θύραζε ' out, forth,' viz. from the axe-
heads ; the word has no reference to
a door, cp. Il. 5. 694 ἐκ μηροῦ θύραζε,
16. 408, &c.
429. ἐν φάει, an oxymoron, a supper
in daylight being a contradiction. The
' supper' really meant is of course the
μνηστηροφονία.

μολπῇ καὶ φόρμιγγι· τὰ γάρ τ' ἀναθήματα δαιτός."   430
'Η καὶ ἐπ' ὀφρύσι νεῦσεν· ὁ δ' ἀμφέθετο ξίφος ὀξὺ
Τηλέμαχος, φίλος υἱὸς 'Οδυσσῆος θείοιο,
ἀμφὶ δὲ χεῖρα φίλην βάλεν ἔγχεϊ, ἄγχι δ' ἄρ' αὐτοῦ
πὰρ θρόνον ἑστήκει κεκορυθμένος αἴθοπι χαλκῷ.

THE GREAT HALL (*Stofa*) OF AN ICELANDIC HOUSE (*circa* 1000 A.D.).
From *Den islandske Bolig i Fristats-Tiden*, by Dr. Valtýr Guðmundsson
(Copenhagen, 1894).

ΟΔΥΣΣΕΙΑΣ Χ

Μνηστηροφονία.

Αὐτὰρ ὁ γυμνώθη ῥακέων πολύμητις Ὀδυσσεύς,
ἆλτο δ' ἐπὶ μέγαν οὐδόν, ἔχων βιὸν ἠδὲ φαρέτρην
ἰῶν ἐμπλείην, ταχέας δ' ἐκχεύατ' ὀϊστοὺς
αὐτοῦ πρόσθε ποδῶν, μετὰ δὲ μνηστῆρσιν ἔειπεν·
" οὗτος μὲν δὴ ἄεθλος ἀάατος ἐκτετέλεσται·   5
νῦν αὖτε σκοπὸν ἄλλον, ὃν οὔ πώ τις βάλεν ἀνήρ,
εἴσομαι αἴ κε τύχωμι, πόρῃ δέ μοι εὖχος Ἀπόλλων."
Ἦ καὶ ἐπ' Ἀντινόῳ ἰθύνετο πικρὸν ὀϊστόν.
ἦ τοι ὁ καλὸν ἄλεισον ἀναιρήσεσθαι ἔμελλε,
χρύσεον ἄμφωτον, καὶ δὴ μετὰ χερσὶν ἐνώμα,   10
ὄφρα πίοι οἴνοιο· φόνος δέ οἱ οὐκ ἐνὶ θυμῷ
μέμβλετο· τίς κ' οἴοιτο μετ' ἀνδράσι δαιτυμόνεσσι
μοῦνον ἐνὶ πλεόνεσσι, καὶ εἰ μάλα καρτερὸς εἴη,

3 εὐπλείην F.

2. μέγαν οὐδόν, the threshold at the entrance of the μέγαρον. The object of Ulysses was to prevent the escape of the Suitors (l. 171 μνηστῆρας ἀγανοὺς σχήσομεν ἔντοσθεν μεγάροιο): their only chance was to force him from the doorway, and pass out into the town (l. 76 εἴ κέ μιν οὐδοῦ ἀπώσομεν ἠδὲ θυράων, ἔλθωμεν δ' ἀνὰ ἄστυ, κτλ.).

5. ἀάατος. Ulysses takes up the phrase of Antinous (21. 91), who had announced that the contest would be 'decisive,' and was now to find it so to his own cost.

6. σκοπόν, with εἴσομαι αἴ κε τύχωμι as an *accusativus de quo*, 'as to an-

other mark I will know if I shall hit it': cp. 14. 366, also Il. 8. 535 αὔριον ἣν ἀρετὴν διαείσεται εἴ κ' ἐμὸν ἔγχος μείνῃ.

Some take εἴσομαι in the sense of a fut. of εἶμι, viz. 'I will go at'; cp. εἴσεται in 15. 213, ἐπιείσομαι (Il. 11. 367., 20. 454), and εἴσατο or ἐείσατο in 8. 295., 22. 89 and often in the Iliad. But this εἴσομαι would surely take a gen. of the object aimed at: cp. l. 89.

12. μέμβλετο, plupf. mid. of μέλω, 'was matter of care': cp. μέμβλεται (Il. 19. 343). The word is probably to be regarded as a thematic form of the perfect (Brugmann, *Grundr.* ii. p. 1234).

οἵ τεύξειν θάνατόν τε κακὸν καὶ κῆρα μέλαιναν;
τὸν δ' Ὀδυσεὺς κατὰ λαιμὸν ἐπισχόμενος βάλεν ἰῷ,   15
ἀντικρὺ δ' ἁπαλοῖο δι' αὐχένος ἦλυθ' ἀκωκή.
ἐκλίνθη δ' ἑτέρωσε, δέπας δέ οἱ ἔκπεσε χειρὸς
βλημένου, αὐτίκα δ' αὐλὸς ἀνὰ ῥῖνας παχὺς ἦλθεν
αἵματος ἀνδρομέοιο· θοῶς δ' ἀπὸ εἷο τράπεζαν
ὦσε ποδὶ πλήξας, ἀπὸ δ' εἴδατα χεῦεν ἔραζε·   20
σῖτός τε κρέα τ' ὀπτὰ φορύνετο. τοὶ δ' ὁμάδησαν
μνηστῆρες κατὰ δώμαθ', ὅπως ἴδον ἄνδρα πεσόντα,
ἐκ δὲ θρόνων ἀνόρουσαν ὀρινθέντες κατὰ δῶμα,
πάντοσε παπταίνοντες ἐϋδμήτους ποτὶ τοίχους·
οὐδέ πῃ ἀσπὶς ἔην οὐδ' ἄλκιμον ἔγχος ἑλέσθαι.   25
νείκειον δ' Ὀδυσῆα χολωτοῖσιν ἐπέεσσι·
" ξεῖνε, κακῶς ἀνδρῶν τοξάζεαι· οὐκέτ' ἀέθλων.
ἄλλων ἀντιάσεις· νῦν τοι σῶς αἰπὺς ὄλεθρος.
καὶ γὰρ δὴ νῦν φῶτα κατέκτανες ὃς μέγ' ἄριστος
κούρων εἰν Ἰθάκῃ· τῶ σ' ἐνθάδε γῦπες ἔδονται."   30
Ἴσκεν ἕκαστος ἀνήρ, ἐπεὶ ἦ φάσαν οὐκ ἐθέλοντα

---

22 δῶμα F P.   24 ποτὶ] ἐπὶ P: κατὰ J.   25 πῃ Eust.: πω vulg.: που X.
οὐδ'] οὐκ P.

---

14. οἵ τεύξειν κτλ. 'would make for himself an evil death and black fate,' *i.e.* would do what could only mean his own death. All the commentators refer οἷ to the τίς of l. 12: 'who would think that in the midst of a banquet one man amongst so many, even were he very strong, would bring death upon him?' But the pronoun οἷ must have a strictly reflexive sense (= ἑαυτῷ), referring to the subject of τεύξειν. And this agrees with the general sense required, which is not to ask who would say ' he is going to kill me,' but whether any one would expect him to fight with all the company at once.

15. κατὰ λαιμόν, to be taken with βάλεν ἰῷ.

ἐπι-σχόμενος 'holding it (the arrow) to or at' (the object aimed at). So ἐπέχω in l. 75 ἐπὶ δ' αὐτῷ πάντες ἔχωμεν. The aorist participle is *descriptive* of the act of βάλεν ἰῷ: cp. 14. 463., 17. 330 (*H. G.* § 77).

17. ἑτέρωσε 'to one side,' cp. Il. 8.

306-308 μήκων δ' ὡς ἑτέρωσε κάρη βάλεν ... ὡς ἑτέρωσ' ἤμυσε κάρη κτλ. It does not mean ' to the other side' or ' back' (as Ameis, &c.), but only that he did not remain upright. So in οὐδ' ἑτέρωσε (or οὐδετέρωσε) = ' not to either side.'

18. βλημένου, gen. notwithstanding the possible constr. with οἱ: *H. G.* § 243. 3, *d.*

αὐλός, a ' jet ' or ' column,' so called from its likeness in shape to a tube.

21. φορύνετο 'were bedabbled,' the floor being of earth.

24-25. It is probable that these lines (and perhaps also l. 23) are spurious: see on 19. 1-50. The Suitors, as was pointed out by Kirchhoff (*Die homerische Odyssee*, p. 581), do not yet suppose themselves to be in any danger. It is quite premature for them to be looking for shields or spears.

31. ἴσκεν 'so guessed,' 'so imagined': cp. 19. 203. The indicative of the verb ἴσκω only survives in this idiomatic use of ἴσκεν (with asyndeton) = οὕτως ἴσκεν.

ἄνδρα κατακτεῖναι· τὸ δὲ νήπιοι οὐκ ἐνόησαν,
ὡς δή σφιν καὶ πᾶσιν ὀλέθρου πείρατ' ἐφῆπτο.
τοὺς δ' ἄρ' ὑπόδρα ἰδὼν προσέφη πολύμητις Ὀδυσσεύς·
"ὦ κύνες, οὔ μ' ἔτ' ἐφάσκεθ' ὑπότροπον οἴκαδ' ἱκέσθαι   35
δήμου ἄπο Τρώων, ὅτι μοι κατεκείρετε οἶκον,
δμῳῆσιν δὲ γυναιξὶ παρευνάζεσθε βιαίως,
αὐτοῦ τε ζώοντος ὑπεμνάασθε γυναῖκα,
οὔτε θεοὺς δείσαντες, οἳ οὐρανὸν εὐρὺν ἔχουσιν,   -
οὔτε τιν' ἀνθρώπων νέμεσιν κατόπισθεν ἔσεσθαι·   40
νῦν ὑμῖν καὶ πᾶσιν ὀλέθρου πείρατ' ἐφῆπται."

Ὣς φάτο, τοὺς δ' ἄρα πάντας ὑπὸ χλωρὸν δέος εἷλε·
[πάπτηνεν δὲ ἕκαστος ὅπῃ φύγοι αἰπὺν ὄλεθρον·]
Εὐρύμαχος δέ μιν οἶος ἀμειβόμενος προσέειπεν·
"εἰ μὲν δὴ Ὀδυσεὺς Ἰθακήσιος εἰλήλουθας,   45
ταῦτα μὲν αἴσιμα εἶπας, ὅσα ῥέζεσκον Ἀχαιοί,
πολλὰ μὲν ἐν μεγάροισιν ἀτάσθαλα, πολλὰ δ' ἐπ' ἀγροῦ.
ἀλλ' ὁ μὲν ἤδη κεῖται ὃς αἴτιος ἔπλετο πάντων,
Ἀντίνοος· οὗτος γὰρ ἐπίηλεν τάδε ἔργα,
οὔ τι γάμου τόσσον κεχρημένος οὐδὲ χατίζων,   50
ἀλλ' ἄλλα φρονέων, τά οἱ οὐκ ἐτέλεσσε Κρονίων,
ὄφρ' Ἰθάκης κατὰ δῆμον ἐϋκτιμένης βασιλεύοι
αὐτός, ἀτὰρ σὸν παῖδα κατακτείνειε λοχήσας.
νῦν δ' ὁ μὲν ἐν μοίρῃ πέφαται, σὺ δὲ φείδεο λαῶν

---

35 οὔ τί μ' G.   37, 38 transposed in F P H al. (not in G X U Eust.).
40 ἔσεσθαι] ἔθεσθε M X J Eust.: ἔπεσθαι L W.   43 om. in most MSS.; cp. Il. 14.
507., 16. 283.   49 τάδε πάντα G P.

---

33. πείρατ' ἐφῆπτο, Il. 7. 402., 12.
79. There is a play of language be-
tween πεῖραρ in the literal sense of the
end of a rope and in the metaphorical
sense of 'completion,' 'consummation.'
36. ὅτι 'insomuch that,' 'as you
show by the fact that,' cp. 14. 367., 18.
392: *H. G.* § 269, 2.
38. ὑπεμνάασθε. The force of ὑπό is
to imply that the wooing is something
that exists along with and thus is *in
conflict with* the rights of the husband:
as in ὑπ-αντιάζω.

40. νέμεσιν is governed by δείσαντες.
The epexegetic inf. ἔσεσθαι is an ex-
ample of the uses out of which the
construction of the acc. c. inf. originally
grew: *H. G.* § 237.
46. ταῦτα κτλ. 'These things you
have said justly about all that the
Achaeans have been doing.'
ῥέζεσκον, an impf. of the kind noticed
in *H. G.* § 73.
54. ἐν μοίρῃ 'in his due portion,'
nearly = κατὰ μοῖραν, 'duly.'

σῶν· ἀτὰρ ἄμμες ὄπισθεν ἀρεσσάμενοι κατὰ δῆμον,	55
ὅσσα τοι ἐκπέποται καὶ ἐδήδαται ἐν μεγάροισι,
τιμὴν ἀμφὶς ἄγοντες ἐεικοσάβοιον ἕκαστος,
χαλκόν τε χρυσόν τ' ἀποδώσομεν, εἰς ὅ κε σὸν κῆρ
ἰανθῇ· πρὶν δ' οὔ τι νεμεσσητὸν κεχολῶσθαι."

Τὸν δ' ἄρ' ὑπόδρα ἰδὼν προσέφη πολύμητις Ὀδυσσεύς·
" Εὐρύμαχ', οὐδ' εἴ μοι πατρώϊα πάντ' ἀποδοῖτε,	61
ὅσσα τε νῦν ὔμμ' ἐστὶ καὶ εἴ ποθεν ἄλλ' ἐπιθεῖτε,
οὐδέ κεν ὣς ἔτι χεῖρας ἐμὰς λήξαιμι φόνοιο
πρὶν πᾶσαν μνηστῆρας ὑπερβασίην ἀποτῖσαι.
νῦν ὑμῖν παράκειται ἐναντίον ἠὲ μάχεσθαι	65
ἢ φεύγειν, ὃς κεν θάνατον καὶ κῆρας ἀλύξῃ·
ἀλλά τιν' οὐ φεύξεσθαι ὀΐομαι αἰπὺν ὄλεθρον."

Ὣς φάτο, τῶν δ' αὐτοῦ λύτο γούνατα καὶ φίλον ἦτορ.
τοῖσιν δ' Εὐρύμαχος μετεφώνεε δεύτερον αὖτις·
" ὦ φίλοι, οὐ γὰρ σχήσει ἀνὴρ ὅδε χεῖρας ἀάπτους,	70
ἀλλ' ἐπεὶ ἔλλαβε τόξον ἐΰξοον ἠδὲ φαρέτρην
οὐδοῦ ἀπο ξεστοῦ τοξάσσεται, εἰς ὅ κε πάντας
ἄμμε κατακτείνῃ· ἀλλὰ μνησώμεθα χάρμης·
φάσγανά τε σπάσσασθε καὶ ἀντίσχεσθε τραπέζας

56 ἐδήδαται Ar. (καὶ ἄλλοι Herodian II. 299, 15): ἐδήδεται v. l. given by
Herodian l. c.: ἐδήδοται vulg.	69 μετεφώνεε G X U: προσεφώνεε vulg.
72 ἀπο] ἐπὶ P H al.

55. ἀρεσσάμενοι 'making it good.'
κατὰ δῆμον, i. e. by a contribution
levied on the δῆμος or community: cp.
13. 14.
56. ἐδήδαται, the reading of Aris-
tarchus, is the regular third person
plural of ἔδηδα, which is the only
Homeric perfect of ἔδω. The plural
is very harsh, however, after the sing.
ἐκπέποται. The form ἐδήδεται, which
Herodian gives as the 3rd sing., may
be compared with ὀρώρεται (19. 377,
524), and with the Attic ἐδήδεσμαι, in
which the σ may not be original. ἐδή-
δοται, the reading of all the MSS., can
only be explained in connexion with
non-Homeric forms, viz. ἐδήδοκα (Attic)
or ἐδήδοϝα (on a Laconian inscription,
C. I. G. 15). Hence it is probably not
Homeric.

57. ἀμφὶς 'apart,' i. e. each severally.
ἐεικοσάβοιον. We should perhaps
read ἐεικοσάβοια (with Bekker), as in
1. 431, where the word is used as a sub-
stantive, 'the value of twenty oxen.'
Here it would be in apposition to
τιμήν.
63. λήξαιμι, properly intrans., χεῖρας
being an acc. of the ' part affected.'
67. τινα properly means 'some one'
(indefinitely), 'this or that one.' Here
it is virtually = 'every one,' by an
ironical litotes : so in 13. 394, 427., 21.
374., 22. 323.
70. The clause with γάρ is put first
(see on 1. 337., 14. 402): the principal
clause being ἀλλὰ μνησώμεθα κτλ.
74. The asyndeton serves to show
that φάσγανά τε κτλ. is epexegetic of
μνησώμεθα χάρμης.

ίῶν ὠκυμόρων· ἐπὶ δ' αὐτῷ πάντες ἔχωμεν 75
ἀθρόοι, εἴ κέ μιν οὐδοῦ ἀπώσομεν ἠδὲ θυράων,
ἔλθωμεν δ' ἀνὰ ἄστυ, βοὴ δ' ὤκιστα γένοιτο·
τῷ κε τάχ' οὗτος ἀνὴρ νῦν ὕστατα τοξάσσαιτο."

Ὣς ἄρα φωνήσας εἰρύσσατο φάσγανον ὀξύ,
χάλκεον, ἀμφοτέρωθεν ἀκαχμένον, ἆλτο δ' ἐπ' αὐτῷ 80
σμερδαλέα ἰάχων· ὁ δ' ἀμαρτῇ δῖος Ὀδυσσεὺς
ἰὸν ἀποπροΐει, βάλε δὲ στῆθος παρὰ μαζόν,
ἐν δέ οἱ ἥπατι πῆξε θοὸν βέλος· ἐκ δ' ἄρα χειρὸς
φάσγανον ἧκε χαμᾶζε, περιρρηδὴς δὲ τραπέζῃ
κάππεσεν ἰδνωθείς, ἀπὸ δ' εἴδατα χεῦεν ἔραζε 85
καὶ δέπας ἀμφικύπελλον· ὁ δὲ χθόνα τύπτε μετώπῳ
θυμῷ ἀνιάζων, ποσὶ δὲ θρόνον ἀμφοτέροισι
λακτίζων ἐτίνασσε· κατ' ὀφθαλμῶν δ' ἔχυτ' ἀχλύς.

Ἀμφίνομος δ' Ὀδυσῆος ἐείσατο κυδαλίμοιο
ἀντίος ἀΐξας, εἴρυτο δὲ φάσγανον ὀξύ, 90
εἴ πώς οἱ εἴξειε θυράων. ἀλλ' ἄρα μιν φθῆ

77 γένοιτο] γένηται F X al.   80 ἐπ' αὐτόν F X.   81 ὁμαρτῇ G X Eust.:
-τει F J.   82 ἀποπροΐει M X J: ἀποπροϊείς G F P H al.   85 ἰδνωθείς X U:
δινωθείς U² al.: δινηθείς G F P H al.

75. ὠκυμόρων. The epithet applies
properly to those who are slain by the
arrows. The shortness of life which
the arrows cause is poetically treated as
a quality inherent in them: cp. 21. 12
στονόεντες ὀϊστοί.

77. ἔλθωμεν... γένοιτο. The optative
in the last clause indicates that the
clause refers to something that is not
directly the act of the Suitors, but may
be expected to follow on their action:
cp. 16. 386.

84. περιρρηδής is perhaps to be ex-
plained (as Curtius suggested) from a
root ῥαδ- (for ϝραδ-?), in the strong
form ῥηδ-, with the sense of 'bending'
or 'waving': whence ῥαδινός 'pliable'
and ῥαδαλός (v.l. for ῥοδανός in Il. 18.
576 παρὰ ῥοδανὸν δονακῆα). On this
view περιρρηδής might be explained as
= 'sprawling over' or 'doubled round'
(the table). There is also a root ῥαδ-
(for ϝ-δ) 'scatter,' 'sprinkle' (cp.
ῥάσσατε, ἐρράδαται): but this does not
yield so good a sense.

85. ἰδνωθείς 'curled up,' cp. Il. 2.
266 (of Thersites struck by the sceptre),
13. 618 ἰδνώθη δὲ πεσών. A different
attitude is expressed by ἰδνωθεὶς ὀπίσω
(Od. 8. 375, Il. 12. 205). The other
reading δινηθείς would mean 'whirling'
or 'spinning about': see the note on
16. 63.

89. ἐείσατο. Regarding this form the
most plausible suggestion is still that of
Wackernagel (Bezz. Beitr. iv. 269), viz.
that it answers to Sanscr. ayāsam, sig-
matic aor. from the root yā (Indog. yē).
The corresponding Greek form would
be ἥσα, but the change from η to ει
may be due to the influence of εἶμι, &c.
It should, however, be noticed that the
meaning is not simply 'went,' but 'went
at,' 'took a course towards': cp. 8.
283 εἴσατ' ἴμεν 'directed his going to.'
On this ground we are tempted to com-
pare the sense of ἰθύς 'aim,' 'direction,'
and suppose a root εἰθ- or ἰθ-. But
this would not explain the syllabic
augment.

Τηλέμαχος κατόπισθε βαλὼν χαλκήρεϊ δουρὶ ·
ὤμων μεσσηγύς, διὰ δὲ στήθεσφιν ἔλασσε·
δούπησεν δὲ πεσών, χθόνα δ' ἤλασε παντὶ μετώπῳ.
Τηλέμαχος δ' ἀπόρουσε, λιπὼν δολιχόσκιον ἔγχος   95
αὐτοῦ ἐν Ἀμφινόμῳ· περὶ γὰρ δίε μή τις Ἀχαιῶν
ἔγχος ἀνελκόμενον δολιχόσκιον ἢ ἐλάσειε
φασγάνῳ ἀΐξας ἠὲ προπρηνέα τύψας.
βῆ δὲ θέειν, μάλα δ' ὦκα φίλον πατέρ' εἰσαφίκανεν,
ἀγχοῦ δ' ἱστάμενος ἔπεα πτερόεντα προσηύδα·   100
" ὦ πάτερ, ἤδη τοι σάκος οἴσω καὶ δύο δοῦρε
καὶ κυνέην πάγχαλκον, ἐπὶ κροτάφοις ἀραρυῖαν,
αὐτός τ' ἀμφιβαλεῦμαι ἰών, δώσω δὲ συβώτῃ
καὶ τῷ βουκόλῳ ἄλλα· τετευχῆσθαι γὰρ ἄμεινον."
   Τὸν δ' ἀπαμειβόμενος προσέφη πολύμητις Ὀδυσσεύς·
" οἶσε θέων, ἧός μοι ἀμύνεσθαι πάρ' ὀϊστοί,   106
μή μ' ἀποκινήσωσι θυράων μοῦνον ἐόντα."
   Ὣς φάτο, Τηλέμαχος δὲ φίλῳ ἐπεπείθετο πατρί,
βῆ δ' ἰμεναι θάλαμόνδ', ὅθι οἱ κλυτὰ τεύχεα κεῖτο.
ἔνθεν τέσσαρα μὲν σάκε' ἔξελε, δούρατα δ' ὀκτὼ   110
καὶ πίσυρας κυνέας χαλκήρεας ἱπποδασείας·
βῆ δὲ φέρων, μάλα δ' ὦκα φίλον πατέρ' εἰσαφίκανεν,
αὐτὸς δὲ πρώτιστα περὶ χροῒ δύσετο χαλκόν·
ὣς δ' αὔτως τὼ δμῶε δυέσθην τεύχεα καλά,

---

98 προπρηνέα D L W: προπρηνέϊ vulg.   τύψας vulg.: τύψῃ P, Sch. T Π. 24. 11:
τύψαι Bekk.   102 εὐχαλκον F.   110 ἔξελε X: εἵλετο vulg.: cp. 144.

97. ἀνελκόμενον 'as he was drawing out.'

ἢ ἐλάσειε κτλ. The alternatives are not quite clear. In either case, however, the danger was from the *sword* of one of the Suitors, as they had no other weapons. Hence φασγάνῳ belongs to both the clauses. The meaning probably is that a Suitor might make a dash (ἀΐξας) at Telemachus as he advanced, or reserve his blow for the moment when he had to stoop forward (προπρηνέα τύψας). The reading τύψαι does not make much difference, since there is no contrast of meaning between τύπτω and ἐλαύνω. The reading προπρηνέϊ can

hardly be defended; the epithet must describe the attitude of a combatant, not of a weapon.

104. τετευχῆσθαι 'to be armed.' The formation is not quite regular, since the stem is τευχεσ-: we expect τετευχίσθαι (formed as τετελέσθαι), or τετευχίσθαι (τευχίζω like τειχίζω).

109. Telemachus now goes round the outside of the μέγαρον, and so to the θάλαμος. He could do this without being seen by the Suitors.

114. δυέσθην. The change to the impf. in this line marks the action as subordinate to that of l. 113: *H. G.* § 71, 1.

ἔσταν δ' ἀμφ' Ὀδυσῆα δαΐφρονα ποικιλομήτην.   115

Αὐτὰρ ὅ γ', ὄφρα μὲν αὐτῷ ἀμύνεσθαι ἔσαν ἰοί,
τόφρα μνηστήρων ἕνα γ' αἰεὶ ᾧ ἐνὶ οἴκῳ
βάλλε τιτυσκόμενος· τοὶ δ' ἀγχιστῖνοι ἔπιπτον.
αὐτὰρ ἐπεὶ λίπον ἰοὶ ὀϊστεύοντα ἄνακτα,
τόξον μὲν πρὸς σταθμὸν ἐϋσταθέος μεγάροιο   120
ἔκλιν' ἑστάμεναι, πρὸς ἐνώπια παμφανόωντα,
αὐτὸς δ' ἀμφ' ὤμοισι σάκος θέτο τετραθέλυμνον,
κρατὶ δ' ἐπ' ἰφθίμῳ κυνέην εὔτυκτον ἔθηκεν,
ἵππουριν, δεινὸν δὲ λόφος καθύπερθεν ἔνευεν·
εἵλετο δ' ἄλκιμα δοῦρε δύω κεκορυθμένα χαλκῷ.   125

Ὀρσοθύρη δέ τις ἔσκεν ἐϋδμήτῳ ἐνὶ τοίχῳ,
ἀκρότατον δὲ παρ' οὐδὸν ἐϋσταθέος μεγάροιο
ἦν ὁδὸς ἐς λαύρην, σανίδες δ' ἔχον εὖ ἀραρυῖαι·

119 ὀϊστεύσαντα P.   125 ἐκ δ' ἕλετ' X.   128 εὖ ἀραρυῖαι] ἐντὸς ἔϊσαι X U.

118. ἀγχιστῖνοι 'close together,' 'in close order': opposed to προμνηστῖνοι (21. 230). The formation of the words is evidently parallel, and therefore ἀγχιστῖνοι is not to be derived from the superl. ἄγχιστος, but (like ἀγχιστήρ in Soph.) from ἄγχι, through a hypothetical verb ἀγχίζω.

120. σταθμόν 'the door-post,' near which Ulysses was standing.

121. ἐνώπια, cp. 4. 42 where the chariots of the visitors are set up leaning against them (so Il. 8. 435). Hence they are probably the wall-spaces on each side of the entrance of the μέγαρον, facing the αὐλή. As this wall looked to the south the epithet παμφανόωντα is fully justified, especially in contrast to the μέγαρα σκιόεντα within.

122. τετραθέλυμνον 'of four layers of hide.'

126. ὀρσοθύρη 'a raised door': the stem ὀρσο- occurs also in παλίν-ορσος 'starting back.' The etymology would suggest a door that opens by being raised (like a trap-door): but the supposition that it means a door (or window) above the level of the floor is borne out by the phrase ἀν' ὀρσοθύρην ἀναβαίνειν (l. 132).

127-128. Through the ὀρσοθύρη there was a way into a λαύρη or passage—doubtless one of the narrow passages

that must be numerous in a house made up of several distinct buildings. So much seems clear: but the words ἀκρότατον παρ' οὐδόν have not been satisfactorily explained. If the οὐδός is the sill of the ὀρσοθύρη, it seems needless to say that the way out of the ὀρσοθύρη was over or 'past' the top of the sill. We expect rather to be told how the ὁδός reached the λαύρη. Possibly the meaning is that the way to the λαύρη passed along the outside of the ὀρσοθύρη at the full height of the sill. This would imply that the level of the passage outside was somewhat higher than the floor of the μέγαρον. It would be worth mentioning in order to show that the ὀρσοθύρη was easily approached from the λαύρη.

The phrase οὐδὸς μεγάροιο may be applied, as Protodicos observes (Περὶ τῆς καθ' Ὅμηρον οἰκίας, p. 50), to the sill or threshold of any entrance to the μέγαρον: cp. οὐδὸς αὐλῆς (7. 130), οὐδὸς θαλάμοιο (4. 718), &c.

The σανίδες seem to be those of the ὀρσοθύρη. The mention of them is intelligible as a descriptive touch, though it does not affect the story, since the door must have been open at the time (cp. l. 155). Some take σανίδες of a door in the λαύρη (l. 137): but no such door has as yet been mentioned.

II.   Q

τὴν δ' Ὀδυσεὺς φράζεσθαι ἀνώγει δῖον ὑφορβὸν
ἐσταότ' ἀγχ' αὐτῆς· μία δ' οἴη γίγνετ' ἐφορμή.   130
τοῖς δ' Ἀγέλεως μετέειπεν, ἔπος πάντεσσι πιφαύσκων·
" ὦ φίλοι, οὐκ ἂν δή τις ἀν' ὀρσοθύρην ἀναβαίη
καὶ εἴποι λαοῖσι, βοὴ δ' ὤκιστα γένοιτο ;
τῷ κε τάχ' οὗτος ἀνὴρ νῦν ὕστατα τοξάσσαιτο."

Τὸν δ' αὖτε προσέειπε Μελάνθιος, αἰπόλος αἰγῶν   135
" οὔ πως ἔστ', Ἀγέλαε διοτρεφές· ἀγχι γὰρ αἰνῶς
αὐλῆς καλὰ θύρετρα καὶ ἀργαλέον στόμα λαύρης·
καί χ' εἷς πάντας ἐρύκοι ἀνήρ, ὅς τ' ἄλκιμος εἴη.
ἀλλ' ἄγεθ', ὑμῖν τεύχε' ἐνείκω θωρηχθῆναι
ἐκ θαλάμου· ἔνδον γάρ, ὀίομαι, οὐδέ πη ἄλλη   140
τεύχεα κατθέσθην Ὀδυσεὺς καὶ φαίδιμος υἱός."

Ὣς εἰπὼν ἀνέβαινε Μελάνθιος, αἰπόλος αἰγῶν,
ἐς θαλάμους Ὀδυσῆος ἀνὰ ῥῶγας μεγάροιο.

---

131 Ἀγέλαος F al. : Ἀγέλαων G.   140 ἔνδον] ἔνθεν F.

129. τήν seems to mean the ὀρσοθύρη, not the λαύρη. Eumaeus was to watch the ὀρσοθύρη, and he naturally did so with a view to preventing escape by the λαύρη.

137. αὐλῆς καλὰ θύρετρα must be the same as θύραι αὐλῆς (21. 389) or θύραι αὐλεῖαι (18. 239, &c.), viz. the gate of the court-yard. It was 'terribly near' Ulysses, i.e. within bow-shot of him. And 'the mouth of the λαύρη was difficult': it was so narrow that one man could bar the passage into the court-yard. The Suitors would emerge from it one by one, and then would have to cross the αὐλή and unfasten the gate within range of the arrows.

Some understand αὐλῆς θύρετρα of a door at the end of the λαύρη, where it debouches into the αὐλή. But στόμα λαύρης would then be a mere description of αὐλῆς θύρετρα, which the form of the sentence seems to forbid.

139. ἀλλ' ἄγεθ' κτλ. It now occurs to Melanthius that the ὀρσοθύρη, though it is not a good means of escape, may be useful in another way. Seeing that Ulysses and his companions are armed, he guesses that the arms have been brought from the store in the θάλαμος

(l. 109) : and he remembers that the way to the θάλαμος through the ὀρσοθύρη is still open.

140. ἔνδον, sc. ἐστί : 'the arms are in their place : Ulysses and his son have not put them elsewhere.' Commentators generally take ἔνδον with κατθέσθην : 'Ulysses and his son have put the arms therein and nowhere else' (referring to 19. 1–50). But, as Kirchhoff shows (Odyssee, p. 581), ἔνδον would not be put for ἐνταῦθα. It means 'inside' (not outside), 'at home,' 'in their regular place.' Hence there need be no reference to 19. 1–50 : indeed the removal of the arms there described (cp. 16. 281–298) is probably an interpolation due to the present passage.

143. ἀνὰ ῥῶγας μεγάροιο. As to the meaning of this phrase nothing can be said to be known. It has been suggested by Protodicos (Περὶ τῆς καθ' Ὅμηρον οἰκίας, p. 58) that the word ῥώξ is the same as the Modern Greek ῥούγα, meaning 'a narrow passage.' But ῥούγα seems to be the Latin ruga, which in Low Latin means a 'passage' or 'street' (whence the Modern French rue, &c.). The context requires that it should designate a way of mounting to the

ἔνθεν δώδεκα μὲν σάκε᾽ ἔξελε, τόσσα δὲ δοῦρα
καὶ τόσσας κυνέας χαλκήρεας ἱπποδασείας·   145
βῆ δ᾽ ἴμεναι, μάλα δ᾽ ὦκα φέρων μνηστήρσιν ἔδωκε.
καὶ τότ᾽ Ὀδυσσῆος λύτο γούνατα καὶ φίλον ἦτορ,
ὡς περιβαλλομένους ἴδε τεύχεα χερσί τε δοῦρα
μακρὰ τινάσσοντας· μέγα δ᾽ αὐτῷ φαίνετο ἔργον.
αἶψα δὲ Τηλέμαχον ἔπεα πτερόεντα προσηύδα·   150
" Τηλέμαχ᾽, ἦ μάλα δή τις ἐνὶ μεγάροισι γυναικῶν
νῶϊν ἐποτρύνει πόλεμον κακὸν ἠὲ Μελανθεύς."
    Τὸν δ᾽ αὖ Τηλέμαχος πεπνυμένος ἀντίον ηὔδα·
" ὦ πάτερ, αὐτὸς ἐγὼ τόδε γ᾽ ἤμβροτον—οὐδέ τις ἄλλος
αἴτιος—ὃς θαλάμοιο θύρην πυκινῶς ἀραρυῖαν   155
κάλλιπον ἀγκλίνας· τῶν δὲ σκοπὸς ἦεν ἀμείνων.

144 ἔνθα δυώδεκα F al.

θάλαμος, and (we may add) an ordinary
and convenient way, by which a man
could bring twelve shields, as many
spears, and the like number of helmets
(ll. 144-145). It is not expressly said
that his way lay through the ὀρσοθύρη,
but this appears to be implied. Indeed
the ὀρσοθύρη has no place in the story
unless it leads up to and explains the
action of Melanthius.
    Assuming that ῥώξ is connected with
ῥήγ-νυμι, we may perhaps suppose that
ῥῶγες was used of a flight of steps,
termed 'breaks' in contrast to the un-
broken surface of an ordinary path.
Cp. ῥωχμός (Il. 23. 420) of broken
ground. It is true that on this view we
have still to determine the place of these
'steps of the μέγαρον,' especially with
reference to the ὀρσοθύρη. It may lessen
the difficulty of this problem if we re-
member that μέγαρον, though properly
meaning the great hall of a palace, is
often used loosely for the palace as a
whole.
    149. μέγα δ᾽ αὐτῷ φαίνετο ἔργον
'the work,' i. e. the conflict before him,
'seemed to him a great one,' a serious
matter: cp. 16. 346., 19. 92 (note).
    151. It appears that Ulysses and
Telemachus could not see Melanthius
go for the arms: they could only see
the Suitors putting them on. We may
suppose of course that Melanthius did
not come back himself to the μέγαρον,

but passed in the arms through the
ὀρσοθύρη.
    A further difficulty lies in the doubt
whether it was Melanthius or one of the
women who was bringing arms. How
could it be one of the women, who were
shut up with Eurycleia (21. 387)? The
most obvious answer is that the women
were only shut off from the μέγαρον,
and consequently perhaps from the αὐλή
and its gate. They may still have
been able to go to the buildings behind
the μέγαρον.
    155. ὅς is causal, ' in that I &c.'
    θαλάμοιο θύρην, the door leading
into the θάλαμος (from the λαύρη).
    156. ἀγκλίνας ' opening it': cp. Il.
8. 395 ἠμὲν ἀνακλῖναι πυκινὸν νέφος ἠδ᾽
ἐπιθεῖναι.
    τῶν is probably masc., 'their sentry
was the better man': the gen. being
used as in Τρώων σκοπός (Il. 2. 792),
σκοπὸν Ἕκτορος (of Dolon in Il. 10. 526).
The words need not be taken literally,
so as to imply that the Suitors had
actually set any sentry or watch. Some
commentators take τῶν as a partitive
gen., ' one of them was a better watch-
man': others as a neut. plur., 'of this
there was a better watchman.' Tele-
machus means 'better' than he himself
had proved. As a matter of fact it was
Eumaeus who had failed as a σκοπός:
but Telemachus is now taking the blame
to himself.

ἀλλ' ἴθι, δῖ' Εὔμαιε, θύρην ἐπίθες θαλάμοιο,
καὶ φράσαι ἤ τις ἄρ' ἐστὶ γυναικῶν ἤ τάδε ῥέζει,
ἤ υἱὸς Δολίοιο Μελανθεύς, τόν περ ὀίω."

    Ὡς οἱ μὲν τοιαῦτα πρὸς ἀλλήλους ἀγόρευον,   160
βῆ δ' αὖτις θάλαμόνδε Μελάνθιος, αἰπόλος αἰγῶν,
οἴσων τεύχεα καλά. νόησε δὲ δῖος ὑφορβός,
αἶψα δ' Ὀδυσσῆα προσεφώνεεν ἐγγὺς ἐόντα·
" διογενὲς Λαερτιάδη, πολυμήχαν' Ὀδυσσεῦ,
κεῖνος δὴ αὖτ' ἀΐδηλος ἀνήρ, ὃν ὀιόμεθ' αὐτοί,   165
ἔρχεται ἐς θάλαμον· σὺ δέ μοι νημερτὲς ἐνίσπες,
ἤ μιν ἀποκτείνω, αἴ κε κρείσσων γε γένωμαι,
ἦέ σοι ἐνθάδ' ἄγω, ἵν' ὑπερβασίας ἀποτίσῃ
πολλάς, ὅσσας οὗτος ἐμήσατο σῷ ἐνὶ οἴκῳ."

    Τὸν δ' ἀπαμειβόμενος προσέφη πολύμητις Ὀδυσσεύς·
" ἦ τοι ἐγὼ καὶ Τηλέμαχος μνηστῆρας ἀγαυοὺς   171
σχήσομεν ἔντοσθεν μεγάρων, μάλα περ μεμαῶτας·
σφῶϊ δ' ἀποστρέψαντε πόδας καὶ χεῖρας ὕπερθεν
ἐς θάλαμον βαλέειν, σανίδας δ' ἐκδῆσαι ὄπισθε,
σειρὴν δὲ πλεκτὴν ἐξ αὐτοῦ πειρήναντε   175
κίον' ἀν' ὑψηλὴν ἐρύσαι πελάσαι τε δοκοῖσιν,
ὥς κεν δηθὰ ζωὸς ἐὼν χαλέπ' ἄλγεα πάσχῃ."

    Ὡς ἔφαθ', οἱ δ' ἄρα τοῦ μάλα μὲν κλύον ἠδ' ἐπίθοντο,

---

157 ἴθι, δῖ GPX Eust.: ἴθι δή, FH al., cp. 16. 461.

162. Eumaeus, having been put on his guard, is now a 'better watch,' and sees Melanthius going to the θάλαμος. Probably the λαύρη was so straight that Eumaeus could do this by posting himself at or opposite the στόμα λαύρης. In this position he would be only a few paces—half the breadth of the μέλαθρον—from Ulysses and Telemachus.

172. ὕπερθεν belongs to χεῖρας, in contrast with πόδας, cp. 8. 135., 12. 248., 22. 406.

174. σανίδας δ' ἐκδῆσαι ὄπισθε. The best commentary on these words is that of Döderlein, in his Homeric Glossary, § 994. He shows that the punishment intended here was a form of crucifixion.

It is evidently much the same as that which was inflicted as the penalty of sacrilege on Artayctes, Hdt. 9. 120 πρὸς σανίδα προσπασσαλεύσαντες ἀνεκρέμασαν (cp. Hdt. 7. 33). In this case the feet and hands of Melanthius were made fast behind him (cp. Il. 21. 30 δῆσε δ' ὀπίσσω χεῖρας), and were bound to the board (or boards), not nailed. Similarly the σανίς of Ar. Thesm. 931, 940 was a board or plank to which offenders were bound. The punishment of Melanthius is referred to (not very accurately) by Aristophanes, Plut. 309-312 οὐκοῦν σε . . . λαβόντες ὑπὸ φελλέας τὸν Λαρτίου μιμούμενοι τῶν ὄρχεων κρεμῶμεν.

175. ἐξ αὐτοῦ 'from his body.'

βὰν δ' ἴμεν ἐς θάλαμον, λαθέτην δέ μιν ἔνδον ἐόντα.
ἦ τοι ὁ μὲν θαλάμοιο μυχὸν κάτα τεύχε' ἐρεύνα,   180
τὼ δ' ἔσταν ἑκάτερθε παρὰ σταθμοῖσι μένοντε,
εὖθ' ὑπὲρ οὐδὸν ἔβαινε Μελάνθιος, αἰπόλος αἰγῶν,
τῇ ἑτέρῃ μὲν χειρὶ φέρων καλὴν τρυφάλειαν,
τῇ δ' ἑτέρῃ σάκος εὐρὺ γέρον, πεπαλαγμένον ἄζῃ,
Λαέρτεω ἥρωος, ὃ κουρίζων φορέεσκε·   185
δὴ τότε γ' ἤδη κεῖτο, ῥαφαὶ δ' ἐλέλυντο ἱμάντων·
τὼ δ' ἄρ' ἐπαΐξανθ' ἑλέτην, ἔρυσάν τέ μιν εἴσω
κουρίξ, ἐν δαπέδῳ δὲ χαμαὶ βάλον ἀχνύμενον κῆρ,
σὺν δὲ πόδας χεῖράς τε δέον θυμαλγέϊ δεσμῷ
εὖ μάλ' ἀποστρέψαντε διαμπερές, ὡς ἐκέλευσεν   190
[υἱὸς Λαέρταο, πολύτλας δῖος Ὀδυσσεύς·]
σειρὴν δὲ πλεκτὴν ἐξ αὐτοῦ πειρήναντε
κίον' ἀν' ὑψηλὴν ἔρυσαν πέλασάν τε δοκοῖσι.
τὸν δ' ἐπικερτομέων προσέφης, Εὔμαιε συβῶτα·
" νῦν μὲν δὴ μάλα πάγχυ, Μελάνθιε, νύκτα φυλάξεις,   195
εὐνῇ ἔνι μαλακῇ καταλέγμενος, ὥς σε ἔοικεν·
οὐδὲ σέ γ' ἠριγένεια παρ' Ὠκεανοῖο ῥοάων
λήσει ἐπερχομένη χρυσόθρονος, ἡνίκ' ἀγινεῖς
αἶγας μνηστήρεσσι δόμον κάτα δαῖτα πένεσθαι."

Ὣς ὁ μὲν αὖθι λέλειπτο, ταθεὶς ὀλοῷ ἐνὶ δεσμῷ·   200
τὼ δ' ἐς τεύχεα δύντε, θύρην ἐπιθέντε φαεινήν,
βήτην εἰς Ὀδυσῆα δαΐφρονα ποικιλομήτην.

179 ἐόντε conj. Classen.   184 εὐρὺ γέρον H U al.: εὐρὺ γέλον P: εὐρύτερον
G F X al.   191 om. G F P H U.   198 ἀνερχομένη M U.   200 ἐνὶ] ὑπὸ P H al.

181. παρὰ σταθμοῖσι 'by the door-posts,' but outside of the chamber (so that he could not see them) ; cp. 187 ἔρυσάν τέ μιν εἴσω.

184. γέρον, here a neut. adj., 'old,' 'used up.' This is the only place where it is applied to a *thing*.

185. κουρίζων 'when he was a κοῦρος,' i. e. a young warrior.

186. κεῖτο apparently means 'was laid aside.'

188. κουρίξ 'by the hair.'

197 f. The irony of the speech is con-tinued : 'the coming of dawn will not fail to call you (from that soft bed), at the time when you fetch the goats' : an allusion, in the spirit of parody, to Il. 24. 12-13 οὐδέ μιν ἠὼς φαινομένη λήθεσκεν ὑπεὶρ ἅλα τ' ἠϊόνας τε. Possibly we should read ἀγίνεαι, impf. as μ(εσκον (209). The word ἡνίκα is not found else-where in Homer (Sittl, *op. cit.* p. 53).

201. ἐς τεύχεα δύντε They had taken off their armour before the affair with Melanthius.
θύρην ἐπιθέντε, cp. l. 157.

ἔνθα μένος πνείοντες ἐφέστασαν, οἱ μὲν ἐπ' οὐδοῦ
τέσσαρες, οἱ δ' ἔντοσθε δόμων πολέες τε καὶ ἐσθλοί.
τοῖσι δ' ἐπ' ἀγχίμολον θυγάτηρ Διὸς ἦλθεν Ἀθήνη,   205
Μέντορι εἰδομένη ἠμὲν δέμας ἠδὲ καὶ αὐδήν.
τὴν δ' Ὀδυσεὺς γήθησεν ἰδὼν καὶ μῦθον ἔειπε·
" Μέντορ, ἄμυνον ἀρήν, μνῆσαι δ' ἑτάροιο φίλοιο,
ὅς σ' ἀγαθὰ ῥέζεσκον· ὁμηλικίη δέ μοί ἐσσι."
Ὣς φάτ', ὀϊόμενος λαοσσόον ἔμμεν' Ἀθήνην.   210
μνηστῆρες δ' ἑτέρωθεν ὁμόκλεον ἐν μεγάροισι.
πρῶτος τήν γ' ἐνένιπε Δαμαστορίδης Ἀγέλαος·
" Μέντορ, μή σ' ἐπέεσσι παραιπεπίθησιν Ὀδυσσεὺς
μνηστήρεσσι μάχεσθαι, ἀμυνέμεναι δέ οἱ αὐτῷ.
ὧδε γὰρ ἡμέτερόν γε νόον τελέεσθαι ὀΐω·   215
ὁππότε κεν τούτους κτέωμεν, πατέρ' ἠδὲ καὶ υἱόν,
ἐν δὲ σὺ τοῖσιν ἔπειτα πεφήσεαι, οἷα μενοινᾷς
ἔρδειν ἐν μεγάροις· σῷ δ' αὐτοῦ κράατι τίσεις.
αὐτὰρ ἐπὴν ὑμέων γε βίας ἀφελώμεθα χαλκῷ,
κτήμαθ' ὁπόσσα τοί ἐστι, τά τ' ἔνδοθι καὶ τὰ θύρηφι,   220
τοῖσιν Ὀδυσσῆος μεταμίξομεν· οὐδέ τοι υἷας
ζώειν ἐν μεγάροισιν ἐάσομεν οὐδὲ θύγατρας,
οὐδ' ἄλοχον κεδνὴν Ἰθάκης κατὰ ἄστυ πολεύειν."
Ὣς φάτ', Ἀθηναίη δὲ χολώσατο κηρόθι μᾶλλον,
νείκεσσεν δ' Ὀδυσῆα χολωτοῖσιν ἐπέεσσιν·   225
" οὐκέτι σοί γ', Ὀδυσεῦ, μένος ἔμπεδον οὐδέ τις ἀλκή,
οἵη ὅτ' ἀμφ' Ἑλένῃ λευκωλένῳ εὐπατερείῃ

203 ἐπ' οὐδόν G F al.   204 δόμον G.   211 ἐκ μεγάροιο G Χ.   216 κτέωμεν]
κτέομεν F P : κτενέωμεν G : κτενέομεν U.

208. ἀρήν 'harm,' cp. 2. 59., 17. 538.
209. ῥέζεσκον 'have been accustomed
to do,' impf. as in l. 46 (supra). The
word is regularly used of doing sacrifice,
and possibly the double meaning is
intentional, Ulysses guessing that it is
Athene in the shape of Mentor.
ὁμηλικίη is properly collective, but
here = 'one of the body of my comrades,'
cp. 3. 49., 6. 23. So δῆμος in Il. 12. 213
δῆμον ἐόντα παρὲξ ἀγορευέμεν.
219. ὑμέων, plur., = 'you and your

friends.'
220. τὰ ἔνδοθι are the treasures stored
up in the house : τὰ θύρηφι are such
possessions as sheep and cattle.
223. οὐδ' ἄλοχον κτλ. Instead of
carrying on the construction of οὐδέ τοι
υἷας and οὐδὲ θύγατρας, a new verb,
πολεύειν, is introduced, thus making
a sentence of the type of Il. 1. 138.,
6. 322, Od. 16. 6., 17. 66., 19. 599, &c.,
with a slight anacoluthon.
224. κηρόθι μᾶλλον, see on 15. 370.

εἰνάετες Τρώεσσιν ἐμάρναο νωλεμὲς αἰεί,
πολλοὺς δ' ἄνδρας ἔπεφνες ἐν αἰνῇ δηϊοτῆτι,
σῇ δ' ἥλω βῶυλῇ Πριάμου πόλις εὐρυάγυια.   230
πῶς δὴ νῦν, ὅτε σόν γε δόμον καὶ κτήμαθ' ἱκάνεις,
ἄντα μνηστήρων ὀλοφύρεαι ἄλκιμος εἶναι;
ἀλλ' ἄγε δεῦρο, πέπον, παρ' ἔμ' ἵστασο καὶ ἴδε ἔργον,
ὄφρ' εἰδῇς οἷός τοι ἐν ἀνδράσι δυσμενέεσσι
Μέντωρ Ἀλκιμίδης εὐεργεσίας ἀποτίνειν."   235
  Ἦ ῥα, καὶ οὔ πω πάγχυ δίδου ἑτεραλκέα νίκην,
ἀλλ' ἔτ' ἄρα σθένεός τε καὶ ἀλκῆς πειρήτιζεν
ἠμὲν Ὀδυσσῆος ἠδ' υἱοῦ κυδαλίμοιο.
αὐτὴ δ' αἰθαλόεντος ἀνὰ μεγάροιο μέλαθρον
ἕζετ' ἀναΐξασα, χελιδόνι εἰκέλη ἄντην.   240
  Μνηστῆρας δ' ὄτρυνε Δαμαστορίδης Ἀγέλαος
Εὐρύνομός τε καὶ Ἀμφιμέδων Δημοπτόλεμός τε
Πείσανδρός τε Πολυκτορίδης Πόλυβός τε δαΐφρων·
οἱ γὰρ μνηστήρων ἀρετῇ ἔσαν ἔξοχ' ἄριστοι,
ὅσσοι ἔτ' ἔζωον περί τε ψυχέων ἐμάχοντο·   245
τοὺς δ' ἤδη ἐδάμασσε βιὸς καὶ ταρφέες ἰοί.
τοῖς δ' Ἀγέλεως μετέειπεν, ἔπος πάντεσσι πιφαύσκων·
" ὦ φίλοι, ἤδη σχήσει ἀνὴρ ὅδε χεῖρας ἀάπτους·
καὶ δή οἱ Μέντωρ μὲν ἔβη κενὰ εὔγματα εἰπών,
οἱ δ' οἶοι λείπονται ἐπὶ πρώτῃσι θύρῃσι·   250

---

233 ἵσταο H.   235 εὐεργεσίης P.   247 Ἀγέλαος H al., cp. 131.   249 κενά
P: hence perhaps we should restore κενέ'.

---

232. ὀλοφύρεαι ἄλκιμος εἶναι. The
inf. is construed as though ὀλοφύρεαι
'you bewail' were a strong equivalent
for οὐ μέμονας or οὐ τέτληκας, 'you do
not endure.' Thus the meaning is the
opposite of that given by a similar
construction in Il. 2. 290 ἀλλήλοισιν
ὀδύρονται οἰκόνδε νέεσθαι.
233. παρ' ἔμ' ἵστασο, an epic phrase,
not quite appropriate here (Sittl, p. 43).
235. Ἀλκιμίδης, a name chosen with
a view to the context, especially to
ἄλκιμος in l. 232.
236. ἑτεραλκέα νίκην, a phrase taken
from the Iliad, where it probably means

'victory by other strength,' i.e. by an
accession of strength (see Il. 7. 26).
This suits the present passage. Athene
did not yet give ' other ' ἀλκή, i. e. her
own help, but still made trial of the
ἀλκή of Ulysses and his son.
240. ἄντην, lit. ' facing,' strengthens
εἰκέλη : she was ' like a swallow if set
opposite to one.' This seems to imply
that Athene now took the shape of
a swallow,—not merely (as some think)
that she flew up to the roof like one.
244. οἱ γάρ. The pronoun may be
either the article or the relative (οἵ) :
cp. 24. 255.

τῷ νῦν μὴ ἅμα πάντες ἐφίετε δούρατα μακρά,
ἀλλ' ἄγεθ' οἱ ἓξ πρῶτον ἀκοντίσατ', αἴ κέ ποθι Ζεὺς
δώῃ 'Οδυσσῆα βλῆσθαι καὶ κῦδος ἀρέσθαι.
τῶν δ' ἄλλων οὐ κῆδος, ἐπεί χ' οὗτός γε πέσῃσιν."

*Ὣς ἔφαθ', οἱ δ' ἄρα πάντες ἀκόντισαν ὡς ἐκέλευεν,
ἱέμενοι· τὰ δὲ πάντα ἐτώσια θῆκεν Ἀθήνη.　　　　256
τῶν ἄλλος μὲν σταθμὸν ἐϋσταθέος μεγάροιο
βεβλήκει, ἄλλος δὲ θύρην πυκινῶς ἀραρυῖαν·
ἄλλου δ' ἐν τοίχῳ μελίη πέσε χαλκοβάρεια.
αὐτὰρ ἐπεὶ δὴ δούρατ' ἀλεύαντο μνηστήρων,　　　　260
τοῖς ἄρα μύθων ἦρχε πολύτλας δῖος 'Οδυσσεύς·
" ὦ φίλοι, ἤδη μέν κεν ἐγὼν εἴποιμι καὶ ἄμμι
μνηστήρων ἐς ὅμιλον ἀκοντίσαι, οἳ μεμάασιν
ἡμέας ἐξεναρίξαι ἐπὶ προτέροισι κακοῖσιν."

*Ὣς ἔφαθ', οἱ δ' ἄρα πάντες ἀκόντισαν ὀξέα δοῦρα　265
ἄντα τιτυσκόμενοι· Δημοπτόλεμον μὲν 'Οδυσσεύς,
Εὐρυάδην δ' ἄρα Τηλέμαχος, Ἔλατον δὲ συβώτης,
Πείσανδρον δ' ἄρ' ἔπεφνε βοῶν ἐπιβουκόλος ἀνήρ.
οἱ μὲν ἔπειθ' ἅμα πάντες ὀδὰξ ἕλον ἄσπετον οὖδας,
μνηστῆρες δ' ἀνεχώρησαν μεγάροιο μυχόνδε·　　　　270
τοὶ δ' ἄρ' ἐπήϊξαν, νεκύων δ' ἐξ ἔγχε' ἕλοντο.

Αὖτις δὲ μνηστῆρες ἀκόντισαν ὀξέα δοῦρα
ἱέμενοι· τὰ δὲ πολλὰ ἐτώσια θῆκεν Ἀθήνη.

254 ἐπεί χ' F : ἐπὴν vulg.　　265 ὀξέϊ χαλκῷ P : ὡς ἐκέλευεν J.　　270 μεγάροιο]
θαλάμοιο U.

252. οἱ ἓξ 'six of the number':
H. G. § 260, ε.
253. ἀρέσθαι. The change of subject
with the infinitive is characteristic of
Homer : 'Οδυσσῆα βλῆσθαι καὶ [ὑμᾶς]
ἀρέσθαι. It is a survival from the
original infinitive, which was an abstract
noun. Cp. 2. 227, Il. 9. 230.
254. οὐ κῆδος 'there is no caring
about them.' The seeming play of
language with κῦδος and κῆδος can
hardly be intended : but see 13. 144.,
17. 332., 18. 305.
258. θύρην, sing. because of course
one only of the folding doors was struck :

so in 275.
270. μεγάροιο μυχόνδε 'to the inner-
most part of the μέγαρον.' Cp. θαλάμοιο
μυχός (180). We need not suppose that
any distinct part of the room was in-
tended by the word μυχός.
273. τὰ δὲ πολλὰ κτλ. 'and they,
many as they were, &c.' We must not
take τὰ πολλά together in the sense of
'most of them,' as in later Greek. Cp.
17. 537 τὰ δὲ πολλὰ κατάνεται. Note
however that πάντα is not used here (as
it is in l. 256), because two of the spears
were not wholly without effect.

τῶν ἄλλος μὲν σταθμὸν ἐϋσταθέος μεγάροιο
βεβλήκει, ἄλλος δὲ θύρην πυκινῶς ἀραρυῖαν·   275
ἄλλου δ' ἐν τοίχῳ μελίη πέσε χαλκοβάρεια.
Ἀμφιμέδων δ' ἄρα Τηλέμαχον βάλε χεῖρ' ἐπὶ καρπῷ
λίγδην, ἄκρον δὲ ῥινὸν δηλήσατο χαλκός.
Κτήσιππος δ' Εὔμαιον ὑπὲρ σάκος ἔγχεϊ μακρῷ
ὦμον ἐπέγραψεν· τὸ δ' ὑπέρπτατο, πῖπτε δ' ἔραζε.   280
τοὶ δ' αὖτ' ἀμφ' Ὀδυσῆα δαΐφρονα ποικιλομήτην
μνηστήρων ἐς ὅμιλον ἀκόντισαν ὀξέα δοῦρα.
ἔνθ' αὖτ' Εὐρυδάμαντα βάλε πτολίπορθος Ὀδυσσεύς,
Ἀμφιμέδοντα δὲ Τηλέμαχος, Πόλυβον δὲ συβώτης·
Κτήσιππον δ' ἄρ' ἔπειτα βοῶν ἐπιβουκόλος ἀνὴρ   285
βεβλήκει πρὸς στῆθος, ἐπευχόμενος δὲ προσηύδα·
" ὦ Πολυθερσεΐδη φιλοκέρτομε, μή ποτε πάμπαν
εἴκων ἀφραδίῃς μέγα εἰπεῖν, ἀλλὰ θεοῖσι
μῦθον ἐπιτρέψαι, ἐπεὶ ἦ πολὺ φέρτεροί εἰσι.
τοῦτό τοι ἀντὶ ποδὸς ξεινήϊον, ὅν ποτ' ἔδωκας   290
ἀντιθέῳ Ὀδυσῆϊ δόμον κάτ' ἀλητεύοντι."
Ἦ ῥα βοῶν ἑλίκων ἐπιβουκόλος· αὐτὰρ Ὀδυσσεὺς
οὖτα Δαμαστορίδην αὐτοσχεδὸν ἔγχεϊ μακρῷ·
Τηλέμαχος δ' Εὐηνορίδην Λειώκριτον οὖτα
δουρὶ μέσον κενεῶνα, διαπρὸ δὲ χαλκὸν ἔλασσεν·   295
ἤριπε δὲ πρηνής, χθόνα δ' ἤλασε παντὶ μετώπῳ·
δὴ τότ' Ἀθηναίη φθισίμβροτον αἰγίδ' ἀνέσχεν

294 Λειόκριτον F U al.   295 χαλκὸς F.

278. λίγδην 'grazing it.'
289. μῦθον ἐπιτρέψαι ' commit to the gods the μῦθος,' i.e. the thing that you would say. The meaning is not 'leave it to the gods to speak,' but (with a slightly illogical extension of the sense of μῦθος) 'leave it to the gods to deal with the matter (instead of your speaking about it).' Cp. the note on the phrase τῇ δ' ἀντερος ἐπλετο μῦθος (17. 57, &c.).
292. ἑλίκων, see the note on 1. 92.
294. Λειώκριτον. The names written in our texts Λειώκριτος (or Λειόκριτος) and Λειώδης are probably derived from

an Old Ionic form ληός (for λαός). They must have been originally written Ληόκριτος and ΛηοϜάδης (cp. Εὐρυάδης). The form ληός was preserved in Ionic; Hipponax (88) ληὸν ἀθρήσαι is quoted by the grammarians.
Similarly the stem of θέρσος (the later θάρσος) is preserved in the proper names Θερσίτης, Ἀλιθέρσης, and Πολυθερσεΐδης (l. 287). It is incorrect to regard these forms as Aeolic. Similar forms are common in proper names of all the dialects.
297. The interference of Athene, fore-

ὑψόθεν ἐξ ὀροφῆς· τῶν δὲ φρένες ἐπτοίηθεν.
οἱ δ' ἐφέβοντο κατὰ μέγαρον βόες ὡς ἀγελαῖαι,
τὰς μέν τ' αἰόλος οἶστρος ἐφορμηθεὶς ἐδόνησεν   300
ὥρῃ ἐν εἰαρινῇ, ὅτε τ' ἤματα μακρὰ πέλονται·
οἱ δ' ὡς τ' αἰγυπιοὶ γαμψώνυχες ἀγκυλοχεῖλαι
ἐξ ὀρέων ἐλθόντες ἐπ' ὀρνίθεσσι θόρωσι·
ταὶ μέν τ' ἐν πεδίῳ νέφεα πτώσσουσαι ἵενται,
οἱ δέ τε τὰς ὀλέκουσιν ἐπάλμενοι, οὐδέ τις ἀλκὴ   305
γίγνεται οὐδὲ φυγή· χαίρουσι δέ τ' ἀνέρες ἄγρῃ·
ὣς ἄρα τοὶ μνηστῆρας ἐπεσσύμενοι κατὰ δῶμα
τύπτον ἐπιστροφάδην· τῶν δὲ στόνος ὄρνυτ' ἀεικὴς
κράτων τυπτομένων, δάπεδον δ' ἅπαν αἵματι θῦε.

Λειώδης δ' Ὀδυσῆος ἐπεσσύμενος λάβε γούνων,   310
καί μιν λισσόμενος ἔπεα πτερόεντα προσηύδα·
" γουνοῦμαί σ', Ὀδυσεῦ· σὺ δέ μ' αἴδεο καί μ' ἐλέησον·
οὐ γάρ πώ τινά φημι γυναικῶν ἐν μεγάροισιν
εἰπεῖν οὐδέ τι ῥέξαι ἀτάσθαλον· ἀλλὰ καὶ ἄλλους
παύεσκον μνηστῆρας, ὅτις τοιαῦτά γε ῥέζοι.   315
ἀλλά μοι οὐ πείθοντο κακῶν ἀπὸ χεῖρας ἔχεσθαι·
τῶ καὶ ἀτασθαλίῃσιν ἀεικέα πότμον ἐπέσπον.
αὐτὰρ ἐγὼ μετὰ τοῖσι θυοσκόος οὐδὲν ἐοργὼς
κείσομαι, ὡς οὐκ ἔστι χάρις μετόπισθ' εὐεργέων."

Τὸν δ' ἄρ' ὑπόδρα ἰδὼν προσέφη πολύμητις Ὀδυσσεύς·
" εἰ μὲν δὴ μετὰ τοῖσι θυοσκόος εὔχεαι εἶναι,   321

---

298 ἐκ κορυφῆς G X U. φρένας ἐπτοίησεν X Eust.   302 γναμψώνυχες P.
310 Read perhaps Ὀδυσῆα, cp. l. 342.   314 οὐδέ F vulg.: οὔτε G P H J.

---

shadowed in 16. 260, and again in this book (l. 236), now begins. She takes her own form, of which the terror-striking αἰγίς was a chief attribute.

300. αἰόλος 'darting,' 'dancing about.' ἐδόνησεν 'swept along': δονέω is especially used of the wind.

302. οἱ δὲ κτλ., taken up again in l. 307 ὣς ἄρα τοὶ κτλ.

304. νέφεα πτώσσουσαι 'shrinking from the region of the clouds,' i.e. flying as low as possible.
ἵενται 'are urged along,' the passive

of ἵημι, probably a different word from ἵεμαι ' I aim at, desire.'

308-309, = Il. 10. 483-484., 21. 20-21. τῶν is masc., as in the Iliad.

κράτων τυπτομένων must be a gen. absolute. It takes the place of the phrase δορὶ θεινομένων in the Iliad—perhaps because Ulysses had no sword: see ll. 110-111 (Sittl, p. 48).

319. κείσομαι 'shall be laid low,' 'shall fall': cp. Soph. El. 244 εἰ γὰρ ὁ μὲν θανὼν γᾶ τε καὶ οὐδὲν ὢν κείσεται τάλας.

πολλάκι που μέλλεις ἀρήμεναι ἐν μεγάροισι
τηλοῦ ἐμοὶ νόστοιο τέλος γλυκεροῖο γενέσθαι,
σοὶ δ' ἄλοχόν τε φίλην σπέσθαι καὶ τέκνα τεκέσθαι·
τῷ οὐκ ἂν θάνατόν γε δυσηλεγέα προφύγοισθα."   325
  *Ὣς ἄρα φωνήσας ξίφος εἵλετο χειρὶ παχείῃ
κείμενον, ὃ ῥ' Ἀγέλαος ἀποπροέηκε χαμᾶζε
κτεινόμενος· τῷ τόν γε κατ' αὐχένα μέσσον ἔλασσε·
φθεγγομένου δ' ἄρα τοῦ γε κάρη κονίῃσιν ἐμίχθη.

  Τερπιάδης δ' ἔτ' ἀοιδὸς ἀλύσκανε κῆρα μέλαιναν,   330
Φήμιος, ὅς ῥ' ἤειδε μετὰ μνηστῆρσιν ἀνάγκῃ.
ἔστη δ' ἐν χείρεσσιν ἔχων φόρμιγγα λίγειαν
ἄγχι παρ' ὀρσοθύρην· δίχα δὲ φρεσὶ μερμήριζεν,
ἢ ἐκδὺς μεγάροιο Διὸς μεγάλου ποτὶ βωμὸν
ἑρκείου ἕζοιτο τετυγμένον, ἔνθ' ἄρα πολλὰ   335
Λαέρτης Ὀδυσεύς τε βοῶν ἐπὶ μηρί' ἔκηαν,
ἢ γούνων λίσσοιτο προσαΐξας Ὀδυσῆα.
ὧδε δέ οἱ φρονέοντι δοάσσατο κέρδιον εἶναι,
γούνων ἄψασθαι Λαερτιάδεω Ὀδυσῆος.
ἦ τοι ὁ φόρμιγγα γλαφυρὴν κατέθηκε χαμᾶζε   340
μεσσηγὺς κρητῆρος ἰδὲ θρόνου ἀργυροήλου,
αὐτὸς δ' αὖτ' Ὀδυσῆα προσαΐξας λάβε γούνων,
καί μιν λισσόμενος ἔπεα πτερόεντα προσηύδα·
"γουνοῦμαί σ', Ὀδυσεῦ· σὺ δέ μ' αἴδεο καί μ' ἐλέησον·
αὐτῷ τοι μετόπισθ' ἄχος ἔσσεται, εἴ κεν ἀοιδὸν   345

---

322 του F X Z: μου G P H al.   323 ἰμοῦ P H K.   327 χαμᾶζε]
φέρεσθαι G.   333 ορσοθύρη (sic) P.   335 ἵζοιτο G P H al.: ἵζοιτο vulg.

322. **μέλλεις ἀρήμεναι** 'you are like
to have prayed,' 'it must be that you
prayed': μέλλω with the present or
aorist inf. has this force: see on 14. 133.
323. **τηλοῦ**, a litotes, since the real
meaning is 'prayed that I might never
return at all.'
333. **δίχα δὲ κτλ.** The alternatives
were (1) to slip out of the μέγαρον by
the ὀρσοθύρη, and seat himself as a
suppliant at the altar of Zeus in the
αὐλή, or (2) at once to throw himself on
the mercy of Ulysses.

335. **ἵζοιτο.** The aor. is the more
appropriate tense here, the meaning
being 'should seat himself.'
341. **κρητῆρος.** The mixing bowl was
in the μυχός or innermost part of the
μέγαρον, cp. 21. 145 παρὰ κρητῆρα δὲ
καλὸν ἵζε μυχοίτατος αἰέν. Further, it
was within reach of the ὀρσοθύρη, near
which Phemius was (l. 333). Hence
we must place the ὀρσοθύρη as near
as possible to the upper end of the
μέγαρον,—either in the end wall or
(more probably) in the side wall.

πέφνῃς, ὅς τε θεοῖσι καὶ ἀνθρώποισιν ἀείδω.
αὐτοδίδακτος δ' εἰμί, θεὸς δέ μοι ἐν φρεσὶν οἴμας
παντοίας ἐνέφυσεν· ἔοικα δέ τοι παραειδεῖν
ὥς τε θεῷ· τῶ μή με λιλαίεο δειροτομῆσαι.
καί κεν Τηλέμαχος τάδε γ' εἴποι, σὸς φίλος υἱός,   350
ὡς ἐγὼ οὔ τι ἑκὼν ἐς σὸν δόμον οὐδὲ χατίζων
πωλεύμην μνηστῆρσιν ἀεισόμενος μετὰ δαῖτας,
ἀλλὰ πολὺ πλέονες καὶ κρείσσονες ἦγον ἀνάγκῃ."

*Ὣς φάτο, τοῦ δ' ἤκουσ' ἱερὴ ἲς Τηλεμάχοιο,
αἶψα δ' ἑὸν πατέρα προσεφώνεεν ἐγγὺς ἐόντα·   355
" ἴσχεο μηδέ τι τοῦτον ἀναίτιον οὔταε χαλκῷ·
καὶ κήρυκα Μέδοντα σαώσομεν, ὅς τέ μευ αἰεὶ
οἴκῳ ἐν ἡμετέρῳ κηδέσκετο παιδὸς ἐόντος,
εἰ δὴ μή μιν ἔπεφνε Φιλοίτιος ἠὲ συβώτης,
ἠὲ σοὶ ἀντεβόλησεν ὀρινομένῳ κατὰ δῶμα."   360

*Ὣς φάτο, τοῦ δ' ἤκουσε Μέδων πεπνυμένα εἰδώς·
πεπτηὼς γὰρ ἔκειτο ὑπὸ θρόνον, ἀμφὶ δὲ δέρμα
ἕστο βοὸς νεόδαρτον, ἀλύσκων κῆρα μέλαιναν.
αἶψα δ' ὑπὸ θρόνου ὦρτο, βοὸς δ' ἀπέδυνε βοείην,
Τηλέμαχον δ' ἄρ' ἔπειτα προσαΐξας λάβε γούνων,   365
καί μιν λισσόμενος ἔπεα πτερόεντα προσηύδα·

350 τάδε γ'] τάδε G F U : τά με P : fort. τά γε.   351 σὸν] ἑὸν F Mᵃ.
352 δαῖτας G H : δαῖτα F P X al.   362 ἀμφὶ δ' ἄρ' αὐτῷ G (Π. 3. 362).

347. αὐτοδίδακτος is a word which
implies that the art of the ἀοιδός was
becoming, or had become, a regular
profession, in which teaching might
take the place of inspiration.
οἴμας 'lays,' 'poems.' Cp. 8. 74
οἴμης τῆς τότ' ἄρα κλέος οὐρανὸν εὐρὺν
ἵκανε, νεῖκος 'Οδυσσῆος καὶ Πηλείδεω
'Αχιλῆος 'a song whose fame then rose
to heaven, namely the strife of Ulysses
and Achilles ' (as the Iliad might be
called the strife of Agamemnon and
Achilles). The word οἴμη may mean
' going, course,' cp. οἶμος and οἶμα, also
the fine imitation in Tennyson's *Ode on
the death of the Duke of Wellington*,
' and ever-ringing avenues of song.'

348. ἔοικα δέ τοι παραειδεῖν 'I am
fit to sing before you,' a personal con-
struction, nearly = ' it is fit that I should
sing.' This use of ἔοικα is not common,
except in the participle ἐοικώς. Some
take it to mean ' I seem, in singing to
you, to be singing to a god.' But this
is harsh, and moreover is not the sense
required by the context. It is not the
glory of Ulysses, but the especial
worthiness of Phemius, that is insisted
on.

352. μετὰ δαῖτας 'among their feasts,'
i. e. in the company at their feasts. The
acc. is due to the verb of motion
πωλεύμην, with which μετὰ δαῖτας is
to be construed.

" ὦ φίλ', ἐγὼ μὲν ὅδ' εἰμί, σὺ δ' ἴσχεο· εἰπὲ δὲ πατρὶ
μή με περισθενέων δηλήσεται ὀξέϊ χαλκῷ,
ἀνδρῶν μνηστήρων κεχολωμένος, οἵ οἱ ἔκειρον
κτήματ' ἐνὶ μεγάρῳ, σὲ δὲ νήπιοι οὐδὲν ἔτιον."   370

Τὸν δ' ἐπιμειδήσας προσέφη πολύμητις Ὀδυσσεύς·
" θάρσει, ἐπεὶ δή σ' οὗτος ἐρύσατο καὶ ἐσάωσεν,
ὄφρα γνῷς κατὰ θυμόν, ἀτὰρ εἴπῃσθα καὶ ἄλλῳ,
ὡς κακοεργίης εὐεργεσίη μέγ' ἀμείνων.
ἀλλ' ἐξελθόντες μεγάρων ἕζεσθε θύραζε   375
ἐκ φόνου εἰς αὐλήν, σύ τε καὶ πολύφημος ἀοιδός,
ὄφρ' ἂν ἐγὼ κατὰ δῶμα πονήσομαι ὅττεό με χρή."

Ὣς φάτο, τὼ δ' ἔξω βήτην μεγάροιο κιόντε,
ἑζέσθην δ' ἄρα τώ γε Διὸς μεγάλου ποτὶ βωμόν,
πάντοσε παπταίνοντε, φόνον ποτιδεγμένω αἰεί.   380

Πάπτηνεν δ' Ὀδυσεὺς καθ' ἑὸν δόμον, εἴ τις ἔτ' ἀνδρῶν
ζωὸς ὑποκλοπέοιτο, ἀλύσκων κῆρα μέλαιναν.
τοὺς δὲ ἴδεν μάλα πάντας ἐν αἵματι καὶ κονίῃσι
πεπτεῶτας πολλούς, ὥς τ' ἰχθύας, οὓς θ' ἁλιῆες
κοῖλον ἐς αἰγιαλὸν πολιῆς ἔκτοσθε θαλάσσης   385
δικτύῳ ἐξέρυσαν πολυωπῷ· οἱ δέ τε πάντες
κύμαθ' ἁλὸς ποθέοντες ἐπὶ ψαμάθοισι κέχυνται·
τῶν μέν τ' ἠέλιος φαέθων ἐξείλετο θυμόν·
ὣς τότ' ἄρα μνηστῆρες ἐπ' ἀλλήλοισι κέχυντο·
δὴ τότε Τηλέμαχον προσέφη πολύμητις Ὀδυσσεύς·   390
" Τηλέμαχ', εἰ δ' ἄγε μοι κάλεσον τροφὸν Εὐρύκλειαν,
ὄφρα ἔπος εἴπωμι τό μοι καταθύμιόν ἐστιν."

Ὣς φάτο, Τηλέμαχος δὲ φίλῳ ἐπεπείθετο πατρί,
κινήσας δὲ θύρην προσέφη τροφὸν Εὐρύκλειαν·

367 ὣδ' G F P Z.   392 εἴποιμι vulg.

382. ὑποκλοπέοιτο 'were concealing himself.'
385. κοῖλον 'curving': the fishermen draw their nets into a bay.
394. κινήσας δὲ θύρην κτλ. Telemachus shook the door to call the attention of Eurycleia. Cp. Il. 9. 581-

583, where Oeneus stands on the threshold σείων κολλητὰς σανίδας, γουνούμενος υἱόν. The door now in question is that leading into the women's apartment, which Eurycleia had shut before the slaughter began (21. 387). The sing. θύρη is used because one of the folding

" δεῦρο δὴ ὅρσο, γρηῢ παλαιγενές, ἥ τε γυναικῶν   395
δμφάων σκοπός ἐσσι κατὰ μέγαρ' ἡμετεράων·
ἔρχεο· κικλήσκει σε πατὴρ ἐμός, ὄφρα τι εἴπῃ."

*Ὣs ἄρ' ἐφώνησεν, τῇ δ' ἄπτερος ἔπλετο μῦθος,
ᾤξεν δὲ θύρας μεγάρων εὖ ναιεταόντων,
βῆ δ' ἴμεν· αὐτὰρ Τηλέμαχος πρόσθ' ἡγεμόνευεν.   400
εὗρεν ἔπειτ' Ὀδυσῆα μετὰ κταμένοισι νέκυσσιν,
αἵματι καὶ λύθρῳ πεπαλαγμένον ὥς τε λέοντα,
ὅς ῥά τε βεβρωκὼς βοὸς ἔρχεται ἀγραύλοιο·
πᾶν δ' ἄρα οἱ στῆθός τε παρήϊά τ' ἀμφοτέρωθεν
αἱματόεντα πέλει, δεινὸς δ' εἰς ὦπα ἰδέσθαι·   405
ὣς Ὀδυσεὺς πεπάλακτο πόδας καὶ χεῖρας ὑπερθεν·
ἡ δ' ὡς οὖν νέκυάς τε καὶ ἄσπετον εἴσιδεν αἷμα,
ἴθυσέν ῥ' ὀλολύξαι, ἐπεὶ μέγα εἴσιδεν ἔργον·
ἀλλ' Ὀδυσεὺς κατέρυκε καὶ ἔσχεθεν ἱεμένην περ,
καί μιν φωνήσας ἔπεα πτερόεντα προσηύδα·   410
"ἐν θυμῷ, γρηῢ, χαῖρε καὶ ἴσχεο μηδ' ὀλόλυζε·
οὐχ ὁσίη κταμένοισιν ἐπ' ἀνδράσιν εὐχετάασθαι,
τοὺς δὴ μοῖρ' ἐδάμασσε θεῶν καὶ σχέτλια ἔργα·
οὔ τινα γὰρ τίεσκον ἐπιχθονίων ἀνθρώπων,
οὐ κακὸν οὐδὲ μὲν ἐσθλόν, ὅτις σφέας εἰσαφίκοιτο·   415
τῶ καὶ ἀτασθαλίῃσιν ἀεικέα πότμον ἐπέσπον.

•

413 τοὺς δὴ F: τοὺς δὲ G P: τούσδε δὲ vulg.

---

doors only was actually shaken: cp.
22. 258, 275. For the question as to
the position of this door see the Appendix
on the Homeric House.
398. For τῇ δ' ἄπτερος κτλ. see the
note on 17. 57.
408. ἴθυσεν 'set herself to,' 'pre-
pared.'
ὀλολύξαι 'to cry aloud.' The ὀλολυγή
was a joyful cry, uttered by women,
especially at the moment of the con-
summation of a sacrifice: see the note
on 3. 450. According to Herodotus
(4. 189) the ritual use originated with
the women of Libya, and they excelled
in the performance of it.
εἴσιδεν is a little awkward after the
same word in l. 407: perhaps we should

read εἴσατο (Fείσατο), and thus get rid
of the hiatus at the same time.
415. οὐ κακὸν οὐδὲ μὲν ἐσθλόν. Of
the two opposites here denied it is the
second which is logically important.
There is no point in the assertion—
taken by itself—that the Suitors did not
honour the unworthy (κακός): but the
addition of οὐ κακόν leads up to and
gives effect to οὐδὲ μὲν ἐσθλόν. 'They
honoured neither bad nor good' is a
rhetorical way of saying that they
honoured good no more than bad (and
therefore not at all). An example of
this illogical or at least pleonastic form
of expression may be found in Soph. El.
305 τὰς οὔσας τέ μου καὶ τὰς ἀπούσας
ἐλπίδας διέφθορεν.

ἀλλ' ἄγε μοι σὺ γυναῖκας ἐνὶ μεγάροις κατάλεξον,
αἵ τέ μ' ἀτιμάζουσι καὶ αἳ νηλίτιδές εἰσιν."

Τὸν δ' αὖτε προσέειπε φίλη τροφὸς Εὐρύκλεια·
"τοιγὰρ ἐγώ τοι, τέκνον, ἀληθείην καταλέξω.   420
πεντήκοντά τοί εἰσιν ἐνὶ μεγάροισι γυναῖκες
δμωαί, τὰς μέν τ' ἔργα διδάξαμεν ἐργάζεσθαι,
εἴριά τε ξαίνειν καὶ δουλοσύνην ἀνέχεσθαι·
τάων δώδεκα πᾶσαι ἀναιδείης ἐπέβησαν,
οὔτ' ἐμὲ τίουσαι οὔτ' αὐτὴν Πηνελόπειαν.   425
Τηλέμαχος δὲ νέον μὲν ἀέξετο, οὐδέ ἑ μήτηρ
σημαίνειν εἴασκεν ἐπὶ δμῳῇσι γυναιξίν.
ἀλλ' ἄγ' ἐγὼν ἀναβᾶσ' ὑπερώϊα σιγαλόεντα
εἴπω σῇ ἀλόχῳ, τῇ τις θεὸς ὕπνον ἐπῶρσεν."

Τὴν δ' ἀπαμειβόμενος προσέφη πολύμητις Ὀδυσσεύς·
"μή πω τήν γ' ἐπέγειρε· σὺ δ' ἐνθάδε εἰπὲ γυναιξὶν   431
ἐλθέμεν, αἵ περ πρόσθεν ἀεικέα μηχανόωντο."

Ὣς ἄρ' ἔφη, γρηῢς δὲ διὲκ μεγάροιο βεβήκει
ἀγγελέουσα γυναιξὶ καὶ ὀτρυνέουσα νέεσθαι.
αὐτὰρ ὁ Τηλέμαχον καὶ βουκόλον ἠδὲ συβώτην   435
εἰς ἓ καλεσσάμενος ἔπεα πτερόεντα προσηύδα·
"ἄρχετε νῦν νέκυας φορέειν καὶ ἄνωχθε γυναῖκας·
αὐτὰρ ἔπειτα θρόνους περικαλλέας ἠδὲ τραπέζας
ὕδατι καὶ σπόγγοισι πολυτρήτοισι καθαίρειν.
αὐτὰρ ἐπὴν δὴ πάντα δόμον κατακοσμήσησθε,   440
δμῳὰς ἐξαγαγόντες ἐϋσταθέος μεγάροιο,
μεσσηγύς τε θόλου καὶ ἀμύμονος ἕρκεος αὐλῆς,

---

418 νηλίτιδες, see 19. 498.   419 φίλη τροφὸς] περίφρων G.   423 δουλοσύνην
M U: -ης G F P H X al.   429 ἐπῶρσεν] ἔχευεν P H M al.   431 τήν γ' i:
τήνδ' G F U: τὴν δεγ' ἔγειρε P.   440 ἐπὴν δὴ] ἐπειδὴ U: ἐπὴνX: (ἐπεί κεν?).
διακοσμήσησθε G X U, cp. 457.

424. δώδεκα πᾶσαι 'twelve in all.'
ἐπέβησαν 'have set foot within.'
The metaphor is not uncommon in
Homer: cp. Il. 2. 234 κακῶν ἐπιβασκέμεν
υἷας Ἀχαιῶν, 8. 285 ἐϋκλείης ἐπίβησον,
Od. 23. 13, 52.
426. νέον ἀέξετο 'was but lately
growing to man's estate.'

432. μηχανόωντο 'have been work-
ing,' impf. as in 22. 46.
437. φορέειν 'to carry away,' cp. l.
456. The word is to be supplied again
with ἄνωχθε.
442. θόλου, a dome-shaped building,
apparently within the αὐλή, the nature
and purpose of which are unknown.

θεινέμεναι ξίφεσιν τανυήκεσιν, εἰς ὅ κε πασέων
ψυχὰς ἐξαφέλησθε, καὶ ἐκλελάθωντ' Ἀφροδίτης,
τὴν ἄρ' ὑπὸ μνηστῆρσιν ἔχον μίσγοντό τε λάθρῃ."　445

Ὣς ἔφαθ', αἱ δὲ γυναῖκες ἀολλέες ἦλθον ἅπασαι,
αἴν' ὀλοφυρόμεναι, θαλερὸν κατὰ δάκρυ χέουσαι.
πρῶτα μὲν οὖν νέκυας φόρεον κατατεθνηῶτας,
κὰδ δ' ἄρ' ὑπ' αἰθούσῃ τίθεσαν εὐερκέος αὐλῆς,
ἀλλήλοισιν ἐρείδουσαι· σήμαινε δ' Ὀδυσσεὺς　450
αὐτὸς ἐπισπέρχων· ταὶ δ' ἐκφόρεον καὶ ἀνάγκῃ.
αὐτὰρ ἔπειτα θρόνους περικαλλέας ἠδὲ τραπέζας
ὕδατι καὶ σπόγγοισι πολυτρήτοισι κάθαιρον.
αὐτὰρ Τηλέμαχος καὶ βουκόλος ἠδὲ συβώτης
λίστροισιν δάπεδον πύκα ποιητοῖο δόμοιο　455
ξῦον· ταὶ δ' ἐφόρεον δμῳαί, τίθεσαν δὲ θύραζε.
αὐτὰρ ἐπεὶ δὴ πᾶν μέγαρον διεκοσμήσαντο,
δμῳὰς δ' ἐξαγαγόντες ἐϋσταθέος μεγάροιο,
μεσσηγύς τε θόλου καὶ ἀμύμονος ἕρκεος αὐλῆς,
εἴλεον ἐν στείνει, ὅθεν οὔ πως ἦεν ἀλύξαι.　460
τοῖσι δὲ Τηλέμαχος πεπνυμένος ἦρχ' ἀγορεύειν·
"μὴ μὲν δὴ καθαρῷ θανάτῳ ἀπὸ θυμὸν ἑλοίμην
τάων, αἳ δὴ ἐμῇ κεφαλῇ κατ' ὀνείδεα χεῦαν
μητέρι θ' ἡμετέρῃ παρά τε μνηστῆρσιν ἴαυον."

Ὣς ἄρ' ἔφη, καὶ πεῖσμα νεὸς κυανοπρῴροιο　465
κίονος ἐξάψας μεγάλης περίβαλλε θόλοιο,
ὑψόσ' ἐπεντανύσας, μή τις ποσὶν οὖδας ἵκοιτο.

444 ἐκλελάθωντ' Hermann: ἐκλελάθοιντ' MSS.　450 ἀλλήλοισιν M: ἀλλή-
λῃσιν vulg.　451 ἐπισπέρχων H al.: ἐπιστείχων G F M U.　458 δ' P H:
om. vulg.　460 στείνει] originally perhaps στένει, see H. G. § 105.

449. ὑπ' αἰθούσῃ αὐλῆς 'under the portico of the court-yard.' This was close to the entrance of the αὐλή, as is shown by the description in 23. 49 ἐν αὐλείῃσι θύρῃσιν ἀθρόοι.

450. ἀλλήλοισιν ἐρείδουσαι 'piling them against each other,' i.e. setting them in a row leaning against each other and the wall of the αἴθουσα.

456. ἐφόρεον 'carried away' (the scrapings).

462. μὴ ἑλοίμην, an emphatic negative, putting away the idea of doing a thing: cp. 7. 316: H. G. § 299 (e).

464. ἡμετέρῃ, plur. because Telemachus speaks as a member of a family.

466. κίονος, doubtless one of the columns of the αἴθουσα, and accordingly on the line of the ἕρκος αὐλῆς (442).

περίβαλλε 'threw (the loose end) round' the top of the θόλος, and then drew the rope tight.

ὡς δ' ὅτ' ἂν ἢ κίχλαι τανυσίπτεροι ἠὲ πέλειαι
ἕρκει ἐνιπλήξωσι, τό θ' ἑστήκῃ ἐνὶ θάμνῳ,
αὖλιν ἐσιέμεναι, στυγερὸς δ' ὑπεδέξατο κοῖτος,   470
ὣς αἵ γ' ἑξείης κεφαλὰς ἔχον, ἀμφὶ δὲ πάσαις
δειρῇσι βρόχοι ἦσαν, ὅπως οἴκτιστα θάνοιεν.
ἤσπαιρον δὲ πόδεσσι μίνυνθά περ, οὔ τι μάλα δήν.

Ἐκ δὲ Μελάνθιον ἦγον ἀνὰ πρόθυρόν τε καὶ αὐλήν·
τοῦ δ' ἀπὸ μὲν ῥῖνάς τε καὶ οὔατα νηλέϊ χαλκῷ   475
τάμνον, μήδεά τ' ἐξέρυσαν, κυσὶν ὠμὰ δάσασθαι,
χεῖράς τ' ἠδὲ πόδας κόπτον κεκοτηότι θυμῷ.

Οἱ μὲν ἔπειτ' ἀπονιψάμενοι χεῖράς τε πόδας τε
εἰς Ὀδυσῆα δόμονδε κίον, τετέλεστο δὲ ἔργον·
αὐτὰρ ὅ γε προσέειπε φίλην τροφὸν Εὐρύκλειαν·   480
" οἶσε θέειον, γρηΰ, κακῶν ἄκος, οἶσε δέ μοι πῦρ,
ὄφρα θεειώσω μέγαρον· σὺ δὲ Πηνελόπειαν
ἐλθεῖν ἐνθάδ' ἄνωχθι σὺν ἀμφιπόλοισι γυναιξί·
πάσας δ' ὄτρυνον δμῳὰς κατὰ δῶμα νέεσθαι."

Τὸν δ' αὖτε προσέειπε φίλη τροφὸς Εὐρύκλεια·   485
" ναὶ δὴ ταῦτά γε, τέκνον ἐμόν, κατὰ μοῖραν ἔειπες.
ἀλλ' ἄγε τοι χλαῖνάν τε χιτῶνά τε εἵματ' ἐνείκω,
μηδ' οὕτω ῥάκεσιν πεπυκασμένος εὐρέας ὤμους
ἕσταθ' ἐνὶ μεγάροισι· νεμεσσητὸν δέ κεν εἴη."

Τὴν δ' ἀπαμειβόμενος προσέφη πολύμητις Ὀδυσσεύς·
" πῦρ νῦν μοι πρώτιστον ἐνὶ μεγάροισι γενέσθω."   491

Ὣς ἔφατ', οὐδ' ἀπίθησε φίλη τροφὸς Εὐρύκλεια,
ἤνεικεν δ' ἄρα πῦρ καὶ θήϊον· αὐτὰρ Ὀδυσσεὺς

---

471 πάσας J : πασέων conj. Nauck. (cp. 443). In any case the form πάσαις is post-Homeric.   486 ταῦτά γε πάντα, τέκος G (conj. Düntzer).   492 φίλη τροφὸς G F : περίφρων P H U al.   493 θήϊον] θέϊον (sic) G.

470. στυγερὸς κοῖτος, an oxymoron, the meaning being that instead of a κοῖτος they found something hateful: so 17. 448 μὴ τάχα πικρὴν Αἴγυπτον καὶ Κύπρον ἵκηαι, Il. 10. 496 κακὸν ὄναρ (of Diomede killing Rhesus in his sleep).

474. ἀνὰ πρόθυρόν τε καὶ αὐλήν, i.e. from the θάλαμος and so through the doorway of the μέγαρον.

484. κατὰ δῶμα 'through the hall (the μέγαρον) inwards'; whereas ἀνὰ δῶμα implies movement outwards. For this force of κατά cp. 20. 122., 22. 299, 307 : for ἀνά 21. 234, 378 (J. L. M.).

493. θήϊον is a strange variety for θέειον. Possibly we should read πῦρ τε θέειόν τ', and in the next line σὺ ἐθεείωσεν.

II.   R

εὖ διεθείωσεν μέγαρον καὶ δῶμα καὶ αὐλήν.

Γρηῢς δ' αὖτ' ἀπέβη διὰ δώματα κάλ' 'Οδυσῆος   495
ἀγγελέουσα γυναιξὶ καὶ ὀτρυνέουσα νέεσθαι·
αἱ δ' ἴσαν ἐκ μεγάροιο δάος μετὰ χερσὶν ἔχουσαι.
αἱ μὲν ἄρ' ἀμφεχέοντο καὶ ἠσπάζοντ' 'Οδυσῆα,
καὶ κύνεον ἀγαπαζόμεναι κεφαλήν τε καὶ ὤμους
χεῖράς τ' αἰνύμεναι· τὸν δὲ γλυκὺς ἵμερος ᾕρει   500
κλαυθμοῦ καὶ στοναχῆς, γίγνωσκε δ' ἄρα φρεσὶ πάσας.

495 ἀνέβη G F.

494. μέγαρον καὶ δῶμα καὶ αὐλήν is difficult, since δῶμα usually = μέγαρον. Possibly the original reading here was θάλαμον καὶ δῶμα καὶ αὐλήν—a conventional phrase for the whole palace (cf. Il. 6. 316). μέγαρον may have been substituted from recollection of l. 482.

497. ἐκ μεγάροιο. Here μέγαρον must mean the women's apartment.

SLAYING OF THE SUITORS.
From a vase in the Museum of Berlin.

ΟΔΥΣΣΕΙΑΣ Ψ

Ὀδυσσέως ὑπὸ Πηνελόπης ἀναγνωρισμός.

Γρηῢς δ' εἰς ὑπερῷ' ἀνεβήσετο καγχαλόωσα,
δεσποίνῃ ἐρέουσα φίλον πόσιν ἔνδον ἐόντα·
γούνατα δ' ἐρρώσαντο, πόδες δ' ὑπερικταίνοντο.
στῆ δ' ἄρ' ὑπὲρ κεφαλῆς καί μιν πρὸς μῦθον ἔειπεν·
"ἔγρεο, Πηνελόπεια, φίλον τέκος, ὄφρα ἴδηαι   5
ὀφθαλμοῖσι τεοῖσι τά τ' ἔλδεαι ἤματα πάντα.
ἦλθ' Ὀδυσεὺς καὶ οἶκον ἱκάνεται, ὀψέ περ ἐλθών.
μνηστῆρας δ' ἔκτεινεν ἀγήνορας, οἵ θ' ἑὸν οἶκον
κήδεσκον καὶ κτήματ' ἔδον βιόωντό τε παῖδα."

Τὴν δ' αὖτε προσέειπε περίφρων Πηνελόπεια·   10
"μαῖα φίλη, μάργην σε θεοὶ θέσαν, οἵ τε δύνανται
ἄφρονα ποιῆσαι καὶ ἐπίφρονά περ μάλ' ἐόντα,
καί τε χαλιφρονέοντα σαοφροσύνης ἐπέβησαν
οἵ σέ περ ἔβλαψαν· πρὶν δὲ φρένας αἰσίμη ἦσθα.
τίπτε με λωβεύεις πολυπενθέα θυμὸν ἔχουσαν   15

3. ἐρρώσαντο 'sped along': the word is used of a continuous or rhythmical movement, cp. 20. 107., 24. 69.

ὑπερικταίνοντο is surely a compound of ὑπό, as Aristarchus held (τὸ πλῆρες κατὰ Ἀρίσταρχον ἐρικταίνοντο Apoll. Lex. s. v.). ὑπό is often used of the *lower* limbs (γούνατα, γυῖα, &c.). The sense of ἐρικταίνομαι can only be guessed at from this context: it may mean 'bustled' or 'trotted along'—*gradum studio celebrabat anili* (Aen. 4. 641). One ancient grammarian connected the word with ἐρείκω (ἐρικ-εῖν), explaining it by ὑποκατεκλῶντο 'were broken down under her.' This is tenable as regards

the form, but the meaning is unsatisfactory.

9. κήδεσκον 'have been vexing,' an impf. of the kind noticed in *H. G.* § 73. Cp. 22. 46, 209, 432.

14. οἵ σέ περ ἔβλαψαν is a second relatival clause, after οἵ τε δύνανται κτλ. It is not uncommon in Homer to find a *general* statement introduced by ὅς τε, followed by a particular example introduced by ὅς: see *H. G.* § 272.

σέ περ 'even thee.'

πρὶν δὲ . . . ἦσθα is logically subordinate: 'that wast so sound of mind before.'

R 2

ταῦτα παρὲξ ἐρέουσα, καὶ ἐξ ὕπνου μ' ἀνεγείρεις
ἡδέος, ὅς μ' ἐπέδησε φίλα βλέφαρ' ἀμφικαλύψας;
οὐ γάρ πω τοιόνδε κατέδραθον, ἐξ οὗ Ὀδυσσεὺς
ᾤχετ' ἐποψόμενος Κακοΐλιον οὐκ ὀνομαστήν.
ἀλλ' ἄγε νῦν κατάβηθι καὶ ἄψ ἔρχευ μέγαρόνδε.   20
εἰ γάρ τίς μ' ἄλλη γε γυναικῶν, αἵ μοι ἔασι,
ταῦτ' ἐλθοῦσ' ἤγγειλε καὶ ἐξ ὕπνου ἀνέγειρε,
τῶ κε τάχα στυγερῶς μιν ἐγὼν ἀπέπεμψα νέεσθαι
αὖτις ἔσω μέγαρον· σὲ δὲ τοῦτό γε γῆρας ὀνήσει."

Τὴν δ' αὖτε προσέειπε φίλη τροφὸς Εὐρύκλεια·   25
" οὔ τί σε λωβεύω, τέκνον φίλον, ἀλλ' ἔτυμόν τοι
ἦλθ' Ὀδυσεὺς καὶ οἶκον ἱκάνεται, ὡς ἀγορεύω,
ὁ ξεῖνος, τὸν πάντες ἀτίμων ἐν μεγάροισι.
Τηλέμαχος δ' ἄρα μιν πάλαι ᾔδεεν ἔνδον ἐόντα,
ἀλλὰ σαοφροσύνῃσι νοήματα πατρὸς ἔκευθεν,   30
ὄφρ' ἀνδρῶν τίσαιτο βίην ὑπερηνορεόντων."

Ὣς ἔφαθ', ἡ δ' ἐχάρη καὶ ἀπὸ λέκτροιο θοροῦσα
γρηῒ περιπλέχθη, βλεφάρων δ' ἀπὸ δάκρυον ἧκε,
καί μιν φωνήσασ' ἔπεα πτερόεντα προσηύδα·
" εἰ δ' ἄγε δή μοι, μαῖα φίλη, νημερτὲς ἐνίσπες,   35
εἰ ἐτεὸν δὴ οἶκον ἱκάνεται, ὡς ἀγορεύεις,
ὅππως δὴ μνηστῆρσιν ἀναιδέσι χεῖρας ἐφῆκε
μοῦνος ἐών, οἱ δ' αἰὲν ἀολλέες ἔνδον ἔμιμνον."

Τὴν δ' αὖτε προσέειπε φίλη τροφὸς Εὐρύκλεια·
" οὐκ ἴδον, οὐ πυθόμην, ἀλλὰ στόνον οἶον ἄκουσα   40

---

21 μ'] μοι G P H.   22 μ' ἀνέγειρε G U Eust.   24 μέγαρον X D Eust.:
μεγάρων vulg.   29 ᾔδει πάλαι Bekk.

---

16. ἐρέουσα is a fut. part., hence we
must take λωβεύεις as equivalent to a
verb of motion—'maltreat in order to
tell.' The clause καὶ ἐξ ὕπνου ἀνεγεί-
ρεις is an explanation of λωβεύεις: so
that the whole sentence means ' why do
you do me the hurt of wakening me out
of sleep only to tell me this false news?'
For παρὲξ cp. 12. 213.
20. The μέγαρον of the women, cp.
l. 24, also 22. 497.
21. μ', for μοι, see on 1. 60.

22. A prothysteron: ἤγγειλε is the
main assertion: ἀνέγειρε subordinate,
='thereby wakening me'; cp. 13. 274,
with the passages quoted there.
24. τοῦτο, adverbial acc., 'will do
you this benefit.'
31. ἀνδρῶν ὑπερηνορεόντων, perhaps
an intentional play of language, as often
in the Odyssey: see on 13. 24.
37. ὅππως κτλ., is an object clause
to ἐνίσπες; 'if he has come, tell me
how &c.'

κτεινομένων· ἡμεῖς δὲ μυχῷ θαλάμων εὐπήκτων
ἥμεθ' ἀτυζόμεναι, σανίδες δ' ἔχον εὖ ἀραρυῖαι,
πρίν γ' ὅτε δή με σὸς υἱὸς ἀπὸ μεγάροιο κάλεσσε
Τηλέμαχος· τὸν γάρ ῥα πατὴρ προέηκε καλέσσαι.
εὗρον ἔπειτ' Ὀδυσῆα μετὰ κταμένοισι νέκυσσιν   45
ἑσταόθ'· οἱ δέ μιν ἀμφὶ κραταίπεδον οὖδας ἔχοντες
κείατ' ἐπ' ἀλλήλοισιν· ἰδοῦσά κε θυμὸν ἰάνθης
[αἵματι καὶ λύθρῳ πεπαλαγμένον ὥς τε λέοντα].
νῦν δ' οἱ μὲν δὴ πάντες ἐπ' αὐλείῃσι θύρῃσιν
ἀθρόοι, αὐτὰρ ὁ δῶμα θεειοῦται περικαλλές,   50
πῦρ μέγα κηάμενος· σὲ δέ με προέηκε καλέσσαι.
ἀλλ' ἕπευ, ὄφρα σφῶϊν ἐϋφροσύνης ἐπιβῆτον
ἀμφοτέρω φίλον ἦτορ, ἐπεὶ κακὰ πολλὰ πέπασθε.
νῦν δ' ἤδη τόδε μακρὸν ἐέλδωρ ἐκτετέλεσται·
ἦλθε μὲν αὐτὸς ζωὸς ἐφέστιος, εὗρε δὲ καὶ σὲ   55
καὶ παῖδ' ἐν μεγάροισι· κακῶς δ' οἵ πέρ μιν ἔρεζον
μνηστῆρες, τοὺς πάντας ἐτίσατο ᾧ ἐνὶ οἴκῳ."
  Τὴν δ' αὖτε προσέειπε περίφρων Πηνελόπεια·
"μαῖα φίλη, μή πω μέγ' ἐπεύχεο καγχαλόωσα.
οἶσθα γὰρ ὥς κ' ἀσπαστὸς ἐνὶ μεγάροισι φανείη   60
πᾶσι, μάλιστα δ' ἐμοί τε καὶ υἱέϊ, τὸν τεκόμεσθα·
ἀλλ' οὐκ ἔσθ' ὅδε μῦθος ἐτήτυμος, ὡς ἀγορεύεις,
ἀλλά τις ἀθανάτων κτεῖνε μνηστῆρας ἀγαυούς,
ὕβριν ἀγασσάμενος θυμαλγέα καὶ κακὰ ἔργα.
οὔ τινα γὰρ τίεσκον ἐπιχθονίων ἀνθρώπων,   65
οὐ κακὸν οὐδὲ μὲν ἐσθλόν, ὅτις σφέας εἰσαφίκοιτο·
τῷ δι' ἀτασθαλίας ἔπαθον κακόν· αὐτὰρ Ὀδυσσεὺς

48 om. G F P H U.   52 ἐπιφροσύνης G.

42. σανίδες, viz. of the door leading to the women's room, cp. 21. 382 and 22. 399.
45. νέκυσσιν should perhaps be νέκυσιν : see the note on 20. 78.
46. ἔχοντες 'occupying,' 'covering.'
48. This line (22. 402) is clearly out of place here. The object to ἰδοῦσα should be left vague.

52. σφῶϊν can hardly be taken as a dat. We must either suppose it to be nom., comparing νῶϊν in Il. 16. 99, or read σφῶϊ (or σφῶϊ γ').
53. φίλον ἦτορ, constr. ad sensum, since ἐϋφροσύνης ἐπιβῆτον = εὐφραίνησθον. For ἐπιβαίνω in this use cp. 22. 424 and the places there quoted.

ὤλεσε τηλοῦ νόστον Ἀχαιΐδος, ὤλετο δ' αὐτός."

Τὴν δ' ἠμείβετ' ἔπειτα φίλη τροφὸς Εὐρύκλεια·
" τέκνον ἐμόν, ποῖόν σε ἔπος φύγεν ἕρκος ὀδόντων,	70
.ἢ πόσιν ἔνδον ἐόντα παρ' ἐσχάρῃ οὔ ποτ' ἔφησθα
οἴκαδ' ἐλεύσεσθαι· θυμὸς δέ τοι αἰὲν ἄπιστος.
ἀλλ' ἄγε τοι καὶ σῆμα ἀριφραδὲς ἄλλο τι εἴπω·
οὐλήν, τήν ποτέ μιν σῦς ἤλασε λευκῷ ὀδόντι,
τὴν ἀπονίζουσα φρασάμην, ἔθελον δὲ σοὶ αὐτῇ	75
εἰπέμεν· ἀλλά με κεῖνος ἑλὼν ἐπὶ μάστακα χερσὶν
οὐκ ἔα εἰπέμεναι πολυκερδείῃσι νόοιο.
ἀλλ' ἕπευ· αὐτὰρ ἐγὼν ἐμέθεν περιδώσομαι αὐτῆς,
αἴ κέν σ' ἐξαπάφω, κτεῖναί μ' οἰκτίστῳ ὀλέθρῳ."

Τὴν δ' ἠμείβετ' ἔπειτα περίφρων Πηνελόπεια·	80
" μαῖα φίλη, χαλεπόν σε θεῶν αἰειγενετάων
δήνεα εἴρυσθαι, μάλα περ πολύϊδριν ἐοῦσαν·
ἀλλ' ἔμπης ἴομεν μετὰ παῖδ' ἐμόν, ὄφρα ἴδωμαι
ἄνδρας μνηστῆρας τεθνηότας, ἠδ' ὃς ἔπεφνεν."

Ὣς φαμένη κατέβαιν' ὑπερώϊα· πολλὰ δέ οἱ κῆρ	85
ὥρμαιν', ἢ ἀπάνευθε φίλον πόσιν ἐξερεείνοι,
ἢ παραστᾶσα κύσειε κάρη καὶ χεῖρε λαβοῦσα.
ἡ δ' ἐπεὶ εἰσῆλθεν καὶ ὑπέρβη λάϊνον οὐδόν,
ἕζετ' ἔπειτ' Ὀδυσῆος ἐναντίη, ἐν πυρὸς αὐγῇ,
τοίχου τοῦ ἑτέρου· ὁ δ' ἄρα πρὸς κίονα μακρὴν	90

87 χεῖρε λαβοῦσα] χεῖρας δάπτους G.

68. Ἀχαιΐδος to be taken either with νόστον or with τηλοῦ. The former is supported by 5. 344 ἐπιμαίεο νόστου γαίης Φαιήκων, and is favoured by the order of the words. For the other constr. Ameis quotes 13. 249 τήν περ τηλοῦ φασὶν Ἀχαιΐδος ἔμμεναι αἴης. But ὤλεσε νόστον is too vague without Ἀχαιΐδος following to define it.

76. ἐπὶ μάστακα 'by the throat': the prep. expresses the *direction* of the act of seizing or laying hold, as in the phrases ἐπὶ στόμα, ἐπὶ γοῦνα, ἐπὶ στῆθος.

78. περιδώσομαι 'I will stake': with a gen. of the stake, as Il. 23. 485 τρίποδος περιδώμεθον ἠὲ λέβητος.

82. δήνεα εἴρυσθαι 'to be in possession of, comprehend, the thoughts.' The verb has various shades of meaning, derived from the notion of covering, keeping safe. The nearest parallel to this use seems to be Il. 1. 239 (θέμιστας) πρὸς Διὸς εἰρύαται 'keep in mind,' know and are ready to apply.

88. λάϊνον. For this epithet see on 16. 41., 17. 30.

90. τοίχου τοῦ ἑτέρου 'by the wall at one side': gen. of *place*, cp. Il. 9. 219., 24. 598.
πρὸς κίονα. This was doubtless one of the pillars which surrounded the fire-place and carried the louvre over it.

ἧστο κάτω ὁρόων, ποτιδέγμενος εἴ τί μιν εἴποι
ἰφθίμη παράκοιτις, ἐπεὶ ἴδεν ὀφθαλμοῖσιν.
ἡ δ' ἄνεω δὴν ἧστο, τάφος δέ οἱ ἦτορ ἵκανεν·
ὄψει δ' ἄλλοτε μέν μιν ἐνωπαδίως ἐσίδεσκεν,
ἄλλοτε δ' ἀγνώσασκε κακὰ χροΐ εἵματ' ἔχοντα. 95
Τηλέμαχος δ' ἐνένιπεν ἔπος τ' ἔφατ' ἔκ τ' ὀνόμαζε·
" μῆτερ ἐμή, δύσμητερ, ἀπηνέα θυμὸν ἔχουσα,
τίφθ' οὕτω πατρὸς νοσφίζεαι, οὐδὲ παρ' αὐτὸν
ἑζομένη μύθοισιν ἀνείρεαι οὐδὲ μεταλλᾷς;
οὐ μέν κ' ἄλλη γ' ὧδε γυνὴ τετληότι θυμῷ 100
ἀνδρὸς ἀφεσταίη, ὅς οἱ κακὰ πολλὰ μογήσας
ἔλθοι ἐεικοστῷ ἔτεϊ ἐς πατρίδα γαῖαν·
σοὶ δ' αἰεὶ κραδίη στερεωτέρη ἐστὶ λίθοιο."
    Τὸν δ' αὖτε προσέειπε περίφρων Πηνελόπεια·
" τέκνον ἐμόν, θυμός μοι ἐνὶ στήθεσσι τέθηπεν, 105
οὐδέ τι προσφάσθαι δύναμαι ἔπος οὐδ' ἐρέεσθαι
οὐδ' εἰς ὦπα ἰδέσθαι ἐναντίον. εἰ δ' ἐτεὸν δὴ
ἔστ' Ὀδυσεὺς καὶ οἶκον ἱκάνεται, ἦ μάλα νῶϊ
γνωσόμεθ' ἀλλήλων καὶ λώϊον· ἔστι γὰρ ἡμῖν
σήμαθ', ἃ δὴ καὶ νῶϊ κεκρυμμένα ἴδμεν ἀπ' ἄλλων." 110
    Ὣς φάτο, μείδησεν δὲ πολύτλας δῖος Ὀδυσσεύς, .
αἶψα δὲ Τηλέμαχον ἔπεα πτερόεντα προσηύδα·
" Τηλέμαχ', ἦ τοι μητέρ' ἐνὶ μεγάροισιν ἔασον
πειράζειν ἐμέθεν· τάχα δὲ φράσεται καὶ ἄρειον.
νῦν δ' ὅττι ῥυπόω, κακὰ δὲ χροΐ εἵματα εἷμαι, 115
τούνεκ' ἀτιμάζει με καὶ οὔ πώ φησι τὸν εἶναι.
ἡμεῖς δὲ φραζώμεθ' ὅπως ὄχ' ἄριστα γένηται.
καὶ γάρ τίς θ' ἕνα φῶτα κατακτείνας ἐνὶ δήμῳ,

101 ἀποσταίη G X U al.   117 ὅπως ἔσται τάδε ἔργα P.   118 δήμῳ] οἴκῳ P.

94. ὄψα 'with her eyes' (since she
was speechless).
95. ἀγνώσασκε, contr. from ἀγνοή-
σασκε, a frequentative formed from the
aor., = 'she continually failed to recog-
nize,' i.e. showed by some gesture that
she did not recognize: cp. 20. 15.

110. The neglect of position in
κεκρυμμένα is highly anomalous. We
should perhaps read νῷ. Hartmann
would omit καί: but the emphatic καί
νῶϊ is appropriate here.
ἀπ' ἄλλων, with κεκρυμμένα.
118. καί emphasizes ἕνα.

ᾧ μὴ πολλοὶ ἔωσιν ἀοσσητῆρες ὀπίσσω,
φεύγει πηούς τε προλιπὼν καὶ πατρίδα γαῖαν·   120
ἡμεῖς δ' ἔρμα πόληος ἀπέκταμεν, οἳ μέγ' ἄριστοι
κούρων εἰν Ἰθάκῃ· τὰ δέ σε φράζεσθαι ἄνωγα."

    Τὸν δ' αὖ Τηλέμαχος πεπνυμένος ἀντίον ηὔδα·
" αὐτὸς ταῦτά γε λεῦσσε, πάτερ φίλε· σὴν γὰρ ἀρίστην
μῆτιν ἐπ' ἀνθρώπους φάσ' ἔμμεναι, οὐδέ κέ τίς τοι   125
ἄλλος ἀνὴρ ἐρίσειε καταθνητῶν ἀνθρώπων.
[ἡμεῖς δ' ἐμμεμαῶτες ἅμ' ἑψόμεθ', οὐδέ τί φημι
ἀλκῆς δευήσεσθαι, ὅση δύναμίς γε πάρεστιν."]

    Τὸν δ' ἀπαμειβόμενος προσέφη πολύμητις Ὀδυσσεύς·
" τοιγὰρ ἐγὼν ἐρέω ὥς μοι δοκεῖ εἶναι ἄριστα.   130
πρῶτα μὲν ἂρ λούσασθε καὶ ἀμφιέσασθε χιτῶνας,
δμῳὰς δ' ἐν μεγάροισιν ἀνώγετε εἵμαθ' ἑλέσθαι·
αὐτὰρ θεῖος ἀοιδὸς ἔχων φόρμιγγα λίγειαν
ἡμῖν ἡγείσθω φιλοπαίγμονος ὀρχηθμοῖο,
ὥς κέν τις φαίη γάμον ἔμμεναι ἐκτὸς ἀκούων,   135
ἢ ἀν' ὁδὸν στείχων ἢ οἳ περιναιετάουσι·
μὴ πρόσθε κλέος εὐρὺ φόνου κατὰ ἄστυ γένηται
ἀνδρῶν μνηστήρων, πρίν γ' ἡμέας ἐλθέμεν ἔξω
ἀγρὸν ἐς ἡμέτερον πολυδένδρεον. ἔνθα δ' ἔπειτα
φρασσόμεθ' ὅττι κε κέρδος Ὀλύμπιος ἐγγυαλίξῃ."   140

    Ὣς ἔφαθ', οἱ δ' ἄρα τοῦ μάλα μὲν κλύον ἠδ' ἐπίθοντο.
πρῶτα μὲν οὖν λούσαντο καὶ ἀμφιέσαντο χιτῶνας,
ὅπλισθεν δὲ γυναῖκες· ὁ δ' εἵλετο θεῖος ἀοιδὸς
φόρμιγγα γλαφυρήν, ἐν δέ σφισιν ἵμερον ὦρσε
μολπῆς τε γλυκερῆς καὶ ἀμύμονος ὀρχηθμοῖο.   145
τοῖσιν δὲ μέγα δῶμα περιστεναχίζετο ποσσὶν
ἀνδρῶν παιζόντων καλλιζώνων τε γυναικῶν.

---

119 ἔασιν G.   122 τὰ δέ U Eust.: τῷ G F P H al.   127-128 om. G F P
H M X U al.   134 πολυπαίγμονος P H al.   142 οὖν] ἂρ P H U al.

127-128. These two lines are in
place in the description of a battle (Il.
13. 785-786), but are unsuitable here.
139. ἀγρόν, used here in the sense of
' a farm ' : so *rus* in Latin.

140. κέρδος ' device,' cp. 14. 31.
143. ὁπλίσθεν ' were arrayed ' : a use
which points to the originally wide
meaning of the word ὅπλον.
146. τοῖσιν ' for them,' ' at their will.'

ὧδε δέ τις εἴπεσκε δόμων ἔκτοσθεν ἀκούων·
" ἦ μάλα δή τις ἔγημε πολυμνήστην βασίλειαν·
σχετλίη, οὐδ' ἔτλη πόσιος οὗ κουριδίοιο 150
εἴρυσθαι μέγα δῶμα διαμπερές, ἧος ἵκοιτο."
Ὣς ἄρα τις εἴπεσκε, τὰ δ' οὐκ ἴσαν ὡς ἐτέτυκτο.
αὐτὰρ Ὀδυσσῆα μεγαλήτορα ᾧ ἐνὶ οἴκῳ
Εὐρυνόμη ταμίη λοῦσεν καὶ χρῖσεν ἐλαίῳ,
ἀμφὶ δέ μιν φᾶρος καλὸν βάλεν ἠδὲ χιτῶνα· 155
αὐτὰρ κὰκ κεφαλῆς χεῦεν πολὺ κάλλος Ἀθήνη
[μείζονά τ' εἰσιδέειν καὶ πάσσονα· κὰδ δὲ κάρητος
οὔλας ἧκε κόμας, ὑακινθίνῳ ἄνθει ὁμοίας.]
ὡς δ' ὅτε τις χρυσὸν περιχεύεται ἀργύρῳ ἀνὴρ
ἴδρις, ὃν Ἥφαιστος δέδαεν καὶ Παλλὰς Ἀθήνη 160
τέχνην παντοίην, χαρίεντα δὲ ἔργα τελείει,
ὣς μὲν τῷ περίχευε χάριν κεφαλῇ τε καὶ ὤμοις.
ἐκ δ' ἀσαμίνθου βῆ δέμας ἀθανάτοισιν ὁμοῖος,
ἂψ δ' αὖτις κατ' ἄρ' ἕζετ' ἐπὶ θρόνου ἔνθεν ἀνέστη,
ἀντίον ἧς ἀλόχου, καί μιν πρὸς μῦθον ἔειπε· 165
" δαιμονίη, περὶ σοί γε γυναικῶν θηλυτεράων
κῆρ ἀτέραμνον ἔθηκαν Ὀλύμπια δώματ' ἔχοντες·
οὐ μέν κ' ἄλλη γ' ὧδε γυνὴ τετληότι θυμῷ
ἀνδρὸς ἀφεσταίη, ὅς οἱ κακὰ πολλὰ μογήσας
ἔλθοι ἐεικοστῷ ἔτεϊ ἐς πατρίδα γαῖαν. 170

151 ἧος] ἕως Χ Eust.: ὄφρ' ἂν vulg.   157 κὰδ δὲ κάρητος] θῆκεν ἰδέσθαι G.
162 κεφαλήν τε καὶ ὤμους Μ.   169 ἀφεσταίη U Eust.: ἀποστ- vulg.; cp. 101.

150. σχετλίη means 'unfeeling,' not moved by sentiment or affection: cp. Od. 13. 293, also Il. 9. 630 σχέτλιος, οὐδὲ μετατρέπεται φιλότητος ἑταίρων.
151. εἴρυσθαι 'to hold to': see l. 82.
153 ff. The incident of the bath, as Kirchhoff has shown (Odyssee, p. 155), makes an awkward break in the scene with Penelope, and is ignored in the sequel. Penelope has failed to recognize Ulysses in his beggar's rags (l. 95 κακὰ χροῖ εἵματ' ἔχοντα, cp. 115 νῦν δ' ὅττι ῥυπόω κτλ.). He now returns from the bath resplendent in beauty: but the change is quite unnoticed. Yet the same change had profoundly moved Tele-

machus (16. 278 ff.). Observe also the weak repetition, 100–102 = 168–170. For these reasons Kirchhoff is probably right in rejecting 111–176 or 117–170.
157–162, = 6. 230–235. The first two of these lines (= 6. 230–231) must be wrongly inserted here, since μείζονα has no construction, and κὰδ δὲ κάρητος is a very awkward tautology after κὰκ κεφαλῆς in the preceding line. Ameis would reject also 159–162 (= 6. 232–235). But this does not seem necessary.
159. χρυσὸν περιχεύεται ἀργύρῳ. This describes a process of enamel of which there are fine examples among the objects found at Mycenae.

ἀλλ' ἄγε μοι, μαῖα, στόρεσον λέχος, ὄφρα καὶ αὐτὸς
λέξομαι· ἦ γὰρ τῇ γε σιδήρεον ἐν φρεσὶν ἦτορ."

Τὸν δ' αὖτε προσέειπε περίφρων Πηνελόπεια·
" δαιμόνι', οὔτ' ἄρ τι μεγαλίζομαι οὔτ' ἀθερίζω
οὔτε λίην ἄγαμαι, μάλα δ' εὖ οἶδ' οἷος ἔησθα   175
ἐξ Ἰθάκης ἐπὶ νηὸς ἰὼν δολιχηρέτμοιο.
ἀλλ' ἄγε οἱ στόρεσον πυκινὸν λέχος, Εὐρύκλεια,
ἐκτὸς ἐϋσταθέος θαλάμου, τόν ῥ' αὐτὸς ἐποίει·
ἔνθα οἱ ἐκθεῖσαι πυκινὸν λέχος ἐμβάλετ' εὐνήν,
κώεα καὶ χλαίνας καὶ ῥήγεα σιγαλόεντα."   180

Ὣς ἄρ' ἔφη πόσιος πειρωμένη· αὐτὰρ Ὀδυσσεὺς
ὀχθήσας ἄλοχον προσεφώνεε κεδνὰ ἰδυῖαν·
" ὦ γύναι, ἦ μάλα τοῦτο ἔπος θυμαλγὲς ἔειπες.
τίς δέ μοι ἄλλοσε θῆκε λέχος; χαλεπὸν δέ κεν εἴη
καὶ μάλ' ἐπισταμένῳ, ὅτε μὴ θεὸς αὐτὸς ἐπελθὼν   185
ῥηϊδίως ἐθέλων θείη ἄλλῃ ἐνὶ χώρῃ.
ἀνδρῶν δ' οὔ κέν τις ζωὸς βροτός, οὐδὲ μάλ' ἡβῶν,
ῥεῖα μετοχλίσσειεν, ἐπεὶ μέγα σῆμα τέτυκται
ἐν λέχει ἀσκητῷ· τὸ δ' ἐγὼ κάμον οὐδέ τις ἄλλος.
θάμνος ἔφυ τανύφυλλος ἐλαίης ἕρκεος ἐντός,   190
ἀκμηνὸς θαλέθων· πάχετος δ' ἦν ἠΰτε κίων.
τῷ δ' ἐγὼ ἀμφιβαλὼν θάλαμον δέμον, ὄφρ' ἐτέλεσσα,
πυκνῇσιν λιθάδεσσι, καὶ εὖ καθύπερθεν ἔρεψα,
κολλητὰς δ' ἐπέθηκα θύρας, πυκινῶς ἀραρυίας.
καὶ τότ' ἔπειτ' ἀπέκοψα κόμην τανυφύλλου ἐλαίης,   195

---

174 οὐ γάρ P X.   178 θαλάμου] μεγάρου G P.   187 οὐδὲ γυναικῶν
G F M X U.   193 λιθάδεσσι G F J: λιθάκεσσι P H U.

171. αὐτός 'alone.'

174 ff. The connexion of the thought
is somewhat obscured by Penelope's
desire to try Ulysses. She means to
say 'I am not haughty or indifferent or
offended, nor have I forgotten : but if
you are Ulysses you will see the mean-
ing of the order which I now give,' viz.
to put the bedstead outside the chamber
that he himself made.

186. ῥηϊδίως ἐθέλων, see 16. 198.

188. μέγα σῆμα τέτυκται 'there is a

great token contrived,' i.e. there is in
the making of the bedstead a secret that
will serve for a token or pass-word.

190. τανύφυλλος. Voss would read
τανυφύλλου. The epithet certainly goes
better with ἐλαίης, as in l. 195, also
13. 102.

191. ἀκμηνός is usually derived from
ἀκμή, and explained as 'flourishing,'
'in its prime.' Aristarchus distinguished
it by accent from ἄκμηνος 'without
food.'

κορμὸν δ' ἐκ ῥίζης προταμὼν ἀμφέξεσα χαλκῷ
εὖ καὶ ἐπισταμένως, καὶ ἐπὶ στάθμην ἴθυνα,
ἑρμῖν' ἀσκήσας, τέτρηνα δὲ πάντα τερέτρῳ.
ἐκ δὲ τοῦ ἀρχόμενος λέχος ἔξεον, ὄφρ' ἐτέλεσσα,
δαιδάλλων χρυσῷ τε καὶ ἀργύρῳ ἠδ' ἐλέφαντι·   200
ἐν δ' ἐτάνυσσ' ἱμάντα βοὸς φοίνικι φαεινόν.
οὕτω τοι τόδε σῆμα πιφαύσκομαι· οὐδέ τι οἶδα,
ἦ μοι ἔτ' ἔμπεδόν ἐστι, γύναι, λέχος, ἦέ τις ἤδη
ἀνδρῶν ἄλλοσε θῆκε, ταμὼν ὕπο πυθμέν' ἐλαίης."

*Ὣς φάτο, τῆς δ' αὐτοῦ λύτο γούνατα καὶ φίλον ἦτορ,
σήματ' ἀναγνούσης τά οἱ ἔμπεδα πέφραδ' Ὀδυσσεύς·   206
δακρύσασα δ' ἔπειτ' ἰθὺς δράμεν, ἀμφὶ δὲ χεῖρας
δειρῇ βάλλ' Ὀδυσῆϊ, κάρη δ' ἔκυσ' ἠδὲ προσηύδα·
" μή μοι, Ὀδυσσεῦ, σκύζευ, ἐπεὶ τά περ ἄλλα μάλιστα
ἀνθρώπων πέπνυσο· θεοὶ δ' ὤπαζον ὀϊζύν,   210
οἳ νῶϊν ἀγάσαντο παρ' ἀλλήλοισι μένοντε
ἥβης ταρπῆναι καὶ γήραος οὐδὸν ἱκέσθαι.
αὐτὰρ μὴ νῦν μοι τόδε χώεο μηδὲ νεμέσσα,
οὕνεκά σ' οὐ τὸ πρῶτον, ἐπεὶ ἴδον, ὧδ' ἀγάπησα.
αἰεὶ γάρ μοι θυμὸς ἐνὶ στήθεσσι φίλοισιν   215
ἐρρίγει μή τίς με βροτῶν ἀπάφοιτ' ἐπέεσσιν
ἐλθών· πολλοὶ γὰρ κακὰ κέρδεα βουλεύουσιν.

201 ἐν G X U Eust.: ἐκ F P H al.   βοὸς ἶφι κταμένοιο P H M U.   203 ἦ
H D: εἰ vulg.   204 ὑπὸ G F X U Eust.: ἀπὸ P H al.   205 τῆς] τῇ P.
206 ἀναγνούσης F U: ἀναγνούσῃ vulg.   207 δράμεν F X U: κίεν G P H M D:
both given by Eust.

206. ἀναγνούσης, gen. as in 24. 345–6
τοῦ δ' . . . σήματ' ἀναγνόντος κτλ. Most
MSS. have the dat. ἀναγνούσῃ, which
is hardly possible after the gen. τῆς.
It cannot be justified by the instances
of a part. in the gen. following an
enclitic pronoun in the dat.: see *H.G.*
§ 243, 3, *d.* It is possible, however,
that we should read τῇ . . . ἀναγνούσῃ
as in 19. 249–250 τῇ δ' ἔτι μᾶλλον ὑφ'
ἵμερον ὦρσε γόοιο, σήματ' ἀναγνούσῃ,
where the dative is necessary for the
construction.
211. ἀγάσαντο 'thought it too much,'

'would not hear of it.' μένοντε is acc.
because it goes so closely with the inf.
as to form a single idea: the sense
being 'that we should remain and enjoy
our youth' &c.
214. ὧδε emphasizes ἐπεὶ ἴδον, 'just
when I saw you'; hence it is = 'at
once,' 'without more ado.' Similarly
17. 544 ἐναντίον ὧδε κάλεσσον, 18. 224
ἥμενος ὧδε, 21. 196 ὧδε μάλ' ἐξαπίνης.
Cp. the corresponding use of οὕτως in
6. 218., 17. 447 (with the note).
217. κέρδεα 'devices,' see 14. 31.

[οὐδέ κεν Ἀργείη Ἑλένη, Διὸς ἐκγεγαυῖα,
ἀνδρὶ παρ' ἀλλοδαπῷ ἐμίγη φιλότητι καὶ εὐνῇ,
εἰ ᾔδη ὅ μιν αὖτις ἀρήϊοι υἷες Ἀχαιῶν   220
ἀξέμεναι οἶκόνδε φίλην ἐς πατρίδ' ἔμελλον.
τὴν δ' ἦ τοι ῥέξαι θεὸς ὤρορεν ἔργον ἀεικές·
τὴν δ' ἄτην οὐ πρόσθεν ἐῷ ἐγκάτθετο θυμῷ
λυγρήν, ἐξ ἧς πρῶτα καὶ ἡμέας ἵκετο πένθος.]

218–224 ἀθετοῦνται οἱ ἑπτὰ στίχοι οὗτοι ὡς σκάζοντες κατὰ τὸν νοῦν Vind. 133.

218–224. These seven lines were rejected by Aristarchus, and have been generally condemned, mainly on the ground that they do not fit the context. The case of Helen, it is argued, is not really parallel to that of Penelope, and the excuse which is made for her—that she acted under the compulsion of Aphrodite—is especially out of place, since it makes her incapable of being deterred by the consequences of her acts. Moreover the close connexion of l. 215 αἰεὶ γάρ μοι θυμὸς . . . ἐρρίγει with l. 225 νῦν δ' ἐπεὶ κτλ. ('I was always in fear—but now &c.') is seriously interrupted by so long a parenthesis. Recently, however, an ingenious defence of the passage has been put forward by Mr. Platt (*Class. Rev.* xiii. 383). He pleads the absence of any motive for the interpolation, and insists upon the beauty of the lines themselves, especially l. 224. In his view the aim of the poet was to bring out once more, almost at the end of his story, the noble prudence and faithfulness of Penelope, by contrasting her with the opposite type of character seen in Helen. Such a contrast, Mr. Platt shows, is quite in the manner of the Odyssey, and has been already made between Penelope and Clytaemnestra (Od. 11.432 ff., cp. 24. 198 ff.). And the finishing touch is added to the picture by the words in which Penelope makes an excuse—the only possible excuse—for the enemy whose 'blind folly' had wrought so much woe.

The explanation is attractive, but somewhat fanciful, as Mr. Platt is ready to admit, and it supposes an obscurity in the thought which is not at all like Homer. It may be doubted whether Penelope's readiness to forgive an enemy would have appealed to hearers in primitive times. The excuse, too, is hardly one that would have been accepted in an age when almost every human thought and feeling was ascribed to the gods. And what is it that the example of Helen is cited to prove? The points dwelt upon are (1) that she would not have gone with Paris if she had known what would follow: but (2) that she was not a free agent. The lesson taught would seem to be that men do wrongly from their ignorance of the future, and because they are led astray by higher powers. But this is not applicable in any way to Penelope. Probably therefore it belongs originally to a different context.

The argument from style is difficult to estimate, since it depends almost entirely upon individual judgment. But it must be evident that the manner as well as the matter of the verses is didactic rather than epic (in the strict sense). With the possible exception of l. 224, they do not rise above the level of similar passages in Hesiod. They may have been suggested by the passage in Od. 3. 265 ff. where it is related that Clytaemnestra at first would not listen to the suggestions of Aegisthus—φρεσὶ γὰρ κέχρητ' ἀγαθῇσι—till the decree of the gods obliged her to give way. If a conjecture may be ventured, the most obvious source is the post-Homeric epic known as the *Cypria*, the main subject of which is the unfaithfulness of Helen, brought about and directed by the agency of Aphrodite. The poem is one in which the progress of moral reflexion in early post-Homeric times may be very plainly traced. It need hardly be added that the interpolation of didactic passages is not uncommon (see Od. 14. 228., 15. 74., 19. 109 ff.).

223. Cp. Simonides, fr. 85, 5 ὅασι δεξάμενοι στέρνοις ἐγκατέθετο.

224. πρῶτα 'as a beginning,' that made the beginning of sorrows for us.

νῦν δ', ἐπεὶ ἤδη σήματ' ἀριφραδέα κατέλεξας   225
εὐνῆς ἡμετέρης, τὴν οὐ βροτὸς ἄλλος ὀπώπει,
ἀλλ' οἶοι σύ τ' ἐγώ τε καὶ ἀμφίπολος μία μούνη,
Ἀκτορίς, ἥν μοι δῶκε πατὴρ ἔτι δεῦρο κιούσῃ,
ἣ νῶϊν εἴρυτο θύρας πυκινοῦ θαλάμοιο,
πείθεις δή μευ θυμόν, ἀπηνέα περ μάλ' ἐόντα."   230
Ὣς φάτο, τῷ δ' ἔτι μᾶλλον ὑφ' ἵμερον ὦρσε γόοιο·
κλαῖε δ' ἔχων ἄλοχον θυμαρέα, κεδνὰ ἰδυῖαν.
ὡς δ' ὅτ' ἂν ἀσπάσιος γῆ νηχομένοισι φανήῃ,
ὧν τε Ποσειδάων εὐεργέα νῆ' ἐνὶ πόντῳ
ῥαίσῃ, ἐπειγομένην ἀνέμῳ καὶ κύματι πηγῷ·   235
παῦροι δ' ἐξέφυγον πολιῆς ἁλὸς ἤπειρόνδε
νηχόμενοι, πολλὴ δὲ περὶ χροῒ τέτροφεν ἅλμη,
ἀσπάσιοι δ' ἐπέβαν γαίης, κακότητα φυγόντες·
ὣς ἄρα τῇ ἀσπαστὸς ἔην πόσις εἰσοροώσῃ,
δειρῆς δ' οὔ πω πάμπαν ἀφίετο πήχεε λευκώ·.   240
καί νύ κ' ὀδυρομένοισι φάνη ῥοδοδάκτυλος Ἠώς,
εἰ μὴ ἄρ' ἄλλ' ἐνόησε θεὰ γλαυκῶπις Ἀθήνη.
νύκτα μὲν ἐν περάτῃ δολιχὴν σχέθεν, Ἠῶ δ' αὖτε
ῥύσατ' ἐπ' Ὠκεανῷ χρυσόθρονον, οὐδ' ἔα ἵππους
ζεύγνυσθ' ὠκύποδας, φάος ἀνθρώποισι φέροντας,   245

226 τὴν G F M U: ἥν al.   231 ἔτι G F X U: ἄρα P H al.   233 ἀσπάσιος
M G²: ἀσπασίων vulg.   237 τέτροφεν] δέδρομεν P Y.   241 ἔδυ φάος ἠελίοιο P.
245 ζεύγασθ' G M.

229. εἴρυτο 'guarded,' 'was sentry at.'
233. γῆ is much less common in Homer than γαῖα, but need not therefore be condemned. In a formula such as Γῆ τε καὶ Ἥλιος (Il. 3. 104., 19. 259) it is probably ancient. Note that γαῖα and γῆ are distinct formations (not phonetic varieties): cp. Ἀθηναίη and Ἀθήνη.
243. ἐν περάτῃ. This word was supposed by Alexandrian scholars to mean 'the extreme east' (Apoll. Rh. i. 1281, Callim. Del. 169): but there does not seem to be any good ground for this interpretation. Ameis and others connect it with πέρας 'end,' so that it is = 'the bounds' of earth and sky, the horizon (cp. πείρατα γαίης). But πέρας

is a later form: in the Homeric word πεῖρας and its derivatives the first syllable is long. A more defensible etymology is from περάω 'to pass.' As barytone nouns in -τη from verbs usually have (or acquire) a *concrete* sense—as ἐλά-τη 'an oar,' ἄτη (for ἀά-τη) 'harm done,' δαί-τη, κοί-τη, μελέ-τη, ἠλακά-τη, &c.— we should expect περάτη to denote 'the passage' of night, *i. e.* the space which the darkness traverses in the course of one night. Cp. λυκάβας as explained in the note on 14. 161.
δολιχὴν σχέθεν, = ὥστε δολιχὴν εἶναι. This prolepsis is idiomatic with words meaning *quick* or *slow*: cp. Il. 19. 276 λῦσεν δ' ἀγορὴν αἰψηρήν.
244. ῥύσατο 'kept safe': cp. l. 229.

Λάμπον καὶ Φαέθονθ', οἵ τ' Ἠῶ πῶλοι ἄγουσι.
καὶ τότ' ἄρ' ἦν ἄλοχον προσέφη πολύμητις Ὀδυσσεύς·
"ὦ γύναι, οὐ γάρ πω πάντων ἐπὶ πείρατ' ἀέθλων
ἤλθομεν, ἀλλ' ἔτ' ὄπισθεν ἀμέτρητος πόνος ἔσται,
πολλὸς καὶ χαλεπός, τὸν ἐμὲ χρὴ πάντα τελέσσαι.   250
ὣς γάρ μοι ψυχὴ μαντεύσατο Τειρεσίαο
ἤματι τῷ ὅτε δὴ κατέβην δόμον Ἄϊδος εἴσω,
νόστον ἑταίροισιν διζήμενος ἠδ' ἐμοὶ αὐτῷ.
ἀλλ' ἔρχευ, λέκτρονδ' ἴομεν, γύναι, ὄφρα καὶ ἤδη
ὕπνῳ ὕπο γλυκερῷ ταρπώμεθα κοιμηθέντε."   255

Τὸν δ' αὖτε προσέειπε περίφρων Πηνελόπεια·
"εὐνὴ μὲν δὴ σοί γε τότ' ἔσσεται ὁππότε θυμῷ
σῷ ἐθέλῃς, ἐπεὶ ἄρ σε θεοὶ ποίησαν ἱκέσθαι
οἶκον ἐϋκτίμενον καὶ σὴν ἐς πατρίδα γαῖαν·
ἀλλ' ἐπεὶ ἐφράσθης καί τοι θεὸς ἔμβαλε θυμῷ,   260
εἶπ' ἄγε μοι τὸν ἄεθλον, ἐπεὶ καὶ ὄπισθεν, ὀΐω,
πεύσομαι, αὐτίκα δ' ἐστὶ δαήμεναι οὔ τι χέρειον."

Τὴν δ' ἀπαμειβόμενος προσέφη πολύμητις Ὀδυσσεύς·
"δαιμονίη, τί τ' ἄρ' αὖ με μάλ' ὀτρύνουσα κελεύεις
εἰπέμεν; αὐτὰρ ἐγὼ μυθήσομαι οὐδ' ἐπικεύσω.   265
οὐ μέν τοι θυμὸς κεχαρήσεται· οὐδὲ γὰρ αὐτὸς
χαίρω, ἐπεὶ μάλα πολλὰ βροτῶν ἐπὶ ἄστε' ἄνωγεν
ἐλθεῖν, ἐν χείρεσσιν ἔχοντ' εὐῆρες ἐρετμόν,

---

246 ἄγουσι] ἴασιν P.   249 ἔσται] ἐστι F U Eust.   251 μνθήσατο F M X al.
264 ὀτρύνουσα U: ὀτρυνέουσα vulg.   266 θυμῷ κεχαρήσεαι P D K.

---

248. οὐ γάρ πω κτλ. The apodosis
is l. 254 ἀλλ' ἔρχευ κτλ, the argument
being that since (γάρ) there are many
troubles still to come, it will be well
to enjoy the present.

258. ἐπεί σε θεοὶ ποίησαν ἱκέσθαι.
This use of ποιέω has no exact parallel
in Homer: the nearest is Il. 13. 55
σφῶϊν δ' ὧδε θεῶν τις ἐνὶ φρεσὶ ποιήσειεν
αὐτώ θ' ἱστάμεναι κτλ.

260. ἐφράσθης 'hast bethought thee
of,' 'remembered': viz. the ἄεθλος—
the trial that is still to come.

268-284. These lines are repeated
from Il. 121-137 (see the note in vol. I),

with a few variations due to the change
to oratio obliqua. They are designed
apparently to give us a glimpse of the
fortunes of Ulysses beyond the point at
which the narrative of the Odyssey ends.
He is to kill the Suitors, and forthwith
to set out again (ἔρχεσθαι δὴ ἔπειτα,
11. 121) to wander 'through the cities of
men.' His long and painful wandering
(ἀμέτρητος πόνος ... πολλὸς καὶ χαλεπός)
is to come to an end with the incident
of the oar mistaken for a winnowing-
shovel; when he will return to Ithaca,
reign happily, and at length die by a
'gentle death.' Such is the prospect

κε τοὺς ἀφίκωμαι οἳ οὐκ ἴσασι θάλασσαν
:s, οὐδέ θ' ἅλεσσι μεμιγμένον εἶδαρ ἔδουσιν· 270
ἄρα τοί γ' ἴσασι νέας φοινικοπαρῄους,
εὐήρε' ἐρετμά, τά τε πτερὰ νηυσὶ πέλονται.
: δέ μοι τόδ' ἔειπεν ἀριφραδές, οὐδέ σε κεύσω·
τε κεν δή μοι ξυμβλήμενος ἄλλος ὁδίτης
ἀθηρηλοιγὸν ἔχειν ἀνὰ φαιδίμῳ ὤμῳ, 275
τότε μ' ἐν γαίῃ πήξαντ' ἐκέλευσεν ἐρετμόν,
νθ' ἱερὰ καλὰ Ποσειδάωνι ἄνακτι,

κυανοπρωρείους G. 276 μ' ἐν F U : δὴ G P H X al. (as 11.129). The
lmost necessary to the sense here. 277 πήξανθ' X U.

Ulysses and Penelope have put
them at the moment when their
:ndurance has been crowned with
)h.
: narrative of the 24th book is
different. According to it the
.feud between Ulysses and the kin
slain men was appeased by agree-
and Ulysses became undisputed
: of his kingdom. It seems clear
his was meant to be the closing
not merely of the Odyssey, but
adventures of Ulysses. It leaves
)m for the perspective disclosed
:resias. Unfortunately, however,
ircumstance is indecisive, because
: shall see) the 24th book itself
)ably a later addition.
he Cyclic epic *Telegonia* we have
1el to the Odyssey, which (if we
udge from the brief abstract of
1s) was at variance with the pro-
of Tiresias, yet showed traces of
intance with it. In this version
:s goes first to visit Elis. On his
to Ithaca he ' performs the sacri-
irected by Tiresias ' (Procl.). Then
a fresh series of adventures,
r in Thesprotia. Once more he
home to Ithaca, but has hardly
l in the island when it is invaded,
1orance, by his son Telegonus.
r and son meet, not knowing each
and Ulysses is slain. In this
it is hard to find a place for the
nt of the oar, or for the happy
and ' gentle death' and prophecy.
1e injunctions of Tiresias were ex-
y recognized; and possibly the
at the hands of an invader from

the sea was meant as a fulfilment of the
mysterious ἐξ ἁλός (l. 281).
It is needless to discuss the forms
which the story assumed in later times—
for example, in the 'Οδυσσεὺς ἀκανθοπλήξ
of Sophocles. The fragments show, as
we should expect, that Sophocles closely
followed the indications which the pro-
phecy of Tiresias furnished.
The evidence now set forth can hardly
be thought to prove much for or against
the genuineness of the passage before
us. It is certainly a piece of very ancient
poetry. The chief argument against it
is the difficulty of supposing that the
poet would bring his hero to a triumphant
issue from his troubles only to tell us
that next day they must begin afresh.
269. ἴσασι θάλασσαν ' know of the
sea,' know that there is such a thing.
To ' know the sea ' in the ordinary sense
would be γιγνώσκειν. So in l. 271
ἴσασι νέας.
270. ἀνέρες, nom. by attraction of οἱ
οὐκ ἴσασι, which is nearer than the
principal clause.
ἅλεσσι. In Homeric times it appears
that the sea was the only source from
which salt was obtained.
273. οὐδέ σε κεύσω. These words
are appropriate as said by Tiresias to
Ulysses, but not in the present context.
275. ἀνὰ φαιδίμῳ ὤμῳ. Hence Soph.
'Οδυσσεὺς ἀκανθοπλήξ fr. 403 ποδαπὸν
τὸ δῶρον ἀμφὶ φαιδίμοις ἔχων ὤμοις.
277. Ποσειδάων. Some have found
the meaning of the whole prophecy in
the reconciliation with Poseidon. This
does not appear in the language of the
passage. A sea-faring man in such

ἀρνειὸν ταῦρόν τε συῶν τ' ἐπιβήτορα κάπρον,
οἴκαδ' ἀποστείχειν, ἔρδειν θ' ἱερὰς ἑκατόμβας
ἀθανάτοισι θεοῖσι, τοὶ οὐρανὸν εὐρὺν ἔχουσι,   280
πᾶσι μάλ' ἐξείης· θάνατος δέ μοι ἐξ ἁλὸς αὐτῷ
ἀβληχρὸς μάλα τοῖος ἐλεύσεται, ὅς κέ με πέφνῃ
γήρᾳ ὕπο λιπαρῷ ἀρημένον· ἀμφὶ δὲ λαοὶ
ὄλβιοι ἔσσονται· τὰ δέ μοι φάτο πάντα τελεῖσθαι."

Τὸν δ' αὖτε προσέειπε περίφρων Πηνελόπεια·   285
" εἰ μὲν δὴ γῆράς γε θεοὶ τελέουσιν ἄρειον,
ἐλπωρή τοι ἔπειτα κακῶν ὑπάλυξιν ἔσεσθαι."

Ὣς οἱ μὲν τοιαῦτα πρὸς ἀλλήλους ἀγόρευον·
τόφρα δ' ἄρ' Εὐρυνόμη τε ἰδὲ τροφὸς ἔντυον εὐνὴν
ἐσθῆτος μαλακῆς, δαΐδων ὕπο λαμπομενάων.   290
αὐτὰρ ἐπεὶ στόρεσαν πυκινὸν λέχος ἐγκονέουσαι,
γρηῦς μὲν κείουσα πάλιν οἰκόνδε βεβήκει,
τοῖσιν δ' Εὐρυνόμη θαλαμηπόλος ἡγεμόνευεν
ἐρχομένοισι λέχοσδε, δάος μετὰ χερσὶν ἔχουσα·
ἐς θάλαμον δ' ἀγαγοῦσα πάλιν κίεν. οἱ μὲν ἔπειτα   295
ἀσπάσιοι λέκτροιο παλαιοῦ θεσμὸν ἵκοντο.

---

286 ἄρειον] ὀπίσσω G.   289 ἔντυον] ἔντυνον G F X : ἔρτυον (for ἤρτυον ?) P.

a case would naturally turn to Poseidon as his especial patron. If the poet had meant to lay stress on such a reconciliation as is supposed, he would have told us that Poseidon was appeased by the sacrifice.

278. The sacrifice here prescribed answers to the Roman *suovetaurilia*.

281. ἐξ ἁλός, with ἐλεύσεται, can only mean 'will come from the sea.' Cp. 24. 47 μήτηρ δ' ἐξ ἁλὸς ἦλθε. In what shape death was to come from the sea is left undetermined, after the manner of prophecy. The meaning 'away from,' 'at a distance from,' is not found with a verb of motion. It is possible, however, that there was a word ἔξαλος, formed (perhaps as a nonce-word) on the analogy of ἔφαλος, and meaning 'away from the sea.' The point then would be that Ulysses, who had gone through so many dangers by sea, was to die on land.

αὐτῷ is opposed to λαοί (283): 'you yourself will die &c., while your people &c.'

282. ἀβληχρὸς μάλα τοῖος 'one quite gentle': meaning doubtless a death by old age or by the ἀγανὰ βέλεα of Apollo. For this use of τοῖος in the Odyssey cp. 15. 451.

283. ἀρημένον 'stricken,' cp. 18. 53.

286. ἄρειον 'better,' i.e. good rather than the reverse, cp. 13. 111. The word is a rare one, and is perhaps used here for the sake of the play of language which it makes with γήρᾳ ἀρημένον.

292. κείουσα, see on 14. 532.

296. θεσμός is a word which does not occur elsewhere in Homer. It seems here to have the sense of 'place,' 'situation': cp. the later words θήκη and θέσις.

This verse, we are told in the scholia, was pronounced by Aristophanes and Aristarchus 'the end of the Odyssey.'

αὐτὰρ Τηλέμαχος καὶ βουκόλος ἠδὲ συβώτης
παῦσαν ἄρ᾽ ὀρχηθμοῖο πόδας, παῦσαν δὲ γυναῖκας,
αὐτοὶ δ᾽ εὐνάζοντο κατὰ μέγαρα σκιόεντα.

Τὼ δ᾽ ἐπεὶ οὖν φιλότητος ἐταρπήτην ἐρατεινῆς,   300
τερπέσθην μύθοισι, πρὸς ἀλλήλους ἐνέποντε,
ἡ μὲν ὅσ᾽ ἐν μεγάροισιν ἀνέσχετο δῖα γυναικῶν,
ἀνδρῶν μνηστήρων ἐσορῶσ᾽ ἀΐδηλον ὅμιλον,
οἳ ἕθεν εἵνεκα πολλά, βόας καὶ ἴφια μῆλα,
ἔσφαζον, πολλὸς δὲ πίθων ἠφύσσετο οἶνος·   305
αὐτὰρ ὁ διογενὴς Ὀδυσεὺς ὅσα κήδε᾽ ἔθηκεν
ἀνθρώποις ὅσα τ᾽ αὐτὸς ὀϊζύσας ἐμόγησε,
πάντ᾽ ἔλεγ᾽· ἡ δ᾽ ἄρ᾽ ἐτέρπετ᾽ ἀκούουσ᾽, οὐδέ οἱ ὕπνος
πῖπτεν ἐπὶ βλεφάροισι πάρος καταλέξαι ἅπαντα.

Ἤρξατο δ᾽ ὡς πρῶτον Κίκονας δάμασ᾽, αὐτὰρ ἔπειτα
ἦλθ᾽ ἐς Λωτοφάγων ἀνδρῶν πίειραν ἄρουραν·   311
ἠδ᾽ ὅσα Κύκλωψ ἔρξε, καὶ ὡς ἀπετίσατο ποινὴν
ἰφθίμων ἑτάρων, οὓς ἤσθιεν οὐδ᾽ ἐλέαιρεν·

306 ὁ om. U.   310-343 ath. Ar.

We also know that Aristarchus obelized two passages which come later, viz. 23. 310–343 and 24. 1–204. The question at once arises: how could he reject these parts of a text when he had already rejected the whole of it? Doubtless if we had the commentary of Aristarchus, the difficulty would be explained. The most obvious solution is that he distinguished (1) a continuation of the Odyssey by some later poet, extending from 23. 297 to the end of the 24th book and (2) two still later interpolations, viz. the two passages said to be obelized. This view, simple as it is to the modern scholar, was one which the obelus could not express. Accordingly it would seem that the condemnation of the text from 23. 297 onwards did not take the form of ἀθέτησις, in the strict sense of the term viz. the affixing of an obelus to the verses condemned. This was reserved for the later interpolations.

The question whether the continuation was needed in order to bring the story of the Odyssey to a satisfactory close is one that can hardly be settled by discussion. The issue depends rather upon the evidence afforded by language and metre: see the notes on 23. 300, 316, 361., 24. 235 ff., 237, 240, 241, 245, 248, 286, 288, 332, 343, 360, 394, 398, 465, 497, 534, 535. Other points are noticed on 307, 368, 469, 472, 526.

300. ἐταρπήτην. Augmented forms of the dual are rare in Homer, especially in the Odyssey (see Mr. Platt in the *Journ. of Phil.* xxiii. 205).

307. ὀϊζύσας, aor. part. because the action it expresses *coincides* with that of ἐμόγησε: cp. 14. 463., 17. 330.

310–343. This strangely prosaic summary is doubtless interpolated by a later hand,—later than the author of the continuation. It is referred to by Aristotle (Rhet. iii. 16. 8), who gives the number of lines as nearly twice the true number. The discrepancy shows that some at least of the ancient writers quoted from memory, and did not take pains to be correct in unimportant particulars.

312. ἀπετίσατο, sc. Ὀδυσσεύς, 'made him pay.'

ἠδ' ὡς Αἴολον ἵκεθ', ὅ μιν πρόφρων ὑπέδεκτο
καὶ πέμπ', οὐδέ πω αἶσα φίλην ἐς πατρίδ' ἱκέσθαι   315
ἦην, ἀλλά μιν αὖτις ἀναρπάξασα θύελλα
πόντον ἐπ' ἰχθυόεντα φέρεν βαρέα στενάχοντα·
ἠδ' ὡς Τηλέπυλον Λαιστρυγονίην ἀφίκανεν,
οἳ νῆάς τ' ὄλεσαν καὶ ἐϋκνήμιδας ἑταίρους
[πάντας· Ὀδυσσεὺς δ' οἶος ὑπέκφυγε νηῒ μελαίνῃ].   320
καὶ Κίρκης κατέλεξε δόλον πολυμηχανίην τε,
ἠδ' ὡς εἰς Ἀΐδεω δόμον ἤλυθεν εὐρώεντα,
ψυχῇ χρησόμενος Θηβαίου Τειρεσίαο,
νηῒ πολυκλήϊδι, καὶ εἴσιδε πάντας ἑταίρους
μητέρα θ', ἥ μιν ἔτικτε καὶ ἔτρεφε τυτθὸν ἐόντα·   325
ἠδ' ὡς Σειρήνων ἀδινάων φθόγγον ἄκουσεν,
ὥς θ' ἵκετο Πλαγκτὰς πέτρας δεινήν τε Χάρυβδιν
Σκύλλην θ', ἣν οὔ πώ ποτ' ἀκήριοι ἄνδρες ἄλυξαν·
ἠδ' ὡς Ἠελίοιο βόας κατέπεφνον ἑταίροι·
ἠδ' ὡς νῆα θοὴν ἔβαλε ψολόεντι κεραυνῷ   330
Ζεὺς ὑψιβρεμέτης,· ἀπὸ δ' ἔφθιθεν ἐσθλοὶ ἑταῖροι
πάντες ὁμῶς, αὐτὸς δὲ κακὰς ὑπὸ κῆρας ἄλυξεν·
ὥς θ' ἵκετ' Ὠγυγίην νῆσον νύμφην τε Καλυψώ,
ἥ δή μιν κατέρυκε λιλαιομένη πόσιν εἶναι
ἐν σπέσσι γλαφυροῖσι, καὶ ἔτρεφεν ἠδὲ ἔφασκε   335
θήσειν ἀθάνατον καὶ ἀγήρων ἤματα πάντα·
ἀλλὰ τοῦ οὔ ποτε θυμὸν ἐνὶ στήθεσσιν ἔπειθεν·
ἠδ' ὡς ἐς Φαίηκας ἀφίκετο πολλὰ μογήσας,

316 ἦην vulg.: εἴη Y: εἴην F al.: αἴην (for ἴην?) K.   317 βαρέα G F M X
al.: μεγάλως P: μεγάλα H U al.   320 is omitted in nearly all MSS. It must
have been unknown to Aristarchus, who counts the passage 310–343 as thirty-
three verses.   335 Perhaps ἠδέ 'F' ἔφασκε.

316. ἦην. This form occurs four
times in our text of Homer, viz. in Il.
11. 808 (where we can read ἦεν), Od.
19. 283 (read εἴη or ἦειν), and twice in
the continuation of the Odyssey, viz.
here and in 24. 343. It is clearly not
Homeric.

326. ἀδινάων, an epithet to be under-
stood in reference to the *voices* of the
Sirens, 'thick-coming,' 'with ever re-

sounding song.' So of the bleating of
calves, 10. 413 ἀδινὸν μυκώμεναι, the cry
of birds, 16. 216 ἀδινώτερον ἤ τ' οἰωνοί,
&c. But the application of the adj. to
the Sirens themselves is not justified by
these instances. The author probably
had in his mind the passage Il. 2. 469
ἠΰτε μυιάων ἀδινάων κτλ., and may have
understood the word there of the cease-
less humming of the flies.

οἱ δή μιν περὶ κῆρι θεὸν ὡς τιμήσαντο
καὶ πέμψαν σὺν νηὶ φίλην ἐς πατρίδα γαῖαν, 340
χαλκόν τε χρυσόν τε ἅλις ἐσθῆτά τε δόντες.
τοῦτ᾽ ἄρα δεύτατον εἶπεν ἔπος, ὅτε οἱ γλυκὺς ὕπνος
λυσιμελὴς ἐπόρουσε, λύων μελεδήματα θυμοῦ.

'Η δ᾽ αὖτ᾽ ἄλλ᾽ ἐνόησε θεὰ γλαυκῶπις Ἀθήνη·
ὁππότε δή ῥ᾽ Ὀδυσῆα ἐέλπετο ὃν κατὰ θυμὸν 345
εὐνῆς ἧς ἀλόχου ταρπήμεναι ἠδὲ καὶ ὕπνου,
αὐτίκ᾽ ἀπ᾽ Ὠκεανοῦ χρυσόθρονον ἠριγένειαν
ὦρσεν, ἵν᾽ ἀνθρώποισι φόως φέροι· ὦρτο δ᾽ Ὀδυσσεὺς
εὐνῆς ἐκ μαλακῆς, ἀλόχῳ δ᾽ ἐπὶ μῦθον ἔτελλεν·
"ὦ γύναι, ἤδη μὲν πολέων κεκορήμεθ᾽ ἀέθλων 350
ἀμφοτέρω, σὺ μὲν ἐνθάδ᾽ ἐμὸν πολυκηδέα νόστον
κλαίουσ᾽· αὐτὰρ ἐμὲ Ζεὺς ἄλγεσι καὶ θεοὶ ἄλλοι
ἱέμενον πεδάασκον ἐμῆς ἀπὸ πατρίδος αἴης.
νῦν δ᾽ ἐπεὶ ἀμφοτέρω πολυήρατον ἱκόμεθ᾽ εὐνήν,
κτήματα μὲν τά μοί ἐστι κομιζέμεν ἐν μεγάροισι, 355
μῆλα δ᾽ ἅ μοι μνηστῆρες ὑπερφίαλοι κατέκειραν,
πολλὰ μὲν αὐτὸς ἐγὼ ληΐσσομαι, ἄλλα δ᾽ Ἀχαιοὶ
δώσουσ᾽, εἰς ὅ κε πάντας ἐνιπλήσωσιν ἐπαύλους.
ἀλλ᾽ ἦ τοι μὲν ἐγὼ πολυδένδρεον ἀγρὸν ἔπειμι,
ὀψόμενος πατέρ᾽ ἐσθλόν, ὅ μοι πυκινῶς ἀκάχηται· 360
σοὶ δέ, γύναι, τάδ᾽ ἐπιτέλλω πινυτῇ περ ἐούσῃ·
αὐτίκα γὰρ φάτις εἶσιν ἅμ᾽ ἠελίῳ ἀνιόντι
ἀνδρῶν μνηστήρων, οὓς ἔκτανον ἐν μεγάροισιν·
εἰς ὑπερῷ᾽ ἀναβᾶσα σὺν ἀμφιπόλοισι γυναιξὶν

---

348 φόωs] φόος G : φάος U Z.   354 ἀμφοτέρω U : ἀμφότεροι vulg.
358 ἐπαύλους G F X U Eust. : ἐναύλους P H al.   359 ἔπειμι U Eust. : ἄπειμι
vulg.   361 τάδ᾽ G P H : τόδ᾽ F U al.   ἐπιστέλλω G, D superscr.

343. λυσιμελής, see on 20. 57.
345. ἐέλπετο 'was satisfied.'
ὅν 'his,' referring to Ulysses (not
Athene, as the place of the clause leads
us to expect). Cp. 21. 27 ὅς μιν . . .
κατέκτανεν ᾧ ἐνὶ οἴκῳ. But this am-
biguity, and also the awkwardness of
ὃν κατὰ θυμόν and ἧς ἀλόχου in the same
clause, indicate a non-Homeric author-
ship.

347. The use of the epithet ἠριγένεια
(without Ἠώς) = Dawn is not found in
Homer.
355. κομιζέμεν 'take in charge.'
358. ἐπαύλους 'stalls,' stabula.
361. ἐπιτέλλω. This scansion is in-
defensible by Homeric rules.
362. φάτις . . . ἀνδρῶν μνηστήρων
'story about the Suitors.' Usually the
phrase means 'the talk of men.'

ἦσθαι, μηδέ τινα προτιόσσεο μηδ' ἐρέεινε."   365

'Ἡ ῥα καὶ ἀμφ' ὤμοισιν ἐδύσετο τεύχεα καλά,
ὦρσε δὲ Τηλέμαχον καὶ βουκόλον ἠδὲ συβώτην,
πάντας δ'. ἔντε' ἄνωγεν ἀρήϊα χερσὶν ἐλέσθαι.
οἱ δέ οἱ οὐκ ἀπίθησαν, ἐθωρήσσοντο δὲ χαλκῷ,
ὤϊξαν δὲ θύρας, ἐκ δ' ἤϊον· ἦρχε δ' Ὀδυσσεύς.   370

'Ἤδη μὲν φάος ἦεν ἐπὶ χθόνα, τοὺς δ' ἄρ' Ἀθήνη
νυκτὶ κατακρύψασα θοῶς ἐξῆγε πόληος·

371-372. These two lines introduce the passage 24. 1–204, as to which see the note at the beginning of the 24th book. It will be evident that the division between the books has been made in the middle of a sentence: cp. 13. 440, also 3. 497 (as explained in the note on 15. 296).

ULYSSES WITH THE OAR.
From an engraved gem (Inghirami, *Galleria Omerica*, vol iii. 55).

ΟΔΥΣΣΕΙΑΣ Ω

Σπονδαί.

'Ερμῆς δὲ ψυχὰς Κυλλήνιος ἐξεκαλεῖτο
ἀνδρῶν μνηστήρων· ἔχε δὲ ῥάβδον μετὰ χερσὶ
καλὴν χρυσείην, τῇ τ' ἀνδρῶν ὄμματα θέλγει
ὧν ἐθέλει, τοὺς δ' αὖτε καὶ ὑπνώοντας ἐγείρει·
τῇ ῥ' ἄγε κινήσας, ταὶ δὲ τρίζουσαι ἕποντο.   5

4 Here one or two MSS. insert the line τὴν μετὰ χερσὶν ἔχων πέτετο κρατὺς
'Αργειφόντης (Il. 24. 345).

1-204. This passage, which contains
the Second Νέκυια of the Odyssey, was
rejected by Aristarchus. His objections,
together with the replies to them which
satisfied later grammarians, are pre-
served by the scholiasts, in a summary
of remarkable brevity (see Sch. M.V.).
The replies are often successful in show-
ing that particular arguments are in-
conclusive : but the cumulative effect
of the reasoning can hardly be resisted.
Moreover, it is reinforced by other
considerations. The most obvious is
that in an epic poem such as the Odyssey
the introduction of a second 'descent
into Hades' must be, poetically speak-
ing, a failure. The scholiasts argue
that the eleventh book describes a piece
of 'soothsaying by means of the dead,'
while the present passage is in the full
sense a 'visit to the dead' (καὶ Νεκυο-
μαντείαν μὲν ἄν τις εἰκότως τὴν Λ εἴπεν,
Νέκυιαν δὲ ταύτην). But the dialogues
in the two books are similar to a degree
that renders the second a frigid repetition
of *motifs* already exhausted. We may
add that the language shows clear traces
of a later period. The objections made
by Aristarchus are noticed in the notes
on ll. 1, 2, 11 ff., 23, 50, 60, 63, 150;

for other traces of spuriousness see ll.
1 ('Ερμῆς), 19, 28 (πρῶί), 30, 52, 57, 79,
88-89, 128, 155, 158, 166, 198.
   1. 'Ερμῆς. This contraction is doubt-
less post-Homeric (cp. 14. 435). The
Homeric form appears in l. 10, in the
phrase 'Ερμείας ἀκάκητα. The use of
'Ερμείας in that archaic phrase is no
reason for attempting to correct the first
line (ψυχὰς δ' 'Ερμείας Van Leeuwen).
The old form subsists as a poetical
archaism along with the new one.
   Κυλλήνιος, as Aristarchus observed,
is a post-Homeric epithet of Hermes.
It is common in the Homeric Hymns
(H. Merc. 318, &c., xvii. 1., xviii. 31).
The word occurs in Il. 15. 518, not in
reference to Hermes or Mount Cyllene,
but as the adj. from Κυλλήνη, a town in
Elis.
   2. Aristarchus argues with great force
that the function here attributed to
Hermes—that of conducting souls to
Hades (ψυχοπομπός)—is nowhere else
mentioned in Homer. The passing
away of life is so often described in the
Iliad and Odyssey that this argument is
as strong as any argument *ex silentio*
can be. Compare also the contradiction
pointed out in the note on 11-13.

ὡς δ᾽ ὅτε νυκτερίδες μυχῷ ἄντρου θεσπεσίοιο
τρίζουσαι ποτέονται, ἐπεί κέ τις ἀποπέσῃσιν
ὁρμαθοῦ ἐκ πέτρης, ἀνά τ᾽ ἀλλήλῃσιν ἔχονται,
ὣς αἱ τετριγυῖαι ἅμ᾽ ἤισαν· ἦρχε δ᾽ ἄρα σφιν
Ἑρμείας ἀκάκητα κατ᾽ εὐρώεντα κέλευθα.   10
πὰρ δ᾽ ἴσαν Ὠκεανοῦ τε ῥοὰς καὶ Λευκάδα πέτρην,

8 ἀνά τ᾽] ἅμα τ᾽ F M.   ἔχονται] ἔπονται M.

7. **ποτέονται.** This form (found also in Il. 19. 357) is originally the same as the contracted ποτῶνται 'flit about' (Il. 2. 462), from ποτάονται. It does not follow, however, that we should read ποτάονται here. The form ποτέονται is Ionic, like μενοίνεον, ὁμόκλεον, ἤντεον, τρόπεον. The question as to the relative antiquity of this group of forms depends on the general question of the original dialect of Homer.

8. **ὁρμαθοῦ,** with ἀποπέσῃσιν, 'drops off the chain,' sc. of bats that are clinging together. ἐκ πέτρης 'from the rock,' so as to lose hold on the rock, to which the cluster of bats was attached.

ἀνά τ᾽ ἀλλήλῃσιν ἔχονται is a paratactic addition to the picture given by ὁρμαθοῦ : '(the cluster), in which they cling to one another.'

9. **τετριγυῖαι** 'squeaking,' of the peculiar shrill note of the bat. The perfect is used of *sustained* sounds : cp. μεμηκώς, λεληκώς, μεμυκώς, κεκληγώς.

11-13. In this account of the way to Hades Aristarchus noticed that no heed is given to the fact that the slain Suitors were still unburied (cp. l. 187). In Il. 23. 72–73 the shade of Patroclus asks for burial, because 'the souls of the dead will not suffer him to join their company across the river.' So too Elpenor, the companion left unburied in the island of Circe, is met at the entrance of Hades, and entreats Ulysses to grant him funeral rites, without which, as we may gather —though it is not expressly said—he will not be able to pass the gates of Hades. The contradiction is plain, and, considering that the direct agency of Hermes ψυχοπομπός is hardly consistent with stories like that of Elpenor, it clearly shows that the representation in the Second Νέκυια is inconsistent with the beliefs elsewhere to be traced in Homer.

Moreover, the localities mentioned in ll. 11-13 do not agree with other Homeric accounts, except perhaps in regard to the river Ὠκεανός. The notion that that river had to be passed appears in the former νέκυια, Od. 11. 157–159. In these lines—which however were rejected by Aristarchus—the mother of Ulysses says it is hard for living men to see these regions ; ' for between are great rivers and fearsome streams, Oceanus first, which no man can pass on foot, but must have a good ship.' In Il. 23. 73 we hear of a river to be passed. In the Iliad generally, however, the souls go down, without delay or incident, beneath the earth. So Elpenor reaches at least the entrance of Hades quickly, Od. 11. 58 ἔφθη πεζὸς ἰὼν ἢ ἐγὼ σὺν νηΐ μελαίνῃ. And nothing is said of his having still to pass the Oceanus, or any river. Commentators have attempted to reconcile these passages by supposing two ways to Hades : but they are better left unreconciled. It may be worth noticing, however, that a possible trace of two such ways is to be found in the *Frogs* of Aristophanes, where Dionysos crosses the 'lake' in Charon's boat, while Xanthias goes round by land (πεζός).

The White Rock is only mentioned here ; unless (as Van Leeuwen suggests) it appears in the *Frogs*, l. 194 παρὰ τὸν Αὐαίνου λίθον.

The Gates of the Sun doubtless belong to the conception of Hades which places it in the darkness of the extreme west (ζόφος, ἔρεβος). The gates are those which the sun enters at his setting, whereupon the veil of night hides him from the world.

The Land of Dreams is known from this place only. The notion which the phrase suggests is not inconsistent with the account in Od. 19. 562 ff. of the two gates out of which dreams issue.

ἠδὲ παρ' Ἠελίοιο. πύλας καὶ δῆμον ὀνείρων
ἤϊσαν· αἶψα δ' ἵκοντο κατ' ἀσφοδελὸν λειμῶνα,
ἔνθα τε ναίουσι ψυχαί, εἴδωλα καμόντων.

Εὗρον δὲ ψυχὴν Πηληϊάδεω Ἀχιλῆος   15
καὶ Πατροκλῆος καὶ ἀμύμονος Ἀντιλόχοιο
Αἴαντός θ', ὃς ἄριστος ἔην εἶδός τε δέμας τε
τῶν ἄλλων Δαναῶν μετ' ἀμύμονα Πηλεΐωνα.
ὣς οἱ μὲν περὶ κεῖνον ὁμίλεον· ἀγχίμολον δὲ
ἤλυθ' ἔπι ψυχὴ Ἀγαμέμνονος Ἀτρεΐδαο   20
ἀχνυμένη· περὶ δ' ἄλλαι ἀγηγέραθ', ὅσσαι ἅμ' αὐτῷ
οἴκῳ ἐν Αἰγίσθοιο θάνον καὶ πότμον ἐπέσπον.
τὸν προτέρη ψυχὴ προσεφώνεε Πηλεΐωνος·
"Ἀτρεΐδη, περὶ μέν σ' ἔφαμεν Διὶ τερπικεραύνῳ
ἀνδρῶν ἡρώων φίλον ἔμμεναι ἤματα πάντα,   25
οὕνεκα πολλοῖσίν τε καὶ ἰφθίμοισιν ἄνασσες
δήμῳ ἔνι Τρώων, ὅθι πάσχομεν ἄλγε' Ἀχαιοί.

At the same time there is no reason to combine the two pictures.

The land of the Cimmerians, described in Od. 11.14–19, does not re-appear in this νέκυια.

It has been already remarked, in the notes on Od. 15.295–298, that lines 11–12 closely resemble two lines in that passage. This is probably the result of imitation. Or there may have been a conventional formula for the land-marks passed on a voyage.

13. κατ' ἀσφοδελὸν λειμῶνα. There was a common plant called ἀσφόδελος (Hes. Op. 41 οὐδ' ὅσον ἐν μαλάχῃ τε καὶ ἀσφοδέλῳ μέγ' ὄνειαρ), our King's spear, and from this name, according to the grammarians, was derived an adj. (generally made an oxytone) ἀσφοδελός 'full of asphodel.' Hence the 'mead of asphodel' which has become a familiar image in modern poetry. It must be pointed out, however, that the rules for the formation of nouns in Greek do not allow us to make an adj. ἀσφοδελός = 'full of ἀσφόδελος.'

It is evidently much more probable that the adjectival use is the original one, and that the plant was so called because it had the quality (or absence of a quality) which the adj. expresses. What that quality was we are left to conjecture. In the so-called scholia Didymi we find the note ἄκαρπον φυτὸν ὁ ἀσφόδελος. This may be a mere guess, but it suggests an explanation which has some plausibility. The 'meadow without fruit,' i. e. where there is no sowing or reaping, would not be out of place in the infernal regions. On the other hand the same word might be applied to a plant which was 'without fruit' (or was imagined to be so). We do not know that the asphodel could be so described: but it is worth noting that the root was the part which was eaten (Theophr. H. P. 1. 10. 7).

19. ὣς οἱ μὲν κτλ. These words come in strangely after the preceding lines. The reference of κεῖνον is not sufficiently clear. And the words imply that there has been a ὁμιλία—a conversation or 'consorting together'—in which Achilles was the principal figure.

23 ff. The dialogue that follows is certainly, as Aristarchus said, ἄκαιρος. It has nothing to do with the main story, and the newly arrived souls of the Suitors have to wait till it is done (l. 98). Moreover it is strange that Agamemnon should now hold such a dialogue with Achilles. It would be appropriate only if Agamemnon were himself one of the new-comers.

ἦ τ' ἄρα καὶ σοὶ πρῶϊ παραστήσεσθαι ἔμελλε
μοῖρ' ὀλοή, τὴν οὔ τις ἀλεύεται ὅς κε γένηται.
ὡς ὄφελες τιμῆς ἀπονήμενος, ἧς περ ἄνασσες,   30
δήμῳ ἔνι Τρώων θάνατον καὶ πότμον ἐπισπεῖν·
τῶ κέν τοι τύμβον μὲν ἐποίησαν Παναχαιοί,
ἠδέ κε καὶ σῷ παιδὶ μέγα κλέος ἦρα' ὀπίσσω·
νῦν δ' ἄρα σ' οἰκτίστῳ θανάτῳ εἵμαρτο ἀλῶναι."

Τὸν δ' αὖτε ψυχὴ προσεφώνεεν Ἀτρεΐδαο·   35
"ὄλβιε Πηλέος υἱέ, θεοῖς ἐπιείκελ' Ἀχιλλεῦ,
ὃς θάνες ἐν Τροίῃ ἑκὰς Ἄργεος· ἀμφὶ δέ σ' ἄλλοι
κτείνοντο Τρώων καὶ Ἀχαιῶν υἷες ἄριστοι,
μαρνάμενοι περὶ σεῖο· σὺ δ' ἐν στροφάλιγγι κονίης
κεῖσο μέγας μεγαλωστί, λελασμένος ἱπποσυνάων.   40
ἡμεῖς δὲ πρόπαν ἦμαρ ἐμαρνάμεθ'· οὐδέ κε πάμπαν
παυσάμεθα πτολέμου, εἰ μὴ Ζεὺς λαίλαπι παῦσεν.
αὐτὰρ ἐπεί σ' ἐπὶ νῆας ἐνείκαμεν ἐκ πολέμοιο,
κάτθεμεν ἐν λεχέεσσι, καθήραντες χρόα καλὸν
ὕδατί τε λιαρῷ καὶ ἀλείφατι· πολλὰ δέ σ' ἀμφὶ   45
δάκρυα θερμὰ χέον Δαναοὶ κείραντό τε χαίτας.
μήτηρ δ' ἐξ ἁλὸς ἦλθε σὺν ἀθανάτῃς ἁλίῃσιν
ἀγγελίης ἀΐουσα· βοὴ δ' ἐπὶ πόντον ὀρώρει
θεσπεσίη, ὑπὸ δὲ τρόμος ἔλλαβε πάντας Ἀχαιούς·
καί νύ κ' ἀναΐξαντες ἔβαν κοίλας ἐπὶ νῆας,   50
εἰ μὴ ἀνὴρ κατέρυκε παλαιά τε πολλά τε εἰδώς,

---

28 πρῶϊ] πρῶτα G P H.   30 ἦ G¹.
46 κείραντο vulg.: κείροντο U Eust.
H al.: ἤλυθε G F M J.

39 δ' ἐν F X U: δὲ G P H M al.
49 ὑπὸ G M F U: ἐπὶ P H al.   ἔλλαβε

28. πρῶϊ occurs in the Iliad in the
formula πρῶϊ δ' ὑπηοῖοι σὺν τεύχεσι
θωρηχθέντες, meaning simply 'early.'
Here it is = 'too early,' like πρῴ in
Attic. The reading πρῶτα has good
MS. support, but would not yield this
sense.

29. ἀλεύεται is probably aor. subj.,
used after οὐ as in οὐδὲ γένηται.

30. ἧς περ ἄνασσες 'of which you
were master.' This use of ἀνάσσω occurs
also in Il. 20. 180 ἐλπόμενον Τρώεσσιν
ἀνάξειν ἱπποδάμοισι τιμῆς τῆς Πριάμου,

where it seems to imply wrongful
'mastery' of what belongs to another.

39-40, = Il. 16. 775-776; where λελα-
σμένος ἱπποσυνάων is said—more appro-
priately—of the chariot-driver (Sittl).

50. ἔβαν κοίλας ἐπὶ νῆας. Aristarchus
objected that the Greeks were already
at the ships, where they had brought
the body of Achilles (l. 43 ἐπὶ νῆας).
The answer seems to be that in the panic
now described the Greeks rushed to
their ships with the view of flight (φόβος,
l. 57) : cp. Il. 2. 150 νῆας ἐπ' ἐσσεύοντα.

Νέστωρ, οὗ καὶ πρόσθεν ἀρίστη φαίνετο βουλή·
ὅ σφιν ἐϋφρονέων ἀγορήσατο καὶ μετέειπεν·
‘ἴσχεσθ’, Ἀργεῖοι, μὴ φεύγετε, κοῦροι Ἀχαιῶν·
μήτηρ ἐξ ἁλὸς ἥδε σὺν ἀθανάτῃς ἁλίῃσιν   55
ἔρχεται, οὗ παιδὸς τεθνηότος ἀντιόωσα.’
ὣς ἔφαθ’, οἱ δ’ ἔσχοντο φόβου μεγάθυμοι Ἀχαιοί·
ἀμφὶ δέ σ’ ἔστησαν κοῦραι ἁλίοιο γέροντος
οἴκτρ’ ὀλοφυρόμεναι, περὶ δ’ ἄμβροτα εἵματα ἔσσαν.
Μοῦσαι δ’ ἐννέα πᾶσαι ἀμειβόμεναι ὀπὶ καλῇ   60
θρήνεον· ἔνθα κεν οὔ τιν’ ἀδάκρυτόν γ’ ἐνόησας
Ἀργείων· τοῖον γὰρ ὑπώρορε Μοῦσα λίγεια.
ἑπτὰ δὲ καὶ δέκα μέν σε ὁμῶς νύκτας τε καὶ ἦμαρ
κλαίομεν ἀθάνατοί τε θεοὶ θνητοί τ’ ἄνθρωποι·
ὀκτωκαιδεκάτῃ δ’ ἔδομεν πυρί, πολλὰ δέ σ’ ἀμφὶ   65
μῆλα κατεκτάνομεν μάλα πίονα καὶ ἕλικας βοῦς.
καίεο δ’ ἔν τ’ ἐσθῆτι θεῶν καὶ ἀλείφατι πολλῷ
καὶ μέλιτι γλυκερῷ· πολλοὶ δ’ ἥρωες Ἀχαιοὶ
τεύχεσιν ἐρρώσαντο πυρὴν πέρι καιομένοιο,
πεζοί θ’ ἱππῆές τε· πολὺς δ’ ὀρυμαγδὸς ὀρώρει.   70
αὐτὰρ ἐπεὶ δή σε φλὸξ ἤνυσεν Ἡφαίστοιο,

55 σὺν] μετ’ F M. 62 ὑπώρορε G H : ἐπώρορε F P M U al. 63 ἑπτακαίδεκα G F. 65 πολλὰ δ’ ἐπ’ αὐτῷ G F P H al. 69 πέρι] πάρα F.

52. οὗ καὶ πρόσθεν κτλ. This formula is hardly appropriate here ; Nestor has given no ‘ former counsel.’

57. It is perhaps not a mere accident that this is the only place in the Odyssey in which the word φόβος occurs.

60. On this line Aristarchus observed that it is the only Homeric passage in which the number of the Muses is given. It may be the source of the later belief. The words, however, do not necessarily mean that there were nine Muses—only that ‘ nine in all ’ now took part in the lament. Nine is a favourite number in Homer.

62. ὑπώρορε ‘stirred their hearts’: the preposition is especially used of feeling, as in the phrase ὑφ’ ἵμερον ὦρσε γόοιο. Μοῦσα. The change to the sing. is somewhat abrupt.

63. Aristarchus asked how the body of Achilles was kept for so many days. The scholiast plausibly says that it was by the agency of Thetis, as in the case of Patroclus. But would Homer have left this to be understood ? After ἑπτὰ καὶ δέκα we expect the plur. ἤματα. The sing. is apparently due to the common phrase ὁμῶς νύκτας τε καὶ ἦμαρ. There is in fact a kind of double use of ἦμαρ—‘ for seventeen days, night and day alike.’

68. The use of honey appears to be a trace of the practice of embalming the dead; see Helbig, Hom. Epos p. 53.

69. ἐρρώσαντο, see on 23. 3. So in honour of Patroclus, Il. 23. 13 οἱ δὲ τρὶς περὶ νεκρὸν ἐϋτριχας ἤλασαν ἵππους μυρόμενοι.

ἠῶθεν δή τοι λέγομεν λεύκ' ὀστέ', Ἀχιλλεῦ,
οἴνῳ ἐν ἀκρήτῳ καὶ ἀλείφατι· δῶκε δὲ μήτηρ
χρύσεον ἀμφιφορῆα· Διωνύσοιο δὲ δῶρον
φάσκ' ἔμεναι, ἔργον δὲ περικλυτοῦ Ἡφαίστοιο·   75
ἐν τῷ τοι κεῖται λεύκ' ὀστέα, φαίδιμ' Ἀχιλλεῦ,
μίγδα δὲ Πατρόκλοιο Μενοιτιάδαο θανόντος,
χωρὶς δ' Ἀντιλόχοιο, τὸν ἔξοχα τῖες ἁπάντων
τῶν ἄλλων ἑτάρων μετὰ Πάτροκλόν γε θανόντα.
ἀμφ' αὐτοῖσι δ' ἔπειτα μέγαν καὶ ἀμύμονα τύμβον   80
χεύαμεν Ἀργείων ἱερὸς στρατὸς αἰχμητάων
ἀκτῇ ἔπι προὐχούσῃ, ἐπὶ πλατεῖ Ἑλλησπόντῳ,
ὥς κεν τηλεφανὴς ἐκ ποντόφιν ἀνδράσιν εἴη
τοῖς οἳ νῦν γεγάασι καὶ οἳ μετόπισθεν ἔσονται.
μήτηρ δ' αἰτήσασα θεοὺς περικαλλέ' ἄεθλα   85
θῆκε μέσῳ ἐν ἀγῶνι ἀριστήεσσιν Ἀχαιῶν.
ἤδη μὲν πολέων τάφῳ ἀνδρῶν ἀντεβόλησας
ἡρώων, ὅτε κέν ποτ' ἀποφθιμένου βασιλῆος
ζώννυνταί τε νέοι καὶ ἐπεντύνονται ἄεθλα·
ἀλλά κε κεῖνα μάλιστα ἰδὼν θηήσαο θυμῷ,   90
οἷ' ἐπὶ σοὶ κατέθηκε θεὰ περικαλλέ' ἄεθλα
ἀργυρόπεζα Θέτις· μάλα γὰρ φίλος ἦσθα θεοῖσιν.
ὡς σὺ μὲν οὐδὲ θανὼν ὄνομ' ὤλεσας, ἀλλά τοι αἰεὶ

83 ὅς] ὃς G.   87 ἀντεβόλησας Ar. F Eust.: ἀντεβόλησα vulg.   88 βα-
σιλῆος] Ἀχιλῆος P.   90 θηήσαο G P H M al.: ἰτεθήπεα U, v. l. ap. Eust.:
ἰτεθήπεας Eust.: ἰτέθηπα (sic) F².

74. ἀμφιφορῆα, the urn in which the
ashes of Patroclus were placed at his
entreaty; Il. 23. 92 χρύσεος ἀμφιφορεύς,
τόν τοι πόρε πότνια μήτηρ. It is also
called a φιάλη, see Il. 23. 243, 253.
77. Cp. the injunctions of Patroclus
in Il. 23. 83.
79. The term 'ἑταῖρος of Achilles' is
not strictly applicable to Antilochus.
80. αὐτοῖσι, see on 241, 282. In later
times these three heroes had separate
mounds on the Hellespont.
81. ἱερὸς στρατός, perhaps a trace of
the original sense of ἱερός, viz. ' strong.'
The theories as to this word put forward
by W. Schulze (Quaest. Ep. p. 207 ff.)
and Mr. Mulvany (Journ. of Philology,

xlix. 131) are somewhat too elaborate.
88–89. ὅτε κεν . . . ζώννυνται. In
Homer ὅτε κεν usually refers to a
particular future event : but there are
some exceptions to the rule, see H. G.
§ 289, 2, b. In any case, however, ὅτε
κεν must take the subjunctive. The
form ζώννυνται has sometimes been ex-
plained as a subj. (as by Curtius, Verb.
ii. 67) ; but this is against all analogy.
The proper subj. would be ζωννύονται,
and possibly that form should be read
here. The synizesis is violent (cp. the
usual scanning of 'Ενυαλίῳ ἀνδρειφόντῃ):
but the fact that the form ζωννύονται
cannot otherwise be brought into the
hexameter is a partial excuse.

πάντας ἐπ' ἀνθρώπους κλέος ἔσσεται ἐσθλόν, Ἀχιλλεῦ·
αὐτὰρ ἐμοὶ τί τόδ' ἦδος, ἐπεὶ πόλεμον τολύπευσα;   95
ἐν νόστῳ γάρ μοι Ζεὺς μήσατο λυγρὸν ὄλεθρον
Αἰγίσθου ὑπὸ χερσὶ καὶ οὐλομένης ἀλόχοιο."
'Ὣς οἱ μὲν τοιαῦτα πρὸς ἀλλήλους ἀγόρευον,
ἀγχίμολον δέ σφ' ἦλθε διάκτορος ἀργειφόντης,
ψυχὰς μνηστήρων κατάγων Ὀδυσῆϊ δαμέντων.   100
τὼ δ' ἄρα θαμβήσαντ' ἰθὺς κίον, ὡς ἐσιδέσθην.
ἔγνω δὲ ψυχὴ Ἀγαμέμνονος Ἀτρεΐδαο
παῖδα φίλον Μελανῆος, ἀγακλυτὸν Ἀμφιμέδοντα·
ξεῖνος γάρ οἱ ἔην Ἰθάκῃ ἔνι οἰκία ναίων.
τὸν προτέρη ψυχὴ προσεφώνεεν Ἀτρεΐδαο·   105
"Ἀμφίμεδον, τί παθόντες ἐρεμνὴν γαῖαν ἔδυτε
πάντες κεκριμένοι καὶ ὁμήλικες; οὐδέ κεν ἄλλως
κρινάμενος λέξαιτο κατὰ πτόλιν ἄνδρας ἀρίστους.
ἦ ὕμμ' ἐν νήεσσι Ποσειδάων ἐδάμασσεν,
ὄρσας ἀργαλέους ἀνέμους καὶ κύματα μακρά;   110
ἦ που ἀνάρσιοι ἄνδρες ἐδηλήσαντ' ἐπὶ χέρσου
βοῦς περιταμνομένους ἠδ' οἰῶν πώεα καλά,
ἠὲ περὶ πτόλιος μαχεούμενοι ἠδὲ γυναικῶν;
εἰπέ μοι εἰρομένῳ· ξεῖνος δέ τοι εὔχομαι εἶναι.
ἦ οὐ μέμνῃ ὅτε κεῖσε κατήλυθον ὑμέτερον δῶ,   115
ὀτρυνέων Ὀδυσῆα σὺν ἀντιθέῳ Μενελάῳ
Ἴλιον εἰς ἅμ' ἕπεσθαι ἐϋσσέλμων ἐπὶ νηῶν;

95 τόδ'] τότ' G.   112 καὶ ὄϊς καὶ πίονας αἶγας P.

95. τί τόδ' ἦδος 'how is it now (τόδε)
a pleasure?' Cp. Il. 18. 80 ἀλλὰ τί μοι
τῶν ἦδος; Possibly the original phrase
was τί τὸ ἦδος;

97. It is only here and in the eleventh
book (410, 453) that Clytaemnestra is
said to have taken part in the murder.
Elsewhere in Homer it is ascribed to
Aegisthus alone.

101. τώ 'the two' who had spoken,
viz. Achilles and Agamemnon.

104. Ἰθάκῃ ἔνι. Amphimedon was
host 'in Ithaca, his home,' and Aga-
memnon similarly in Mycenae : cp. Il.

6. 224 σοὶ μὲν ἐγὼ ξεῖνος φίλος Ἀργεῖ
μέσσῳ εἰμί, σὺ δ' ἐν Λυκίῃ ὅτε κεν τῶν
δῆμον ἵκωμαι.

106. τί παθόντες, to be understood
literally, not in the later colloquial use
of τί παθὼν κτλ.

108. κρινάμενος, for κρινάμενός τις:
see the note on 13. 400.

109-113, = 11. 399-403.

112. περιταμνομένους, i. e. raiding.

113. μαχεούμενοι, to be explained as
merely metri gratia for the impossible
μαχεόμενοι. The change to the nom.
is also required by the metre.

μηνὶ δ' ἄρ' οὔλῳ πάντα περήσαμεν εὐρέα πόντον,
σπουδῇ παρπεπιθόντες Ὀδυσσῆα πτολίπορθον."

Τὸν δ' αὖτε ψυχὴ προσεφώνεεν Ἀμφιμέδοντος·   120
"[Ἀτρεΐδη κύδιστε, ἄναξ ἀνδρῶν Ἀγάμεμνον,]
μέμνημαι τάδε πάντα, διοτρεφές, ὡς ἀγορεύεις·
σοὶ δ' ἐγὼ εὖ μάλα πάντα καὶ ἀτρεκέως καταλέξω,
ἡμετέρου θανάτοιο κακὸν τέλος, οἷον ἐτύχθη.
μνώμεθ' Ὀδυσσῆος δὴν οἰχομένοιο δάμαρτα·   125
ἡ δ' οὔτ' ἠρνεῖτο στυγερὸν γάμον οὔτ' ἐτελεύτα,
ἡμῖν φραζομένη θάνατον καὶ κῆρα μέλαιναν·
ἀλλὰ δόλον τόνδ' ἄλλον ἐνὶ φρεσὶ μερμήριξε·
στησαμένη μέγαν ἱστὸν ἐνὶ μεγάροισιν ὕφαινε,
λεπτὸν καὶ περίμετρον· ἄφαρ δ' ἡμῖν μετέειπε·   130
' κοῦροι, ἐμοὶ μνηστῆρες, ἐπεὶ θάνε δῖος Ὀδυσσεύς,
μίμνετ' ἐπειγόμενοι τὸν ἐμὸν γάμον, εἰς ὅ κε φᾶρος
ἐκτελέσω, μή μοι μεταμώνια νήματ' ὄληται,
Λαέρτῃ ἥρωϊ ταφήϊον, εἰς ὅτε κέν μιν
μοῖρ' ὀλοὴ καθέλῃσι τανηλεγέος θανάτοιο,   135
μή τίς μοι κατὰ δῆμον Ἀχαιϊάδων νεμεσήσῃ,
αἴ κεν ἄτερ σπείρου κεῖται πολλὰ κτεατίσσας.'
ὣς ἔφαθ', ἡμῖν δ' αὖτ' ἐπεπείθετο θυμὸς ἀγήνωρ.
ἔνθα καὶ ἡματίη μὲν ὑφαίνεσκεν μέγαν ἱστόν,
νύκτας δ' ἀλλύεσκεν, ἐπεὶ δαΐδας παραθεῖτο.   140
ὣς τρίετες μὲν ἔληθε δόλῳ καὶ ἔπειθεν Ἀχαιούς·
ἀλλ' ὅτε τέτρατον ἦλθεν ἔτος καὶ ἐπήλυθον ὧραι,
[μηνῶν φθινόντων, περὶ δ' ἤματα πόλλ' ἐτελέσθη,]
καὶ τότε δή τις ἔειπε γυναικῶν, ἡ σάφα ᾔδη,

118 ἄρ' codd. : ἐν Ar. (cp. Did. on Il. 10. 48).   121 om. F M U.
124 τέλος] μόρον H al.   133 μεταμώλια F al.   143 om. F P H M.

118. μηνὶ οὔλῳ 'in a whole month':
i.e. it took just a good month.
121. This line is doubtless spurious.
The address contained in the word
διοτρεφής is sufficient.
128-146, = 2. 93-110. The passage
is also put into the mouth of Penelope
in 19. 139-156.
128. ἄλλον has no clear meaning

here, as no δόλος has been spoken of.
In 2. 93 it refers to the preceding
sentence, viz. 2. 91-92 ὑπίσχεται ἀνδρὶ
ἑκάστῳ ἀγγελίας προϊεῖσα, so that it
means 'other than false promises.'
Hence the present passage is shown to
have been borrowed from the other :
which again is probably an interpolation
from the 19th book: see Sittl, p. 86.

καὶ τήν γ' ἀλλύουσαν ἐφεύρομεν ἀγλαὸν ἱστόν.   145
ὣς τὸ μὲν ἐξετέλεσσε καὶ οὐκ ἐθέλουσ' ὑπ' ἀνάγκης.
εὖθ' ἡ φᾶρος ἔδειξεν, ὑφήνασα μέγαν ἱστόν,
πλύνασ', ἠελίῳ ἐναλίγκιον ἠὲ σελήνῃ,
καὶ τότε δή ῥ' Ὀδυσῆα κακός ποθεν ἤγαγε δαίμων
ἀγροῦ ἐπ' ἐσχατιήν, ὅθι δώματα ναῖε συβώτης.   150
ἔνθ' ἦλθεν φίλος υἱὸς Ὀδυσσῆος θείοιο,
ἐκ Πύλου ἠμαθόεντος ἰὼν σὺν νηῒ μελαίνῃ·
τὼ δὲ μνηστῆρσιν θάνατον κακὸν ἀρτύναντε
ἵκοντο προτὶ ἄστυ περικλυτόν, ἦ τοι Ὀδυσσεὺς
ὕστερος, αὐτὰρ Τηλέμαχος πρόσθ' ἡγεμόνευε.   155
τὸν δὲ συβώτης ἦγε κακὰ χροῒ εἵματ' ἔχοντα,
πτωχῷ λευγαλέῳ ἐναλίγκιον ἠδὲ γέροντι
σκηπτόμενον· τὰ δὲ λυγρὰ περὶ χροῒ εἵματα ἔστο·
οὐδέ τις ἡμείων δύνατο γνῶναι τὸν ἐόντα
ἐξαπίνης προφανέντ', οὐδ' οἱ προγενέστεροι ἦσαν,   160
ἀλλ' ἔπεσίν τε κακοῖσιν ἐνίσσομεν ἠδὲ βολῇσιν.
αὐτὰρ ὁ τέως μὲν ἐτόλμα ἐνὶ μεγάροισιν ἑοῖσι
βαλλόμενος καὶ ἐνισσόμενος τετληότι θυμῷ·
ἀλλ' ὅτε δή μιν ἔγειρε Διὸς νόος αἰγιόχοιο,
σὺν μὲν Τηλεμάχῳ περικαλλέα τεύχε' ἀείρας   165

147 εἶθ' vulg.: ἔνθ' P.

147-149. The incident referred to in these lines is one for which it is hard to find a place in the preceding story. Penelope, we are told, showed the finished φᾶρος to the Suitors, and we gather from the context that she at the same time confessed that she could no longer delay her marriage with one of them. Thereupon Ulysses came, and she was saved. This is not exactly the course of events in the Odyssey as we have it. Was there then a version in which the incident here referred to had a place—perhaps as the opening scene? The conjecture is as plausible as many that have been put forward. But the sounder conclusion surely is that discrepancies of this kind between the 24th book and the rest of the Odyssey do not call for special explanation.

150 ff. Aristarchus objected here that Amphimedon could not know about the meeting of Ulysses and Telemachus in the house of Eumaeus. The difficulty is hardly one that the ordinary hearer of the Odyssey would feel. The real objection to the passage is that it repeats what the hearer knows already.

155. ἡγεμόνευε should mean 'led the way,' not merely 'went first (in *time*),' as it must do here.

158. περὶ χροῒ εἵματα ἔστο is a repetition, in un-Homeric style, of the latter half of l. 156. λυγρά is awkward after λευγαλέῳ in l. 157.

161. βολῇσιν, sc. ἐβάλλομεν, to be supplied from ἐνίσσομεν by zeugma: cp. l. 163 βαλλόμενος καὶ ἐνισσόμενος.

165-166. Regarding this incident see the notes on 19. 1-50.

ἐς θάλαμον κατέθηκε καὶ ἐκλήϊσεν ὀχῆας,
αὐτὰρ ὁ ἦν ἄλοχον πολυκερδείῃσιν ἄνωγε
τόξον μνηστήρεσσι θέμεν πολιόν τε σίδηρον,
ἡμῖν αἰνομόροισιν ἀέθλια καὶ φόνου ἀρχήν.
οὐδέ τις ἡμείων δύνατο κρατεροῖο βιοῖο　　　　　170
νευρὴν ἐντανύσαι, πολλὸν δ' ἐπιδευέες ἦμεν.
ἀλλ' ὅτε χεῖρας ἵκανεν Ὀδυσσῆος μέγα τόξον,
ἔνθ' ἡμεῖς μὲν πάντες ὁμοκλέομεν ἐπέεσσι
τόξον μὴ δόμεναι, μηδ' εἰ μάλα πόλλ' ἀγορεύοι·
Τηλέμαχος δέ μιν οἶος ἐποτρύνων ἐκέλευσεν.　　　175
αὐτὰρ ὁ δέξατο χειρὶ πολύτλας δῖος Ὀδυσσεύς,
ῥηϊδίως δ' ἐτάνυσσε βιόν, διὰ δ' ἧκε σιδήρου,
στῆ δ' ἄρ' ἐπ' οὐδὸν ἰών, ταχέας δ' ἐκχεύατ' ὀϊστοὺς
δεινὸν παπταίνων, βάλε δ' Ἀντίνοον βασιλῆα.
αὐτὰρ ἔπειτ' ἄλλοις ἐφίει βέλεα στονόεντα,　　　180
ἄντα τιτυσκόμενος· τοὶ δ' ἀγχιστῖνοι ἔπιπτον.
γνωτὸν δ' ἦν ὁ ῥά τίς σφι θεῶν ἐπιτάρροθος ἦεν·
αὐτίκα γὰρ κατὰ δώματ' ἐπισπόμενοι μένεϊ σφῷ
κτεῖνον ἐπιστροφάδην, τῶν δὲ στόνος ὤρνυτ' ἀεικὴς
κράτων τυπτομένων, δάπεδον δ' ἅπαν αἵματι θῦεν.　185
ὣς ἡμεῖς, Ἀγάμεμνον, ἀπωλόμεθ', ὧν ἔτι καὶ νῦν
σώματ' ἀκηδέα κεῖται ἐνὶ μεγάροις Ὀδυσῆος·
οὐ γάρ πω ἴσασι φίλοι κατὰ δώμαθ' ἑκάστου,
οἵ κ' ἀπονίψαντες μέλανα βρότον ἐξ ὠτειλέων
κατθέμενοι γοάοιεν· ὁ γὰρ γέρας ἐστὶ θανόντων."　190
　　Τὸν δ' αὖτε ψυχὴ προσεφώνεεν Ἀτρεΐδαο·

---

180 ἐφίει] ἀφίει F M J.
needed for the construction.

182 ὅτι ῥά σφι P, perhaps rightly, since τις is not
183 σφῷ] σφῶν F U al.

---

166. ἐκλήϊσεν ὀχῆας would naturally mean 'shut the door of the θάλαμος.' But it may be due to imperfect recollection of 19. 30 κλήϊσεν δὲ θύρας μεγάρων,—words which refer to the closing of the door on the women servants.

167-169. This is a slightly inaccurate or at least incomplete version. Penelope first proposed the τόξου θέσις (19. 572),

and Ulysses urged her to carry it out. The discrepancy has been much insisted upon by modern scholars, as pointing to the existence of a different form of the story: but surely it is not one upon which any conclusion can be founded. Cp. the note on 147-149.

184-185, = 22. 308-309.

190. κατθέμενοι 'placing on biers,' 'laying out.'

" ὄλβιε Λαέρταο πάϊ, πολυμήχαν' Ὀδυσσεῦ,
ἦ ἄρα σὺν μεγάλῃ ἀρετῇ ἐκτήσω ἄκοιτιν·
ὡς ἀγαθαὶ φρένες ἦσαν ἀμύμονι Πηνελοπείῃ,
κούρῃ Ἰκαρίου, ὡς εὖ μέμνητ' Ὀδυσῆος,   195
ἀνδρὸς κουριδίου. τῶ οἱ κλέος οὔ ποτ' ὀλεῖται
ἧς ἀρετῆς, τεύξουσι δ' ἐπιχθονίοισιν ἀοιδὴν
ἀθάνατοι χαρίεσσαν ἐχέφρονι Πηνελοπείῃ,
οὐχ ὡς Τυνδαρέου κούρη κακὰ μήσατο ἔργα,
κουρίδιον κτείνασα πόσιν, στυγερὴ δέ τ' ἀοιδὴ   200
ἔσσετ' ἐπ' ἀνθρώπους, χαλεπὴν δέ τε φῆμιν ὀπάσσει
θηλυτέρῃσι γυναιξί, καὶ ἥ κ' εὐεργὸς ἔῃσιν."

*Ὣς οἱ μὲν τοιαῦτα πρὸς ἀλλήλους ἀγόρευον,
ἑσταότ' εἰν Ἀΐδαο δόμοις, ὑπὸ κεύθεσι γαίης·
οἱ δ' ἐπεὶ ἐκ πόλιος κατέβαν, τάχα δ' ἀγρὸν ἵκοντο   205
καλὸν Λαέρταο τετυγμένον, ὃν ῥά ποτ' αὐτὸς
Λαέρτης κτεάτισσεν, ἐπεὶ μάλα πόλλ' ἐμόγησεν.
ἔνθα οἱ οἶκος ἔην, περὶ δὲ κλίσιον θέε πάντῃ,
ἐν τῷ σιτέσκοντο καὶ ἵζανον ἠδὲ ἴαυον
δμῶες ἀναγκαῖοι, τοί οἱ φίλα ἐργάζοντο.   210

194 ἀμύμονι] ἐχέφρονι F U.   201 δέ τε F U : δ' ἐνὶ P H M al.

193. σὺν μεγάλῃ ἀρετῇ 'with a dower of noble gifts.' The ἀρετή of Penelope includes all her qualities of character and person: cp. l. 197, also such phrases as 2. 206 εἵνεκα τῆς ἀρετῆς ἐριδαίνομεν. Here the especial meaning of the word appears in the next clause ὡς ἀγαθαὶ φρένες κτλ. (ὡς being = ὅτι οὕτως). Note that σύν is especially used of an accompaniment or attendant circumstance: σὺν ἔντεσι, σὺν ἵπποισιν καὶ ὄχεσφιν, σὺν θυέεσσι (Il. 6. 270), Ζέφυρος σὺν λαίλαπι (Od. 12. 408), &c.
198. Πηνελοπείῃ, with τεύξουσι, 'will make for, in honour of, Penelope.' Bothe proposed to read ἐχέφρονα Πηνελόπειαν, so that ἀοιδήν would be = 'matter of song,' as ἀοιδή in l. 200, and in 8. 580 ἵνα ᾖσι καὶ ἐσσομένοισιν ἀοιδή. But the succession of accusatives—χαρίεσσαν ἐχέφρονα Πηνελόπειαν—would be very harsh.
χαρίεσσαν 'pleasing,' the opposite

of στυγερὴ ἀοιδή (l. 200). The place of the word in the sentence is not quite Homeric. If an epithet is added in the following line it regularly begins the line.
205. οἱ δέ, viz. Ulysses, &c. The story is continued from 23. 370.
τάχα δ', apodosis.
207. μάλα πόλλ' ἐμόγησεν 'had toiled much,' viz. in making the farm, —bringing the land into cultivation, building, &c. So in l. 388 Dolius and his sons return ἐξ ἔργων μογέοντες. The land, having thus been won from the waste (the γῆ ἄκληρός τε καὶ ἄκτιτος of H. Ven. 123), was a τέμενος or separate possession of Laertes: hence κτεάτισσε (see a paper by Mr. Ridgeway, *J. H. S.* vi. 319 ff.).
208. οἶκος, the chief room, answering to the μέγαρον of a palace: while the κλίσιον, 'a shed' or 'cottage,' took the place of the series of θάλαμοι.

ἐν δὲ γυνὴ Σικελὴ γρηῢς πέλεν, ἥ ῥα γέροντα
ἐνδυκέως κομέεσκεν ἐπ' ἀγροῦ, νόσφι πόληος.
ἔνθ' 'Οδυσεὺς δμώεσσι καὶ υἱέϊ μῦθον ἔειπεν·
" ὑμεῖς μὲν νῦν ἔλθετ' ἐϋκτίμενον δόμον εἴσω,
δεῖπνον δ' αἶψα συῶν ἱερεύσατε ὅς τις ἄριστος·   215
αὐτὰρ ἐγὼ πατρὸς πειρήσομαι ἡμετέροιο,
αἴ κέ μ' ἐπιγνώῃ καὶ φράσσεται ὀφθαλμοῖσιν,
ἦέ κεν ἀγνοιῇσι πολὺν χρόνον ἀμφὶς ἐόντα."
'Ὡς εἰπὼν δμώεσσιν ἀρήϊα τεύχε' ἔδωκεν.
οἱ μὲν ἔπειτα δόμονδε θοῶς κίον, αὐτὰρ 'Οδυσσεὺς   220
ἆσσον ἴεν πολυκάρπου ἀλωῆς πειρητίζων.
οὐδ' εὗρεν Δολίον, μέγαν ὄρχατον ἐσκαταβαίνων,
οὐδέ τινα δμώων οὐδ' υἱέων· ἀλλ' ἄρα τοί γε
αἱμασιὰς λέξοντες ἀλωῆς ἔμμεναι ἕρκος
ᾤχοντ', αὐτὰρ ὁ τοῖσι γέρων ὁδὸν ἡγεμόνευε.   225
τὸν δ' οἶον πατέρ' εὗρεν ἐϋκτιμένῃ ἐν ἀλωῇ,
λιστρεύοντα φυτόν· ῥυπόωντα δὲ ἕστο χιτῶνα
ῥαπτὸν ἀεικέλιον, περὶ δὲ κνήμῃσι βοείας
κνημῖδας ῥαπτὰς δέδετο, γραπτῦς ἀλεείνων,
χειρῖδάς τ' ἐπὶ χερσὶ βάτων ἕνεκ'· αὐτὰρ ὕπερθεν   230
αἰγείην κυνέην κεφαλῇ ἔχε, πένθος ἀέξων.
τὸν δ' ὡς οὖν ἐνόησε πολύτλας δῖος 'Οδυσσεὺς
γήραϊ τειρόμενον, μέγα δὲ φρεσὶ πένθος ἔχοντα,
στὰς ἄρ' ὑπὸ βλωθρὴν ὄγχνην κατὰ δάκρυον εἶβε.

217 ἐπιγνοίη vulg., corrected by Hermann : ἔτι γνοίη Z, conj. Voss.
223 υἱέων MSS.: υἱῶν Wolf, Bekk.   227 ῥυπόεντα F.   231 ἀργείην P Y.

211. Σικελή. We have already heard
of the Σικελοί as buyers of slaves (20.
383).

215. δεῖπνον, predicative, 'for our
dinner.'

219. τεύχε' ἔδωκεν 'gave the arms,'
which he had put on (23. 366). The
servants were to take them into the
house.

221. πειρητίζων 'in his inquiries,'
cp. l. 216 πατρὸς πειρήσομαι.

224. αἱμασιὰς λέξοντες, see on 18.
359.

225. γέρων, sc. Dolius.

227. λιστρεύοντα 'digging about,'
from λίστρον (22. 455): cp. also l. 242
ἀμφελάχαινε.

229. κνημῖδας 'greaves' or 'gaiters.'
The greaves worn as armour were not
materially different, and served chiefly
to protect the shins against the edge of
the great shield.
γραπτῦς, acc. plur. of γραπτύς 'scratch.'

230. χειρῖδας, from χείρ, apparently
on the analogy of κνημῖδες.

231. πένθος ἀέξων 'cherishing his
sorrow' : said to explain the rudeness
of his attire.

μερμήριξε δ' ἔπειτα κατὰ φρένα καὶ κατὰ θυμὸν 235
κύσσαι καὶ περιφῦναι ἑὸν πατέρ', ἠδὲ ἕκαστα
εἰπεῖν, ὡς ἔλθοι καὶ ἵκοιτ' ἐς πατρίδα γαῖαν,
ἦ πρῶτ' ἐξερέοιτο ἕκαστά τε πειρήσαιτο.
ὧδε δέ οἱ φρονέοντι δοάσσατο κέρδιον εἶναι,
πρῶτον κερτομίοις ἐπέεσσιν πειρηθῆναι. 240
τὰ φρονέων ἰθὺς κίεν αὐτοῦ δῖος Ὀδυσσεύς.
ἦ τοι ὁ μὲν κατέχων κεφαλὴν φυτὸν ἀμφελάχαινε·
τὸν δὲ παριστάμενος προσεφώνεε φαίδιμος υἱός·
" ὦ γέρον, οὐκ ἀδαημονίη σ' ἔχει ἀμφιπολεύειν
ὄρχατον, ἀλλ' εὖ τοι κομιδὴ ἔχει, οὐδέ τι πάμπαν, 245
οὐ φυτόν, οὐ συκέη, οὐκ ἄμπελος, οὐ μὲν ἐλαίη,
οὐκ ὄγχνη, οὐ πρασιή τοι ἄνευ κομιδῆς κατὰ κῆπον.
ἄλλο δέ τοι ἐρέω, σὺ δὲ μὴ χόλον ἔνθεο θυμῷ·
αὐτόν σ' οὐκ ἀγαθὴ κομιδὴ ἔχει, ἀλλ' ἅμα γῆρας
λυγρὸν ἔχεις αὐχμεῖς τε κακῶς καὶ ἀεικέα ἔσσαι. 250
οὐ μὲν ἀεργίης γε ἄναξ ἕνεκ' οὔ σε κομίζει,
οὐδέ τί τοι δούλειον ἐπιπρέπει εἰσοράασθαι
εἶδος καὶ μέγεθος· βασιλῆϊ γὰρ ἀνδρὶ ἔοικας.
τοιούτῳ δὲ ἔοικας, ἐπεὶ λούσαιτο φάγοι τε,

235-240. This passage is evidently modelled on 10. 151-154. Note (1) the conventional lines 235 = 10. 151 and 239 = 10. 153, (2) the constr. of μερμηρίζω with the inf. in place of the usual ἤ—ἤ and an opt., and (3) πρῶτον in l. 240 answering to πρῶτα in 10. 154. There is the difference that in this place a second alternative is inserted, introduced by ἤ and the opt., thus giving the extremely harsh form μερμήριξε . . . κύσσαι καὶ περιφῦναι . . . ἤ ἐξερέοιτο for 'debated whether he should kiss and embrace, or should ask.'

237. ὡς ἔλθοι κτλ. The opt. in oratio obliqua is a post-Homeric construction.

240. ἐπέεσσιν. This is the only instance in the Odyssey of ν ἐφ. forming position in the fourth thesis of the hexameter. It is also the only real exception to the rule that a short vowel cannot be lengthened by position in that part of the line. See the discussion in the Class. Rev. xi. 28, 29, 151-154.

241. αὐτοῦ. The use of the oblique cases of αὐτός where no emphasis is intended seems to be post-Homeric: cp. l. 80 and l. 282.

245. εὖ ἔχει. The only instance in Homer of this phrase, afterwards so common.

247. The synizesis is hardly to be paralleled in Homer.

248. An adaptation—almost a parody —of the conventional ἄλλο δέ τοι ἐρέω σὺ δ' ἐνὶ φρεσὶ βάλλεο σῇσιν.

252. δούλειον, evidently an adjective, used as a predicate with ἐπιπρέπει— 'shows like a slave.' Thus the whole sentence means that the form and stature of Laertes did not strike the beholder as at all answering to his slave-like dress and employment.

εὐδέμεναι μαλακῶς· ἡ γὰρ δίκη ἐστὶ γερόντων.   255
ἀλλ' ἄγε μοι τόδε εἰπὲ καὶ ἀτρεκέως κατάλεξον,
τεῦ δμώς εἰς ἀνδρῶν; τεῦ δ' ὄρχατον ἀμφιπολεύεις;
καί μοι τοῦτ' ἀγόρευσον ἐτήτυμον, ὄφρ' εὖ εἰδῶ,
εἰ ἐτεόν γ' Ἰθάκην τήνδ' ἱκόμεθ', ὥς μοι ἔειπεν
οὗτος ἀνὴρ νῦν δὴ ξυμβλήμενος ἐνθάδ' ἰόντι,   260
οὔ τι μάλ' ἀρτίφρων, ἐπεὶ οὐ τόλμησεν ἕκαστα
εἰπεῖν ἠδ' ἐπακοῦσαι ἐμὸν ἔπος, ὡς ἐρέεινον
ἀμφὶ ξείνῳ ἐμῷ, ἤ που ζώει τε καὶ ἔστιν,
ἦ ἤδη τέθνηκε καὶ εἰν Ἀΐδαο δόμοισιν.
ἐκ γάρ τοι ἐρέω, σὺ δὲ σύνθεο καί μευ ἄκουσον·   265
ἄνδρα ποτ' ἐξείνισσα φίλῃ ἐν πατρίδι γαίῃ
ἡμέτερόνδ' ἐλθόντα, καὶ οὔ πώ τις βροτὸς ἄλλος
ξείνων τηλεδαπῶν φιλίων ἐμὸν ἵκετο δῶμα·
εὔχετο δ' ἐξ Ἰθάκης γένος ἔμμεναι, αὐτὰρ ἔφασκε
Λαέρτην Ἀρκεισιάδην πατέρ' ἔμμεναι αὐτῷ.   270
τὸν μὲν ἐγὼ πρὸς δώματ' ἄγων εὖ ἐξείνισσα,
ἐνδυκέως φιλέων, πολλῶν κατὰ οἶκον ἐόντων,
καί οἱ δῶρα πόρον ξεινήϊα, οἷα ἐῴκει.
χρυσοῦ μέν οἱ δῶκ' εὐεργέος ἑπτὰ τάλαντα,
δῶκα δέ οἱ κρητῆρα πανάργυρον ἀνθεμόεντα,   275
δώδεκα δ' ἁπλοΐδας χλαίνας, τόσσους δὲ τάπητας,
τόσσα δὲ φάρεα καλά, τόσους δ' ἐπὶ τοῖσι χιτῶνας,
χωρὶς δ' αὖτε γυναῖκας ἀμύμονα ἔργα ἰδυίας
τέσσαρας εἰδαλίμας, ἃς ἤθελεν αὐτὸς ἑλέσθαι."
    Τὸν δ' ἠμείβετ' ἔπειτα πατὴρ κατὰ δάκρυον εἴβων·   280
" ξεῖν', ἦ τοι μὲν γαῖαν ἱκάνεις ἣν ἐρεείνεις,

263 ἦ του] εἴ του MSS.   266 ἐν F D U : ἐνὶ P M al.   278 ἀμύμονας
F D U al.

255. εὐδέμεναι, inf. after τοιούτῳ
' one qualified to &c.'
    ἦ may be either the article or the
relative pronoun (ἥ) : cp. l. 190 ὃ γὰρ
γέρας ἐστὶ θανόντων.
    δίκη combines the notions of custom
and right—notions not distinguished in
primitive law and morals.

260. οὗτος is deictic : it denotes an
imaginary man of whom he affects to
have made inquiry.
261. τόλμησεν, 'took heart of grace':
cp. ll. 1. 543 τέτληκας εἰπεῖν ἔπος.
268. See the note on 19. 351.
271-272 = 19. 194-195.
274-275 = 9. 202-203.

ὑβρισταὶ δ' αὐτὴν καὶ ἀτάσθαλοι ἄνδρες ἔχουσι.
δῶρα δ' ἐτώσια ταῦτα χαρίζεο, μυρί' ὀπάζων·
εἰ γάρ μιν ζωόν γ' ἐκίχεις Ἰθάκης ἐνὶ δήμῳ,
τῷ κέν σ' εὖ δώροισιν ἀμειψάμενος ἀπέπεμψε   285
καὶ ξενίῃ ἀγαθῇ· ἡ γὰρ θέμις, ὅς τις ὑπάρξῃ.
ἀλλ' ἄγε μοι τόδε εἰπὲ καὶ ἀτρεκέως κατάλεξον,
πόστον δὴ ἔτος ἐστίν, ὅτε ξείνισσας ἐκεῖνον
σὸν ξεῖνον δύστηνον, ἐμὸν παῖδ', εἴ ποτ' ἔην γε,
δύσμορον; ὅν που τῆλε φίλων καὶ πατρίδος αἴης   290
ἠέ που ἐν πόντῳ φάγον ἰχθύες, ἢ ἐπὶ χέρσου
θηρσὶ καὶ οἰωνοῖσιν ἕλωρ γένετ'· οὐδέ ἑ μήτηρ
κλαῦσε περιστείλασα πατήρ θ', οἵ μιν τεκόμεσθα,
οὐδ' ἄλοχος πολύδωρος, ἐχέφρων Πηνελόπεια,
κώκυσ' ἐν λεχέεσσιν ἑὸν πόσιν, ὡς ἐπεῴκει,   295
ὀφθαλμοὺς καθελοῦσα· τὸ γὰρ γέρας ἐστὶ θανόντων.
καί μοι τοῦτ' ἀγόρευσον ἐτήτυμον, ὄφρ' ἐῢ εἰδῶ·
τίς πόθεν εἰς ἀνδρῶν; πόθι τοι πόλις ἠδὲ τοκῆες;
ποῦ δαὶ νηῦς ἔστηκε θοή, ἥ σ' ἤγαγε δεῦρο
ἀντιθέους θ' ἑτάρους; ἦ ἔμπορος εἰλήλουθας   300
νηὸς ἐπ' ἀλλοτρίης, οἱ δ' ἐκβήσαντες ἔβησαν;"
    Τὸν δ' ἀπαμειβόμενος προσέφη πολύμητις Ὀδυσσεύς·
"τοιγὰρ ἐγώ τοι πάντα μάλ' ἀτρεκέως καταλέξω.
εἰμὶ μὲν ἐξ Ἀλύβαντος, ὅθι κλυτὰ δώματα ναίω,
υἱὸς Ἀφείδαντος Πολυπημονίδαο ἄνακτος·   305

284 εἰ F M al.: οὐ P H U al.   287 κατάλεξον] ἀγόρευσον H al.   295 ἐὸν]
φίλον F.   299 δαὶ D L W: δαὶ οἱ P: δὲ F H M Eust.: δὴ U Mᵃ.

282. αὐτήν, see on l. 241.
286. ξενίη used as a substantive is only found in this book, here and in l. 314. For the quantity of the first syllable see on 14. 389 (crit. note).
ἡ γὰρ κτλ., see on l. 255.
ὑπάρξῃ 'takes the first step,' is first in the exchange of hospitality. This use of ὑπάρχω is distinctively Attic. In Homer the simple ἄρχω sometimes has this sense: as Il. 2. 378 ἐγὼ δ' ἦρχον χαλεπαίνων.
288. ἐκεῖνος is rare in Homer, but common in this book (cp. 312, 437).

289. εἴ ποτ' ἔην γε, see on 15. 268.
293. περιστείλασα 'dressing up' (in the funeral robes).
299. δαί. On this particle see the critical note on 1. 225.
304-306. Of these fictitious names Πολυπημονίδης may refer to Laertes and Ulysses as 'much-suffering' heroes. Or it may be suggested by their ancestral riches (from πολυπάμων, with hyper-Ionic η for ᾱ): cp. Ἀφείδας = 'un-sparing.' Ἐπήριτος, from ἔρις, is perhaps an allusion to the meaning of the name Ὀδυσσεύς (see 19. 407 ff.).

αὐτὰρ ἐμοί γ' ὄνομ' ἐστὶν Ἐπήριτος· ἀλλά με δαίμων
πλάγξ' ἀπὸ Σικανίης δεῦρ' ἐλθέμεν οὐκ ἐθέλοντα·
νηῦς δέ μοι ἥδ' ἔστηκεν ἐπ' ἀγροῦ νόσφι πόληος.
αὐτὰρ Ὀδυσσῆϊ τόδε δὴ πέμπτον ἔτος ἐστίν,
ἐξ οὗ κεῖθεν ἔβη καὶ ἐμῆς ἀπελήλυθε πάτρης,　　　310
δύσμορος· ἦ τέ οἱ ἐσθλοὶ ἔσαν ὄρνιθες ἰόντι,
δεξιοί, οἷς χαίρων μὲν ἐγὼν ἀπέπεμπον ἐκεῖνον,
χαῖρε δὲ κεῖνος ἰών· θυμὸς δ' ἔτι νῶϊν ἐώλπει
μίξεσθαι ξενίῃ ἠδ' ἀγλαὰ δῶρα διδώσειν."

Ὅς φάτο, τὸν δ' ἄχεος νεφέλη ἐκάλυψε μέλαινα·　　　315
ἀμφοτέρῃσι δὲ χερσὶν ἑλὼν κόνιν αἰθαλόεσσαν
χεύατο κὰκ κεφαλῆς πολιῆς, ἀδινὰ στεναχίζων.
τοῦ δ' ὠρίνετο θυμός, ἀνὰ ῥῖνας δέ οἱ ἤδη
δριμὺ μένος προὔτυψε φίλον πατέρ' εἰσορόωντι.
κύσσε δέ μιν περιφὺς ἐπιάλμενος ἠδὲ προσηύδα·　　　320
" κεῖνος μέν τοι ὅδ' αὐτὸς ἐγώ, πάτερ, ὃν σὺ μεταλλᾷς·
ἦλθον ἐεικοστῷ ἔτεϊ ἐς πατρίδα γαῖαν. .
ἀλλ' ἴσχεο κλαυθμοῖο γόοιό τε δακρυόεντος.
ἐκ γάρ τοι ἐρέω· μάλα δὲ χρὴ σπευδέμεν ἔμπης·
μνηστῆρας κατέπεφνον ἐν ἡμετέροισι δόμοισι,　　　325
λώβην τινύμενος θυμαλγέα καὶ κακὰ ἔργα."

Τὸν δ' αὖ Λαέρτης ἀπαμείβετο φώνησέν τε·
" εἰ μὲν δὴ Ὀδυσεύς γε ἐμὸς πάϊς ἐνθάδ' ἱκάνεις,
σῆμά τί μοι νῦν εἰπὲ ἀριφραδές, ὄφρα πεποίθω."

Τὸν δ' ἀπαμειβόμενος προσέφη πολύμητις Ὀδυσσεύς·
" οὐλὴν μὲν πρῶτον τήνδε φράσαι ὀφθαλμοῖσι,　　　331
τὴν ἐν Παρνησῷ μ' ἔλασεν σῦς λευκῷ ὀδόντι
οἰχόμενον, σὺ δέ με προΐεις καὶ πότνια μήτηρ

---

322 ἦλθον ἐεικοστῷ U : ἤλυθον εἰκοστῷ vulg., see on 16. 206.

307. Σικανίη is nowhere else mentioned in Homer.

314. μίξεσθαι κτλ. 'that we would meet again as host and guest, and give (each other) splendid gifts.' According to ancient manners the host in each case would be the giver.

319. μένος 'passion,' in this case strong affection and pity.
προὔτυψε 'dashed forward,' cp. the similar metaphor, Il. 1. 291 προθέουσιν ὀνείδεα μυθήσασθαι.

332. μ' is misplaced: so μοι in l. 335, σε in l. 337, τοι in l. 247.

ἐς πατέρ' Αὐτόλυκον μητρὸς φίλον, ὄφρ' ἀνελοίμην
δῶρα, τὰ δεῦρο μολών μοι ὑπέσχετο καὶ κατένευσεν.　335
εἰ δ' ἄγε τοι καὶ δένδρε' ἐϋκτιμένην κατ' ἀλωὴν
εἴπω, ἅ μοί ποτ' ἔδωκας, ἐγὼ δ' ᾔτεόν σε ἔκαστα
παιδνὸς ἐών, κατὰ κῆπον ἐπισπόμενος· διὰ δ' αὐτῶν
ἱκνεύμεσθα, σὺ δ' ὠνόμασας καὶ ἔειπες ἔκαστα.
ὄγχνας μοι δῶκας τρισκαίδεκα καὶ δέκα μηλέας,　340
συκέας τεσσαράκοντ'· ὄρχους δέ μοι ὧδ' ὀνόμηνας
δώσειν πεντήκοντα, διατρύγιος δὲ ἔκαστος
ἤην· ἔνθα δ' ἀνὰ σταφυλαὶ παντοῖαι ἔασιν,
ὁππότε δὴ Διὸς ὧραι ἐπιβρίσειαν ὕπερθεν."

Ὣς φάτο, τοῦ δ' αὐτοῦ λύτο γούνατα καὶ φίλον ἦτορ,
σήματ' ἀναγνόντος τά οἱ ἔμπεδα πέφραδ' Ὀδυσσεύς·　346
ἀμφὶ δὲ παιδὶ φίλῳ βάλε πήχεε· τὸν δὲ ποτὶ οἷ
εἷλεν ἀποψύχοντα πολύτλας δῖος Ὀδυσσεύς.
αὐτὰρ ἐπεί ῥ' ἔμπνυτο καὶ ἐς φρένα θυμὸς ἀγέρθη,
ἐξαῦτις μύθοισιν ἀμειβόμενος προσέειπε·　350
"Ζεῦ πάτερ, ἦ ῥα ἔτ' ἐστὲ θεοὶ κατὰ μακρὸν Ὄλυμπον,
εἰ ἐτεὸν μνηστῆρες ἀτάσθαλον ὕβριν ἔτισαν.
νῦν δ' αἰνῶς δείδοικα κατὰ φρένα μὴ τάχα πάντες
ἐνθάδ' ἐπέλθωσιν Ἰθακήσιοι, ἀγγελίας δὲ
πάντῃ ἐποτρύνωσι Κεφαλλήνων πολίεσσι."　355
Τὸν δ' ἀπαμειβόμενος προσέφη πολύμητις Ὀδυσσεύς·
"θάρσει, μή τοι ταῦτα μετὰ φρεσὶ σῇσι μελόντων.
ἀλλ' ἴομεν προτὶ οἶκον, ὃς ὀρχάτου ἐγγύθι κεῖται·

---

334 ὄφρ' ἀνελοίμην P al.: ὄφρ' ἂν ἐλοίμην vulg.
ἄμπνυτο vulg. See Sch. A on Il. 22.475.
358 ὃς F U: ἳ' P H M al.

349 ἔμπνυτο Ar. (5.458):
353 τάχα F U: ἅμα P H M al.

334. ἀνελοίμην. The verb is used of carrying off anything as a prize: 21. 117 ἄεθλια κάλ' ἀνελέσθαι, Il. 23. 823.
341. ὧδε 'just,' 'as I tell you,' see on 17. 447. 544.
ὀνόμηνας 'didst promise.'
343. ἤην, see the note on 23. 316.
344. ἐπιβρίσειαν. The opt. cannot be explained, unless we can look upon it as connecting the clause with the past tenses

of the narrative, δῶκας, ὀνόμηνας, &c. If so, the words ἔνθα ... ἔασιν are parenthetical. On this view, however, the arrangement of the clauses is very unsatisfactory.
348. εἷλεν. Hartmann's conjecture εἷλεν (or ἷλεν) is not improbable: cp. Il. 11. 239 ἷλλ' ἐπὶ οἷ μεμαώς.
355. Κεφαλλήνων, see on 20. 210.

ἔνθα δὲ Τηλέμαχον καὶ βουκόλον ἠδὲ συβώτην
προὔπεμψ', ὡς ἂν δεῖπνον ἐφοπλίσσωσι τάχιστα."   360
Ὣς ἄρα φωνήσαντε βάτην πρὸς δώματα καλά.
οἱ δ' ὅτε δή ῥ' ἵκοντο δόμους εὖ ναιετάοντας,
εὗρον Τηλέμαχον καὶ βουκόλον ἠδὲ συβώτην
ταμνομένους κρέα πολλὰ κερῶντάς τ' αἴθοπα οἶνον.

Τόφρα δὲ Λαέρτην μεγαλήτορα ᾧ ἐνὶ οἴκῳ   365
ἀμφίπολος Σικελὴ λοῦσεν καὶ χρῖσεν ἐλαίῳ,
ἀμφὶ δ' ἄρα χλαῖναν καλὴν βάλεν· αὐτὰρ Ἀθήνη
ἄγχι παρισταμένη μέλε' ἤλδανε ποιμένι λαῶν,
μείζονα δ' ἠὲ πάρος καὶ πάσσονα θῆκεν ἰδέσθαι.
ἐκ δ' ἀσαμίνθου βῆ· θαύμαζε δέ μιν φίλος υἱός,   370
ὡς ἴδεν ἀθανάτοισι θεοῖς ἐναλίγκιον ἄντην·
καί μιν φωνήσας ἔπεα πτερόεντα προσηύδα·
" ὦ πάτερ, ἦ μάλα τίς σε θεῶν αἰειγενετάων
εἶδός τε μέγεθός τε ἀμείνονα θῆκεν ἰδέσθαι."

Τὸν δ' αὖ Λαέρτης πεπνυμένος ἀντίον ηὔδα·   375
" αἲ γάρ, Ζεῦ τε πάτερ καὶ Ἀθηναίη καὶ Ἄπολλον,
οἷος Νήρικον εἷλον, ἐϋκτίμενον πτολίεθρον,
ἀκτὴν ἠπείροιο, Κεφαλλήνεσσιν ἀνάσσων,
τοῖος ἐών τοι χθιζὸς ἐν ἡμετέροισι δόμοισι,
τεύχε' ἔχων ὤμοισιν, ἐφεστάμεναι καὶ ἀμύνειν   380
ἄνδρας μνηστῆρας· τῶ κε σφέων γούνατ' ἔλυσα
πολλῶν ἐν μεγάροισι, σὺ δὲ φρένας ἔνδον ἐγήθεις."

Ὣς οἱ μὲν τοιαῦτα πρὸς ἀλλήλους ἀγόρευον.
οἱ δ' ἐπεὶ οὖν παύσαντο πόνου τετύκοντό τε δαῖτα,
ἐξείης ἕζοντο κατὰ κλισμούς τε θρόνους τε.   385

<hr/>

370 ἐκ δ'] ἐκ ῥ' vulg.   382 ἐγήθεις] ἰάνθης Eust.

360. προὔπεμψα, the only Homeric instance of a compound of πρό in which we cannot write the uncontracted form προε-.
368. This transfiguration of Laertes is an awkward imitation of the similar changes wrought on Ulysses in the course of the story: cp. 18. 70.

378. Κεφαλλήνεσσιν, cp. l. 355. So in the Catalogue (Il. 2.631) Ulysses is the leader of the Κεφαλλῆνες.
380. ἐφεστάμεναι καὶ ἀμύνειν. The infinitive of wish is found here and in 7. 311. It is allied to the use of the inf. as an imperative.

ἔνθ' οἱ μὲν δείπνῳ ἐπεχείρεον· ἀγχίμολον δὲ
ἦλθ' ὁ γέρων Δολίος, σὺν δ' υἱεῖς τοῖο γέροντος,
ἐξ ἔργων μογέοντες, ἐπεὶ προμολοῦσα κάλεσσε
μήτηρ, γρῆῢς Σικελή, ἥ σφεας τρέφε καί ῥα γέροντα
ἐνδυκέως κομέεσκεν, ἐπεὶ κατὰ γῆρας ἔμαρψεν.   390
οἱ δ' ὡς οὖν 'Οδυσῆα ἴδον φράσσαντό τε θυμῷ,
ἔσταν ἐνὶ μεγάροισι τεθηπότες· αὐτὰρ 'Οδυσσεὺς
μειλιχίοις ἐπέεσσι καθαπτόμενος προσέειπεν·
"ὦ γέρον, ἵζ' ἐπὶ δεῖπνον, ἀπεκλελάθεσθε δὲ θάμβευς·
δηρὸν γὰρ σίτῳ ἐπιχειρήσειν μεμαῶτες   395
μίμνομεν ἐν μεγάροις, ὑμέας ποτιδέγμενοι αἰεί."
    Ὣς ἄρ' ἔφη, Δολίος δ' ἰθὺς κίε χεῖρε πετάσσας
ἀμφοτέρας, 'Οδυσεῦς δὲ λαβὼν κύσε χεῖρ' ἐπὶ καρπῷ,
καί μιν φωνήσας ἔπεα πτερόεντα προσηύδα·
"ὦ φίλ', ἐπεὶ νόστησάς ἐελδομένοισι μάλ' ἡμῖν   400
οὐδ' ἔτ' ὀϊομένοισι, θεοὶ δέ σε ἤγαγον αὐτοί,
οὐλέ τε καὶ μάλα χαῖρε, θεοὶ δέ τοι ὄλβια δοῖεν.
καί μοι τοῦτ' ἀγόρευσον ἐτήτυμον, ὄφρ' ἐὺ εἰδῶ,
ἦ ἤδη σάφα οἶδε περίφρων Πηνελόπεια
νοστήσαντά σε δεῦρ', ἦ ἄγγελον ὀτρύνωμεν."   405
    Τὸν δ' ἀπαμειβόμενος προσέφη πολύμητις 'Οδυσσεύς·
"ὦ γέρον, ἤδη οἶδε· τί σε χρὴ ταῦτα πένεσθαι;"
    Ὣς φάθ', ὁ δ' αὖτις ἄρ' ἕζετ' ἐϋξέστου ἐπὶ δίφρου.
ὡς δ' αὔτως παῖδες Δολίου κλυτὸν ἀμφ' 'Οδυσῆα
δεικανόωντ' ἐπέεσσι καὶ ἐν χείρεσσι φύοντο,   410

---

402 μάλα F U al., cp. μάλα χαῖρε in Od. 8. 413, Hom. H. Cer. 225 : μέγα P H M,
cp. H. Apoll. 466 οὐλέ τε καὶ μέγα χαῖρε. The two forms are evidently both very
ancient.

386. ἐπεχείρεον 'set hands to,' cp.
l. 395 : the word does not occur else-
where in Homer.

389. γέροντα, apparently Laertes: cp.
l. 211 ἐν δὲ γυνὴ Σικελὴ γρῆυς πέλεν,
ἥ ῥα γέροντα ἐνδυκέως κομέεσκεν. The
editors generally take the word of
Dolius, as in l. 387. But the poet seems
to be repeating here his description of
the γρῆυς Σικελή, given in 211–212.

394. θάμβευς. This contraction is
not Homeric: see *H. G.* § 105, 3.

398. 'Οδυσεύς, for 'Οδυσῆος, is cer-
tainly not a Homeric form.

χεῖρ' ἐπὶ καρπῷ is a phrase that is
hardly in place here.

402. οὐλέ is probably imper. of a
verb οὔλω, of which a trace remains in
Strabo, p. 635 τὸ γὰρ οὔλειν ὑγιαίνειν.

410. φύοντο, used in imitation of the
Homeric formula ἐν δ' ἄρα οἱ φῦ χειρὶ
κτλ.

ἐξείης δ' ἕζοντο παραὶ Δολίον, πατέρα σφόν.

*Ὣς οἱ μὲν περὶ δεῖπνον ἐνὶ μεγάροισι πένοντο·
Ὄσσα δ' ἄρ' ἄγγελος ὦκα κατὰ πτόλιν ᾤχετο πάντῃ,
μνηστήρων στυγερὸν θάνατον καὶ κῆρ' ἐνέπουσα.
οἱ δ' ἄρ' ὁμῶς ἀΐοντες ἐφοίτων ἄλλοθεν ἄλλος   415
μυχμῷ τε στοναχῇ τε δόμων προπάροιθ' Ὀδυσῆος,
ἐκ δὲ νέκυς οἴκων φόρεον καὶ θάπτον ἕκαστοι,
τοὺς δ' ἐξ ἀλλάων πολίων οἰκόνδε ἕκαστον
πέμπον ἄγειν ἁλιεῦσι θοῆς ἐπὶ νηυσὶ τιθέντες·
αὐτοὶ δ' εἰς ἀγορὴν κίον ἀθρόοι, ἀχνύμενοι κῆρ.   420
αὐτὰρ ἐπεί ῥ' ἤγερθεν ὁμηγερέες τ' ἐγένοντο,
τοῖσιν δ' Εὐπείθης ἀνά θ' ἵστατο καὶ μετέειπε·
παιδὸς γάρ οἱ ἄλαστον ἐνὶ φρεσὶ πένθος ἔκειτο,
Ἀντινόου, τὸν πρῶτον ἐνήρατο δῖος Ὀδυσσεύς·
τοῦ ὅ γε δάκρυ χέων ἀγορήσατο καὶ μετέειπεν·   425
" ὦ φίλοι, ἦ μέγα ἔργον ἀνὴρ ὅδε μήσατ' Ἀχαιούς·
τοὺς μὲν σὺν νήεσσιν ἄγων πολέας τε καὶ ἐσθλοὺς
ὤλεσε μὲν νῆας γλαφυράς, ἀπὸ δ' ὤλεσε λαούς,
τοὺς δ' ἐλθὼν ἔκτεινε Κεφαλλήνων ὄχ' ἀρίστους.
ἀλλ' ἄγετε, πρὶν τοῦτον ἢ ἐς Πύλον ὦκα ἱκέσθαι   430
ἢ καὶ ἐς Ἤλιδα δῖαν, ὅθι κρατέουσιν Ἐπειοί,
ἴομεν· ἢ καὶ ἔπειτα κατηφέες ἐσσόμεθ' αἰεί·
λώβη γὰρ τάδε γ' ἐστὶ καὶ ἐσσομένοισι πυθέσθαι,
εἰ δὴ μὴ παίδων τε κασιγνήτων τε φονῆας
τισόμεθ'. οὐκ ἂν ἔμοιγε μετὰ φρεσὶν ἡδὺ γένοιτο   435
ζωέμεν, ἀλλὰ τάχιστα θανὼν φθιμένοισι μετείην.
ἀλλ' ἴομεν, μὴ φθέωσι περαιωθέντες ἐκεῖνοι."

411 σφόν H : σφῶν F P M U al.   417 οἴκου Vind. 5.   ἕκαστοι vulg.: ἕκαστος
P U: ἕκαστον L W U².   418 ἕκαστον U¹ L W : ἕκαστος F P H M.   426 ὅ γ'
ἐμήσατ' H.   Ἀχαιοῖς L W Eust.   429 ὄχ' ἀρίστους] ἐνὶ δήμῳ P Y.

415. ὁμῶς, with ἐφοίτων : 'they
when they heard with one consent took
their way &c.'
419. ἁλιεῦσι 'with seamen,' the
comitative use of the dat. plur. : cp.
Il. 16. 671 πέμπε δέ μιν πομποῖσιν ἅμα
κραιπνοῖσι φέρεσθαι.
426. ὅδε. Some editors write ὅ γε,

on the ground that Ulysses is not present.
But ἀνὴρ ὅ γε for 'this man' is not
found in Homer: Od. 1. 403 μὴ γὰρ
ὅ γ' ἔλθοι ἀνὴρ ὅς τις κτλ. is not a real
parallel.
Ἀχαιούς. The double acc. is Homeric:
cp. Il. 10. 52 κακὰ μήσατ' Ἀχαιούς, also
Il. 22. 395., 23. 24.

Ὣς φάτο δάκρυ χέων, οἶκτος δ' ἕλε πάντας Ἀχαιούς.
ἀγχίμολον δέ σφ' ἦλθε Μέδων καὶ θεῖος ἀοιδὸς
ἐκ μεγάρων Ὀδυσῆος, ἐπεί σφεας ὕπνος ἀνῆκεν,   440
ἔσταν δ' ἐν μέσσοισι· τάφος δ' ἕλεν ἄνδρα ἕκαστον.
τοῖσι δὲ καὶ μετέειπε Μέδων πεπνυμένα εἰδώς·
" κέκλυτε δὴ νῦν μευ, Ἰθακήσιοι· οὐ γὰρ Ὀδυσσεὺς
ἀθανάτων ἀέκητι θεῶν τάδε μήσατο ἔργα·
αὐτὸς ἐγὼν εἶδον θεὸν ἄμβροτον, ὅς ῥ' Ὀδυσῆος   445
ἐγγύθεν ἑστήκει καὶ Μέντορι πάντα ἐῴκει.
ἀθάνατος δὲ θεὸς τοτὲ μὲν προπάροιθ' Ὀδυσῆος
φαίνετο θαρσύνων, τοτὲ δὲ μνηστῆρας ὀρίνων
θῦνε κατὰ μέγαρον· τοὶ δ' ἀγχιστῖνοι ἔπιπτον."

Ὣς φάτο, τοὺς δ' ἄρα πάντας ὑπὸ χλωρὸν δέος ᾕρει.
τοῖσι δὲ καὶ μετέειπε γέρων ἥρως Ἁλιθέρσης   451
Μαστορίδης· ὁ γὰρ οἶος ὅρα πρόσσω καὶ ὀπίσσω·
ὅ σφιν ἐϋφρονέων ἀγορήσατο καὶ μετέειπε·
" κέκλυτε δὴ νῦν μευ, Ἰθακήσιοι, ὅττι κεν εἴπω·
ὑμετέρῃ κακότητι, φίλοι, τάδε ἔργα γένοντο·   455
οὐ γὰρ ἐμοὶ πείθεσθ', οὐ Μέντορι ποιμένι λαῶν,
ὑμετέρους παῖδας καταπαυέμεν ἀφροσυνάων,
οἳ μέγα ἔργον ἔρεξαν ἀτασθαλίῃσι κακῇσι,
κτήματα κείροντες καὶ ἀτιμάζοντες ἄκοιτιν
ἀνδρὸς ἀριστῆος· τὸν δ' οὐκέτι φάντο νέεσθαι.   460
καὶ νῦν ὧδε γένοιτο· πίθεσθέ μοι ὡς ἀγορεύω·
μὴ ἴομεν, μή πού τις ἐπίσπαστον κακὸν εὕρῃ."

Ὣς ἔφαθ', οἱ δ' ἄρ' ἀνήϊξαν μεγάλῳ ἀλαλητῷ
ἡμίσεων πλείους· τοὶ δ' ἀθρόοι αὐτόθι μεῖναν·
οὐ γάρ σφιν ἅδε μῦθος ἐνὶ φρεσίν, ἀλλ' Εὐπείθει   465

---

445 Ὀδυσῆος F P H al. : Ὀδυσῆϊ L W.   450 ᾕρει] ἕλε L W Eust.
464 μεῖναν F P H M U: μίμνον L W Eust.

440. ὕπνος ἀνῆκεν. Medon and Phe-
mius were last heard of as taking refuge
at the altar in the αὐλή. But a night
has passed since then.
449. ἀγχιστῖνοι, see on 22. 118.
461. ὧδε 'thus,' viz. 'as I shall say.'
462. ἐπίσπαστον, see on 18. 73.

465. σφιν refers to ἡμισέων πλείους,
the clause τοὶ δ' ἀθρόοι κτλ. being sub-
ordinate in sense (parataxis).
Εὐπείθει πείθοντο, a play of language.
The contraction in the dat. Εὐπείθει is
not Homeric.

πείθοντ'· αἶψα δ' ἔπειτ' ἐπὶ τεύχεα ἐσσεύοντο.
αὐτὰρ ἐπεί ῥ' ἔσσαντο περὶ χροῒ νώροπα χαλκόν,
ἀθρόοι ἠγερέθοντο πρὸ ἄστεος εὐρυχόροιο.
τοῖσιν δ' Εὐπείθης ἡγήσατο νηπιέῃσι·
φῆ δ' ὅ γε τίσεσθαι παιδὸς φόνον, οὐδ' ἄρ' ἔμελλεν   470
ἂψ ἀπονοστήσειν, ἀλλ' αὐτοῦ πότμον ἐφέψειν.
αὐτὰρ Ἀθηναίη Ζῆνα Κρονίωνα προσηύδα·
"ὦ πάτερ ἡμέτερε, Κρονίδη, ὕπατε κρειόντων,
εἰπέ μοι εἰρομένῃ, τί νύ τοι νόος ἔνδοθι κεύθει;
ἢ προτέρω πόλεμόν τε κακὸν καὶ φύλοπιν αἰνὴν   475
τεύξεις, ἢ φιλότητα μετ' ἀμφοτέροισι τίθησθα;"
    Τὴν δ' ἀπαμειβόμενος προσέφη νεφεληγερέτα Ζεύς·
"τέκνον ἐμόν, τί με ταῦτα διείρεαι ἠδὲ μεταλλᾷς;
οὐ γὰρ δὴ τοῦτον μὲν ἐβούλευσας νόον αὐτή,
ὡς ἦ τοι κείνους Ὀδυσεὺς ἀποτίσεται ἐλθών;   480
ἔρξον ὅπως ἐθέλεις· ἐρέω δέ τοι ὡς ἐπέοικεν.
ἐπεὶ δὴ μνηστῆρας ἐτίσατο δῖος Ὀδυσσεύς,
ὅρκια πιστὰ ταμόντες ὁ μὲν βασιλευέτω αἰεί,
ἡμεῖς δ' αὖ παίδων τε κασιγνήτων τε φόνοιο
ἔκλησιν θέωμεν· τοὶ δ' ἀλλήλους φιλεόντων   485
ὡς τὸ πάρος, πλοῦτος δὲ καὶ εἰρήνη ἅλις ἔστω."
    Ὣς εἰπὼν ὤτρυνε πάρος μεμαυῖαν Ἀθήνην,
βῆ δὲ κατ' Οὐλύμποιο καρήνων ἀΐξασα.
    Οἱ δ' ἐπεὶ οὖν σίτοιο μελίφρονος ἐξ ἔρον ἕντο,
τοῖς ἄρα μύθων ἦρχε πολύτλας δῖος Ὀδυσσεύς·   490
"ἐξελθών τις ἴδοι μὴ δὴ σχεδὸν ὦσι κιόντες."

469. The poet omits to tell us how they knew where to find Ulysses and his friends.

472. The scene here changes to Olympus, with an abruptness which would hardly be possible with Homer.

478 ff. Zeus replies in effect: 'you brought about the slaying of the Suitors, and it is for you to meet the danger from the consequent blood-feud. But I propose that you make a treaty of peace between Ulysses and his subjects, with an amnesty for the blood that has been shed.'

479-480 = 5. 23-24, where the sense is simpler: 'you made the plan, and it is for you to carry it out.'

483. After ὁ μέν we expect οἱ δέ or some other nom. denoting the Ἰθακήσιοι. The form of the sentence is changed: cp. 12. 73 ff.

485. ἔκλησιν 'a forgetting,' i. e. 'an amnesty.'

491. μὴ ... ὦσι 'whether they are not': cp. Il. 10. 100 οὐδέ τι ἴδμεν μή πως ... μενοινήσωσι.

ὡς ἔφατ'· ἐκ δ' υἱὸς Δολίου κίεν, ὡς ἐκέλευε,
στῆ δ' ἄρ' ἐπ' οὐδὸν ἰών, τοὺς δὲ σχεδὸν εἴσιδε πάντας.
αἶψα δ' Ὀδυσσῆα ἔπεα πτερόεντα προσηύδα·
" οἶδε δὴ ἐγγὺς ἔασ'· ἀλλ' ὁπλιζώμεθα θᾶσσον."   495
ὡς ἔφαθ', οἱ δ' ὤρνυντο καὶ ἐν τεύχεσσι δύοντο,
τέσσαρες ἀμφ' Ὀδυσῆ', ἓξ δ' υἱεῖς οἱ Δολίοιο·
ἐν δ' ἄρα Λαέρτης Δολίος τ' ἐς τεύχε' ἔδυνον,
καὶ πολιοί περ ἐόντες, ἀναγκαῖοι πολεμισταί.
αὐτὰρ ἐπεί ῥ' ἔσσαντο περὶ χροῒ νώροπα χαλκόν,   500
ὤϊξάν ῥα θύρας, ἐκ δ' ἤϊον, ἦρχε δ' Ὀδυσσεύς.

   Τοῖσι δ' ἐπ' ἀγχίμολον θυγάτηρ Διὸς ἦλθεν Ἀθήνη,
Μέντορι εἰδομένη ἠμὲν δέμας ἠδὲ καὶ αὐδήν.
τὴν μὲν ἰδὼν γήθησε πολύτλας δῖος Ὀδυσσεύς·
αἶψα δὲ Τηλέμαχον προσεφώνεεν ὃν φίλον υἱόν·   505
" Τηλέμαχ', ἤδη μὲν τό γε εἴσεαι αὐτὸς ἐπελθών,
ἀνδρῶν μαρναμένων ἵνα τε κρίνονται ἄριστοι,
μή τι καταισχύνειν πατέρων γένος, οἳ τὸ πάρος περ
ἀλκῇ τ' ἠνορέῃ τε κεκάσμεθα πᾶσαν ἐπ' αἶαν."

   Τὸν δ' αὖ Τηλέμαχος πεπνυμένος ἀντίον ηὔδα·   510
" ὄψεαι, αἴ κ' ἐθέλῃσθα, πάτερ φίλε, τῷδ' ἐπὶ θυμῷ
οὔ τι καταισχύνοντα τεὸν γένος, ὡς ἀγορεύεις."

   Ὣς φάτο, Λαέρτης δ' ἐχάρη καὶ μῦθον ἔειπε·
" τίς νύ μοι ἡμέρη ἥδε, θεοὶ φίλοι; ἦ μάλα χαίρω·
υἱός θ' υἱωνός τ' ἀρετῆς πέρι δῆριν ἔχουσι."   515

   Τὸν δὲ παρισταμένη προσέφη γλαυκῶπις Ἀθήνη·
" ὦ Ἀρκεισιάδη, πάντων πολὺ φίλταθ' ἑταίρων,
εὐξάμενος κούρῃ γλαυκώπιδι καὶ Διὶ πατρί,

---

505 ὃν φίλον υἱόν] ἐγγὺς ἰόντα L W.   506 τό γε] τό γ' M L W : τόδε Vind.
50: τόδε γ' vulg.   511 ἐπὶ] ἐνὶ MSS., cp. 16. 99.   512 ὡς] οἳ L W Z Eust.

495. ὁπλιζώμεθα 'let us array our-
selves.' We need not understand the
word in the later sense, in which it is
confined to arms: cp. l. 360 δεῖπνον
ἐφοπλίσσωσι, also 23. 143.
   497. οἱ Δολίοιο. This is a post-
Homeric use of the article: see how-
ever Il. 20. 181., 23. 348, 376 (*H. G.*

§ 260, g).
   508. καταισχύναιν, with εἴσεαι, 'you
will know how not to disgrace.' The
exhortation seems out of place after the
battle with the Suitors.
   512. ὡς ἀγορεύεις 'as you thus speak,'
i. e. after such an exhortation as this of
yours : ὡς = ὅτι οὕτως.

αἶψα μάλ᾽ ἀμπεπαλὼν προΐει δολιχόσκιον ἔγχος."

῾Ως φάτο, καί ῥ᾽ ἔμπνευσε μένος μέγα Παλλὰς Ἀθήνη.

εὐξάμενος δ᾽ ἄρ᾽ ἔπειτα Διὸς κούρῃ μεγάλοιο,   521
αἶψα μάλ᾽ ἀμπεπαλὼν προΐει δολιχόσκιον ἔγχος,
καὶ βάλεν Εὐπείθεα κόρυθος διὰ χαλκοπαρῄου.
ἡ δ᾽ οὐκ ἔγχος ἔρυτο, διαπρὸ δὲ εἴσατο χαλκός·
δούπησεν δὲ πεσών, ἀράβησε δὲ τεύχε᾽ ἐπ᾽ αὐτῷ.   525
ἐν δ᾽ ἔπεσον προμάχοις Ὀδυσεὺς καὶ φαίδιμος υἱός,
τύπτον δὲ ξίφεσίν τε καὶ ἔγχεσιν ἀμφιγύοισι.
καί νύ κε δὴ πάντας ὄλεσαν καὶ ἔθηκαν ἀνόστους,
εἰ μὴ Ἀθηναίη, κούρη Διὸς αἰγιόχοιο,
ἤϋσεν φωνῇ, κατὰ δ᾽ ἔσχεθε λαὸν ἅπαντα·   530
" ἴσχεσθε πτολέμου, Ἰθακήσιοι, ἀργαλέοιο,
ὥς κεν ἀναιμωτί γε διακρινθῆτε τάχιστα."

῾Ως φάτ᾽ Ἀθηναίη, τοὺς δὲ χλωρὸν δέος εἷλε·
τῶν δ᾽ ἄρα δεισάντων ἐκ χειρῶν ἔπτατο τεύχεα,
πάντα δ᾽ ἐπὶ χθονὶ πῖπτε, θεᾶς ὄπα φωνησάσης·   535
πρὸς δὲ πόλιν τρωπῶντο λιλαιόμενοι βιότοιο·
σμερδαλέον δ᾽ ἐβόησε πολύτλας δῖος Ὀδυσσεύς,
οἴμησεν δὲ ἀλεὶς ὥς τ᾽ αἰετὸς ὑψιπετήεις.
καὶ τότε δὴ Κρονίδης ἀφίει ψολόεντα κεραυνόν,
κὰδ δ᾽ ἔπεσε πρόσθε γλαυκώπιδος ὀβριμοπάτρης.   540
δὴ τότ᾽ Ὀδυσσῆα προσέφη γλαυκῶπις Ἀθήνη·
" διογενὲς Λαερτιάδη, πολυμήχαν᾽ Ὀδυσσεῦ,
ἴσχεο, παῦε δὲ νεῖκος ὁμοιΐου πτολέμοιο,

520-522 om. F H.   526 φαίδιμος υἱός] δῖος ὑφορβός U.   534 ἐκ τεύχεα
ἵπτατο χειρῶν J.   543 πτολέμοιο P H al.: πολέμοιο vulg., cp. 18. 264.

---

526 ff. This easy victory is full of
improbabilities, which the poet does
not attempt to soften or disguise, as
Homer would assuredly have done.

534. The line is taken from 12. 203
τῶν δ᾽ ἄρα δεισάντων ἐκ χειρῶν ἵπτατ᾽
ἐρετμά. It is open to the objection
that the use of a form like τεύχεα as the
final spondee is not Homeric. One MS.
avoids this (see the critical notes): but

the change which it makes in the order
of the words seems the emendation of
a scribe.

535. ὄπα must here be construed as
a cognate acc. with φωνησάσης. It is
not so in the formal lines on which this
one is modelled, such as Il. 2. 182 ὁ δὲ
ξυνέηκε θεᾶς ὄπα φωνησάσης (so Il. 10.
512., 20. 380).

μή πώς τοι Κρονίδης κεχολώσεται εὐρύοπα Ζεύς."

Ὣς φάτ᾽ Ἀθηναίη, ὁ δ᾽ ἐπείθετο, χαῖρε δὲ θυμῷ.   545
ὅρκια δ᾽ αὖ κατόπισθε μετ᾽ ἀμφοτέροισιν ἔθηκε
Παλλὰς Ἀθηναίη, κούρη Διὸς αἰγιόχοιο,   -
Μέντορι εἰδομένη ἠμὲν δέμας ἠδὲ καὶ αὐδήν.

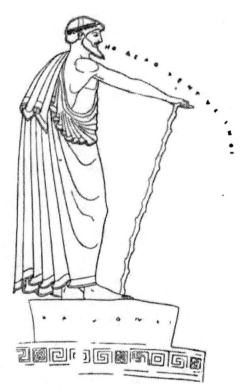

FIGURE OF A RHAPSODIST RECITING
ὧδέ ποτ᾽ ἐν Τίρυνθι   .   .   .
From a vase (*Monimenti dell' Istituto*, 1849).

ADDITIONAL NOTES AND CORRECTIONS.

13. 15. προικός. The adverbial use of the gen. προικός is found in Attic inscriptions: also the dat. προικί = 'for a free gift,' i. e. 'as dowry' (Meisterhans², p. 210).

13. 75. The accentuation of πρυμνή is a matter of difficulty. There is an adj. πρυμνός, found chiefly in poetry, and a substantive πρύμνα, common in Attic prose. But we also find πρυμνή, sc. ναῦς; that is to say, πρυμνή is used as a substantive because the substantive ναῦς is understood. In this case the word should properly be oxytone.

13. 194. The strangeness of Ithaca as Ulysses sees it after his long absence may be only the exaggeration of a natural effect. There is a parallel (as a friend has pointed out to me) in Wordsworth's poem *The Brothers*:

> But, as he gazed, there grew
> Such a confusion in his memory
> That he began to doubt. . . . .
>   . . . . . He had lost his path,
> As up the vale, that afternoon, he walked
> Through fields which once had been well known to him.
>   . . . . He lifted up his eyes
> And, looking round, imagined that he saw
> Strange alteration wrought on every side
> Among the woods and fields, and that the rocks
> And everlasting hills themselves were changed.

13. 386. ὅπως ἀποτίσομαι αὐτούς. The pronoun is perhaps emphatic, 'Now I shall take vengeance on the men in their turn (who sought to kill me).'

14. 12. τὸ μέλαν δρυός. Cp. the adj. μελάνδρυος 'with dark wood,' as in Aesch. fr. 235 πίτυος ἐκ μελανδρύου.

14. 69. πρόχνυ. Brugmann thinks that πρόχνυ here and in Il. 21. 460 is from the root of χναύω 'gnaw,' 'rub away,' so that the meaning was originally 'rubbed away,' and so 'utterly.' The use in the phrase πρόχνυ καθεζόμενοι, in which it seems to mean 'on the knees,' may have arisen, he thinks, by confusion with a form πρόγνυ 'kneeling forward.' On this view πρό-χνυ is an adverb of similar formation to πάγχυ, all-pouringly,' ἄσσον in ἀσσύτεροι, &c. (Brugmann, *Gr. Gr.* ed. 2. p. 571).

14. 368-371, = 1. 238-241. Here a double interpolation has taken place. The two lines—

> τῷ κέν οἱ τύμβον μὲν ἐποίησαν Παναχαιοί,
> ἠδέ κε καὶ ᾧ παιδὶ μέγα κλέος ἦρατ' ὀπίσσω

are wanting here in most good MSS., and therefore probably come from 1. 239-240. On the other hand the line ἠὲ φίλων ἐν χερσίν κ.τ.λ. cannot stand with those lines, since they refer to death before Troy: hence it is an interpolation in 1. 238, from 14. 368. Thus the only repetition is 14. 371 = 1. 241—probably an epic commonplace.

14. 371 (= 20. 77). For the form ἄρπυια see also the vase-painting figured on p. 198.

14. 425. ἣν λίπε κείων. It has been happily suggested by Mr. Tyrrell (*Hermathena* xxvi. 103) that κείων here has the usual sense of 'going to bed': as to which see the note on 14. 532. The chief difficulty is that the participle

κείαν is only used with a verb of *motion*: but perhaps λίπε sufficiently implies motion.

14. 464. ὅς τ' ἐφέηκε πολύφρονά περ μάλ' ἀείσαι. From Il. 18. 108 καὶ χόλος ὅς τ' ἐφέηκε πολύφρονά περ χαλεπῆναι, which gives a better sense—since singing at a feast is hardly a sign of madness. Note also the otiose μάλα.

14. 468. εἴθ' ὣς ἡβώοιμι κ.τ.λ. This formula is less appropriate here, where the story turns upon cunning rather than prowess.

15. 161. See the Appendix, p. 327.

15. 295. This line is not wanting in all MSS., as stated in the crit. note: it is given in the Cod. Mori.

16. 23. γλυκερὸν φάος. Mr. T. L. Agar has recently pointed out (*Journal of Philology*, xxvii. 194) that φάος here is not a vocative, as the commentators have assumed (comparing such phrases as Latin *mea lux*). The word when used metaphorically in Homer always means 'success,' 'salvation,' or the like. Mr. Agar takes it as an 'accusative of apposition.' This is a well-known Homeric idiom (cp. Il. 3. 50–51., 24. 735, &c.). But the nearest parallels that he quotes are Il. 17. 615 καὶ τῷ μὲν φάος ἦλθε 'he came as a rescue,' Il. 8. 282 αἴ κέν τι φόως Δαναοῖσι γένηαι (= 11. 797), 18. 102 Πατρόκλῳ γενόμην φάος. In these passages it is evidently a nominative, and so probably in the present case.

16. 114. In this note for 'your enemy' read 'my enemy.'

16. 232. The form κέονται is properly a subjunctive, and may have been used as a future (like ἔδονται, &c., *H. G.* § 80). It may be so taken in Il. 22. 510 ἀτάρ τοι εἵματ' ἐνὶ μεγάροισι κέονται: cp. ἔδονται in the preceding line. In the Odyssey θεῶν ἰότητι κέονται is a formula (= 11. 341), which may have continued to be used after the original future meaning had been forgotten.

16. 306. For ὅπου τις we should perhaps read ὅτις που.

16. 441 = Il. 1. 303. In this place the want of a protasis makes the sense rather less clear.

17. 212. Add in the app. crit. ἐκίχανεν Hdn. G P: ἐκίχαν' H D U: ἐκιχεν F M.

17. 218. The interpretation here given of the particles ὡς . . . ὡς was proposed by Nitzsch, *Sagenpoesie der Griechen*, p. 176.

17. 499 ff. See the Appendix on the Homeric House.

18. 359. αἱμασιὰς λέγων means 'building walls of (unhewn) stone'; probably, however, it is incorrect to say that λέγων here means 'laying.' Literally it is = 'choosing,' and is used because the stones were picked to fit each other; hence the brachylogy 'to pick walls' = 'to pick stones for building of walls,' and so simply 'to build.' Cp. the later λιθολόγος = 'builder.'

18. 418. For the use of ἀλλ' ἄγε as a kind of indeclinable word or interjection, where the context requires a verb in the plural, cp. 13. 13., 16. 348., 18. 55., 20. 296, 314., 21. 111, 263, 281, 336.

19. 172. Cp. the imitation in Aesch. Πηνελόπη fr. 173 ἐγὼ γένος μέν εἰμι Κρὴς ἀρχέστατον.

19. 200. οὐδ' ἐπὶ γαίῃ εἶα ἵστασθαι. Perhaps imitated in Aesch. Φιλοκτ. fr. 230 ἔνθ' οὔτε μίμνειν ἄνεμος οὔτ' ἐκπλεῖν ἐᾷ.

19. 219. For αὐτός θ' La Roche conj. αὐτόν θ', which is almost necessitated by ἑταίρους.

19. 576. ἄεθλον τοῦτον ἐφήσω violates the rule against a naturally short syllable lengthened by position in the second half of the fourth foot: hence Wernicke, who pointed out the rule (Tryphiod. p. 174), conj. ἐφήσω τοῦτον ἄεθλον (cp. l. 584). See the note on 24. 240.

20. 49. λόχοι μερόπων ἀνθρώπων. An echo of Il. 9. 340 ἄλοχοι μερόπων ἀνθρώπων: the archaic epithet μερόπων is peculiarly meaningless here.

20. 149. For ἀγρεῖθ' there are the curious variants ἀγρεῖθ' Ioann. Alex. 36, 31, An. Ox. i. 71. 29 (where it is said that Antimachus read ἀργειτε), and ἀγρει P. Possibly ἀγρει was used without reference to number, like ἀλλ' ἄγε (see on 18. 418 *supra*).

21. 100. ἥμενος may have the force of 'staying,' 'keeping on,' as in Il. 2. 255 ἧσαι ὀνειδίζων, 24. 542 ἧμαι ἐνὶ Τροίῃ, Od. 14. 40 ὀδυρόμενος καὶ ἀχεύων ἧμαι.

21. 113. Telemachus wishes the Suitors to understand that his success in stringing the bow will not affect the issue as regards them. Similarly in 21. 314 ff. Penelope soothes the alarm of the Suitors by explaining that the supposed beggar is not a claimant for her hand. If he succeeds he shall be dismissed with a fitting gift. In all this there is a vein of poetical 'irony.'

21. 153-155. These despairing words of Leiodes may be illustrated by a story told in Pausanias (6. 8. 4) of the athlete Timanthes of Cleonae, who after he retired from public contests used every day to test his strength by stringing a great bow that he had; until once, having been absent for a short time, he found on returning that he could not perform the feat: upon which he lighted a pyre and threw himself alive into the flames.

21. 234. ἀνὰ δώματα. See the Appendix on the Homeric House.

21. 407. ῥηϊδίως ἐτάνυσσε νέῳ περὶ κόλλοπι χορδήν. For νέῳ Mr. Tyrrell (*ibid.*) plausibly suggests reading ἑῷ.

22. 140. ἔνδον is derived by Brugmann (*Gr. Gr.* p. 229) from the Indo-germanic root-noun dom or dem 'house,' of which we have the original Nom. dōm in Homeric δῶ, the Gen. dems in δεσπότης (for dems-potis), the Locative (without suffix) in dom, whence Greek ἐν-δον: also the short form dm̥ in δά-πεδον. The association of ἔνδον with the adverbs in -δον would aid the retention of the form as an adverb.

22. 302. ἀγκυλοχεῖλαι. Cp. 19. 538.

22. 408. A curious piece of ritual has been observed in Galicia, which may be a trace of the ancient heathen ὀλολυγή. It is described in a book of travel entitled *Across the Carpathians* (Macmillan, 1862), which was the work of two ladies, Miss Muir Mackenzie and Miss Irby. Writing of the church in the town of Zakopane, in Austrian Poland, they say (p. 199): 'A practice said to be peculiar to this part of the world is the shouting of the women when the wafer is lifted up. Like other Roman Catholics, they fall down at the sound of the bell, but, besides this, they hail the host with loud cries and wild gestures of affection and worship.'

22. 412. Cp. Archil. 64 οὐ γὰρ ἐσθλὰ κατθανοῦσι κερτομεῖν ἐπ' ἀνδράσιν.

23. 198. For ἑρμῖν' Schol. V gives the v. l. Ἑρμῆν, explaining that the bed-post was sometimes wrought into a figure of Hermes, as the god who was ὀνειροπομπός, a sender of good dreams.

APPENDIX

I. The Composition of the Odyssey.

§ 1. *Sources of the Homeric narrative.*

THE student who seeks to analyse the complex narrative of the
Odyssey, and to disengage the various threads that enter into its
texture, will do well to begin, not by looking for discrepancies or
marks of imperfection in detail, but by endeavouring to form some
estimate of the general character of the stories and incidents with
which he has to deal. In doing so he cannot fail to be struck by
the difference, from this point of view, between the *Odyssey* and the
Iliad. The *Iliad*, as he must soon recognize, is based on a mass
of tradition or legend—*Saga*, if we may borrow the Norse word—
that is historical in form. It may or may not be trustworthy as
a record of fact. We may be unable to say whether the events
related in the *Iliad*, or any of them, actually took place—whether
the chief *dramatis personae* were real persons or imaginary. But in
any case they are events and persons of high and serious interest,
such as worthily make up the history of a national life. And the
whole narrative of the *Iliad* is marked by a verisimilitude, a truth
to nature and natural laws, that must be taken to prove the advanced
stage of intelligence—we may almost say, of education—attained at
the time, if not by the Greek people, at least by the class for whom
the poem was intended [1]. In the *Odyssey*, on the contrary, most of

---

[1] The *Iliad* contains one almost perfect example of a *märchen*, viz. the story of
Bellerophon (Il. 6. 152-211). But it is told of a hero who belongs to a former
generation and has no direct connexion with the Trojan story. It is therefore
eminently an exception that proves the rule. The war of the Pygmies and the
Cranes is a piece of folklore which still more decidedly lies outside the narra-
tive of the poem. The only real instance of the type is the incident of the horses
of Achilles speaking with human voice and prophesying his death (Il. 19. 404-
418). The account of Poseidon and Apollo turning the rivers of the Troad
on to the Greek fortification, so as to sweep away all traces of it (Il. 12. 10-
34), is certainly *märchenhaft*: but it is probably an interpolation. The word

II.   U

the narrative belongs to the realm of pure fancy. It is obviously akin to the class of stories denoted in German by the word *Märchen*, which we (rather inadequately) translate 'fairy tale' or 'popular tale.' That is to say, it is full of marvellous incidents, the work of supernatural or imaginary beings, and it is generally devoid of local or national interest. As Wilhelm Grimm quaintly expressed it, 'the *Märchen* stands apart from the world, in a place fenced round and untroubled, beyond which it looks out no farther on the world, and therefore knows neither names and places nor a fixed home².' It is, in short, neither historical nor quasi-historical.

It is true that this description does not apply in the strict sense to Ulysses, who is not nameless, like the heroes of the *Märchen* proper, but has a great place in the national tradition of the Trojan war. And of that tradition the return of the several 'kings' or leaders to their homes in Greece formed an integral part. Hence the main subject of the *Odyssey*, the return of Ulysses to Ithaca, belongs essentially to the same cycle of historical legend as the *Iliad*. Hence, too, along with Ulysses himself we have pictures of other actors in the heroic story—of Nestor and his sons, of Menelaus and Helen, even of Agamemnon and Ajax. It could not be otherwise, while the *Iliad* still held its place in the ears of men. But a large part— and the most characteristic part—of the *Odyssey* is of a very different stamp, and has been derived, directly or ultimately, from different sources. It is made up of adventures and incidents that are unmistakeably *märchenhaft*—akin to those of which Grimm's *Household Stories* and the French tales of Perrault are among the best known examples. The difference, moreover, is not merely seen in the incidents related. It is almost as strikingly shown by a marked falling-off in the character of the chief actor. It has often been remarked that the Ulysses of Attic tragedy does not answer to the representation of him that we find in Homer. His wisdom tends towards mere cunning or deceit, and he becomes cruel as well as unscrupulous. This change—which we may regard as due for the most part to the exigencies of the stage—finds a certain analogy in the partial degeneracy to be observed in the same character when we compare the *Iliad* with some passages of the *Odyssey*. The Ulysses of the

---

ἡμίθεοι, which is there applied to the warriors who fought before Troy, belongs to a later order of ideas.

² Das Märchen aber steht abseits der Welt in einem umfriedeten ungestörten Platz, über welchen es hinaus in jene nicht weiter schaut. Darum kennt es weder Namen und Orte, noch eine bestimmte Heimath (*Ueber das Wesen der Märchen*, in W. Grimm's *Kleinere Schriften*, i. p. 333).

Trojan story, the leader in war and in counsel, meets us again as the Ulysses of the cave of Polyphemus and the palace of Circe : but *quantum mutatus ab illo.* The leader who thrusts himself, against the advice of his wiser companions, into the monster's cave, who tricks and then provokes him by useless and foolhardy threats,—who gets the better of Circe by a magical herb,—who escapes the spell of the Sirens,—this Ulysses has counterparts in Grimm and the *contes bleus,* as well as in the folklore tales of numberless tribes all over the world. But with the Ulysses of the *Iliad* he has little in common but the name [1]. What, then, is the meaning of this strange alteration ? The answer is not far to seek. In the *Iliad* Ulysses is a leading actor in the Trojan war, and one of the greatest figures in the historical (or quasi-historical) tradition of Greece. In the *Odyssey* most of the stories told of him are *märchenhaft.* That is to say, they are folklore stories, told in the first instance without names of persons or places,—of kings and magicians *au temps jadis,* of countries with ' neither history nor geography,'—which gathered by a sort of attraction round the name of Ulysses. This process, by which a great national hero became the central figure in a series of more or less childish fables, is one for which it is not difficult to find parallels. One of the most conspicuous instances is that of Charlemagne, whose historic greatness was almost eclipsed by the place which he came to hold in the Carolingian cycle of legend. A somewhat different but not less instructive example is the mediaeval representation of Virgil as a mighty sorcerer. In the case of Ulysses we have not the advantage of knowing the basis of fact—if such there were—on which the mythical superstructure was erected. It may be taken for granted, however, that the marvellous tales of the *Odyssey* were not told originally of Ulysses, and that they were first told of him when he was already famous as a warrior and tribal chief.

It may be asked why tales of adventure, such as fill so much of the *Odyssey,* should have gathered round the figure of Ulysses, to the exclusion of the other Greek chiefs. The reason doubtless is that the political qualities of Ulysses, the wisdom and eloquence by which he is distinguished in the *Iliad,* passed by an easy transition into the cleverness of a hero of adventure : and then that such an ideal appealed more than any other to the imagination of the Greeks. The process may be seen, not only in the *Odyssey,* but also to some extent in the *Doloneia,* which is undoubtedly later than the rest of the *Iliad.* The *Doloneia* is not *märchenhaft* or marvellous, like the

[1] See W. Grimm, *Die Sage von Polyphem,* p. 19.

Odyssey: but it falls in with the *Odyssey* as an indication of the advance of Ulysses in popular favour, and of the disposition to see in him the type of adventurous boldness and resource.

§ 2. *Folklore Tales (Märchen) in the Odyssey.*

If it is admitted that the narrative of the *Odyssey* has been formed by the admixture of folklore tales with a portion of the Greek heroic tradition, the next step is to attempt to determine the extent to which each of these elements is to be recognized. How much of the *Odyssey* has its source in the common stock of local or national story, from which the subject of the *Iliad* and doubtless many other epics was derived? How much comes from tales that belong, as far as we can judge, to the childhood of the human race? Where, in short, does *Saga* end and *Märchen* begin?

Of the latter class—that of *Märchen*—the story of the Cyclops is the most striking instance. It has been found in many versions all over the world, sometimes in countries too remote or too primitive to admit of any theory of borrowing [4]. But much the same may be said of the other adventures related by Ulysses in the Ἀλκίνου ἀπόλογος of the ninth, tenth and twelfth books. The witchcraft of Circe, who changes men into animals for her pleasure, but yields to the more potent magic of Ulysses and then aids him in his enterprise, has parallels in Grimm, and in the Indian fables [5]. So too the enchanted

---

[4] See the dissertation of Wilhelm Grimm, *Die Sage von Polyphem*, a summary of which is given in the first volume of this edition of the *Odyssey*, Appendix II.

[5] In Somadeva's collection there is a story of a young merchant who travels about the world in quest of a Vidyâdharî, or fairy, who has appeared to him. On the way he meets with four pilgrims. They continue their journey together, and one evening they all come to a wood where, as they are warned, there is a Yakshinî or demon, who changes the travellers whom she finds into animals, and then devours them. Accordingly at midnight the Yakshinî is heard approaching, blowing a flute made of a human bone. She recites a spell, whereupon a horn grows on to the head of one of the pilgrims: he throws himself, maddened, into the fire, and the Yakshinî roasts and devours him. The same happens to the second and third pilgrim. But when it is the turn of the fourth she accidentally lays her flute on the ground: the merchant seizes it, blows it, and recites the magic spell which he has heard her use. She loses all power, falls at his feet, and offers to fulfil his wishes and guide him to the dwelling of the Vidyâdharî (G. Gerland, *Altgriechische Märchen in der Odyssee*, Magdeburg, 1869).

There is a somewhat similar incident (as Gerland points out) in Grimm's story of the 'Two Brothers' (*Kinder- und Hausmärchen*, 60). One of the brothers and the animals that follow him are lost in a wood, where an old witch with her magical twig turns them into stones. The other brother afterwards comes to the same place, but is on his guard against the old woman's spells, and forces her to turn his brother back into his proper form, 'as well as many merchants, work-people, and shepherds, who, delighted with their freedom, returned home.'

isle of Calypso, in which the hero is hidden away, like Tannhäuser in
the Venusberg—the Πλαγκταί or Moving Rocks [4]—the bag of Aeolus
—the Laestrygonian giants—all these marvels, which the poet of the
Odyssey places in unexplored corners of the Mediterranean, belong
evidently to an imaginary place and time. The Phaeacian episode,
too, is distinctly *märchenhaft*, as was shown long ago by Gerland [7],
though the genius of the poet has given it a human interest which
rises far above that level.

§ 3. *Heroic Saga—treatment of it by the Singers.*

In the latter half of the *Odyssey* the separation of the different
sources is much more difficult. From the thirteenth book onwards
the character of the narrative perceptibly changes. The folklore
element, as we shall be able to show, is still present: but it is held in
solution, so to speak, in the mass of heroic mythology. Like Ulysses
after his landing in Ithaca, when Athene removed the mist from his
eyes, we find ourselves in a familiar world—the world of the Trojan
story. Some part of that story the poet of the *Odyssey* had desired to
take as his theme, even as other singers have done before him. So

---

[4] Dr. Tylor in his book on *Primitive Culture* (vol. i. pp. 313-315, ed. 1871)
mentions three forms of this myth, all based upon the notion of a passage from
the upper to the under world. (1) The Karens of Birma say that in the west there
are two massive strata of rocks which are continually opening and shutting, and
between these strata the sun descends at sunset. (2) Among the Algonquins there
is a tale of a chasm to be passed on the way to the land of the Sun and Moon,
where the sky comes down with violence on the earth, and rises again slowly and
gradually. (3) In the funeral ritual of the Aztecs the dead man receives a passport
by which he is to pass 'between the two mountains that smite one against the
other.'
Another curious parallel in the Polynesian mythology is given by Mr. Gill in his
Myths and Songs of the South Pacific (p. 52). The hero of the story is Mani, the
Prometheus who discovers the secret of fire and brings it up from the lower world.
He descends for that purpose in the body of a red pigeon, passing through a rock
that opened in obedience to certain magical words. The rock however closed
again so quickly that the pigeon's tail was cut off. We may compare Od. 12. 62
τῇ μέν τ᾽ οὐδὲ ποτητὰ παρέρχεται οὐδὲ πέλειαι κτλ.

[7] In the dissertation quoted above (p. 292, note 5) Gerland draws out the parallel
between this part of the *Odyssey* and an Indian tale in the collection of Somadeva.
The hero of the tale, a Brahman named Saktideva, is saved from a great whirlpool,
like Ulysses, by climbing into the branches of a fig-tree which overhangs it. He
is then carried through the air to the Golden City and is there entertained by the
Vidyâdharî (or fairy) queen who is destined to have a mortal for her husband.
'Many as are the noble Vidyâdharîs that my father has proposed to me, I have
refused them all, and am still a maiden' (like Nausicaa, ἦ γὰρ τοσσδε γ᾽ ἀτιμάζει
κατὰ δῆμον Φαίηκας, τοί μυ μνῶνται πολέες τε καὶ ἐσθλοί, Od. 6. 284). But before
a marriage can be arranged Saktideva is suddenly conveyed back to his father's
house, and marries his original love, the princess Kanakarekhâ. I may refer to
a review of Gerland's dissertation in the *Academy* of 22 Oct. 1870.

much he has told us at the outset[8]. It is under this aspect, viz. as a portion of the heroic tradition, that we have now to consider the poem.

Regarding the poems that dealt with the different quasi-historical or heroic myths we may learn a good deal from the *Odyssey* itself. The 'singers' or 'minstrels' (ἀοιδοί) of whom it gives a vivid and evidently sympathetic picture—Phemius in the palace of Ulysses, Demodocus at the Phaeacian court—are represented as taking all their subjects, by choice or by compulsion, from the Trojan cycle of legend. The song of Demodocus about Ares and Aphrodite (Od. 8. 266–369) is an apparent exception, but one that proves the rule : for it is shown by the evidence of language to be an interpolation of post-Homeric times. In the *Iliad* it is otherwise : the few digressions, such as the stories told of Bellerophon (Il. 6. 152–211), of Meleager (Il. 9. 527–599), of Tydeus (Il. 4. 372–400), belong to non-Trojan cycles of legend. Moreover, the various *false* stories told by Ulysses all turn upon events and characters in the Trojan war[9]. Even the song of the Sirens is chiefly occupied with the same inexhaustible theme : cp. Od. 12. 189–191 :

$$\text{ἴδμεν γάρ τοι πάνθ' ὅσ' ἐνὶ Τροίῃ εὐρείῃ}$$
$$\text{Ἀργεῖοι Τρῶές τε θεῶν ἰότητι μόγησαν,}$$
$$\text{ἴδμεν δ' ὅσσα γένηται ἐπὶ χθονὶ πουλυβοτείρῃ.}$$

In one or two instances we are allowed to see how the singers set to work to transform portions of the traditional narrative into 'lays' or songs of the right shape and compass. Demodocus, we are told (Od. 8. 73–82), was inspired by the music to sing a lay, then of wide-reaching fame, the Quarrel of Achilles and Ulysses,—how it had been predicted by Apollo, and how Agamemnon secretly rejoiced, because it foreshadowed the issue of the war. Another time he sang of the taking of Troy by the stratagem of the Wooden Horse (Od. 8. 499 ff.), the subject afterwards treated by the cyclic poets, Arctinus of Miletus and the author of the *Little Iliad*. The singer, it is related, took up the story from the point where (ἔνθεν ἑλὼν ὡς κτλ.) the Greeks made their feigned retreat : and he brought it down to the recovery of Helen from the house of Deiphobus. Similarly in the opening scene of the *Odyssey* in the palace of Ulysses the minstrel Phemius is represented as singing of the Return of the Greeks—'the song which latest

[8] Od. 1. 10 τῶν ἀμόθεν γε, θεὰ θύγατερ Διός, εἰπὲ καὶ ἡμῖν.
[9] See Od. 13. 256 ff., 14. 235 ff., 14. 468 ff., 19. 172 ff.: and B. Niese, *Die Entwickelung der homerischen Poesie.*

sounded in the ears of the listeners ' (Od. 1. 352), even as the events themselves were the most recent. This subject also, as we know, had a place in the epic cycle.

It has been maintained by no less an authority than Welcker [10] that these passages refer to actual poems, known to the poet of the *Odyssey* and his hearers. Welcker has even discussed the question whether the two songs of Demodocus, the *Quarrel* and the *Wooden Horse*, are meant to be represented as distinct poems or merely as two parts, 'fyttes' or ῥαψῳδίαι, taken from a single great poem on the capture of Troy. Adopting the latter view, he finds in the *Odyssey* a record of two pre-Homeric epics—the Ἰλίου πέρσις of Demodocus and the Νόστοι of Phemius.

The hypothesis of a poem which included the two songs of Demodocus does not find any support in the language of the passages in question. The words in 8. 500 ἔνθεν ἑλών (sc. ἀοιδήν) ὡς οἱ μὲν κτλ. naturally mean ' taking the subject of his song from the point *in the story* at which ' &c. They do not suggest beginning somewhere in the middle of a *poem*. So it is in the formula at the beginning of the *Odyssey* itself (1. 10 τῶν ἁμόθεν γε . . . εἰπὲ καὶ ἡμῖν), and so we must understand the opening lines of the *Iliad* (μῆνιν ἄειδε . . . ἐξ οὗ δὴ τὰ πρῶτα διαστήτην κτλ.). The epic singer begins by announcing his subject: and in doing this he has only to tell his hearers what point he has chosen in the story which they all already know [11]. It seems probable, therefore, that the song of the *Wooden Horse* was complete in itself, and began at the point indicated by the words ἔνθεν ἑλών κτλ. If so, the *Quarrel* and the *Return* were doubtless also distinct poems.

Had these poems, then, a real existence, or were they imaginary? The latter is surely much more probable, and much more in harmony with all that we know of the artistic and poetical method of the *Odyssey*. It cannot be supposed that Demodocus was a real person, any more than the rest of the characters in the Phaeacian episode. And if the singer was a creature of the imagination, it follows that his songs were imaginary also. It is most unlikely that the poet of the *Odyssey*— a poet in whose heart ' the Muse had implanted all manner of songs ' —would be at a loss for typical subjects of his art.

---

[10] F. W. Welcker, *Der epische Cyclus*, I¹. pp. 268 ff. (*Drey früh untergegangene Homerische Gedichte*).

[11] In Od. 8. 74 οἴμης τῆς τότ' ἄρα κλέος οὐρανὸν εὐρὺν ἵκανε, νεῖκος κτλ. it is not quite clear whether οἴμης is partitive (ἀπὸ τῆς οἴμης ἐκείνης Schol. H), or attracted into the genitive by the relatival clause. But in either case the *Quarrel* is the οἴμη which Demodocus sang. It is not merely the part of that οἴμη with which he began his song.

This conclusion is strengthened when we observe the difficulty that later poets and critics evidently experienced in finding a place for a quarrel such as Demodocus could be supposed to have sung. In the *Cypria* there is a quarrel at a feast in Tenedos, but it is one between Achilles and Agamemnon, brought on by the omission of Agamemnon to invite Achilles[12]. It is true that in the 'Αχαιῶν Σύλλογος of Sophocles,—a play which was apparently founded on this incident,—Ulysses takes a part in the affair, and makes a violent attack upon Achilles, attributing his conduct to sheer cowardice in the face of the enemy. But this is a quarrel between Achilles and the Greeks : it is not the sort of quarrel between two subordinate chiefs that the passage in the *Odyssey* suggests[13]. On the other hand, the grammarians explain the passage of a dispute which arose between the two leaders after the death of Hector, on the question whether Troy could be most surely taken by courage or by guile[14]. As may be supposed, no ancient poet is quoted for this academic debate. Indeed, the limits of time between which it is placed, the death of Hector and the death of Achilles, do not offer any space in which it could be inserted. It may serve, however, to show that the dispute which is described as furnishing a subject for Demodocus had no existence in the heroic tradition. It is a trait in the picture that the poet of the *Odyssey* draws of an imaginary singer. The type to which it belongs is familiar enough, being represented by the quarrel of Achilles and Agamemnon in the *Iliad*, of Ulysses and Ajax in the *Aethiopis*, of Agamemnon and Menelaus in the *Nosti*.

We may go a step further, and conjecture that the author of the *Odyssey* intended a direct allusion to his great predecessor. Such an allusion would certainly not be alien to the spirit of imitation or even parody which we can trace in his poem[15].

[12] Καὶ 'Αχιλλεὺς ὕστερος κληθεὶς διαφέρεται πρὸς 'Αγαμέμνονα Procl. (after the incident of Philoctetes and before the landing in the Troad). This agrees with the reference in Aristotle, *Rhet.* ii. 26 διὰ γὰρ τὸ μὴ κληθῆναι ὁ 'Αχιλλεὺς ἐμήνισε τοῖς 'Αχαιοῖς ἐν Τενέδῳ.

[13] It may be that the part given to Ulysses in the 'Αχαιῶν Σύλλογος was suggested by the song of Demodocus. The language put into his mouth (see fragm. 152) is hardly less violent than that of Thersites in the *Iliad*. Perhaps this is accounted for by the licence of the satyric drama, in which Homeric subjects, treated in a spirit of caricature, were not infrequent. The Σύνδειπνοι, generally identified with the 'Αχαιῶν Σύλλογος, contained at least one obvious parody of the *Odyssey*, viz. in the lines preserved by Athenaeus (p. 17 *d*), who quotes similar passages from the 'Οστολόγοι of Aeschylus (p. 17 *c*, p. 667 *c*). Among the plays founded on the story of the *Iliad* and *Odyssey* many are satyric—the *Cyclops* of Euripides, Κίρκη, Πρωτεύς, 'Οστολόγοι of Aeschylus.

[14] The story goes back to Aristarchus: see Schol. A on Il. 9, 347.

[15] As Niese has pointed out (*op. cit.* p. 49), the words Διὸς μεγάλου διὰ βουλάς in the account of the song of Demodocus (Od. 8. 82) remind us of the Διὸς βουλή

§ 4. *Unity of action in the early epics—the Iliad.*

Our study of the minstrelsy of Demodocus leads us to two conclu-
sions that are of interest in themselves, and are borne out by the
extant Homeric poems. The first is that the epic singer in Homeric
and pre-Homeric times ordinarily took his subject from a common
stock of traditional narrative—including (it might be) events within
his own memory. In working out the details we may be sure that his
powers of invention—the powers in which he himself recognized the
inspiration of the Muse—had free play : but in the main lines he had
to conform to the national memory or belief. In the second place,
the subject chosen was some single incident, or at most a group of
connected incidents lying within narrow limits of time. The artistic
sense of the Greeks, which afterwards showed itself in the strict unities
of the Attic drama, seems at one time to have been almost as exacting
in regard to the plan of an epic poem.

It will be seen at once that these observations apply in the fullest
sense to the *Iliad*. As Aristotle pointed out in his *Poetics* [16], in a
criticism which no modern advance of knowledge can improve upon,
the divine excellence of the *Iliad* as an epic poem is that the main action
or story is short and simple. It has the organic unity of a work of
plastic art (*ἵν᾽ ὥσπερ ζῷον ἓν ὅλον ποιῇ τὴν οἰκείαν ἡδονήν*), and it is neither
too much to be embraced in a single mental picture (*οὐκ εὐσύνοπτος*)
nor too rich in detail (*καταπεπλεγμένον τῇ ποικιλίᾳ*). Along with this
unity, which is remarkable and indeed unique in a poem so long as
the *Iliad*, and which it owes to this characteristic singleness of the
main subject, we have to admire the skill with which the subordinate
events, and even the great battles that go on during the ' wrath of
Achilles,' are compressed within the space of a few days. This
triumph of poetical construction must be due, like other masterpieces

in the opening of the *Iliad*. Similarly the combat over the body of Achilles
(Od. 5. 308) was doubtless suggested by the combat over Patroclus (Il. 17. 735 ff.) :
and the πτωχεία or adventure of Ulysses entering Troy in disguise (Od. 4. 240 ff.)
may be an imitation of the *Doloneia*. See also the examples of parody, &c. quoted
in the notes on 14. 13 ff. These instances are the more convincing when we observe
that the poet of the *Odyssey* never repeats what has been told in the *Iliad*. He
consciously aims at novelty in the substance as well as the form of his narrative.

[16] Arist. *Poet.* c. 23 (p. 1459 a 30) διὸ ὥσπερ εἴπομεν ἤδη καὶ ταύτῃ θεσπέσιος ἂν
φανείη Ὅμηρος παρὰ τοὺς ἄλλους, τῷ μηδὲ τὸν πόλεμον καίπερ ἔχοντα ἀρχὴν καὶ
τέλος ἐπιχειρῆσαι ποιεῖν ὅλον· λίαν γὰρ ἂν μέγας καὶ οὐκ εὐσύνοπτος ἔμελλεν
ἔσεσθαι, ἢ τῷ μεγέθει μετριάζοντα καταπεπλεγμένον τῇ ποικιλίᾳ. νῦν δ᾽ ἓν μέρος
ἀπολαβὼν ἐπεισοδίοις κέχρηται αὐτῶν πολλοῖς, οἷον νεῶν καταλόγῳ καὶ ἄλλοις
ἐπεισοδίοις διαλαμβάνει τὴν ποίησιν.

of Hellenic art, not merely to individual genius, but also to the guiding
and restraining force of an artistic tradition.

§ 5. *The plan of the Odyssey—admixture of Märchen.*

The canons that govern the epic songs of ideal singers in the
Odyssey are also observed, but in a somewhat different way, in the
structure of that poem itself. We have seen how large is the admixture
in it of an element foreign to Greek historical or quasi-historical
tradition,—foreign also to the *Iliad* and perhaps to the earlier epic
poetry in general. The presence of this element did not merely alter
the tone and quality of the narrative by making it fanciful and unreal.
It also increased considerably the difficulty of maintaining the unity of
the action, and keeping the various incidents within the conventional
limits of time. The series of unconnected adventures that had
gathered round the name of Ulysses did not offer material fitted for
the true Greek epic. Probably these adventures were not at first told
of his return from the Trojan war, or indeed of any part of his history
as a national hero. As soon as it was felt to be necessary to find
room for them in that history, the return from Troy was the obvious
vacant place. There remained however the difficulty of constructing
a poem which should satisfy the rules of the epic art, and at the same
time be an adequate picture of ten years of wandering on every border
of the known world.

How the poet solved this problem is familiar to every reader of
Homer. The device of putting part of the narrative into the mouth
of one of the actors is not unknown in the *Iliad*. It was natural to
a poet who always sought to make his heroes tell their story rather
than to speak in his own person [17]. Thus the story told by Achilles
to Thetis (Il. 1.366 ff.) helps to give a clear notion of the events that
immediately preceded the *Iliad*. The same end is attained for other
parts of the previous story by the speech of Ulysses in the second book
(Il. 2.301–330), and by the τειχοσκοπία, especially the speech of
Antenor (Il. 3.205–224). Such instances, however, are hardly enough
even to have suggested the Ἀλκίνου ἀπόλογος. The story there told is
not a mere prologue or *mise-en-scène*: it is an integral part of the

---

[17] Arist. *Poet.* c. 24, p. 1460 a 5 Ὅμηρος δὲ ἄλλα τε πολλὰ ἄξιος ἐπαινεῖσθαι, καὶ δὴ
καὶ ὅτι μόνος τῶν ποιητῶν οὐκ ἀγνοεῖ ὃ δεῖ ποιεῖν αὐτόν. αὐτὸν γὰρ δεῖ τὸν ποιητὴν
ἐλάχιστα λέγειν· οὐ γάρ ἐστι κατὰ ταῦτα μιμητής. οἱ μὲν οὖν ἄλλοι αὐτοὶ μὲν δι'
ὅλου ἀγωνίζονται, μιμοῦνται δὲ ὀλίγα καὶ ὀλιγάκις· ὁ δὲ ὀλίγα φροιμιασάμενος εὐθὺς
εἰσάγει ἄνδρα ἢ γυναῖκα κτλ.

subject, which is the return of Ulysses from Troy. The change of form is the poet's heroic but on the whole eminently happy way of dealing with the task which he had set himself, viz. that of bringing the longest and most eventful of all the 'returns' within the legitimate compass of a single epic poem.

While it may be assumed that the immediate aim of the poet in adopting this form of narrative was to shorten the time of the action, it cannot be doubted that the work gained in other ways. The use of the first person creates a kind of dramatic interest in the figure of Ulysses,—the hero whose character appealed most directly to average Greek sentiment. Further, it permits some freedom in the order of the story. In particular, it makes possible the stroke of art by which Ulysses begins with the last stage of his wanderings, viz. the voyage from Calypso's island to Phaeacia (Od. 7. 240–297), which he relates in such a way that it serves as a prologue to the full story[18]. But perhaps the chief advantage, poetically speaking, of making Ulysses tell his own tale lay in the character of the tale itself. The incidents, as has been already said, are not such as originally or properly belonged to epic poetry. A poet would naturally have shrunk from treating them as so much heroic story. But in the mouth of Ulysses, and amid the ἀναθήματα δαιτός of the Phaeacian fairy-land, this dissonance is much softened. We do not of course put the wonders of these four books in the same category with the deliberately false stories afterwards told in Ithaca. Yet the interposition of a narrator, and that narrator the master of fair-seeming falsehood, gives a certain sense of remoteness which is in harmony with the substance of the tale[19].

[18] The contrivance by which this is managed has been happily explained by G. Schmidt in his dissertation *Ueber Kirchhoff's Odyssee-Studien* (Kempten 1879). He points out that in answer to the formula τίς πόθεν εἰς ἀνδρῶν, if it had stood alone, Ulysses could not have avoided giving his name and country. But Arete, who asks the question, has noticed the garments which Ulysses had received from Nausicaa, and which he is now wearing: they were in fact the work of her own hands (ἔγνω γὰρ φᾶρός τε κτλ.). Hence she adds the more directly interesting enquiry, τίς τοι τάδε εἵματ' ἔδωκεν; In answer Ulysses has first to tell the story of his shipwreck and landing in Phaeacia. When he has done so (ending καί μοι τάδε εἵματ' ἔδωκε), the other question is forgotten. The poet is able to reserve it for the moment when the revelation can be made with the fullest effect (9. 19 εἴμ' 'Οδυσεὺς κτλ.).

[19] A similar remark applies to the story told by Menelaus in Od. 4. 351–592, especially in regard to the essentially *märchenhaft* incidents of the prophecy of Proteus.

§ 6. *The transformations of Ulysses.*

In the latter half of the *Odyssey*, the scene of which is laid in the island of Ithaca, the story is by no means in the fanciful vein which characterizes most of the earlier books. The natural inference is that it no longer comes in the main from the same source, viz. the fairy tales of primitive Greece, but either from the 'national' quasi-historical tradition, or from the invention of the poet himself. In drawing this distinction, however, we must not omit to notice, in the first place, that there are features in the story which cannot well be either traditional or invented, and, in the second place, that the original improbabilities may have been softened or removed by the poet. No one, we may be sure, would know better how much his narrative gained by being true to life and human experience.

Among the incidents which may be thought to be of the fairly-tale order we must place the repeated changes of form that Ulysses undergoes at the hands of Athene. The first of these belongs to the Phaeacian episode (6. 229 ff.). Ulysses presents himself to Nausicaa, fresh from the bath and arrayed in the garments that she has given him : Athene at the same moment makes him taller and more beautiful, even as a skilful artificer adorns silver by inlaying it with gold. Again, on his landing in Ithaca she turns him into a withered old beggar, so that he may not be recognized (13. 429 ff.). When he reveals himself to Telemachus she restores him for the time to his proper form (16. 172 ff., 454 ff.). Finally, before the recognition by Penelope, she endows him once more with youthful beauty (23. 153–163). The question arises in regard to each of these occasions whether the exercise of divine power goes beyond that general interference of the gods in human affairs which every epic poet, and indeed every pious Greek, would freely admit. In the first of these instances this cannot be said. The poet attributes to divine agency a passing enhancement of the beauty of Achilles, or rather of its effect on the mind of the spectator. Athene does much the same for Telemachus whenever he goes to the agora (Od. 2. 10., 17. 63). Such a phenomenon need not be supernatural, any more than the sleep of Penelope (1. 363, &c.), or the favourable winds granted to Telemachus (2. 420., 15. 292). The like may be said of the transformation in 23. 156 ff., which indeed is a mere repetition of the account in 6. 229 ff. The case of the landing in Ithaca (13. 429–438) is somewhat different. There, as Kirchhoff has rightly insisted, the change wrought is a *magical* one,—not a mere illusion, or the exaggeration of a natural effect[20]. Similarly when Ulysses is revealed to his son (16. 172 ff.), he is really himself again. In these two passages, therefore, we have an incident that is marvellous, not merely because we see the hand of deity in it, but essentially and in its own nature.

§ 7. *The wooing of Penelope and the return of Ulysses.*

Let us now go on to the further question indicated above, and ask whether in the other incidents or features of the narrative—those which have no distinctly marked supernatural character—we can find traces of derivation from 'popular tales' or *Märchen*.

A little reflexion can hardly fail to suggest the answer that the whole story of the wooing of Penelope and the return of Ulysses in time to prevent her marriage is originally of this class. As told in the *Odyssey* it is comparatively free from supernatural admixture. The

---

[20] Kirchhoff, *Die homerische Odyssee*, p. 538. It is impossible here to do more than indicate in the briefest words the nature of the theory which this observation has suggested to Kirchhoff. In his view there is a profound difference between the two halves of the *Odyssey* in the representation which they give of the hero. The Ulysses of the wanderings—of Calypso's isle and the Phaeacian court—is still in the prime of life: the Ulysses of Ithaca is a man who bears the marks of his many years of war and hardship. The two pictures, he holds, belong to originally distinct poems, and the magical transformation of 13. 429 ff. was inserted to smooth over the passage from the one to the other. In later recognition scenes, in particular the recognition by Eurycleia (19. 467), and by Eumaeus and Philoetius (21. 188), perhaps even in the scene with Penelope (see the note on 23. 153), he is not transformed, but only disguised by his beggar's rags (cp. 23. 95, 115).

The difference that Kirchhoff finds between the Ulysses of the Phaeacian episode and the Ulysses of Ithaca is not borne out by the language of the poem. When a Phaeacian observes that he is not like one skilled in athletic contests (8. 159–160), Ulysses replies that he was so once, but now has suffered too much toil and hardship (8. 182 νῦν δ' ἔχομαι κακότητι, cp. 8. 231 λίην γὰρ ἀεικελίως ἐδαμάσθην κύμασιν ἐν πολλοῖς). At the same time we cannot suppose him to be so altered by age and wandering that he was under no risk of being recognized in Ithaca. But if there was that risk, then the transformation, or some equivalent means of concealment, becomes a poetical necessity. Similarly in the *Philoctetes* of Euripides the opening speech of Ulysses related how Athene had promised to change him so that he should not be recognized by Philoctetes. The real difficulty pointed out by Kirchhoff lies in the passages which imply only such a disguise as the beggar's rags would provide, instead of the complete transformation described in 13. 429 ff. But this inconsistency surely admits of an easy explanation. It is in fact an example of the practical difficulty of dealing with supernatural machinery in a logical and consistent way. The poet has made a somewhat excessive use of the marvellous, and afterwards returns unconsciously to a more natural point of view.

It need hardly be said that the recognition of Ulysses by means of the scar on his thigh does not show that he was unchanged. He even retains a measure of likeness to his former self, which does not escape the observation of the old nurse (Od. 19. 380). Penelope is represented as struck by his aged appearance, even for a companion of Ulysses: note the remark in 19. 360 αἶψα γὰρ ἐν κακότητι βροτοὶ καταγηράσκουσι.

aid of Athene, even in the final battle, is given less freely than in corresponding situations in the *Iliad*, and only 'after full trial of the valour of Ulysses and his son [21].' But in its main outlines the story is fanciful and improbable. It may have been in accordance with the manners of the time that various claimants should appear for the hand of Penelope [22]. But we cannot imagine a suit carried on for upwards

[21] Od. 22. 236–238.

[22] On this point some important suggestions have been made by Mr. W. Crooke in his article on 'the Wooing of Penelope' in *Folklore* (June 1898). 'I venture to think' (he says) 'that what we are told about the Suitors is not inconsistent with the theory that in the more primitive version of the tale they may have been regarded as the family or tribal council, like the Hindu Panchâyat, and that their presence in Ithaca, after the assumed death of Odysseus, may have been based on the generally recognised right inherent in the kinsfolk of arranging and enforcing the marriage of Penelope with one or other of their number according to the current tribal law of the age.' Hence he would explain the continued feasting of the Suitors, the subordinate chiefs having a right 'to entertainment when they assembled for tribal business,' and this right being occasionally used as a mode of pressure. So in India (he adds), 'when a family refuse to accept the decree of the Panchâyat, the meeting is adjourned time after time. The parties concerned have on each occasion to provide a dinner for the councillors, and the pressure of this tax sooner or later forces them to accept the verdict or arrange the matter by compromise' (p. 118). This right of entertainment—to take the last point first— may have existed, if not in the Homeric age, at least in the earlier times when the story of Penelope first took shape. What we find in Homer is that the council or βουλὴ γερόντων (not to be confused with the ἀγορή of Ithaca) was regularly feasted by the king when it met for business. When Nestor proposes to Agamemnon the holding of a council he says, 'give a feast to the councillors: you will then follow him who advises best' (Il. 9. 70–75 δαίνυ δαῖτα γέρουσι ... πολλῶν δ' ἀγρομένων τῷ πείσεαι ὅς κεν ἀρίστην βουλὴν βουλεύσῃ). This is not the same thing as a right to be entertained by the family whose business is concerned: but the latter right probably existed where (as in the most typical Indian communities) there was no king or general assembly, and the council or Panchâyat was therefore the only source of authority (see Maine, *Village Communities*, pp. 122–125).

The question, then, is whether it is probable that the Suitors were originally, or in an earlier version of the story, the body to whom it belonged by tribal law to dispose of the hand of Penelope. 'The kinsmen (Mr. Crooke thinks) for the purpose of dramatic effect are turned into a body of audacious ruffians, and the right of entertainment at the table of the prince and the habitual licence during an interregnum converted into those scenes of insolent revelry' (p. 119). The chief difficulty in the way of this theory seems to me to lie in the position of Telemachus. It is surely clear that in the view of the *Odyssey* the right of giving Penelope in marriage rested entirely with him. The Levirate is not in question, because, as the poet is careful to tell us, neither Ulysses himself nor his father Laertes had any brother (Od. 16. 117–119). Telemachus may refuse to exercise the right, but he claims it (cp. Od. 2. 223 καὶ ἀνέρι μητέρα δώσω, also 20. 343–344), and the Suitors admit it (cp. Od. 2. 113 μητέρα σὴν ἀπόπεμψον, ἄνωχθι δέ μιν γαμέεσθαι). On the other hand a version of the tale without a Telemachus is improbable, not only because Telemachus occurs in the *Iliad* (see p. 309), but also because, as Wilamowitz pointed out (*Hom. Unters.* p. 56), without Telemachus as the rightful heir Penelope would have no legal footing in the palace of Ulysses. The ἀγχιστεῖς would step in and divide the property of the dead. On the whole it seems doubtful whether much can be made of the suggestion that the Suitors were in fact these ἀγχιστεῖς. If the Suitors are not unjust and insolent, they are no longer dangerous to Ulysses, or proper objects of his vengeance. Where then is the story of the *Odyssey*?

A parallel instance in Greek history may be seen in the wooing of Agariste,

of three years by more than a hundred of the young nobles of Ithaca
and the adjoining islands. Hence we are not surprised to find that
this is one of a group of stories with the same 'root' idea or *motif*
—the king who is brought back to his home in a sudden and
marvellous fashion, and who arrives at the last moment at which he
can prevent the loss of his queen or bride. These 'return stories'
(*Heimkehrsagen*) appear to be especially common in the Norse and
Teutonic cycles of legend [23].

Moreover it is not to be supposed that the arrogant and un-
scrupulous Suitors represented by such men as Antinous and
Eurymachus would allow themselves to be put off so long by
Penelope's plea of the unfinished web. That famous device, it need
hardly be said, is akin to the tricks by which giants and trolls are
outwitted in all the fairy tales. Looking to the imperious temper of
the Suitors and the craft shown in their speeches, we may feel sure
that the web is a survival from a more fabulous world, in which it was

daughter of Cleisthenes of Sicyon (Hdt. 6. 126-130), on which occasion the
Suitors, fourteen in number, were entertained by Cleisthenes for a year. This
account points to the survival of some ancient rule by which Suitors as such were
entitled to hospitality.

[23] Many examples are given in Dr. Schnorf's dissertation, *Der mythische Hinter-
grund im Gudrunlied und in der Odyssee* (Zurich 1879). It is usual (he observes)
for the heroes to be suddenly carried through the air from a distant country, by the
miraculous help of a god, an angel, or it may be the devil, and so brought to their
house, 'where their presence is urgently needed'—a marriage being imminent which
threatens to deprive them of bride or wife.' A good example is the story of the
return of Charles the Great from Hungary, as given in Wilhelm Grimm's *Kleinere
Schriften* (i. 577). In leaving home he had said to his queen that if he stayed
away more than ten years, she might surely count him as dead. Now when nine
years had passed there arose much plundering and devastation at Aix and
throughout the empire. Then the great men went to the queen and said, 'We
suffer much because we have no lord [cp. οὐ γὰρ ἔτ' ἀνήρ, οἷος Ὀδυσσεὺς ἔσκεν,
ἀρὴν ἀπὸ οἴκου ἀμῦναι]: therefore we pray you, noble lady, to take as husband
a prince that can protect the country. Our lord is surely dead.' The queen
would not listen to them, but they pressed their suit, and at length she consented
to do their will. A great wedding was ordained, and a mighty king chosen for
her. After the third day she was to be married: but God would not permit it to
be, and therefore sent his angel to warn King Charles, who was then in Hungary.
The king asked how he was to get back to his kingdom in three days, and the
angel gave him directions, how he was to find a horse that would take him in one
day to Rab, and on the next day to Passau on the Danube, where he was to buy
a foal that would carry him back to Aix in time to hinder the wedding. All this
duly came to pass, and the story ends with a recognition scene in the cathedral
church of Aix.

Some other features of the *Odyssey* are to be seen in the German 'return story'
of Count Udalrich (Schnorf, p. 31). He returns from a long imprisonment in
Hungary, and presents himself in beggar's rags among those to whom his wife
Wendilgard was in the habit of giving alms. He seizes her hand, calls to the
warriors present that he is their lord, and is recognized by them. But Wendilgard
felt herself outraged: 'now indeed do I feel that my Udalrich is dead when I have
to suffer such violence.' Thereupon he shows her the scar of an old wound on his
hand, and is at once recognized.

employed against beings of a less human type than the young Achaeans of the *Odyssey* [24].

The account of the insults offered to Ulysses may gain some light from this point of view. On three successive occasions one of the Suitors throws something at him, with no effect beyond proving his strength and patience. First Antinous throws his foot-stool (θρῆνυς, Od. 17. 462 ff.); then Eurymachus also throws a foot-stool (σφέλας, 18. 394 ff.): finally Ctesippus throws an ox's foot (20. 299). The repetition has been felt to be a weakness in the story, and theories have been formed to account for it, based in general on the assumption that originally there was only one incident of the kind. But nothing is more familiar in popular tales than the occurrence of an incident three times, each time with some more or less trivial change of form. An example may be seen in the *Iliad* itself, in the story of Bellerophon (Il. 6. 179–186). The hero there has three tasks set him, (1) to kill the Chimaera, (2) to fight against the Solymi, and (3) to slay the Amazons. In the three insults described in the *Odyssey* a difficulty has been felt in the circumstance that there is no *climax*— they do not increase in violence. But it may be that throwing an ox-foot was regarded as the supreme indignity of a feast [25].

§ 8. *The Slaying of the Suitors.*

It remains to consider the scene which forms the *dénoûment* of the *Odyssey*—the slaying of the Suitors by Ulysses, with the aid of Telemachus and the two faithful servants.

In this famous combat we distinguish two successive stages.

[24] Regarding the web Mr. Crooke (p. 122 ff.) puts forward a theory suggested to him by Mr. Sidney Hartland. The chief difficulty which Mr. Crooke feels is that there is no direct evidence within the Greek area that it would be the duty of the nearest female relative of an old man to prepare his winding-sheet in anticipation of his decease. The solution which he gives as the suggestion of Mr. Hartland is that in its original form the weaving was not that of the shroud of Laertes, but the wedding dress of Penelope. He cites many examples to show the importance attached to the wedding dress, and the obligation which lay upon the bride to make it, or at least to assist in its making.

This is not the place for a discussion of these interesting questions of folklore : but two remarks may be made. In the first place, the *Odyssey* is itself good evidence both of the need of a shroud for Laertes, and of the duty imposed upon Penelope in regard to it. We can hardly expect to find more decisive references in early Greek literature. In the second place, the distinctive circumstance calling for an explanation is the nightly unravelling of the web. No parallel or illustration of this singular feature in the story seems to have been observed.

[25] Mr. Crooke quotes an instance from the Highland tales. A man is flung under the table, ' and there was not one of the company but cast bone upon him as he lay' (Campbell, *Popular Tales of the Highlands*, vol. ii. p. 490).

Ulysses leaps on to the threshold of the hall, and from that post of vantage, with the bow in his hands and the arrows on the ground before him, he shoots one after another of the Suitors. These have only their swords, and when one of them makes a rush at Ulysses, he is stopped by an arrow, or is slain by the spear of Telemachus. But the arrows, as Ulysses soon finds, are not sufficient for the work. Before they are exhausted Telemachus goes to the θάλαμος where the arms are, and brings shields, spears, and helmets enough for the four men. Meanwhile Melanthius, who is with the Suitors at the end of the hall, bethinks him of the arms, and is able to reach them without being observed by Ulysses, and so to arm twelve of the Suitors. The bow is then laid aside, and the rest of the fighting is carried on with spear and shield.

The representation of Ulysses as a great archer is confined to the *Odyssey*, and almost to the scene that we are now concerned with. In the *Iliad* the heroes of the highest rank are not archers. Their weapons are the spear, the shield, and the sword, and they look upon the bow with some degree of contempt (Il. 11. 385 τοξότα, λωβητήρ κτλ.). In the Catalogue (Il. 2. 718) Philoctetes is said to have been 'well skilled in the bow,' and the same praise is given to the men that he commanded. In the rest of the *Iliad* we only hear of two individual marksmen—Teucer on the Greek side, and Pandarus among the Trojans. We do not hear of *bodies* of archers,—of arrows darkening the air, as in the descriptions of oriental warfare. On the other hand, the bow has a great place in Greek tradition. It was the distinctive weapon of Heracles, whose shade was seen by Ulysses γυμνὸν τόξον ἔχων καὶ ἐπὶ νευρῆφιν ὀιστόν (Od. 11. 607). It is only in later art that the club takes its place. Ulysses himself, speaking of his own prowess as an archer (in language that is perhaps intended to prepare the hearer for the μνηστηροφονία), claims to be second to Philoctetes alone among living men: but he will not contend with the great archers of past generations, such as were Heracles and Eurytus of Oechalia (Od. 8. 215 ff.). From all this it may be gathered that archery had formerly been a much more important thing than it was in the battles of Homeric times. This earlier importance, however, survived in the field of tradition and romance: and thus the Ulysses of the *Odyssey* gained a character as an archer which the Ulysses of the *Iliad* never had. The process is the same in principle as that by which (as we have already seen) he became the Ulysses of the Polyphemus tale. In both instances the purer tradition of the *Iliad* was contaminated by admixture from another body of mythology.

II.   X

These considerations make it probable that the first stage of the
μνηστηροφονία—the slaying of the Suitors by the bow of Ulysses—did
not assume the form in which we know it till after the time of the
Iliad. No doubt it was already told, at least in germ, of some
(perhaps nameless) hero, but not yet of Ulysses. In the *Odyssey* it
became an essential part of the story, and indeed has all the appear-
ance of being the nucleus round which the story was constructed.
The whole incident of the τόξου θέσις is evidently a device for the
purpose of letting Ulysses gain possession of his weapon. And the
τόξου θέσις again is foreshadowed in the conversation between Ulysses
and Penelope which occupies the nineteenth book. Thus everything
in the last books of the *Odyssey* leads up to the combat with the bow.
But in the second part of the μνηστηροφονία this is not the case.
The fight has begun, and the stock of arrows is like to fall short of
the need, when Telemachus offers to go and fetch arms from the
chamber. After he has done so, a like thought occurs to Melanthius.
In this unexpected fashion both sides are armed with spear and shield,
and the combat is thenceforth carried on in the manner familiar to us
from the battles of the *Iliad.*

It is hardly possible to read the twenty-second book of the *Odyssey*
without being convinced that this second phase of the great combat
was not founded on either heroic legend or popular tales, but was
designed by the poet as a sequel to the first part. We see the work
of a poet in the constructive ingenuity with which the two parts are
welded together, and in the dramatic effect obtained by an unlooked-
for danger : while the incidents which follow are mere epic common-
place. We conclude (1) that the material which the poet found to
his hand was a tale in which Ulysses (or the great archer who was
confused with him) regained his bow by a stratagem, and with it slew
a whole band of enemies, and (2) that he developed this tale in his
own fashion, and in accordance with the manners of his time[36].

The motives which may have led the poet to add a combat with
spear and shield to the combat with the bow are not far to seek. In
the earlier story the hero, armed only with bow and arrows, slays

---

[36] A combat with spear and shield is anticipated in the words of Athene,
I. 255-256 :

> εἰ γὰρ νῦν ἐλθὼν δόμου ἐν πρώτῃσι θύρῃσι
> σταίη, ἔχων πήληκα καὶ ἀσπίδα καὶ δύο δοῦρε.

In fact Ulysses appeared at his door armed only with bow and arrows. But
here Athene (speaking in the shape of Mentor) is not uttering a prophecy, but
putting a hypothetical case. In doing this she naturally mentions the weapons
that were in use at the time.

a hundred or more Suitors, each of whom, according to the custom of the time, has his sword by his side. An exploit of this kind does not surprise us in a fairy tale. But so glaring an improbability must have offended the artistic sense of the Greeks, even in Homeric times. Any poet who took it for his theme would be almost obliged to give it a more rational colour. He would at the same time be tempted to add fresh incidents, to relieve the monotony of the original tale: and any such incidents would reflect the circumstances of his own day, or (in such matters as the arms and mode of fighting) would be influenced by the battle scenes of the *Iliad.*

§ 9. *Summary of the original tale.*

It is perhaps worth while here to put together what, according to these suggestions, the *Odyssey* may be supposed to have derived from ancient popular mythology. The tale will have run in some such fashion as this:

The king of one of the many islands of Greece—we do not know when he was first thought to be Ulysses of Ithaca—went with the warriors of his people to a distant war. On his way home he was driven out of his course into strange lands, where he met with wonderful adventures of all kinds—adventures in the cave of the monster Polyphemus, with the Laestrygonian giants, in the palace of the enchantress Circe, and many more—till at length, after losing his ship and all his companions, he was thrown ashore on the magical island of Calypso. There he remained, lost to friends and country, for seven long years: after which he was allowed by the gods to return to the world. The first land that he reached was the mysterious country of the Phaeacians, who entertained him splendidly, and sent him home to his own island in one of their magical ships. Meanwhile his palace was occupied by a horde of men (or perhaps of trolls or giants), the suitors of his faithful wife. She put them off for three years by pleading that a certain web which she was then weaving must first be finished: but they discovered that every night she undid the work of the day. Thus she had to finish her web, and to fix the time when she must consent to choose one of them as a husband. The king could not make himself known, since he would have been at once killed by the violent men who hoped to supplant him. He was accordingly changed by his protecting goddess Athene (or possibly by some magical means) into a withered old man, and in this form and under the disguise of a beggar found his way into the palace. There he was the object of three successive insults from the chief of the Suitors. Thus the fatal day approached. But among the treasures of the palace was a bow of marvellous strength, which only the king himself could bend. This bow the queen, at the suggestion of the disguised· king (or perhaps by the direct inspiration of the goddess), resolved to use for the trial of the Suitors, offering to accept the one who should string it and send an arrow through twelve axe-heads placed in a row. After all had failed, the supposed·old beggar had the bow put in his hands, and at once performed the task. Thereupon, planting himself at the door, so that none could escape him, he shot down the whole number. He then recovered his own form, and was recognized by his queen.

§ 10. *The supposed Telemachia.*

Some such outline as this may have been anterior to the growth of the heroic tradition into which it was eventually absorbed, and may have passed through various stages before reaching the perfect form that lies before us in Homer. What these stages were, and at what point in the process each of the subordinate characters was introduced into the story, it would be vain to inquire. In some of them—such as Nausicaa, Eumaeus, Eurycleia—there is no reason to see anything but the invention of a great poet. There is one leading character, however, of whom this cannot be said, and whose place in the structure of the *Odyssey* has been the subject of much discussion, viz. Telemachus.

Many scholars have maintained that the part of the *Odyssey* that is taken up with the adventures and deeds of Telemachus originally formed a distinct poem, a *Telemachia*. The common opinion now seems to be that the 'Telemachia' is the work of a different author, who, however, composed it, not as an independent poem, but with a view to the place which it holds in the complete *Odyssey*. There are further questions regarding the amount of matter to be assigned to the *Telemachia*. It has usually been taken to include—roughly speaking—the first four books with the earlier part of the fifteenth. Kirchhoff and those who follow him regard the first book as a still later addition. Others (as Wilamowitz) extend it so as to take in much that passes in the palace of Ulysses. Let us begin by considering the probable origin of the episode in question.

By a fortunate accident the name of Telemachus occurs more than once in the *Iliad* (2. 260., 4. 354), and in the mouth of Ulysses himself. 'May I be no longer called the father of Telemachus if &c.' is the form of adjuration with which he threatens Thersites. 'You will see the father of Telemachus in the front of the battle' is his boast, addressed to Agamemnon. It is therefore an integral part of the Trojan legend that Ulysses had a son so named, too young to go with his father to the war. It follows that Telemachus must have played a part in any possible version of the return of Ulysses. Twenty years having passed before the return, he could no longer be a child. He must be old enough to stand by his father's side in the combat with the Suitors. On the other hand, if he had come to man's estate, what was his position? Two pressing tasks lay before him—to drive away the Suitors, and to seek for his father. How long had these remained unfulfilled? Such was the problem presented to any story-teller or singer who took the fortunes of Ulysses for the subject of his art. The only possible solution, as it seems, is that which we find in the *Odyssey*. Telemachus must have reached manhood, and begun to think and act for himself, just before Ulysses set foot in Ithaca. This is a point which the poet of the *Odyssey* constantly keeps in view, and brings before his hearers in every form—in the exhortation of Athene (1. 296 οὐδέ τί σε χρὴ νηπιάας ὀχέειν, ἐπεὶ οὐκέτι τηλίκος ἐσσί), the surprise of Penelope (1. 361., 18. 217., 21. 354), the confession of Telemachus himself (2. 313 ἐγὼ δ' ἔτι νήπιος ἦα, cp. 18. 229., 20. 310., 21. 132). Moreover, if this was so, Telemachus was bound to give some proof of his manhood by taking the action required by the circumstances. Hence the Agora of the second book and the journeys to Pylos and Sparta are really indispensable to the plan of the poem. If they were left out, it would be necessary to put some equivalent action of Telemachus in their place. He is by tradition an actor in the drama, and must have a *rôle* assigned to him.

If a *Telemachia* of some kind was a necessary episode in any *Odyssey*, it can hardly be said that the *Telemachia* which we have—the Ithacan assembly and the journey to Pylos and Sparta—is disproportionate in length or irrelevant to the main theme. There is hardly a line in it which does not bear upon the fortunes and character of Ulysses himself. On the other hand there is nothing in these books that raises Telemachus to the place of hero of an epic poem. The interest with which we follow his movements and listen to the speeches for which he gives occasion, is an interest reflected from the figure of the real hero. Telemachus is on the stage for the purpose of giving more effect to the entrance of Ulysses. The so-called *Telemachia* does for the *Odyssey* what the earlier battles of the *Iliad* do for the '*Achilleis*.' It secures that gradual heightening of interest which is the chief secret of dramatic art. At the same time it fulfils the subsidiary purpose of giving us a wide outlook over the Greek world as it was after the great war [17]. We may almost adopt the phrase which Grote has made familiar by his theory of the *Iliad*, and say that by the story of Telemachus the '*Odyssey*' was enlarged into a comprehensive Νόστοι that included the 'Returns' of all the Greek heroes.

The case for the later date of the *Telemachia*—meaning by that word the first four books of the existing *Odyssey*—has been stated with much force by Sittl (p. 74). He relies in the first place on the argument furnished by the old difficulty of the two Olympian assemblies (1. 26–95 and 5. 1–42), and then on the allegation that all the subsequent references to the 'Telemachia' can be cut out without injuring the context. This last point will be dealt with a little later (see § 12). As to the two assemblies or councils of the gods, there is not much to be said that is not already familiar. In the first of these councils it is proposed by Athene that Hermes be sent to convey to Calypso the will of the gods that Ulysses shall now return, while she herself goes to Ithaca and urges Telemachus to hold an assembly of the people and 'speak out' to the Suitors. She sets out on this mission; but nothing more is said about Hermes or the message to Calypso. In the second Olympian assembly, held when Telemachus is on his journey (5. 18–20), Athene repeats her complaint of the neglect of Ulysses by the gods. Zeus affects to be surprised (ποῖόν σε ἔπος φύγεν;) and forthwith sends Hermes on his way. Comparing these accounts we must admit that there is some inconsistency. If the gods agreed in the first assembly to the sending of Hermes, no second debate was needed. In any case the speech of Athene in the fifth book is partly a repetition of what she had said before (cp. 5. 13–17 with 1. 48–59). It is to be observed, however, that there is no actual contradiction between the passages. Indeed, the dialogue in the fifth book presupposes the earlier one. When Athene again sets forth the griefs of her favourite, Zeus reminds her of what had passed. 'Did you not yourself counsel this?' he asks—meaning apparently that everything she wished had been already resolved upon. So, too, the mention of Poseidon returning from the Aethiopians (5. 282) refers to the passage

---

[17] This was remarked by the ancients: τὸν Τηλέμαχον ἐξελθεῖν ποιεῖ ὅπως ἂν τῶν Ἰλιακῶν ἐν παρεκβάσει πολλὰ λεχθείη (Schol. on Od. 1. 284, cp. 4. 187, 245). I take this reference from Sittl, *Die Wiederholungen in der Odyssee*, p. 166.

in the first book (1. 22) which tells us that he had gone there. The real difficulty is that the first book gives us the proposal of Athene to send Hermes to Ogygia, but without telling us what became of it. This, however, is a difficulty of that passage—not a discrepancy [28]. It is not explained by any theory of authorship. The true explanation surely is that the poet first stated the two proposals made by Athene, and then proceeded to say how they were carried out; that he naturally began with the second—the visit of Athene to Ithaca, with the consequent meeting of the Ithacan people and the journey of Telemachus : that all this occupied four books; and that then he had to return to the other thread of the story, and relate the deliverance of Ulysses from Calypso. A prose writer would find this transition easy enough. He would only have to say 'we now return to the other proposal agreed to by the Olympian council, in accordance with which Hermes was to be sent by Zeus' &c. But a Greek poet could not put back the clock in this fashion. The epic narrative is a single continuous one. The poet could shift the scene of his story back to the halls of Zeus, but not to a point of time in the irrevocable past [29]. He met the difficulty, therefore, by the device of a second Olympian debate, held like the other in the absence of Poseidon, and finally setting in motion the course of events in the poem.

Some stress has also been laid on the chronology of the 'Telemachia.' The visit of Telemachus to Pylos and Sparta is always represented as a hurried one. He certainly takes leave of Menelaus in language that implies this (Od. 4. 594 ff.). Yet when we compare the account of his journey with the simultaneous movements of Ulysses, we find that he must have spent twenty days in Sparta, viz. the time which his father took between leaving Ogygia and reaching Ithaca (Od. 5. 278., 6. 48., 8. 1., 13. 18). The answer surely is that the epic poet does not aim at accuracy of this kind. If an error is one that can only be detected by a calculation which his hearer is not able to make, or which nothing in the story leads him to make, he takes no pains to avoid it. A similar instance of chronological licence or error may be found in 17. 515 (see the note).

But the chief argument (or series of arguments) that Sittl urges in favour of the later date of the *Telemachia* is found in a comparison of parallel passages. He maintains that in the numerous instances in

---

[28] A similar case has been pointed out by Kirchhoff in the Phaeacian episode. The queen Arete asks Ulysses in the usual form τίς πόθεν εἰς ἀνδρῶν; In answer he tells some of his story, but keeps back his name: see p. 299, n. 18.

[29] For other examples of this rule, see p. 316.

which one or more lines occur in the *Telemachia*, and also in an undoubtedly genuine part of the *Odyssey*, it is generally possible to show that the author of the *Telemachia* has borrowed from an older poem. This is a method which Sittl has applied with success in other cases, especially in determining the relation in time between the *Odyssey* and the *Iliad* (see p. 325), and in proving the comparative lateness of the present end of the *Odyssey* (as to which see on 24. 1). In regard to the *Telemachia* his demonstration—for such it professes to be—is much less convincing. When we have made due allowance for the parallels that can be otherwise explained—either (1) as epic commonplace, or (2) by interpolation (the cases for which Aristarchus used the obelos with an asterisk), or (3) by borrowing from a common source in some lost poem—it will surely be found that the residuum is not sufficient for any large conclusion [20].

[20] The following are the chief instances which Sittl regards as proving that the author of the ʻTelemachiaʼ has borrowed from the original Odyssey:

1. 152 μολπή τ' ὀρχηστύς τε· τὰ γάρ τ' ἀναθήματα δαιτός, cp. 21. 430 μολπῇ καὶ φόρμιγγι· τὰ κτλ. This seems rather a case of interpolation: ὀρχηστύς is irrelevant, since the Suitors wished for the song of Phemius. In l. 151 ἄλλα is to be compared with ἄλλως ἐψιάασθαι in 21. 429. Possibly ll. 151-152 are both interpolated.

1. 154 (= 22. 331) Φημίῳ, ὅς ῥ' ἄειδε παρὰ μνηστῆρσιν ἀνάγκῃ. This no doubt is especially to the point in the later place, where it excuses Phemius: but, as Sittl himself admits, the poet may have wished to prepare us here for the incident in the μνηστηροφονία.

1. 157 (= 4. 70., 17. 592) ἄγχι σχὼν κεφαλήν, κτλ., is not superfluous: though Telemachus was apart from the Suitors, he may well have been within hearing of them.

1. 171-173 (= 14. 188-190., 16. 59, 224) are probably interpolated here: οἰκειότερον ταῦτα ὑπὸ Εὐμαίου ἂν λέγοιτο, διὸ ἐν τισιν οὐκ ἐφέροντο Schol. H. Q. This cannot mean, as Sittl supposes, that the lines were wanting in certain copies *because* they were condemned by Alexandrian critics. Rather διό = ʻwhich accounts for the fact that' (they were wanting).

1. 238-241 = 14. 368-371. Here 1. 238 is interpolated from 14. 368 (since τῷ κέν κτλ. can only refer to 1. 237). Conversely 14. 369-370 come from 1. 239-240: they are wanting in some MSS. Thus the only repetition is 1. 241 = 14. 371.

1. 356-359 and 21. 350-353 come (as Sittl might have observed) from a common source, viz. Il. 6. 490-493, and therefore neither need have been borrowed from the other.

1. 370-371 = 9. 3-4 ἐπεὶ τό γε καλὸν ἀκουέμεν ἐστὶν ἀοιδοῦ κτλ.

1. 425 ὅθι οἱ θάλαμος περικαλλέος αὐλῆς ὑψηλὸς δέδμητο περισκέπτῳ ἐνὶ χώρῳ, cp. 14. 5-6 ἔνθα οἱ αὐλὴ ὑψηλὴ κτλ.

2. 122 (= 7. 299) ἀτὰρ μὲν τοῦτό γ' ἐναίσιμον οὐκ ἐνόησεν.

In these three instances no definite reason can be given for regarding the passage in the ʻTelemachiaʼ as later than the other.

3. 123 σίβας μ' ἔχει εἰσορόωντα is epic commonplace: and the same may be said of 3. 233 οἴκαδέ τ' ἐλθέμεναι καὶ νόστιμον ἦμαρ ἰδέσθαι. In such cases it is only a flagrantly inapposite use that can furnish any argument.

3. 288 (= 14. 235) στυγερὴν ὁδὸν εὐρύοπα Ζεὺς ἐφράσατο applies rather better to the Trojan war than to the voyage of Menelaus. But it applies so well to both that there is no valid argument.

3. 471 (= 14. 104) ἐπὶ δ' ἀνέρες ἐσθλοὶ ὄρονται is epic commonplace, as the archaic word ὄρονται shows.

§ 11. *The first book.*

In dealing with the question whether the first book is or is not an integral part of the *Telemachia*, Sittl has gone back to suggestions which were first made by Hermann, and which seem to meet the requirements of the case. Kirchhoff had maintained, with the assent of many scholars, that the first book belongs to the latest ' stratum ' of the *Odyssey*, being the work of the ' arranger ' or ' worker-up ' (*Ordner* or *Bearbeiter*), who is so important a personage in this field of criticism. The proof of this was found in the extensive but maladroit use which the supposed author seemed to make of the second book. In the assembly of Ithacan citizens described in that book Antinous and Eurymachus, speaking for the Suitors, bids Telemachus send his mother back to her father, who will then give her in marriage in the usual way (2. 113–114, 195–197). Telemachus entirely refuses (2. 130 ff.), but eventually proposes to wait for a year, and meanwhile to go in search of his father (2. 214 ff.). But in the first book Athene advises Telemachus to use nearly the language afterwards put into the mouth of Eurymachus (1. 275–278):

4. 354 (= 9. 116) νῆσος ἔπειτα κτλ. If ἔπειτα is properly used, as Sittl says, of the goat island as following on the preceding description of the land of the Cyclops, the adverb is equally correct when applied in 4. 354 to Pharos, after the mention of Egypt.

4. 636–637 δώδεκα θήλειαι, ὑπὸ δ' ἡμίονοι ταλαεργοί, ἀδμῆτες, τῶν κέν τιν' ἐλασσάμενος δαμασαίμην (4. 636 = 21. 23). If the foals were fit for work, Sittl argues that they could no longer be 'under' their mothers, hence that ὑπό in 4. 636 can only mean 'accompanying.' It is not likely that ὑπό as applied to mares and their foals ever bore more than one meaning. If 4. 636 is wrong, the mistake is one of practical knowledge, and would not prove a different authorship from 21. 23. But perhaps ἀδμῆτες refers to the mares.

4. 796 δέμας δ' ἤϊκτο γυναικί. Sittl has not noticed that this half-line occurs in a passage (4. 787–841) which he treats as an interpolation: see p. 101 of his book.

15. 181 (= 8. 467) τῶ κέν τοι καὶ κεῖθι θεῷ ὣς εὐχετοῴμην. It may be that, as Sittl contends, Ulysses owed more to Nausicaa than Telemachus owed to Helen: but an expression of devotion such as this is not to be taken too literally.

16. 437 οὐκ ἔσθ' οὗτος ἀνὴρ οὐδ' ἔσσεται οὐδὲ γένηται, cp. 6. 201 οὐκ ἔσθ' οὗτος ἀνὴρ διερὸς βροτὸς κτλ. Sittl holds that οὐδ' ἔσσεται was put in place of διερὸς βροτός at a time when that phrase was no longer understood. But probably, like many other archaisms, it was not understood at all in Homeric times. However this may be, οὐκ ἔσσεται οὐδὲ γένηται is not a tautology: cp. the prose equivalent, *e.g.* Plat. Rep. 492 E οὔτε γὰρ γίγνεται οὔτε γέγονεν οὐδὲ οὖν μὴ γένηται κτλ. We should add that 16. 437 is in a passage (16. 342–451) which Sittl afterwards treats as an interpolation (p. 103). Similarly his next instance 17. 101–103 is in the supposed interpolation 17. 31–166.

μητέρα δ', εἴ οἱ θυμὸς ἐφορμᾶται γαμέεσθαι,
ἂψ ἴτω ἐς μέγαρον πατρὸς μέγα δυναμένοιο,
οἱ δὲ γάμον τεύξουσι καὶ ἀρτυνέουσιν ἔεδνα
πολλὰ μάλ', ὅσσα ἔοικε φίλης ἐπὶ παιδὸς ἕπεσθαι.

These lines, however, can be struck out without disturbing the context, and this circumstance, taken with the harsh anacoluthon μητέρα . . . ἂψ ἴτω, and the ambiguity of οἱ δέ, justifies Sittl in regarding them as an interpolation. If this is so, they do not prove anything as to the relation of the first book to the second. Again, a few lines further on Athene urges Telemachus to take action against the Suitors (1. 293 ff.). But she has just told him that if he hears of his father's death he is to give his mother in marriage (1. 292 ἀνέρι μητέρα δοῦναι)— a step which would at once get rid of the Suitors. It is very probable, however, that 1. 292 is interpolated from the parallel 2. 223, and, if so, Kirchhoff's argument fails. Again, in the speech of Telemachus to the Suitors we find seven lines (1. 374–380), which he again addresses to them in the assembly (2. 139–145). The repetition is evidently weak, and the effective line ἔξιτέ μοι μεγάρων ἄλλας δ' ἀλεγύνετε δαῖτας (2. 139) is quite spoiled in the form ἐξιέναι μεγάρων κτλ., which it assumes in order to fit the earlier context. Here also interpolation is highly probable.

It is possible that we should go further in striking out lines in the first book which recur in the second, or are otherwise superfluous: but the excisions proposed by Sittl are sufficient to save the book from the suspicion of being a piece of comparatively modern patch-work. In this way he not only repels the attack on the first book, but does much to defend the unity of the *Odyssey* as a whole. Kirch-hoff, and other scholars who hold that it was formed by a combination of several shorter poems, cannot dispense with an 'arranger.' And since the first book has the character of an introduction to the com-pleted *Odyssey*, it is to the arranger of the poem that that book is naturally assigned. But if with Sittl we reject the hypothesis of an 'arranger,' it becomes necessary to look elsewhere for the source of that unity of structure for which the *Odyssey* has been so long admired.

§ 12. *Later references to a Telemachia.*

Before we leave the subject of the *Telemachia* it will be well to follow Sittl in examining the passages in the second half of the *Odyssey* which refer to, or at least presuppose, the expedition of

Telemachus. Such are—the return of Telemachus and his companions to Ithaca (15. 1–300), the landing of Telemachus (15. 495–557), his message to Penelope (16. 129 ff.), the return of his companions, and the proceedings of the Suitors on the failure of their ambush (16. 322–451), his meeting with Penelope (17. 31–166). These passages carry on the story of the 'Telemachia' and interweave it with the subsequent course of events. If the 'Telemachia' is an addition to the original *Odyssey*, they must have been inserted either by the author of that addition or by a still later hand. The second alternative—that which treats them as *interpolations*—is adopted by Sittl: but he admits that the evidence furnished by his method of comparing parallel verses does not go far to settle the question [31]. Let us apply a different test.

It has been already remarked (p. 311) that in the Homeric poems the narrative is always approximately *consecutive*. The poet does not allow himself the licence of the modern historian or novelist, who often relates in successive chapters events that are supposed to have taken place at the same time. Moreover, it is a general rule in Homer that the narrative is also *continuous*. The incidents follow each without an appreciable interval. They fill the *time* of the poem, just as in a good picture the figures and other objects fill the *space* of the canvas. If there is an unavoidable pause in the main action, our attention is called away from it by a digression or subordinate episode. These rules, it will be seen, are especially significant, because especially difficult to observe, when the poet is really carrying on more than one thread of narrative. In the earlier part of the *Odyssey*, for example, there are in fact three parallel stories. From the second to the

---

[31] The following are instances put forward by Sittl of repetition of the 'Telemachia' in the 'Telemachian interpolations':

Od. 15. 11–13 = 3. 314–316. It is urged that the journey of Telemachus cannot be τηυσίη, if that word means 'vain,' after the account which he has had from Menelaus. But Menelaus has only given him *hopes* of the return of Ulysses.

16. 130–131 = 15. 41–42: see the remarks in the text, p. 316.

17. 44 ὅπως ἤντησας ὀπωπῆς. These words, it is objected, are used here to include hearsay. But this is so also in the parallels, 3. 97., 4. 327: see the notes on these places.

17. 62–64 = 2. 11–13. The only defect here is that we are not told that Telemachus was going to the agora. Possibly a line has fallen out. If for 17. 62 we substitute the two lines 2. 10–11 the difficulty disappears.

17. 124–141, 143–146 = 4. 333–350, 557–560.

It is surely an objection, at least from Sittl's point of view, that these interpolations are scarcely possible unless we suppose an *Ordner* or *Bearbeiter*. The task of continuing the *Telemachia* and fitting the continuation into a series of places in the later story is surely one that could not be left to fortuitous concurrence.

sixteenth book we follow the several fortunes of Ulysses on his return
from Calypso's island, of Telemachus on his way to Pylos and Sparta,
and of Penelope in Ithaca. Is the narrative in these books consecutive
and continuous? And if so, how is that result affected by the supposed
' Telemachian ' interpolations?

Od. 15. 1–300. The fourteenth book ends at nightfall, with the long
dialogue between Ulysses and the faithful Eumaeus. The passage in
question begins before dawn (15. 56), and relates the return of Tele-
machus. It ends as Telemachus is approaching Ithaca, and then we are
taken back to the house of Eumaeus, where it is now supper-time. Thus
between 15. 1 and 15. 301 there is a gap of one or more days in the
story of Ulysses, which is filled up by the story of Telemachus. With
the passage which describes the return of Telemachus the narrative is
smooth and connected : without it there is a sensible hiatus in the
course of events.

Od. 15. 495–557. The landing of Telemachus takes place next
morning at dawn, and he reaches the house of Eumaeus immediately
after breakfast. Here it cannot be said that the passage fills a per-
ceptible blank. At the same time it is so managed as not to interrupt
the main action. And if (as Sittl holds) the original *Odyssey* made
Telemachus come from the city on a visit to his faithful servant, we
must suppose that a passage, or series of passages, describing the
occasion and circumstances of that visit has been skilfully excised.

Od. 16. 129 ff. According to Sittl (p. 102) the message addressed
to Eumaeus comes in abruptly at the end of Telemachus' speech.
It is difficult to assent to this criticism : the line ἀλλ' ἦ τοι μὲν ταῦτα
κτλ. surely forms a sufficient transition. On the other hand the
message cannot be struck out unless we also omit several passages
that refer to it, viz. 16. 138 (ἦ καὶ Λαέρτῃ αὐτὴν ὁδὸν ἄγγελος ἔλθω ;),
16. 150 (ἀλλὰ σύ γ' ἀγγεῖλας ὀπίσω κτλ.), 16. 467 (ἀγγελίην εἰπόντα κτλ.).
Moreover, the recognition scene which immediately follows between
Ulysses and his son implies the absence of Eumaeus: cp. 16. 155
οὐδ' ἄρ' Ἀθήνην λῆθεν ἀπὸ σταθμοῖο κιὼν Εὔμαιος ὑφορβός. With these
difficulties it is not surprising that Sittl has not made it clear where
he would place the inferior limit of the interpolation.

Od. 16. 321–451. The events related in these lines serve to fill up
the time between the departure of Eumaeus in the morning (16. 155)
and his return in the evening to his house (16. 452). If they are left
out there is nothing to occupy the day except the recognition of
Ulysses by his son, which takes place immediately after Eumaeus
leaves them.

Od. 17. 31–166. The earlier part of the next day is occupied by the return of Telemachus to the palace and his meeting with Penelope. The omission of the meeting would certainly tend to break the continuity of the story.

The result of our examination seems to be to show that these five passages, which form the natural sequel to the expedition of Telemachus, cannot be treated as interpolations without impairing and indeed destroying the structure of the narrative in the fifteenth, sixteenth, and seventeenth books. But if these passages must stand, it follows *a fortiori* that the earlier books which relate that expedition are part of the original *Odyssey*. Moreover, besides the incidents which directly presuppose the 'Telemachia,' there are references and allusions that are not less conclusive. Thus Eumaeus receives Telemachus ὡς ἐκ θανάτοιο φυγόντα (16. 21), and speaks of his going to Pylos (16. 24). His absence is implied in the questions which he asks about his mother (16. 33–35). The ambush of the Suitors is mentioned in the short dialogue between Telemachus and Eumaeus (16. 460–477). Again, the recent danger of Telemachus is not only referred to in his meeting with Penelope, but is indicated earlier in the seventeenth book by her excessive anxiety about him: cp. 17. 7–9 οὐ γάρ μιν πρόσθεν παύσεσθαι ὀΐω ... πρίν γ᾽ αὐτόν με ἴδηται [32]. Indeed the only important passage in this part of the *Odyssey* which is not more or less 'Telemachian' is the recognition scene between Ulysses and Telemachus. It will be difficult to reconstruct a 'primitive *Odyssey*' with that scene better placed than in the existing context.

§ 13. *Books V–XII.*

The eight books which follow the 'Telemachia' are taken up with the wanderings of Ulysses over the seas and shores of the Outer Geography. The chief heresy—if we may venture so to call it— about the composition of this part of the poem is that of Kirchhoff, who sees in it the work of two different periods. In his view the books from the fifth to the ninth (inclusive) form an older stratum, the older Νόστος or Return of Ulysses; while the tenth and twelfth represent a later Νόστος, in which some of the *motifs* of earlier stories are repeated. Thus Circe is a double of Calypso, and some features

---

[32] To this list should be added the speech put into the mouth of Theoclymenus, with the reply of the Suitors (20. 345–394). He is a figure in the *Telemachia*.

belong originally to the tale of the Argonautic expedition. The
fountain 'Αρτακίη, which is common to the *Odyssey* (10. 108) and the
Argonautica, belongs historically to the latter, being in fact a spring
in the neighbourhood of Cyzicus. The Πλαγκταί of Homer are the
same as the Symplegades, the Laestrygones are the Doliones, and
Medea is another Circe. It is not difficult to show the weakness of
reasoning based on coincidences of this kind. The word 'Αρτακίη,
which is the only name common to the two cycles of legend, may
have had a meaning that made it applicable to any fountain. The
other resemblances are only such as may be traced in any two sets
of popular stories. Kirchhoff finds support for his theory in certain
indications which seem to him to prove that the story of the tenth and
twelfth books was originally told of Ulysses (in the third person),
whereas the ninth book was composed originally as a story told *by*
him. These indications he sees in passages which relate things that
Ulysses could not be supposed to know, *e.g.* the doings of his crew
while he was asleep (10. 1–76., 12. 339–365), or in his absence
(10. 210–243). It is unlikely, however, that an ancient poet would
feel the necessity of this kind of verisimilitude—especially if auto-
biographical narrative was a new form of epic art [33].

§ 14. *Interpolations in the Phaeacian Story.*

We can have little hesitation in recognizing one or two short inter-
polations in the Phaeacian episode. Chief of these is the song of
Demodocus (8. 266–369), the so-called ' comedy of the gods.' The
whole tone and style of this piece is unworthy of Homer, and indeed
is below the level of serious epic poetry. Moreover the language is
clearly post-Homeric: in particular the later forms Ἥλιος (for ἠέλιος,
8. 271), Ἄρει (at the end of line 8. 276), Ἑρμῆν (for Ἑρμείαν, 8. 334):
also some words and forms borrowed from the *Iliad*, as ἑκατηβόλος,
ἀλαοσκοπιή, τό = *for which reason*.

In the description of the palace and gardens of Alcinous in the
seventh book a considerable interpolation was first pointed out by
L. Friedländer [34]. That description, it will be noticed, is introduced
into the story at the point where Ulysses is about to enter the palace,
and is given as an account of what he then saw. It is therefore in

---

[33] For an excellent criticism of Kirchhoff's theory see Georg Schmidt, *Ueber
Kirchhoffs Odysseestudien*, Kempten 1879.
[34] *Philologus*, 1851, pp. 669 ff.

the past tense, the verbs being imperfects or pluperfects; as ὥς τε γὰρ
ἠελίου αἴγλη πέλεν (l. 84), and so down to l. 102. But from l. 103 the
verbs are in the 'principal' tenses: ἀλετρεύουσι (l. 104), ὑφόωσι,
στρωφῶσιν (l. 105), ἐλήλαται (l. 113), πεφύκασι (l. 114), &c., and this
form is kept up till l. 131, where the parenthetical ὅθεν ὑδρεύοντο
πολῖται somewhat abruptly returns to the imperfect. The main thread
of the narrative is then taken up in the same tense: τοῖ ἄρ᾽ ἐν
Ἀλκινόοιο θεῶν ἴσαν ἀγλαὰ δῶρα. There can be no doubt that the use
of the present in ll. 103–131 is contrary to Homeric usage, and is
especially inadmissible after the past tenses of ll. 84–102. Moreover,
the reference of the pronoun οἱ in 103 (πεντήκοντα δέ οἱ κτλ.) and 122
(ἔνθα δέ οἱ κτλ.) is not sufficiently clear. And the account of the
garden, with orchard and vineyard, placed at the gate of the αὐλή, in
the middle of the town, does not agree very well with the words of
Nausicaa, 6. 293–294 ἔνθα δὲ πατρὸς ἐμοῦ τέμενος τεθαλυῖά τ᾽ ἀλωή, τόσσον
ἀπὸ πτόλιος ὅσσον τε γέγωνε βοήσας.

The chief remaining difficulty in regard to the Phaeacian episode is
caused by the repetition of an incident in the story. After the feast
given by Alcinous in honour of the arrival of Ulysses the minstrel
Demodocus is introduced, and sings of a famous quarrel between
Ulysses and Achilles. Thereat Ulysses covers his head with his robe,
and weeps silently: Alcinous alone observes him, and brings the
singing to an end (8. 93–103). After supper the same thing happens.
Demodocus, at the request of Ulysses himself, sings of the Wooden
Horse. Ulysses again weeps; Alcinous again notices it and interferes
—this time inviting Ulysses to tell them who he is (8. 521 ff.). Is
there any repetition here which an ancient epic poet would seek to
avoid? The object of the passage evidently is to lead up to the story
of the wanderings. Alcinous is to be convinced that the unknown
stranger is one of the heroes of the war, and so to be led to ask for
his name. For that purpose the repetition is proper and natural.
The first time that Alcinous notices his guest's emotion he says
nothing about it to the others. The second time he feels that he
may ask for an explanation. Nitzsch, who sees no difficulty in the
fact of a repetition, is struck by the number of events compressed
into a single day. After the *agora* of the morning comes the δεῖπνον
given to the chiefs, then the song of Demodocus, then the games of
various kinds (in some of which Ulysses takes a part); after these
the δόρπον, the second song of Demodocus, and finally the story
which fills the next four books. In this there is no doubt a degree
of improbability. But it is not the kind of improbability that would

be readily felt in oral recitation [35]. The Greek listener was doubtless quick to perceive a want of smoothness or continuity in a tale or poem. It does not follow that he would be able or inclined to measure the time that a given series of events would occupy. Nevertheless, the poet does make a sort of apology for the length of the story [36].

§ 15. *The νέκυια.*

The eleventh book of the *Odyssey* relates the νέκυια or (more strictly) νεκυομαντεία, in which Ulysses called to him the spirits of the dead, and had converse with them. The book stands very much apart from the other adventures, and scholars have been disposed to regard it as a later addition. In any case it has suffered considerable interpolation, by which indeed the character of the episode has been materially affected. The voyage to the region of the dead is undertaken at the bidding of Circe, in order that an oracle may be obtained from the spirit of the soothsayer Tiresias. Ulysses is to go to a place on the shore of the river Oceanus, and there perform sacrifices and incantations which will draw the multitudes of the dead to him. This he does, and as each ghost is allowed to drink of the blood of the sacrifice, it is enabled to speak to him. In this way he consults Tiresias, then speaks with his own mother, and many other famous women of past generations, finally with Agamemnon, Achilles, and Ajax. Ajax refuses to speak, and returns, like the rest, to the darkness (l. 564). At this point there is a break : Ulysses desires to see more of the heroes of the past. He does so, but in a different way. The ghosts no longer come at his bidding : he sees them in their places, carrying on, in a shadowy way, the occupations of life— Minos judging, Orion hunting, Heracles shooting with the bow. Others, again, are expiating the crimes of their life-time : such are Tantalus, Sisyphus, &c. This part (ll. 565–627) must be an interpolation, belonging to the age when the notion of future retribution had gained a place in Greek theology [37].

---

[35] The improbability is at least as great in Virgil's imitation of this scene. The story told by Aeneas in the second and third books of the *Aeneid* is supposed to begin after midnight, when 'night is past the meridian, and the sinking stars invite to sleep' (Aen. 2. 8–9). See the remarks of Wilamowitz, *Hom. Unters.* p. 117 (note).

[36] See Od. 11. 330 ἀλλὰ καὶ ὥρη εὕδειν κτλ., and the reply of Alcinous in 11. 373 νὺξ ἥδε μάλα μακρὴ ἀθέσφατος, οὐδέ πω ὥρη εὕδειν ἐν μεγάρῳ.

[37] See Wilamowitz, *Hom. Unters.* pp. 142 ff., also pp. 199–226.

§ 16. *The Continuation* (Od. 23. 297 ff.).

According to Aristarchus and other ancient critics the *Odyssey* originally ended with the line 23. 296—

ἀσπάσιοι λέκτροιο παλαιοῦ θεσμὸν ἵκοντο.

The remainder of the existing text, in their view, was a later addition, designed to satisfy the Greek hearer or reader, who naturally desired to know how the blood-feud created by the slaying of the Suitors was appeased, and how Ulysses was finally established in his kingdom. It is evident that that object is satisfactorily attained by the narrative of Od. 23. 197 ff., in which also a place is found for one more 'recognition '—the meeting of Ulysses with his father Laertes.

In this narrative, again,—which we may call the 'continuation'—there are two passages which, in the opinion of Aristarchus, were still later interpolations, viz.—(1) a brief summary, hardly more than a versified table of contents, of the adventures of Ulysses (23. 310-343) ; and (2) the Second Νέκυια (24. 1–204), or account of the descent into Hades of the ghosts of the Suitors.

The reasons for accepting the judgment of the ancient critics as to the 'continuation' of the *Odyssey* are to be found partly in the general character of the story, and partly in the many traces of post-Homeric language and ideas. The battle in which Ulysses with the aid of Telemachus and a few servants meets and vanquishes the united forces of Ithaca, is ill-conceived and improbable in the highest degree. After the great combat of the twenty-second book, which forms the real *dénoûment* of the poem, a further scene of the same character could not be anything but an anti-climax. It has been urged that the relatives of the Suitors were under the obligation, which no ancient poet could ignore, of avenging the death of their kinsmen. It may surely be replied that the author of the Odyssey, if he had felt the necessity of saving his hero from this difficulty, would have found a better way of doing so.

In the μνηστηροφονία, as we have seen, nothing is more worthy of notice than the efforts which the poet makes to bring the incidents within the bounds of probability. He represents his hero as facing fearful odds, but he takes care at the same time to lay stress on the various circumstances that lessen or at least disguise the strangeness of the result. The Suitors are taken by surprise, they are unarmed,

II.   Y

they are crowded together in a disadvantageous position, &c. But in the 'continuation' no such attempt is made to give the story an air of credibility. The consequence is that the concluding incidents are unnatural in themselves, and that they caricature the most important part of the poem. We pass from the crowning moment in the fortunes of Ulysses to the state of mind described by Horace in the words *quodcunque ostendis mihi sic incredulus odi.*

Most of the other traces of post-Homeric workmanship in the passage now in question have been noticed in the commentary: but it may be useful to add a brief summary of them here. They fall under the following heads:—

(1) Non-Homeric or doubtful forms: ἦν (23. 316., 24. 343), ἐκεῖνος (24. 288, 312, 437); the contractions προύπεμψα (24. 360), θάμβευς (24. 394), Ὀδυσεῦς (24. 398), εὐπείθει (24. 465), τεύχεα (24. 534).

(2) Grammar: the Optative in *oratio obliqua* (24. 237), the unemphatic use of αὐτός (24. 241, 282), enclitics misplaced (24. 247, 332, 335, 337), the later use of the article (24. 497).

(3) Metre: ἐπιτέλλω (23. 361): the synizesis in οὐκ ὄγχνη οὐ πρασίη (24. 247), the lengthening by position in ἐπίεσσιν (24. 240).

(4) Vocabulary: Ἠριγένεια (=Ἠώς, 23. 347): εὖ ἦχι (24. 245), ξενίη (24. 286), ὑπάρχω (*ibid.*), ἐπιχειρέω (24. 386).

(5) Geography: the mention of Σικανίη (24. 307).

(6) Imitation of Homer: see the notes on 24. 235-240, 248, 368, 534, 535.

In the 'continuation,' again, is inserted the passage known as the Second Νέκυια. The *junctura* is shown by the lines which form the transition to the Νέκυιά (23. 371-372), and back to the 'continuation' (24. 203-204). The words in 24. 205 οἱ δ' ἐπεὶ ἐκ πόλιος κατέβαν refer back to 23. 370. The internal evidence for a post-Homeric date is not less strong than in the case of the 'continuation,' but it is of a somewhat different kind, turning not so much upon the forms of the language as upon traces of later ideas and beliefs. Thus the form Ἑρμῆς is probably later; but the same may be said still more decidedly of the epithet Κυλλήνιος and the attribute ψυχοπομπός, as well as of the admission to Hades of the souls of men who were unburied (24. 187), and indeed of the whole conception of the way to the under-world (see the note on 24. 11-12). The traces of borrowing or imitation of Homeric passages are frequent. The dialogue between Achilles and Agamemnon (24. 23-100) can hardly be uninfluenced by the scenes of the eleventh book, and (as Aristarchus observed) is not in place here. The speech of Amphimedon repeats

the passage about Penelope's web, which has already occurred twice
(24. 128–146: see the note on 24. 128), as well as other incidents
already familiar to the hearer (24. 150 ff.). Imitation of the *Iliad* may
be seen in the use of πρῶι (24. 28), ἀνάσσω (24. 30), φύβος (24. 57),
ἡγεμονεύω (24. 155), and the phrases λελασμένος ἱπποσυνάων (24. 40)
and οὗ καὶ πρόσθεν ἀρίστη φαίνετο βουλή (24. 52). The mention of
Clytemnestra as taking part in the murder of Agamemnon indicates
a post-Homeric version of the event : but it is found also in the former
νέκυια (11. 410, 453). The 'nine Muses' (24. 60) are not elsewhere
heard of in Homer, who uses either the singular, as in the invocations
at the beginning of the two great poems, or a vague plural. In this
passage there is an abrupt change to the singular (24. 62 Μοῦσα
λίγεια).

It will be seen that the arguments for the later date of these
passages are overwhelming. The same may be said of the Song of
Demodocus (8. 266–369), and of the incident of the gifts extorted from
the Suitors by Penelope (see the notes on Od. 18. 158 ff.). These
examples may serve to show the difficulty of making an interpolation
or continuation of one of the Homeric poems without betraying the
difference of date and authorship.

The general conclusion in these matters has never been better
expressed than by Wolf himself, in the Preface to his Homer (Halis
1794), p. xxii :

'Quoties abducto ab historicis argumentis animo redeo ad conti-
nentem Homeri lectionem et interpretationem, . . . atque ita penitus
immergor in illum veluti prono et liquido alveo decurrentem tenorem
actionum et narrationum : quoties animadverto ac reputo mecum,
quam in universum aestimanti unus his Carminibus insit color, aut
certe quam egregie Carmini utrique suus color constet, quam apta
ubique tempora rebus, res temporibus, aliquot loci adeo sibi alludentes
congruant et constent, quam denique aequabiliter in primariis personis
eadem lineamenta serventur et ingeniorum et animorum : vix mihi
quisquam irasci et succensere gravius poterit quam ipse facio mihi, &c.'

And a little further on—

'Odyssea, ut dixi, longe admirabilior est virtutibus illis composi-
tionis, atque numeris huius artis omnibus absolutior. Imprimis operis
illius integritas tanta est, quantam vix ullum aliud epos habet.'

II. Relation of the Odyssey to the Iliad.

§ 1. *Influence of the Iliad on the narrative of the Odyssey.*

A brief sentence in the *Poetics* of Aristotle contains the germ of much of the thought that has been directed in ancient and modern times to the comparison of the two Homeric poems. 'The *Iliad*,' says Aristotle, 'is simple and pathetic, the *Odyssey* is complex, dealing throughout in recognitions, and ethical[1].' That is to say, the *Iliad* is a straightforward story, the essentials of which are the wrong done to the hero, and the grief suffered by him through the loss of his friend: the *Odyssey* is a story with a developed plot, in which the interest turns upon the play of character and the final triumph of right over wrong. Yet notwithstanding the difference in artistic aim and method implied by this pregnant criticism, it does not appear that Aristotle felt the least doubt of the *Iliad* and *Odyssey* being the work of the same great poet. The first trace of any such doubt among Greek scholars belongs (so far as is known) to the Alexandrian age.

In later times, when the heresy of the χωρίζοντες, or 'separators' of *Iliad* and *Odyssey*, had been confuted by Aristarchus[2], and no longer troubled the republic of letters, the critics and rhetoricians must have felt the need of a theory of some kind to account for the common authorship of the two poems. A specimen of such a theory may be seen in a celebrated passage of Longinus[3], in which it is maintained that Homer wrote the *Iliad* in the prime of his life, the *Odyssey* in his declining years—when, like the setting sun, he had lost the intensity

---

[1] Arist. *Poet.* 1459 b 13 καὶ τῶν ποιημάτων ἐκάτερον συνέστηκεν ἡ μὲν Ἰλιὰς ἁπλοῦν καὶ παθητικόν, ἡ δὲ Ὀδύσσεια πεπλεγμένον (ἀναγνώρισις γὰρ διόλου) καὶ ἠθική.

[2] In the treatise πρὸς τὸ Ξένωνος παράδοξον.

[3] Longinus, *De Subl.* c. 9 δείκνυσι δ' ὅμως διὰ τῆς Ὀδυσσείας (καὶ γὰρ ταῦτα πολλῶν ἕνεκα προσεπιθεωρητέον), ὅτι μεγάλης φύσεως ὑποφερομένης ἤδη ἴδιόν ἐστιν ἐν γήρᾳ τὸ φιλόμυθον. δῆλος γὰρ ἐκ πολλῶν τε ἄλλων συντεθεικὼς ταύτην δευτέραν τὴν ὑπόθεσιν, ἀτὰρ δὴ κἀκ τοῦ λείψανα τῶν Ἰλιακῶν παθημάτων διὰ τῆς Ὀδυσσείας, ὡς ἐπεισόδιά τινα τοῦ Τρωϊκοῦ πολέμου, προσεπεισφέρειν. οὐ γὰρ ἄλλο ἡ τῆς Ἰλιάδος ἐπίλογός ἐστιν ἡ Ὀδύσσεια·

ἔνθα μὲν Αἴας κεῖται ἀρήϊος, ἔνθα δ' Ἀχιλλεύς,
ἔνθα δὲ Πάτροκλος θεόφιν μήστωρ ἀτάλαντος,
ἔνθα δ' ἐμὸς φίλος υἱός.

ἀπὸ δὲ τῆς αὐτῆς αἰτίας, οἶμαι, τῆς μὲν Ἰλιάδος γραφομένης ἐν ἀκμῇ πνεύματος, ὅλον τὸ σωμάτιον δραματικὸν ὑπεστήσατο καὶ ἐναγώνιον· τῆς δὲ Ὀδυσσείας τὸ πλέον διηγηματικόν, ὅπερ ἴδιον γήρως. ὅθεν ἐν τῇ Ὀδυσσείᾳ παρεικάσαι τις ἂν καταδυομένῳ τὸν Ὅμηρον ἡλίῳ, οὗ δίχα τῆς σφοδρότητος παραμένει τὸ μέγεθος.

of his power, but not his greatness. We may be unable to accept this as a full explanation of the distinctive qualities of each of the two poems; but it is worthy of notice as a recognition of the critical problem which they present. And some at least of the considerations urged by Longinus are still valid as arguments for the later date of the *Odyssey*. There is much truth in the remark that the *Odyssey* serves up the broken fragments of the feast that was spread before us in the Trojan story. For most of the great figures of that war— Achilles and Patroclus, Ajax, Hector, Agamemnon—have passed away; and others, like Nestor and Menelaus, are ending their days in peace. In the *Odyssey*, along with the fortunes of the last Trojan hero, we have much gathering up of incidents or episodes, now only memories of past deeds; and generally a spirit of retrospect, such as befits the epilogue (as Longinus calls it) of the whole drama. Such a poem, it is evident, could not come into existence until the Trojan war had been celebrated, and that in song as well as in story.

The view of the *Odyssey* set forth in this passage will show that the ancients, who were guided by a poetical instinct rather than by definite reasons, were led some way in the direction of a 'separatist' theory of the two Homeric poems. It will also give an idea of the more or less fanciful speculation which enabled them to acquiesce in the traditional belief.

Among the modern scholars who have pursued a similar vein of inquiry, with the object of framing a theory of the relation of the *Odyssey* to the *Iliad*, one of the most suggestive is the German writer already quoted[1]. He has been especially successful in pointing out the peculiar *tacit* recognition of the *Iliad* which may be traced in the later poem. The *Odyssey*, he shows, is full of references to the story of the Trojan war—indeed it virtually ignores all the other cycles of legend—yet it never repeats or refers to any incident related in the *Iliad*. The incidents to which it does refer are in the style of the *Iliad*: they turn upon the same characters and *motifs*, but these characters and *motifs* are presented in new combinations. Thus, to take those in which Ulysses is an actor—

The πτωχεία, or visit of Ulysses in disguise, related by Helen in Od. 4. 240-264, is an adventure much in the manner of the Doloneia.

The story of the Wooden Horse, as told by Menelaus (Od. 4. 265 ff.), is meant to bring out another side of the character of Ulysses, viz. his firmness.

[1] B. Niese, *Die Entwickelung der homerischen Poesie*, pp. 43-45.

The wrestling match in Lesbos (Od. 4. 342 ff., 17. 133 ff.) is or may be suggested by the mention of Lesbos in Il. 9. 129, 271.

The combat over the body of Achilles, referred to in Od. 5. 309–310, is evidently parallel to the combat over Patroclus in Il. 17. 717 ff. (see p. 358).

The quarrels that occupy so much space as *motifs* in the story—of Ulysses and Achilles (Od. 8. 75), of Ulysses and Ajax (Od. 11. 543 ff.), of Agamemnon and Menelaus (Od. 3. 136)—are apparently reflexions of the great quarrel of Achilles with Agamemnon [3].

In other instances we recognize the desire to carry on the story beyond the point at which the *Iliad* left it, and in doing so to make use of any hint that the *Iliad* supplies. To this class of incident we may assign the story of the death of Achilles, of which the *Iliad* offers vague prophecies (Il. 21. 277., 22. 359): the coming of Thetis to lament her son: the contest for the arms of Achilles: the part played by Neoptolemus, who is only once mentioned in the *Iliad* (19. 327): the death of Antilochus: the murder of Agamemnon, and all the misfortunes of the return from Troy. Finally the actual capture of Troy forms a necessary complement to the siege described in the *Iliad*; though the story of the Wooden Horse is hardly one that we can suppose the author of the *Iliad* to have known or accepted in an epic narrative.

These examples seem to show that the influence of the *Iliad* upon the story and incidents of the *Odyssey* was of much the same kind as that which was exercised by the two Homeric poems upon the early post-Homeric epics. The remark applies especially to the earliest of the 'cyclic poets,' viz. Arctinus. In the works of that successor and 'disciple' of Homer, as will be pointed out [4], there is not much direct borrowing from the master. His aim was rather to imitate and carry further the epic story which he found in the *Iliad* and *Odyssey*: even as the poet of the *Odyssey* seems himself to have dealt with the *Iliad*, and doubtless also with the other early epic poets of whom he has given us pictures in his Phemius and Demodocus.

Among the arguments which go to show the comparative lateness of the *Odyssey* these pictures certainly deserve a place. The *Iliad*, indeed, mentions κλέα ἀνδρῶν, 'stories of heroes' sung to the lyre (Il. 9. 189); and the adjective ἀοίδιμος, 'matter of song,' is used in a way that implies narrative poetry (Il. 6. 358). But it is in the

---

[3] Regarding the first-mentioned quarrel see the remarks on p. 296.
[4] See the remarks on pp. 355, 377.

Odyssey that we first meet with the professional epic 'singer' (ἀοιδός)[7], occupying a clearly recognized place in the social system. This is a difference that can hardly be accounted for except as the result of a movement partly literary and partly social, which must have taken a considerable time. It was in fact the growth of a new calling.

§ 2. *Passages of the Iliad borrowed or imitated in the Odyssey.*

Among the characteristic features of Greek epic poetry nothing is more marked than the freedom with which it allows the repetition of language already used. Favourite epithets or phrases, lines or half-lines, and even long descriptive passages, recur as often as the poet has occasion for them. Sometimes we almost feel that the Homeric singer is not using a language of his own, but is ringing the changes on a stock of traditional verbiage, some of which has even ceased to convey a clear meaning[8]. If this were so it would be impossible, generally speaking, to draw conclusions regarding the comparative originality, and hence the earlier or later date, of identical passages. All would be equally derived from a conventional storehouse, accumulated in pre-Homeric times.

An examination of the numerous repetitions in the *Iliad* and *Odyssey* soon shows that they are not all of the same nature[9]. In many instances, no doubt, they arise from the epic use of conventional words and phrases, or conventional bits of description—a sacrifice, the arming of a warrior, his fall in battle, the landing from a ship, the setting forth of a god or goddess on a journey[10]. A few cases are due to the rule that a message is first given to the messenger, and is then repeated word for word to the person for whom it is intended.

---

[7] The nearest approach to such a character in the *Iliad* is the singer Thamyris, who, however, is only mentioned in the Catalogue (Il. 2. 595). The ἀοιδοί of the twenty-fourth book (Il. 24. 720) are not poets or reciters, but mourners employed to perform the lamentations (θρῆνοι) that are in vogue in oriental countries. The ἀοιδός who appears in modern texts of Il. 18. 604 has been foisted in against all the MSS.

It may be noticed that the calling of the ἰατρός seems to have undergone a similar development in the time between the *Iliad* and the *Odyssey*: see Od. 4. 231.

[8] This feeling is expressed in an epigram of Pollianus, *Anthol.* xi. 130:

τοὺς κυκλίους τούτους τοὺς αὐτὰρ ἔπειτα λέγοντας
μισῶ, λωποδύτας ἀλλοτρίαν ἐπέων.

They even go the length (the epigrammatist goes on to say) of 'conveying' μῆνιν ἄειδε θεά.

[9] The chief monograph on the subject has been already referred to (p. 310), viz. the excellent work of Karl Sittl, *Die Wiederholungen in der Odyssee* (München 1882).

[10] Od. 5. 44–49, Il. 24. 340–345 (of Hermes), Od. 1. 96–102 (of Athene).

Others, again, are spurious instances, arising from the interpolation of
lines that belong to a different context. But many passages remain in
which we have to recognize borrowing, or at least close imitation—
passages, that is to say, in which the poet imitates a predecessor—
even as Virgil ·imitates Homer and Lucretius, or as Persius imitates
Horace. If, after rejecting repetitions that fall under other categories,
we are able to point to a sufficient number of passages tending to
show that the author of the *Odyssey* imitates the *Iliad*, and if no
considerable instances can be produced of the converse, we obtain
strong confirmation of the view taken above regarding the relative age
of the poems.

In choosing examples from the long list in Sittl's book (pp. 10–61)
it will be convenient to take no notice for the present of those parts
of the *Iliad* and *Odyssey* which are generally regarded as later than
the rest of the poem. Such are—in the *Iliad*, the Catalogue, the
'Doloneia,' the story of Nestor in 11. 670–762, the last book : in
the *Odyssey*, the song of Demodocus (8. 266–369), the Νέκυια, the
'continuation' (23. 297 ff.).

(1) Od. 1. 358–359 μῦθος δ' ἄνδρεσσι μελήσει | πᾶσι, μάλιστα δ' ἐμοί,
τοῦ γὰρ κράτος ἔστ' ἐνὶ οἴκῳ. Also in Od. 21. 352–353, with τόξον in
place of μῦθος.

The original of both passages is evidently Il. 6. 492–493 πόλεμος δ'
ἄνδρεσσι μελήσει πᾶσιν, ἐμοὶ δὲ μάλιστα, τοὶ Ἰλίῳ ἐγγεγάασιν. These clear
and impressive words doubtless passed into a sort of proverb: the
substitution of μῦθος or τόξον for πόλεμος is just such an adaptation as
proverbial words are apt to suffer. See the note on Od. 21. 352.

(2) Od. 1. 398 καὶ δμώων οὕς μοι ληίσσατο δῖος Ὀδυσσεύς.

Cp. Il. 18. 28 δμφαὶ δ' ἃς Ἀχιλεὺς ληίσσατο, where the phrase implies
that capture in war was the chief or only mode of obtaining slaves.
This may be true for the *Iliad*, but is certainly not true for the
Odyssey (1. 430., 14. 450).

(3) Od. 3. 245 τρὶς γὰρ δή μιν φασιν ἀνάξασθαι γένε' ἀνδρῶν.

This seems to come from Il. 1. 250–252, where it is said that Nestor
lived for three generations, and was a king in the third—a not very
improbable statement, of which the line in the *Odyssey* is an obvious
exaggeration.

(4) Od. 3. 291 ἔνθα διατμήξας τὰς μὲν Κρήτῃ ἐπέλασσεν (of ships).

In Il. 21. 3 ἔνθα διατμήξας τοὺς μὲν κτλ., applied to the *cutting off* of
troops in the field, is more natural than when used of the scattering
of ships in a storm. And, as Sittl observes, the reference of τάς to
νηυσί, four lines back, is somewhat harsh.

(5) Od. 4. 527 μνήσαιτο δὲ θούριδος ἀλκῆς.

This is almost a fixed formula in the *Iliad*, imitated or borrowed in the *Odyssey*.

(6) Od. 4. 829 ἡ νῦν με προέηκε τεὶν τάδε μυθήσασθαι.

The use of τάδε where we expect ταῦτα is suspicious: in the parallel Il. 11. 201 τάδε refers to what follows.

(7) Od. 7. 197 πείσεται ἅσσα οἱ αἶσα κατὰ Κλῶθές τε (v. l. Κατακλῶθές τε) βαρεῖαι | γεινομένῳ νήσαντο λίνῳ, ὅτε μιν τέκε μήτηρ.

Cp. Il. 20. 127 τὰ πείσεται ἅσσα οἱ αἶσα γιγνομένῳ ἐπένησε κτλ.

The addition of the Κλῶθες (or Κατακλῶθες) to the simple αἶσα of the *Iliad* is surely later. It brings us within sight of Κλωθώ and her sister Fates in Hesiod[11].

(8) Od. 8. 258 ἐννέα πάντες ἀνέσταν (=Il. 7. 161).

That there were nine champions of the Greeks is part of the story in the *Iliad*(7. 161., 8. 266): but for the Phaeacian judges the number is arbitrary.

(9) Od. 9. 350 σὺ δὲ μαίνεαι οὐκέτ' ἀνεκτῶς.

In Il. 8. 355 ὁ δὲ μαίνεται οὐκέτ' ἀνεκτῶς is said of the furious career of a warrior in the field. It does not apply to the Cyclops.

(10) Od. 10. 162 τὸ δ' ἀντικρὺ δόρυ χάλκεον ἐξεπέρησε.

In Il. 16. 346 these words describe a spear passing through the *neck* of an antagonist. Sending a spear through the back of a stag would be an improbable feat.

(11) Od. 13. 5 τῷ σ' οὔ τι παλιμπλαγχθέντα γ' ὀΐω | ἂψ ἀπονοστήσειν.

These words are hardly intelligible except as an imitation of Il. 1. 59 νῦν ἄμμε παλιμπλαγχθέντας ὀΐω κτλ.

(12) Od. 14. 156 ἐχθρὸς γάρ μοι κεῖνος ὁμῶς Ἀΐδαο πύλῃσι | γίγνεται.

In Il. 9. 312 the verb is left unexpressed—to the advantage of the sense. In the *Odyssey* γίγνεται is a weak addition.

(13) Od. 14. 419 οἱ δ' ὗν εἰσῆγον μάλα πίονα πενταέτηρον.

From Il. 2. 402 αὐτὰρ ὁ βοῦν ἱέρευσεν . . . πίονα πενταέτηρον. 'Five years old' is right for an ox, but does not apply in the case of a pig, which at that age is too old for use[12].

---

[11] In regard to the two readings in Od. 7. 197 it may be observed that (1) the tmesis involved in taking κατά with νήσαντο in the next line is extremely harsh; (2) the root-nouns of the form κλῶθ-ες are rare, but are not infrequent in composition, especially with prepositions: e.g. ἀπορρώξ, παρασπληγ-ες, ἐπιβλής, σύζυξ, καταῖ-τυξ (?), also the adverbial ὑπόδρα, ἐπικάρ, ἐπιμίξ, &c.: (3) the name Κλωθώ, being in form a shortened name (*Kosename*), is more likely to be derived from a compound such as Κατα-κλῶθες than from the simple Κλῶθ-ες.

[12] 'Le bœuf immolé par Agamemnon a cinq ans: rien de mieux: mais un porc de cinq ans a depuis longtemps acquis toute sa taille, et n'a plus qu'une chair dure et coriace. On mange les porcs même dès avant la fin de la première année; et ils ne sont guère bons que jusqu' à trois ans' (Pierron, a. l.).

(14) Od. 15. 161 αἰετὸς ἀργὴν χῆνα φέρων ὀνύχεσσι πέλωρον.

This is an abbreviated imitation of Il. 12. 201–202 αἰετὸς . . .
φοινήεντα δράκοντα φέρων ὀνύχεσσι πέλωρον. The adjective πέλωρος is
appropriate to a serpent, but the application of it to a goose gives
a certain mock-heroic effect.

(15) Od. 15. 479 ἄντλῳ δ᾽ ἐνδούπησε πεσοῦσ᾽ ὡς κτλ.

This seems an adaptation of the conventional δούπησεν δὲ πεσών.

(16) Od. 17. 541 μέγ᾽ ἔπταρεν, ἀμφὶ δὲ δῶμα | σμερδαλέον κονάβησε.

The phrase is used in the *Iliad* of the shout of an army (Il. 2. 334.,
16. 277), of its tread (Il. 2. 466), of the rattle of armour (Il. 13. 498.,
15. 648., 21. 255, 593). Applied, as here, to the sound of a sneeze it
has the effect of a parody.

(17) Od. 21. 125 τρὶς μέν μιν πελέμιξεν ἐρύσσεσθαι μενεαίνων.

These words are used here of the effort to string a bow, but in
Il. 21. 176 of tugging at a spear to pull it out of the ground. It can
hardly be doubted that this latter use gives a better sense to πελέμιξεν
'shook' and ἐρύσσεσθαι 'to pull to himself.'

(18) Od. 21. 335 πατρὸς δ᾽ ἐξ ἀγαθοῦ γένος εὔχεται ἔμμεναι υἱός.

The origin of this pleonastic sentence is to be found in Il. 14. 113
πατρὸς δ᾽ ἐξ ἀγαθοῦ καὶ ἐγὼ γένος εὔχομαι εἶναι. The words καὶ ἐγώ had to
be omitted, and υἱός was put in to fill the place in the verse.

(19) Od. 22. 73 ἀλλὰ μνησώμεθα χάρμης.

The phrase occurs in Il. 15. 477., 19. 148. The word χάρμη is quite
common in the *Iliad*, but does not occur in any other place in the
Odyssey. It is evidently a reminiscence of the *Iliad*.

(20) Od. 22. 233 παρ᾽ ἔμ᾽ ἵστασο.

This phrase, which is almost conventional in the *Iliad* (11. 314.,
17. 179), would imply that Ulysses was to leave his place and go to
Athene : whereas the reverse is the case.

(21) Od. 22. 296 ἤριπε δὲ πρηνής.

This is also taken from a battle in the *Iliad* (5. 58), and is incorrect.
Leiocritus, being struck in front, would not fall forwards. In the
Iliad, as Sittl shows [13], the rule is that those who are wounded in front
fall *backwards*, and *vice versa* : except in Il. 12. 396 ff., where Sarpedon
draws the spear from the wound, and the man falls with it.

(22) Od. 22. 308–309 τύπτον ἐπιστροφάδην· τῶν δὲ στόνος ὄρνυτ᾽
ἀεικὴς | κράτων τυπτομένων, δάπεδον δ᾽ ἅπαν αἵματι θῦεν.

This couplet occurs in Il. 21. 20–21, with the difference that in
place of κράτων τυπτομένων we find ἄορι θεινομένων—doubtless the original
formula, altered because in the slaughter of the Suitors Ulysses was

---

[13] *Op. cit.* p. 22, quoting Naber's *Quaestiones Homericae*, p. 48.

not armed with a sword. The substitution is not quite successful: κράτων τυπτομένων has not a clear construction; and ἐπιστροφάδην does not suit a battle fought with the spear only.

(23) Od. 22. 494 μέγαρον καὶ δῶμα καὶ αὐλήν.

In Il. 6. 316 θάλαμον καὶ δῶμα καὶ αὐλήν expresses the three parts of a complete dwelling. Probably μέγαρον was substituted here, because that part especially needed purification: but the phrase thus became tautologous, since δῶμα is properly = μέγαρον.

(24) Od. 17. 57 (=19. 29., 21. 386., 22. 398) τῇ δ' ἕτερος ἔπλετο μῦθος.

This half-line must have been formed as an allusion to the ἔπεα πτερόεντα of the Iliad. It is not intelligible on any other supposition.

In some other cases the spirit of parody is shown by the use of a lofty epic formula where the subject is unworthy of it. Thus the sties in the farm-yard of Eumaeus (14. 13–15) imitate the palace of Priam (Il. 6. 244 ff.: note πεντήκοντα and πλησίον ἀλλήλων). The epithet of the dogs, ὑλακόμωροι (14. 29), is a parody of the epic ἐγχεσίμωροι. Again, in the story of Irus, the language of the Iliad is borrowed or parodied: e.g. in 18. 5 πότνια μήτηρ (of the mother of Irus); 18. 46 ὁππότερος δέ κε νικήσῃ κτλ. (from the duel of Paris and Menelaus,=Il. 3. 92): 18. 65 Ἀντίνοός τε καὶ Εὐρύμαχος πεπνυμένω ἄμφω (from the τειχοσκοπία,= Il. 3. 148): 18. 105 ἐνταυθοῖ νῦν ἧσο (from Il. 21. 122 ἐνταυθοῖ νῦν κεῖσο).

§ 3. *Comparison of the Iliad and Odyssey in respect of grammar.*

If the Iliad and Odyssey are the work of different authors, separated from each other by a considerable interval of time, they will in all probability be found to present a corresponding divergence in respect of *dialect*—that is to say, in grammatical forms, in syntax, and in vocabulary. Hence, if such a divergence can be pointed out between the two poems, it will serve to strengthen the conclusions as to authorship and date which have been arrived at on other grounds.

Those who are acquainted with the thorny questions relating to the Homeric dialect will interpose here with one or two prior questions. The original language of Homer, they will say, is not the same as that of the traditional text. It has certainly undergone a process of modernising, the extent of which cannot now be exactly measured. In any case the loss of the ϝ or labial spirant is only one change out of many. A long series of scholars, beginning with Bentley, have used their best endeavours to restore the primitive forms, and have

arrived at various results. Even on the question whether the language
was Ionic or Aeolic they are not at one. How then can we compare
the language of one Homeric poem with another, both being unknown
quantities? These are questions to which we shall have to return
when we come to deal with the history of the Homeric text. Mean-
while it may be answered that while the main features of the dialect
are the same, so far as our limited knowledge extends, in the two
poems—and indeed in all Greek epic poetry—there are many minute
differences of syntax that can be traced back with certainty to the
Homeric period. These are all the more valuable as evidence of
authorship, inasmuch as they are not matters in which one poet would
be likely to imitate another. Moreover, the argument to be derived
from differences of vocabulary is not affected by the degree of
uncertainty which attaches to the sounds and inflexions of the
dialect.

The chief points in which the grammar of the *Odyssey* differs from
that of the *Iliad* seem to fall under the following heads. In general it
will be seen that the *Odyssey* makes some approach to the later Greek
usage.

1. *Uses of Prepositions.*

ἀμφί with the Dative is common in Homer to express the object *over*
which there is a contest or debate. In the *Odyssey* it is also found
with verbs meaning to speak, think, ask, &c., *about* something. The
construction of περί with the Genitive undergoes a like extension;
i.e. it is used in the *Iliad* when a contest is implied, in the *Odyssey*
(as in later Greek) without that restriction.

ἐπί with the Accusative is used of *motion over,* and in the *Odyssey*
of *extent* (without a verb of motion)[14]. On the other hand the sense of
motion *towards* a person is almost confined to the *Iliad.*

ἐξ in the derivative sense *in consequence of* is found in the *Odyssey*
(and in Il. 9. 566).

2. *Uses of Pronouns and Relatival Adverbs.*

The defining Article is much more frequent in the *Odyssey*—
ὁ ξεῖνος, τὸ τόξον, ἡ νῆσος, &c. On the other hand the use to express
a contrast (Il. 2. 217 τὸ δέ οἱ ὤμω κτλ.) is commoner in the *Iliad.*

The use of τό = *for which reason* belongs to the *Iliad*: in Od. 8.
332 τὸ καὶ μοιχάγρι᾽ ὀφέλλει (in the song of Demodocus), it is doubt-
less an imitation.

The full correlative τό—ὅ— (whence, by omission of τό, the

---

[14] Also in the 'Doloneia,' Il. 10. 213 κλέος εἴη πάντας ἐπ᾽ ἀνθρώπους, and the last
book, Il. 24. 202, 535.

adverbial use of δ) survives in a few places of the *Iliad* only. The development by which δ, ὅτι, ὡς, οὕνεκα came to mean *in respect that*, *because*, and then simply *that*, may be traced in the two Homeric poems. Of the last stage of that development, viz. the use of these words = *that* after verbs of *saying*, there are two instances in the *Iliad*, fourteen in the *Odyssey*. The use of οὕνεκα after verbs of *saying*, *knowing* and the like appears first in the *Odyssey*.

The attraction seen, *e.g.* in Od. 10. 113 τὴν δὲ γυναῖκα εὗρον ὅσην τε κορυφήν (= ὅση ἐστὶ κορυφή) belongs to the *Odyssey*: cp. 9. 322, 325., 10. 167, 517., 11. 25., 19. 233.

The reflexive use of ἑο, οἱ, ἑ is much less common in the *Odyssey*, and is chiefly found in fixed combinations, such as ἀπὸ ἑο, προτὶ οἱ.

The form τύνη is only found in the *Iliad*.

3. *Uses of the Moods.*

The Homeric use of the Optative with κεν of an *unfulfilled condition* (where in Attic we find the past indicative with ἄν) is chiefly found in the *Iliad*.

The *concessive* use of the First Person of the Optative with κεν or ἄν is found in the *Odyssey*, in such instances as Od. 15. 506 ἧῶθεν δέ κεν ὕμμιν ὁδοιπόριον παραθείμην (*I may furnish*, = *I am willing to furnish*), Od. 2. 219 ἦ τ' ἄν τρυχόμενός περ ἔτι τλαίην ἐνιαυτόν.

The use of εἰ and the Optative after verbs of *telling*, *thinking*, &c. (as Od. 1. 115 ὀσσόμενος πατέρ' ἐσθλὸν ἐνὶ φρεσὶν εἰ ποθεν ... θείη) is characteristic of the *Odyssey*. It is evidently an extension of the use of εἰ-clauses as final and object clauses (*H.G.* § 314).

4. *Particles.*

The forms μάν and μήν are found in the *Iliad* (μάν twenty-two times, μήν ten times), but are very rare in the *Odyssey*. The form μὲν οὖν belongs to the *Odyssey*.

5. *Metre.*

The neglect of lengthening by Position is perceptibly commoner in the *Odyssey*. In this respect the versification of the *Odyssey* is nearer to that of Hesiod, the Homeric Hymns, and the fragments of the Cyclic poets (*H. G.* § 370).

Hiatus is somewhat commoner in the *Odyssey*, especially the 'legitimate hiatus' in the so-called bucolic diaeresis. This may seem to be an exception to the general tendency to get rid of hiatus by elision or crasis. Possibly it may be due to the incipient loss of the ϝ. The examples of hiatus produced by that loss would re-act on the metrical sense of the poets, and lead them to admit combinations which would have otherwise seemed intolerable.

§ 4. Vocabulary.

The vocabulary of a poem depends so much upon its subject-matter, the nature of the story, the scenery, &c., that we cannot be surprised to find many differences in this respect between the two Homeric poems [15]. The *Iliad*, it is evident, could not do without such words as ἀγός, φάλαγξ, ἐπίκουρος, ἱππεύς, ἱπποσύνη, ἡνίοχος, ἄντυξ, πρυλέες, στίχες, φάλος, αἰχμή, ξυστόν, κνημίς, ζωστήρ. It was sure to be rich in terms for fighting and its various incidents: such as ὑσμίνη, φύλοπις, χάρμη, δάϊς, μόθος, μῶλος, κυδοιμός, κλόνος, λοιγός, φόβος (always meaning flight), γέφυρα (in the phrase πτολέμοιο γ.), with the verbs φέβομαι, χάζομαι, χωρέω, συλάω, μαιμάω, μαρμαίρω, παμφαίνω (of arms), ἐρείπω (of a falling warrior), ῥήγνυμι (of breaking ranks). The same words are naturally rare or wanting in the *Odyssey*. In like manner the special vocabulary of the *Odyssey* is largely made up of (1) words for sea, ships, islands, &c., and (2) words for objects of use or luxury under the conditions of peaceful life. Such are ἅλμη, ἁλμυρὸν (ὕδωρ): ἀμφίαλος, ἀμφίρυτος, εὐδείελος (of islands): ἀκραής (of wind): πηδάλιον, κέλλω and ἐπικέλλω: ὑφορβός, συβόσια: and again ἐσχάρη, ἱστίη, κοῖτος, δέμνια, κῶας, ῥῆγος, ἐσθής, ῥάκος, ἄρτος, βρώμη, ἀσάμινθος, χέρνιψ [16]. These and similar words, though not without significance, are insufficient to prove difference of date or authorship.

But among the remaining instances of words peculiar to one or other of the poems there are two noteworthy groups:

(1) The language of the Homeric poems contains, as is well known, a large number of old poetical words, mostly preserved in certain fixed or traditional phrases, and often (as far as we can judge) only half understood by the poet himself. Of these words much the greater part are confined to the *Iliad*. Such are the epithets of Zeus, ἀστεροπητής, ἀργικέραυνος, ὑψίζυγος, Δωδωναῖος, Πελασγικός: of Apollo, ἑκηβόλος, ἕκατος, ἑκάεργος, Σμινθεύς: of Ares, θοῦρος, ἐνυάλιος, ἀνδρειφόντης, μιαιφόνος, ταλαύρινος: of Here, βοῶπις: of Aphrodite, Κύπρις: of horses, μώνυχες, ἐριαύχενες, ὑψηχέες: also the epithets δήϊος, ἀγχέμαχος, ἀγχιμαχηταί, ζάθεος, ἐρεβεννός, ὠμηστής, ἰανός, λαιψηρός, μέρμερος, λοίγιος, ἑλίκωπες ('Αχαιοί), ἑλικώπιδα (κούρην), πευκάλιμος, πευκεδανός, ἐχεπευκής, νηπίαχος, νηπύτιος, κυδιάνειρα, ταχύπωλος, φιλοπτόλεμος, μενεδήϊος, μενεχάρμης, ποδώκης,

---

[15] On this subject see the dissertation of L. Friedländer, *De vocabulis Homericis quae in alterutro carmine non inveniuntur* (Regimonti, 1858–59).

[16] Of these δέμνια, ῥῆγος, κῶας, ἀσάμινθος are found in the *Iliad*, but only in books ix, x, xxiv.

ἐλκεσίπεπλος, ἀλίαστος: the verb χραισμεῖν: the adverbs εἶθαρ, ὑπαιθα, ἄνδιχα, διαπρύσιον.

Besides these there are words which are common in the *Iliad*, but so rare in the *Odyssey* that they are probably only reminiscences: *e.g.* μέροπες, αἰγίς, ἐφετμή, ἠύς and ἐύς, ἀρηΐφιλος, ἀγήρωχος, βροτολοιγός, ἑκατηβόλος, ἀγκυλομήτης. So δηϊόω and δηϊοτής (which bears a new sense in Od. 12. 257 χεῖρας ἐμοὶ ὀρέγοντας ἐν αἰνῇ δηϊοτῆτι), and δαΐφρων, which in the *Iliad* seems to be from δαΐς *strife*, in the *Odyssey* means *wise* or *skilful*. Note also ἐρίδουπος, which is commoner in the *Odyssey*, while the older ἐρίγδουπος is commoner in the *Iliad*: the two forms ἀλεγίζω (*Il.*) and ἀλεγύνω (*Od.*): and the adverb ἀντικρύ, which is only found in the *Odyssey* in lines adopted from the *Iliad*.

(2) On the other hand the *Odyssey* shows a marked increase in the words which express what we may call the ideas of civilisation. We may notice especially, as new :—

(*a*) Words denoting condition or occupation, βασίλεια (*queen*), δέσποινα, δημιοεργός, ἀοιδός, ὑφορβός, θῆτες (θητεύω), πτωχός (πτωχεύω), κεχρημένος, ἄλη, ἀλήμων, ἀλήτης (ἀλητεύω), γείτων, ἀλλόθροος.

(*b*) Words expressing moral and intellectual qualities, θεουδής, ἁγνός, ὁσίη, εὐνομίη, ἀνάρσιος, πινυτός, περίφρων, ἀποφώλιος: with some words that denote states of mind, δύη, ἐλπίς, ἐλπωρή. Note also the greatly increased use of δίκαιος, ὄπις, ὕβρις (ὑβρίζω, ὑβριστής), ἀθέμιστος and ἀθεμίστιος.

(*c*) Social progress is indicated by the new words χρήματα (partly replacing the older κτήματα), πρῆξις *business* (in Il. 24. 524 it means *accomplishment, effect*), ἐσθής (of *dress* in general): οἴμη and ὕμνος: the increased use of ὄλβος (ὄλβιος), τέχνη (τεχνάομαι, τεχνήεις).

(*d*) Note also φήμη, φῆμις, φάτις, κληδών—terms expressing the mystery of 'word' or rumour: κάλλιμος (= καλός), πολυήρατος, νόστιμος (νόστιμον ἦμαρ), ἐπηετανός, ἀδευκής, νήποινος: and the form ἑξῆς (in the *Iliad* always ἑξείης).

§ 5. *Mythology.*

The picture of Olympus and its inhabitants which is presented to us in the *Odyssey* differs from that of the *Iliad* chiefly in the peaceful character of the assemblies now held there. Apparently the fall of Troy has put an end to the strife which divided immortals as well as mortals into two opposite camps. There is now an Olympian concert that carries on something like a moral government of the world. It is very different in the *Iliad*, where the gods are moved only by caprice, and neither gods nor men show any real sense of the moral

weakness of Agamemnon and Achilles, or of the moral superiority of
Hector. In the *Odyssey*, on the contrary, the plot of the poem is
a contest between right and wrong. The triumph of right in Ulysses,
of virtue and patience in Penelope, makes the interest of the story.

Olympus in the *Iliad* (as Aristarchus observed) is a mountain in
Thessaly. In the *Odyssey* it is a supra-mundane abode of the gods,
described in the well-known passage (Od. 6. 42–45) as never shaken
by winds or wetted by rain or covered with snow. We hear no more
of Iris as the messenger of Zeus: the agent of his will is now
Hermes, as also in the twenty-fourth book of the *Iliad*. Another
difference is that in the *Iliad* the wife of Hephaestus is one of the
Χάριτες: in the *Odyssey* she is Aphrodite. The trident is the weapon
of Poseidon in the *Odyssey* and in Il. 12. 27 (a spurious passage).

It may be accidental that the worship of Apollo in the *Iliad* is
mainly local, confined to the Troad and adjoining island of Tenedos.
In the ninth book we are told of his sanctuary at Πυθώ, *i. e.* Delphi.
In the *Odyssey* he appears in his sacred island of Delos (Od. 6. 162),
and we hear for the first time of the Delphian oracle (Od. 8. 80).
Indeed the resort to local *oracles* is distinctive of the *Odyssey*: other
examples are the oracle of Zeus at Dodona (Od. 14. 327., 19. 296),
and the νεκυομαντεία of Tiresias (Od. 10. 492, &c.). Hence the use of
the word θέμιστες, in the sense of ' oracles,' is found in the *Odyssey*
(16. 403), as in the Hymn to Apollo [17].

§ 6. *History, Geography, &c.*

In turning from the *Iliad* to the *Odyssey* we leave a great and
far-reaching war for a condition of profound peace. The change,
doubtless, has some foundation in the political history of early
Greece. Whoever the people may have been whose greatness is
recorded or (perhaps we should say) reflected in the poetical shape of
the empire of Agamemnon, we can well believe that their triumph
would mean the establishment of a *pax Mycenaea* in the Mediterranean
lands, for at least one or two generations. In such a period of peace
the favouring conditions would be found for the material prosperity
of which there are plain traces in the Homeric poems, and especially
in the *Odyssey*. In the *Iliad*, indeed, we hear of the gold of Mycenae,
of golden vessels such as the cup of Nestor, and (if the ninth book
is Homeric) of the riches of Orchomenus and Egyptian Thebes.

[17] Hom. H. Apoll. 394 θέμιστας Φοίβου Ἀπόλλωνος χρυσαόρου, ὅττι κεν εἴπῃ.

But it is when we turn to the *Odyssey* that we are struck by the signs of an active Phoenician commerce, and can admire the splendour shown in the palaces of Alcinous and Menelaus, and even (in its way) in the homestead of Eumaeus. The account of these things there given—confirmed as it is by remains of buildings and objects of art discovered in recent years—testifies to the existence of a 'golden age' of pre-historic Greece [18], to which the term 'Mycenean' may fitly be applied.

The geographical knowledge shown in the *Odyssey* goes beyond that of the *Iliad* in more than one direction, but especially in regard to Egypt and Sicily. In the ninth book of the *Iliad* there is a mention of Egyptian Thebes, but hardly anything to show that the poet knew more than the name. In the *Odyssey* the voyage to Egypt is described more than once [19], and with a fair approach to correctness. Sicily, again, is quite unknown to the *Iliad*: in the *Odyssey*, if we cannot say that the island is referred to [20], we at least hear of the Siculi as a people to whom men might be sold into slavery (Od. 20. 383). In the twenty-fourth book we again find the Siculi, and along with them the name Sicania, which is brought into the fictitious story told by Ulysses (24. 307). The name Thesprotia is also met with for the first time in the *Odyssey*. That country is important as lying on the westward route from Greece.

On the other hand there is no extension of knowledge eastward, towards the Propontis and the Euxine, such as we should expect to find in the age of Ionian colonisation. The acquaintance that the *Iliad* shows with the Troad, and with the peoples of Asia Minor—Phrygians, Maeonians, Mysians, Carians—is no longer to be traced. On the contrary, the geography of these lands has fallen back into the mythical stage. As the island of Circe is the abode of the Dawn, and the place of the sun's rising [21], it must lie to the east; consequently the Πλαγκταί or 'meeting rocks,' which the poet of the *Odyssey* places somewhere beyond that island, are to be sought in the same quarter. They are evidently the same as the Symplegades, which in the Argonautic story form the entrance to the Euxine.

[18] See Mr. Gardner's *New Chapters in Greek History*, ch. v. His main view is that 'the art familiar to the authors of the *Iliad* and *Odyssey* is in many respects like the art revealed at Mycenae, but distinctly later, and showing clear evidence of comparative poverty and degradation' (p. 118). So far as the *language* of Homer is concerned, I cannot think that there is much evidence of decline in art.

[19] Od. 3. 300., 4. 351., 14. 257., 17. 426.

[20] There does not seem to be any reason for connecting Θρινακίη with the name Trinacria, or for localising the Cyclops, or Scylla and Charybdis, in Sicily.

[21] Od. 12. 3 ὅθι τ' Ἠοῦς ἠριγενείης οἰκία καὶ χοροί εἰσι καὶ ἀντολαὶ ἠελίοιο.

A geographical indication of date may perhaps be found in the use of the name Hellas. In Homer, as Thucydides observed, it is regularly applied to a part of Thessaly. In the ninth book of the *Iliad* this is still the case, though there is some discrepancy as to the boundaries of the district so called: see the notes on Il. 2. 683., 9. 447. But the phrase that is a commonplace of the *Odyssey*, καθ᾽ Ἑλλάδα καὶ μέσον Ἄργος (Od. 1. 344., 4. 726, 816., 15. 80), seems to imply a less restricted use of the name.

An examination of the *land system* of Homeric times has been made to yield some further evidence of difference in date between the two poems. In the *Iliad*, as has been shown by Mr. Ridgeway[20], there are clear references to the so-called Common Field system: and there is no trace of the existence of individual *wealth* in land. All words implying riches, possession, and the like[21] apply to chattels, not to landed property. But in the *Odyssey* the case is somewhat altered. The word κλῆρος *lot*, which in the *Iliad*[22] means only the right to an 'allotment' in the common fields, has come to mean a portion of land bestowed by a master on a deserving slave: cp. Od. 14. 63–64:

> οἷά τε ᾧ οἰκῆϊ ἄναξ εὔθυμος ἔδωκεν,
> οἶκόν τε κλῆρόν τε πολυμνήστην τε γυναῖκα.

Such a portion must have been cut out of a demesne or 'garth' belonging to the master: for he cannot have been able to give away rights in the common land. Moreover the word πολύκληρος, which occurs in Od. 14. 211, implies an inequality in the matter of land that can only have arisen when it was often held in severalty. Finally, in the twenty-fourth book (Od. 24. 207) the use of the verb κτεατίζω, in reference to the farm of Laertes, shows that the notion of property in land had then become familiar.

The plants and animals of Homer afford some little confirmation of the view now taken as to the later date of the *Odyssey*. Among the plants that are mentioned there, and not in the *Iliad*, are the fig (σῦκον, συκέη), which was indigenous in Palestine and Syria[23]; the laurel (δάφνη), which appears to have entered Greece by way of Thessaly—coming, as Hehn conjectured, from Asia Minor[24]—and the date-palm (φοῖνιξ), which was quite an exotic on the northern

[20] See his article on the Homeric land system, in the *Journal of Hellenic Studies*, vi. 319 ff.
[21] Viz. κτήματα, κτῆσις, κτέρας, κτάομαι.
[22] *e.g.* in ll. 15. 498, where it goes with οἶκος as the possession of each warrior.
[23] See Hehn, *Culturpflanzen und Hausthiere*[2], p. 84.
[24] Hehn, *op. cit.* pp. 195, 197.

shores of the Mediterranean [17]. The introduction of the fig is perhaps not as early as the *Odyssey*, since the word only occurs in the description of the gardens of Alcinous (Od. 7. 116, 121), in the latter part of the νέκυια (Od. 11. 590), and in the 'continuation' (Od. 24. 341). On the other hand the wild fig-tree (ἐρινεός) is found in both poems. The cypress (κυπάρισσος, the Semitic *gopher*) appears in the *Odyssey* (5. 64., 17. 340), and in two names of places in the Catalogue (Κυπάρισσος in Il. 2. 519, Κυπαρισσήεις in Il. 2. 593): the cedar (κέδρος) in the *Odyssey* (5. 60) and in the twenty-fourth book of the *Iliad*.

The wild beasts of prey known to Homer are the lion (λέων, λίς), the wolf (λύκος), the panther (πάρδαλις), and the jackal (θώς) ; and all these occur repeatedly in the *Iliad*. In the *Odyssey* the lion and the wolf are much less common, the panther occurs once (Od. 4. 457), the jackal not at all. In the interval between the two poems the progress of cultivation had doubtless made these animals much less familiar in Greek life.

It is probable that in the same period some progress was made in the use of the metals. In Homer, as is well known, iron (σίδηρος) is rarely mentioned in comparison with bronze (χαλκός): but the proportion is greater in the *Odyssey* (25 : 80) than in the *Iliad* (23 : 279) [28]. The difference is still more marked if we leave out the two last books of the *Iliad*, in which iron is mentioned seven times. Moreover, some of the passages in the *Iliad* may be interpolations : *e.g.* ll. 4. 123., 6. 48., 8. 15., 9. 366., 11. 133., 18. 34—all of them lines that can be omitted without detriment to the sense. It is worth notice, too, as evidence of longer familiarity with iron objects, that the metaphorical use of the adjective σιδήρεος in the sense of 'hard, cruel' is nearly confined to the *Odyssey* and books xxiii–xxiv of the *Iliad*. It is found in ll. 22. 357., 23. 177., 24. 205, 521., Od. 4. 293., 5. 191., 12. 280., 23. 172. A similar latitude of use is observable in the phrases σιδήρεα δέσματα (Od. 1. 204), σιδήρεος οὐρανός (Od. 15. 329., 17. 565). If we could argue from the proverb ἐφέλκεται ἄνδρα σίδηρος (Od. 16. 294., 19. 13), it would be necessary to assign the *Odyssey* definitely to the Iron age. It seems probable, however, for the reasons stated in the note on 19. 1, that that passage is of later date.

It may be a mere accident that *tin* (κασσίτερος) is only mentioned in the *Iliad*. It comes into descriptions of armour, such as do not occur in the *Odyssey*.

[17] Hehn, *op. cit.* p. 231.
[28] Beloch, *Rivista di Filologia*, vol. ii (1874).

III. HOMER AND THE CYCLIC POETS.

§ 1. *The Epic Cycle.*

In the various discussions of Homeric subjects that have appeared
of late years, it may have been observed that the 'Epic Cycle' has
fallen rather into the background. It is not difficult, perhaps, to
understand why this should be so. The recent study of Homer has
been influenced by remarkable discoveries of Hellenic. and pre-
Hellenic monuments, and by the no less remarkable progress of
linguistic science. Hence an investigation such as that of Welcker,
which reaches Homer through the scanty remains of later and less
illustrious poets, has lost much of its interest, even for scholars. Yet
it may fairly be maintained that some of the most considerable steps
towards a right understanding of the 'Homeric question' have been
gained through this study. The difficulty of the question is certainly
due in great measure to the obscurity which has been the lot of the
'cyclic' poets. It is an effect of the surpassing splendour of the *Iliad*
and *Odyssey* that they are followed by a long period of darkness—
a period which seems to throw them back into an inaccessible fore-
time, out of relation to the subsequent course of Greek literature. To
fill up this blank—to restore the lost outlines of post-Homeric poetry,
to trace in it the development of poetical form, the growth of legend,
the widening of knowledge, the movement of thought and sentiment,
the invasion and spread of foreign superstitions—such was the aim
that Welcker set before himself in his great book[1]. It will be worth
while to dwell for a few pages on the subject of the Epic Cycle, were
it only for the purpose of directing attention afresh to a work which,

---

[1] F. G. Welcker, *Der epische Cyclus oder die Homerischen Dichter*, Bonn : vol. i,
1835 : vol. ii, 1849: vol. i, second edition, 1865.
   The questions connected with the Epic Cycle were discussed by Casaubon on
Athenaeus, vii. 4 (p. 277), and by Heyne in an excursus on the second book of the
Aeneid: also in separate treatises by F. Wüllner, *De cyclo epico poetisque cyclicis*
(Monasterii 1825), and C. W. Müller, *De cyclo Graecorum epico et poetis cyclicis*
(Lipsiae 1829). But the chief writer before Welcker was G. W. Nitzsch,
who made it the main subject of successive works: *De historia Homeri* (Han-
noverae 1830–37. Kiliae 1837–39), *Die Sagenpoesie der Griechen* (Braunschweig
1852), *Beiträge zur Geschichte der epischen Poesie der Griechen* (Leipzig 1862).

in its combination of learning and artistic feeling, is one of the most
signal achievements of philology.

§ 2. *Sources.*

Our knowledge of the 'Epiç Cycle' comes almost exclusively
through a certain χρηστομάθεια γραμματική, the work of a grammarian of
the name of Proclus (in Latin Proculus), probably to be identified
with Eutychius Proclus of Sicca, instructor of the emperor Marcus
Antoninus. This 'chrestomathy'—a kind of primer or *tableau* of
Greek literature—is known partly from a notice in the *Bibliotheca* of
Photius, partly from considerable fragments preserved in the Codex
Venetus of the *Iliad* and some other manuscripts. From Photius [2]
we learn that the 'Epic Cycle' was there described by Proclus as
a sort of *corpus poeticum*—a collection or 'cycle' of poems (τοῦ ἐπικοῦ
κύκλου τὰ ποιήματα)—drawn from various authors (ἐκ διαφόρων ποιητῶν
συμπληρούμενος), and so far consecutive in its subject-matter (διὰ τὴν
ἀκολουθίαν τῶν ἐν αὐτῷ πραγμάτων) as to furnish a complete versified
'history' of the world. It began with the primeval embrace of
Heaven and Earth (whence sprang three hundred-handed Giants and
three Cyclopes), and was brought down to the death of Ulysses. The
extant Venetian fragments of Proclus answer to this description.
Besides a short life of Homer—one of a group of biographies
mentioned by Photius—they contain an account of the latter or
Trojan part of the Epic Cycle, specifying the poems that composed it,
with the names of the authors and the number of books in each, and
giving an abstract or argument—except in the case of the *Iliad* and
Odyssey, which are simply mentioned where they come in the series.
The poems thus enumerated and described are as follows :—

---

[2] Photius, *Bibl.* cod. 239 (p. 319 Bekk.) γεγόνασι δὲ τοῦ ἔπους ποιηταὶ κράτιστοι
μὲν Ὅμηρος, Ἡσίοδος, Πείσανδρος, Πανύασις, Ἀντίμαχος· διέρχεται δὲ τούτων ὡς οἷόν
τε καὶ γένος καὶ πατρίδας καὶ τινας ἐπὶ μέρους πράξεις· διαλαμβάνει δὲ καὶ περὶ τοῦ
λεγομένου ἐπικοῦ κύκλου, ὃς ἄρχεται μὲν ἐκ τῆς Οὐρανοῦ καὶ Γῆς μυθολογουμένης
μίξεως, ἐξ ἧς αὐτῶ καὶ τρεῖς παῖδας ἑκατοντάχειρας καὶ τρεῖς γεννῶσι Κύκλωπας·
διαπορεύεται δὲ τά τε ἄλλως περὶ θεῶν τοῖς Ἕλλησι μυθολογούμενα, καὶ εἴ πού τι
πρὸς ἱστορίαν ἐξαληθίζεται· καὶ περατοῦται ὁ ἐπικὸς κύκλος ἐκ διαφόρων ποιητῶν συμ-
πληρούμενος μέχρι τῆς ἀποβάσεως Ὀδυσσέως εἰς Ἰθάκην, ἐν ᾗ καὶ ὑπὸ τοῦ παιδὸς
Τηλεγόνου ἀγνοοῦντος κτείνεται. λέγει δὲ ὡς τοῦ ἐπικοῦ κύκλου τὰ ποιήματα διασώ-
ζεται καὶ σπουδάζεται τοῖς πολλοῖς οὐχ οὕτω διὰ τὴν ἀρετὴν ὡς διὰ τὴν ἀκολουθίαν
τῶν ἐν αὐτῷ πραγμάτων.

The only other express mention of the ἐπικὸς κύκλος is in a passage of Athenaeus
(p. 277 e) to the effect that Sophocles took the subjects of his plays from it (κατ-
ακολουθῶν τῇ ἐν τούτῳ μυθοποιίᾳ). The remark is made with reference to a word in
the *Titanomachia*, an epic likely on other grounds to have been one of the poems
of the Epic Cycle.

The *Cypria*; the authorship of which is reserved by Proclus for separate discussion.

The *Iliad* of Homer.

The *Aethiopis*, by Arctinus of Miletus.

The *Little Iliad*, by Lesches of Mitylene.

The Sack of Ilium ('Ιλίου πέρσις), by Arctinus.

The *Nosti* or 'Returns,' by Agias of Troezen.

The *Odyssey* of Homer.

The *Telegonia*, by Eugammon of Cyrene.

§ 3. *The poems of the Epic Cycle.*

The statement (quoted from Proclus) that these poems were chosen with a view to the mythical history contained in them (διὰ τὴν ἀκολουθίαν τῶν ἐν αὐτῷ πραγμάτων) brings us to a much-debated question. Were these poems taken into the Epic Cycle in their original form? In other words, was the 'sequence of events' of which Photius speaks attained by simply arranging the ancient epics in a certain order, or was there any process of removing parallel versions, smoothing away inconsistencies, filling up *lacunae*, and the like?

If we could argue from the silence of Proclus, we should be led to assume that 'the poems of the Epic Cycle' were the works of the ancient epic poets, retained in their primitive integrity. He nowhere gives any hint of omission or curtailment. The inference, however, would not be a safe one. Proclus may have dealt with the topic in a part of the chrestomathy now lost, or not sufficiently represented in the scanty notice of Photius [2]. Or it may be that Proclus only knew the poems in the Epic Cycle, not in their independent shape. On the other hand, it is unlikely that the continuity on which Proclus seems to have laid so much stress could have been brought about spontaneously, or by happy accident.

It is needless, however, to dwell upon arguments of this order if

---

[2] The natural place for Proclus to notice any changes made in the poems in order to fit them for a place in the Epic Cycle would be the passage in which he explained that they were ' preserved and valued not for their merit so much as διὰ τὴν ἀκολουθίαν τῶν ἐν αὐτῷ πραγμάτων.' It seems very possible that he there discussed the rejection of books or parts of poems, not merely of entire poems. Note that the sequence of events, according to Photius, was in the Epic Cycle (ἐν αὐτῷ), not in the poems which were chosen to form it.

It may be worth while noticing also that the form used by Proclus in introducing the several poems does not always expressly assert that the whole poem was before him, e. g. μεθ' ἥν ἐστιν Αἰθιοπίδος βιβλία ε' Ἀρκτίνου Μιλησίου περιέχοντα τάδε : and so of the *Little Iliad* and *Iliupersis*—the books, not the poem, are said to comprise so much matter.

there is enough independent testimony as to the contents of the several poems to furnish a basis for comparison with the abstract of Proclus. In one instance the evidence of this kind is abundant. The *Little Iliad* is discussed by Aristotle in the *Poetics* : several incidents in it are referred to by Pausanias in his account of a picture by Polygnotus : and a considerable number of fragments has been preserved. From all these sources it is easy to show that the poem which Proclus found under that title in the Epic Cycle had been very much shortened from the *Little Iliad* known to Aristotle and Pausanias. The proof is as follows :

In speaking of the unity which should characterize an epic poem, and of the great superiority of Homer in this respect, Aristotle[4] notices that the *Iliad* and *Odyssey* supply far the fewest subjects for the stage. The reason is, according to him, that in poems of less perfect structure the successive parts of the action can be turned into so many tragedies : whereas in the *Iliad* and *Odyssey* there is a single main action, the parts of which have no independent interest, and are consequently not suitable for dramatic treatment. To illustrate this criticism he points to the number of tragic subjects taken from the *Cypria* and the *Little Iliad*. The latter, he says, furnished more than eight tragedies : and he enumerates ten, viz. (1) the *Judgment of the Arms*, (2) the *Philoctetes*, (3) the *Neoptolemus*, (4) the *Eurypylus*, (5) the *Begging* (Ulysses entering Troy in beggar's disguise), (6) the *Laconian women* (probably turning on the theft of the Palladium) : (7) the *Sack of Ilium*, (8) the *Departure* (of the Greek army), (9) the *Sinon*, (10) the *Troades*. Now the first six of these subjects follow closely the abstract in Proclus, but there the agreement ends. The subsequent history, to which the last four subjects belong, is not given by Proclus under the *Little Iliad*, but under the *Iliupersis* of Arctinus. It follows with something like mathematical certainty that in the Epic Cycle the conclusion of the *Little Iliad*—including the sack of the city and the departure of the Greeks—had been left out ; the compilers preferring the version which Arctinus gave of this part of the story in his *Iliupersis*.

---

[4] Arist. *Poet.* 1459 *a* 30 καὶ ταύτῃ θεσπέσιος ἂν φανείη Ὅμηρος παρὰ τοὺς ἄλλους τὸ μηδὲ τὸν πόλεμον, καίπερ ἔχοντα ἀρχὴν καὶ τέλος, ἐπιχειρῆσαι ποιεῖν ὅλον· λίαν γὰρ ἂν μέγας καὶ οὐκ εὐσύνοπτος ἔμελλεν ἔσεσθαι· ἢ τῷ μεγέθει μετριάζοντα κατα-πεπλεγμένον τῇ ποικιλίᾳ ... οἱ δ' ἄλλοι περὶ ἕνα ποιοῦσι καὶ περὶ ἕνα χρόνον καὶ μίαν πρᾶξιν πολυμερῆ, οἷον ὁ τὰ Κύπρια ποιήσας καὶ τὴν μικρὰν Ἰλιάδα· τοιγαροῦν ἐκ μὲν Ἰλιάδος καὶ Ὀδυσσείας μία τραγῳδία ποιεῖται ἑκατέρας ἢ δύο μόναι, ἐκ δὲ Κυπρίων πολλαί, καὶ τῆς μικρᾶς Ἰλιάδος πλέον ὀκτώ, οἷον Ὅπλων κρίσις, Φιλοκτήτης, Νεο-πτόλεμος, Εὐρύπυλος, Πτωχεία, Λάκαιναι, Ἰλίου πέρσις, καὶ Ἀπόπλους, καὶ Σίνων καὶ Τρῳάδες.

This inference is confirmed by the description which Pausanias gives (10. 25–27) of a picture by Polygnotus, representing the taking of Troy. The details of this picture, as Pausanias shows from a large number of instances, were taken from the narrative of Lesches. It is true that he does not mention the *Little Iliad*; the only reference to a particular work of Lesches being in the words καθὰ δὴ καὶ Λέσχεως ὁ Αἰσχυλίνου Πυρραῖος ἐν Ἰλίου πέρσιδι ἐποίησε (Paus. 10. 25. 5). From this passage it has been supposed that there was an *Iliupersis* by Lesches distinct from the *Little Iliad*. But this is not at all probable. The phrase ἐν Ἰλίου πέρσιδι may equally well refer to *part* of a work, meaning simply 'in his account of the sack of Ilium'; as Herodotus says ἐν Διομήδεος ἀριστείῃ (2. 116), Thucydides ἐν τοῦ σκήπτρου τῇ παραδόσει (1. 9). Now we know from Aristotle (*l. c.*) that the *Little Iliad* included the sack of Ilium, and it is therefore most unlikely that Lesches wrote a distinct epic on the subject.

Two quotations may be mentioned which support the same conclusion. The scholiast on Aristophanes (*Lys.* 155), says that the story of Menelaus letting fall his sword at the sight of Helen was told by Lesches in the *Little Iliad*. And Tzetzes (*ad Lycophr.* 1263) quotes from the *Little Iliad* five lines which describe Neoptolemus taking away Andromache as his captive, and throwing the child Astyanax from a tower. These events, being subsequent to the capture of Troy, prove that the original *Little Iliad* contained an Ἰλίου πέρσις.

Again, a passage of Pausanias (10. 28. 7), mentions, as the poems which contain descriptions of the infernal regions, the *Odyssey*, the *Minyas*, and the *Nosti*. As the abstract of the *Nosti* in Proclus says nothing of a descent into the infernal regions, the probability is that this episode was left out in the Epic Cycle—doubtless as superfluous, after the νέκυια in the eleventh book of the *Odyssey*.

Again, it is argued by Herodotus that the *Cypria* cannot be the work of Homer (as appears to have been commonly supposed in his time), because it contradicts the *Iliad* in an important particular. The *Iliad*, according to Herodotus, represented Paris as returning from Sparta by way of Sidon, whence he brought the Sidonian women mentioned in the sixth book (l. 290); whereas in the *Cypria* he returned in three days, with a fair wind and smooth sea. But according to the abstract of the *Cypria* in Proclus, a storm is sent by Here, Paris is driven out of his course, lands at Sidon, and takes the city—in perfect agreement with the construction put by Herodotus on the passage of the *Iliad*. Nothing can be plainer than that the

Cypria of the Epic Cycle had been altered. The voyage to Sidon was inserted, in consequence of the criticism of Herodotus, to harmonise the story with the account implied (or supposed to be implied) in the *Iliad*.

These conclusions, it is right to add, are opposed to the view of the Epic Cycle held by the scholar to whom this subject owes most of its interest. According to Welcker, the poems of the Epic Cycle were preserved in their original form ; it is the information of Proclus that is defective. The object of Proclus, he maintains, was not to describe the poems which he found in the Epic Cycle, but to give a summary of the mythical history which they furnished: accordingly it is Proclus, and not the compiler of the Epic Cycle, who is responsible for the omissions on which we have been insisting. It seems difficult to uphold this view in face of the language of Proclus himself. His formula is that a poem succeeds or ' joins on ' (ἐπιβάλλει, συνάπτεται) to the preceding one, and that there are so many books, comprising such and such matter. This manner of speaking can hardly be reconciled with the theory that he passed over large portions of the contents—that, for instance, he omitted from the *Little Iliad* of Lesches an amount of narrative equal to the whole *Iliupersis* of Arctinus, and sufficient to furnish four tragedies. Moreover, the abstract of Proclus is not merely silent about parts of the original poems: in one case at least it introduces new matter, viz. the voyage of Paris to Sidon in the *Cypria*. Apt as the framer of an abstract may be to leave out incidents, we can hardly suppose that he would give this story as an episode of the *Cypria* if he had not found it in the Epic Cycle.

The settlement of this point, however, does not very much affect the value of Proclus as the chief source of knowledge regarding the post-Homeric poets. In any case we have to reckon with the possibility that the abstracts or 'arguments' as given by Proclus are incomplete, if not erroneous—that they have been tampered with in the interest of historical teaching. Still less is it necessary for our present purpose to determine the questions relating to the date of the Epic Cycle, and the different meanings of the word κύκλος and its derivatives—κύκλιος, ἐγκύκλιος, κυκλικός. These questions have an important place in the history of Greek learning and education. From that point of view we should be glad to know whether the idea of a selection of epic poems, forming a continuous chronicle of the early age of the world, originated in the Athens of the Sophists, or in the Alexandria of Zenodotus, as Welcker maintained, or among the grammarians of the Roman empire, as seems much more probable. - It would also be interesting to ascertain when the word κύκλος was first applied to any such compilation, and who or what exactly is intended by Callimachus when he declares his hatred of 'the cyclic poem' (ἐχθαίρω τὸ ποίημα τὸ κυκλικόν), and by Horace when he contrasts the *scriptor cyclicus* with Homer[5]. But with the view of gaining light on the Homeric question our aim must be to study the individual poets that were most nearly contemporaneous with Homer. To these accordingly we now proceed.

[5] On these points it may be permitted to refer the reader to an article which appeared in the *Journal of Hellenic Studies* (1883), on 'the fragments of Proclus' abstract of the Epic Cycle contained in the *Codex Venetus* of the Iliad.' The evidence seems to justify the following conclusions:

1. The opinion of Welcker that the Epic Cycle was the work of Zenodotus rests on no good ground. The scholium of Tzetzes on which Welcker relied ascribes to Zenodotus the arrangement and recension (διόρθωσις) of Homer and the other epic poets. It has been made clear by Ritschl (*Opuscula*, i. p. 138) that this refers simply to what Zenodotus did as an editor of Homer, and as the first head of the Alexandrian Library.

2. The use of κύκλος in the Alexandrian age is indicated by the κύκλος ἱστορικὸς of Dionysius of Samos, which was a body of mythical history, written in prose, but founded largely upon the poets. It appears also from the κύκλος of Phayllus, given by Aristotle (*Rhet.* p. 1417 a 15) as an example of a rapid summary of events.

In the same period the adj. κυκλικός meant 'returning in a circle,' 'commonplace.' It was applied to the recurring formulas of epic poetry, and perhaps generally to anything trite and conventional. In a celebrated epigram it was employed by Callimachus as a literary catch-word, and was aimed at a rival school—that which sought to keep up the traditions of epic poetry—and in particular at Apollonius Rhodius. The same sense appears in the *scriptor cyclicus* of Horace (*Ep. ad Pis.* 136), probably also in his *vilis patulusque orbis* (*Ibid.* 132). It goes far to show that the use of the word for an epic 'cycle' or collection of early 'cyclical' poets had not then arisen. See Couat, *La Poésie Alexandrine* (p. 502).

3. In the two places in the Organon of Aristotle, *Post. Anal.* p. 77 b 32, *Soph. El.* p. 171 a 10, where κύκλος is given as an example of ambiguous Middle Term, I still think that the words τὰ ἔπη and ἡ Ὁμήρου ποίησις must mean a particular poem ascribed to Homer, and probably mean the famous epitaph χαλκῆ παρθένος εἰμί κτλ. That in the lifetime of Aristotle there was a collection of poems like those of the Epic Cycle, and all passing under the name of Homer, seems quite incredible.

4. The phrase ἐπικὸς κύκλος does not occur before the (probable) time of Proclus. It is used by Athenaeus (p. 277 e), apparently as a collective term for the early epic poets. The word κύκλος seems to be used in certain scholia as = ἐπικὸς κύκλος: so in Schol. H on Od. 2. 120., 4. 248, 285., 11. 547, and the Schol. on Ar. Eq. 1051 and Eur. Or. 1392, also in a scholium on Clem. Alex. *Protr.* 30. But there is no trace of this in the scholia which come from Aristarchus and other Alexandrian scholars. And so in all writers of that period, and indeed down to the second century A.D.—including (*e.g.*) Strabo and Pausanias—the *Cypria, Little Iliad,* &c., are not quoted as parts of a cycle, but as separate poems.

5. The tendencies which led to the formation of an Epic Cycle—chief of which was the desire to make the study of poetry the basis of a comprehensive scheme of knowledge (ἐγκύκλιος παιδεία)—were shown also in the class of monuments of which the *Tabula Iliaca* of the Capitol is the best example. That work of art represents scenes from the Trojan war, with references to the poems from which they were taken. They were evidently intended as instruments of education, and belong to the early years of the Roman empire. See Wilamowitz, *Hom. Unters.* (p. 332).

§ 4. *The Cypria.*

The first of the poems which composed the Trojan part of the
Epic Cycle was the *Cypria.* It was in eleven books, and was
generally attributed to Stasinus of Cyprus, sometimes to Hegesias,
or Hegesinus, of Salamis in Cyprus. The argument as given by
Proclus is as follows:—

Zeus having consulted with Themis as to the lightening of the
earth from the burden of its increasing multitudes, and being advised
to bring about a great war, sends Discord to the marriage of Peleus
and Thetis, and by means of the golden apple causes a quarrel
between the three goddesses, Here, Athene, and Aphrodite. The
quarrel is settled on Mount Ida by the ' Judgment of Paris.' There-
upon Aphrodite instigates Paris to build ships, and to set forth on the
voyage to Sparta; in which he is accompanied by Aeneas, the son of
Aphrodite. The voyage is undertaken in spite of prophetic warnings
from Helenus and Cassandra. Paris is hospitably received on landing
by the Dioscuri (Τυνδαρίδαι), and again in Sparta by Menelaus. He
takes advantage of the absence of Menelaus in Crete, and returns to
Troy, carrying off Helen and much treasure. On the return journey,
according to Proclus' abstract, a storm was sent by Here, and Paris
was driven out of his course as far as Sidon, which he took; but in
the original poem, as we know from Herodotus (2. 117), he reached
Troy in three days, with a fair wind and smooth sea. The story
then returned to Sparta, and related the war of the Dioscuri with the
Messenian twins, Idas and Lynceus, the death of Castor, and the
alternate immortality granted by Zeus to Castor and Pollux. Then
come the preparations for the war—Iris having been sent to tell
Menelaus of the wrong done to his house. Menelaus goes for advice
to Agamemnon, and then to Nestor, who relates the stories of
Epopeus and the daughter of Lycus, of Oedipus, of the madness
of Hercules, and of Theseus and Ariadne. They then make a circuit
of Greece, and assemble the chiefs for the expedition against Troy.
Ulysses, feigning madness to avoid serving, is detected by Palamedes.
The fleet is mustered at Aulis in Boeotia, where the incident of the
sparrows takes place, with the prophecy of Calchas founded upon it
(Il. 2. 300 ff.). The Greeks then set sail, but land by mistake in
Teuthrania, where they encounter the Mysians under Telephus. In
this combat Telephus kills a certain Thersander, and is himself
wounded by Achilles. On leaving Teuthrania the fleet is scattered
by a storm, and Achilles is cast on the island of Scyros, where he

marries the daughter of Lycomedes. Telephus, on the advice of an oracle, comes to Argos, is cured of his wound by Achilles, and undertakes to serve as guide to the Greeks. The fleet is again assembled at Aulis, and this time we have the story of Iphigenia —ending, however, not with her death, but as in the version of the *Iphigenia in Tauris*. On the way to Troy Philoctetes is wounded by the serpent, and left behind on the island of Lemnos. Achilles quarrels with Agamemnon on a question of precedence at the banquet. On the Greeks landing in the Troad there is a battle in which Protesilaus is killed by Hector: then Achilles puts the Trojans to flight and slays Cycnus, son of Poseidon. Then follows the embassy mentioned in Il. 3. 205 ff.: then an attack on the walls of Troy (τειχομαχία): after which the Greeks ravage the Troad and take the smaller towns. Achilles desires to see Helen, and the meeting is brought about by Aphrodite and Thetis. He restrains the Greeks from returning home, and performs various exploits mentioned or implied in the *Iliad*—the raid on the cattle of Aeneas, the sack of Lyrnessus and Pedasus, the slaying of Troilus, the capture of Lycaon—ending with the division of spoil in which he obtains Briseïs as his prize. Next comes the death of Palamedes, and the resolve of Zeus to aid the Trojans by withdrawing Achilles from the Greek side. Finally there is a catalogue of the Trojan allies.

The number of fragments given in Kinkel's edition is twenty-two (besides three doubtful references). About half of them are quotations, amounting in all to more than forty lines. The fragments add something to our knowledge of the details of the poem, and they serve (with the important exception of the passage of Herodotus mentioned above) to confirm the outline given by Proclus. Thus the opening lines (fr. 1 Kinkel) describe the 'counsel of Zeus' for the relief of the too populous earth: several fragments (5, 7, 9, 14) belong to the episode of the Dioscuri: from one of them we learn that Lynceus was endowed with superhuman powers of sight, so that he could see from Mount Taygetus over the whole Peloponnesus, and through the trunk of the oak in which the Dioscuri were hiding. Fr. 11 refers to the son born to Achilles in Scyros, and tells us that the name 'Pyrrhus,' which does not occur in Homer, was given by Lycomedes, the name 'Neoptolemus' by Phoenix. In fr. 16 we have the account given by the *Cypria* to explain how it happened that Chryseïs, being a native of Chryse, was taken by Achilles in the sack of Thebe (Il. 1. 369). Regarding the death of Palamedes fr. 18 related that he was drowned, while fishing, by Diomede and Ulysses.

There are also references in the fragments to the spear given by the gods to Peleus (fr. 2), the quarrel of Achilles and Agamemnon (fr. 13)[6], the slaying of Protesilaus (fr. 14). There is also a notice (fr. 17) of a curious piece of mythology which does not appear at all in the argument of Proclus, viz. the story of Anius of Delos and his three daughters, called Οἰνώ, Σπερμώ, and Ἐλαίς. These names were given to them on account of their magical power of producing an infinite quantity of wine, seed (i.e. corn), and oil; so that once when the Greek army was threatened with famine, Agamemnon (on the advice of Palamedes) sent for them, and they came accordingly to Rhoeteum and fed the Greek army. Two fragments (3 and 4) in Athenaeus probably describe Aphrodite arraying herself for the Judgment of Paris. Another in the same author (fr. 6) relates how Nemesis, the mother of Helen, was pursued by Zeus, and changed herself into many and various shapes to avoid him.

Of the plan and structure of the *Cypria* we learn something from the *Poetics* of Aristotle, where it is given as an example of the poems that have 'one hero, one time, and one action, consisting of many parts' (περὶ ἕνα καὶ περὶ ἕνα χρόνον καὶ μίαν πρᾶξιν πολυμερῆ)[7]. The hero is evidently Paris; the main action is the carrying away of Helen (Ἑλένης ἁρπαγή). The 'one time' is more difficult to understand, in a poem which begins with the marriage of Peleus and Thetis, and comes down to a late period in the Trojan war. Probably it means no more than that the action was *continuous* in respect of time. A further element of unity, however, is furnished by the agency of Aphrodite, which has very much the same prevailing influence over the course of events in the *Cypria* that the agency of Athene has in the *Odyssey*. This may be seen even in minor incidents, such as the visit of Achilles to Helen, and in the prominence given to Aeneas by associating him with Paris in the fateful expedition. The hero, accordingly, is the favourite of Aphrodite, just as Ulysses in the *Odyssey* is the favourite of Athene. We may gather, therefore, that the poem was characterized by a distinct *ethos*, or vein of moral feeling. On the other hand, it is proved by the testimony of Aristotle that the *Cypria* had much less unity of plan than the *Iliad* and *Odyssey*. It was not indeed one of the poems in which all the adventures of a hero are strung together, as in the later *Theseids* and *Heracleids* of which Aristotle speaks in another place (*Poet.*

---

[6] Cp. also Arist. *Rhet.* p. 1401 *b* 16 διὰ γὰρ τὸ μὴ κληθῆναι ὁ Ἀχιλλεὺς ἐμήνισε τοῖς Ἀχαιοῖς ἐν Τενέδῳ.

[7] Arist. *Poet.* 1459 *b* 1 : see p. 343, note 4.

1451 *a* 20). But the several parts of the action had an independent interest and artistic value, such as we do not find in the Homeric poems: they were not so completely subordinated to the main action as to be lost in it. In support of this criticism Aristotle points to the fact (noticed above, p. 343) that the story of the *Cypria* yielded a great many subjects for tragedies, whereas the *Iliad* and *Odyssey* did not lend themselves to this mode of treatment. Other reasons may have contributed to this result; it may be urged, for instance, that the battles and debates of Homer were beyond the resources of Greek stage machinery, and that most of the adventures of Ulysses are without interest of a tragic kind. But this need not affect the conclusion which Aristotle wishes to enforce, viz. the difference, in respect of unity of structure, between the *Cypria* and the Homeric poems. On such a matter his judgment can hardly be disputed. Moreover, it is confirmed by the argument of Proclus, and the fragments. The events which we there find in outline cover a space of several years, and are enacted in many places—the scene changing from Thessaly to Mt. Ida and Troy, then to Sparta, and back (with Paris and Helen) to Troy; then to Messenia, then over Greece with the chiefs who collected the Greek forces, and so to the meeting-place at Aulis; then to Mysia, Scyros, Argos, Aulis again, and so once more to the Troad. As regards the external unities of space and time, it is clear that the *Cypria* was formed on a different model from either of the Homeric poems.

Turning from the plan and structure of the *Cypria* to consider the details, we find, in the first place, that there is clear evidence, in the fragments as well as in the abstract given by Proclus, that the poem was composed with direct reference to the *Iliad*, to which it was to serve as an introduction. Thus the account of the βουλὴ Διός at the outset (fr. 1), as has been observed, is evidently founded upon the Homeric Διὸς δ' ἐτελείετο βουλή (Il. 1. 5), to which it gives a meaning which was certainly not intended by the poet of the *Iliad*. The story that when Thebe was taken by the Greeks Chryseïs had come thither for a sacrifice to Artemis (fr. 16) is clearly a device to explain why she was not in her own city, Chryse, and so to reconcile an apparent contradiction in the first book of the *Iliad*. So the raid on the cattle of Aeneas and the taking of Lyrnessus and Pedasus (fr. 15) is suggested by Il. 2. 690., 20. 92; the giving of a spear to Peleus at his marriage (fr. 2) by Il. 16. 140; the presence of the gods at that marriage by Il. 24. 62; the ship-building of Paris, and the warnings of Helenus and Cassandra, by Il. 5. 62–64; the embassy to Troy by Il. 3. 205;

the portents seen at Aulis by Il. 2. 301 ff.; and the τειχομαχία by Il. 6. 435. We might add the slaying of Protesilaus (fr. 14), the landing of Achilles in Scyros, and birth of Neoptolemus (fr. 11), and the incident of Philoctetes; but in these cases it is possible that the poet took his story directly from a legend which survived independently of Homer. The catalogue of the Trojan allies, however, must have been intended to supplement the list given in Il. 2. 816 ff., which is so much briefer than the catalogue of the Greek army. Such an enlarged roll would be the natural fruit of increased acquaintance with the non-Hellenic races of Asia Minor.

Besides these direct references there are some instances in which the author of the *Cypria* imitates the *Iliad*, or borrows *motifs* from it. Such are, the quarrel between Achilles and Agamemnon (cp. also the quarrel of Ulysses and Achilles in Od. 8. 75), the stories told by Nestor, the association of Ulysses and Diomede (also in the *Little Iliad*), the incident of Achilles restraining the Greeks from returning home, and the parts played by Aphrodite and Thetis.

On the other hand, it is no less apparent that a large proportion of the incidents of the *Cypria* belong to groups of legend unknown to Homer.

1. The train of events with which the poem opens—the purpose of depopulating the earth, the Apple of Discord, &c.—seems to be a post-Homeric creation. The only incident in the series to which there is an allusion in Homer is the Judgment of Paris, of whom it is said in Il. 24. 29, 30—

> ὃς νείκεσσε θεὰς ὅτε οἱ μέσσαυλον ἵκοντο,
> τὴν δ' ᾔνησ' ἥ οἱ πόρε μαχλοσύνην ἀλεγεινήν.

Aristarchus obelized the passage on the ground (among others) that νείκεσσε is inappropriate, since it does not mean 'decided against,' but 'scolded,' 'flouted.' This, however, would rather show that the lines refer to a different version of the incident; and the same thing is suggested by ὅτε οἱ μέσσαυλον ἵκοντο, and πόρε μαχλοσύνην. These phrases lead us to imagine a story of Paris visited in his shepherd's hut by the three goddesses, spurning the two first and welcoming Aphrodite. This, we may reasonably conjecture, was the local form of the legend. It is parallel in some respects to the legend of Anchises (given in the Homeric hymn to Aphrodite), and to other stories, told especially in Asia Minor, of 'gods coming down in the likeness of men.' It is evident that the ordinary version of the Judgment of Paris is less simple, and might be created by the wish to fit it

into the main narrative of the Trojan war. In any case there is no
hint in Homer that the action of Paris towards the goddesses had any
connexion with his expedition to Sparta. Everything, in short, tends
to show that the story was recast in post-Homeric times, with the
view of enhancing the importance of Aphrodite in the Trojan story.

2. The episode of the Dioscuri appears to be a piece of local
Spartan or perhaps Messenian legend. The Messenian Twin
Brethren, Idas and Lynceus, are unknown to Homer. The
apotheosis of the Dioscuri is inconsistent with the language of the
Iliad (3. 243 τοὺς δ᾽ ἤδη κάτεχεν φυσίζοος αἶα), and belongs to a dis-
tinctly post-Homeric order of ideas[1].

3. The landing in Mysia, with the story of Telephus, has all the
appearance of a graft upon the original story, probably derived from
local Mysian tradition. The awkward expedient of a second muster
of the fleet at Aulis was evidently made necessary by this interpola-
tion. The miraculous healing of Telephus by Achilles is not in the
manner of Homer, and the account that makes him the guide of the
Greeks on their way to the Troad is at variance with the *Iliad*, which
assigns this service to Calchas.

4. The story of Iphigenia is non-Homeric. The daughters of
Agamemnon, according to Homer (Il. 9. 145), are—

Χρυσόθεμις καὶ Λαοδίκη καὶ Ἰφιάνασσα.

Some later authorities supposed Iphigenia to be another name for
Iphianassa, but the author of the *Cypria*, as we learn from the
scholiast on Sophocles (*El.* 157), distinguished them, thus making
four in all[2]. This may be regarded as an attempt to reconcile the
account of Homer with the legend of the sacrifice of Iphigenia.

The version given in the *Cypria* (if we may trust the argument of
Proclus) was that of the *Iphigenia in Tauris* of Euripides, according
to which Iphigenia was not put to death, but was carried off by
Artemis to be the priestess of her Taurian altar, and as such to be
immortal. This form of the story is necessarily later than the Greek
settlements on the northern coasts of the Euxine.

5. Cycnus, the 'Swan-hero,' son of Poseidon, is a non-Homeric
figure. In later accounts he is invulnerable, and can only be

---

[1] The lines about the Dioscuri in the Νέκυια (Od. 11. 298-304) must be
interpolated.

[2] This must be the meaning of the words of the scholiast ἡ ὡς ὁ τὰ Κύπρια
ποιήσας τέσσαράς φησιν, Ἰφιγένειαν καὶ Ἰφιάνασσαν, i.e. 'counting Iphigenia and
Iphianassa.' With this punctuation it is unnecessary to emend as Elmsley pro-
posed (reading δ᾽ as διαφόρους, instead of the numeral τέσσαρας).

dispatched by being forced to leap into the sea. According to another version he is changed into a swan, like the *Schwanritter* of German legend. As the argument of Proclus merely says that he was killed by Achilles, we cannot tell how much of this marvellous character belongs to him in the *Cypria*. In any case he is a being of a fantastic kind, such as we might meet with in the adventures of Ulysses, but certainly not among the warriors who fought in the battles of the *Iliad*.

6. Palamedes is an important addition to the Homeric group of *dramatis personae*. In the *Cypria* he detects the feigned madness of Ulysses, and so forces him to join the Trojan expedition (Procl.). He is drowned while fishing by Ulysses and Diomede (fr. 18). In later writers he appears as a hero of a new type, one of those who have benefited mankind by their inventions; and his fate thus acquires something of the interest of a martyrdom. As the enemy of Ulysses he represents the higher kind of intelligence, in contrast to mere selfish cunning; he is *sollertior isto, sed sibi inutilior*, in the words which Ovid puts into the mouth of Ajax (*Metam.* 13. 37). It is impossible to say how far this view of the character of Palamedes was brought out in the ancient epic poem. The story of his death certainly assumed a much more highly wrought and pathetic form, familiar to us from the reference to him in Virgil (*Aen.* 2. 81 ff.)—

> quem falsa sub proditione Pelasgi
> Insontem infando indicio, quia bella vetabat,
> Demisere neci; nunc cassum lumine lugent.

But the germ of all this, the contrast between the wisdom of Palamedes and the wisdom of Ulysses, with the consequent lowering of the character of Ulysses, is fairly to be traced to the *Cypria*. We must feel that the murder of Palamedes by Ulysses and Diomede would be as impossible in Homer as it is in harmony with some later representations.

7. The prophecies in the *Cypria* deserve some notice. When Paris builds ships for his expedition, the consequences are foretold by Helenus. Again, before he sails he is warned by Cassandra, whose gift of prophecy is unknown to Homer. Telephus comes to Argos to be cured κατὰ μαντείαν. Finally, as Welcker pointed out, the prophecy of Nereus in Horace (*Od.* 1. 15) probably comes from the *Cypria*. The words—

> Ingrato celeres obruit otio
> Ventos

II.   A a

agree with the 'fair wind and smooth sea' of the quotation in Herodotus (2. 117). The passage from which this quotation came is omitted (as we have seen) in the argument of Proclus; hence we need not be surprised if the prophecy of Nereus is also unmentioned there.

8. The statement that Helen was the daughter of Nemesis is peculiar to the *Cypria*. It may be connected, as Welcker thought, with the local worship of Nemesis in Attica. It is to be observed, however, that the author of the *Cypria* is fond of treating personifications of this kind as agents: compare the consultation of Themis, and the sending of Discord with the apple. Such figures occur in Homer, but are much more shadowy and impalpable. The notion of a 'purpose of Zeus' as the ground-work of the whole action shows the same tendency to put moral abstractions in the place of the simpler Homeric agencies.

The Protean changes of Nemesis when pursued by Zeus belong to a category already noticed as characteristic of the *Cypria*. Other examples are, the Apple of Discord, the healing of Telephus, the marvellous sight of Lynceus, the supernatural powers of the daughters of Anius. The notion of *magical* efficacy residing in certain persons or objects is one which in Homer is confined to the 'outer geography' of the *Odyssey*.

The attempt which has now been made to ascertain the relation between the *Cypria* and the Homeric poems has turned almost entirely upon points of agreement and difference between the *Cypria* and the *Iliad*. This, however, is only what was to be expected, since the *Cypria* and the *Odyssey* lie too far apart in respect of matter to furnish many points of comparison. Subject to this reservation the result seems to be to show, with cumulative and irresistible force, that between the time of Homer and the time of the *Cypria* great additions had been made to the body of legends and traditions available for the purposes of epic poetry; that that increase was due, in a large measure at least, to the opening up of new local sources of legend; that concurrently with it a marked change had come over the tone and spirit of the stories; and finally, that all this change and development had taken place in spite of the fact that the author of the *Cypria* wrote under the direct influence of Homer, and with the view of furnishing an introduction to the events of the *Iliad*.

§ 5. *The Aethiopis of Arctinus.*

As the *Iliad* was introduced by the *Cypria*, so it was continued in the *Aethiopis* of Arctinus of Miletus, a poem in five books, of which Proclus gives the following argument :—

The Amazon queen Penthesilea, daughter of Ares, comes as an ally of Troy. After performing great deeds she is killed by Achilles, and duly buried by the Trojans. There was a rumour that Achilles in the moment of victory had been seized by a passion for the fallen Amazon, and on this ground he is assailed in the Greek assembly by Thersites. He kills Thersites, and the deed provokes a quarrel in the army; thereupon Achilles sails to Lesbos, and having duly sacrificed to Apollo, Artemis, and Leto, is purified from the homicide by Ulysses. Then Memnon, son of Eos, arrives to aid the Trojans, with a panoply made by Hephaestus, and Thetis reveals to her son what the fortune of this new ally will be. Memnon slays Antilochus, and is slain by Achilles; thereupon Eos obtains for him the gift of immortality. In the rout of the Trojans which ensues, Achilles enters the city after them, and is killed in the Scaean gate by Paris and Apollo. His body is brought back after a stubborn fight by Ajax, who carries it to the ships, whilst Ulysses keeps off the Trojans. Then follows the burial of Antilochus, and Thetis, with the Muses and the Nereids, performs a lamentation for her son. When he has been placed on the funeral pyre she carries him off to the island Leuce. The Greeks having raised the sepulchral mound hold funeral games, and a quarrel arises between Ajax and Ulysses for the succession to the arms of Achilles.

The tablet known as the *Tabula Veronensis* [10] (now in the Louvre) gives the following brief summary of the *Aethiopis* :—Πενθεσίλεα Ἀμαζὼν παραγίνεται. Ἀχιλλεὺς Πενθεσίλεαν ἀποκτείνει. Μέμνων Ἀντίλοχον ἀποκτείνει. Ἀχιλλεὺς Μέμνονα ἀποκτείνει. ἐν ταῖς Σκαιαῖς πύλαις Ἀχιλλεὺς ὑπὸ Πάριδος ἀναιρεῖται. It seems very probable that these five sentences answer to the five books into which we know that the poem was divided. If so, the argument may be distributed somewhat as follows :—

I. Arrival of Penthesilea—her ἀριστεία.

II. Slaying of Penthesilea—interval of truce, occupied on the Trojan side by her burial, on the Greek side by the Thersites-scene and the withdrawal of Achilles.

III. Arrival and ἀριστεία of Memnon—he slays Antilochus.

[10] Welcker, *Ep. Cycl.* ii. p. 524; Jahn, *Bilderchroniken,* Tab. iii. D′.

IV. Achilles returns to the field, slays Memnon, and puts the Trojans to flight.

V. Death of Achilles in the gate—battle for the recovery of his body—θρῆνος and apotheosis of Achilles—funeral games and contest for his arms.

From the statement of the scholiast on Pindar (*Isth.* 3. 53), that according to the *Aethiopis* Ajax killed himself about dawn, it would appear that the story was brought down a little further than Proclus gives it. The reason for the omission would be that the contest for the arms and the death of Ajax fell within the story of the *Little Iliad*[11].

The Townley scholia on the *Iliad* contain the statement that in the place of the line which ends the poem in all MSS.,

ὣς οἵ γ᾽ ἀμφίεπον τάφον Ἕκτορος ἱπποδάμοιο

some copies had the two lines,

ὣς οἵ γ᾽ ἀμφίεπον τάφον Ἕκτορος, ἦλθε δ᾽ Ἀμαζὼν
Ἄρηος θυγάτηρ μεγαλήτορος ἀνδροφόνοιο.

These lines are evidently meant to introduce the story of the *Aethiopis*, and were believed by Welcker to be the opening words of the poem itself (*Ep. Cycl.* 1². p. 199). Others, as Bernhardy, have thought that they were framed for the purpose of connecting the two poems in a collection or compilation, such as the Epic Cycle. The latter view is probably nearer the truth. There is a very similar passage of four lines at the end of the *Theogony* of Hesiod :—

αὗται μὲν θνητοῖσι παρ᾽ ἀνδράσιν εὐνηθεῖσαι
ἀθάναται γείναντο θεοῖς ἐπιείκελα τέκνα·
νῦν δὲ γυναικῶν φῦλον ἀείσατε, ἡδυέπειαι
Μοῦσαι Ὀλυμπιάδες, κοῦραι Διὸς αἰγιόχοιο.

These lines are in the form of a transition from the Θεογονία to the Hesiodic Κατάλογος Γυναικῶν, and accordingly have been thought by some commentators to be in fact the first four lines of that poem. Two MSS., however, omit them altogether, and several others omit the last two of the four, thus leaving the clause αὗται μὲν κτλ. without an apodosis. Comparing these facts with the case of the two lines at the end of the *Iliad*, we see that the circumstances are almost exactly parallel. The single line which stands in our copies is incomplete. Like all the sentences in Homer that begin with ὣς οἵ γε, and the like, it is the first half of a formula of transition. The Townley scholia

---

[11] The quotation of eight lines assigned by Kinkel to the *Aethiopis* (fr. 3 in his edition), seems to me to belong to the Ἰλίου πέρσις ; see p. 372.

have preserved the original form of the couplet. What then was the source of these lines? What is their date? We may be sure at least that they cannot have been the opening of the ancient 'Cyclic' *Aethiopis.* Apart from the silence of the scholia, and the difficulty of understanding why the lines should ever have appeared in manuscripts of the *Iliad,* it is impossible to suppose that the *Aethiopis* began with words which would be meaningless unless the hearer remembered the end of the *Iliad.* This would be something quite different from the *general* knowledge of and subordination to Homer which we trace in the 'Cyclic' poets. Both in the *Iliad* and in the *Theogony* the lines in dispute have the appearance of a sort of *catchword* added to prepare the reader for the next poem, as in printed books the heading of a chapter used to be placed at the foot of the preceding page. Such catchwords imply of course that the poems were read in a recognized order. The habit of inserting them may have begun in the Alexandrine age, when the chief works in each branch of literature were collected and arranged in a 'canon' or accepted list. After the formula had been confused with the text of the author, it was an easy further step to leave out the latter part of it, as being wholly irrelevant to the subject of the poem.

In passing from the *Cypria* to the *Aethiopis* we are struck at once with the greater simplicity and unity of the poem. The action falls within nearly the same limits of space and time as that of the *Iliad.* There are two days of battle, separated by an interval which need not be supposed to be a long one. The second battle is quickly followed by the funeral games, with which the concluding events are immediately connected. The hero of the poem is Achilles; the main event is his death, and to this the rest of the action, as far as we can judge, is kept in due subordination.

The proportion of incidents that can be regarded as directly founded upon passages in Homer is comparatively small. The death of Achilles takes place as foreshadowed in the prophecy of Hector (Il. 22. 359–360):—

ἤματι τῷ ὅτε κέν σε Πάρις καὶ Φοῖβος Ἀπόλλων
ἐσθλὸν ἐόντ᾽ ὀλέσωσιν ἐνὶ Σκαιῇσι πύλῃσι.

This, however, is a circumstance which may well have been part of the ancient *saga,* anterior to the *Iliad* itself. The *Odyssey* refers to the beauty of Memnon (11. 522), and to the death of Antilochus at his hands (4. 187); but there is nothing in Homer to connect Memnon with the Aethiopians. The Amazons, again, are mentioned in the

Iliad, but (like the Aethiopians of the *Odyssey*) they belong to a distant and fanciful region. The funeral games held in honour of Achilles, and the lament for him performed by Thetis and the attendant Muses and Nereids, are described in the last book of the *Odyssey* (24. 36–97). The burning of the body, mentioned in the same passage of the *Odyssey* (24. 71–79), was replaced in the *Aethiopis* by a species of apotheosis in harmony with later religious and national feeling[12].

The representation in the *Aethiopis*—and also, as we shall see, in the *Little Iliad*—of Ajax carrying the dead body of Achilles, while Ulysses protected the retreat, is clearly taken from Il. 17. 715 ff., where, however, it is Ajax with his Locrian namesake who keeps the Trojans at bay. Aristarchus, who pointed out the imitation (see Schol. A on Il. 17. 719), added the remark that if Homer had related the death of Achilles he would not have made Ajax carry the body, as the later poets did. Another account actually exchanged the parts played by the two heroes: for on Od. 5. 310, where Ulysses speaks of this exploit—

$$\text{ἤματι τῷ ὅτε μοι πλεῖστοι χαλκήρεα δοῦρα}$$
$$\text{Τρῶες ἐπέρριψαν περὶ Πηλεΐωνι θανόντι,}$$

the scholiasts add the comment that Ulysses and Ajax fought for the body of Achilles, and that 'the one (Ulysses) carried it, and Ajax protected it with his shield, as also in the case of Patroclus.' This variant, however, was evidently unknown to Aristarchus[13].

---

[12] It will be remembered here that the twenty-fourth book of the *Odyssey* is later than the bulk of the poem. But the discrepancy noticed in the text seems to show that it is at least older than the *Aethiopis*.

[13] (Ἡ διπλῆ) ὅτι ἐντεῦθεν τοῖς νεωτέροις ὁ βασταζόμενος Ἀχιλλεὺς ὑπ' Αἴαντος, ὑπερασπίζων δὲ Ὀδυσσεὺς παρῆκται. εἰ δὲ Ὅμηρος ἔγραφε τὸν Ἀχιλλέως θάνατον, οὐκ ἂν ἐποίησε τὸν νεκρὸν ὑπ' Αἴαντος βασταζόμενον, ὡς οἱ νεώτεροι (Schol. A on Il. 17. 719).

ὅτι ὑπερεμάχησαν τοῦ σώματος Ἀχιλλέως Ὀδυσσεὺς καὶ Αἴας, καὶ ὁ μὲν ἐβάστασεν, ὁ δ' Αἴας ὑπερήσπισεν, ὡς καὶ ἐπὶ Πατρόκλῳ (Schol. B P Q on Od. 5. 310). Cp. the speech of Ulysses in Ovid, *Metam.* xiii. 282 :

nec me lacrimae luctusve timorve
tardarunt quin corpus humo sublime referrem.

In this latter version Ajax remains true to his Homeric character as the chief hero of defence, wielding 'a shield like a tower,' and it is easy to suspect that it was the original account of Arctinus, although in the argument of Proclus the *Aethiopis* is made to agree with the current story of the *Little Iliad*. It is clear, however, that Aristarchus knew nothing of any such variant. Either therefore we must suppose that Aristarchus was unacquainted with the poems of Arctinus—and it is curious that we have no trace showing that he did know them—or we must explain the statement of the scholia on Od. 5. 310 as a mere mistake. The remark of Aristarchus that Homer would have told the story in a certain way may have been twisted into a statement that that was the true account.

Regarding the 'judgment of the arms,' which perhaps fell within the range of the *Aethiopis* (p. 356), two stories were told. According to the *Little Iliad*, as we shall see, the issue was made to depend upon the part taken by each hero in rescuing the body of Achilles. The Greeks sent spies to listen under the walls of Troy, and when these reported that in the opinion of the Trojan maidens Ulysses, who repelled the Trojan attack, did a greater service than Ajax, who carried the body of Achilles back to the camp, they awarded the arms to Ulysses. But the scholia on the *Odyssey* (11. 543 ff.) tell us that in the line in the Νέκυια—

παῖδες δὲ Τρώων δίκασαν καὶ Παλλὰς Ἀθήνη

the reference is to the Trojan prisoners, who served at the trial as a jury. The question put to them being whether Ajax or Ulysses had done them most harm, they gave their verdict for Ulysses. Apparently Athene herself acted as a dicast—as she did in the equally famous trial-scene of the *Eumenides*. This form of the story does not connect the 'judgment of the arms' in any especial manner with the combat over the body of Achilles, and so far it is simpler and more reasonable than the other. Also, it gives a better meaning to the passage of the Νέκυια, especially to the word δίκασαν. Regarding its source we are only told that it comes from the 'cyclic' history (ἡ ἱστορία ἐκ τῶν κυκλικῶν Schol. H). The most obvious conjecture is that it was the version of Arctinus. It should be noticed that the line παῖδες δὲ Τρώων κτλ. was rejected by Aristarchus, who apparently regarded both the current versions of the trial-scene as post-Homeric [14].

These are perhaps the only cases in which Arctinus can be thought to have directly borrowed the matter of the *Aethiopis* from Homer. Nevertheless the whole course of the events on which the poem is founded is closely parallel to the story of the *Iliad*. The hero is the same, and he again quarrels with the Greeks and leaves them for a time. Thetis has the same part as in the *Iliad*—that of consoling her son and warning him of the future [15]. Antilochus apparently takes the place of Patroclus as the friend of Achilles. Like Patroclus, he is the warrior whose fate comes next to that of Achilles in tragic interest, whose death at the hands of the Trojan champion is immediately

---

[14] The scene is especially suggested by Il. 2. 220 ἔχθιστος δ' Ἀχιλῆϊ μάλιστ' ἦν ἠδ' Ὀδυσῆϊ, τὼ γὰρ νεικείεσκε. As the *Iliad* shows Thersites in relation to Agamemnon and Ulysses, it was left to the *Aethiopis* to bring him on the stage with Achilles.

[15] The prophecy about Memnon seems suggested by Il. 11. 795 (= 16. 37, 51) καί τινά οἱ πὰρ Ζηνὸς ἐπέφραδε πότνια μήτηρ.

avenged by Achilles himself. Achilles, again, when he has pursued the Trojans into the city, is killed by Apollo and Paris; as Patroclus, drawn too far in a like victorious course, was killed by Apollo and Hector. The contest which follows for the recovery of the body of Achilles is a repetition of the contest in the seventeenth book over Patroclus. There is also a scene with Thersites, as in the *Iliad*, but it has a more tragic issue. The armour of Achilles has its counterpart in the armour of Memnon, which is equally the work of Hephaestus. Achilles gives up the body of Penthesilea, as he gave up Hector to Priam. The battles of the poem are wound up by a θρῆνος, a funeral, and funeral games.

In these points, as in the plan of the poem, we have to recognize not so much borrowing as *imitation*, that is to say, a close adherence to the *motifs* and artistic forms of the *Iliad*. The ancient tradition that Arctinus was a disciple of Homer ('Ομήρου μαθητής Suid.) is fully borne out by what we know thus far of his work.

It may be objected here that the correspondences now insisted upon between the *Aethiopis* and the *Iliad* go to show that the two works belong to the same age or school, but do not prove that the *Iliad* is the original, of which the other is an imitation. This proof may be supplied by an examination of the various post-Homeric elements in the *Aethiopis*:—

1. The part which the Amazons take in the defence of Troy is evidently unknown to Homer [16].

2. The Aethiopians of the *Odyssey* are far too remote from the known world of Homer to have taken part in the Trojan war. Both the Amazons and the Aethiopians are nations of a fabulous type that we do not meet with in the *Iliad* at all. Their appearance in the *Aethiopis* is evidently due to an inclination towards the romantic and marvellous, of which several examples have been already noticed in the *Cypria*.

3. The carrying away of Achilles to the island of Leuce is an incident which reminds us of the death of Sarpedon in the *Iliad* (16. 450, 667), but it is at variance with the account given in the last book of the *Odyssey* (24. 71–79), according to which his body was burned and the ashes placed in an urn, along with those of Patroclus. It is connected with the custom of hero-worship, the absence of which is so distinctive a mark of the Homeric age. For the choice of Leuce

---

[16] Strabo (xii. 24, p. 552) speaks as if it were an established fact that the Amazons took no part in the Trojan war. He was probably unacquainted with the poems of Arctinus: see the remarks on p. 378.

as the abode of Achilles is significant. It was an island in the Euxine opposite the mouth of the Danube, and in historical times we find the worship of Achilles widely spread on the neighbouring coasts. Thus Alcaeus addresses him as presiding hero of Scythia [17], and Herodotus (4. 55) describes the strip of land called Ἀχιλλῆϊος δρόμος near the mouth of the Borysthenes. This diffusion of Greek traditions and Greek religious ideas must have been mainly brought about by the numerous colonies of Miletus, which occupied the coasts of the Euxine in the early prosperous times of Ionia; it is therefore no accidental coincidence that a poet of Miletus should be the earliest witness of the fact. It has been doubted, indeed, whether the Leuce of the poet is the real island afterwards so called. According to the received chronology the period of Milesian colonisation is rather later than Arctinus. The original Leuce may have been purely mythical, the 'island of Light,' like the Elysian plain in the *Odyssey*. The name would naturally be attached in course of time to a real place, especially a place in the centre of a region over which the worship of the new hero extended. If we accept this view, which however is only necessary on the assumption that Arctinus is anterior to the Milesian settlements, the evidence of the *Aethiopis* is still good for Miletus itself. It will then serve at least to connect the *Aethiopis* with the time when the Ionian trading cities, of which Miletus was chief, had begun to adopt the new religious practices that grew up, after the Homeric age, in honour of the national heroes.

4. The immortality granted to Memnon is a further exemplification of the new ideas. It is true that two similar instances are found in our text of the *Odyssey*, viz. the immortality of Menelaus in the Elysian plain (Od. 4. 563), and the apotheosis of Heracles (Od. 11. 601). The latter, however, is almost certainly spurious, since it is inconsistent with all that is said of Heracles elsewhere in Homer. The passage about Menelaus may also be an interpolation; in any case it stands alone, and the *Iliad* (as we see especially from the case of Sarpedon) shows no trace of the notion [18].

5. Another incident of a post-Homeric kind is the purification of Achilles from the guilt of homicide, after sacrifice to Apollo, Artemis, and Leto. There are references in Homer to compensation paid to the relatives of the slain man, but never to any purification by means

---

[17] Ἀχιλλεῦ ὁ τᾶς Σκυθικᾶς νέμεις (Alc. fr. 49).

[18] Hesiod (*Op.* 156 ff.) speaks as though many of the heroes of Troy had obtained this immortality:

τοῖς δὲ δίχ' ἀνθρώπων βίοτον καὶ ἤθε' ὀπάσσας κτλ.

Another instance is Phaethon son of Eos (Hes. *Theog.* 987 ff.).

of ritual, nor is Apollo ever represented as deliverer from guilt (καθάρσιος), which afterwards became one of his most prominent characters. The whole idea of *pollution* as a consequence of wrong-doing is foreign to Homer[19].

It seems to follow from these considerations that the *Aethiopis* of Arctinus, like the *Cypria*, was a work of considerably later date than the *Iliad*. Probably also it was later than any part of the *Odyssey* (see the note on p. 358): but as to this the evidence, in the nature of the case, is less conclusive. And while it is apparent that the *Aethiopis* was materially different from the *Cypria* in point of artistic structure, and probably in style and spirit, we cannot but see on the one hand that it was influenced in the same degree by the example and authority of Homer, on the other hand that it showed equally decisive traces of change and progress, both in external circumstances and in moral and religious ideas.

§ 6. *The Little Iliad*.

The abstract of the *Little Iliad* given by Proclus represents it as a poem in four books, which related the events of the Trojan war from the award of the arms of Achilles to the bringing of the Wooden Horse into the city. The original poem, as has been shown (p. 343), brought the story down to the departure of the Greeks, and thus came into competition with the Ἰλίου πέρσις (*Sack of Troy*) of Arctinus. Proclus accordingly passes over the latter part of the *Little Iliad* — either because it was not taken into the Epic Cycle, or (on Welcker's view) because his object was to give the series of events rather than the contents of the different poems. The want is supplied in great measure by the statement of Aristotle (quoted above, p. 343) about the tragedies taken from the *Little Iliad*, and still more by the passage in Pausanias (10. 25-27) describing the celebrated paintings by Polygnotus in the *lesche* at Delphi. These paintings represented scenes from the capture of Troy, and we are expressly told by Pausanias that in them Polygnotus followed the account of the *Little Iliad*. From this source we learn more of the details of the poem than is known of any other part of the Epic Cycle.

The *Little Iliad* was generally ascribed to Lesches of Mitylene (or Pyrrha), but by some to Thestorides of Phocaea, by others (among

---

[19] This was observed by the ancients: cp. Schol. T on Il. 11. 690 παρ' Ὁμήρῳ οὐκ οἴδαμεν φονέα καθαιρόμενον, ἀλλ' ἀντιτίνοντα ἢ φυγαδευόμενον. The most famous example is in the story of Adrastus and Croesus (Hdt. 1. 35), from which Grote infers that the rites came to Greece from Lydia.

whom was the historian Hellanicus of Lesbos) to Cinaethon of Sparta, by others to Diodorus of Erythrae[20]. There was also a story (like the one told of Stasinus and the *Cypria*) that Homer was himself the author, and gave it to Thestorides of Phocaea in return for lodging and maintenance (Ps. Hdt. *Vit. Hom.*, § 15 ff.).

Of the ten tragedies said by Aristotle to be founded upon episodes of the *Little Iliad*, the first six cover the same ground as Proclus' abstract of the poem. The account of Proclus, therefore, is verified by the high authority of Aristotle, down to the point at which Proclus —or the compiler of the Epic Cycle—deserted the *Little Iliad* for the *Iliupersis* of Arctinus. The agreement is so close that the titles in the Aristotelian list will serve very well as headings under which the argument of Proclus may be arranged. The incidents, then, were as follows :—

(1) The *Judgment of the Arms* (κρίσις ὅπλων). The arms of Achilles, by the influence of Athene, were adjudged to Ulysses; the madness and suicide of Ajax follow.

(2) The *Philoctetes*. Ulysses having taken Helenus prisoner, and obtained from him an oracle about the capture of Troy, Philoctetes is brought from Lemnos by Diomede, is healed by Machaon, and kills ·Paris in single combat. The dead body of Paris is treated with indignity by Menelaus, then given up to the Trojans and buried. Deiphobus becomes the husband of Helen.

(3) The *Neoptolemus*. Ulysses brings Neoptolemus from Scyros and gives him the arms of Achilles. The shade of Achilles appears to him.

(4) The *Eurypylus*. Eurypylus, the son of Telephus, now comes as a fresh ally of the Trojans. After doing great deeds he is slain by Neoptolemus.

The Trojans are now closely besieged, and the Wooden Horse is made by Epeius, under the guidance of Athene.

(5) The πτωχεία. Ulysses maltreats himself, and enters Troy in beggar's disguise. He is recognised by Helen, with whom he confers regarding the capture of the city, and fights his way back to the camp.

(6) The Λάκαιναι. The Palladium of Troy is carried off by Ulysses and Diomede[21].

---

[20] C. Robert (*Bild und Lied*, p. 226) points out that the authority of Hellanicus tells strongly against Lesches. Had there been an old tradition of the Lesbian origin of the *Little Iliad*, Hellanicus as a Lesbian would probably have given it his support. It is worth notice that the poem is ascribed to authors belonging to all the great divisions of the Hellenic race.

[21] We have no express statement as to the subject of the Λάκαιναι, but there

(7) The *Sack of Troy* ('Ιλίου πέρσις).

The Greeks then man the Wooden Horse with the chief warriors and make their feigned retreat; the Wooden Horse is taken into the city, and great rejoicings are held by the Trojans over their fancied deliverance.

At this point the argument in Proclus breaks off.

The remaining plays mentioned by Aristotle are :—

(8) The *Departure of the Greeks* (ἀπόπλους), which is also the last incident in the *Iliupersis* of Arctinus.

(9) The *Sinon*—doubtless founded on the same story as is given in the argument of the *Iliupersis*, and with full detail in the *Aeneid*.

(10) The *Troades*, in all probability the extant play of the name, which turns upon events that immediately followed the capture.

It is worthy of notice that the two last plays are out of their chronological order, since they turn upon subordinate incidents belonging to the subject of the seventh, the *Sack of Troy*. This is not the only indication that they stand on a different footing from the rest—that they are of the nature of an after-thought. Aristotle begins by saying that there were ' more than eight ' plays taken from the *Little Iliad*. We may gather that he had eight in his mind that were clearly taken from the poem, besides others that had been more or less altered in the process of fitting them for the stage.

About twenty lines of the *Little Iliad* survive, besides numerous references. The opening lines were—

> Ἴλιον ἀείδω καὶ Δαρδανίην εὔπωλον,
> ἧς πέρι πολλὰ πάθον Δαναοὶ θεράποντες Ἄρηος.

It was therefore an *Iliad* in the proper sense of the term. The subject was the fall of Troy, and the various episodes were necessary steps towards that end.

The next in the series of quotations (fr. 2) has the interest of being referred to by the poet Aristophanes, in a passage of the *Knights* (1056). It comes from the first part of the poem, the *Judgment of the Arms*. According to the *Little Iliad* the Greeks, on the advice of Nestor, sent spies to listen under the walls of Troy for some saying that would enable them to decide the quarrel. The spies heard the Trojan maidens disputing on the question at issue. One said that Ajax was by far the bravest—

is no room for doubt. The play is evidently named from the chorus, which consisted of the Spartan maidens in the service of Helen.

Αἴας μὲν γὰρ ἄειρε καὶ ἔκφερε δηϊοτῆτος
ἥρω Πηλείδην, οὐδ' ἤθελε δῖος 'Οδυσσεύς.

To which another answered, by the inspiration of Athene—

πῶς ἐπεφώνησω; πῶς οὐ κατὰ κόσμον ἔειπες;
καί κε γυνὴ φέροι ἄχθος, ἐπεί κεν ἀνὴρ ἐπιθείη.

These words were reported to the Greek assembly, and the decision given accordingly in favour of Ulysses. The last line is actually quoted in the text of Aristophanes; the rest comes from the scholiast. It is interesting to compare this form of the story with the version given above (p. 359) as probably that of the *Aethiopis* of Arctinus. The two versions agree in finding a meaning for the παῖδες Τρώων of Od. 11. 547. The notion of a jury of Trojan prisoners deciding on the merits of Greek heroes is not without dramatic effect, though it fails in dignity and verisimilitude. But the substitution of Trojan maidens overheard disputing about the question turns the whole into an absurdity. We can only suppose that it originated as a deliberate parody of the older and simpler story.

The *Little Iliad* is also quoted (fr. 3) for the statement that owing to the anger of Agamemnon the body of Ajax was placed in the coffin without being duly burned.

Two lines (fr. 4) relate how Achilles was driven by a storm to the island of Scyros. This is evidently to introduce the bringing of Neoptolemus[22]. The words describing the spear of Achilles (fr. 5) may belong to the same part of the story.

Four lines (fr. 6) are quoted from the history of a famous golden vine, which the author of the *Little Iliad*—differing somewhat from Homer—represented as having been given by Zeus to Laomedon by way of compensation for the loss of his son Ganymede:

ἄμπελον, ἣν Κρονίδης ἔπορέν οἱ παιδὸς ἄποινα,
χρυσείην φύλλοισιν ἀγανοῖσιν κομόωσαν
βότρυσί θ' οὓς Ἥφαιστος ἐπασκήσας Διὶ πατρὶ
δῶχ', ὁ δὲ Λαομέδοντι πόρεν Γανυμήδεος ἀντί.

These four lines probably come from the episode of Eurypylus. The vine appears to be referred to in the *Odyssey* (11. 521 ff.), where Ulysses relates how Eurypylus son of Telephus fell, 'and many Ceteians were slain around him, all because of a woman's gift' (γυναίων εἵνεκα δώρων).

---

[22] The bringing of Neoptolemus was probably directed by the oracle of Helenus (Milani, *Mito di Filottete*, p. 22). As to this, however, there may have been more than one account: see Philostr. *Imag.* p. 865 λογίου δὲ ἐς τοὺς Ἕλληνας ἐμπεσόντος ὡς οὐκ ἄλλῳ τῳ ἁλωτὸς ἔσοιτο ἡ Τροία πλὴν τοῖς Αἰακίδαις.

The scholiasts on this passage tell us, on the authority of the ancient historian Acusilaus, that Priam sent a golden vine to Astyoche the mother of Eurypylus, and thus persuaded her to send her son to the aid of the Trojans. This explanation is borne out by Od. 15. 247, where the same thing is said of Amphiaraus—

αλλ' ὄλετ' ἐν Θήβῃσι γυναίων εἵνεκα δώρων,

that is to say, he was forced to take part in the war of Thebes, in which he fell, because of the necklace given to his wife Eriphyle. If then the golden vine given to Astyoche was the same as that which Laòmedon received from Zeus, it becomes easy to understand how the four lines in question came into the episode of Eurypylus. The poet of the *Little Iliad* had to relate the story of Priam sending the ornament as a bribe to Astyoche, and was naturally led to give its history in a short digression (after the manner of the σκήπτρου παράδοσις of Il. 2. 101–108). On this view we can almost complete the fragment. The next line would be something like—

αὐτὰρ Λαομέδων Πριάμῳ λίπε . . ,

and the apodosis (which is required by the grammatical form of the passage) must have said, 'this vine, then, Priam now gave to Astyoche, mother of Eurypylus.' The poetical value of a parenthesis of this kind is evident. It must have heightened the pathetic effect of the story to represent Priam, in the extremity of his need, giving away one of the great heirlooms of the royal house to buy the alliance of the Mysian king.

Among the deeds of Eurypylus not noticed in the argument was the slaying of Machaon (fr. 7). Other details to be added to this part of the narrative are, the wounding of Ulysses by Thoas (fr. 8), the name Anticlus in the list of the warriors who were in the Wooden Horse (fr. 10), and the full moon (fr. 11)—

νὺξ μὲν ἔην μέσση, λαμπρὴ δ' ἐπέτελλε σελήνη.

The line comes from the description of Sinon giving the preconcerted signal to the Greek army. It was of great use to the scholars who sought to determine the exact date of the capture.

The remaining fragments (12–19) relate to the final battle and the division of the spoil. The picturesque incident of Menelaus letting fall his sword at the sight of Helen, referred to by Aristophanes (*Lysistr.* 155), came from this part of the *Little Iliad* (fr. 16). A quotation of five lines (fr. 18) relates that Neoptolemus obtained Andromache as his prize, and killed the young Astyanax by throwing him from the wall of Troy. Pausanias adds that Aeneas also was

given to Neoptolemus, and that the death of Astyanax was the act of
Neoptolemus alone, not authorised by the decree of the army. Other
incidents of more or less interest are derived from the chapters of
Pausanias already mentioned (10. 25–27). From this source we learn
that according to the *Little Iliad* (fr. 15), King Priam was not killed
by Neoptolemus as he clung to the altar of his palace (as the story is
told in Virgil), but at the door. Helicaon, son of Antenor, when
wounded in the night battle was recognised by Ulysses, and his life
was saved (fr. 13). Aethra, the mother of Theseus, who was one of
the attendants of Helen, made her way to the Greek camp, and was
recognised by her grandsons Demophon and Acamas; into whose
hands Agamemnon, having first obtained the consent of Helen,
delivered her free from her long bondage (fr. 17). Ajax, son of
Oileus, was represented as taking an oath to purge himself of the
sacrilege which he had committed in tearing Cassandra from the altar
of Athene so that the image of the goddess was dragged after her
(Paus. 10. 26. 1). Besides these there are various details, such as form
the staple of the minor Homeric battles. Meges is wounded by
Admetus, Lycomedes by Agenor (fr. 12); Admetus is slain by
Philoctetes, Coroebus by Diomede, Axion by Eurypylus (fr. 15);
Astynous is struck down by Neoptolemus (fr. 14), and Eioneus and
Agenor also fall to him (fr. 15). In the *Little Iliad* the wife of
Aeneas is named Eurydice (as also in the *Cypria*)—not Creusa.

Such, then, were the multifarious events and personages of which
the story of the *Little Iliad* was composed. For the plan of the poem
and the degree of artistic unity which it possessed we must recur to
the piece of Aristotelian criticism already quoted in reference to the
Cypria. The *Little Iliad*, like the *Cypria*, is said by Aristotle to be
about one person (περὶ ἕνα), one time, and one action consisting of
many parts (περὶ μίαν πρᾶξιν πολυμερῆ). The 'one action' is evidently
the taking of Troy. The 'parts' of which it consists are the sub-
ordinate events, such as the arrival of Neoptolemus, the healing and
return of Philoctetes, the theft of the Palladium. Each of these parts
is necessary to the main action, but is also a story with an interest of
its own, capable of furnishing the subject of an independent work ;
whereas in Homer the different episodes have not this independent
character ; their interest lies in their relation to the whole, and is lost
when they are detached from it [23]. The 'one hero' of the *Little Iliad*

---

[23] The Doloneia is an exception, but one that proves the rule, since it is
undoubtedly an interpolation. In it Ulysses is a hero of the adventurous type
that we find in the *Odyssey*.

is somewhat less obvious; but a review of the chief incidents leaves no
doubt that Ulysses holds that place. The poem begins with his
victory over Ajax, which meant that he was then acknowledged by the
Greeks as their greatest warrior; and he is the chief actor, or at least
the chief adviser, in most of the other affairs. His character (as in
Homer) is that of the champion of stratagem and adventure; and as
such he is contrasted with warriors of the type of Achilles and Ajax.
With a hero of this stamp we should naturally assume that the poem
was of a comparatively light and cheerful cast; and this impression is
amply confirmed by the details, so far as they are known. Such
scenes as the debate of the Trojan maidens on the wall (in the ὅπλων
κρίσις), or Menelaus letting fall his sword at the sight of Helen, have
an unmistakeable air of comedy. This will be brought out still
further when we come to compare the *Little Iliad* with the treatment
of the same narrative by Arctinus.

The *Little Iliad* is distinguished among the Cyclic poems by the
large proportion of matter which may be regarded as derived from
Homer, either directly or through earlier poems of the Homeric
school. Thus, to take the episodes in Aristotle's list—

(1) The *Judgment of the Arms* is described in Od. 11. 543–562.
It has been noticed above (in speaking of the *Aethiopis*) that the
representation of Ajax carrying the body of Achilles, while Ulysses
covered the retreat, is apparently taken from the battle over Patroclus
in the seventeenth book of the *Iliad*: compare especially vv. 717–719,
where Ajax says, addressing Menelaus—

> ἀλλὰ σὺ μὲν καὶ Μηριόνης ὑποδύντε μάλ' ὦκα
> νεκρὸν ἀείραντες φέρετ' ἐκ πόνου· αὐτὰρ ὄπισθεν
> νῶϊ μαχησόμεθα Τρωσίν τε καὶ Ἕκτορι δίῳ.

The rescue of Achilles and the part which Ulysses played in it is
referred to in the *Odyssey* (5. 309–310):—

> ἤματι τῷ ὅτε μοι πλεῖστοι χαλκήρεα δοῦρα
> Τρῶες ἐπέρριψαν περὶ Πηλείωνι θανόντι.

The fanciful story of the spies overhearing the words of the Trojan
maidens seems to be contrived to give a meaning to Od. 11. 547—

> παῖδες δὲ Τρώων δίκασαν καὶ Παλλὰς Ἀθήνη,

a line of which other explanations were current (see p. 359).

(2) The bringing of *Philoctetes* from Lemnos is alluded to in Il.
2. 718, and his presence with the army is implied in Od. 8. 219.

(3) *Neoptolemus* is mentioned in Il. 19. 326, as being then in

Scyros : his coming to Troy under the charge of Ulysses in Od.
11.506 ff.

(4) His victory over *Eurypylus* in Od. 11.518 ff.

(5) The πτωχεία, with the meeting between Ulysses and Helen, is
sketched in Od. 4.240-264.

(6) The theft of the Palladium is unknown to Homer. The
adventure is in the manner of the tenth book of the *Iliad*, and may
even be an imitation of it.

(7) The capture of Troy by means of the Wooden Horse was told
in the song of Demodocus, Od. 8.492 ff. Anticlus as the name of
one of the heroes in the Wooden Horse (fr. 10) occurs in the story
told in Od. 4.285. That Deiphobus became the husband of Helen,
and that he was killed by Menelaus, seems to be implied in Od. 4.276.,
8.517 (cp. 4.276). The recognition of Helicaon son of Antenor by
Ulysses (fr. 13) is suggested by Il. 3.207 ff., where Antenor is said to
have entertained Ulysses and Menelaus. It is an example of ξενία,
like the meeting of Diomede and Glaucus. Coroebus coming as a
suitor for the hand of Cassandra (fr. 16) seems to be a repetition of
Othryoneus (Il. 13.364)—

> ὅς ῥα νέον πολέμοιο μετὰ κλέος εἰληλούθει,
> ἤτεε δὲ Πριάμοιο θυγατρῶν εἶδος ἀρίστην
> Κασσάνδρην.

(8) The death of Astyanax, as it is related in fr. 18—

> παῖδα δ᾽ ἑλὼν ἐκ κόλπου ἐϋπλοκάμοιο τιθήνης
> ῥῖψε ποδὸς τεταγὼν ἀπὸ πύργου,

is suggested by the words of Andromache in Il. 24.734—

> ἤ τις Ἀχαιῶν
> ῥίψει χειρὸς ἑλὼν ἀπὸ πύργου, λυγρὸν ὄλεθρον.

The sacrilege of Ajax son of Oileus may have been suggested by
Od. 4.502, where his death is connected with the hatred of Athene :
cp. the reference to the anger of Athene as the cause of the disasters
of the return, Od. 3.135.

Of the additions made by the *Little Iliad* to the Homeric narrative
the following are of interest :—

(1) The Palladium of Troy is unknown to Homer, but was men-
tioned by Arctinus. It has been already observed more than once
that objects endowed with magical virtue are not Homeric.

(2) So of the arrows of Philoctetes : it would be unlike Homer to
make the fate of a city depend upon anything of the kind.

II.   B b

(3) Sinon is not one of the Homeric *dramatis personae*, if we may argue from the silence of the *Odyssey*. He was a character in the *Iliupersis*.

(4) Aethra, the mother of Theseus, was said to have been carried off by the Dioscuri in their invasion of Attica. Accordingly in the *Little Iliad* she is in bondage to Helen, and is set free by her grandsons Demophon and Acamas, as is related in the passage of Pausanias quoted above (fr. 17). The only apparent trace of this in Homer is in Il. 3. 144, where the two attendants of Helen are—

$$\text{Αἴθρη Πιτθῆος θυγάτηρ, Κλυμένη τε βοῶπις.}$$

It is impossible, however, to suppose that the poet of the *Iliad* knew the story of Aethra. There is no trace in Homer of acquaintance with the group of legend to which the story belongs. The two sons of Theseus are not among the warriors of the *Iliad*, and the few references to Theseus himself are probably interpolations. Even supposing Theseus to be known to Homer, he belongs to an earlier generation than the heroes of the *Iliad*, and the chronological difficulty of bringing his mother into the story of Troy is manifest. Hence, as Aristarchus pointed out, we have to choose between two suppositions. Either the line is an interpolation, inserted to suit the story of Aethra; or it is genuine, and the coincidence of name is accidental. Considering the freedom with which Homer introduces unimportant proper names into his descriptions, the latter seems the more probable alternative. It might seem, indeed, that the whole story of Aethra was based on the line of Homer: but Aethra, as the name of the mother of Theseus, more probably belongs to the local tradition. Naturally the later poets who found the name in Homer took advantage of it in order to find a place for the Attic heroes in the main body of epic narrative. Thus the story, as told in the *Little Iliad* (and also, as we shall see, in the *Iliupersis* of Arctinus), is an attempt to connect the Trojan war with the local Attic mythology—a mythology which was singularly late in finding its way into literature [34].

Besides these we find only a few such matters as the slaying of Machaon by Eurypylus (fr. 7), the slaying of Priam (fr. 15), the division of the spoil, in which Andromache and Aeneas fall to Neoptolemus (fr. 18), the name Eurydice for the wife of Aeneas (fr. 19), the meeting of Menelaus and Helen (fr. 16), with the minor incidents of the night-battle.

---

[34] In the bronze figure of the Trojan Horse on the Acropolis of Athens, the heroes represented as peeping out of it were Menestheus, Teucer (who expresses the Athenian claim to Salamis), and the two sons of Theseus (Paus. 1. 23. 10).

In style and character the *Little Iliad* followed the *Odyssey* rather than the *Iliad*. The spirit of adventure which runs through it, especially in the earlier part, is clearly inspired by the picture of Ulysses in the *Odyssey*. In the *Iliad*, indeed (with the marked exception of the Doloneia), this side of his character is not brought out. He is wise and eloquent, but hardly adventurous. On the other hand it is the most prominent feature in the Doloneia (which is certainly later than the rest of the *Iliad*): and so doubtless in the πτωχεία, the theft of the Palladium, and other parts of the *Little Iliad*. On the whole it would seem that if we imagine the *Little Iliad* as a poem of no great length—there were only four books according to Proclus—consisting of episodes in the manner of the Doloneia, we shall not be far from the truth.

§ 7. *The Iliupersis of Arctinus.*

According to Proclus the *Iliupersis* or 'Sack of Ilium' in the Epic Cycle was a poem in two books, the work of Arctinus of Miletus. The contents were as follows :—

The Trojans surround the Wooden Horse, and hold anxious debate. Some are for throwing it from the height of the city-wall, or burning it up : others say that it must be consecrated as an offering to Athene, and this opinion at length prevails. They then give themselves up to rejoicing over their deliverance. At this point two serpents appear, and kill Laocoon and one of his two sons. Alarmed by this portent, Aeneas and his followers withdraw to Mount Ida. Then Sinon lights the signal-fires, as agreed with the Greeks. They return from Tenedos, the warriors sally from the Wooden Horse, and the city is taken. Neoptolemus kills Priam in his house, on the altar of Ζεὺς ἑρκεῖος. Menelaus takes Helen to the camp, killing her husband Deiphobus. Ajax son of Oileus, in attempting to drag Cassandra from the altar of Athene, drags away the image of the goddess ; upon which the Greeks are ready to stone him, and he escapes by taking refuge himself at the altar. By this act of sacrilege Athene is incensed against the Greeks, and prepares disaster for them on their return. Before they sail Ulysses kills Astyanax ; Neoptolemus obtains Andromache as his prize ; Demophon and Acamas find Aethra and take her with them. Finally the Greeks burn the city, and Polyxena is sacrificed at the tomb of Achilles.

This argument represents the *Iliupersis* as taking up the story of the siege nearly at the point where the argument of the *Little Iliad* left it, viz. the bringing of the Wooden Horse into the city. But as the *Little Iliad* is known to have included the later events, down to the departure of the Greeks, so it is possible that the poëm of Arctinus began at an earlier point than the account of Proclus would lead us to suppose. Unfortunately the references to the *Iliupersis* are extremely few; but they go far to show that it gave some account of the events between the death of Ajax and the making of the Wooden Horse.

The scholia on the *Iliad* (11. 515) tell us that according to some critics the two Homeric ἰατροί, Machaon and Podaleirius, followed the two branches of the healing art—Machaon dealing with wounds, Podaleirius with disease. In support of this they quote a remarkable fragment from Arctinus' *Sack of Ilium* (ἐν Ἰλίου πορθήσει), which runs as follows :—

αὐτὸς γάρ σφιν ἔδωκε πατὴρ . . Ἐννοσίγαιος
ἀμφοτέροις, ἕτερον δ' ἑτέρου κυδίον' ἔθηκε·
τῷ μὲν κουφοτέρας χεῖρας πόρεν, ἔκ τε βέλεμνα
σαρκὸς ἐλεῖν, τμῆξαί τε καὶ ἕλκεα πάντ' ἀκέσασθαι.
τῷ δ' ἄρ' ἀκριβέα πάντα ἐνὶ στήθεσσιν ἔθηκεν
ἄσκοπά τε γνῶναι καὶ ἀναλθέα ἰήσασθαι·
ὅς ῥα καὶ Αἴαντος πρῶτος μάθε χωομένοιο
ὄμματά τ' ἀστράπτοντα βαρυνόμενόν τε νόημα.

It has been generally supposed, from the reference to Ajax, that these lines come from the *Aethiopis*, the scholiast having confused the two poems of Arctinus. This, however, is not in itself probable, and does not suit the wording of the passage. The two lines about Ajax are in form a parenthesis. The poet has been describing the surgery of Machaon and the medical skill of Podaleirius, and adds, by way of illustration, that Podaleirius was 'also' the first to perceive the symptoms of madness in Ajax (ὅς ῥα καὶ Αἴαντος πρῶτος μάθε κτλ.). Hence the main subject of the passage was not the case of Ajax, but some later part of the history in which the Asclepiadae were concerned. This later occasion must surely have been the healing of Philoctetes—which therefore must have been told in the *Iliupersis* of Arctinus [26].

It is worth noticing that the style of the lines is that of a speech rather than of a story told by the poet in his own person. The speaker seems to be arguing or explaining. He may be giving the reasons

[26] On this subject see the exhaustive monograph of L. A. Milani, *Il mito di Filottete* (Firenze, 1879), and Sir Richard Jebb's introduction to his edition of the *Philoctetes*.

why Podaleirius was charged with the healing of Philoctetes, either alone or in addition to Machaon.

Regarding the form which the episode of Philoctetes assumed in the *Iliupersis* there is no direct evidence. The circumstance that Podaleirius had to do with the healing would be a point of difference from the *Little Iliad*, where Machaon only is heard of. It agrees with the account in the *Posthomerica* of Quintus Smyrnaeus, who gives the work to Podaleirius [26]. Again, according to Quintus the oracle which leads the Greeks to send for Philoctetes is not given by Helenus, but by Calchas [27]. It seems not unlikely that the incident of Ulysses taking Helenus prisoner, &c., was an addition to the original story, due to the desire to exalt the importance of Ulysses. If so, the older and simpler form of the story probably came from the *Iliupersis*. It may be also that in the *Iliupersis*, as in the *Philoctetes* of Sophocles and most later sources, the return of Philoctetes was placed after the coming of Neoptolemus from Scyros. But it is at least equally probable that Sophocles himself made the change in the order of events, and that he did so merely because he wished to make use of Neoptolemus as one of the characters in his play [28].

It seems not unlikely, especially if the *Iliupersis* represented the recovery of Philoctetes as one of the exploits of Neoptolemus, that the poem began with the coming of Neoptolemus himself from Scyros. This would explain the mention of the *Scyria pubes* in Virgil (*Aen.* 2. 477). On this view the poem would embrace the whole career of Neoptolemus πτολίπορθος—the real captor of Troy.

---

[26] Sophocles speaks of the Asclepiadae (*Phil.* 1333), and even of Asclepius himself being sent to perform the cure (*Phil.* 1437).

[27] Quintus Smyrn. ix. 325 ff.

[28] The story was taken as the subject of a tragedy by all the three great dramatists of Athens, and something is known of the mode of treatment adopted in each case. In the *Little Iliad*, as we have seen, the return of Philoctetes was effected by Diomede, at the instigation of Ulysses. In the *Philoctetes* of Aeschylus Ulysses himself took the chief part in the exploit. Euripides, whose play comes next in the order of time, brought back Diomede, but as a *tritagonistes*, in subordination to Ulysses. He made other changes, especially the introduction of a Trojan embassy. It would be an error to look for the source of these variations in the ancient epic poems. The story in which Diomede was the actor was evidently a simple narrative, with no *dénouement* giving room for force or fraud. Aeschylus must have felt the want of dramatic interest, and supplied it by the conflict which he created between the obstinate resentment of Philoctetes and the craft and eloquence of Ulysses. Such a part as that of Ulysses was now a necessity. It was skilfully developed by Euripides, in whose hands the *Philoctetes* became a fine example of the drama of intrigue and adventure. In the *Philoctetes* of Sophocles the introduction of the character of Neoptolemus was used to give an entirely new turn to the play. The interest was shifted from the contrivances of Ulysses—which were therefore doomed to failure—to the conflict of feelings and motives in the mind of the hero.

Dionysius of Halicarnassus tells us that according to Arctinus the Palladium carried off by the Greeks was only a copy. The true Palladium was in Troy to the time of the capture, kept in a secret place, while the copy was exposed to view. Hence it appears that the theft of the Palladium was related, or at least mentioned, in the *Iliupersis* (as well as in the *Little Iliad*). We also learn from Dionysius that Virgil followed Arctinus in the description of the Sack of Troy in the second book of the Aeneid. Thus the slaying of Priam at the altar of Ζεὺς Ἑρκεῖος recurs in the *Aeneid* (2. 663)—

Natum ante ora patris, patrem qui obtruncat ad aras,

whereas in the *Little Iliad* (fr. 15) Priam is killed at the door of his palace. Hence it may be assumed that the *Iliupersis* is the source of Virgil's account of the fate of Creusa, in *Aen.* 2. 785-788 :

Non ego Myrmidonum sedes Dolopumve superbas
Aspiciam, aut Grais servitum matribus ibo
Dardanis et divae Veneris nurus:
Sed me magna deum genetrix his detinet oris.

This is confirmed by a statement of Pausanias (10. 26. 1), to the effect that Creusa was delivered from slavery by Aphrodite and the Mother of the gods. As Pausanias adds that according to the *Little Iliad* and the *Cypria* the wife of Aeneas was named Eurydice, we can hardly be wrong in assigning the story of Creusa to the *Iliupersis*[20].

Pausanias also tells us (10. 25. 9) that according to the *Little Iliad* Astyanax was thrown from a tower by Neoptolemus, 'but not in pursuance of a decision of the Greeks' (οὐ μὴν ὑπὸ δόγματός γε Ἑλλήνων). This seems to imply that in another account—presumably that of the *Iliupersis*—there was such a decision, carried out by Ulysses and doubtless also advised by him, on the ground that νήπιος ὃς πατέρα κτείνας παῖδας καταλείποι.

It appears, then, that the story of the *Iliupersis* is to be reconstructed somewhat as follows. Neoptolemus, who is the destined conqueror in the Trojan war, is brought from Scyros to the Greek camp before Troy. He succeeds to the arms of Achilles, and kills the new Trojan champion, Eurypylus. Thus the important steps towards the capture

---

[20] Pausanias never mentions Arctinus, and seems not to have known of either the *Aethiopis* or the *Iliupersis*. He refers to Arctinus' version of the death of Priam, and of Astyanax (10. 25. 9), simply as the account from which Lesches differed. Similarly, when Pausanias (10. 27. 1) says that Coroebus was killed ὡς ὁ πλείων λόγος by Neoptolemus, but according to Lesches by Diomede, the 'common account' doubtless is that of the *Iliupersis*, of which Neoptolemus was the hero.

of Troy are due to him—the Palladium having been a deception. He takes the leading part in the Wooden Horse, and again in the Sack ; which ends with the slaying of Priam in the central and most sacred spot of the city. In the division of the spoil he receives the chief γέρας, the possession of Andromache. He is evidently, therefore, the hero of the poem. His character, as we should expect from the poet of the *Aethiopis*, is in many points a repetition of the character of Achilles. He is a triumphant Achilles—πατρὸς εὐτυχέστερος, τὰ δ' ἀλλ' ὁμοῖος. As in the Theban story the older ' Seven against Thebes' fail and the ' Epigoni,' though less glorious, succeed, so Neoptolemus is an Achilles who succeeds. The *Iliupersis* stands to the *Aethiopis*, poetically speaking, as the *Epigoni* to the *Thebaid*.

With the fortunes of Neoptolemus for the main interest of the *Iliupersis*, we find, as a kind of underplot, the story of the flight of Aeneas. The death of Laocoon is not, as in Virgil, a warning to those who would destroy the Wooden Horse, but a sign of the approaching fall of Troy. The escape of one of the two sons—a trait peculiar to this version—was doubtless meant to signify that one branch of the Trojan royal house—that represented by Aeneas—might still survive the fall of the city and the extinction of the family of Priam [30]. Thus the prophecy of Poseidon was to be fulfilled (Il. 20. 307–308),

νῦν δὲ δὴ Αἰνείαο βίη Τρώεσσιν ἀνάξει,

καὶ παίδων παῖδες τοί κεν μετόπισθε γένωνται,

—a prophecy which has long been recognised as a piece of local or family legend, connecting the later inhabitants of the Troad with Aeneas. The divine agents in these events were probably Aphrodite (who is also associated with Aeneas in the *Cypria*), and Cybele, the Idaean Mother, to whose sacred mountain the fugitives betook themselves. A trace of this remains in the story of Creusa, who evidently serves as a link of connexion between the Aeneas-legend and the local worship of Cybele. In that worship Creusa was doubtless a subordinate figure—taken into the service of the goddess as Ganymede by Zeus, or Iphigenia by Artemis. Another indication of local influence may be seen in the assertion of Arctinus that the Palladium taken by Ulysses and Diomede was a copy [31]. The real Palladium was

[30] C. Robert, *Bild und Lied*, p. 193.

[31] Arctinus certainly mentioned the true Palladium, probably in connexion with the flight of Aeneas; but the rest of the notice may possibly be due, as in some instances given by C. Robert (*Bild und Lied*, p. 231), not to the poet himself, but to commentators who sought to harmonise his account with the *Little Iliad*.

doubtless believed to have been carried off by Aeneas, and to have remained in the possession of the royal house that claimed descent from him.

Among the subordinate characters the chief place was probably given to Ulysses. As in the *Iliad*, he is the wise counsellor of the Greek host. His advice leads to the return of Philoctetes, and prevails in the question of Astyanax. He evidently served as a contrast, bringing into relief the heroic figure of Neoptolemus.

Although the *Iliupersis* ended with the victory of the hero and the success of his cause, it had a distinctly tragic character. The Nemesis of good fortune made itself felt. When the Greeks set sail Athene had withdrawn her favour, and had resolved to send disaster upon them in the course of their voyage (φθορὰν αὐτοῖς κατὰ τὸ πέλαγος μηχανᾶται, Procl.). The misfortunes of the return were therefore indicated at the close of the poem. The thought that 'satiety breeds insolence' evidently coloured the representation of Arctinus, and gave the key-note to the treatment of the subject in later Greek literature.

As to the plan and structure of the *Iliupersis* it is difficult to form a satisfactory judgment. If we are right in the conjecture that it began with the arrival of Neoptolemus, the poet can hardly have given it the almost Homeric unity which he attained in the *Aethiopis*. Possibly he imitated the plan of the *Odyssey*, and put the story of the earlier adventures into the mouth of one of the *dramatis personae*. This is suggested by the fact pointed out above (p. 372) that the fragment about Machaon and Podaleirius has the appearance of belonging to some such ἀπόλογος. The shortness of the *Iliupersis* is a circumstance pointing in the same direction. A speaker in Homer —and therefore presumably in an epic of the school of Homer—can omit or abridge with a freedom that is not allowable in the poet's own narrative.

The incidents of the *Iliupersis* which appear to be taken from Homer—the Wooden Horse, the death of Deiphobus, the sacrilege of Ajax, the death of Astyanax, the disasters of the return to Greece —have been already noticed in speaking of the *Little Iliad* (see p. 369). Of the new or post-Homeric matter some portions are common to the two poems, viz. the treachery of Sinon, the slaying of Priam by Neoptolemus, and the story of Aethra. On the other hand the most important addition to the Homeric account, the story of the flight of Aeneas and his followers—of which the story of Laocoon is an integral part—is peculiar to Arctinus. According to the *Little Iliad* Aeneas fell to the share of Neoptolemus, and was carried into slavery by him. The sacrifice of Polyxena, if we may argue from the silence of our authorities, was related in the *Iliupersis* only. It is one of the indications of the hero-worship of Achilles.

The points now enumerated will furnish data for comparing the *Iliupersis*, not only with Homer, but also with the *Aethiopis*, as a work of the same poet, and with the *Little Iliad*, as a different and (as is generally supposed) later treatment of the same subject.

In the *Iliupersis*, as in the *Aethiopis*, we have recognized the addition to the Trojan story of a considerable amount of legendary matter. Two main sources of new legend may be discerned. It was doubtless in the native traditions of Asia Minor that Arctinus found the figures of Penthesilea and Memnon, as well as the legend of Aeneas and the Trojan settlement on Mount Ida. In these matters we trace the influence upon the Greek colonists of the races with which they were brought into contact. And though this influence is perceptible in other 'cyclic' poems—*e.g.* in the story of Telephus in the *Cypria*, of Eurypylus in the *Little Iliad*, and (as we shall see) of Calchas in the *Nosti*—the most striking examples seem to be those which we find in the *Aethiopis* and the *Iliupersis*. Other post-Homeric elements in Arctinus receive light from the circumstances of the Ionian colonies, and from their religious ideas and practices, especially the practice of hero-worship. Under this head fall such things as the immortality of Memnon, of Achilles, of Creusa—the purification of Achilles from the guilt of homicide—his removal after death to Leuce, in the region of the Milesian settlements—and the sacrifice of Polyxena at his tomb. In the hands of Arctinus, in short, epic poetry has become more Asiatic. The centre of interest is no longer Mycenae or Thessaly or Boeotia. It has been carried eastward with the stream of Aegean colonisation.

In the *Little Iliad*, on the other hand, there is less of the spirit and method of the *Iliad*, but more dependence on Homer as an authority. The circle of legends which supplied material for epic poetry has become more restricted and more Hellenic. The later date given in our sources for the poet of the *Little Iliad* is borne out, therefore, by the probabilities of the case. It apparently belongs to an age when the Homeric poems had gained the position in the Greek world which is reflected in such writers as Xenophanes, Heraclitus, and Simonides.

It appears, then, as the result of our examination that the poems of Arctinus were composed in the tragic style of the *Iliad*, combined

with a vein of romance which belonged to the soil of Asia Minor:
while the *Little Iliad* treated the same series of events in the lighter
epic style, largely tempered by the romantic and adventurous element
which is represented by the *Odyssey*, and within the *Iliad* by the
'Doloneia.' Thus the *Little Iliad* carried the Ulysses of the *Odyssey*,
so to speak, back into the Trojan war: the *Aethiopis* and *Iliupersis*
gave the chief place to Achilles and the heroes who were akin to him,
Ajax and Neoptolemus. Finally, while Arctinus admitted much new
matter, the growth of Ionian history, the author of the *Little Iliad*
confined himself in general to the Homeric circle of myths, and
sought rather for novelty in his manner of treatment and in the
details of his narrative.

The *Aethiopis* and the *Iliupersis* are almost the only epics never
attributed to Homer, and Miletus is almost the only important city
which never claimed him. Perhaps the reason is simply that Arctinus
was not sufficiently popular to give rise to a legend of the kind. His
poems are not mentioned by any writer earlier than Dionysius of
Halicarnassus; apparently they were unknown to Strabo (p. 360), to
Pausanias (p. 374), perhaps even to the great Alexandrian critics
(p. 358). Probably the name of Arctinus would not have survived
at all if he had not been the earliest poet who related the escape of
Aeneas from the destruction of Troy. Thus he became a witness to
the Roman national legend, and the *Iliupersis* gained a species of
immortality in the second book of the *Aeneid*.

§ 8. *The Nosti.*

The poem called the Νόστοι, or 'Returns' of the heroes from Troy,
was in five books, and was generally ascribed to Agias of Troezen[22].
The contents as given by Proclus were these:—

Athene having stirred up a quarrel between Agamemnon and
Menelaus on the subject of the voyage home, Agamemnon delays
his departure in order to propitiate the goddess, Diomede and Nestor
are the first to start, and return safely: Menelaus follows them, but

---

[22] Eustathius (p. 1796, 53) quotes 'the author of the νόστοι, a Colophonian,'
for the statement that in the end Telemachus married Circe, and Telegonus
Penelope. It has been thought that this refers to another poem on the subject
of the 'Returns,' by a Colophonian poet. There is so much about Colophon,
however, in the cyclic *Nosti* that it seems more natural to suppose that the
author was thought by some authorities to be a Colophonian. It is in the
style of Eustathius to give the city of an author without his name: cp. ὁ τὴν
Τηλεγόνειαν γράψας Κυρηναῖος.

encounters a storm which drives him to Egypt with five only of his ships. Calchas with Leonteus and Polypoetes goes by land to Colophon, where he dies and is buried. As Agamemnon is preparing to start with his followers, the shade of Achilles appears and warns him of the future. The fate of the Locrian Ajax is then described. Neoptolemus, on the advice of Thetis, goes home by land through Thrace, meeting Ulysses in Maroneia; Phoenix dies on the way and is buried: Neoptolemus reaches the Molossian country, and is recognised by Peleus. Finally, the death of Agamemnon at the hands of Aegisthus and Clytaemnestra is avenged by Orestes and Pylades, and Menelaus returns to Sparta.

According to Pausanias (10. 28. 7) the *Nosti* contained a νέκυια, or descent into Hades, of which Proclus says nothing [33]. Several of the references to the *Nosti* seem to belong to this part of the poem, especially a version of the story of Tantalus, quoted by Athenaeus (fr. 10), and three lines about Medea restoring Aeson (fr. 6); perhaps also the genealogical notices about Clymene (fr. 4), and Maera (fr. 6). Eustathius (p. 1796, 53), says that the author of the *Nosti* made Telemachus eventually marry Circe, and Telegonus, son of Circe, marry Penelope. This piece of eschatology lies beyond the period covered by the story of the poem, and probably Eustathius made a confusion between the *Nosti* and the *Telegonia*, see p. 382.

The death of Calchas at Colophon was the subject of a story told by Hesiod, and also by the logographer Pherecydes (Strabo xiv. p. 643). It had been foretold that he would die when he should meet with a mightier seer than himself, and such a seer was found in Mopsus, grandson of Tiresias, who presided over the oracle of the Clarian Apollo. It may be gathered that some form of this legend was adopted by the author of the *Nosti* [34].

The subject of the *Nosti*, according to the reference in Athenaeus (vii. p. 281 b), is the 'return of the Atridae' (ὁ γοῦν τὴν τῶν Ἀτρειδῶν ποιήσας κάθοδον), and this phrase is evidently a correct description of the main argument. ⌜The poem opened with the separation of Agamemnon and Menelaus, and ended with the return of Menelaus, just as his brother's murder had been avenged by Orestes. Thus the plan of the poem seems to have resembled that of the *Odyssey*,

[33] On the νέκυια of the *Nosti* see Kirchhoff, *Die hom. Odyssee*, p. 338 f.
[34] The MS. gives Τειρεσίαν ἐνταῦθα τελευτήσαντα θάπτουσι, where Τειρεσίαν must be a false reading for Κάλχαντα. The mistake may be accounted for if we suppose that the name Τειρεσίας occurred in the poem, and was wrongly put for Calchas in this place—perhaps by the grammarian who made the summary in Proclus. The Calchas story was known to Herodotus (7. 91).

in which the adventures of Ulysses and of Telemachus are carried
independently until they meet in Ithaca. The *Nosti*, however, must
have been more complicated. It contained two chief threads of
narrative—the diverse fortunes of the two Atridae—which are brought
together at the close. In subordination to these there are two brief
journeys in opposite directions: Calchas going to Colophon, and
Neoptolemus to Thrace and so to Epirus. Room is found also for
the fate of Ajax the Locrian, who accompanies Agamemnon, and for
uneventful return of Nestor and Diomede. The arrangement of these
episodes is worth notice; it follows the Homeric rule of filling up
pauses or intervals of time by a subordinate piece of narrative, so as
to avoid any sensible break in the action of the poem. Thus the
pause made by the quarrel of Agamemnon and Menelaus is taken
advantage of to introduce the return of Nestor and Diomede. Again
the sailing of Menelaus to Egypt is immediately followed by the
journey of Calchas, and the sailing of Agamemnon by the journey of
Neoptolemus, because without such a change of scene a long voyage
would have the effect of a blank space in the picture. So (*e.g.*) in
the third book of the *Iliad*, when heralds are sent from the armies
into Troy (l. 116), the scene changes to the walls, and the time
during which they are on the way is filled by the τειχοσκοπία (Il. 121-
244). By these contrivances the narrative of the *Nosti* doubtless
attained a degree of continuity not inferior to that of the Homeric
poems. The crisis is evidently the murder of Agamemnon, which is
speedily followed by the vengeance of Orestes.

The moving force in the poem seems to have been the anger of
Athene; as her favour and the anger of Poseidon are the moving
forces in the action of the *Odyssey*. This is indicated, as we have
seen, in the closing scenes of the *Iliupersis*; the general tone and
character of the *Nosti* was evidently in keeping with this *motif*. The
main events were essentially disastrous, and the playful and fanciful
elements associated with the figure of Ulysses were wanting. Thus
we may regard the *Nosti* as a tragic *Odyssey*—an *Odyssey* which
marks the transition from Homer to the *Agamemnon* of Aeschylus.

Of the incidents of the *Nosti* a large proportion appear to be taken
directly from Homer. Such are:—The quarrel caused by the anger
of Athene between Agamemnon and Menelaus (Od. 3. 135 ff.); the
return of Diomede and Nestor (Od. 3. 166, 182); the voyage of
Menelaus and his arrival in Egypt with *five* ships (Od. 3. 299 ἀτὰρ τὰς
πέντε νέας ... Αἰγύπτῳ ἐπέλασσε); the fate of the Locrian Ajax (Od. 4.
499 ff.); the story of Agamemnon and Orestes. In one or two

cases we can trace the growth of new detail from Homeric suggestions :—

(1) Megapenthes is said in the *Odyssey* (4. 12) to be the son of Menelaus by a slave (ἐκ δούλης); in the *Nosti* (fr. 2) the name of the slave was given.

(2) The meeting of Neoptolemus with Ulysses in Maroneia is suggested by Od. 9. 39, 197 ff., where Ulysses is said to have been in that part of Thrace.

The chief additions to the Homeric account are the journeys of Calchas and Neoptolemus; the former of these is essentially post-Homeric in its character. The city of Colophon, like all the cities founded or occupied by the Ionian colonists, is quite unknown to Homer. The oracle of the Clarian Apollo belongs to the time when the Greek settlers in Asia Minor had adopted to some extent the religious ideas and practices of the native tribes: as a local oracle too, it is an institution of a post-Homeric kind. Its seer, Mopsus, claimed descent from Teiresias—just as the kings of the Ionian cities are found to claim descent from Homeric heroes, such as Agamemnon and Nestor. In this part of the *Nosti*, therefore, we trace the same relation to the history of Colophon which we found to subsist between the *Aethiopis* and the history of Miletus, and again between the *Iliupersis* and the later settlements in the Troad.

In the story of Neoptolemus we may recognise a post-Homeric element in the ethnical name of the Μολοσσοί, which implies some extension of geographical knowledge. It is the first indication of the claim of the kings of Epirus to the honour of descent from Achilles.

It does not appear that the *Nosti* added materially to the story of Orestes as told in the *Odyssey*. There is nothing to show for example that Clytemnestra was prominent in it (as later in the *Oresteia* of Aeschylus), or that Electra was introduced[35].

Of the remaining names the most important is that of Medea, whose magical powers were set forth (fr. 6). The notices in Pausanias (fr. 4, 5) and Apollodorus (fr. 1) refer to genealogical details which it is not easy to connect with the story of the poem. The mention of

[35] It has been shown by C. Robert (*Bild und Lied*, 163 ff.) that the later version comes mainly from the *Oresteia* of Stesichorus, which again was said to be taken from Xanthus (Athen. xiii. 513). According to Aelian (*V. H.* iv. 2-6) it was Xanthus who first mentioned Electra in the story. Thus the dream of Clytemnestra in the *Choephoroe* comes from Stesichorus (fr. 42 τᾷ δὲ δράκων ἐδόκησε μολεῖν κτλ.): also the recognition scene, which must be older than Aeschylus, since it is found on an archaic relief of Melos, and the golden bow given to Orestes by Apollo (Eur. *Or.* 268), from which we may gather that the whole story of Apollo instigating Orestes to avenge his father comes from the same source.

the mother of Megapenthes (fr. 2) is a fact of the same kind. It m
be inferred that the author of the *Nosti* was one of the poets w.
made it their business to furnish the genealogies connecting t
Homeric heroes with each other, and with the leading families
later times.

The prophetic warning given by the shade of Achilles is an incide
of a post-Homeric type; we may compare the appearance of Achill
to Neoptolemus in the *Little Iliad.* The immortality of Telemach
and Telegonus follows the precedent of Achilles and Memnon in tl
Aethiopis, the Dioscuri and Iphigenia in the *Cypria.*

§ 9. *The Telegonia of Eugammon.*

The *Telegonia* was a poem in two books only, by Eugammon
Cyrene, the last of the 'cyclic' poets. It was evidently composed ;
a sequel to the *Odyssey*, and conclusion of the heroic story. Tl
argument in Proclus is as follows:—

After the burial of the suitors Ulysses sacrifices to the nymphs ar
then goes to visit his herds in Elis, where he is entertained t
Polyxenus. The stories of Trophonius, Agamede and Augeas ai
related. After returning to Ithaca to perform the sacrifices pri
scribed by Tiresias, Ulysses goes to the country of the Thesprotian
marries their queen Callidice, and leads them in a war against th
Brygi, in which Ares takes part on behalf of the Brygi, and Athen
for Ulysses, while Apollo intervenes as a mediator. On the death i
Callidice, Polypoetes, son of Ulysses, becomes king, and Ulysse
returns to Ithaca; then Telegonus son of Ulysses by Circe, wh
has been seeking for his father, makes a descent upon Ithaca. Ulysse
comes to repel the attack and is killed by his own son. Telegonc
finds too late what he has done, and takes his father's body, wit
Telemachus and Penelope, to his mother Circe, who makes ther
immortal. Finally, Telemachus marries Circe, and Telegonu
Penelope.

It is evident that this story was framed partly to satisfy curiosit
as to the fate of the chief characters of the *Odyssey*, and partly t
find a place for the genealogies of various families that claimed descer
from Ulysses. The Thesprotian episode is clearly due to the latter c
these motives.

The story of the cave of Trophonius is given by the scholiast o
Aristophanes (*Nub.* 500). It is a variant of the Rhampsinitus stor
The incident of the death of Ulysses at the hands of his son is equall

familiar from the story of Sohrab and Rustum. In these stories we
have fresh instances of the kind of attraction by which a dominant
group of legend, such as the *Troica*, draws in materials from other
circles of popular mythology.

The burial of the Suitors, with which the argument of Proclus
begins, has already been mentioned in the *Odyssey* (24. 417): but we
cannot infer (as Kirchhoff seems to do, *op. cit.*, p. 340) that the
'continuation' of the *Odyssey* was unknown to the author of the
Telegonia. The sacrifice to the nymphs may have been suggested
by Od. 13. 358, where Ulysses promises to make them gifts. But the
chief Homeric passage that bears on the closing scenes of the epic
story is the prophecy of Tiresias (Od. 11. 119–137., 23. 267–284).
The sacrifice to be offered to Poseidon is there expressly mentioned.
The death of Ulysses at the hands of Telegonus, who has come 'from
the sea' to make a descent upon Ithaca, is probably intended to
satisfy the words of the prophecy θάνατος δέ τοι ἐξ ἁλὸς αὐτῷ κτλ.

§ 10. *Other cyclic poems.*

Of the other ancient epics little is known that can throw light
upon Homer. It will be enough to notice those which were suffi-
ciently Homeric in character to be ascribed at one time or another
to the poet himself. These were: the *Thebaid*,—also known as the
'expedition of Amphiaraus'—the *Epigoni*, the *Taking of Oechalia*,
and the *Phocais*.

The *Thebaid* related the enterprise of the 'Seven against Thebes,'
and seems to have been the poem that, next to the *Iliad* and
Odyssey, had the best claim to be the work of Homer[26]. The
story was continued in the *Epigoni*, which accordingly began with
the words νῦν αὖθ' ὁπλοτέρων ἀνδρῶν ἀρχώμεθα, Μοῦσαι. It is referred
to by Herodotus (4. 32), who indicates doubt as to the Homeric
authorship. There was also an *Oedipodeia*, attributed to Cinaethon
of Lacedaemon, which was never attributed to Homer, and perhaps
was a poem of the Hesiodic school.

It is impossible with the scanty materials at our disposal to re-
construct the plan of either of these poems, or to compare them
in detail with Homer. In the *Thebaid* the leading figure was
Amphiaraus, who stood to the Argive king Adrastus somewhat
as Achilles to Agamemnon. Like Achilles, he fought in a cause

[26] Pausanias, 9. 9. 3.

not his own, and with full consciousness of impending fate. In other respects he is a hero of a new and very different type, one in which valour was united with prophetic wisdom[37]. He occurs in the *Odyssey* (15. 244, 253), but not in the *Iliad*. His death is connected with the foundation of an oracle—one of those local oracles that are unknown in the *Iliad*, and rare in the *Odyssey*, but were rapidly multiplied in post-Homeric times. Similarly in the *Epigoni* it was related that after Thebes had fallen Manto, daughter of Tiresias, was sent as part of the spoil to Delphi, from which place she passed over to Colophon, and there founded the oracle of the Clarian Apollo[38]. We may compare the story told of that oracle in the *Nosti* (p. 381). Another post-Homeric incident that is perhaps to be traced to the *Thebaid* is the institution of the Nemean games. In Homer we hear of funeral games, but not of periodical athletic contests forming part of a great religious festival. The mention of Hyperboreans in the *Epigoni* (Hdt. *l. c.*) may also be regarded as an indication of lateness. Possibly they are akin to the Abii and Hippemolgi of Homer (*Il.* 13. 5); but the name is new.

The 'Taking of Oechalia' (Οἰχαλίας ἅλωσις) was a poem of the Heracles cycle, relating the expedition of Heracles against Eurytus king of Oechalia. It was generally ascribed to Creophylus; but there was a legend according to which it was given to him by Homer. It was the story of a single expedition, and doubtless was distinguished by a certain epic unity of treatment from such poems as the *Heraclea* of Pisander,—which related all the Labours of Heracles,—or the later Heracleids of which Aristotle speaks in the *Poetics* (c. 8).

The *Phocaïs* was a poem attributed to Thestorides of Phocaea, with the usual suspicion that Homer himself was somehow the real author. Regarding the subject of the poem we are left to conjecture. According to Welcker it was the same with the *Minyas*, and dealt with the conquest of Orchomenos by Heracles. Of the *Minyas* we know that it contained a νέκυια, in which Charon—who is a post-Homeric figure—had a place.

---

[37] Pind. *Ol.* 6. 15 ποθέω στρατιᾶς ὀφθαλμὸν ἐμᾶς, ἀμφότερον μάντιν τ' ἀγαθὸν καὶ δουρὶ μάρνασθαι. These words of Adrastus in praise of Amphiaraus are said by the schol. to have come from the *Thebaid*.

[38] Schol. Laur. ad Apoll. Rhod. i. 308.

IV. History of the Homeric Poems.

§ 1. *Sources.*

The literary history of the poems which we are accustomed to associate with the name of 'Homer' is necessarily based, partly on *data* furnished by the testimony of ancient writers, partly on the internal evidence of the poems themselves. Under the latter head are to be included, not only the dialect in which the poems are composed, and the poetical structure that they exhibit, but also the whole historical setting in which we find them—the heroes and peoples that they celebrate, the literature that they can be shown to have influenced, the ideas and sentiments that they express, the civilisation of which they are the product, and therefore the mirror. Some of these matters we have already touched upon; others remain to be noticed. But before entering on this wider field it will be proper to attempt to ascertain how much is to be learned from the notices of 'Homer' scattered through the writings of ancient scholars and historians. As might be expected in the case of so commanding a personality, the number of these notices is very great, while their critical value is often extremely doubtful. They may be roughly classified somewhat as follows :

(1) Statements and allusions bearing upon the life of Homer—his date and birthplace, and the places where his poems were first produced.

(2) Statements regarding the agency by which his poems were brought from the place of origin—usually supposed to be in Ionia— and were made known in the mother country of Greece.

(3) Statements as to the recitation of the poems, and the contests of reciters (ῥαψῳδοί).

(4) Notices of the Homeridae of Chios.

(5) Stories of the confusion introduced into the poems, and of the collection and arrangement of them by Pisistratus.

(6) Notices of recensions or corrected texts, and generally of the work of ancient critics, down to the time of the Alexandrian grammarians.

§ 2. *Life of Homer.*

The earliest notices of Homeric poetry undoubtedly point to the cities of Ionia. The elegiac poet Callinus of Ephesus, who cannot be later than the first half of the seventh century B.C., mentioned the *Thebaid*, and ascribed it to Homer [1]. In the next century Xenophanes of Colophon condemned the mythological teaching of Homer and Hesiod, and especially deplored the use of Homer in education [2]. Pythagoras of Samos and Heraclitus of Ephesus joined in this censure, though they quoted Homer (*i. e.* the *Iliad* and *Odyssey*) in a way that shows the ascendency which his poetry then held in the Greek world [3]. Indeed the adoption of the hexameter by Xenophanes and other philosophers was simply carrying on the literary tradition established by the Homeric epic and continued in the didactic school of Hesiod.

It remains, however, to consider what weight can be attached to this testimony, if such it is, in favour of an Ionian origin of Homer. We may begin with a simple observation. It is highly significant that so many of the notices now in question are in a hostile vein. Here, as Heraclitus might have said, Strife has been a saving force. But for the ' ancient quarrel ' of poetry and philosophy—that is to say, between the traditiqnal fables of Homeric and Hesiodic poets and the higher morality which was the fruit of advancing reflexion,—but for this old and growing discord we should have been almost without evidence of the importance of Homer in pre-historic Greece. The strife was a consequence of progress, and therefore a sign of life. Even as a measure of time the observation is of value. How long was it, we may fairly ask, from the age that produced the Homeric poems to the age of their condemnation by all the foremost thinkers? Long enough, surely, for great movements, such as those which mark the beginning of Greek history—the Dorian conquest of Peloponnesus, the Ionian colonisation:—long enough, in any case, to make it very hazardous to argue from the state of things in the time of Xenophanes

---

[1] Paus. 9. 9. 5 ἐποιήθη δὲ ἐς τὸν πόλεμον τοῦτον καὶ ἔπη Θηβαΐς. τὰ δὲ ἔπη ταῦτα Καλλῖνος, ἀφικόμενος αὐτῶν εἰς μνήμην, ἔφησεν Ὅμηρον τὸν ποιήσαντα εἶναι· Καλλίνῳ δὲ πολλοί τε καὶ ἄξιοι λόγου κατὰ ταῦτά ἔγνωσαν. Ἐγὼ δὲ τὴν ποίησιν ταύτην μετά γε Ἰλιάδα καὶ τὰ ἔπη τὰ ἐς Ὀδυσσεία ἐπαινῶ μάλιστα.

[2] Xenophanes ap. Sext. Empir. ix. 193—

πάντα θεοῖς ἀνέθηκαν Ὅμηρός θ' Ἡσίοδός τε
ὅσσα παρ' ἀνθρώποισιν ὀνείδεα καὶ ψόγος ἐστίν.

And ap. Herodian. ii. 16, 20 (Lentz)—

ἐξ ἀρχῆς καθ' Ὅμηρον ἐπεὶ μεμαθήκασι πάντες.

[3] Thus Pythagoras, in connexion with the belief in the transmigration of souls, claimed to be Euphorbus, who was killed by Menelaus (Il. 17. 51 ff.). He also quoted Od. 10. 239—

οἱ δὲ συῶν μὲν ἔχον κεφαλὰς φωνήν τε τρίχας τε
καὶ δέμας, αὐτὰρ νοῦς ἦν ἔμπεδος, ὡς τὸ πάρος περ.

Again, in Il. 1. 46 ἔκλαγξαν δ' ἄρ' ὀϊστοί κτλ. he identified the sound of the arrows of Apollo with the sound made by the sun in its course.

back to the conditions under which Homeric poetry was first heard in Greek lands.

If we are forbidden to place Homer in the Ionia of the early philosophers, it is still more incumbent on us to be on our guard in dealing with the series of definite statements made by writers of the fifth and succeeding centuries B.C. regarding the birthplace of Homer and the circumstances of his life.

Seven cities, according to the epigram [4], contended for the honour of having given birth to Homer. The actual number of claimants mentioned by our authorities is somewhat greater. When we add that no one city gained the general assent of ancient scholars, or produced evidence of a kind that we should regard as convincing, it may be thought that enough has been said—that the conflict was one, not of evidence, but of patriotic assertion. Nevertheless it will be well to glance at the claims made. So many of the contending cities are Ionian colonies that the list has been held to favour the cause of Asiatic Ionia as a whole, if not of any one city. Aeolis, too, is represented in it, and the issue between these two divisions of the Hellenic nation still has its place among Homeric controversies. Moreover, some of the claims, if they do not prove anything about the *Iliad* or *Odyssey*, are not without bearing on the history of other poems once connected with the name of ' Homer.'

The claim of CHIOS has perhaps the greatest number of voices in its support. Simonides of Ceos, in the earliest known *quotation* from Homer, calls him Χῖος ἀνήρ [5]. Pindar divided his testimony between Chios and Smyrna. Anaximenes the philosopher said that Homer was a Chian. Of the logographers Acusilaus and Hellanicus connected him with a Chian family or *gens* (γένος) of Homeridae : Damastes also made him a Chian. Finally, in the Hymn to the Delian Apollo [6], which is quoted by Thucydides as the work of Homer, the author describes himself as ' the blind old man of Scio's rocky isle ' (τυφλὸς ἀνήρ, οἰκεῖ δὲ Χίῳ ἔνι παιπαλοέσσῃ).

Next to Chios we cannot be wrong in ranking SMYRNA. Pindar, as has been said, made Homer both a Smyrnaean and a Chian—perhaps distinguishing between his place of birth and his dwelling. The

---

[4] Anthol. Planud. 4. 297 :

ἑπτὰ ἐριδμαίνουσι πόλεις διὰ ῥίζαν Ὁμήρου,
Κύμη, Σμύρνα, Χίος, Κολοφών, Πύλος, Ἄργος, Ἀθῆναι.

Ibid. 298 :

ἑπτὰ πόλεις μάρναντο σοφὴν διὰ ῥίζαν Ὁμήρου,
Σμύρνα, Χίος, Κολοφών, Ἰθάκη, Πύλος, Ἄργος, Ἀθῆναι.

[5] Simonides fr. 85 Bergk. [6] Hom. H. Apoll. 172.

C C 2

logographer Eugaeon of Samos said that Homer's true father was the
Meles, the river of Smyrna. And one of the earliest professed students
of Homer, Stesimbrotus of Thasos (a contemporary of Cimon and
Pericles), made him a native of Smyrna, where he had a shrine, and
was worshipped as a demigod.

The strength of the popular belief about Smyrna appears also in
the so-called *Epigrams*, which are brief poems, of a folklore type,
such as are found in most countries as 'popular rhymes.' The fourth
epigram contains the complaint of a blind poet, in whose person the
Muses desired to glorify that city—

Αἰολίδα Σμύρνην ἀλιγείτονα ποντοτίνακτον,
ἥν τε δι' ἀγλαὸν εἴσιν ὕδωρ ἱεροῖο Μέλητος.

But the citizens rejected the sacred voice, and the poet became
a wanderer. He does not however name himself, and there is nothing
to show when he was first identified with 'Homer.' Verses of this
kind may have been current in Ionia and Aeolis long before they
were drawn within the orbit of the Smyrnaean Homer legend.

The poet Bacchylides witnessed to the claim of Ios, and in the
lost work of Aristotle περὶ ποιητῶν [7] a story was related of the death of
Homer in that island. Apparently his tomb was shown there.

A claim on behalf of COLOPHON was made by the scholar-poet
Antimachus (pupil of Stesimbrotus and contemporary of Socrates);
also by a certain Nicander of Colophon, who wrote περὶ τῶν ἐκ Κολο-
φῶνος ποιητῶν. The mock-epic *Margites*, which even Aristotle
regarded as the work of Homer[8], had a Colophonian poet as hero.
The first line was—

ἦλθέ τις εἰς Κολοφῶνα γέρων καὶ θεῖος ἀοιδός.

The historian Ephorus of CYME (in the end of the fifth century)
maintained that Homer was a Cymaean. The same opinion was
held by the Homeric scholar Hippias of Thasos. This claim, like
that of Smyrna, doubtless found support in the *Epigrams*. The first
addresses Neonteichos as 'daughter of Cyme,' and begs for hospitality:
the second announces the return of the poet: the fourth implies at
least some stay in Cyme. In this case also Homer may have taken
the place of an originally nameless bard.

A certain Callicles is said to have maintained that Homer was

[7] Ps. Plut. *Vit. Hom.* c. 3. Cp. Gell. *Noct. Att.* 3. 11 Aristoteles tradit ex
insula Io natum : *Vit. Hom.* (ed. Iriarte) Τιμόμαχος δὲ καὶ Ἀριστοτέλης ἐξ Ἴου τῆς
νήσου.
[8] Arist. *Eth. Nic.* vi. 7 ὥσπερ Ὅμηρός φησιν ἐν τῷ Μαργίτῃ.

a native of SALAMIS in Cyprus. The ground for his contention may
be found in the *Hymns*, three of which are addressed to Aphrodite in
her character as Κύπρις (cp. H. Ven. 292 Κύπροιο ἐϋκτιμένης μεδέουσα,
H. vi. 2 ἣ πάσης Κύπρου κρήδεμνα λέλογχεν, and especially H. x. 4 χαῖρε
θεά, Σαλαμῖνος ἐϋκτιμένης μεδέουσα). It may perhaps rest also on the
poem called the *Cypria* (Κύπρια ἔπη), sometimes ascribed to Homer,
which (as we have seen in ch. iii) chiefly turned upon the baleful
influence of Aphrodite on the fortunes of Troy.

In the third century B.C. the historian Philochorus[9] maintained that
Homer was of ARGOS. Perhaps, like Cleisthenes of Sicyon, he was
moved by the circumstance that Homer 'is for the most part about
Argos and the Argives' (Hdt. 5. 67). It may well be that he took
account of the *Thebaid* and *Epigoni* as Homeric, although these poems
cannot have retained much vogue in his time.

Omitting one or two less well attested matters—such as the con-
nexion with Phocaea, of which there are traces in a Thestorides,
who shares with Homer the attribution of the *Little Iliad* and the
Phocais[10], or such as the Roman or the Egyptian Homer of some late
authorities[11]—we come to the name of ATHENS. The advocate in
this case is no less than Aristarchus, and his opinion is based on the
most scientific of tests, viz. that of language. It is unfortunately
impossible to guess how he would have met the obvious objection
that Athens and the Attic heroes are hardly mentioned in Homer
except in doubtful or more than doubtful passages. If Homer had
been an Athenian who, like the Smyrnaean poet of the *Epigrams*,
had shaken off the dust of his native city, he could not have been
more silent.

The preceding review seems to point to the conclusion that most of
the places in Greece or its colonies that boasted of Homer's presence
could appeal to the internal evidence of poems then generally accounted
Homeric. The mythical biographies, when rationalised, assume the
guise of a bibliography. The *Iliad* and *Odyssey* are so impersonal
that they furnish no *data* for this purpose. Perhaps it was so also with
the *Thebaid* and the *Epigoni*. But the *Hymn to Apollo* contained
a clear announcement that Chios was the home of its author. An
ancient objector could at most raise a doubt whether Homer was born
in Chios, or only dwelt there. Again, the *Hymns* went far to connect
Homer with Cyprus, especially with Salamis, and probably the *Cypria*

---

[9] Philochorus fr. 54 c (Müller). [10] Ps. Hdt. *Vit. Hom.* 15–16.
[11] *Vit. Hom.* 6 'Αριστόδημος δ' ὁ Νυσαεὺς 'Ρωμαῖον αὐτὸν ἀποδείκνυσιν ἐκ τινων
ἠθῶν 'Ρωμαϊκῶν, ἄλλοι δ' Αἰγύπτιον.

strengthened the case. Again, the *Margites* seemed to be the work of a native of Colophon, and therefore to connect Homer with that place. The *Nosti* was also a poem of Colophonian authorship, and was ascribed at one time to Homer. The short hymn to Artemis (ix), which connects her with the Clarian Apollo, doubtless contributed. Similarly the *Little Iliad* and the *Phocais* were made the ground of a visit of Homer to Phocaea[12]. Finally the *Epigrams* brought a nameless poet, identified in time with Homer, to Smyrna, to Cyme, to Neonteichos: and these cities—none of them known to the *Iliad* or *Odyssey*—gained a place in the Homer legend.

There is one remarkable exception, or *instantia negativa*, which does much to confirm the rule that the other instances suggest. Miletus never claimed to be the birthplace of Homer: it does not occur in any version of his life. And no work of a Milesian was ever ascribed to Homer. Yet Miletus has a great epic poet, Arctinus, and was a chief centre of civilisation in Ionia. This instance makes it probable that it was not simply the diffusion of epic poetry that led to stories of the birthplace of Homer. It was the diffusion (so to speak) of the *name* of Homer—the tendency to attribute all epic poems or fragments of poetry to him. At Miletus this tendency was met by a well-established local tradition, through which the name of Arctinus retained sole possession of the ground.

It is worth while to notice here that the *Aeolian* Smyrna is the city mentioned in the *Epigrams*. This helps to fix, roughly at least, the date of the verses in question. Smyrna was Aeolian, according to the account of Herodotus, down to the year 688 B.C., when certain Colophonian exiles who had been admitted into the city took possession of it by treachery. From that time it belonged to the Ionian confederacy, but was taken and destroyed by Alyattes about 627 B.C.[13] It seems unlikely therefore that it was known as 'Aeolian Smyrna' after the seventh century B.C.

Besides disputing about Homer's birthplace, the early logographers concerned themselves with his date and genealogy. Pherecydes, Hellanicus and Damastes agreed in making him a descendant of Orpheus. According to Damastes he was also tenth in descent from Musaeus. A similar genealogy was framed for Hesiod, who (as Hellanicus asserted) was a cousin of Homer[14]. In these matters the

---

[12] Ps. Herod. *Vit. Hom.* 15, 16. It is conjectured by Usener (*De Iliadis carmine Phocaico*) that the eleventh book of the *Iliad* came from Phocaea. But his argument is hardly convincing.

[13] Hdt. 1. 16, 150: Paus. 7. 5. 1., 9. 29. 2.

[14] Hellanicus (*Vit. Hom.* 8).

most interesting thing is the attitude of Herodotus. He does not condescend to notice the mythical figures of Orpheus, Linus, Musaeus and the like, beyond expressing his belief that the poets who are said to have been earlier than Homer and Hesiod were really later. At the same time he thinks that these two poets were not more than 400 years older than himself. Apparently it was the fashion to ascribe to them a considerably higher antiquity. It is strange to find even Herodotus speaking of 400 years as a short time (πρῴην τε καὶ χθές is his phrase). But Herodotus looked back upon a period which did not record or measure time. He had no means of forming a conception of the *rate* at which events take place. His testimony in this case is almost purely negative; but it has the great value of proving that there was then no other evidence bearing on the points at issue.

§ 3. *The poems brought from Ionia.*

If, then, the ancients imagined Homer as a wandering minstrel who went about among the Ionian cities, how and when could they suppose that his poems became known on the western side of the Aegean? They had to explain (*e.g.*) the favour which Homer enjoyed with the partly Dorian and partly Achaean population of Sicyon in the time of the elder Cleisthenes, and to understand how it came to pass that the Spartan envoy to Hiero of Syracuse expressed his indignation in words borrowed from the *Iliad*—in words, too, which implied that Sparta had succeeded to all the rights of the empire of Agamemnon [15].

The first answer, so far as we know, was given about the end of the fifth century by Ephorus, who related that the Spartan legislator Lycurgus, in the course of his travels, met with Homer in the island of Chios, and obtained from him a copy of his poems [16]. In a version of this story preserved by Dio Chrysostom (ii. p. 87) the poems were brought by Lycurgus 'from Crete or Ionia.' According to another version, which goes back to Heraclides Ponticus (fourth century B. C.), Lycurgus found the poems in the possession of the descendants of

---

[15] Hdt. 7. 159 ἦ κε μέγ' οἰμώξειεν ὁ Πελοπίδης Ἀγαμέμνων πυθόμενος κτλ. On the same occasion the Athenian appealed to the passage about Menestheus (Il. 2. 553). As to Sicyon see p. 397.

[16] Strabo x. p. 482 (quoting from Ephorus) ἐντυχόντα δ' ὥς φασί τινες καὶ Ὁμήρῳ διατρίβοντι ἐν Χίῳ. A trace of this story, or at least of the anachronism which it involves, is to be found in Cicero, *Tusc.* 5. 3. § 7 Lycurgum cuius temporibus Homerus etiam fuisse ante hanc urbem conditam traditur.

Creophylus in one of the islands—variously given as Samos, Chios or Ios—and brought them back to Sparta [17]. The historian Timaeus thought that there were two statesmen of the name of Lycurgus, the elder of whom was contemporary with Homer [18]. The name of Creophylus was familiar at that time, as we see from the *Republic* of Plato, where he is mentioned as a sort of companion poet [19]. The explanation of all this is not far to seek. The oldest version told of a meeting between the two greatest men of early Greece. In it we have exactly the type of literary *anecdote* in which ancient historians delighted. Then came the reflexion that Homer was not later than the Dorian invasion, and therefore long anterior to the Spartan reformer. The difficulty was met by bringing in the Creophylus legend, which (like the Lycurgus story) was current in the fourth century B.C. The discrepancy as to the place where the poems were obtained arose in the most natural way. Chios appears in the original story, because it was known to have been the abode of Homer. Samos came in as the home of Creophylus. And if Homer's death took place in Ios, it was there that men would expect to find his treasures.

One late writer, Aelian (*V. H.* xiii. 14), relates that the poems of Homer were dispersed (διῃρημένα), and that it was Lycurgus who first brought them in a collected form to Greece (ἀθρόαν πρῶτον εἰς τὴν Ἑλλάδα κομίσαι τὴν Ὁμήρου ποίησιν). This is of course the story that afterwards gained so much vogue when told of Pisistratus. At first sight we are tempted to suppose that it originally belongs to Lycurgus, and was transferred to Pisistratus at a later time. On this view, however, it would be hard to see why this part of the Lycurgus anecdotes should have been unknown to writers such as Ephorus and Heraclides Ponticus, and yet have come to the knowledge of Aelian. More probably, therefore, it is an example of contamination. The comparatively late Pisistratus story was drawn into the group of anecdotes that had clustered round the greater name of the Spartan lawgiver.

[17] Heraclid. Pont. *Pol.* 2 Λυκοῦργος ἐν Σάμῳ ἐτελεύτησε, καὶ τὴν Ὁμήρου ποίησιν παρὰ τῶν ἀπογόνων Κρεωφύλου λαβὼν πρῶτος διεκόμισεν εἰς Πελοπόννησον. So Plutarch (*Lyc.* 4), who adds an echo of the Pisistratus story, to the effect that in the time of Lycurgus the poems were already known in Greece, but only in parts and σποράδην to not many persons. For Chios and Ios see n. 19.

[18] Plut. *Lyc.* 1 (Timaeus thinks that there were two Spartans of the name of Lycurgus) καὶ τόν γε πρεσβύτερον οὐ πόρρω τῶν Ὁμήρου γεγονέναι χρόνων, ἔνιοι δὲ καὶ κατ᾽ ὄψιν ἐντυχεῖν Ὁμήρῳ.

[19] Plato *Rep.* p. 600: cp. Strab. xiv. p. 638 Σάμιος δ᾽ ἦν καὶ Κρεώφυλος, ὅν φασι δεξάμενον ξενίᾳ ποτὲ Ὅμηρον κτλ. In the scholia on the *Republic* (*l. c.*) he is called a Chian; while according to Proclus (*Vit. Hom.*) it was in Ios that Homer was hospitably entertained by him.

In the pseudo-Platonic dialogue *Hipparchus*, which is usually supposed to be not later than the second century B.C., it is said that Hipparchus son of Pisistratus first brought the poems of Homer to Attica, and that he obliged the rhapsodists at the Panathenaic festival to recite consecutively, so that the people might hear entire poems, and not merely passages chosen at the will of the reciter[20]. This regulation, as we shall see (§ 4), is also attributed to Solon. It undoubtedly existed, but we cannot tell to whom it was due. This is one of the points on which late writers make positive statements, while those whose testimony would have real weight are silent. But the assertion that there were no copies of the Homeric poems at Athens before the time of Hipparchus is a strange one. The Lycurgus story, though evidently unhistorical, was at least in harmony with other conditions. The explanation is doubtless to be sought in the character and aim of the *Hipparchus*, as a not very successful imitation of Plato. The author evidently desired to illustrate his theme by a myth in the Platonic manner. He adopted the historical type of myth seen in the *Politicus* and *Timaeus*, and chose for his period the government of the Pisistratidae. In this he was strongly influenced by the disposition among the literary men of the time to take a favourable view of 'tyrants,' and to see in them collectors of books and patrons of learning, like the Ptolemies and the Attalid princes. Accordingly he fixed upon Hipparchus, and gave an idealised description of him which perhaps had the effect of a paradox. He transferred to Hipparchus and Attica the story that Ephorus and others had told of Lycurgus and the Peloponnesus. It is worth noting that the *Hipparchus* falls into all the errors regarding the Pisistratidae that are pointed out by Thucydides[21]. The writer either blindly accepted floating tradition, or deliberately preferred an unhistorical version, in a case where he doubtless assumed that the literal truth was not called for. Our attitude towards his testimony must be based upon this appreciation. We cannot say, as Wolf said of the Pisistratus story, *historia loquitur*. But he shows us by example the sort of stories that were in the air.

---

[20] Ps. Plat. *Hipparch.* p. 228 B τὰ Ὁμήρου ἔπη πρῶτος ἐκόμισεν εἰς τὴν γῆν ταυτηνί, καὶ ἠνάγκασε τοὺς ῥαψῳδοὺς Παναθηναίοις ἐξ ὑπολήψεως ἐφεξῆς αὐτὰ διιέναι, ὥσπερ νῦν ἔτι οἴδε ποιοῦσιν.

And so of Solon, Diog. Laert. 1. 57 τά τε Ὁμήρου ἔπη ἐξ ὑποβολῆς γέγραφε ῥαψῳδεῖσθαι, οἷον ὅπου ὁ πρῶτος ἔληξεν ἄρχεσθαι τὸν ἐχόμενον. See n. 24.

[21] Thuc. 6. 54–59.

§ 4. *Recitation of Homer.*

In a striking passage of Wolf's *Prolegomena*[22], it is pointed out that
there must always be some relation or correspondence between the
form of a literary work and the methods or channels by means of
which it is brought before the public—the hearers, or readers, or
spectators—to whom it is addressed. Thus in an age of oral
literature, he goes on to argue, an epic poem like the *Iliad*
or the *Odyssey* would be as much out of place as a great ship
built on ground from which it could not be launched. The notices
that we have of the recitation or rhapsodising (ῥαψῳδία) of Homer,
if they do not prove that the poems were impossible under such
conditions, at least show that his contention is one of which it is very
necessary to take account.

The term ῥαψῳδός was applied in classical times to men who made
it their business to recite epic poetry, especially that of Homer. Why
they were called ῥαψῳδοί, 'stitchers of song,' is a question that need
not delay us here[23]. They are described as going about to the great
religious festivals of Greece, and contending for the prizes offered for
this species of performance. At Athens there was a law that Homer
should be recited at every quinquennial celebration of the Panathenaea.
As has been mentioned, the rhapsodists were there obliged to follow
the order of the text, so that the poems should be produced in their

---

[22] Wolf, *Proleg.* xxvi. Quid? quod si forte . . . unus in saeculo suo Iliada et
Odysseam hoc tenore pertexuisset, in ceterarum opportunitatum penuria similes
illae fuissent ingenti navigio, quod quis in prima ruditate navigationis fabricatus
in loco mediterraneo, machinis et phalangis ad protrudendum, atque adeo mari
careret, in quo experimentum suae artis caperet. . . . Eodem pacto si Homero
lectores deerant, plane non assequor quid tandem eum impellere potuisset in
consilium et cogitationem tam longorum et continuo partium nexu consertorum
Carminum.

[23] The derivation of the word ῥαψῳδός which makes it = 'stitcher of song' (from
ῥάπτω), is clearly more correct than the other that Pindar throws out (ῥαψῳδός for
ῥαβδῳδός, from the wand that they carried). But what did the expression 'stitcher
of song' originally mean? Attempts have been made to explain it, in accordance
with modern theories, of some process of arranging or 'stringing together' short
'lays' so as to form connected poems. But it is surely more probable that
'stitching' was simply a colloquial variation for composing or making, as in the
lines quoted by the scholiast on Pind. *Nem.* 2. 1 as from Hesiod (fr. 221 Goettling):

ἐν Δήλῳ τότε πρῶτον ἐγὼ καὶ θεῖος Ὅμηρος
μέλπομεν ἐν νεαροῖς ὕμνοις ῥάψαντες ἀοιδήν.

If so, ῥαψῳδός meant 'poet,' and only acquired the sense of 'reciter' when recitation
took the place of original poetry in the poetical contests of Greece. Naturally,
when the wand became the symbol of the competing rhapsodist the accidental
likeness of ῥάβδος and ῥαψῳδός led to a popular etymology by which they were
associated. Of this Heraclitus took advantage when he said that Homer deserved
to be cast out from the contests and beaten (ῥαπίζεσθαι instead of ῥαψῳδεῖσθαι).

entirety [34]. Elsewhere it would seem that they were more free, each one being allowed to choose a passage suited to the display of his powers. As 'rhapsody' was only one of several kinds of entertainment, the time allotted to each rhapsodist can hardly ever have been enough for the due appreciation of a poem of moderate length. Even the regulation said to have been enforced at the Panathenaea cannot have entirely remedied this evil. Moreover, the unfortunate conditions of the rhapsodic art reacted on the artists. We find a highly contemptuous estimate of them in the *Symposium* of Xenophon [35]. The picture of a typical rhapsodist drawn for us in the *Ion* of Plato is hardly more flattering. The feature most dwelt upon is the highly theatrical style of the recitation, and the strong feeling that overmastered the performer as well as his audience [36]. As Plato doubtless recognized, this effect was alien to the true character of Homeric narrative. Even the text of Homer suffered at their hands. If we are to believe the scholiast on Pindar (*Nem.* 2. 1) they mangled the poems sadly, and inserted many verses of their own.

Here an obvious question arises. If recitation by professional rhapsodists was so imperfect and unsuitable as a means of knowing and enjoying the poetry of Homer, how was it tolerated at all? Does it not bring out precisely that want of harmony between the work of art and its production upon which Wolf insisted? Does it not show that the original poems must have been, not epics like the *Iliad* and *Odyssey*, but 'lays' such as the rhapsodists would have found within the compass of their art?

The answer to this question is found in the profound difference — one that implies a very considerable interval of time — between the manner and circumstances of recitation in historical times and those

[34] The expression ἐξ ὑποβολῆς (ῥαψῳδεῖσθαι) has given rise to much controversy. At first it seems to answer to ἐξ ὑπολήψεως, the phrase used in the *Hipparchus*, which clearly means 'taking up,' i. e. going on where the last man left off, or (in the words of Diogenes Laertius) ὅπου ὁ πρῶτος ἔληξεν ἐντεῦθεν ἄρχεσθαι τὸν ἐχόμενον. But this is inconsistent with the use of ὑποβάλλω and its derivatives, which have the sense of 'suggesting,' 'supplying' (with ideas or words), 'prompting' or 'dictating.' Hence the meaning in the passage in question is that each rhapsodist was 'given his cue,' and that this was done (presumably by the agonothetae) so that the recitations should follow the order of the text. The words οἷον ὅπου ὁ πρῶτος κτλ. are not epexegetic of ἐξ ὑποβολῆς, but express the practical result of the ὑποβολή, i. e. of the *direction* to which the rhapsodists at the Panathenaea were subject.

[35] Xen. *Symp.* 3. 6 οἶσθά τι οὖν ἔθνος, ἔφη, ἠλιθιώτερον ῥαψῳδῶν; οὐ μὰ τὸν Δί', ἔφη ὁ Νικήρατος, οὔκουν ἔμοιγε δοκεῖ.

[36] Plato *Ion* p. 535 ἐγὼ γὰρ ὅταν ἐλεεινόν τι λέγω, δακρύων ἐμπίπλανταί μου οἱ ὀφθαλμοί. ὅταν τε φοβερὸν ἢ δεινόν, ὀρθαὶ αἱ τρίχες ἵστανται ὑπὸ φόβου καὶ ἡ καρδία πηδᾷ. And of the hearers, *ibid.* καθορῶ γὰρ ἑκάστοτε αὐτοὺς ἄνωθεν ἀπὸ τοῦ βήματος κλαίοντάς τε καὶ δεινὸν ἐμβλέποντας καὶ συνθαμβοῦντας τοῖς λεγομένοις.

which obtained in the Homeric age. To understand the full extent of this difference we have only to turn again to the 'singer' of the *Odyssey*. We find him attached to a great house, the palace of one of the 'kings' or *seigneurs* of the quasi-feudal period of Greece. He sings at the feast in the hall, day after day, to amuse the leisure of the 'king' and his guests and retainers. His song is accompanied by the φόρμιγξ—the Homeric instrument answering to the lyre of later times. The rhapsodists, on the other hand, went about to the various festivals, and competed for prizes, reciting passages in turn before the assembled crowd. Their performance was not musical, but was highly dramatic and sensational. Instead of the lyre they bore a wand (ῥάβδος); as in Homer a speaker in the assembly holds a σκῆπτρον. Their recital did not produce the sense of charm (κηληθμός) that followed a well-told tale in Homeric days. Rather it roused the feelings of the vast audience to a species of madness.

This difference in the outward conditions of epic poetry is only part of the social and political changes that were brought about in the period now in question. The Greece of Homer, with its hereditary chiefs living in fortified palaces like those of Tiryns or Mycenae, had become more or less democratic. The occupation of a post like the rock of Tiryns was now tantamount to an attempt to overthrow the law and establish a 'tyranny.' The palaces were deserted: the acropolis was reserved for the temples of the gods. The amusements of the people underwent a corresponding change. New kinds of music and poetry—the Aeolian choric music, the Dorian tragedy, the Attic drama, shared in succession the vogue once confined to the epic. Great festivals arose, such as the πανήγυρις of Delos, and drew crowds from many cities. The minstrel's song, which was chief among the ἀναθήματα δαιτός in the olden time, no longer met the need. It is surely a proof of the vitality of the Homeric poems, and the hold they had gained over the people of Greece, that they still continued, though under different conditions, to form a large part of the entertainment at such gatherings.

It is worth while to compare the failure of 'rhapsody' as a vehicle for Homeric poetry with the objections taken to the poems themselves by the early Ionian philosophers. In both cases the poems suffered from a gradual change in their environment. As the quarrel of poetry and philosophy was due to the advance of moral and religious thought, so the inadequacy of the rhapsodists was due to the passing away of the society for which the poems were originally composed. In both cases we obtain something like a time-

measure—a process of development for which we have to find room
in our chronology.

It would be interesting, in view of the considerations now put
forward, if we could trace the rise of professional rhapsodising, or
determine the time at which it first became popular in Greece.
According to Aristotle it was comparatively late [27]. It was, however,
an established institution early in the sixth century B.C., if it is true
that Cleisthenes of Sicyon (unlike the enlightened tyrants of learned
imagining) put down the contests of rhapsodists in Sicyon ' on account
of the poetry of Homer, because it is all about Argos and the
Argives [28].' At Athens in the same century (if we may trust our
information), a law was made prescribing and regulating the recitation
of Homer as part of the Panathenaic festival. It is attributed by
Diogenes Laertius to Solon, and by the writer of the pseudo-
Platonic *Hipparchus* to Hipparchus son of Pisistratus. It is also
referred to by the orators Lycurgus and Isocrates, but without
mention of the statesman to whom it was due [29]. As the laws of
Solon are generally quoted with his name, it may be suspected that the
author of this regulation was unknown. It was however a thing of
long standing in the time of Isocrates; and the contests which it was
designed to regulate were doubtless still older. Another probably
ancient seat of Homeric ' rhapsody' was the *Brauronia* [30], a festival
held at Brauron in Attica, where we are told that the *Iliad* was
recited. There is also a notice of rhapsodic contests at the Dionysia:
but we are not told which festival of that name is intended [31].

Rhapsodists are referred to in two passages of Pindar, viz. in
Nem. 2. 1–3 Ὁμηρίδαι ῥαπτῶν ἐπέων ἀοιδοί, and in *Isthm.* 3. 56 κατὰ
ῥάβδον ἔφρασεν θεσπεσίων ἐπέων (said of Homer celebrating the prowess

[27] Arist. *Rhet.* iii. 1. 3 (p. 1403 b) τρίτον δὲ τούτων, ὃ δύναμιν μὲν ἔχει μεγίστην,
οὔπω δ᾽ ἐπικεχείρηται, τὰ περὶ τὴν ὑπόκρισιν· καὶ γὰρ εἰς τὴν τραγικὴν καὶ ῥαψῳδίαν
ὀψὲ παρῆλθεν. Cp. Max. Tyr. 23. 5 ὀψὲ μὲν γὰρ ἡ Σπάρτη ῥαψῳδεῖ, ὀψὲ δὲ ἡ Κρήτη.

[28] Hdt. 5. 67 ῥαψῳδοὺς ἔπαυσε ἐν Σικυῶνι ἀγωνίζεσθαι τῶν Ὁμηρείων ἐπέων εἵνεκα,
ὅτι Ἀργεῖοί τε καὶ Ἄργος τὰ πολλὰ πάντα ὑμνέαται.

[29] Diog. Laert. i. 57 (see note 20).
Lycurg. *Leocr.* p. 209 βούλομαι δ᾽ ὑμῖν καὶ τὸν Ὅμηρον παρασχέσθαι ἐπαινῶν·
οὕτω γὰρ ὑπέλαβον ὑμῶν οἱ πατέρες σπουδαῖον εἶναι ποιητήν, ὥστε νόμον ἔθεντο καθ᾽
ἑκάστην πεντετηρίδα τῶν Παναθηναίων μόνου τῶν ἄλλων ποιητῶν ῥαψῳδεῖσθαι
τὰ ἔπη.
Isocr. *Paneg.* p. 74 οἶμαι δὲ καὶ τὴν Ὁμήρου ποίησιν μείζω λαβεῖν δόξαν, ὅτι
καλῶς τοὺς πολεμήσαντας τοῖς βαρβάροις ἐνεκωμίασε, καὶ διὰ τοῦτο βουληθῆναι τοὺς
προγόνους ἡμῶν ἔντιμον αὐτοῦ ποιῆσαι τὴν τέχνην ἔν τε τοῖς τῆς μουσικῆς ἄθλοις καὶ
τῇ παιδεύσει τῶν νεωτέρων.

[30] Hesych. Βραυρωνίοις· τὴν Ἰλιάδα ᾖδον ῥαψῳδοὶ ἐν Βραυρῶνι τῆς Ἀττικῆς.

[31] Athen. vii. p. 275 b (from the account of a certain ἑορτή given by Clearchus,
scholar of Aristotle) ἐξέλιπε δὲ αὕτη, καθάπερ ἡ τῶν ῥαψῳδῶν, ἣν ἦγον κατὰ τὴν
τῶν Διονυσίων· ἐν ᾗ παριόντες ἕκαστοι τῷ θεῷ οἷον τιμὴν ἀπετέλουν τὴν ῥαψῳδίαν.

of Ajax). The allusion to the word ῥαψῳδός is marked, and all the more so since the poet seems to shrink from using it himself. Perhaps it was a new expression, or too colloquial, and not sanctioned by poetical usage. According to the scholiast on the former of these two passages one of the earliest of the rhapsodists was Cynaethus of Chios, who recited Homer for the first time at Syracuse in the sixty-ninth Olympiad. The evidence for poetical contests goes back somewhat farther. They are clearly implied in the boast of Thamyris ' that he can conquer even the Muses in song' (Il. 2. 597). That passage is, however, in the *Catalogue*, and therefore of doubtful antiquity. The author of the *Hymn to Apollo* describes himself as taking part in the great Ionic πανήγυρις in the island of Delos, and as begging the Delian maidens to declare his songs to be the best [22]. Another Homeric hymn ends with the formula δὸς δ' ἐν ἀγῶνι νίκην τῷδε φέρεσθαι, ἐμὴν δ' ἔντυνον ἀοιδήν [23]. In some at least of these cases the contest was apparently not one of rhapsody in the technical sense, but the competitors were poets who recited their own verses. It may be that contests of this kind formed the transition between the Homeric minstrel ' in whose heart the Muse had put many songs,' and the unintelligent rhapsodist of the age of Plato.

§ 5. *The Homeridae.*

It has often been supposed that the preservation of the Homeric poems before the time when writing was in general use and written copies began to be multiplied may be accounted for by the services of a family or *gens* (γένος) settled in Chios and calling themselves Ὁμηρίδαι. Such a family, if it existed, might well have carried on the recitation of Homer as a hereditary craft, even as the Asclepiadae carried on the profession of medicine, or as the Daedalidae seem to have kept up the art of making certain mechanical contrivances. It is therefore necessary to examine the evidence that there is for the existence of the Homeridae, and for their connexion with the recitation of Homer in early times.

The earliest mention of Homeridae is in Pindar, who applies the word to the rhapsodists, in *Nem.* 2. 1–3 :

ὅθεν περ καὶ Ὁμηρίδαι
ῥαπτῶν ἐπέων τὰ πόλλ' ἀοιδοὶ
ἄρχονται Διὸς ἐκ προοιμίου κτλ.,

[22] Hom. H. Apoll. 165–172: Thuc. 3. 104.
[23] Hom. H. v. 20: cp. x. 5., xxiii. 5.

'whence the sons of Homer, the singers of stitched song, mostly take their prelude, from Zeus.' This, however, need not mean that the rhapsodists of Pindar's time belonged in a literal sense to a family of Homeridae. On the contrary, the real subject of the sentence is the word which the poet wraps up in a periphrasis, viz. ῥαψῳδοί, and Ὁμηρίδαι is a descriptive epithet, to be understood metaphorically. Such a manner of speaking is most natural in Greek. Homer himself speaks of 'the race of singers' (φῦλον ἀοιδῶν), and of physicians as 'the brood of the god of healing' (ἢ γὰρ Παιήονός εἰσι γενέθλης, Od. 4. 232). Hereditary occupation was so familiar that the family or *gens* became a form under which any group of the kind could be imagined and spoken of. We may compare the modern use of the term 'school,' which is extended to a group that *might have been* formed by common teaching. There is no difficulty in supposing that Pindar applied the phrase 'kindred of Homer' to the rhapsodists of his day in this indefinite sense.

This interpretation of Pindar's Ὁμηρίδαι is borne out by the Attic use of the same word. It is found in three passages of Plato and one of Isocrates, in all of which it can have nothing to do with recitation, but must mean 'students of Homer,' 'Homer worshippers,' or the like [34]. In these writers it is still somewhat esoteric or poetical, answering to the more prosaic Ὁμηρικοί of Aristotle [35]. This use, it is hardly necessary to remark, is inconsistent with the survival of a family of Homeridae known as rhapsodists. Indeed if the term Homeridae had ever been generally used as an equivalent for 'rhapsodists,' it is unlikely that it would have acquired so different a meaning. In the time of Plato and Isocrates the true 'children of Homer' were not the reciters but the students of the poet.

Further, this view is supported by an ancient commentary on the passage of Pindar. The following are the scholia in question:

(1) Ὁμηρίδας ἔλεγον τὸ μὲν ἀρχαῖον τοὺς ἀπὸ τοῦ Ὁμήρου γένους, οἳ καὶ τὴν ποίησιν αὐτοῦ ἐκ διαδοχῆς ᾖδον· μετὰ δὲ ταῦτα καὶ οἱ ῥαψῳδοί, οὐκέτι τὸ γένος εἰς Ὅμηρον ἀνάγοντες· ἐπιφανεῖς δὲ ἐγένοντο οἱ περὶ Κύναιθον, οὕς φασι πολλὰ τῶν ἐπῶν ποιήσαντας ἐμβαλεῖν εἰς τὴν Ὁμήρου ποίησιν. ἦν δὲ ὁ

---

[34] Isocr. *Hel.* § 65 λέγουσι δέ τινες καὶ τῶν Ὁμηριδῶν ὡς ἐπιστᾶσα νυκτὸς Ὁμήρῳ προστάξαι ποιεῖν περὶ τῶν στρατευσαμένων ἐπὶ Τροίαν.

Plato, *Rep.* p. 599 E (Homer is not known as a legislator) οὔκουν λέγεταί γε οὐδ᾽ ὑπ᾽ αὐτῶν Ὁμηριδῶν.

Ion p. 530 D καὶ μὴν ἄξιόν γε ἀκοῦσαι, ὦ Σώκρατες, ὡς εὖ κεκόσμηκα τὸν Ὅμηρον· ὥστε οἶμαι ὑπὸ Ὁμηριδῶν ἄξιος εἶναι χρυσῷ στεφάνῳ στεφανωθῆναι.

Phaedr. p. 252 B λέγουσι δὲ οἶμαί τινες Ὁμηριδῶν ἐκ τῶν ἀποθέτων ἐπῶν δύο ἔπη εἰς τὸν Ἔρωτα.

[35] Arist. *Metaph.* xiv. 6 (p. 1093 a 27).

Κύναιθος Χῖος, ὃς καὶ τῶν ἐπιγραφομένων Ὁμήρου ποιημάτων τὸν εἰς Ἀπόλλωνα γεγραμμένον ὕμνον λέγεται πεποιηκέναι. οὗτος οὖν ὁ Κύναιθος πρῶτος ἐν Συρακούσαις ἐρραψῴδησε τὰ Ὁμήρου ἔπη κατὰ τὴν ἑξηκοστὴν ἐνάτην Ὀλυμπιάδα, ὡς Ἱππόστρατός φησιν.

(2) Then follows a scholium on the etymology of ῥαψῳδός: then—

(3) ἄλλως· Ὁμηρίδαι πρότερον μὲν οἱ Ὁμήρου παῖδες, ὕστερον δὲ οἱ περὶ Κύναιθον ῥαβδῳδοί· οὗτοι γὰρ τὴν Ὁμήρου ποίησιν σκεδασθεῖσαν ἐμνημόνευον καὶ ἐπήγγελλον· ἐλυμήναντο δὲ αὐτὴν πάνυ.

'Originally,' the scholiast says, 'the name Homeridae denoted the actual descendants of Homer, who sang his poems in hereditary succession: but afterwards the rhapsodists who were not descended from him. Chief among these were Cynaethus and his followers (οἱ περὶ Κύναιθον), who, they say, foisted many verses of their own making into the poetry of Homer. Now Cynaethus was a Chian, who is said to have been the author of the hymn to Apollo that is ascribed to Homer. This Cynaethus was the first who recited the poems of Homer at Syracuse, in the 69th Olympiad, as Hippostratus says[36].' As Cynaethus was older than Pindar, this statement implies that the rhapsodists of Pindar's time were no longer of the family of Homer,—so that they could only be Homeridae in a poetical sense.

It may be urged here that the scholiast does not confine himself to the negative statement that the rhapsodist Cynaethus and his like were not of the Homerid *gens*. He says that anciently—in the times before Cynaethus—the descendants of the poet sang his verses. On this point, however, it is difficult to believe that he had any evidence going back so far. He gives us no information about the supposed *gens*. He does not even seem to know that they were of Chios,— which is the more remarkable since he says that Cynaethus was a Chian. It seems much more likely that his assertion is merely an inference from the patronymic form of the word. He had some information about the career of Cynaethus which probably did not justify his saying more than that the word Homeridae, if it once implied descent from Homer, had ceased to do so in the time of Cynaethus, and *a fortiori* in the time of Pindar.

So far we have had to do with Pindar and his scholiasts, and with statements as to the claim of rhapsodists to the name Homeridae.

---

[36] Hippostratus is quoted by the scholiast on Pindar (*Pyth.* 6. 4) 'as ὁ τὰ περὶ Σικελίας γενεαλογῶν. Hence his notice of the rhapsodising of Cynaethus at Syracuse probably comes from a local source. On the other hand it is unlikely that Cynaethus, if he recited Homer so late as the 69th Olympiad, was the real author of the *Hymn to Apollo*. Cp. also the scholia on Pind. *Ol.* 2. 8. 16 and Theocr. 6. 40.

We have now to turn to notices about a family that certainly bore the name of Homeridae, and to ask what right they had to claim kindred with the poet.

The *locus classicus* is the article Ὁμηρίδαι in the *Lexicon* of Harpocration, which is as follows :

Ὁμηρίδαι· Ἰσοκράτης Ἑλένῃ· Ὁμηρίδαι γένος ἐν Χίῳ, ὅπερ Ἀκουσίλαος ἐν γ̄, Ἑλλάνικος ἐν τῇ Ἀτλαντιάδι ἀπὸ τοῦ ποιητοῦ φησὶν ὠνομάσθαι· Σέλευκος δὲ ἐν β̄ περὶ βίων ἁμαρτάνειν φησὶ Κράτητα νομίζοντα ἐν ταῖς ἱεροποιίαις Ὁμηρίδας ἀπογόνους εἶναι τοῦ ποιητοῦ· ὠνομάσθησαν γὰρ ἀπὸ τῶν ὁμήρων, ἐπεὶ αἱ γυναῖκές ποτε τῶν Χίων ἐν Διονυσίοις παραφρονήσασαι εἰς μάχην ἦλθον τοῖς ἀνδράσι, καὶ δόντες ἀλλήλοις ὅμηρα νυμφίους καὶ νύμφας ἐπαύσαντο, ὧν τοὺς ἀπογόνους Ὁμηρίδας λέγουσιν. (So, but with abridgments, Photius *Lex.*, Timaeus *Lex. Plat.*, Suidas.)

From this article, then, it appears that there was a family called Ὁμηρίδαι in the island of Chios, and that two conflicting accounts were current regarding their origin. One, which was given by the logographers, Acusilaus and Hellanicus, derived them from the poet. This view was also adopted by Crates in a work on sacrifices (ἐν ταῖς ἱεροποιίαις is clearly a reference to the title of a book)[17]. The other, which was maintained against Crates by Seleucus (probably the Homeric critic of the first century B.C.), derived them from the hostages (ὅμηρα) exchanged after a war which once took place between the men and women of Chios. It was told that on the occasion of a Dionysiac festival the women were seized with madness, and fought with the men: then that, when they made peace, they gave each other as hostages certain bridegrooms and brides, whose descendants thenceforth were called Homeridae. This singular legend, it may be conjectured, was devised to explain some ritual usages of the local Dionysia, in which the Homeridae had a traditional part to play. However this may be, the existence of the legend shows that the connexion of the Homeridae with Homer was not accepted as a matter of course. If there had been any evidence of it—if the Homeridae had been reciters of Homer, or had performed sacred rites to him as their ancestor—the claim would hardly have been doubted. As it is, all that we can be said to know is that there was a family bearing that name in Chios. The derivation from Homer is only one of many possible sources of the word.

The sceptical view is borne out by indications showing that the

[17] This may be the grammarian Crates of Mallos, the celebrated rival of Aristarchus. But there was another Crates who wrote περὶ τῶν Ἀθήνησι θυσιῶν, which may be the same as the work on ἱεροποιίαι now in question.

Homeridae of Chios were unknown to various writers who might
presumed to be well informed on such a matter.   It has already b
noticed that the scholiast on Pindar, who tells us a good deal at
Cynaethus of Chios and the rhapsodists, evidently did not know i
there were Homeridae in Chios.   Moreover, the existence of desc
dants of Homer is ignored in the stories about Creophylus—sto
that are alluded to as matter of common knowledge in the *Republi*
Plato.   According to the usual account, which comes from the fou
century B.C.[38], Lycurgus got the Homeric poems from the descenda
of Creophylus in Samos.   This obviously implies that Homer had
descendants of his own.

On the whole it appears that the series of notices that has bi
thought to prove the existence of a family of Homeridae, claim
Homer as their eponymous ancestor and reciting his poems, is re
a combination or ' conflation ' from two sources, neither of wh
bears out any such hypothesis.   These sources are :

(1) The scholiast on Pindar, who gives us some informati
derived from Hippostratus, about Cynaethus of Chios, but kno
nothing of the Homeridae.   What he says of them is arrived at
taking Pindar's poetical use of the word in a literal sense.

(2) The lexicon of Harpocration, which brings together noti
of the Chian Homeridae, but tells us nothing of their recitation
Homer.   In this case also the claim to Homeric descent seems to
a mere inference from the patronymic form of the name.

Our conclusion then must be that the only use of the word Ὁμηρί
known to Attic usage is as a half-poetical term meaning ' students
Homer.'

§ 6. *The rhapsodists and the text—Pisistratus.*

The rhapsodists, as we have just learned, are charged with havi
done much to corrupt the text of Homer.   One scholium on Pinc
Nem. 2. 1 speaks of Cynaethus and his followers (οἱ περὶ Κύναιθον)
eminent rhapsodists, ' who, they say, made many of the verses and ƒ
them into the poetry of Homer.'   Another says of the same rhaps
dists, ' they kept in memory and made known the poetry of Hom
when dispersed : but they greatly mangled it[39].' .   It appears, the
that they did mischief in two ways.   They broke up the text ir

---

[38] Plato *Rep.* p. 600: cp. note 17.
[39] Cp. also Bekker, *Anecd.* ii. p. 766 οἱ γὰρ μεθ' Ὅμηρον ... περιερχόμενοι
ᾄδοντες τὰ αὐτοῦ οὐκ ἐφεξῆς, ὡς νῦν κεῖνται οἱ στίχοι, οὕτως ἔλεγον ἀκολού
ἐνδεικνύμενοι, ἀλλ' ἐντεῦθεν κἀκεῖθεν.

fragments (presumably ῥαψῳδίαι, or portions suited for recitation at festivals); and they introduced many interpolations.

The known conditions under which the art of the rhapsodists was exercised render these accusations intrinsically probable. Moreover, they are borne out by the law that regulated the public recitations at Athens, and also, as will be seen, by the later history of the text. It is not necessary to suppose that Homer at one time only survived in a fragmentary state, or in much interpolated copies. The continuous recitation insisted upon at Athens implies the possession of a complete text. Whether the Athenian authorities were equally on the watch against spurious additions (except such as tended to the glory of the city) does not now appear. In any case the regulation of the rhapsodists by public officials shows that there was risk of abuse, and also that steps were taken to guard the purity of the Homeric tradition.

So much may be regarded as resting on the ground of historical fact, namely the law for which we have the testimony, not merely of late compilers like Diogenes Laertius, but of the Attic orators, Lycurgus and Isocrates, besides the more shadowy author of the *Hipparchus*. But besides these we have to deal with a series of statements, of a circumstantial and occasionally marvellous character, describing much more considerable services as having been rendered to Homer by the Athenian 'tyrant' Pisistratus.

The earliest of these meets us in an unexpected author, namely Cicero, who (in a passage of his treatise *De oratore*, iii. 34. § 137) dilates on the learning of Pisistratus, 'qui primus Homeri libros confusos antea sic disposuisse dicitur ut nunc habemus.' The earliest Greek writer who refers to this story is Pausanias (7. 26. 6)[40], who says that when Pisistratus collected the poems of Homer, then known only in fragments scattered about in various places, he (Pisistratus) or one of his companions in ignorance changed the name Δονόεσσαν in Il. 2. 573 into Γονόεσσαν. Who these 'companions' were is a question to be considered presently. The story is told in an epigram said (contrary to all historical probability) to have been inscribed on the base of a statue of Pisistratus at Athens. In it he is made to speak of himself as—

> τὸν μέγαν ἐν βουλαῖς Πεισίστρατον, ὃς τὸν Ὅμηρον
> ἤθροισα, σποράδην τὸ πρὶν ἀειδόμενον.

---

[40] Paus. 7. 26. 6 Πεισίστρατον δὲ ἡνίκα ἔτη τὰ Ὁμήρου διεσπασμένα τε καὶ ἄλλα ἀλλαχοῦ μνημονευόμενα ἤθροιζε, τότε αὐτὸν Πεισίστρατον ἢ τῶν τινα ἑταίρων μεταποιῆσαι τὸ ὄνομα ὑπὸ ἀγνοίας.

It is a probable conjecture, though unsupported by external eviden
that this epigram is the source, directly or indirectly, of all the ot
versions [41].

So far the authorities only speak of Pisistratus and certain ' co
panions.' In Byzantine times we are surprised to find credence gi'
to the story that the work of restoring the integrity of Homer v
carried out under the direction of Pisistratus by a body of seventy-t
grammarians, the chief of whom were Aristarchus and Zenodot
This account is quoted from Heliodorus the grammarian
Tzetzes, who had himself formerly accepted it as true (*Prolegom.*
Περὶ Κωμῳδίας), also from Diomedes [42], and is given by Eustathi
except that he does not specify the number of the grammari:
employed. Speaking of the division of the *Iliad* into ῥαψῳ
or books, Eustathius says—

οἱ δὲ συνθέμενοι ταύτην κατ' ἐπιταγὴν ὥς φασι Πεισιστράτου τοῦ
'Αθηναίων τυράννου γραμματικοὶ καὶ διορθωσάμενοι κατὰ τὸ ἐκείνοις ἀρέσκον,
κορυφαῖος 'Αρίσταρχος καὶ μετ' ἐκεῖνον Ζηνόδοτος κτλ. (Eust. p. 5. 31).

An interesting notice—apparently the earliest reference to t
version of the story—is to be found in the poet Ausonius (*Ep*
18. 27), who said in praise of a certain grammarian of his time t
he was one—

> Quem sibi conferret Varro, priorque Crates,
> Quique sacri lacerum collegit corpus Homeri,
> Quique notas spuriis versibus apposuit.

The two unnamed grammarians are Zenodotus and Aristarchus [43]: :
it is Zenodotus who is said to have 'collected the torn body of sac
Homer.' The words are obviously inapplicable to the real work
Zenodotus, but answer exactly to the language of the Pisistra
story [44]. Hence, although Ausonius does not name Pisistratus,
must be regarded as one of the witnesses to the Homeric services
which Pisistratus had the credit, and to the association with him of
two great Alexandrian scholars.

A curious variant of the story as regards the assistants or ' cc
panions' of Pisistratus rests upon the single authority of Tzetzes, :

[41] Nutzhorn, *Die Entstehungsweise der homerischen Gedichte,* p. 40.
[42] Villoison, *Anecd. Gr.* ii. 182: Bekker, *Anecd. Gr.* ii. p. 767.
[43] Cp. Ausonius, *Sept. sap. praef.* 11 Censor Aristarchus, normaque Zenod
also *Prof.* 13. 3 esset Aristarchi tibi gloria Zenodotique, Graiorum antiqua
sequeretur honos.
[44] It is needless to discuss Welcker's opinion that Zenodotus was here :
claimed as the compiler of the Epic Cycle. It is impossible to admit
Ausonius meant by ' Homer' anything but the poems that we have now.

has met with an amount of attention on the part of scholars to which that grammarian was hardly entitled. It was first discovered in Latin, in the document well known as the *Scholium Plautinum* [45], and is to the effect that Pisistratus was aided by four persons, Onomacritus, Zopyrus of Heraclea, Orpheus of Croton, and a fourth, whose name was written as Concylus. Then similar comments were found in Greek manuscripts, and at length the original treatise of Tzetzes was found and published [46]. It will be enough to quote a few words in which he explains his error and the correction:

εἶπον συνθεῖναι τὸν Ὅμηρον ἐπὶ Πεισιστράτου ἐβδομήκοντα δύο σοφούς, ὧν ἐβδομήκοντα δύο εἶναι καὶ τὸν Ζηνόδοτον καὶ Ἀρίσταρχον· καίτοι τεσσάρων ἀνδρῶν ἐπὶ Πεισιστράτου συνθέντων τὸν Ὅμηρον, οἵτινές εἰσιν οὗτοι· ἐπικόγκυλος (*sic*), Ὀνομάκριτος Ἀθηναῖος, Ζώπυρος Ἡρακλεώτης καὶ Ὀρφεὺς Κροτωνιάτης.

He goes on to reproach Heliodorus with having led him into the gross anachronism of making Zenodotus and Aristarchus contemporaries of Pisistratus. Regarding the corrupt ἐπικόγκυλος, which conceals one of the four names given by Tzetzes, the most probable suggestion is that of Comparetti [47], who has restored the name of the Pythagorean philosopher Ocellus Lucanus. Apparently the corruption extended to all existing manuscripts of Tzetzes, for it is found in the few subsequent notices that refer to him. Thus one grammarian [48], after saying that Zenodotus and Aristarchus arranged and corrected (διωρθώσαντο) the poetical books of the Alexandrian library, goes on to say:

καίτοι τὰς Ὁμηρικὰς ἐβδομήκοντα δύο γραμματικοὶ ἐπὶ Πεισιστράτου τοῦ Ἀθηναίων τυράννου διέθηκαν οὑτωσὶ σποράδην οὔσας τὸ πρίν· ἐπεκρίθησαν δὲ κατ' αὐτὸν ἐκεῖνον τὸν καιρὸν ὑπ' Ἀριστάρχου καὶ Ζηνοδότου, ἄλλων ὄντων τούτων τῶν ἐπὶ Πτολεμαίου διορθωσάντων. οἱ δὲ τέσσαρί τισι τῶν ἐπὶ Πεισιστράτου διόρθωσιν ἀναφέρουσιν, Ὀρφεῖ Κροτωνιάτῃ, Ζωπύρῳ Ἡρακλεώτῃ, Ὀνομακρίτῳ Ἀθηναίῳ, καὶ καγ ἐπὶ κογκυλω (*sic*).

This scholium puts the history of the matter into a nutshell. First there is a statement of the real service that the great Alexandrian librarians and scholars did for Homer—Zenodotus the first and Aristarchus the greatest διορθωτής. Then their work is distorted, exaggerated, and thrown back into the half-mythical times of Pisis-

---

[45] Ritschl, *Die Alexandrinischen Bibliotheken* (*Opuscula Philologica* I. 4).
[46] By Keil, in the *Rhein. Mus. VI. n. F.* pp. 108 ff., 243 ff.
[47] Comparetti, *La commissione omerica di Pisistrato ed il ciclo epico* (Torino, 1881).
[48] Cramer, *Anecd. Par.* I. 6. According to Kaibel (*Die Prolegomena Περὶ Κωμῳδίας*, Berlin 1898) this comes from an earlier work by Tzetzes himself.

tratus. Then a reconciliation is attempted: Pisistratus was assisted, not by the Alexandrian Zenodotus and Aristarchus, but by two scholars bearing the same names. Finally it is added that 'some' (viz. Tzetzes) refer the earlier recension to a commission formed of four Pythagorean philosophers.

The last statement surely has very little claim on our belief. It is entirely unheard of before Tzetzes, that is to say, for fifteen centuries: and it seems to have been forgotten again in the time of Eustathius. Tzetzes does not give his authority, and it can scarcely be imagined that he had access to sources unknown to the generality of Byzantine scholars. Everything points to the conclusion that the statement is a mere fabrication. The materials were doubtless at hand in the literature of Pythagoreanism—a school in which legend and tradition always had a large place.

Apart from fabulous details and rationalised versions, is the story of Pisistratus in its main outlines worthy of belief? This question still divides scholars, and affects their judgment, not perhaps of the Wolfian theory, of which it was once the mainstay, but in regard to the history and fortunes of the Homeric text.

It is admitted that there is no hint of the story in any of the tolerably full accounts that we have of Pisistratus. It is unknown to Herodotus, to Thucydides, and to Aristotle (including the author of the Ἀθηναίων πολιτεία). It is excluded by the account adopted in the pseudo-Platonic *Hipparchus*, which does not leave room for any *collection* of Homeric verses. It is never referred to in the scholia of the *codex Venetus*, and may be shown to be unknown to the Alexandrian grammarians. For example, take the line about Ajax, Il. 2. 558:

στῆσε δ' ἄγων ἵν' Ἀθηναίων ἵσταντο φάλαγγες.

Aristotle (*Rhet.* 1. 15) simply says that the Athenians quoted it to prove their title to Salamis. Aristarchus condemned the line because he observed that in the narrative of the *Iliad* (3. 230., 4. 251) Ajax is placed with Idomeneus, not with the Athenians: but he says nothing of a supposed author of the interpolation. In Strabo (ix. p. 394) it is said that some ascribed it to Pisistratus, some to Solon (so Diog. Laert. i. 48). Again, the three lines describing Menestheus (Il. 2. 553–555), which were appealed to by the Athenians on the question of the supreme command against Persia (Hdt. 7. 159), were rejected by Zenodotus. They are discussed by Aristarchus without any hint of the possible agency of Pisistratus. Again, the line Od. 11. 631 (Θησέα Πειρίθοόν τε θεῶν ἐρικυδέα τέκνα) was said by Hereas of Megara to have been interpolated by Pisistratus: and the same historian accused Pisistratus of having left out the verse in Hesiod (fr. 123 Goettl.)—

δεινὸς γάρ μιν ἔτειρεν ἔρως Πανοπηΐδος Αἴγλης,

as being a reproach to Theseus. But this information comes from Plutarch, not from the scholia. Once more, the Harleian scholium on Od. 11. 604 says that that verse was interpolated by Onomacritus. It comes from Hes. *Theog.* 952, and has no specially Athenian interest. In these places, if anywhere, we expect the scholia that represent the teaching of Aristarchus to make some reference to so important a matter as the collection of the poems by Pisistratus. In fact they do not even go so far as to hint at the probability that interpolations relating to heroes like Theseus and Menestheus may have been due to Athenian influence.

One important piece of evidence still remains to be considered, viz. the well known passage of Diogenes Laertius (i. 57), who says of Solon:

τά τε Ὁμήρου ἐξ ὑποβολῆς γέγραφε ῥαψῳδεῖσθαι, οἷον ὅπου ὁ πρῶτος ἔληξεν ἄρχεσθαι τὸν ἐχόμενον. μᾶλλον οὖν Σόλων Ὅμηρον ἐφώτισεν ἢ Πεισίστρατος, ὥς φησι Διευχίδας ἐν πέμπτῳ Μεγαρικῶν· ἦν δὲ μάλιστα τὰ ἔπη ταυτί· οἱ δ' ἄρ' Ἀθήνας εἶχον καὶ τὰ ἑξῆς.

In this passage there is evidently a lacuna. The sentence ἦν δὲ μάλιστα κτλ. clearly implies that something has just been said about verses of Homer. And considering the subject of the lines referred to (Il. 2. 546 ff.), and the mention of a Megarian writer, we cannot doubt that the missing words contained something to the effect that according to Dieuchidas of Megara certain verses tending to the glory of Athens were foisted into Homer by an Athenian statesman. We may compare the similar charge made by Hereas of Megara in regard to Od. 11. 631 ; also the notices in Strabo about Il. 2. 558, and in Pausanias about Il. 2. 573 (cp. p. 403). So far, be it observed, we have only to do with one of the charges of interpolation that were freely made against rhapsodists as well as statesmen. There is no necessary reference to a collection of the Homeric poems by Pisistratus, or even to a recension made by his order. But Diogenes Laertius doubtless knew the Pisistratus story, and if so he must have referred to it in this context. On these grounds, then, Ritschl[49] filled up the lacuna as follows:

μᾶλλον οὖν Σόλων Ὅμηρον ἐφώτισεν ἢ Πεισίστρατος, ⟨ὅσπερ συλλέξας τὰ Ὁμήρου ἐνεποίησέ τινα εἰς τὴν Ἀθηναίων χάριν⟩, ὥς φησι Διευχίδας κτλ.

[49] Ritschl, *op. cit.* i. 54.

But can we rest satisfied with a restoration yielding a sense such as this : ' By the continuous recitation instituted at the Panathenaea Solon did more to spread abroad the fame of Homer than Pisistratus did by inserting verses to the glory of Athens ' ?   Notwithstanding the opinion of Lehrs [80] we can hardly think that Diogenes Laertius (or the author from whom he borrowed) had no better argument to found on the law of Solon.   His reasoning, surely, was directed against the claim made on behalf of Pisistratus to the credit of collecting and arranging ' Homer.'   The strongest point must have been that Solon's law implied the existence of complete copies of the Homeric poems, and therefore cut the ground from under any such claim.   This said, he apparently went on to notice a charge of interpolating the text of Homer, and quoted the historian Dieuchidas of Megara in reference to it.   This was to the point, since interpolation is a process that postulates a text in which the additional verses can be inserted.   It is not a means of diffusing knowledge of Homer, but of turning to use the fame and authority that Homer already enjoyed.

Owing to the lacuna, however, it is not quite certain that the charge was made against Pisistratus.   Elsewhere Solon is made the object of similar suspicions.   It will be evident that if Solon made interpolations—taking advantage of his control over the rhapsodists— the Pisistratus story becomes *a fortiori* impossible.

If these suggestions are accepted, the question of the date of Dieuchidas, which has been argued with his usual acuteness by Wilamowitz [81], is comparatively unimportant.   The chief interest will lie in determining whether the lines in the *Catalogue of the Ships* that bear upon Athens are interpolated there, or are not rather part of the proof that the whole *Catalogue* is post-Homeric.   In the former case they are probably due to the unbidden action of Attic rhapsodists rather than to any stroke of state-craft.

The preceding lines were in type before the writer had the advantage of seeing Mr. Leaf's discussion of the matter in the *Prolegomena* to his new edition of Il. i–xii.   It is a satisfaction to find that he agrees in rejecting the supplement proposed by Ritschl.   He himself proposes to complete the passage somewhat as follows :

μᾶλλον οὖν Σόλων Ὅμηρον ἐφώτισεν ἢ Πεισίστρατος· ⟨ἐκεῖνος γὰρ ἦν ὁ τὰ ἔπη εἰς τὸν Κατάλογον ἐμποιήσας, καὶ οὐ Πεισίστρατος⟩ ὥς φησι Διευχίδας κτλ.

This restoration appears to supply at least the most important part of the words which have fallen out, and also to furnish a probable

[80] Lehrs, *De Aristarchi Studiis Homericis*, p. 446.
[81] Wilamowitz-Moellendorf, *Hom. Untersuchungen*, p. 240.

cause of the lacuna, viz. the repetition of the word Πεισίστρατος. But does the passage as so restored prove that Dieuchidas had any knowledge of the *collection* of scattered Homeric poems said to have been made by Pisistratus? His testimony refers to the *interpolation* that has just been mentioned, and need not extend further back. On the contrary, the natural sense of the completed words is something like this : ' It was this law of Solon that made Homer known, rather than any (alleged) collection of his poems by Pisistratus : and so too it was Solon who interpolated the lines in the Catalogue supporting the Athenian claims against Megara,—not Pisistratus, as the Megarian Dieuchidas pretends.'

To sum up : the evidence in this and similar cases seems to belong to three tolerably well marked periods :

(1) Alexandrian ; in which verses are questioned as spurious, and are discussed by critics on the ground of internal consistency, &c., but without reference to political or other motives.

(2) Early post-Alexandrian ; when allegations begin to be made about Solon, Pisistratus, Onomacritus, and the like.

(3) Roman and Byzantine ; when the full-blown Pisistratus myth makes its appearance,—οὐρανῷ ἐστήριξε κάρη καὶ ἐπὶ χθονὶ βαίνει.

If the result of the foregoing inquiry is to show that there is no good evidence for the story told of Pisistratus, it only remains to consider whether there is a reasonable αἴτιον τοῦ ψεύδους—whether, that is to say, there was anything to suggest such a story, and to give it currency among the learned of Roman and Byzantine times.

The elements and *motifs* of the story lie open to our view. They seem to be these :

(1) The great critical work of the Alexandrians, especially of Zenodotus and Aristarchus, to which later scholars looked back with veneration, but not always with much knowledge.

(2) The existence of much textual corruption, especially interpolation. The evidence for this has always been considerable, and has been augmented in quite recent years. The services of the great Alexandrians in dealing with it were magnified, or rather were distorted and turned into senseless marvels, by ignorant γραμματικοί.

(3) The influence of Athens in the fifth and fourth centuries as a literary centre ; including, in particular, such institutions as the regular and complete recitation of Homer. This no doubt helped to attract to Attica the stories about the preservation and diffusion of Homer which were originally told of other parts of Greece.

(4) The desire to think well of 'tyrants' and monarchs generally, as friends of letters. This led to the prominence of Pisistratus, where an earlier age would have rather looked to Solon.

Such were the causes and conditions through which the age of the Ptolemies came to be reflected in the myth—for so we must call it—of Pisistratus and his grammarians, 'of whom Zenodotus and Aristarchus were the chief.' Let us understand it as a myth, and not think, by leaving out the anachronisms and the marvels, to turn it into history.

§ 7. *Ancient criticism—the fifth century* B.C.

The systematic study of Homer can be traced back to the beginning of prose writing in Greece. The 'ancient quarrel' with philosophy—that is to say, with the advancing reason and morality of the nation—came to a height in the attacks of Xenophanes and Pythagoras. Following closely on these—towards the end of the sixth century B.C.—attempts at reconciliation began to be made. The first of these, so far as we know, was the allegorical explanation put forward by Theagenes of Rhegium, who lived in the time of Cambyses, king of Persia—which was also (roughly speaking) the time of the earliest logographers. Theagenes, it is said, was the first who 'wrote about Homer.' With him began ἡ νεωτέρα γραμματική, the New Grammar, that which studied the language and narrative of Homer, and did not confine itself to reading and writing. Whether he rendered any service to the purity of the text does not appear. He is quoted on one place, viz. Il. 1. 381 ἐπεὶ μάλα οἱ φίλος ἦεν, where he is said to have read ἐπεί ῥά νύ οἱ (with the Cyprian and Cretan editions). The statement, however, seems doubtful[52]. The chief passage quoted from him is the explanation of the θεομαχία in the *Iliad*, given by Schol. B on Il. 20. 67. It is to the effect that the different gods stand for elements or powers of nature or man: Apollo is the *sun*[53], Hephaestus *fire*, Poseidon and Scamander *water*, Artemis the *moon*, Here *air*, Athene *wisdom*, Ares *folly*, Aphrodite *desire*, Hermes λόγος.

---

[52] It does not seem likely that a writer of the period of Theagenes would be quoted for the difference between ἐπεὶ μάλα and ἐπεί ῥά νυ. Perhaps the name was that of some much later grammarian. If so, προφέρεται may have the meaning προφέρεται ἀπ᾽ Ἀριστάρχειον, as sometimes in the scholia.

[53] At this point I have ventured to make a correction. According to the MS. Ἀπόλλων, Ἥλιος, and Ἥφαιστος stand for fire. But Ἥλιος is not one of the actors in the story. And if Artemis is the moon, Apollo is naturally the sun. Hence for τὸ μὲν πῦρ Ἀπόλλωνα καὶ Ἥλιον καὶ Ἥφαιστον read τὸ μὲν πῦρ Ἥφαιστον τὸν δὲ ἥλιον Ἀπόλλωνα.

The philosopher Democritus of Abdera (unlike his rival Heraclitus) was on the side of Homer in the great conflict. Among other treatises on poetry and music he wrote περὶ Ὁμήρου ἢ ὀρθοεπείης καὶ γλωσσέων, and seems to have dealt especially with the Homeric meanings of words—perhaps anticipating Aristarchus in that field— and the various senses that the same word may have (τὴν ὁμωνυμίαν τῶν πολυσήμων λέξεων). These few indications point to the beginning of a really scientific treatment of Homeric language.

The allegorical system of interpretation was carried farther by the philosophers of the age of Pericles. Anaxagoras is said to have been the first to explain Homer as *moral* allegory; while his friend and follower Metrodorus of Lampsacus sought rather for *physical* explanations [54]. But a more important name in this period is that of Stesimbrotus of Thasos, who lived about the time of Cimon and Pericles. He is mentioned by Xenophon (*Symp.* 3. 6) as one of those who could explain the hidden meanings (τὰς ὑπονοίας) of Homer; also in the *Ion* of Plato (p. 530) as an author of interpretations (διάνοιαι). He is associated in the latter passage with Metrodorus, whence it has been inferred that he was one of the allegorising school. This, however, is not borne out by the specimens of his method that have been preserved in the scholia. He is quoted (with Crates) about the division of the universe between the three sons of Κρόνος, especially about the line γαῖα δ' ἔτι ξυνὴ πάντων καὶ μακρὸς Ὄλυμπος: but the scholium is corrupt. Il. 11. 637 Νέστωρ δ' ὁ γέρων ἀμογητὶ ἄειρεν, he pointed out, was put in simply to account for Nestor's long life. On Il. 21. 76 πὰρ γὰρ σοὶ πρώτῳ πασάμην Δημήτερος ἀκτὴν he accounted for πρώτῳ on the ground that barbarians only ate *barley*, so that Lycaon had really eaten *wheat* for the first time with Achilles. Stesimbrotus also wrote περὶ τελετῶν, probably on the Mysteries of the neighbouring Samothrace. References are quoted from it to the Idaean Δάκτυλοι, the Cabiri and the Corybantes, the name Διόνυξος, &c. A third work was historical, viz. ' on Themistocles, Thucydides, and Pericles.'

The island of Thasos boasts of two other Homeric students of the fifth century, viz. Hippias, two of whose emendations are mentioned in the *Poetics* of Aristotle (c. 25), and Hegemon, who first ventured to parody Homer. Other Ὁμηρικοί of the same brilliant period are

---

[54] Diog. Laert. ii. 11 (of Anaxagoras) δοκεῖ δὲ πρῶτος (καθά φησι Φαβωρῖνος ἐν Παντοδαπῇ Ἱστορίᾳ) τὴν Ὁμήρου ποίησιν ἀποφήνασθαι εἶναι περὶ ἀρετῆς καὶ δικαιοσύνης· ἐπὶ πλεῖον δὲ προστῆναι τοῦ λόγου Μητρόδωρον τὸν Λαμψακηνόν, γνώριμον ὄντα αὐτοῦ, ὃν καὶ πρῶτον σπουδάσαι τοῦ ποιητοῦ περὶ τὴν φυσικὴν πραγματείαν.

Anaximander (coupled with Stesimbrotus in Xen. *Symp.* 3. 6), Glaucon (similarly mentioned among Homeric scholars by Plato, *Ion*, p. 530, and probably the same as the Glaucon of Arist. *Rhet.* iii. 1. 3, *Poet.* 25), and Hippias of Elis, the celebrated sophist, introduced in the Platonic dialogue *Hippias minor*. It is needless to add the names of those who dealt indirectly with Homer : such, for instance, as Gorgias of Leontini and other rhetoricians (many of them his pupils), who took Homeric subjects as themes for declamation. These rhetorical exercises—of which we have a good specimen in the *encomium Helenae* of Isocrates—do not belong to the history of serious Homeric studies; but (like the imitations and allusions in the poets) they serve to complete the picture of the supremacy of Homer in Greek literature and thought.

Among the philosophers who drew their inspiration from Socrates the chief writer on Homeric subjects appears to have been Antisthenes the Cynic. In the list of his works we find many names taken from the *Odyssey* : περὶ Ὀδυσσείας, Ἀθηνᾶ ἢ περὶ Τηλεμάχου, περὶ Ἑλένης καὶ Πηνελόπης, περὶ Πρωτέως, περὶ μέθης ἢ περὶ τοῦ Κύκλωπος, περὶ Κίρκης, and the like. The *Iliad* is represented by a treatise περὶ Κάλχαντος, and perhaps a few others. These titles, however, do not lead us to infer that Antisthenes was an authority on the criticism or interpretation of the poet. They point rather to treatises in which Homeric personages were taken as types of character, or used as pegs on which to hang the discussion of moral and political questions. Thus the Cyclops evidently served as an example of the vice of drunkenness : and the treatise on Helen and Penelope must have dwelt on the striking moral contrast suggested by these two names. This is a mode of treatment which does not imply minute study of the text of Homer, and indeed is not very different from the use of Homeric subjects in the *encomia* and other rhetorical exercises of the early sophists. It would seem, however, that Antisthenes was one of the earliest writers who made it their business to account for the apparent contradictions to be found in the Homeric poems, and that his key was the familiar antithesis of 'truth' and 'seeming' (ὅτι τὰ μὲν δόξῃ τὰ δὲ ἀληθείᾳ εἴρηται τῷ ποιητῇ). According to Dio Chrysostom this distinction was largely employed afterwards by Zeno to explain contradictions, but he adds that it was first put forward by Antisthenes. In this point, then, as in others, the Stoics carried on the ideas and methods of the earlier Cynic school.

Hitherto the authors with whom we have had to do have been either philosophers, concerned with the speculative truth or falsehood

that they discovered in Homer, or else historians, who dealt with the
scanty records of his life. A new type appears about the end of the
fifth century in Antimachus of Colophon, a pupil of Stesimbrotus, and
nearly contemporary with Socrates. Antimachus was an 'editor' or
διορθωτής of Homer, and also himself an epic poet of the first rank[55].
He was thus the prototype of the learned poets so numerous in
Alexandria under the Ptolemies, and formed a link between them and
the great poets of earlier times. His chief work was a *Thebaïd*, said
to be referred to by Horace in the line[56]—

Nec reditum Diomedis ab interitu Meleagri.

A poem beginning with the death of Meleager and consequent
flight of Tydeus to Argos, and coming down to the return of Diomede
from the war of the Epigoni, was certainly not Homeric in structure,
however valuable as a storehouse of mythical history. It was to
poems of this learned character that the epithet κυκλικός came to be
applied in Alexandrian times, and indeed Antimachus (if we may
believe the scholiast already quoted) was himself known as ὁ κυκλικός
par excellence. It was apparently also of this *Thebaïd* that Callimachus
uttered the celebrated saying μέγα βιβλίον μέγα κακόν[57].

The edition of Antimachus is referred to about twelve times in the
Iliad, and once in the *Odyssey* (1. 85, where he read Ὠγυλίην for
Ὠγυγίην). Several of his readings represent a good tradition: such as
μαχήσομαι (Il. 1. 298), κατὰ δαῖτα (Il. 1. 424, so Aristarchus), οἰνοχόει
(Il. 1. 598), κεκοπών (Il. 13. 60), Τρφάς (Il. 5. 461). It also appears
from the fragments of his own poems that he read ἥδυμος (for νήδυμος),
ἐπίηρα (not ἐπὶ ἦρα), φή (Il. 2. 144., 14. 499), διὰ σπιδέος (Il. 11. 754),
ἀδόροισι (Od. 2. 354, for δοροῖσι). On the other hand he seems to have
made or adopted some arbitrary emendations: Il. 21. 607 πύλαι
δ' ἔμπληντο ἀλέντων (for πόλις δ' ἔμπληντο): 22. 336 ἐλκήσουσι κακῶς (for
αἰκῶς): 24. 71 κλέψαι μὲν ἀμήχανον (for ἐάσομεν—not seeing that ἐάω
means *omit, give up*).

There was a tradition, which has reached us in very late sources,
that a recension of Homer was made by Euripides—not the tragic
poet, but perhaps a contemporary (Suid. *s.v.* Εὐριπίδης, Eust. on Il.
2. 865). If such an edition existed, it had no place, so far as we
know. in the critical apparatus of the Alexandrian scholars.

Before leaving the fifth century we may notice some writers who

[55] The 'canon' of epic poetry consisted of the five names, Homer, Hesiod,
—ander, Panyasis, Antimachus.
the scholia on Hor. *Ep. ad Pis.* 146.
iii. p. 72 a.

were not professedly Homeric students, but whose references to Homer are none the less worthy of attention.

Herodotus and Thucydides are almost alone among historians in expressing no opinion about Homer's birthplace or genealogy. Even as regards his date Herodotus merely protests against the excessive antiquity which some claimed for him (Hdt. 2. 53). The most interesting notices are those which show that the early epic poems, in particular the *Cypria* (Hdt. 2. 116) and *Epigoni* (4. 32), were still commonly assigned to 'Homer.' Thucydides refers several times to the *Iliad* and *Odyssey*, and quotes the *Hymn to Apollo* as Homeric, but does not allude to any 'cyclic' poem. It is probable, therefore, that in his time the Homeric canon was nearly what it ultimately became. He makes the important remark that in Homer Greece was not called Ἑλλάς, and similarly that non-Greeks were not yet brought under the general designation βάρβαροι. He also observed that piracy was regarded as honourable (referring to Od. 3. 71, &c.). Generally his tone in regard to Homer is sceptical. Thus he gives the size of the Greek armament before Troy ὡς Ὅμηρος τοῦτο δεδήλωκεν, εἴ τῳ ἱκανὸς τεκμηριῶσαι. Sicily, he says, was originally inhabited by Κύκλωπες καὶ Λαιστρυγόνες, about whom he declines to say anything himself (6. 2). The notice of Corinth as ἀφνειός, ὡς καὶ τοῖς παλαιοῖς ποιηταῖς δεδήλωται, refers to Il. 2. 570 ἀφνειόν τε Κόρινθον. Thus his attitude was one of protest against the undue authority which Homer exerted, and which the limitation to the *Iliad* and *Odyssey* doubtless made more sensible.

Direct references to Homer in the later poets must necessarily be rare. Difference of literary form and treatment forbids imitation such as we find (*e.g.*) in Apollonius Rhodius and Virgil. Nevertheless Homer is mentioned by name in three or four passages of the Epinician Odes of Pindar. In *Pyth.* 4. 277 ἄγγελον ἐσλὸν ἔφα τιμὰν μεγίσταν πράγματι παντὶ φέρειν we must surely recognise a *poetical* quotation of Il. 15. 207 ἐσθλὸν καὶ τὸ τέτυκται ὅτ' ἄγγελος αἴσιμα εἰδῇ. So in *Isthm.* 4. 37 there is a clear reference to the speech of Ajax in Il. 7. 198–199 [58]. In *Nem.* 7. 20 Pindar speaks of the Homeric stories of Ulysses and his exploits in language that is almost in the sceptical vein of Thucydides.

In tragedy, for obvious reasons, direct references to Homer cannot occur. Yet ancient scholars were impressed with the profound

---

[58] The speech of Ajax is in fact addressed to the Greeks, not to Hector, as Pindar's language would imply. This, however, is due to a mere lapse of memory, and proves nothing about Pindar's knowledge of the Homeric text. See Mr. Bury's note *ad loc.*, also the *Classical Review*, vol. vi. p. 3.

influence exercised by Homer on the great tragic poets. Aeschylus
was believed to have spoken of his plays as 'slices (τεμάχη) from
the great repasts of Homer' (Athen. viii. c. 39). Sophocles was called
φιλόμηρος (Eust. 440. 38), μαθητὴς Ὁμήρου (Vit. Soph. i. 97), and was said
to have taken the subjects of many dramas from Homer, especially
from the Odyssey⁵⁹. There may be some exaggeration in this:
Aristotle, as we have seen (p. 339), was struck rather with the fewness
of the plays that it had been possible to take from the two great
poems.   It should be noticed, however, that the subjects of Satyric
dramas are not uncommonly Homeric. We know of the Κίρκη and
Πρωτεύς of Aeschylus, the Κρίσις and Ἑλένης γάμος of Sophocles, the
Cyclops of Euripides.   Evidently the attraction of these plays lay in
the familiarity of the audience with the poems of which they were
virtually parodies.

The element of parody or burlesque held a large place in Greek
comedy, especially in its earlier periods⁶⁰.   Accordingly we are not
surprised to find that many of the subjects are connected with the
story of the Trojan war; and of these a considerable proportion must
have been taken from the Iliad and Odyssey.   Thus we find—

Epicharmus : Σειρῆνες, Ὀδυσσεὺς ναυαγός, Τρῶες, Χείρων, Φιλοκτήτας.

Cratinus : Ὀδυσσῆς.

Theopompus : Ὀδυσσεύς, Πηνελόπη, Σειρῆνες.

Philyllius : Πλύντριαι ἢ Ναυσικάα.

Callias and Diocles : Κύκλωπες.

Plato : Μενέλαος.

These examples belong to the period of the Old Comedy, and in
nearly every case the subjects come from the Odyssey—the poem
which leant itself more readily to treatment in a playful vein.   In the
Middle Comedy freer use seems to be made of the Iliad: we meet
with the titles Ἑλένη, Ἀχιλλεύς, Πάνδαρος, Δόλων, Μελέαγρος, Βελλεροφόντης,
Ἄντεια, Ἀγχίσης, as well as Ὀδυσσεύς, Κύκλωψ, Ναυσικάα, Κίρκη, Καλυψώ.
With the introduction of the New Comedy came a change of fashion,
and Homeric subjects thenceforth were very rare.

The influence of Homer may be traced, not merely in the choice of
subjects, but also in allusions and reminiscences of all kinds.   Here
also there is a curious difference of usage or fashion between the
different periods in question.   In the Old Comedy these Homeric

---

⁵⁹ Vit. Soph. i. 90 τοὺς μύθους φέρει κατ' ἴχνος τοῦ ποιητοῦ· καὶ τὴν Ὀδύσσειαν
δ' ἐν πολλοῖς δράμασιν ἀπογράφεται.

⁶⁰ Parody of Homer is said to have begun with Hipponax, in the sixth century B.C.:
see Athenaeus (p. 698 b).

reminiscences are frequent: in the Middle Comedy they become comparatively few: in the New Comedy they practically disappear. Cratinus, for example, who is perhaps the most representative poet of the Old Comedy, was the author of a play, the 'Οδυσσῆς, which was simply a burlesque of the *Odyssey* (διασυρμὸς τῆς 'Ομήρου 'Οδυσσείας Platonius p. xxxv). It contained such adaptations as—

ἐπ' ἀριστέρ' ἀεὶ τὴν "Αρκτον ἔχων λάμπουσαν ἕως ἂν ἐφεύρῃς,

from Od. 5. 276–277 τὴν (sc. "Αρκτον) . . . ἐπ' ἀριστερὰ χειρὸς ἔχοντα.

τῇ νῦν τόδε πῖθι λαβὼν ἤδη, καὶ τοὔνομά μ' εὐθὺς ἐρώτα,

from Od. 9. 347 Κύκλωψ, τῇ πίε οἶνον, and l. 355 καί μοι τεὸν οὔνομα εἰπέ. So in the Λάκωνες of Cratinus—

φοβερὸν ἀνθρώποις τόδ' αὖ
κταμένοις ἐπ' αἰζηοῖσι καυχᾶσθαι μέγα (Od. 22. 412):

and in the Πυλαία fr. 2 αὐτοὺς ἐπαίδευσεν ἔθρεψέ τε δημοσίοις χρήμασιν εἰς ἥβην ἵνα οἵ ποτε λοιγὸν ἀμύναιντο, from Il. 9. 495 (παῖδα) ποιεύμην ἵνα μοί ποτ' ἀεικέα λοιγὸν ἀμύνῃς. Cp. also the imitation in the Χείρων of Pherecrates, fr. 8—

δώσει δέ σοι γυναῖκας ἑπτὰ Λεσβίδας (Il. 9. 270):

and in the Δῆμοι of Eupolis, fr. 15. 6—

οἷς ὡσπερεὶ θεοῖσιν ηὐχόμεσθα (Il. 22. 394, &c.).

Pure parody is seen in Metagenes (incert. 2)—

εἷς οἰωνὸς ἄριστος ἀμύνεσθαι περὶ δείπνου·

as in Ar. *Lys.* 538 πόλεμος δὲ γυναιξὶ μελήσει. When however we turn to the fragments of the Middle Comedy, allusions of this kind are no longer to be found [61]. The change is one which it is not easy to account for. The knowledge of Homer possessed by an average Attic audience in the period of Middle Comedy cannot have been less than it was in the time of Cratinus. Possibly the cause is to be seen in a general advance of refinement. The popular taste may have turned against parodies of the almost sacred poetry of Homer, just as it discarded the coarseness and personalities of the Aristophanic stage.

§ 8. *Fourth century* B.C.

The progress of Homeric studies in the fourth century shows itself in several different directions. The students and admirers of Homer now form a recognised class or sect, the 'Ομηρίδαι or ' clan of Homer '

[61] W. Scherrans, *De poetarum comicorum Atticorum studiis Homericis* (Regimonti, 1893), pp. 46–50.

spoken of in the passages of Plato and Isocrates already quoted
(p. 399). They are doubtless the same with the Ὁμηρικοί of whom
Aristotle says that they see the small differences and fail to see
(παρορῶσι) the great ones [62]. But apart from this inner circle of
devotees, it is evident that the poems of Homer—not the mass of
epics once connected with his name, but definitely the *Iliad* and
Odyssey—had become one of the chief factors in the intellectual life
of Greece. They had been familiar for some time as the staple of
education : they now shared in the general awakening of the scientific
spirit. Theories and opinions on the interpretation of Homer, on the
condition of the text—of which there were many new recensions [63]—,
on the historical authority of the poems, and similar topics, now found
their way into the common stock of knowledge.

Plato is not one of the writers on Homer : but he is full of Homeric
quotations and allusions, and he contributes in several ways to our
knowledge of the Homeric movement of his time. In the *Ion* he
draws a picture of the manner in which Homer was listened to and
enjoyed by his countrymen. In the *Cratylus* he gives us specimens
of the grammatical and linguistic speculation that was growing out of
the Homeric studies of the philosophers. The *Republic* furnishes
a measure of the importance of Homer as a moral influence in Greece.
And the same dialogue, in the curious reference to Homer's friend
or *alter ego* Creophylus, witnesses to the fresh crop of mythical
anecdotes that had then sprung up. As we have already seen (p. 391),
the notices that come from historians of the fourth century—such as
Ephorus, Timaeus, Heraclides Ponticus—tell us much of Lycurgus
and Creophylus : even as the logographers told of Smyrna and the
Meles, and as later informants tell of Pisistratus and Zenodotus.

From Plato it seems an easy step to Aristotle : yet the difference
is hardly to be measured. For the scientific treatment of poetry it
means the transition from infancy to mature knowledge. The moral
difficulties that stood in the way of a just estimate of Homer, the
allegorising fancies that obscured his meaning, are now brushed aside.
They are phantasms that have no place in the dry light of Aristotelian
thought. In the few pages given to Homer in the *Poetics* the study
of epic poetry as a form of literature stands on the highest level

[62] Arist. *Met.* 1093 a 27. Cp. also the passage from the Comic poet Strato
(quoted in Athenaeus), describing the cook who was Ὁμηρικός and constantly
used Homeric γλῶσσαι (Meineke, *Fragm. Com.* iv. 545).
[63] Cp. the saying attributed to Timon: φασὶ δὲ καὶ Ἄρατον πυθέσθαι αὐτοῦ πῶς
τὴν Ὁμήρου ποίησιν ἀσφαλῶς κτήσαιτο· τὸν δὲ εἰπεῖν, εἰ τοῖς ἀρχαίοις ἀντιγράφοις
ἐντυγχάνοι, καὶ μὴ τοῖς ἤδη διωρθωμένοις (Diog. Laert. ix. 113).

II.   E e

ever attained.   On such matters as the structure of the *Iliad* and
Odyssey (*Poet.* c. 8, c. 23), or the essential characteristics that distinguish
the two poems (c. 24), we feel that a final verdict has been pronounced.
Great scholars have sometimes failed to understand the teaching of
Aristotle : none have surpassed his critical insight.   Moreover, Aristotle
was in a position from which he could survey not only the Homeric
poems but the whole of Greek epic literature.   He could compare
Homer with the early Ionian poetry that had once been regarded
as all more or less Homeric, and again with the comparatively recent
writers, such as Antimachus and Choerilus.   With these advantages
a modern scholar could do infinitely more for linguistic and historical
science.   But in the field of pure literary criticism Aristotle was
doubtless able to make the fullest use of his materials, and his results
may be accepted by us as ascertained truth.

There is a story in Plutarch [44] of a recension of Homer made by
Aristotle for the use of Alexander the Great.   The volume, he says,
was kept in a certain casket, from which it was called ἡ ἐκ τοῦ νάρθηκος.
In Strabo [44], however, the story is told of a copy revised by Alexander
himself.   In any case it can hardly be true of the great philosopher.
Such a work must have been quite unsuited to his powers.   His own
quotations from Homer, as we shall see (p. 429), are exceptionally
inaccurate.   It is certain that Alexander was strongly influenced by
the poetry of Homer, and that he looked upon the heroic career of
Achilles—not without reason—as in some sense a forecast of his own
genius and fortunes.   But the '*Iliad* of the Casket' may safely be
dismissed as a picturesque legend.

§ 9. *Antiquity of the vulgate.*

In an inquiry into the history of the Homeric text the first great
fact that meets the student is the existence of the 'vulgate.'   The
conditions that favour the creation of a vulgate or *textus receptus* of
an author are perhaps never wholly absent: but they vary with the
popularity of the author and the importance of the market for his
works.   In the case of Homer these causes operated with peculiar
force.   If we compare the editions of the *Iliad* before that of Wolf
(1794), from the Florentine *editio princeps* to the great work of Heyne,
we find hardly any difference.   And similarly in the numerous manu-
scripts of Homer the most striking feature is their uniformity.   As

[44] Plutarch *Vit. Alexandri* 8 : Strabo xiii. 594.

Mr. Leaf has said [44], 'almost any extant manuscript is nearly good enough: at any rate a collation of almost any two will give us a readable text.' The tendencies that lead to error and consequent divergence are balanced and kept in check by those which make for agreement.

Several questions are suggested by this phenomenon. How far back can the existence of this vulgate be traced? Is it lineally descended from a text, or group of texts, current in antiquity? Was such a text formed, or in the way of being formed, in the fourth century B.C., when Athens was the centre of the Greek book-trade? Does our vulgate represent the 'old copies' spoken of in the saying of Timon of Athens (p. 417), or the 'corrected editions' that he regarded with distrust? In what relation does it stand to the manuscripts collected in the Alexandrian library, and to the texts formed by the great Alexandrian scholars?

The answers to these and similar questions are to be sought in more than one direction. We turn, in the first place, to the work of the ancient critics. The scholia, especially those of the *Codex Venetus*, have preserved a large number of the readings of Aristarchus, and they not infrequently allow us to know something of the materials on which his conclusions were based. In the next place, through the discoveries of recent years we are in possession of fragments of text, some of which go back to the earliest days of Alexandrian Hellenism. And, lastly, there are the numerous quotations from Homer in the prose writers of the fifth and fourth centuries B.C. From these three quite independent sources it is possible to form some estimate of the condition in which the Alexandrian grammarians found the text of Homer, and also of the influence exerted by them on its later fortunes.

§ 10. *Early forms of textual corruption.*

It will be readily granted that some forms of textual corruption must have been commoner in antiquity than in the period from which our manuscripts generally date. The mistakes to which copyists are liable are not the mistakes of oral transmission: and mistakes of the latter kind would be apt to creep even into written copies so long as it was by hearing rather than by reading that poetry was known and enjoyed. While the Greek of Homer, notwithstanding the archaic grammar and vocabulary, was still felt by the people as a living language, and continued to be the conventional dialect of poetry, there were possibilities of divergence that ceased when it was confined to a professional class. Many examples may be given of the type of 'various reading' produced under the older conditions. One of the first and most obvious is in Il. 1. 91, where our MSS. have ἄριστος ἐνὶ στρατῷ εὔχεται εἶναι, but Aristarchus (following the editions of Zenodotus, Sosigenes, and Aristophanes) reads ἄριστος 'Αχαιῶν. It is plain that no scribe could mistake 'Αχαιῶν for ἐνὶ στρατῷ, or vice versa: the originator of the false reading either took it from some other passage, or is responsible for the authorship of it himself. The same observation applies to Il. 1. 97, where we have to choose between Δαναοῖσιν ἀεικέα λοιγὸν ἀπώσει (Ar. following the Massiliensis and Rhianus) and λοιμοῖο βαρείας χεῖρας ἀφέξει (Zen. and the MSS.): and to the reading in Il. 2. 15 δίδομεν δέ οἱ εὖχος ἀρέσθαι, quoted by Aristotle (*Poet.* 25), instead of Τρώεσσι δὲ κήδε' ἐφῆπται. So generally it may be assumed that it is the reciter rather than the copyist to whom we have to attribute the numberless cases of 'contamination,' that is to say, of the process by which words or phrases are transferred from one context to another. This is especially frequent with epic common-place: *e.g.* in Il. 1. 73 ὅς μιν ἀμειβόμενος ἔπεα πτερόεντα προσηύδα was read by Zen. for the vulgate ὅ σφιν ἐϋφρονέων ἀγορήσατο καὶ μετέειπεν): in Il. 2. 484 'Ολυμπιάδες βαθύκολποι (Zen. for 'Ολύμπια δώματ' ἔχουσαι): and so ἄνακτος for γέροντος in Il. 2. 793 τύμβῳ ἐπ' ἀκροτάτῳ Αἰσυήταο γέροντος.

§ 11. *Interpolation in early texts.*

Of the various forms of textual corruption that belong especially to the pre-Alexandrian age the most important, from every point of view, is interpolation. On this part of the subject it will be worth while to go into some detail, so as to distinguish the several branches of evidence, and to show the cumulative nature of the reasoning upon which our final conclusions are based.

1. It appears from the ancient commentators, in particular from some passages in the scholia on Pindar (quoted above, p. 402), that the rhapsodists were accused of spoiling the poetry of Homer by inserting verses of their own. The accusation may be just or not; the fact that it was made serves to prove that in some at least of the current texts of Homer there was a considerable admixture of verses generally regarded as spurious.

2. Several instances were mentioned above (p. 406) of verses said

to have been interpolated for political ends by Athenian statesmen. It is true that charges of this kind cannot be traced far back. They are ignored in the Venetian scholia, and apparently were made in the first instance by certain Megarian historians, from jealousy of Athens. But they would probably not have been made if the idea of interpolation in Homer had not been already more or less familiar to the learned world.

3. In the Homeric criticism of the Alexandrians nothing is more characteristic than the prominence given to the detection of spurious verses. The obelus seems to have been the earliest of the critical marks, as in form it is the simplest. It was apparently used by Zenodotus, perhaps was devised by him [66]. In antiquity it was generally regarded as especially the weapon of Aristarchus [67]. In the first three books of the *Iliad*, for example, the number of verses obelized by Aristarchus (if we may trust the *Codex Venetus*) is 120, or about six per cent. How many more he absolutely rejected we cannot tell, since there is no corresponding record of them. The scholia, however, furnish some significant instances of lines rejected by Aristarchus notwithstanding that they appeared in some of the texts that he had before him. Thus on Il. 9. 159 Aristarchus noted that some added the line—

 οὕνεκ' ἐπεί κε λάβῃσι πέλωρ ἔχει οὐδ' ἀνίησι.

And on Il. 8. 168 he seems to have noted that 'they subjoin' (ὑποτάσσουσι) the line—

ἢ μήτε στρέψαι μήτ' ἀντίβιον μαχέσασθαι.

Similar additions are mentioned by the Venetian scholia on Il. 9. 140., 12. 328., 22. 158., 23. 538., 24. 205. In the Townley scholia the notices of such verses are still more numerous [68]. Thus after Il. 2. 848 it is said that some added the line—

Πηλεγόνος θ' υἱὸς περιδέξιος Ἀστεροπαῖος,

ὃν καὶ ἐν πολλαῖς τῶν Ἰλιάδων φέρεσθαι, *i.e.* which was to be found in many of the texts habitually quoted by Aristarchus. So on Il. 8. 131 the Townley scholia give two lines as found ἕν τισι τῶν παλαιῶν, *i. e.* in certain Alexandrian texts. So after Il. 8..131, according to the

---

[66] According to the grammatical fragment in the *Codex Venetus* (fol. 8) Aristarchus took it from Zenodotus (τὸν δὲ ὀβελὸν ἔλαβεν ἐκ τῆς Ζηνοδότου διορθώσεως).

[67] So in Ausonius (*Epist.* 18. 29) Aristarchus is indicated in a list of eminent grammarians by the description *quique notas spuriis versibus apposuit.* Cp. the dictum of Cicero (*Fam.* 3. 11) *Aristarchus Homeri versum negat quem non probat.*

[68] A list of about thirty is given by Ludwich, *Homervulgata*, p. 25.

Townley scholia, there were two lines found ἕν τισι τῶν παλαιῶν, which completed the sentence as follows:

καί νύ κε σήκασθεν κατὰ ᾿Ιλιον ἠύτε ἄρνες   131
Τρῶες ὑπ᾿ ᾿Αργείων, ἔλιπον δέ κεν ῞Εκτορα δῖον
χαλκῷ δηϊόωντα, δάμασσε δέ μιν Διομήδης,
εἰ μὴ κτλ.   132

Again, Il. 5. 808, which was read by Zenodotus and is in almost all the manuscripts, was omitted by Aristarchus. And Il. 16. 613, which is in all the manuscripts, was omitted in the earlier recension of Aristarchus: but in the second he allowed it to stand with the obelus.

It appears also that the edition of Zenodotus gave several lines that are not in our texts, and probably were wanting in that of Aristarchus. Such are the lines mentioned in the scholia as coming after Il. 3. 338., 13. 808., 14. 136., 17. 456 [*]. On the other hand there are about thirty lines not read by Zenodotus (ὁ δὲ Ζηνόδοτος οὐδὲ ἔγραφε), but admitted, usually with the obelus, into the text of Aristarchus. Besides these instances, which have found their way into the scholia because they were the subject of controversy between Zenodotus and Aristarchus, there were doubtless many more that the two great scholars agreed in condemning—of which consequently there is no record.

The large use that Aristarchus made of the obelus is in itself a ground for believing that interpolation was frequent. Why should he have been so ready to suspect the genuineness of lines, and to resort to *athetesis* whenever he was met by a difficulty? Evidently he had some good reason for regarding interpolation as a *vera causa*, that is to say, as a cause which was known *aliunde* to be operative in the Homeric text, and could therefore be supposed in any particular case without antecedent improbability. But such an attitude on the part of the great critic is hardly defensible unless the evidence of interpolation was stronger than appears in the scholia.

§ 12. *Interpolation in papyrus fragments.*

The foregoing arguments, if somewhat indirect, are at least sufficient to raise a presumption in favour of the view that besides the many verses that Aristarchus was content to 'obelize' there were many more that he simply rejected and left to oblivion. But independent

[*] Ludwich *op. cit.* pp. 11-13.

testimony to the same effect is furnished from the sources of evidence with which we have still to deal.

One of the earliest and most surprising results of the work of Mr. Flinders Petrie in Egypt was the discovery, at Gurob in 1890, of a fragment of papyrus roll containing parts of thirty-nine verses, viz. the last few letters of twenty verses, and the first few letters of nineteen more [70]. These were soon identified by Mr. Bury as Il. 11. 502–537, but with some remarkable differences from the existing text. One line is wanting (there being only room for one in place of 529–530): and there are no less than four additional lines, viz. one after l. 504, about which we only know that it ended with -νου περ: one after l. 509, the two lines, with the supplement proposed by Robert [71], probably being—

μὴ πώς μιν πολέμοιο μετακλινθέντες (sic) ἕλοιεν   509
[Τρῶες ὑπέρθυμοι καὶ ἀπὸ κλυτὰ τεύχ]η ἕλοιτο

and one after each of the two lines 513 and 514. When these last are restored in the most probable way (as by Robert and Menrad) they complete the passage somewhat as follows:

ἄγρει, σῶν ὀχέων ἐπιβήσεο, πὰρ δὲ Μαχάων   512
βαινέτω, ἐς νῆας δὲ τάχιστ' ἄγε μώνυχας ἵππους,   513
[νόσφιν ἀπὸ Τρώων τε καὶ Ἔκτορος ἀνδροφό]νοιο·
ἰητρὸς γὰρ ἀνὴρ πολλῶν ἀντάξιος ἄλλων   514
[. . . . . ἐσάωσε καὶ] ἄλλους
ἰούς τ' ἐκτάμνων ἐπί τ' ἤπια φάρμακα πάσσων.   515

It is hardly necessary to point out that these additional lines cannot be genuine. The form ἕλοιτο (for ἑλοίατο) is not Homeric, and the juxtaposition of ἕλοιεν and ἕλοιτο is intolerable. The same may be said of the two lines ending with ἄλλων and ἄλλους. On the whole it is plain that the additional lines only weaken the passage.

The fragment was found in the wrappings of a mummy along with documents belonging to the reigns of Ptolemy Philadelphus (285–247 B.C.) and Ptolemy Euergetes (247–221 B.C.). In all probability therefore it is not later than the third century B.C., and it may be earlier. That is to say, it is at least a century before the time of Aristarchus, but may be contemporary with the earliest Alexandrians, Zenodotus and Rhianus.

Mr. Flinders Petrie's discovery was followed not long afterwards

[70] Published by the Royal Irish Academy, 'Cunningham Memoirs,' No. viii. (July, 1891): *On the Flinders Petrie papyri*, by Rev. John P. Mahaffy, D.D.
[71] See Ed. Meyer, *Der älteste Homertext*, in *Hermes* xxvii. 363–379.

by another of the same kind. Among the papyrus fragments in the library of Geneva, published by M. Nicole [71], there is one which contains Il. 11. 788–12. 9, with at least nine additional verses. The fragment is important from its length (seventy lines), and also from the fact that in part of the passage (11. 810–834) complete or nearly complete verses are preserved. Line 11. 827 and the three additional verses that follow it ran thus :

$$\chi\epsilon\rho\sigma\grave{\iota}\nu\ 827$$

χερσὶν ὑπο Τρώων τοῦ δὲ σθένος ἀὲν ὄρωρε (sic)   827
Ἕκτορος ὃς τάχα νῆας ἐνιπλήσει πυρὶ κηλέῳ
δῃώσας Δαναοὺς παρὰ θῖν' ἁλός· αὐτὰρ Ἀχιλλεὺς
ἐσθλὸς ἐὼν Δαναῶν οὐ κήδεται οὐδ' ἐλεαίρει.

With 11. 795 and two additional verses (restored by Nicole from 1. 538., 16. 239 and similar places) we have—

καί τινά οἱ πὰρ Ζηνὸς ἐπέφραδε πότνια μήτηρ,   795
[ἀργυρόπεζα Θέτις θυγάτηρ ἁλίοι]ο γέροντος,
[αὐτὸς μὲν μενέτω νηῶν ἐν ἀγ]ῶνι θοάων.

Again, for 804–808 (with the supplements of Nicole and Diels) we read the eight lines—

ὣς φάτο, τῷ δ' ἄρα θυμὸν ἐνὶ στήθεσσιν ὄρινε,   804
[τείρε γὰρ αἰνὸν ἄχος κραδίην ἀ]κάχησε δὲ θυμόν
βῆ δὲ θέειν παρὰ νῆας ἐπ' Αἰακίδην Ἀχιλῆα   805
[ἀγγελίην ἐρέων, αὖτις δ'] ἔνδυνε φάλαγγας·
ἀλλ' ὅτε δὴ κατὰ νῆας Ὀδυσσῆος θείοιο   806
ἷξε θέων Πάτροκλος, ἵνα σφ' ἀγορή τε θέμις τε   807
[. . . . . προπάροιθε νεῶν ὀρθ]οκραιράων
ἦην, τῇ δὴ καί σφι θεῶν ἐτετεύχατο βωμοί.   808

There was also a line added after 11. 838, and perhaps four more between 11. 834 and 11. 837 : but these have entirely perished.

The general character of the additional verses is evidently the same as in the Flinders Petrie fragment already described. Most of them occur elsewhere in the *Iliad*, in passages where they fit the context better. In the two fragments, as Ludwich well points out, the proportion of additional matter is nearly the same ; the various readings and inaccuracies of spelling &c. are similar ; and both are independent of the Alexandrian recensions. The date of the second is not fixed by external evidence : but the best judges assign it to the second century B.C. [72].

[71] Jules Nicole, *Fragments d'Homère sur papyrus d'Égypte*, in the *Revue de Philologie*, vol. xviii. pp. 101-111 (Jan. 1894).
[72] Mr. Kenyon thinks it clear that it belongs to the second century B.C. (*Palaeography of Greek Papyri*, p. 68).

The next great contribution to our knowledge of early Egyptian texts of Homer was made by Mr. Grenfell and Mr. Hunt, who in 1897 published a considerable number of newly discovered papyrus fragments [74], including eighty verses of the *Iliad*. A few of these verses are from book viii, the remainder from books xxi–xxiii. They are assigned by the editors to the third century B. C.

As regards the insertion of verses the Oxford fragments tend generally to confirm what we gather from the Dublin and Geneva publications. With the eight verses 8. 217–219, 249–253 we find three added. After 8. 216 comes the formula ἔνθα κε λοιγὸς ἔην καὶ ἀμήχανα ἔργα γέ]νοντο: after 8. 252 (with Van Leeuwen's supplements)—

$$Ζεὺς\ δὲ\ πατὴρ\ ὤτρυνε\ φ[όβον\ Τρώεσσιν\ ἐνόρσας]$$
$$εἶξαν\ δὲ\ Τρῶες\ τυτθὸν\ Δα[ναῶν\ ἀπὸ\ τάφρου·]$$

Other new readings in these lines are: in 8. 217 νῆας Ἀχαιῶν for νῆας ἐΐσας: in 8. 219 ἑταίρους for Ἀχαιούς: in 8. 251 εἴδοντο Διὸς τέρας αἰγιόχοιο for εἴδονθ' ὅτ' ἄρ' ἐκ Διὸς ἦλυθεν ὄρνις. The nature of these variants is tolerably plain: they are failures of memory rather than of transcription.

The passages from books xxi and xxii do not contain any quite certain instances of interpolation. On the other hand the three fragments 23. 159–166, 195–200, 223–229 contain six added verses. The first of them, with some suggested restorations, is as follows:

ὄλεσθαι· τάδε δ' ἀμφιπονησόμεθ' οἷσι μάλιστα	159
[κηδεός ἐσ]τι νέκυς· π[αρὰ δ' ἡμῖν αὖθι μενόντων] (?)	160
[νεκροῦ κηδ]εμόνες· σκεδ[άσαι δ' ἀπὸ λαὸν Ἀχαιῶν].	
αὐτὰρ ἐπεὶ τό γ' ἄκουσεν ἄναξ ἀνδρῶν Ἀγαμέμνων,	161
αὐτίκα λαὸν μὲν σκέδασεν κατὰ νῆας ἐΐσας,	162
[κάπνισσ]άν τε κατὰ κλισίας κ[αὶ δεῖπνον ἕλοντο·]	
κηδεμόνες δὲ κατ' αὖθι μένον καὶ νήεον ὕλην,	163
ποίησαν δὲ πυρὴν ἑκατόμπεδον ἔνθα καὶ ἔνθα·	164
ἐν δὲ πυρῇ ὑπάτῃ νεκρὸν θέσαν ἀχνύμενοι κῆρ,	165
[καὶ κονίην κ]ατὰ χερσὶν ἀμήσα[ντο σφετέρῃσιν] (?)	

In the second fragment there is one addition, viz. after 23. 195 a line ending NE KATAPHN, of which no very plausible restoration has been proposed. In the third there are two lines before 23. 224, taken from 17. 36–37, viz.—

$$χήρωσεν\ δ[ὲ\ γυναῖκα\ μυχῷ\ θαλάμοιο\ νέοιο]$$
$$ἀρη[τὸ]ν\ δὲ\ τ[οκεῦσι\ γόον\ καὶ\ πένθος\ ἔθηκε].$$

---

[74] *New classical fragments and other Greek and Latin papyri*, Clarendon Press, Oxford, 1897.

The second of these lines is quoted by Plutarch (*Consol. ad Apoll.* 30) after 23. 222–223 (omitting therefore χήρωσεν κτλ.).

The addition after 23. 160 is evidently made on the principle that what was done in obedience to Achilles must all have been expressly asked for by him. Hence κηδεμόνες from l. 163 (in spite of the equivalent οἷσι μάλιστα κήδεός ἐστι νέκυς), and σκεδάσαι (or σκέδασον) from l. 162, although it is tautologous after σκέδασον in l. 158. It seems very probable, as Grenfell and Hunt observe, that in l. 160 οἵ τ' ἀγοὶ (or οἱ ταγοὶ) is not the original reading.

The chief further variants in these passages are: 21. 396 Τυδεΐδῃ Διομήδει ἄνωγας (for Τυδεΐδην Διομήδε' ἀνῆκας): 21. 397 ὑπονόσφιον (as a correction of πανόψιον): 21. 398 ἐμέ (for διὰ): 21. 609 ὅς κε (for ὅς τε): 22. 154 τόθι (for ὅθι): 23. 163 κατ' αὖθι (for παρ' αὖθι): 23. 198 ὦκα δὲ Ἶρις (for ὠκέα δ' Ἶρις). The last is especially interesting, since it is a better reading than the vulgate.

The Oxford fragments, it will be seen, tend on the whole to confirm the conclusions already indicated. It is true that the added lines are not so uniformly distributed as in the other passages. Indeed no certain example of interpolation is found in the fragments from the twenty-first and twenty-second book. This however may be accidental. Grenfell and Hunt quote the acute remark of Ed. Meyer [13] that new lines are much more frequent in passages where the texture of the narrative is loose. This is what we should expect in the case of interpolation—a process to which some parts of the Homeric poems lend themselves much more than others.

§ 13. *Quotations from Homer.*

It remains for us to test these conclusions by the passages quoted from Homer by writers of the fifth and fourth centuries B. C. The materials for doing so have been brought together by Ludwich with a completeness that makes it needless to do much more than record the results arrived at by him.

According to Ludwich's computation the quotations made by pre-Alexandrian authors comprise about 480 verses. The passages in which additional verses occur are the following:

(1) Il. 23. 77–92, quoted by the orator Aeschines, with two new verses, one verse transposed, and some minor differences. Thus for lines 81–84 we find—

[13] *Hermes* xvii. p. 368.

τείχει ὕπο Τρώων εὐηγενέων ἀπολέσθαι, 81
μαρνάμενον δηίοις Ἑλένης ἕνεκ᾽ ἠϋκόμοιο.

ἄλλο δέ τοι ἐρέω, σὺ δ᾽ ἐνὶ φρεσὶ βάλλεο σῇσιν· 82
μὴ ἐμὰ σῶν ἀπάνευθε τιθήμεναι ὀστέ᾽, Ἀχιλλεῦ, 83
ἀλλ᾽ ἵνα πέρ σε καὶ αὐτὸν ὁμοίη γαῖα κεκεύθῃ,
χρυσέῳ ἐν ἀμφιφορεῖ, τόν τοι πόρε πότνια μήτηρ, 92
ὡς ὁμοῦ ἐτράφεμέν περ ἐν ὑμετέροισι δόμοισιν. 94

It is to be noticed however that, as Volkmann has pointed out [76], the lines were not recited by the orator himself, but were read at his bidding by the γραμματεύς of the court, as was done with laws, decrees, depositions, &c. Such documents were not usually set out in the original copies of speeches; consequently we have no security that these Homeric quotations come from Aeschines himself.

There is a well-known passage in which Aeschines (§ 141) says that the words φήμη δ᾽ ἐς στρατὸν ἦλθε are often used in the *Iliad* when something is going to happen. In fact the word φήμη does not occur in the *Iliad* at all, and in the *Odyssey* only in the sense of an utterance which serves as an omen. It has sometimes been assumed that the half-line comes from some 'cyclic' poem, or that the 'Iliad' intended is the *Little Iliad*. It is much more likely that it was suggested to Aeschines by the picturesque story of the report that came to the Greeks before the battle of Mycale (Hdt. 9. 100 ἰοῦσι δέ σφι φήμη τε ἐσέπτατο ἐς τὸ στρατόπεδον κτλ.), which in his memory was confused with Homeric phrases like Ὄσσα δεδήει (Il. 2. 93, cp. Od. 24. 413 Ὄσσα δ᾽ ἄρ᾽ ἄγγελος ὦκα κατὰ πτόλιν κτλ.).

(2) Il. 2. 391–393, quoted by Aristotle (*Pol.* iii. 14) with the addition of the half-line πὰρ γὰρ ἐμοὶ θάνατος. Possibly however these words were meant as a fresh quotation.

(3) Il. 9. 539 ὦρσεν ἐπι χλούνην σῦν ἄγριον ἀργιόδοντα, amplified by Aristotle (*Hist. Anim.* vi. 28) into two lines—

θρέψεν ἐπι χλούνην σῦν ἄγριον, οὐδὲ ἐῴκει
θηρί γε σιτοφάγῳ, ἀλλὰ ῥίῳ ὑλήεντι,

the second line being, as Ludwich points out, the result of contamination with Od. 9. 190–191, where the phrase (only with ἀνδρί for θηρί) is applied to the Cyclops.

(4) Il. 11. 542, quoted by Aristotle (*Rhet.* ii. 9) with the addition—

Ζεὺς γάρ οἱ νεμέσασχ᾽ ὅτ᾽ ἀμείνονι φωτὶ μάχοιτο.

This can only mean 'Zeus used to be angry with him whenever

[76] R. Volkmann, *Ueber Homer als Dichter des epischen Cyclus* (Jauer, 1884), p. 8.

he fought with a better man,' which does not suit the context. The line is printed in modern editions with the variant νεμεσᾶθ, found in a later quotation (Plut. *De aud. poet.* 24 c, 36 a, also Pseudo-Plut. *Vit. Hom.*). It will be evident that if νεμεσᾶτο refers to the *particular* occasion the use of ὅτε (or ὅ τε) μάχοιτο is indefensible.

(5) Od. 17. 382–385, referred to by Aristotle (*Pol.* viii. 3), who quotes the line—

<blockquote>ἀλλ' οἷον μέν ἐστι καλεῖν ἐπὶ δαῖτα θαλείην.</blockquote>

Apparently however it is meant to take the place of l. 383. In any case it is probably a mere misquotation.

(6) Il. 8. 548–552, quoted in the pseudo-Platonic dialogue *Alcibiades II*:

<blockquote>
ἔρδον δ' ἀθανάτοισι τεληέσσας ἑκατόμβας,
κνίσην δ' ἐκ πεδίου ἄνεμοι φέρον οὐρανὸν εἴσω
ἡδεῖαν· τῆς δ' οὔ τι θεοὶ μάκαρες δατέοντο,
οὐδ' ἔθελον· μάλα γάρ σφιν ἀπήχθετο Ἴλιος ἱρή,
καὶ Πρίαμος καὶ λαὸς ἐϋμμελίω Πριάμοιο.
</blockquote>

Of these five lines the second is the only one found in the manuscripts of Homer. The last three are clearly spurious. They do not fit the story of the *Iliad*, in which there is no sign of any such agreement among the Olympian gods. Nevertheless they have been accepted by modern editors and placed in the text.

(7) Il. 10. 387 (=343), quoted by Diogenes of Sinope with a new half-line prefixed:

<blockquote>
τίπτε σὺ ὧδε, φέριστε;
ἢ τινα συλήσων νεκύων κατατεθνηώτων;
</blockquote>

The half-line in *sense* reproduces the two lines 385–386 πῇ δὴ οὕτως κτλ., but in *form* it is modelled on such lines as Il. 6. 123 τίς δὲ σὺ ἐσσι, φέριστε κτλ. Thus it is a contamination—if it is not rather to be reckoned among the parodies for which Diogenes was famous.

(8) Il. 9. 119 ἀλλ' ἐπεὶ ἀασάμην φρεσὶ λευγαλέῃσι πιθήσας, said to have been quoted by Dioscurides, a pupil of Isocrates, with the addition—

<blockquote>ἢ οἴνῳ μεθύων ἤ μ' ἔβλαψαν θεοὶ αὐτοί.</blockquote>

This line can hardly have been intended as a serious quotation.

The result of this examination is to show that the number of additional lines in the texts of the pre-Alexandrian age was relatively small. Out of a total of 480 verses not more than twelve can be traced, and several of these are more than doubtful. If the proportion had been as high as in the papyrus fragments we should have had about sixty. It is especially significant that Plato, the author who quotes Homer most frequently and most correctly, is free from them. Of the 209 verses enumerated by Ludwich the only exceptions are in a spurious dialogue. This fact serves to prove that, whatever interpolated texts of Homer were then current, the copy from which Plato quoted was not one of them. And hence we are led to the further inference that in the case of Aristotle, whose poetical quotations are especially incorrect, some of the additional lines are likely to be due to mere failure of memory [77]. The same arguments may be applied to the passages, relatively few in number, quoted by Herodotus (twelve lines), by Xenophon (fourteen lines), by Heraclides Ponticus (twenty-one lines), and the rest. The quotations, in short, prove that there was a pre-Alexandrian vulgate agreeing much more closely with the modern vulgate than with any text of which the papyrus fragments can be specimens.

It must be admitted that interpolation of the kind now in question is also found in post-Alexandrian writers, and even in our manuscripts. Thus the new line—

ἀρητὸν δὲ τοκεῦσι γόον καὶ πένθος ἔθηκεν,

which is found in the Oxford fragment after Il. 23. 223, is quoted by Plutarch (Consol. ad Apoll. 30), who subjoins the line μοῦνος τηλύγετος πολλοῖσιν ἐπὶ κτεάτεσσιν (Il. 9. 482). Plutarch also, as we have seen (p. 427), follows Aristotle in quoting the line now usually printed as Il. 11. 543 ; and he is the source of the four lines Il. 9. 458–461 (De aud. poet. 8). Longinus (De Subl. 9. 8) quotes Il. 13. 18 and adds the line καὶ κορυφαὶ Τρώων τε πόλις καὶ νῆες Ἀχαιῶν, from Il. 20. 60. Strabo has preserved several geographical additions: after Il. 2. 855 the lines—

Καύκωνας δ' αὖτ' ἦγε Πολυκλέος υἱὸς ἀμύμων,
οἳ περὶ Παρθένιον ποταμὸν κλυτὰ δώματ' ἔναιον,

---

[77] The subject of the Homeric quotations in Aristotle has been fully treated by Ad. Roemer in his dissertation Die Homercitate und die Homerischen Fragen des Aristoteles (in the transactions of the Munich Academy, 1884), and he has shown that the numerous differences between Aristotle and the vulgate are much more due to Aristotle himself than to any defects in his copy of Homer.

In Plato the only important divergence from the vulgate is in a quotation in the Republic (p. 379 d), where for Il. 24. 528 δώρων οἷα δίδωσι, κακῶν, ἕτερος δὲ ἐάων we find—

κηρῶν ἔμπλειοι, ὁ μὲν ἐσθλῶν, αὐτὰρ ὁ δειλῶν.

This is evidently not an addition to the vulgate, but a corruption due to such passages as Il. 9. 411 διχθαδίας κῆρας φερέμεν θανάτοιο τέλοσδε. It is to be observed that in Homer there are no κῆρες ἐσθλαί: also that δειλῶν in the Platonic quotation suits neither metre nor sense.

and so after Il. 2. 692, 783, 866. From Strabo also comes Od. 15. 295 βὰν δὲ παρὰ Κρουνοὺς καὶ Χαλκίδα καλλιρέεθρον (as to which see the note *a. l.*).

Many more such additions might be collected from the scholia and the manuscripts (see the instances given on p. 421) : but these will suffice to show that interpolation did not entirely cease with the rise of the Alexandrian school of criticism.   On the other hand it is clear that it did not seriously affect the purity of the current or vulgate text. How that result was attained it will be for us to consider hereafter.

§ 14. *The apparatus criticus of Aristarchus.*

The course of the argument has brought us to two conclusions, viz. (1) that the text of Homer, in the period before the rise of the Alexandrian school, had suffered much from interpolation, but (2) that in the same period there were in existence copies of Homer which did not greatly differ from the present vulgate. These conclusions, it is obvious, can only be reconciled by the hypothesis that there were manuscripts of different classes—some much interpolated, some tolerably free from interpolation. And in the process of verifying this hypothesis we are led at once to the question of the *apparatus criticus* at the disposal of the Alexandrian scholars, and the place in it of the texts revealed to us by the papyrus fragments.

The view generally taken in regard to these fragments by the first editors and critics was that they might be regarded as fair specimens of the condition into which the text of Homer had been brought— chiefly, it was assumed, by the action of the rhapsodists : that the work of removing interpolations, and generally of restoring it to the original purity, was taken in hand by the Alexandrian grammarians : and that the existing vulgate is in the main the result of their labours, and is especially due to Aristarchus himself. In opposition to this view it is maintained by Ludwich that the vulgate of the manuscripts is substantially pre-Alexandrian : that is to say, that there is a standard text or 'vulgate' of Homer which has subsisted with little change from the earliest times known to us—for this purpose we may say from the fifth century—down to the present day, and that the pre-Alexandrian copies which departed from that standard were driven out not so much by the agency of the Alexandrian grammarians as by their inability to compete with the more correct and recognised texts. The main proof of this thesis is found by Ludwich in the quotations: and on that ground, as we have seen, his case is an exceedingly strong one. It will be interesting however to see how far it is confirmed by the glimpses which the scholia allow us of the manuscript materials that Aristarchus and the other grammarians had at their command.

Aristarchus, as we learn from this source, had before him the 'editions' (ἐκδόσεις) or 'recensions' (διορθώσεις) [78] made by certain of his predecessors in Homeric criticism, and also a number of texts of which we only know that they were mostly called after various cities or parts of the Greek world. Of the former class (αἱ κατ' ἄνδρα) were the editions of Antimachus (see p. 413), and of Zenodotus and his successors—Rhianus, Philemon, Sosigenes, and Aristophanes. The latter (αἱ ἀπὸ τῶν πόλεων or κατὰ τὰς πόλεις or πολιτικαί) included those of Massilia, Chios, Argolis, Cyprus, Sinope and (perhaps) Crete and Aeolis [79]. The scholia also quote readings of Philetas of Cos, who lived in the fourth century B.C., and of Callistratus (a pupil of Aristophanes), but it is not certain that these scholars made complete editions. Much the same may be said of Crates, the great rival of Aristarchus, whose διόρθωσις Ἰλιάδος καὶ Ὀδυσσείας was a work in nine books, not an edition or running commentary. The scholia also mention texts or editions called ἡ πολύστιχος, ἡ κυκλική, and ἡ ἐκ μουσείου [80]. From other sources we hear of editions by Euripides (not the great tragic poet), and by Aristotle (see p. 418), also of an edition of the *Odyssey* ascribed to the poet Aratus: but there is nothing to show that Aristarchus made use of them. On the other hand the list may be far from complete. Some of these names occur very seldom. In fact the whole number of references to earlier texts of the *Iliad* or *Odyssey*, other than those of Zenodotus and Aristophanes, is barely a hundred.

The editions or manuscripts mentioned by name in the scholia are all earlier than Aristarchus, and are always cited with a reference,

---

[78] The full expression seems to be ἔκδοσις τῆς διορθώσεως 'edition of the recension' or corrected text.

[79] The Aeolic edition, ἡ Αἰολίς or Αἰολική, is only mentioned in the scholia on the *Odyssey* (14. 280, 331., 18. 98).

It has sometimes been imagined that the 'city editions' were public or official copies of Homer belonging to the different places, and serving to control the recitation at festivals, &c. More probably, as Wolf thought (*Prol.* p. clxxviii), they were simply manuscripts so called from the place where they had been purchased by the Egyptian king or his agent.

[80] It has been suggested that the text ἡ πολύστιχος contained the additional interpolated lines, and that ἡ κυκλική was connected with the Epic Cycle: but there is no foundation for these conjectures. The word κυκλικός meant 'common, ordinary.' If a number of manuscripts in the Alexandrian museum had to be distinguished, it was natural to give them names, and to choose these names from such circumstances as chance offered. This method was in some ways better than the modern one of giving mere numbers.

express or clearly implied, to his readings. Hence it may be regarded as certain that the notices of them come directly or mediately from him. The form of reference may be seen in one or two specimens :

Il. 1. 91 Ἀχαιῶν, οὐκ ἐνὶ στρατῷ, αἱ Ἀριστάρχου· ὁμοίως καὶ ἡ Σωσιγένους καὶ ἡ Ἀριστοφάνους καὶ ἡ Ζηνοδότου.

Il. 1. 298 μαχήσομαι] οὕτω διὰ τοῦ η, οὐ διὰ τοῦ εσ, καὶ ἡ Μασσαλιωτικὴ καὶ ἡ Ἀργολικὴ καὶ ἡ Σινωπικὴ καὶ ἡ Ἀντιμάχου καὶ ἡ Ἀριστοφάνους.

When later critics are quoted in the scholia, they come in by way of an addition to the notices of manuscripts : e.g.—

Il. 1. 423 λέξις Ἀριστάρχου ἐκ τοῦ α' τῆς Ἰλιάδος ὑπομνήματος· . . . οὕτως δὲ εὕρομεν καὶ ἐν τῇ Μασσαλιωτικῇ καὶ Σινωπικῇ καὶ Κυπρίᾳ καὶ Ἀντιμαχείῳ καὶ Ἀριστοφανείῳ. Καλλίστρατος δὲ ἐν τῷ πρὸς τὰς ἀθετήσεις ὁμοίως, καὶ ὁ Σιδώνιος καὶ ὁ Ἰξίων ἐν τῷ ζ' πρὸς τὰς ἐξηγήσεις.

Here the words down to Ἀριστοφανείῳ are taken verbatim from the commentary (ὑπόμνημα) of Aristarchus himself. Then the scholiast (i.e. Didymus) quotes Callistratus, a contemporary of Aristarchus, and (like him) a pupil of Aristophanes : then follow two grammarians of the next generation, viz. Dionysius of Sidon, a pupil of Aristarchus, and Demetrius Ixion, who was a follower of his great rival Crates of Pergamus. So on Il. 2. 192 καὶ αἱ πλείους δὲ τῶν χαριεστάτων οὕτως εἶχον, καὶ ἡ Ἀριστοφάνειος· καὶ ὁ Σιδώνιος δὲ καὶ ὁ Ἰξίων οὕτως γράφουσιν (so also on 3. 18).

§ 15. πᾶσαι, αἱ πλείους, &c. in the scholia.

The critical annotations which refer by name to these earlier texts of Homer are few in number, but suffice to give us the key to many scholia in which they are cited under summary phrases, such as ' all editions,' ' the majority,' ' some ' and the like : e. g.—

Il. 13. 485 οὕτως αἱ Ἀριστάρχου διὰ τοῦ π ἐπὶ θυμῷ, καὶ πᾶσαι οὕτως εἶχον.

Il. 11. 439 αἱ Ἀριστάρχου οὕτως τέλος, καὶ σχεδὸν ἅπασαι.

Il. 4. 213 Ἀρίσταρχος ἰακῶς εἷλκεν, καὶ αἱ πλείους.

Il. 19. 124 κατ' ἐνίας τῶν ἐκδόσεων ἀνθρώποισιν.

Regarding the expression πᾶσαι two views have recently been maintained. La Roche, observing that it does not seem to include the text (or texts) formed by Aristarchus—or at least not as part of the list of sources—and yet that it regularly occurs in connexion with his readings, took it to mean ' all the copies of the edition of Aristarchus.' But it is impossible to interpret it differently from the similar phrases αἱ πλείους, ἔνιαι, and the rest, which La Roche himself understands of the earlier editions. On the other hand Ludwich [81] explains πᾶσαι to mean 'the editions of Aristarchus and all those with which he agreed in the given case,' 'the majority of the old editions, those of Aristarchus himself included.' But this account of the matter must also be pronounced unsatisfactory. The word πᾶσαι surely means 'all' the manuscripts to which it refers, not merely a majority, or a part determined by agreement with Aristarchus. It must mean something more than αἱ πλεῖσται or αἱ πλείους. Moreover, as La Roche saw, the formula most commonly used ('Αρίσταρχος καὶ πᾶσαι) points to a distinction between πᾶσαι and the Aristarchean text.

The true explanation becomes apparent when we consider that all these notices, which reach us through the work of Didymus, come ultimately from Aristarchus himself. In his mouth they naturally refer, not to his own text, but to the critical apparatus on which it rested. That is to say, the word πᾶσαι (or πλεῖσται or ἔνιαι &c.) denotes all (or most or some &c.) of the editions adduced by Aristarchus on a given passage. Briefly, 'Αρίσταρχος καὶ πᾶσαι means 'Aristarchus and all *his* manuscripts.'

It is to be observed that 'all the editions' from the point of view of Aristarchus is by no means equivalent to the *codices omnes* or *MSS.* of a modern critical commentary. It does not include all the existing manuscripts.

Besides the texts that are mentioned in the scholia, and that must have been regularly quoted by name in the commentary of Aristarchus, it appears that he was acquainted with others of obviously inferior value. These are spoken of as the 'common' texts (αἱ κοιναί or αἱ κοινότεραι), the 'popular' (δημώδεις), the 'less careful' (αἱ εἰκαιότεραι), the 'inferior copies' (τὰ φαῦλα or φαυλότερα τῶν ἀντιγράφων). In contrast to them the better texts—the editions κατ' ἄνδρα and κατὰ πόλεις—are usually described as αἱ χαριέστατaι or χαριέστεραι: cp. Schol. A on Il. 3. 51 οὕτως κατηφείην σὺν τῷ ν ὡμολόγουν αἱ 'Αριστάρχου καὶ ἡ 'Αριστοφάνους καὶ ἡ Σωσιγένους καὶ ἡ 'Αργολική, καὶ σχεδὸν ἐν ταῖς χαριεστάταις οὕτως εἶχεν· ἡ δὲ Ζηνοδότου χωρὶς τοῦ ν κατηφείη. And the summary phrases πᾶσαι, αἱ πλείους, &c. refer to these specified texts. That they cannot refer to the whole mass of known manuscripts is evident when we consider that if that were so 'Αρίσταρχος καὶ πᾶσαι would express an absolute

[81] *Aristarch's Homerische Textkritik*, p. 119. According to him the term includes 'sowohl Aristarch's Ausgaben als auch alle diejenigen mit denen er in dem gegebenen Falle übereinstimmte.' The epitomators, he adds, 'wollten damit nichts weiter sagen als dass die Mehrzahl der alten Ausgaben, einbegriffen die Aristarchischen, an der betreffenden Stelle keine andere als die genannte Lesart anerkannte.'

unanimity, and there would be nothing to comment upon. It is also shown in some cases by the form of the annotation : *e. g.*—

Il. 12. 382 οὕτως αἱ Ἀριστάρχου καὶ αἱ πλείους χείρεσσ' ἀμφοτέρῃσιν ἐν δὲ ταῖς κοινοτέραις χειρί γε τῇ ἑτέρῃ (Schol. A).

Il. 13. 499 αἱ πᾶσαι ἔξοχον· οἱ δὲ ἔξοχοι (Schol. T).

Il. 19. 95 οὕτως ἐν ἁπάσαις Ζεὺς ἄσατο· καὶ ἔστι ποιητικώτερον· ἐν δέ τισι τῶν εἰκαιοτέρων Ζῆν' ἄσατο.

Il. 2. 53 αἱ πλείους καὶ χαριέσταται δίχα τοῦ ν βουλή· καὶ ἡ Ἀριστοφάνειος· ἐν δὲ ταῖς κοιναῖς καὶ τῇ Ζηνοδοτείῳ βουλήν.

A phrase of this kind, in short, is an abbreviation or *siglum* by which Didymus or a later epitomator replaced the list of sources originally quoted by Aristarchus. We sometimes see the abbreviating process going on : *e. g.*—

Il. 1. 598 οὕτως οἰνοχόει Ἀρίσταρχος ἰακῶς· καὶ ἐν τῇ Ἀργολικῇ καὶ Μασσαλιωτικῇ καὶ Ἀντιμαχείῳ καὶ ἐν τῇ Ζηνοδότου καὶ Ἀριστοφάνους (Schol. A). οἰνοχόει ἰακῶς πᾶσαι (Schol. T).

Il. 2. 196 οὕτως ἰηκῶς αἱ Ἀριστάρχου· . . . εἶχον δὲ καὶ αἱ χαριέσταται οὕτως ἄνευ τῆς Ζηνοδότου (Schol. A). οὕτως αἱ πᾶσαι πλὴν τῆς Ζηνοδότου (Schol. T).

It is true that in two places in the scholia the word πᾶσαι is so used as apparently to exclude the most important previous texts, those of Zenodotus and Aristophanes :

Il. 14. 259 οὕτως ἐν πάσαις δμήτειρα· Ἀριστοφάνης καὶ Ζηνόδοτος μήτειρα.

Il. 15. 307 βιβῶν πᾶσαι εἶχον, Ζηνόδοτος βοῶν.

But both these places are suspicious : the first on account of the strange word μήτειρα, the second because elsewhere Aristarchus is said to have read βιβάς (see the note on Od. 15. 555). And in any case it is necessary to allow for the chance of error, especially in scholia which are the result of successive abridgment. Thus on Il. 1. 522, where Schol. A gives οὐχὶ μή σε ἀλλὰ μή τι αἱ Ἀριστάρχου καὶ αἱ ἄλλαι σχεδὸν πᾶσαι διορθώσεις, this becomes in Schol. T the brief αἱ πᾶσαι μή τι. Similarly in the two passages now in question πᾶσαι may have been put carelessly for αἱ ἄλλαι πᾶσαι or σχεδὸν πᾶσαι.

It appears, then, that there were certain approved manuscripts which Aristarchus was in the habit of using as his *apparatus criticus* ; while the others—the ' common ' or ' inferior copies '—were little regarded by him. On what grounds the choice was made cannot now be ascertained. Practically, we may conjecture, his list was that of the copies of Hómer in the Alexandrian library, and consisted of purchases made on the authority of a succession of famous librarians. But in forming his own estimate of the comparative value of manuscripts Aristarchus was doubtless guided in some measure by their age. Indications of this are pointed out by Ludwich (*op. cit.* p. 46) in the scholia on Il. 9. 657 (*ἐν δὲ τῇ ἑτέρᾳ τῶν Ἀριστάρχου καὶ ἐν πολλαῖς τῶν ἀρχαίων*) and Il. 6. 4 (*ὅτι ἐν τοῖς ἀρχαίοις ἐγέγραπτο κτλ.*). In several places, again, Aristarchus noted that certain readings were found in the 'city editions,' or in some of them (*αἱ κατὰ πόλεις, ἔνιαι* or *τινὲς τῶν κατὰ πόλεις*, &c.). These must have been ancient variants which were unknown to, or did not find favour with, the authors of the earlier recensions. Aristarchus is not known to have adopted any of these readings—a fact which makes his careful record of them all the more characteristic. In about half of the instances the variant is given as that of 'some' only of the copies in question, and in no case is it said to be the reading of all. The circumstance that notices of this kind are preserved only in books xix–xxiv is doubtless accidental, and we may assume that they were to be met with everywhere in the Aristarchean commentaries. The few that we have—thirteen in the scholia of the *Venetus*, and three in the *Townleianus*—do not add much to our knowledge, but they help to show that Aristarchus took account, not merely of the number, but still more of the quality and *provenance* of his manuscripts.

It is worth observing, further, that the proportion of instances in which Aristarchus cites 'all' or 'nearly all' his manuscripts is significantly large. Considering the number of these manuscripts, and the variety and independence of the sources from which they appear to have been derived, their agreement, even in a few crucial passages, would be very notable. In fact the number of instances in which a reading is supported by the *πᾶσαι* or *σχεδὸν πᾶσαι* of the scholia is about forty: while the places in which the testimony of the same source is more divided (*αἱ πλείους, ἔνιαι, τινές*, &c.) do not exceed fifty or sixty. These figures point decisively to the existence of a *textus receptus* or vulgate, of which the manuscripts of Aristarchus must have been generally good examples.

§ 16. *Zenodotus.*

Zenodotus of Ephesus was contemporary with the two kings, Ptolemaeus Soter, founder of the Alexandrian library, and Ptolemaeus Philadelphus, who employed him to correct and arrange the works of Homer and the other poets. Hence he is sometimes called ὁ πρῶτος τῶν Ὁμήρου διορθωτής (Suid.). The title belongs properly, as we have seen, to Antimachus: but in Roman and Byzantine times the name of Zenodotus was associated with the very beginnings of criticism [82].

The references in the scholia to the readings of Zenodotus are numerous: in the first book of the *Iliad* alone there are about fifty. Yet nothing is more difficult than to judge of the character and value of his critical work. Our knowledge of it comes mainly, if not entirely, through Aristarchus, who seems to have had a copy of the recension made by Zenodotus, with the critical marks which he employed, but with no apparatus of various readings or commentary. Hence we know nothing of the manuscripts or earlier recensions used by Zenodotus, and have no external evidence to show whether his peculiar readings are due to tradition or to conjecture. A single example will illustrate this. On Il. 1. 63 ἢ καὶ ὀνειροπόλον κτλ. Aristarchus noted that the line was condemned by Zenodotus, ' perhaps ' because he took ὀνειροπόλος to mean an interpreter of dreams [83]. Aristarchus therefore appears to have found the line marked with the obelus: but he could only guess at the reason which had led Zenodotus to affix it.

Under such conditions as these it is evident that isolated statements about readings of Zenodotus will not tell us much of his critical methods. The chief case in which we find a general view or principle involved is that of the Pronoun ἑός or ὅς. In Homer, according to Aristarchus, ἑός was always a Possessive of the Third Person Singular (*his, her*): whereas in the text of Zenodotus it was not infrequently used as a Reflexive of the First and Second Persons: *e.g.* in Il. 1. 393 ἀλλὰ σύ, εἰ δύνασαί γε, περίσχεο παιδὸς ἑοῖο (Ar. ἑῆος): or Il. 11. 142 νῦν μὲν δὴ οὗ πατρὸς ἀεικία τείσετε λώβην (Ar. τοῦ). Some modern scholars have taken the side of Zenodotus in this question. They find evidence

---

[82] Cp. p. 404, note 43: also Lucian's judgment (*Ver. Hist.* 2. 20) of the critics who dealt in athetesis: κατεγίνωσκον οὖν τῶν ἀμφὶ τὸν Ζηνόδοτον καὶ Ἀρίσταρχον γραμματικῶν πολλὴν τὴν ψυχρολογίαν.

[83] Ζηνόδοτος δὲ ἠθέτηκεν αὐτόν· μήποτε δὲ ὀνειροκρίτην ὑπείληφεν, οὐκ ὀρθῶς. Cp. Sch. A on Il. 2. 553 ὅτι Ζηνόδοτος ἠθέτηκε, μήποτε διότι κτλ.: also Il. 2. 641., 11. 104, 548., 17. 134., 20. 114., 21. 335.

which they regard as showing that the stem *sve* (Sanscr. *sva*, Greek σϝε) originally had what may be termed a 'general reflexive' sense, *i.e.* that it referred to the subject of the sentence, which might be of any Number or Person. This use, they hold, was preserved by Zenodotus in the passages in question; while Aristarchus sought to banish it from Homer by a series of more or less violent alterations of the traditional text[84].

[84] The Homeric use of the Possessive ὅς, ἑός has been examined afresh by Mr. Leaf in an Appendix to the new edition of his Iliad (Vol. I. Appendix A). He agrees with Brugmann and other scholars in accepting, as relics of the oldest Homeric text, the readings attributed to Zenodotus, such as—

ἑοῖο, Ar. ἑῆος, in Il. 1. 393., 15. 138., 19. 342., 24. 422, 550.
οὗ, Ar. τοῦ, in Il. 11. 142., 19. 322., Od. 2. 134., 11. 492., 16. 149.
φρεσὶν ᾗσιν (= ἐμῇσιν) in Od. 13. 320 (athetized by Ar.).

But he takes a different view of the process by which these readings disappeared from the great majority of the manuscripts. Hitherto it has generally been assumed that the issue lay between the authority of Zenodotus (or οἱ ἀμφὶ Ζηνόδοτον) and the more powerful' authority of Aristarchus. Mr. Leaf does not think it possible that Aristarchus should have exercised any such influence over the manuscript tradition. Agreeing with him as to this, I cannot but think that the case for Brugmann's theory is materially weakened by the admission.

Comparing the readings of Aristarchus with those of Zenodotus in the passages now in question, we find a series of changes which are apparently animated by a common principle. They are such changes as are made by a modern scholar who has discovered a rule generally observed by his author, and sets to work to correct the instances which do not conform to it. It is very different when changes are made fortuitously, or by an unconscious process. The result is not then to create (or restore) uniformity of usage, but the contrary. Can we suppose, for example, that the frequent substitution of ἑῆος for ἑοῖο was fortuitous? Brugmann holds that Aristarchus found certain uses of ἑοῖο which he wrongly thought illegitimate, and got rid of them by importing the obscure word ἑῆος. Aristarchus himself considered ἑοῖο as a corruption of ἑῆος. Either of these views is *prima facie* tenable. But is it likely that ἑῆος was re-discovered and replaced in the text by a series of undesigned coincidences?

If, then, the influence of Aristarchus was not equal to so great a change in the ancient vulgate, we are driven to suppose that the readings favoured by him were already those of the best sources, or at least of those from which the later text was mainly derived.

It may be objected that we have still to explain the genesis of the readings attributed to Zenodotus. But the steps which have to be supposed—the corruption of ἑῆος into ἑοῖο, of τοῦ into οὗ, of φρεσὶ σῇσιν into φρεσὶν ᾗσιν, and a few others of the kind—are not very difficult; the reading παιδὸς ἑοῖο in Il. 1. 393 may well be due to παιδὸς ἑοῖο in Il. 14. 266., 18. 71—aided by πατρὸς ἑοῖο in Il. 2. 662., 14. 11., 19. 399., 23. 360, 402: the reading οὗ πατρός in Il. 11. 142 to οὗ πατρός in Il. 1. 404, Od. 7. 3, aided by οὗ παιδός in Il. 6. 466., 9. 633., 16. 522, Od. 15. 358., 16. 411., 24. 56.

Mr. Leaf points to the general reflexive use of ὅς (ἑός) found in Callimachus and Apollonius Rhodius, and argues that ' if ὅς never meant anything but *his* in Homer (as ἕ never means anything but *him*), it would be an amazing step for an imitator, against all the usage of his own day, to make it = *my*.' The answer is two-fold. In the first place, there was no living usage of ὅς in the Alexandrian age. The misuse of it therefore was nothing more than a false archaism—a thing to which imitative poets are always liable. In the second place, the supposed misuse is exactly parallel to the late Attic and Hellenistic use of ἑαυτοῦ with reference to the First and Second Persons : *e.g.* in Matth. xxv. 9 ἀγοράσατε ἑαυτοῖς *buy for yourselves*, 1 Cor. xi. 31 εἰ ἑαυτοὺς διεκρίνομεν *if we discerned ourselves* (see

Another difference between the two great critics turned upon the use
of the Dual Number.   While Aristarchus held that the Dual was used
in Homer (as in Attic) only when two persons or things were spoken
of, the text of Zenodotus exhibited several Dual forms indistinguishable
in sense from Plurals.   Such are Il. 1. 567 ἰόντε (sc. οἱ θεοί), 3. 459
ἀποτίνετον (of the Trojans), 6. 112 ἀμύνετον ἀστεῖ λώβην, 8. 503., 13. 627.,
15. 347., 18. 287., 23. 753 (cp. 2. 297., 3. 279)[65].
There can be no doubt that these readings are wrong.   No one
would now maintain, as even Buttmann did, that they are relics of
a primitive usage of the Dual.   It is equally evident that the source of
the error lies in the fact that the Dual Number, which had survived
in Attic much longer than in any other literary dialect of Greece,
disappeared from the Hellenistic or κοινὴ διάλεκτος.   Consequently the
Dual forms in Homer came to be regarded, even by grammarians like
Zenodotus and Crates, as mere poetical or old-fashioned varieties of
the Plural.   As such, moreover, they were imitated by post-Homeric
poets, *e.g.* the author of the Hymn to Apollo (ll. 456, 487, 501);
also Aratus (968, 1023), Oppian, &c.   Under these circumstances
the wonder is, not that false Dual forms should have been allowed to
stand in the Alexandrian copies of Homer, but that none of them
found their way into the existing manuscripts[66].   If, as we have been
led to conclude (p. 430), there was an ancient vulgate, dating as far
back as the fifth century, from which the modern vulgate is descended,

the examples from Xenophon, Plato, &c. in Kühner-Blass, § 455, 7, b).   This
use, which had evidently grown up in the colloquial Attic of the fourth century,
would smooth the way for a similar extension of the Homeric reflexive pronoun.
   The argument from a supposed primitive use of the stem *sve* cannot be pressed.
It turns upon questions that are 'glottogonic,' and beyond the reach of science.
We know that in many languages there is a Reflexive of the kind in question.
But we do not know how these Reflexives came to be so used.   Several of the
uses are as obviously late as the Hellenistic use of ἑαυτοῦ.   Brugmann himself
notices the Scandinavian formation of the Middle in -*sk*, which was at first
restricted to the Third Person: also the misuse of *sich* in German dialects.   There
is no proof, therefore, that the use of *sve* for all three Persons is 'primitive,' if by
that is meant Indo-germanic.   The restriction to the Third Person in Latin *suus* is
more likely to be original.
   [65] Besides Zenodotus we hear of Eratosthenes and Crates as οἱ θέλοντες συγχεῖσθαι
τὰ δυϊκὰ παρ' Ὁμήρῳ (Sch. A on Il. 24. 282).   Hence it seems to have been one of
the points at issue between Aristarchus and the school of Crates.
   [66] So far as I know there is only one place where a Dual form ascribed to
Zenodotus can be traced in any other source, viz. in Il. 23. 753—

                   ὄρνυσθ' οἳ καὶ τούτου δέθλου πειρήσεσθε.

In this formula, which occurs three times in the account of the Funeral Games
(Il. 707, 753, 831), πειρήσεσθον is given by most manuscripts in one place, viz. in l. 707,
and is there right, since the invitation is to a wrestling-match.   In l. 753 πειρή-
σεσθον is found in an Oxyrhynchus fragment (I. p. 46), and in one of Mr. Leaf's
manuscripts (Paris grec. 2682)—readings which are evidently due to contamination
with l. 707.

it follows that that ancient vulgate must be represented in the matter of the Dual, not by Zenodotus, but by Aristarchus. And this argument, it will be evident, is independent of any view which may be taken of Aristarchus as a critic, or of the share that he had in determining the subsequent history of the text.

The remaining notices of Zenodotus, numerous as they are, do not throw much light on his methods. On the whole they tend to confirm the conclusion just stated. They prove that his text was much more influenced by the συνήθεια, *i. e.* by the language, whether literary or colloquial, of his own age, than his great successor. He shows an evident readiness to make Homer easier—to remove small difficulties by prosaic changes, and to replace archaic and poetical forms by words taken from the vocabulary of the time. A few examples will serve to make this clear [97]:

Il. 1. 299 ἐπεί μ' ἀφέλεσθέ γε δόντες. Zen. read ἐπεί ῥ' ἐθέλεις ἀφ-ελέσθαι, doubtless because it was only Agammenon who took away Briseis—not the Greeks, who had given her to him.

Il. 6. 511 ῥίμφα ἑ γοῦνα φέρει. Zen. got rid of the bold anacoluthon by reading ῥίμφ' ἑὰ γοῦνα φέρει.

Il. 10. 10 τρομέοντο δέ οἱ φρένες ἐντός. Zen. read φοβέοντο, contrary to the invariable Homeric use of φόβος = 'flight' (not 'fear'). Cp. Il. 18. 247 πάντας γὰρ ἔχε τρόμος (Zen. φόβος) ; also 19. 14.

Il. 11. 123 υἱέας Ἀντιμάχοιο δαΐφρονος. Zen. read κακόφρονος, doubtless because δαΐφρων is elsewhere an epithet of praise, and therefore inappropriate to Antimachus.

Il. 11. 439 ὅ οἱ οὔ τι τέλος κατακαίριον ἦλθεν. For the difficult but clearly Homeric τέλος Zen. read βέλος.

Il. 15. 207 ὅτ' ἄγγελος αἴσιμα εἰδῇ (Zen. εἴπῃ). Here a distinctively Homeric idiom is lost by the change.

Il. 18. 34 μὴ λαιμὸν ἀπαμήσειε σιδήρῳ (Zen. ἀποτμήξειε). Here again the reading of Zen. is simply the translation of the Homeric word into prose.

Od. 5. 132 (= 7. 250) Ζεὺς ἔλσας ἐκέασσε. For ἔλσας Zen. substituted the familiar form ἐλάσας.

§ 17. *Aristarchus.—The sources.*

The place of Aristarchus in philological criticism can only be compared with that which Aristotle holds in the general history of

---

[97] See Ad. Römer, *Ueber die Homerrecension des Zenodot* (München, 1885).

science. In both men we recognise the transition from mere
beginnings to a sudden maturity. Both were distinguished by their
many-sided grasp of scientific problems, by their encyclopedic attain-
ments, and by their freedom from all that is fanciful or superstitious.
The work of Aristarchus, like that of Aristotle, gathered into itself the
most valuable fruits of earlier study, and formed the basis of nearly
all subsequent advance.

A minor point of resemblance may be found in the difficulty of
determining exactly what came from the master himself and what from
disciples and followers. In the case of Aristarchus the difficulty is
aggravated by the nature of the subject-matter. The writings of
grammarians have not the literary form or interest which secures
their preservation. In ancient times, as now, they were excerpted,
abridged, incorporated with new matter, till the original was lost
altogether. But though only a few lines are left of the actual words
of Aristarchus, a good deal is known of the substance of his criticism.
The *Codex Venetus* gives us the critical marks affixed by him: and
the Scholia of the same manuscript have preserved numerous extracts
from two sources of capital importance, dating from the first century
B.C., viz. the work of Aristonicus on the critical marks, and that of
Didymus on the Aristarchean recension. These two grammarians
seem to have had access to the writings of Aristarchus, and doubtless
also to most of the traditions of his school. Their information is
supplemented by notices derived from Herodian and Nicanor—scholars
of a somewhat later date, but still within reach of the stores of
Alexandrian learning.

The Homeric learning of Aristarchus was embodied in works of
three kinds, viz. 'editions' of his correction of the text (ἐκδόσεις τῆς
διορθώσεως, or simply αἱ ἐκδόσεις), 'commentaries' (ὑπομνήματα) on the
text, and certain 'treatises' (συγγράμματα) which dealt with particular
questions.

1. It would appear from the language of the scholia that Aristarchus
published two editions of his recension, which is therefore usually
referred to in the plural (αἱ ἐκδόσεις or αἱ Ἀριστάρχου, whereas we
only find ἡ Ζηνοδότου, ἡ Ἀριστοφάνους). Hence such expressions as
διῆλλαττον αἱ Ἀριστάρχου (14. 427), ἡ ἑτέρα 'one of the two recensions,'
and frequently διχῶς Ἀρίσταρχος. So on Il. 6. 4 Didymus tells us
that the old reading, which the 'commentaries' show to have been
that of Aristarchus, was—

μεσσηγὺς ποταμοῖο Σκαμάνδρου καὶ στομαλίμνης,

but afterwards he found and adopted the reading—

μεσσηγὺς Σιμόεντος ἰδὲ Ξάνθοιο ῥοάων.

And on Il. 16. 613 we are told that the line was wanting in one of the two editions, and was obelized in the second (ἐν τῇ ἑτέρᾳ τῶν Ἀριστάρχου οὐκ ἐφέρετο καθάπαξ· ἐν δὲ τῇ δευτέρᾳ ὑβελὸς αὐτῷ παρέκειτο). There is one piece of evidence, however, which throws some doubt on these two editions.

This is the statement, made by Didymus on Il. 10. 397–399, to the effect that Ammonius, one of the pupils of Aristarchus, and his immediate successor in the school, was the author of a treatise περὶ τοῦ μὴ γεγονέναι πλείονας ἐκδόσεις τῆς Ἀρισταρχείου διορθώσεως. The same treatise is probably meant in another passage (Il. 19. 365), where Ammonius is said to have written περὶ τῆς ἐπεκδοθείσης διορθώσεως [88]. But what is intended by the contention that there were not 'more editions' of the recension of Aristarchus? Villoison and Wolf took it to mean that there was only one such edition [89]. Aristarchus, they thought, may have left materials, in one form or another, from which a revised text, or a series of corrections of the text, was drawn up; and this may have led to the belief in a second edition published by him. Recent scholars have generally followed Lehrs in taking πλείονας here as = πλείονας τῶν δύο [90]. Such an interpretation, in the absence of any context to suggest it, is certainly strained. And if we are right in looking upon the words περὶ τῆς ἐπεκδοθείσης διορθώσεως as an alternative description, the work so described must surely have discussed the question whether something which passed for a second recension was so in reality or not. The discussion which Lehrs supposes περὶ τοῦ μὴ γεγονέναι κτλ. would not be 'about the second recension,' but would take that recension for granted.

[88] It has been supposed that these two descriptions refer to different works of Ammonius, viz. one ' on the second edition of the recension' (quoted on Il. 19. 365), and one ' on the question whether there were more editions than these two' (on Il. 10. 398). This is improbable in view of the fact that the point for which Ammonius is referred to is of the same nature in both places. The lines Il. 10. 397–399 were first marked by Aristarchus as doubtful, and afterwards left out altogether. Il. 19. 365–368 were obelized, and afterwards the obeli were removed. Thus the point lay in the change of mind shown in the treatment of a passage. This agreement in respect of subject points to a single treatise.

[89] Villoison *Proleg.* p. xxvii: Wolf *Proleg.* p. ccxxxvii.

[90] *De Arist. Stud. Hom.²* p. 23. It will be seen that Lehrs rests his case mainly on the other notice about the treatise of Ammonius. ' Quidni opponam eundem Ammonium scripsisse περὶ τῆς ἐπεκδοθείσης διορθώσεως (sc. Ἀριστάρχου), de qua non poterat scribere si nulla erat.' But we do not know that this title was given to the work by Ammonius himself. More probably it is the description of it by Didymus, who undoubtedly regarded Aristarchus as the author of a ' second recension.'

However this may be, it is highly significant that the number of editions of the Aristarchean text was a matter of dispute among his immediate successors at Alexandria.

2. The scholia, especially those that come from Didymus, frequently refer to certain ὑπομνήματα, 'memoranda' or 'commentaries' (in the Latin sense), which they quote as sources for the readings and opinions of Aristarchus. Thus on Il. 10. 398 it is noted that the reason why certain verses were obelized is not to be found 'in the Aristarchean commentaries' (διὰ τῶν Ἀρισταρχείων ὑπομνημάτων): cp. the scholia on Il. 1. 423., 2. 125., 20. 471., 23. 870. It is not quite clear, however, in what sense or to what extent they are to be regarded as his. Apparently they were numerous (schol. Il. 23. 169 τὰ πολλὰ τῶν ὑπομνημάτων), and differed considerably in value and authority. Thus on Il. 2. 111 Didymus introduces a quotation of the actual words of Aristarchus in the following terms:—

κἂν ταῖς Λιταῖς ἐξηγούμενος αὐτὰρ ἔπειτ' Αἴας τε μέγας (Il. 9. 169) ἔν τινι τῶν ἠκριβωμένων ὑπομνημάτων γράφει ταῦτα κατὰ λέξιν.

The 'commentaries' generally support the 'recensions': as on Il. 2. 192 καὶ ἐν ταῖς διορθώσεσι καὶ ἐν τοῖς ὑπομνήμασιν οὕτως ἐγέγραπτο, 2. 355 οὕτως Ἀρίσταρχος καὶ τὰ ὑπομνήματα, 11. 40, &c. But occasionally we hear that some at least gave different readings; as on Il. 4. 3 κατ' ἔνια τῶν ὑπομνημάτων ἐνωνοχόει φέρεται· οἱ δέ φασι Ζηνοδότειον εἶναι τὴν γραφήν· ἐν μέντοι ταῖς ἐκδόσεσι χωρὶς τοῦ ν εὕραμεν (so on 7. 452., 14. 382). In such cases it would seem that the writer of the ὑπόμνημα cannot have had the recension of Aristarchus before him. On the other hand there is evidence that the ὑπομνήματα gave, not only the readings of Aristarchus, but also the grounds on which they were adopted by him. Two examples from Didymus will show this:

Il. 3. 57 ἔσσο διὰ τῶν δύο σσ εἶχον αἱ Ἀριστάρχου· καὶ οὐ μόνον ἐν τοῖς ὑπομνήμασιν εἶχεν οὕτως, ἀλλὰ καὶ ἐν ἐνίοις λόγος ὑπέκειτο, ὅτι κτλ.

Il. 2. 397 ὁ ἐκ τῶν ὑπομνημάτων λόγος ὑπόκειται ἔχων τῇδε, κτλ.

Thus the ὑπομνήματα must be the original source of much that has reached us through works like those of Didymus and Aristonicus. The Aristarchean marks gave little information themselves. The diplê hardly ever indicated more than that Aristarchus had something to say on a verse. And it is not uncommon to find that the meaning of a diplê was unknown to the immediate pupils of Aristarchus, or at least that it was disputed among them. Thus—

Il. 8. 221 πρὸς τὸ ἔχων ἐν χειρί, τί ποτε σημαίνει, i.e. the diplê was to call attention to the interpretation. The rival opinions of Apollodorus and Dionysius—both pupils of Aristarchus—are then given.

Il. 17. 24 τὸ σημεῖον Διονύσιος διὰ τὸν Ὑπερήνορά φησιν.

Il. 17. 125 ὁ δὲ Διονύσιος τὸ σημεῖόν φησιν ὅτι ἤλλακται πτῶσις, *i. e.*
Dionysius understood the diplê to refer, not to an apparent contradiction, but to a point of grammar (Lehrs *de Arist. stud. Hom.* p. 15 note).

Thus the critical marks, in conjunction with the ὑπομνήματα and other writings of the Aristarcheans, formed the nearest Alexandrian equivalent to the text and commentary of a modern editor. The marks served as sign-posts directing the reader to search in the traditional stores of learning—oral or written, accessible or not.

3. The important scholium of Didymus on Il. 2. 111 refers to another group of Aristarchean works, the συγγράμματα or 'treatises.' According to Didymus these were more authoritative than the ὑπομνήματα, doubtless because they were known to be in the fullest sense the work of the great critic himself. They are much less frequently quoted: probably they were less numerous, and were concerned with particular subjects, which did not often involve questions of reading. We hear of a treatise πρὸς τὸ Ξένωνος παράδοξον, *i. e.* against the Chorizontes or 'Separators' of the *Iliad* and *Odyssey*: of τὰ περὶ τοῦ ναυστάθμου, on the arrangement of the different nationalities in the Greek camp, with a plan (τὸ τοῦ στρατοπέδου διάγραμμα): also of controversial writings (τὰ πρὸς Φιλητᾶν, τὰ πρὸς Κωμανόν).

Notwithstanding these different sources of knowledge it it clear that the information which ancient scholars had about the criticism of Aristarchus, and in particular about the readings that he adopted in his recension of Homer, was much less exact than we should have expected to find it. As a crucial instance it may be worth while to quote the scholium on Il. 2. 111, which line is usually written—

Ζεύς με μέγα Κρονίδης ἄτῃ ἐνέδησε βαρείῃ.

Here Didymus tells us that the reading μέγα, by what he calls a σχολικὸν ἀγνόημα, a piece of ignorance belonging to the school [91], was attributed to Aristarchus, while Zenodotus was supposed to have read μέγας. The mistake, he says, was due to Dionysius Thrax, a pupil of Aristarchus. Against him Didymus cites Ammonius and Dionysodorus, both pupils of Aristarchus, and Callistratus, who was a contemporary and wrote περὶ Ἰλιάδος. The reading μέγα, he admits, is found in some of the ὑπομνήματα, but on the other side he argues that μέγας is given as Aristarchean in the much more

---

[91] The word σχολικός here may have a contemptuous sense: cp. Longin. § 10 οὐδὲν φλοιῶδες ἢ ἄσεμνον ἢ σχολικὸν ἐγκατατάττοντες.

decisive σύγγραμμα πρὸς Φιλητᾶν, and also in 'one of the carefully written commentaries' (ἔν τινι τῶν ἠκριβωμένων ὑπομνημάτων). Finally he says that Ptolemaeus Epithetes—so called as the especial 'assailant' of Aristarchus—in setting out the readings of Zenodotus did not reckon μέγας in this place as one of them. Notwithstanding this array of authorities we find that Aristonicus assigns μέγας to Zenodotus: and on the whole it seems probable that he was right.

Other references to pupils of Aristarchus as witnesses to his readings are—

Il. 6. 76 Ἀμμώνιος, ὡς Ἀριστάρχειον προφέρεται καὶ ταύτην τὴν γραφήν.

Il. 8. 513 Παρμενίσκος ἐν τῷ α΄ πρὸς Κράτητα ὡς Ἀριστάρχειον γραφὴν προφέρεται κείνων.

And, what is still more significant, the word προφέρεται by itself is used = προφέρεται ὡς Ἀριστάρχειον γραφήν: e.g. on Il. 7. 7 Ἀμμώνιος ἐν τῷ πρὸς Ἀθηνοκλέα τοί προφέρεται πληθυντικῶς: on Il. 9. 197 Παρμενίσκος δὲ προφέρεται ἡμέτερόνδε. In these and many more instances we see that the question anciently debated was, not whether Aristarchus was right or wrong in regard to a reading, but what the reading was which he preferred.

Sometimes the doubt is whether a reading was only mentioned in passing by Aristarchus, or was discussed and adopted. Instances of this are—

Il. 13. 2 παρὰ τῆσι] Ζηνόδοτος καὶ Ἀριστοφάνης περὶ τῆσι· μήποτ' οὖν διχῶς. Here Aristarchus gave the reading of Zenodotus and Aristophanes, and perhaps therefore left the issue undecided between it and some other.

Il. 21. 130 μήποτε μέντοι καὶ ὁ Ἀρίσταρχος συγκατέθετο τῇ ἀθετήσει, μηδὲν ἀντειπὼν τῷ Ἀριστοφάνει. Here Aristarchus had mentioned that six verses were obelized by Aristophanes: but he did not make any reply to the objection taken. Hence the question, what is to be inferred from his silence?

§ 18. Aristarchus as a textual critic.

We know something of the resources that Aristarchus had at his disposal—manuscripts of Homer brought from far and near, and copies of all the most famous recensions, from that of Antimachus down to his own immediate predecessors in the Museum (p. 431). What do we know of his use of them? Can we assume that his

text was the best that they were fitted to yield? On this question
there has been some controversy in quite recent times. Scholars
have been found to maintain that Aristarchus altered the text of
Homer by numerous arbitrary conjectures, designed to bring it into
accordance with certain rules that he imagined himself to have
discovered [72]. It must be admitted that the scholia, even those which
come from Aristarchus, often give some colour to this idea. The
criticism which they contain is generally much more 'subjective'
than modern methods would allow. The reasoning appears to be
based too much upon internal evidence—upon such matters as the
poetical effect of a reading, or its agreement with other passages,
or the lesson which it teaches—to the comparative neglect of manu-
script sources. This impression, however, is in great measure
removed by further study. We have to consider that the interest
taken by ancient grammarians in purely textual problems was a
constantly diminishing quantity. Such critical data as we possess
are almost confined to the Venetian scholia: while the later collections
(the Townley scholia, Eustathius, &c.) are mainly exegetical. But
the process had gone on from the first. In the Venetian scholia
themselves the proportion of critical apparatus must be very much
less than in the original Alexandrian commentaries. We cannot
therefore lay much stress on the silence of the scholia.

On the other hand there are many indications that Aristarchus
was noted in antiquity for his faithfulness to the manuscript tradition.
The scholia have preserved a striking instance of this in the comment
of Aristarchus on Il. 9. 222—

$$αὐτὰρ ἐπεὶ πόσιος καὶ ἐδητύος ἐξ ἔρον ἔντο.$$

He observed that the envoys, of whom this is said, had already
supped, and therefore that the poet would have done better to write
αὐτὰρ ἐπεὶ πόσιος καὶ ἐδητύος ἂψ ἐπάσαντο, or αἶψ' ἐπάσαντο [73]; but he

---

[72] Thus in reference to the reading δαῖτα for πᾶσι in Il. 1. 5 Nauck writes as
follows (*Mélanges Gr.-Rom.* iv. 463): 'ich meine, dass wie an dieser so an
zahllosen anderen Stellen durch willkürliche und verfehlte Conjecturen des
Aristarch die ursprünglichen Lesarten verdrängt worden sind: ich meine, dass
das Schwören auf die Worte des Aristarch, wie es in Alexandria herrschend war,
dem Homerischen Text am empfindlichsten, niemals wieder gut zu machenden
Schaden gebracht hat.' Cp. Ludwich, *op. cit.* vol. ii. p. 78 ff.

[73] The *Cod. Ven.* has ἢ ἰψ' ἐπάσαντο, which (as Cobet noticed) points to αἶψ'
ἐπάσαντο. Ludwich rejects the words as a mere dittography. But the context
seems to require αἶψα. 'It would have been better,' according to Aristarchus, 'if
the poet had described the envoys as only *tasting*, out of courtesy to Achilles, and
not eating and drinking to satiety' (ἵν' ὅσον χαρίσασθαι τῷ Ἀχιλλεῖ γεύσασθαι
μόνον καὶ μὴ εἰς κόρον ἐσθίειν καὶ πίνειν λέγωνται). This, he seems to have thought,
might be expressed by αἶψ' ἐπάσαντο 'ate hastily.'

was too cautious to make any change against the weight of the manuscripts (ὑπὸ περιττῆς εὐλαβείας οὐδὲν μετέθηκεν, ἐν πολλαῖς οὕτως εὑρὼν φερομένην τὴν γραφήν). It is characteristic of the later scholia (Townley, &c.) that in the face of this notice they say Ἀρίσταρχος γράφει ἀψ ἐπάσαντα. Again, in Il. 2. 665 Aristarchus retained (οἱ μετέθηκε) the reading βῆ φεύγων, although he observed that Homeric usage was in favour of βῆ φεύγειν. In Il. 3. 262 he preferred (προκρίνει) the form βήσετο, but kept βήσατο. On Il. 7. 114 he noted the harshness of the words ὅ περ σέο πολλὸν ἀμείνων as said to Menelaus, and observed that it would have been less reproachful (ἧττον ὀνειδιστικόν) if the poet had said ὅ περ μέγα φέρτατός ἐστι: but he did not alter the text. Similar examples will be found on Il. 16. 636., 22. 468., 23. 857; and doubtless there were many more. Indeed it seems very possible that some of the readings now ascribed to Aristarchus · come from remarks of this kind, and were never intended to appear in his text of Homer.

A further argument in favour of Aristarchus may be based upon his citations of the earlier manuscripts πᾶσαι,. αἱ πλείους, &c. His reading in no instance differs from the reading of 'all' or even of 'nearly all' his manuscripts, and very seldom differs from that of the majority.

§ 19. *Aristarchus and the modern vulgate.*

When the discovery of the Venetian scholia first revealed the stores of Alexandrian criticism, it was natural to imagine that the ancient recensions, and especially the recension of Aristarchus, had at once exercised a determining influence on the Homeric text. Thus Wolf, whose *Prolegomena* appeared a few years after the publication of Villoison (1788), assumes that the 'reading of Aristarchus' became thenceforth the 'tradition' or 'vulgate,' and the basis of all subsequent changes:

Etenim ex quo Aristarchea ἀνάγνωσις facta est παράδοσις (*vulgata lectio, vulgatus textus* dici solet, et satis commode), id quod maturo factum videtur, ad illam potissimum novae emendationes et notationes annexae et compositae sunt (p. ccxli).

This view had been already expressed by Giphanius:

Si de universa facie et habitu Carminum quaerimus, non est dubium quin recte divinarit Giphanius, vulgatam nostram recensionem esse ipsam Aristarcheam (p. cclvii).

The scholars who have accepted this estimate of the supremacy of Aristarchus do not take sufficient account of the difference between ancient and modern conditions. They suppose that a new text of Homer, produced by the critic of highest authority in the most important centre of learning, would at once become known throughout Greece, and would drive out all previous texts. A revolution of that kind is possible only with the aid of printing. Without some such means an 'edition,' in the modern sense of the word, can hardly be said to exist. So far was the recension of Aristarchus from taking the Greek world by storm, that his readings, as we have seen, were very imperfectly known in the following century, and even in the circle of his immediate disciples. And, apart from general considerations of this kind, the facts are irreconcileable with any such view. For—

(1) Many readings in the modern vulgate cannot be explained by derivation from the text of Aristarchus. Such a theory might explain many variants: *e.g.* ἐπήν κε for ἐπεί κε (Il. 1. 168) or ᾠνοχόει for οἰνοχόει (Il. 1. 598). But it evidently fails with ἐνὶ στρατῷ for 'Αχαιῶν (Il. 1. 91), λοιμοῖο βαρείας χεῖρας ἀφέξει for Δαναοῖσιν ἀεικέα λοιγὸν ἀπώσει (Il. 1. 97), &c. And it would not account for the existence in the manuscripts of verses which Aristarchus left out altogether.

(2) The variety of reading in our manuscripts is often to be traced back to the texts that Aristarchus himself made use of. Thus on Il. 1. 91 Aristarchus quoted Zenodotus, Aristophanes, and Sosigenes for 'Αχαιῶν. It follows that ἐνὶ στρατῷ, the reading of nearly all our manuscripts, was derived from other pre-Aristarchean sources. In this case, then, and in the many similar cases, the authority of Aristarchus did not prevent the reading which he and other leading grammarians condemned from gaining a place in the vulgate.

(3) It has been shown from the Homeric quotations of the fifth and fourth centuries that the text was then well established, and did not very greatly differ from that of the modern manuscripts (p. 426). This being so, the hypothesis of a great Homeric restoration carried out at Alexandria has no *raison d'être*. If there were interpolated and otherwise 'eccentric' copies, such as are being found in the papyrus rolls of Egypt, these were not got rid of by the obelus of the critics, but by the superiority which better and 'nicer' copies (χαριέστεραι) had in the struggle for existence.

(4) There are many instances in which the recension of Aristarchus preserved the earlier and more correct form of a word, while the present vulgate shows the form which he rejected. Thus he read δῆῃς (Il. 6. 432), δαμῆῃς (Il. 3. 436), σαπήῃ (Il. 19. 27), φανήῃ (Il. 22. 73), not

θείης, δαμείης, σαπείη, φανείη—the epic grammar in these places requiring the Subjunctive. So he read τεθνηώς (*passim*), περιστήωσι (Il. 17. 95), καθῆατο (Il. 24. 473), not τεθνειώς, περιστείωσι, καθεῖατο: πεμεσσηθέωμεν (Il. 24. 53), not -ῶμεν: οἰνοχόει (Il. 1. 598), not ῳνοχόει: ἔλκε (Il. 4. 213), not εἷλκε: ἐβήσετο, ἐδύσετο (in most places, cp. however Didymus on Il. 3. 262): ἐθέλωμι and other Subjunctives in -ωμι, not the corresponding Optatives in -οιμι: the Second Person Dual in -τον, not in -την: καὶ κεῖνος &c., not κάκεῖνος: the plural verb with a neuter plural; the compounds with νσ, πανσυδίη, ἀνστήσων, &c., not πασσυδίη, ἀστήσων, &c. In these and similar cases it appears from the independent evidence of linguistic that Aristarchus was nearly always right in his choice. We may infer—since he had no other source of knowledge in this field—that these more correct forms were to be found in the better manuscripts which he used. Yet the other readings prevailed, and found their way into the vulgate.

(5) This inferiority of the existing vulgate in the details of spelling and inflexion is in effect the inferiority of a multitude of copyists to a single great critic. The work of Aristarchus was based upon the use of many sources, and his strength lay first and foremost in the *classification* of these sources. The scribes had not access to the treasures of the Alexandrian Museum ; and they were more liable to be influenced by the grammar and phonetics of their own age. Hence the text that they have transmitted to us, although in the main it is the ancient vulgate, is a less exact reproduction of that vulgate than we should have had if Aristarchus had wielded the despotic powers often attributed to him.

The manuscripts of Homer, then, are descended, not from the critical recensions of the Alexandrian school, but from the ancient pre-Alexandrian vulgate—a vulgate which goes back, not indeed to ' Homer,' but at least to the great period of Greek literature. Their comparative freedom from the disfigurements of the papyrus fragments is accordingly due rather to the collective agency that we speak of as the Homeric παράδοσις or tradition than to individual scholars. The texts to which these fragments belong, so far as they came under the notice of the great grammarians, were doubtless included in the class of κοιναί [14]. The interpolations which form the most charac-

---

[14] The words κοιναί and δημώδεις should not lead us to imagine that the texts so described were in any sense a 'vulgate.' The word 'common' does not mean that certain readings were common to, or commonly found in, the copies in question, but that these copies were in use among common people. There is nothing to show that they generally agreed among themselves. Such references as ἐν τισι τῶν κοινῶν, or ἐν τισι τῶν εἰκαιοτέρων, which are not infrequent, imply the

teristic feature of them explain a good deal in the aims and methods
of the Alexandrians (pp. 420 ff.). But if they had really made good
their footing in the Homeric *textus receptus*, they would hardly have
been dispossessed, as they seem to have been, in the course of the
next century.

It follows from what has now been said that the task of the modern
Homeric critic is in the first place to restore the pre-Alexandrian
vulgate : and that the way to that restoration lies through the *apparatus
criticus* of Aristarchus. When the testimony of the Aristarchean or
pre-Aristarchean sources is divided we can sometimes fall back on the
evidence of linguistic. But that evidence must be used with caution.
We may know that one sound or one grammatical form is later in the
development of language than another : but we may not be able to
tell when the change took place. It is certain (*e. g.*) that οἰνοχόει is
older than ᾠνοχόει, because it is nearer the original Ϝοινοχόει. But this
does not suffice to tell us whether οἰνοχόει or ᾠνοχόει was the reading
of the ancient vulgate. That can only be determined by positive
evidence, such as Aristarchus furnishes. What in such cases the
primitive *Homeric* form was is another and usually a more difficult
question.

§ 20. *Aristarchus as an interpreter of Homer.*

The greatness of Aristarchus as a textual critic, and especially his
success in dealing with interpolations, has perhaps somewhat obscured
his services in other departments. A complete account of these
services does not fall within the plan of this book : but it may be
well to notice a few of the many points in which we can test for
ourselves the soundness of his judgment. In many more, owing to
the imperfection of the record, we only know the conclusions at
which he arrived, not the facts and observations on which they were
based.

1. In the great work of Lehrs on the Homeric studies of Aristarchus
the largest space is given to the chapter on the Aristarchean inter-
pretation of Homeric words [a]. It will generally be agreed that this is
the field in which Aristarchus did most to advance the boundaries of

---

reverse. It is true that their readings are usually mentioned when they differ from
those of Aristarchus. But all these references come through Aristarchus, and he
would seldom quote the 'common' manuscripts except when they presented
a different reading from that of his own.

[a] K. Lehrs, *De Aristarchi studiis Homericis*: Diss. II. *De Aristarchea
vocabulorum Homericorum interpretatione* (pp. 35–162).

philological science. It is certainly in this field that his pre-eminence in scientific method and insight is most evident and demonstrable. He was the first scholar who saw that the language of Homer was an organic whole, to be understood and interpreted from itself. The earlier Homeric students—from the fifth to the third century B.C.— had busied themselves with explanations of the obsolete words or γλῶσσαι [96], which naturally were the chief difficulty of the ordinary reader. Their aim was in each of the passages concerned to replace unfamiliar words by equivalent familiar ones. Lists of such words, with the accepted explanations, were soon drawn up; the authors of them were known as the 'glossographers' (οἱ γλωσσογράφοι). Even Aristotle treats the diction of Homer in the main from this point of view [97]. Aristarchus did much to correct the errors which seem to have become more or less traditional with the glossographers. Thus he noted on Il. 3. 44 that πρόμος does not mean a 'king,' but is = πρόμαχος: on Il. 4. 315 that ὁμοίιος (in phrases like γῆρας ὁμοίιον) does not mean κακός: on Il. 9. 324 that μάσταξ does not mean 'a locust': on 9. 540 that ἴθων is wrongly glossed by βλάπτων: on 16. 822 that the glossographers took δουπῆσαι as simply equivalent to ἀποθανεῖν, whereas it implied falling in battle. In these and similar cases (cp. 10. 56., 17. 151., 18. 378, 540., 23. 16, 661., 24. 164, 367) we learn that his diplê was πρὸς τοὺς γλωσσογράφους. But he also observed, what was not so obvious, that a large proportion of the commonest words had changed their meaning in the interval between Homer and the Attic age. He discovered, for example, that in Homer φόβος meant 'flight,' not 'fear': that τρεῖν meant 'to run away,' 'bolt,' not 'to tremble': that πόνος meant 'labour,' not 'sorrow': that ἰδέ never meant 'here' (as in Hellenistic Greek): that πάλιν did not mean 'a second time,' but only 'backwards': that σχεδόν did not mean 'nearly,' but only 'near, at hand': that τάχα did not mean 'perhaps': that βάλλω and βέλος were used of missiles, οὐτάζω of weapons held in the hand: that μέλλω with an infinitive meant 'to be likely to,' not 'to be about to': that φράζω meant to 'show,' not to 'say': that ἥρως was applied to warriors generally, not only to the 'kings.' In short,

---

[96] The word goes back to Aristophanes Δαιταλῆς fr. 1:

πρὸς ταῦτα σὺ λέξον Ὁμηρείους γλώσσας, τί καλοῦσι κόρυμβα;

and again τί καλοῦσ' ἀμενηνὰ κάρηνα; There were also γλῶσσαι in the laws of Solon, e.g. τί καλοῦσιν ἰδυίονς;

[97] E.g. in the *Poetics*, c. 25 τὰ δὲ πρὸς τὴν λέξιν ὁρῶντα δεῖ διαλύειν, οἷον γλώττῃ· οὐρῆας μὲν πρῶτον· ἴσως γὰρ οὐ τοὺς ἡμιόνους λέγει, ἀλλὰ τοὺς φύλακας· καὶ τὸν Δόλωνα· ὃς δή τοι εἶδος μὲν ἔην κακός, οὐ τὸ σῶμα ἀσύμμετρον, ἀλλὰ τὸ πρόσωπον αἰσχρόν· τὸ γὰρ εὐειδὲς οἱ Κρῆτες εὐπρόσωπον καλοῦνται. Cp. the remarks in c. 22 on the effect of changing poetical into ordinary language.

it was Aristarchus who realised for the first time that the language of
Homer was not a mere literary Greek, in which distinction of style
was gained by the use of an archaic or conventional vocabulary, but
that it was in its whole texture the genuine speech of a different
period.

2. The number of scholia that refer to the inflexions of the
Homeric dialect is comparatively small; probably because that part
of grammar did not leave much room for controversy. We may
mention the notes on the pronouns σφωε (Il. 1. 8), σφῶι (Il. 1. 336),
σφωίτερος (Il. 1. 216): on the aorists οἴσετε, ἄξεσθε, and the redu-
plicated aorists (Il. 1. 100): on the omission of the augment (λακώς):
on the forms of the subjunctive with short vowel (as in Il. 1. 141
ἐρύσσομεν, &c.).

3. On the other hand there are hundreds of annotations bearing
on the meaning and usage of the grammatical forms. Every use
of a Case that does not conform to Attic practice is duly noted.
The force of the aorist is observed in the infinitive and participle:
e.g. on Il. 9. 578 ὅτι συντελικῶς τὸ ἐλέσθαι, 3. 295 ἀφυσσόμενος διὰ τοῦ
ο παρατατικῶς, 6. 87 (ξυνάγουσα) ὅτι ὁ χρόνος ἤλλακται ἀντὶ τοῦ ξυναγαγοῦσα.
So of such uses of the Moods as are peculiar to Homer—the
subjunctive with οὐ = οὐ μή, and generally the use of the subjunctive
as a kind of future (τὸ εἴπῃσι ἀντὶ τοῦ εἴποι ἄν, &c.): the future
indicative with ἄν and κεν: the optative with ἄν or κεν of an unful-
filled condition: the infinitive for the imperative. So too we find
references to the uses of the prepositions, the adverbial use of neuter
adjectives and pronouns, the construction of the neuter plural with
a plural verb. And all this fine observation of usage was accom-
plished before the days of systematic grammar. It is true that the
first steps had been taken by the Stoics. The Cases had been
enumerated, and perhaps also the Tenses (as may be inferred from
the technical terms παρατατικῶς and συντελικῶς). But no theory of
the Moods had been attempted: their names (ὁριστική, &c.) do not
occur in the Aristarchean scholia. It was in the next generation,
among the pupils of Aristarchus, that these rich stores were made
to yield the material for the first complete τέχνη γραμματική.

4. The subject of accentuation, which occupies fifty-five pages in
Lehrs[*], is one that cannot be said to have yielded many results
of value to the Homeric scholar. The materials are abundant, and
for the Greek language as it was in the Alexandrian period they

---

[*] K. Lehrs, op. cit. pp. 250–304.

are almost complete. , But when the ancient grammarians had to deal with Homeric and other obsolete words and forms it is evident that they were generally much at a loss. It is true that they had the tradition (παράδοσις) of the rhapsodists, and of readers of Homer generally. But that tradition could not have the force or persistence of living usage. Accordingly it failed to prevent such departures from legitimate accent as αὕτως (adverb from αὐτός), θάλεια (fem. of *θαλύς), ἔγρεσθαι, ἀγέρεσθαι, πέφνων (participle of ἔπεφνον), ἀκαχήμενος, ἀλαλήμενος [10].

5. Turning now from the language of Homer to the story of the poems and the historical environment in which they are placed, we still derive our best guidance from the learning of Aristarchus, and even more from his supremely rational spirit.

In dealing with the Cyclic poems we often had occasion to notice the growth of the heroic mythology by the introduction of new characters and incidents. This process of development is constantly recognized by Aristarchus, who notes every indication of change, and never omits to tell us how much was known to Homer, how much added by post-Homeric poets (οἱ νεώτεροι). His observations refer not only to large episodes—the Judgment of Paris (see on Il. 24. 25), the sacrifice of Iphigenia (9. 145), the landing in Mysia (1. 59), the story of Troilus (24. 257), &c., but also to such things as the name Σθενέβοια for Ἄντεια (6. 160), the name Ἰοβάτης (6. 170), the localisation of Oechalia (2. 596), the confusion of Troy and Phrygia (2. 862), of Argos and Mycenae (11. 46), the island in which Philoctetes was landed (2. 722); and mythological points like the immortality of Heracles (18. 117), the divinity of Dionysus (6. 131), the identification of Apollo and Παιήων (5. 898), of Ares and Ἐνυάλιος (17. 211), the function of Hermes as ψυχοπομπός (Od. 24. 1). In his handling of these and many similar matters Aristarchus did not treat Homer as an ultimate omniscient authority, nor did he regard the heroic mythology as a body of doctrine, a kind of ἐπικὸς κύκλος, to be filled up from the various poets (συμπληρούμενος ἐκ διαφόρων

[10] The uncertainty of Homeric accent may be further seen in two small groups of words:

(1) The Nominatives in -ἄ (derived from Vocatives) are regularly accented like the forms in -ης: so ἱππότα, αἰχμητά, θυέστα, κυανοχαῖτα. But the three isolated forms εὐρύοπα, μητίετα, ἀκάκητα are proparoxytone. The reason is that in the absence of analogy they readily fell under the general 'regressive' accent.

(2) The names of the towns Γλισᾶς (Il. 2. 504), Λύκαστος (Il. 2. 647) and Ἴτων, and of the river Κάρησος (Il. 12. 20) were so accented by Aristarchus, who followed the literary tradition. But the local forms, as we are told, were Γλίσας (?), Λύκαστος, Ἴτων, Καρησός. It can hardly be doubted that the local mode of pronunciation was generally right.

ποιητῶν), as a theology is constructed from texts. On the contrary it is evident that his point of view is that of the most critical of modern historians. He studied the forms and conceptions of literature, and especially of the epic, in the same spirit of scientific detachment with which Aristotle analysed the morals and politics of Greece. It need hardly be added here that he gave no countenance to the allegorical methods of interpretation.

6. Of the numerous observations and discoveries of Aristarchus which do not fall under any of the preceding heads the most considerable are those which relate to the history, geography, and antiquities of the Homeric age.

Aristarchus wrote a separate treatise (σύγγραμμα) on the Greek camp before Troy (περὶ τοῦ ναυστάθμου), in which he discussed the topography and the arrangement of the different contingents: in particular the assertion in the doubtful line Il. 2. 558 of the Athenian claim to Salamis. In other writings we find him noticing the wide sense of the Homeric Ἄργος, in contrast to the limited use of Ἕλληνες and the absence of such important names as 'Peloponnesus' and 'Thessaly': besides sundry local names mentioned in the Catalogue and elsewhere. In this connexion we may place the recurring scholium ὅτι ὄρος ὁ Ὄλυμπος, i.e. that 'Olympus' in the *Iliad* has all the characteristics of a mountain, being in fact the real mountain of that name which rises from the plain of Thessaly into the upper aether, the abode of the heavenly gods. Regarding the *Odyssey*, however, the rational view was first attained, doubtless from the scientific rather than the literary side of the question, by Eratosthenes, who pointed out that Homer's knowledge of geography was really very limited—that he was ignorant of the rivers and nations of the Euxine, the mouths of the Nile, &c.—consequently that the wanderings of Ulysses must be imaginary. In this view he was followed, as we might expect, by Aristarchus: while the opposite opinion was maintained by Crates and his school. The question is so far of interest that the supposed Homeric localities show the direction that Greek trade and colonisation were taking when the identifications were made.

7. It remains to notice the service rendered by Aristarchus in pointing out the manifold difference between Homeric and later Greece in all the arts and observances of life. The list of topics as given by Lehrs is a long one: but perhaps he is right in thinking that they are only a small part of the observations made. It will be enough to mention a few of the points referred to in the scholia:

Homer's ignorance of writing—σημεῖα are 'signs,' not 'letters,' and γράφω means only to 'scratch,' not yet to 'write' (see the Schol. on Il. 6. 169, 176., 7. 175, 187).

The use of two-horse (not four-horse) chariots in war (8. 185); the non-use of cavalry—riding being only heard of as a show performance (κελητίζειν, 15. 679).

The restriction of athletic contests to *funeral* games (the only ἀγῶνες then known): also the character of the prizes, and the fact that they were given to *all* the competitors (22. 164., 23. 659, 707).

The use of the sceptre in all public speaking (18. 505).

The rare occurrence of wind instruments—the αὐλός only in the Doloneia and the Shield of Achilles (10. 13., 18. 495), the σύριγξ only in 10. 13, the σάλπιγξ not used in war (18. 219).

The armour—the size of the shield (6. 117), the use of the τελαμών, the order of putting on arms (3. 324., 11. 32., 19. 380): the question of the θώρηξ (4. 133, 135, 187).

Meals and cooking—the Homeric δεῖπνον a midday meal (the later ἄριστον), while 'supper' in Homer was δόρπον (18. 560): the exclusive use of roasted meat, though boiling was known (21. 362 describes boiling *water*): the eating of fish, which according to the Chorizontes distinguished the *Odyssey* from the *Iliad* (16. 747).

The casting (not *drawing*) of lots (7. 182).

The use of barter in default of coined money (7. 473).

Marriage customs: the ἕδνα not a dowry, but the price of the bride (9. 146, &c.).

The ritual of sacrifice: the cutting of 'raw meat' from each part (1. 461): the burning of the thighs (1. 464): the dragging *backwards* of the victim (2. 422): the mixing of wine in making a treaty (3. 270).

The non-use of crowns (13. 736).

V. The Time and Place of Homer.

§ 1. *Antiquity of the Homeric Dialect—archaism.*

It appears from the preceding chapters that there is a considerable body of testimony carrying back our knowledge of the text of Homer almost to the time of the earliest Greek prose writers, or (roughly speaking) to the fifth century B.C. On the one hand we have the *apparatus criticus* of Aristarchus, which included the oldest recensions : on the other hand we have the quotations, from Herodotus onwards. There is therefore, as has been said, an ancient vulgate, which can be reached by external and on the whole trustworthy evidence. But somewhere about the fifth century the stream of direct evidence runs dry. The poems of Homer, we know, are much more ancient. They are anterior to the long series of Cyclic poems; and these begin with the poetry that flourished at Miletus in the eighth century. They are anterior to Hesiod and his school—a school which followed Homer as prose elsewhere comes after verse. They are older than the great festivals, at some of which they came to be recited. And they are doubtless much older than the schools of Ionian philosophy, which saw in them a danger to public morals. There is therefore a long period during which the history of the Homeric text can no longer be followed in manuscripts, or even in quotations. During that period two processes must have gone on, not quite independently. In the first place, the language was changing, as every language does, and the result was an ever-widening difference between the dialect of the poems and the spoken dialects of Greece. In the second place, the spoken dialects re-acted on the poems. Sounds which had been modified or lost in the living speech were not preserved by the rhapsodists or in the written copies. And both grammatical forms and syntax were more or less consistently modernised.

The argument for the antiquity of the Homeric dialect cannot be stated briefly, since it depends on the cumulative effect of a number of minute differences of form or usage. It will be enough here to mention a few of the most convincing :

(1) The second aorists show a remarkable diminution. Those of the common thematic form (such as ἴβαλον) number about eighty in

Homer, reduced to thirty in Attic prose. Two smaller groups, viz. the non-thematic middle forms (ἔβλητο, ἔφθιτο, χύτο, λέκτο, ἆλτο, &c.), and the reduplicated aorists (δίδαεν, λελαβέσθαι, &c.) disappear altogether.

The forms of the present tense in -νημι and -νυμι are almost confined to Homer.

(2) The variation between 'strong' and 'weak' grades of roots, of which Attic retains only a few survivals (φαμέν, ἴσμεν, &c.), is still almost regular in the Homeric perfect (ἐπέπιθμεν, ἴϊκτον, πέπασθε, γέγαμεν, μέματε, ἀραρυῖα, μεμακυῖα, &c.).

(3) The subjunctive of all non-thematic Tenses is still formed regularly with a short vowel, as ἴ-ομεν, φθί-εται, εἴδ-ομεν, ἐλάσσ-ομεν, &c.

(4) The free use of prepositions as adverbs, or separated from the verbs to which they belong (Tmesis), is common in Homer, and practically unknown afterwards.

Among the Homeric constructions with prepositions may be noted the dative with σύν, μετά, ἀνά, περί, ἀμφί.

(5) The use of the article is essentially post-Homeric.

(6) The uses of the Moods, as was observed by Aristarchus (see p. 451), are in several respects quite distinct.

(7) The Particles show many differences: cp. Homeric κεν (for ἄν), αὐτάρ and ἀτάρ, ῥα, νυ, περ, θην, &c.: and post-Homeric καίτοι, τοίνυν, ἤτοι (*either*), καίπερ.

(8) Inflexional forms are somewhat less decisive, since they may be imitated or borrowed. But no such account can be given of the numberless forms which we find in Homer: *e.g.* the third plural in -ν for -σαν, and in -αται, -ατο (Attic -νται, -ντο), the aorists in -σσα, the thematic aorists (ἐβήσετο, &c.), the forms without augment, the subjunctive in -ωμι, -ῃσι, the infinitives in -μεναι and -μεν, the masc. nouns in -τᾰ, the dative plural in -εσσι, the instrumental in φι(ν), the genitives in -οιο, -āο, -āων, &c. Cp. also the post-Homeric τιθίασι, διδόασι, τιθέναι, διδόναι, ἐστάναι, &c.

These facts are enough to show that we have to do with two forms of Greek that are not merely different dialects, but belong to stages or periods of the language separated by a long development. The length of the interval cannot be exactly determined, because the rate of change is as uncertain in the field of linguistic as in that of geology; but it must be measured by centuries.

Moreover, the force of the argument is not seriously impaired by the circumstance,—of which however we are bound to take account,— that the language of Homer was a poetical dialect, differing more or less from the spoken language of the time. It is evident in many

ways that this was so. Much of the vocabulary is made up of epithets
appropriated as titles of honour to particular deities or heroes. Thus
Zeus is εὐρύοπα, αἰγίοχος, ἀργικέραυνος: Athene is γλαυκῶπις, τριτογένεια:
Apollo is ἕκατος, λήϊος, παιήων, σμινθεύς: Hephaestus is ἀμφιγυήεις, κυλ-
λοποδίων: Eos is ἠριγένεια: Ares is ἐνυάλιος: Persephone is ἐπαινή:
a hero is ἀμύμων, δαΐφρων, ἐϋμμελίης—all of these being unfamiliar words,
and hardly understood, as far as we can judge, by the poet himself.
The same may be said of the epithets νήδυμος (which is in reality a
vox nihili), ἵμενος οὖρος, δολιχόσκιον (ἔγχος), and of sundry fixed phrases
—πτολέμοιο γέφυραι, μερόπων ἀνθρώπων, νυκτὸς ἀμολγῷ, ὁμοίου πτολέμοιο,
ἀνδροτῆτα καὶ ἥβην, also the sacrificial terms μῆρα, αὔρυσαν, ὠμοθέτησαν.
Again, it may be shown that some of the characteristic inflexions of
the Homeric dialect are in fact pre-Homeric. A good instance of
this may be seen in the genitives in -οιο, -οο (for -οιο), -ου. These
three forms are successive phonetic stages, which cannot have co-
existed in a genuine spoken dialect. When the stage -ου had been
reached, therefore, the others could only survive as archaisms. The
facts are entirely in agreement with this inference. The regular form
is -ου, for which the poet frequently uses the poetical -οιο: while the
intermediate -οο was confined to a few phrases. Accordingly -οιο is
especially used in the words upon which the poetical effect depends:
e. g. in the first hundred lines of the *Iliad*, στέμμα θεοῖο, πολυφλοίσβοιο,
χωομένοιο, ἀργυρέοιο βιοῖο, ἐπὶ χθονὶ δερκομένοιο. On the other hand the
form in -οιο is comparatively rare in the declension of pronouns. Thus
we have τούτου ten times, τοῦδε sixteen times, οὗ (relative) twelve times,
ὅο (rel.) twice; but never the corresponding forms in -οιο. Probably
also the genitives in -αο and in -άων were archaic. Those in -αο are
mostly proper names; which are peculiarly apt to retain old-fashioned
forms. Similarly it is probable that instrumental forms in -φι(ν) were
no longer used in living speech. They are chiefly found in con-
ventional phrases. The same considerations should perhaps be applied
whenever a contracted and an uncontracted form of the same word
subsist together: *e.g.* φιλέει and φιλεῖ[1]. They certainly hold of the

[1] Two cases have to be distinguished:
(1) When a contraction is established it becomes the ordinary or prose form
of the word: *e.g.* the form προσηύδα is so constantly used at the end of the line,
and in fixed phrases (like ἔπεα πτερόεντα προσηύδα), that the προσηύδαε introduced
by some modern editors is a mere falsification.
(2) Vowels which have not coalesced so as to form a diphthong may occa-
sionally be so pronounced together as to form one syllable for the metre. So in
Homer ἕα, ἕο, ἕω, and so in the Attic scansion of θεός, πόλεως, &c. This however
is evidently of the nature of a metrical licence, and does not represent the ordinary
pronunciation. It seems probable that in Homeric Greek εα, εο, εω were never
contracted. So in Latin *deinde* is poetically a trochee, but is not one in prose.

often discussed group of verbs in -αω, since ὁρῶ, ὁρᾷς, &c. are quite as frequent as the resolved or 'distracted' forms ὁρόω, ὁράᾳς, &c. Of the latter indeed it may be said, not only that they are peculiar to the poetical dialect, but that they arose in that dialect, and never existed in any other[1].

It will be seen that, when all due allowance has been made for archaic or pre-Homeric elements, the relation in which the Homeric language stands to later Greek is not materially affected. The distinctive features of a poetical or literary dialect lie very much on the surface. They consist in the use of a number of borrowed or imitated words, with a few survivals of the most familiar inflexions. The differences between Homeric and later Greek are not confined to vocabulary or inflexions, but affect the whole structure of the language.

§ 2. *Restoration of the original form of Homer.*

It appears then that between the earliest date to which we can assign the existing text of Homer and the age in which the poems themselves were composed there is an interval for which we have no external evidence. Can this want be supplied in any measure by the internal evidence of the poems themselves? Briefly, can we argue back from the ancient vulgate to the original Homer?

1. The first attempts in this direction were suggested by the discovery of the digamma. Much progress has been made in 'restoring the digamma,' *i. e.* in emending the passages in which it cannot be at once replaced. Even now, however, it is not quite certain that the sound in question (*v* or *ụ*) was still heard in the period of the *Iliad* and *Odyssey*. Some scholars hold that it was treated like the French *h aspirée*, which is no longer pronounced, but in certain words has the force of a real consonant. However this may be—whether there was loss of a sound, or only neglect of a traditional hiatus—there is no doubt that a number of small changes were made in the text in consequence.

2. Another important change affecting the sounds of the Homeric dialect was first pointed out by P. Kretschmer[2]. He observed that the Ionic change of ā to η necessarily took place, not only in Greek

---

[1] For Wackernagel's theory of these forms see his discussion in *Bess. Beitr.* iv. 259 ff. (*H. G.* § 55).
[2] In *Kuhn's Zeitschrift*, xxxi. 285 ff.

words, but also in foreign words adopted by the Ionians. The reason why it is not made in such words as Δαρεῖος or Μιθριδάτης is that they did not become known to the Ionians till the period of change from ᾱ to η had passed. Now the Medes were originally Μᾶδοι, as they are on the monument of Idalium: consequently the change of ᾱ to η must have taken place after they became known to the Ionian Greeks. It follows *a fortiori* that in Homeric times the ᾱ was still heard. The same argument applies to Μίλητος, the Carian Μίλατος [4]: the η in that name must be later than the first acquaintance of the Ionians with the coast of Asia Minor.

3. If the original Homeric ᾱ became η, it would follow that the changes which produced ᾱ in certain Ionic words are also later than Homer. As is well known, the reason that ᾱ in τᾱς, πᾱσα, &c. did not become η is that when that phonetic process took place the words were still τάνς, πάνσα, &c. These then are to be regarded as the true Homeric forms. And if ἄνσ had not then passed into ᾱσ, we must suppose that ονσ and ενσ were still heard in τόνς, τιθένς, and similar words, especially as these forms are found in some dialects (Argolic, Cretan, Cyprian).

4. The Homeric forms of the subjunctive show a want of symmetry which cannot be regarded as the original state of the text. The non-thematic tenses (including the perfect and first aorist) form the subjunctive with a short vowel, ε or ο, in all cases in which the quantity of the vowel is secured by the metre; but with a long vowel, η or ω, whenever the metre is not affected. Thus we find στήομεν, στήετε, but στήῃς, στήωσι: and so στήσομαι and στήσεται, but στήσησθε, στήσωνται. It is evident that originally the inflexions were regular, στήω, στήεις, &c.: then the analogy of the thematic conjugation (λέγω, λέγῃς, &c.) brought in the long vowel whenever it was metrically possible.

5. The forms of the dative plural in -οις and -ῃς or -αις appear to be post-Homeric, since in the great majority of instances the metre allows elision (-οισ', -ησ'). Where this is not so it is generally possible to correct the text so as to restore the original -οισι, -ῃσι.

6. The forms ἦν (from εἰ ἄν) and ἐπήν (from ἐπεὶ ἄν) are in all probability post-Homeric. With εἰ and ἐπεί Homeric usage sometimes requires ἄν or κεν, sometimes not: hence, as has been pointed out elsewhere [5], it is highly significant to find that in cases of the former kind ἐπήν is followed by a vowel, so that we can read ἐπεί κ',

---

[4] Cp. the Cretan Μιλάτιος (Cauer, *Delectus Inscriptionum* [1] 121).
[5] Monro, *Homeric Grammar*, § 362 (ed. 2).

while in those of the latter kind the next word begins with a consonant and ἐπεί can stand.

7. The adverbs ἕως and τέως appear in Homer with a trochaic scansion, which is explained by the fact that they were originally ἇ϶ος, τᾶϝος. In this case the remarkable point is that the Attic form held possession of the text although it involved a glaring violation of metre.

These examples—which could easily be multiplied—will show the nature of the reasoning by which it is possible to recover some of the characteristic features of the older Homeric language. The process, as will be seen, is one of analysis and induction, chiefly from the facts of Homeric metre. Accordingly it is essentially imperfect. It may succeed if there are metrical phenomena from which to argue: it generally fails where these phenomena are wanting. This being so, it follows that no re-construction of the primitive Homeric text can be adequate or scientific. It must consist of a mixture, in unknown proportions, of forms which have been restored with more or less probability by the methods now in question, and forms to which these methods cannot be applied.

§ 3. *Relation of epic to other dialects.*

The ancient grammarians, who studied the several dialects employed in literature, but who probably had little acquaintance with local varieties of speech, described the language of Homer as 'epic' and 'Ionic,'—epic as being the vehicle of epic poetry, Ionic because it most nearly resembled the dialect of the Ionian historians, medical writers and philosophers. For such Homeric forms as were not Ionic they had recourse to other dialects, from which they supposed Homer to have borrowed. Thus the genitives in -οιο were said to be Thessalian (Schol. A on Il. 11. 35) or Boeotian (Eust. p. 140, 41); those in -āo were accounted Boeotian (Schol. A on Il. 11. 306), those in -āων Aeolic or Boeotian (Schol. T on Il. 19. 1), the datives in -εσσι Aeolic (Schol. T on Il. 1. 4). Of the pronouns, the forms ἄμμες, ἄμμι(ν), ἄμμε, ὔμμες, ὔμμι(ν), ὔμμε were recognised as Aeolic, and therefore had the Aeolic accent and breathing. The same account was given of the accent of ἄλλυδις and ἄμυδις, also of ἀκάχησθαι, ἀκαχήμενος, ἀλάλησθαι, ἀλαλήμενος, ἐγρήγορθαι, and sundry other words. These words, the grammarians held, were taken by Homer from Aeolic and other dialects in order to give elevation and poetical colour to his verse. In this way it was thought that the epic dialect was formed—a dialect based upon that of Ionia, with a considerable admixture from the neighbouring Aeolis, and a few words from more distant parts of Greece. It need hardly be said that no poetical dialect has ever been created in such a fashion as this.

The first attempt to treat this subject in a scientific manner was made a few years ago by Aug. Fick, in his work on the *Odyssey*. His view, briefly stated, is that the original home of Homeric poetry was Smyrna, which was an Aeolian settlement down to about 700 B.C. When it became Ionian, the poems, he believes, were brought to Chios, and there—probably as late as 540 B.C.—were translated into Ionic, so far as the vocabulary and metre of the two dialects allowed this to be done. The proof of this theory he finds partly in the digamma, which was lost in Ionic Greek at a comparatively early time, and partly in the circumstance that the Aeolisms of Homer are mostly words which have no exact metrical equivalents in Ionic: *e. g.* Ἀτρείδαο, Ion. Ἀτρείδεω: λαός, Ion. λεώς: κύνεσσι, Ion. κυσί: νύμφα, Ion. νύμφη: δόμεναι and δόμεν, Ion. δοῦναι: Ἑρμείας, Ion. Ἑρμῆς: ἄμμι(ν), Ion. ἡμῖν: κε(ν), Ion. ἄν. In such cases, translation being impossible, the original Aeolic was retained.

Fick's views are professedly determined in great part by quasi-historical *data*,—the stories of Homer's birth at Smyrna, with the notices about the Homeridae in Chios, and the recitation of the poems by Cynaethus. We have seen how worthless all the evidence of this kind is (pp. 398–402). On the other side must be set the inherent improbability of such a translation or *rifacimento* as Fick imagines. Nothing is more marked in Greek literature than the intimate association between literary form and dialect, and the fidelity with which a dialect once employed is adhered to by subsequent authors in the same *genre*. It may be admitted that a poetical dialect does not remain quite unchanged—that it is liable to be gradually modified by the influence of the ever-changing colloquial speech. And in the early times, when writing was little used, this influence would be especially operative. But that a great body of Aeolic poetry, famous as such down to the sixth century B.C., should then have been deliberately re-cast in an Ionic dress is most unlikely. If Homer was so dealt with, why not Sappho and Alcaeus?

Nor is the linguistic evidence really decisive. Fick's conclusion depends upon the premisses (1) that New Ionic forms are adopted whenever the metre admits them, and (2) that the older forms preserved by the metre are Aeolic. Neither contention is quite borne out by the facts. The text has ὁράω, &c., not Ionic ὁρέω: ἴαγα, not Ionic ἴηγα: πῶς, πότε, &c., not κῶς, κότε, &c.: ἄμμιν, ὔμμιν, as well as Ionic ἧμιν, ὔμιν: Aeolic ἐννοσίγαιος, but Ionic εἰνοσίφυλλος. Again, if the metre preserved Aeolic 'Ατρεῖδαο, μουσάων, λᾶός and the like, it also preserved the Old Ionic ηιός, ἠώς, ἠέλιος, δῆιος, κληίς, ῥηΐδιος, παίων, instead of the equivalent Aeolic νᾱός (or νᾱος), αὔως, &c. And if it preserved πεινάων and διψάων, why did it not preserve μνᾱόμενοι, ἡβᾱοντες, δρᾱουσι, μαιμᾱουσι?

If however the supposed change of dialect is not placed in the sixth century B. C. or in the Ionian colonies, the problem becomes a very different one. Mr. Leaf assumes as a probable hypothesis that a body of Epic poetry, originally composed in an Aeolic dialect, was carried to Asia and there passed through 'an Ionian development,' which lasted perhaps from the ninth to the seventh century B. C. This is a view which is free from the most obvious improbability of Fick's theory, viz. the sudden change of dialect. But it sweeps away most of the linguistic evidence upon which Fick relied. Instead of comparing an Aeolic supposed to be akin to that of Alcaeus and Sappho with the Ionic of the sixth century, we have now to compare what we know or can guess of an Aeolic and an Ionic anterior to the Aeolian and Ionian colonisation. For the problem is this: having reconstructed the primitive dialect of the *Iliad* and *Odyssey*, to determine the group of dialects to which it is most akin, and the part of Greece in which it was spoken.

A few examples will show how much the linguistic argument suffers by this way of stating the question. Fick's main point was that the digamma is wanting in the earliest known Ionic: but this proves nothing for the Ionic of the age of Homer[*]. He contended that the Homeric dialect must have been an ā-dialect, *i. e.* one in which ā did not change to η: but the Ionic of Homeric times, as we have seen, was an ā-dialect. He showed that the endings -αο, -αων, which the metre protected from alteration, were in fact Boeotian and Thessalian: but the Ionic -εω, -εων presuppose -αο, -αων, or some metrical equivalent. Again, the pronouns ἄμμι and ὔμμι are Lesbian, the Ionic forms being ἡμέας, ὑμέας: but we may substitute ἀμέ, ὑμέ, which are justified by the Homeric ἁμός, ὑμός, and moreover are Doric and Boeotian. When-

---

[*] Kretschmer has shown (*K. Z.* xxxi. p. 295) that in Attic the loss of ϝ, even in the combination of ρϝ, was later than the change of ᾱ to η. For the η of κόρη, δέρη points to κόρϝη, δέρϝη: cp. κόρρη from κόρση. So κενότερος, στενότερος (instead of -οττερος) point to κενϝ-, στενϝ-.

ever, in short, the Homeric forms are found to belong to the original stock of the language, it is at least possible that they survived in Ionic, without such a change as would affect the metre, down to the time of Homer. Consequently there is no good ground for assigning them to Aeolic.

There are however one or two of Fick's arguments to which the foregoing remarks do not apply.

1. The forms of the dative plural in -εσσι (κύν-εσσι, ἄνδρεσσι, &c.) were apparently formed on the analogy of ἔπεσσι, βέλεσσι, &c. They are obviously due to the desire or tendency to keep the same stem in all case-forms: *e.g.* πάντ-εσσι is preferred to πᾶσι because it is more like πάντ-ες, πάντ-ων, &c. In Homer they are nearly as numerous as those in -σι, and accordingly there are very many doublets like κυσί and κύνεσσι, ἀνδράσι and ἄνδρεσσι, both evidently belonging to the colloquial speech of the time. Thus Homer holds a middle place between Ionic, which does not admit -εσσι except under Homeric influence, and the Aeolic dialects—Lesbian and Boeotian—which rarely use the older forms in -σι. On the other hand the Arcado-Cyprian or 'South Achaean' dialect has -σι, which is also the regular ending in Doric. These facts evidently do not determine the affinities of the Homeric dialect. At most they suggest that in the matter of the use of -εσσι the Homeric dialect tends in the direction of Aeolic, or at least *not* in that of Ionic.

2. A similar indication may be drawn from the forms of the perfect participle with the endings -ων, -οντος, of which there are one or two examples in Homer (viz. κεκλήγοντες, κεκόπων). The change from -ώς, -ότος was universal in Lesbian and Boeotian, also in Syracusan Doric. Fick would extend it in Homer to all the forms now written with -ότες: thus he would write γεγάοντες, μεμάοντες. But this cannot be carried far in Homer. It can only produce a few anomalies; and these merely illustrate the general tendency to substitute thematic for non-thematic inflexion.

3. The apocope of prepositions, *i.e.* the use of the forms ἄν, κατ, παρ, ἀπ, &c. is a feature of Homeric Greek in which it agrees with all the dialects except Ionic. It is not carried so far in Homer as (*e.g.*) in Lesbian, where the full form κατά is not found in use. Similarly προτί and ποτί are non-Ionic.

4. The Homeric infinitive endings -μεναι, -μεν, -εναι (for -Ϝεναι), -εειν, -ειν are all apparently primitive, and are variously distributed among the later Greek dialects. Thus we find Lesbian -μεναι in non-thematic tenses, and -ην (=Ion. -ειν) in thematic tenses: Boeotian

and Thessalian -μεν: Arcado-Cyprian and Homeric -ϝεναι (non-thematic); Arcadian and Doric -εν. New developments are seen in Ionic -ναι (διδόναι, &c.), Lesbian -ην (for -ναι in μεθύσθην, τεθνάκην, &c.). Among these should be reckoned Homeric -εμεναι, i.e. the extension of -μεναι to thematic forms; also Homeric, Thessalian and Boeotian -εμεν. This extension—not found in Lesbian or Doric—departs from the original type of noun formation. In such forms as φυγέ-μεν-αι or φερέ-μεν the thematic vowel does not come from an actual or possible noun-stem (with suffix -μεν), but from the analogy of the verb. Thus the evidence of these infinitive forms goes to show that in this point Lesbian is more primitive than Homer. The development of -εμεναι in the Homeric dialect and -εμεν in Thessalian and Boeotian were probably independent.

5. The Homeric language possesses two particles, ἄν and κε(ν), which, as has been shown elsewhere [1], differ slightly in meaning. They are both employed with the freedom and accuracy characteristic of the use of such words in living speech. In the later dialects they are separated: ἄν only is found in Attic and Ionic, κε(ν) only in the three north Aeolic dialects. Fick indeed contends that ἄν is not originally Homeric, and proposes a series of excisions and corrections to get rid of it. But, apart from the probability that it is identical with the *an* of Latin and Gothic, and therefore in any case proto-Hellenic [2], there is a strong argument for it in the fact that it is the usual conditional particle in the Arcadian dialect, where there are also traces of the use of κε(ν). This suggests that both ἄν and κε(ν) are proto-Hellenic, and that while ἄν was lost in the Aeolic of northern Greece (as also in Doric), κε(ν) died out in the Peloponnesus, as well as in Attica and Ionia. However this may be, ἄν and κε(ν) cannot serve as a shibboleth to distinguish Ionic from non-Ionic Greek. The appearance of both in Homer points not to later intermixture, but to the antiquity and independence of the dialect.

6. The primitive ἦς (3 Sing. Impf. of εἰμί) is found in Arcado-Cyprian and Boeotian, as well as in Doric: but the original Homeric forms are ἦεν and ἔεν [3]. As these are later than ἦς we may count this as an instance in which Homer does not present the oldest Greek. The metre excludes the possibility of exchange of forms.

A similar case may be seen in the Thessalian and Arcadian τός for

---

[1] Monro, *Homeric Grammar*, § 362.
[2] See Leo Meyer, '*AN im Griechischen, Lateinischen und Gothischen*, Berlin 1880: Monro, *H. G.* § 364.
[3] Leo Meyer in *Kuhn's Zeitschrift* ix. 386 : Nauck, *Mélanges gréco-rom.* iii. 250.

τότε, which was doubtless originally a sentence-doublet, τότε standing before vowels and τός before consonants. So too the infinitive in -εν is Arcadian as well as Doric.

7. Examples of agreement between Homeric and Ionic may perhaps be found in the iterative tenses in -εσκον, the adverbs in -δον (περι-σταδόν, διακριδόν, ἠβηδόν, &c. in Hdt.), the particle μάν = the Attic μήν. In all these cases the form is guaranteed by the metre.

These facts do not carry us far in the endeavour to localise the ancient epic language. They indicate, indeed, that it was closely akin to several members of the group called Aeolic by Strabo (viii. 513), which included not only the three dialects universally recognized as such, but also Arcadian. But they do not identify it with any one dialect of the group.

Moreover, it cannot be said that the Attic-Ionic dialects are separated by any sound linguistic criterion from the group in question. Their most salient points are the loss of ϝ and the change of ᾱ to η: but both these changes have been shown to be post-Homeric. The same may be said *a fortiori* of such Aeolic peculiarities as the loss of the dual (supposed by Fick to have taken place between the ninth and the seventh century), the extension of the verbs in -μι (φίλημι, δοκίμωμι, &c.), the barytone accentuation (which is attributed only to Lesbian), the loss of the rough breathing and of ν ἐφελκυστικόν. In the last two points the innovation is common to Lesbian and New Ionic—just as ττ for σσ is common to Boeotian and Attic. On the other hand the retention of the dative plural in -σι and of the particle ἄν are points which do much to connect Ionic and Arcado-Cyprian.

§ 4. *The language of the Homeric age.*

The linguistic phenomena seem to point, by faint but definite indications, to a chain of kindred dialects extending from Thessaly—or (after the Aeolian colonisation) from Lesbos—to the Peloponnesus, if not to Crete and Cyprus, and probably including the Ionic of Attica and Euboea. How does this agree with such *data* as we can glean from Homer on the one hand, and the monuments of pre-historic Greece on the other?

The testimony of Homer is clear on one great issue. He describes an expedition in which every town and district of Greece bore a part, from the Argos which was afterwards Thessaly to the Argos which

II.   H h

became Peloponnesus, from Ithaca in the west to Euboea in the east. To the army so formed was opposed an army of Trojans and their allies. And the chief difference between them is described in the *Iliad* with the vividness as of one who was there, and heard if he did not see the meeting of the hosts. It lay in this, that the Greeks, who spoke a single language, advanced in silence, while on the Trojan side was a babel of many tongues (Il. 4. 437–438):

οὐ γὰρ πάντων ἦεν ὁμὸς θρόος οὐδ' ἴα γῆρυς,
ἀλλὰ γλῶσσ' ἐμέμικτο, πολύκλητοι δ' ἴσαν ἄνδρες.

So in the *Odyssey*, in the well-known passage about the five peoples of the island of Crete, the 'Achaeans' ('Αχαιοί) are contrasted on the ground of difference of language with the other four (Od. 19. 175 ff.):

ἄλλη δ' ἄλλων γλῶσσα μεμιγμένη· ἐν μὲν 'Αχαιοί,
ἐν δ' 'Ετεόκρητες κτλ.

What then was the language of these Homeric 'Achaeans'? Of what civilisation, of what literature, was it the organ?

These are questions that have acquired a new significance from the discoveries of the last twenty-five years. It may be regarded as certain that, whatever amount of historical truth there is in the story of the Trojan war, the Homeric poems are a mirror of the age to which they belong, and reflect, not only the arts and industries, the institutions and beliefs of that age, but also the political condition of the then Greek world. The picture drawn in the *Iliad* of an array of contingents from all parts of Greece united under the military command of an 'emperor' or *Bretwalda*, to whom the many tribal 'kings' are in a species of feudal vassalage, must have answered to a real state of things[10]. This inference is amply confirmed by the wonderful series of monuments unearthed by Schliemann and those who are carrying on his work. The Homeric empire of Agamemnon —a king of Mycene 'ruling over many isles and all Argos'—has

---

[10] 'The Iliad speaks of A great king of Mykênê as warring on the coast of Asia. To one who knew Greece only from Herodotus and Thucydides the story would seem absurd. In their pages Mykênê appears utterly insignificant. . . . But go to the place itself, look at the wonderful remains of early magnificence which are still there, and the difficulty at once vanishes. Legend and archaeology between them have kept alive a truth which history has lost. We may fairly set down the Pelopid dynasty as a real dynasty' (Freeman, *Historical Essays*, II. p. 61). These words were written long before Schliemann's discoveries, but fully apply to them. They may be extended to other places celebrated in Homer, especially Orchomenos (Il. 9. 381):
'The King of Mykênê who reigned over many islands and all Argos was as it were the *Bretwalda* of Hellas, *Basileus* in the later as well as in the earlier sense' (Freeman, *Comparative Politics*, p. 204).

found its historical antitype in the 'Mycenaean' civilisation. In the period occupied by that civilisation it is easy to place a drama like that of the *Iliad*, of which the often-renewed strife of East and West furnishes the back-ground. In the *Odyssey*, too, as has been already noticed (p. 336), there are all the signs of a condition of tranquillity which implies the presence of some central power controlling the chivalrous and restless tribes of Greece. That this Homeric polity is essentially 'Mycenaean'—that is to say, that it is not separated by any long interval or serious breach of continuity from the period of the Mycenaean remains—appears now to be the general opinion of archaeologists and historians[11]. It cannot be accidental that hitherto these remains have been chiefly found in the countries most prominent in Homer—Argolis, Laconia, Attica, Boeotia, Thessaly, Crete. It is also clear that the Mycenaean civilisation is contrasted at every point with that of Dorian Greece: and accordingly we find that in the period depicted by Homer the Dorians had not entered or even seriously threatened the Peloponnesus[12]. Eventually this pre-Dorian Homeric empire was overmastered and destroyed by the descent of the northern tribes, the

[11] The chief facts on which this judgement is based are given by Mr. Percy Gardner (see p. 337, n. 18), and by Busolt, *Griech. Gesch.* I[2]. pp. 53-126. Busolt regards the Homeric civilisation as later than the Mycenaean,—as simpler, at a lower stage of technical development, but also less under oriental influence. In some matters—funeral customs, dress, armour—he notes marked differences, but along with these he finds manifold links and transitional features connecting the two periods (*op. cit.* p. 113). Both writers recognize that the Mycenaean culture was Hellenic, and that it was that of the pre-Dorian inhabitants, the ancestors of the Aeolians and Ionians.

More recently the question has been discussed by Paul Cauer, in his book *Grundfragen der Homerkritik*. He notices, as evidence of post-Mycenaean or late Mycenaean date, (1) the sitting image of Athene mentioned in Il. 6. 273, (2) the σήματα λυγρά in the story of Bellerophon, which imply some form of writing, (3) the use of iron, (4) the custom of burning the dead, and (5) the more restricted use of chariots in war (we do not hear of *squadrons* of chariots). In his view, however, the Homeric culture is not to be treated as that of a single uniform period. He seeks rather to show how far observations of such things may serve to distinguish earlier from later *strata* in the composition of the poems, applying the method to (1) the use of iron, (2) ἴδυα—as to which he proves in an interesting discussion that the Homeric period was one of transition : and (3) the temples mentioned in Homer, of which the chief instances are in Il. v–vii.

Since this was written the whole subject has been fully treated by Mr. Ridgeway in his new book on *The Early Age of Greece*, vol. I : see p. 484 (*infra*).

[12] The flight of Tydeus from Aetolia to Argos may be interpreted as a symptom that in the time of Homer the Aetolian invaders were pressing upon north-western Greece, occupying places like Calydon and Pleuron, which were associated with famous events in heroic Greece. Another trace may be seen in the name of the Eleans (Il. 11.671), which occurs only once in Homer, in a long and probably spurious speech of Nestor. The Dorians, if we may argue from the mention in the *Odyssey* (19. 177), reached Crete before they were able to enter the Peloponnesus. They are described as non-Achaean in respect of language.

Dorians and Aetolians, who drove out the inhabitants—the Homeric 'Αχαιοί or 'Αργίιοι—from the greater part of the Peloponnesus.

If the Homeric poems, and the early Greek culture which they bring before us so fully and vividly, are to be identified as Mycenaean (in the archaeological sense), it becomes more than probable that the language of Homer was the dominant language of the same great period. That there was a language of government may be. taken for granted: and if so it is not likely that the language of poetry was materially different. The Dorian conquest, like the barbarian invasions of the Roman empire, had the effect of breaking down the ascendancy of the official and literary language, and giving independent importance to a number of local varieties, such as grow up when a single language is spoken over a wide area. Thus instead of the one Homeric or (as we may call it) 'Old Achaean' tongue, we find several dialects, of which some were brought by the invaders, and some were the forms assumed by the 'Old Achaean' in the different provinces. It is surely a confirmation of this view of the epic language that the area covered by these pre-Dorian dialects is almost exactly the same as the area over which the traces of Mycenaean civilisation have now been discovered. In the Mycenaean period the parent Achaean was doubtless spoken over a continuous territory, extending from Thessaly to the Peloponnesus,—not as in historical times dislocated and interrupted by the invaders from the north and the west.

If these conclusions are accepted, the main division of the Greek dialects is into Dorian and non-Dorian. The Ionians in early times occupied much of the Peloponnesus, and their affinity with the Peloponnesian Achaeans is expressed in the ancient genealogy which made Ion and Achaeus the sons of Xuthus, while Xuthus, Aeolus, and Dorus were the sons of Hellen[13]. But the Aeolic of Achaia

---

[13] This genealogy goes back to the Hesiodic Κατάλογοι (fr. 25 Kinkel):

Ἕλληνος δ' ἐγένοντο θεμιστοπόλοι βασιλῆες
Δῶρός τε Ξοῦθός τε καὶ Αἴολος ἱππιοχάρμης.

The name of 'Αχαιός, son of Xuthus and brother of Ion, refers doubtless to the Achaeans of north Peloponnesus, where they were mythically associated with the Ionians. It is all the more significant since in later times the Achaean dialect seems to have been a northern Dorian—one of those which became important for a time through the influence of the Achaean and Aetolian leagues. The name, however, may fairly be extended to denote the dialects of pre-Dorian Peloponnesus, as well as those of which the Achaeans of Phthiotis are the remnant. Hence the classification made by Hoffmann into North Achaean—sc. the three Aeolic dialects, —and South Achaean, sc. Arcadian and Cyprian: the latter being colonists, not presumably of the Arcadians, but of some kindred population on the coast of the Peloponnesus (Busolt, *Gr. Gesch.* I². p. 114, n. 3). It is worth notice that various

Phthiotis was of the same linguistic group, only diverging from the rest with time and distance. To this group, then, the Homeric language must have originally belonged, emerging from it as the great languages of the world have emerged from local dialects,—as the Italian language, for example, was formed from the popular speech of Tuscany. On the other hand, the Dorians and the ancestors of other northern tribes—Aetolians, Eleans, Thessalians, perhaps Boeotians—lay outside the limits of the ' Mycenaean ' empire, or at least on its more distant confines. They may have been to Homeric Greece what Macedonia and Illyria were to the Hellenism of later times, or what the descendants of Esau were to the children of Israel,—half acknowledged as kindred, yet despised as semi-barbarian. The parallel with Macedonia may be carried a good deal further. The northern and western tribes descended upon Mycenaean Greece, and broke up the earlier political system : but at the same time they suffered themselves to be conquered by the art and literature which they found in their new seats. They listened to the recitation of Homer, and they adopted the Homeric chiefs— notably the ' Pelopid' Agamemnon and his son Orestes—as their own national heroes [14]. They even looked upon their leaders as heroes returning to a land of which they had long been wrongfully dis-possessed. And the claim to Hellenic ancestry made by such princes as Philip of Macedon and Pyrrhus of Epirus is evidently the counter-part of the Spartan king's boast that he was not.a Dorian but an Achaean [15].

Homeric words re-appear in this Cyprian descendant of the ancient speech : *e. g.* αὐτάρ ' but,' ἰδέ ' and,' αἶσα ' share,' βόλομαι (βούλομαι), οἶος ' alone,' ἄγαμαι ' am astonished,' ἀλαός ' blind,' ἀνώγω ' command,' ἀρά ' prayer,' ἄρουρα ' field,' γοάω ' bewail,' ἕλος ' meadow,' εὐχωλά ' vow,' Fάναξ ' prince,' ἀνόfερσα ' swept forth,' Fέρξα ' did,' Fῶρος ' watcher,' Fρήν ' ram,' ἠβαιόν ' little,' ἰατήρ ' healer,' ἷζε ' seated,' κασίγνητος ' brother,' κάραμος ' prison,' λοῖσθος ' last,' ἴμαρψεν ' seized,' τάσσειν ' to embroider,' πόσις ' husband,' πρύλις ' war-dance,' σπέος ' cave,' ταγός ' leader,' φάσγανον ' sword' (Hoffmann, *Die griech. Dialecte*, I. § 240). An interesting trace of this South Achaean dialect has been pointed out in' the Laconian Ποσιδάν (Poseidon), since this cannot be the Doric Ποτειδάν, but must be the Laconian pronunciation of Ποσοιδάν, the Arcado-Cyprian form.

When we turn to the Dorian dialects, we find many evidences of their alien character. The most striking perhaps is the ancient -μες of the First Person Plural, which in all Ionic-Aeolic dialects has been replaced by -μεν. No equally significant difference is found in the case of any other group of dialects. In the formation of the tenses the Doric is pointedly distinguished by the Future in -σεω (-σεω), and the Futures and Aorists in -ξεω and -ξα. It is also the only dialect that always retains the forms τοί, ταί in the declension of the Article. Phonetically it is peculiar in contracting αε into η. And it is the most primitive in respect of accentuation—as the Lesbian Aeolic is the most degenerate.

[14] Hdt. 7. 159 ἦ κε μέγ' οἰμώξειεν ὁ Πελοπίδης Ἀγαμέμνων πυθόμενος κ.τ.λ. Cp. the story about the bones of Orestes (Hdt. 1. 68).

[15] Hdt. 5. 72 ὦ γύναι, ἀλλ' οὐ Δωριεύς εἰμι, ἀλλ' Ἀχαιός.

The ascendancy of the epic or Homeric dialect was such that it was the language of all poetry—that is, of all literature—from Homer to the lyric poets of the seventh century B.C. After that time it continued to be exclusively used in epos and elegy, as well as in the hexameter verse of the early philosophers, and even in the answers of the Delphian-oracle. The nationality of the poet made no sensible difference. Hesiod was by birth an Aeolian of Cyme, and lived at Ascra in Boeotia. His poetry was so un-Homeric that he might well have adhered to his native dialect. Yet we find him boasting of a prize won at the funeral games of a prince of the Ionian Chalcis[16]. Tyrtaeus was said to have been an Athenian, and his verses were addressed to the Spartans. Theognis was a Megarian. Among the reputed authors of cyclic poems there are several that are not Ionic: Stasinus of Cyprus, Lesches of Mytilene, Agias of Troezen, Eugammon of Cyrene: and so among the Hesiodic or genealogical poets, Eumelus of Corinth, Cinaethon of Lacedaemon, &c. It is true that the dialect was not retained in its original purity. When the supremacy in literature, as in art and commerce, passed to Ionia, the language of poetry was insensibly modified under the influence of the colloquial Ionic. The digamma after a time was no longer heard: the long ā became η: τόνς, τάνς, &c. became τούς, τάς, &c. But apart from these phonetic changes, and others to which we shall have to return, the distinctive character of the dialect was maintained. We do not know how long it remained in use as the language of government, or as the *lingua franca* of commerce. The law codes, which seem to have been among the earliest prose writings, were in the vulgar tongue, if we may argue from the Dorian instance of Gortyn. But in the realm of poetry it held undisputed sway, until the popular songs of Lesbos took artistic form in the hands of Alcaeus and Sappho.

The nature of this supremacy of epic Greek may fitly be illustrated by the account which Dante has given of the Italian of his own time[17]. There were then, as always in Italy, very many local dialects, differing from each other (if we may judge from the specimens) as widely as any Greek dialects known to us. Along with these there was one form of speech which was universally understood, and was independent of local influences. This he calls the 'illustrious vulgar tongue' (*vulgare illustre*). It was the dialect of every city, and yet belonged to none. It was the standard by

[16] Wilamowitz-Moellendorf, *Herakles*, I. p. 66 (ed. 1889).
[17] Dante, *De vulgari eloquio*, I. cc. 16–19.

which the other spoken dialects (*inferiora* or *municipalia vulgaria*) were judged[18], the hinge on which they turned : hence it was properly called *cardinale*. Further, it was the dialect of palaces and courts, hence *aulicum* and *curiale*,—though Italy had then no visible *aula* or *curia*. Finally, it was the common dialect of the poets who had written in the vulgar tongue, from Sicily to Lombardy[19]. It need hardly be added that this 'illustrious' tongue was not so unconnected with local varieties of speech as Dante imagined. It was simply one of the popular dialects of Tuscany, raised to an exceptional position by the ascendancy, literary and political, of those who spoke it.

§ 5. *Theory of an Aeolian epos.*

In what part then of the Mycenaean or Old Achaean (pre-Dorian) realm is the origin of the epic language to be sought? This is a question that has occupied much of the attention of scholars in late years, indeed ever since Fick put forward his theory and supported it by striking arguments, derived partly from his unsurpassed knowledge of the Greek dialects, and partly from historical and geographical considerations. That theory, of which an outline has already been given (p. 461), has not been generally accepted in its entirety : but it has gone far to do away with the old notion of an Ionian Homer ; *i. e.* of a Homer whose language was simply an early form of Ionic Greek, with occasional words or inflexions borrowed from the neighbouring Aeolis. 'The epos,' Wilamowitz has observed[20], 'is more than anything else the living expression of Ionian supremacy, and yet it bears plain marks, in form and content, of having sprung from an Aeolian root : but the Ionian genius gave it a new birth.' More recently Busolt[21] has expressed the opinion that Fick goes too far in maintaining that the *Iliad* and *Odyssey* were actually translated from the Aeolic dialect into Ionic : but he considers him to have proved that the Aeolic element in Homer is much more important than was formerly assumed,—that it can only be explained

---

[18] *Ibid.* c. 16 inter quae nunc potest discerni vulgare quod superius venabamur, quod in qualibet redolet civitate, nec cubat in ulla . . . quo municipalia vulgaria omnia Latinorum mensurantur, ponderantur et comparantur.

[19] *Ibid.* c. 19 hoc enim usi sunt doctores illustres qui lingua vulgari poetati sunt in Italia, ut Siculi, Apuli, Tusci, Romandioli, Lombardi et utriusque Marchiae viri.

[20] *Herakles*, I. p. 66 (ed. 1889).

[21] Busolt, *Gr. Gesch.* I[2]. p. 134.

on the supposition that the Aeolians cultivated epic poetry before the Ionians, and that when the practice of the art passed to the latter they took over with it a store of conventional words and turns of phrase. And in addition to the argument from the Aeolisms thus accounted for, it is pointed out that the hero of the *Iliad* is a prince of Thessaly, the mother country of Aeolis—that his father is a hero connected with the Thessalian mountain Pelion—that the Trojan expedition sailed from Aulis, not from Nauplia (the natural port for Mycene)—that the religious associations of Homer are with mount Olympus, the Zeus of Dodona, the Muses of Pieria—that the folklore figures are mostly Thessalian, viz. the Lapithae and Centaurs (with their Aeolic name Φῆρες), and the Aloeidae, who sought to pile Ossa on Olympus, and Pelion on Ossa—that the scene of the *Iliad* is laid in Aeolis, and the poet shows acquaintance with Aeolic localities, Tenedos and Cilla.

The theory according to which the epic dialect was the *vulgare illustre* or national language of pre-Dorian Greece is not inconsistent, logically speaking, with an Aeolic (*i. e.* Lesbian or Thessalian) origin. It may be that in respect of language Thessaly was the Tuscany of early Greece. If that was so, the 'illustrious' dialect was doubtless carried by Thessalian settlers to their new seats in Asiatic Aeolis: where epic song may have arisen and flourished; and whence it may have been passed on in time to Ionia. But this chain of hypotheses is open to some objections which have hardly been sufficiently considered.

1. The supposed Aeolian stage in the history of the Greek epos is not at all necessary. What is the problem? It is to explain how a national epic such as the *Iliad*, interesting to all parts of Greece, and composed in a common national language, came to be regarded as in a special sense Ionian, and to be recited in the Ionic dialect. But if the Ionians or their ancestors formed part of the early Achaean nation—if they were included in the Παναχαιοί—they had by birthright a share in Homer. Why should the poems have come round to them by way of Thessaly and Aeolis?

2. It is true that Thessaly is in some ways what may be called a 'cradle-land' of early Greece. It is perhaps the part of Greece which was the first to be occupied by a Hellenic population; accordingly it is the seat of some of the oldest traditions, and in particular of the most venerable religious memories. But these traditions and memories are much older than Homer. The question for us turns upon the period of the *Iliad*,—a period in which Argolis

and Lacedaemon were at least as much in the minds of men as
Boeotia and Thessaly.

3. The scene of the Trojan war is laid in Asiatic Aeolis. But
can the story be a reflexion of the conquest of Aeolis? Is it such
a tale as would be told by Aeolian colonists about their mythical
ancestors? This is surely more than doubtful. The poet of the
Iliad knows something of the Trojan topography. He mentions
the coast towns and rivers (*all* the rivers, if we admit the testimony of
Il. 12. 19 ff.), and he refers to such local features as the mounds
that marked the burial places of the Greek heroes, and the distant
peaks of Ida and Samothrace. But, as Ed. Meyer has pointed out,
he does not seem to know the interior—Gergis, Cebren, Scepsis [22].
And he betrays no acquaintance with the subsequent history of the
Troad. He drops no hint that it was destined to be occupied by
his countrymen. On the contrary, he introduces a prophecy (Il. 20.
307) that the Trojans would thereafter be ruled by a line of native
princes descended from Aeneas. This prophecy, which is put into
the mouth of Poseidon, proves that at the time of the *Iliad* the
country of Troy, if not the city itself, was still in the possession of
a people that called themselves Trojans [23]. If, as seems likely, the
passage is a later insertion, the argument from it is so much the
stronger. Again, if the *Iliad* was inspired by the Aeolian conquest,
why is it not a tale of conquest? There is nothing in the poem
to make it certain that Troy was eventually taken. It was not to be
taken by the hero of the poem,—so much the *Iliad* tells us. The
Odyssey supplies the want, in its own *märchenhaft* fashion: but that
is only the natural development of the story. And in the *Odyssey*
the chief theme is not the victory of the Greeks, but their lamentable
return (νόστος Ἀχαιῶν λυγρός). Much has been made of the foundation
legends which connect the Aeolian and Ionian colonies with the
heroes of the Trojan war [24]. But such legends only prove that
these heroes had become or were becoming the national heroes of
Greece. It might as well be argued that because the Dorian invasion
was supposed to be the Return of the Heraclidae it is the real
source and explanation of the mythical adventures of Heracles.

4. The notion of early epic songs, arising in Aeolis and afterwards
spreading to Ionia, does not fall in very well with what is otherwise
known, on the one hand of Ionian poetry—epic, elegiac and iambic—
and on the other hand of the Aeolian choric songs. In the seventh

---

[22] Ed. Meyer, *Geschichte von Troas*, pp. 106, 109.   [23] *Ibid.* p. 65.
[24] See especially Duncker, *History of Greece*, Bk. II. c. xii.

century B.C., when the outlines of a history of Greek literature begin
to be discernible, the ancient supremacy of the epic style, with its
consecrated language and metre, was challenged, apparently for the
first time, by the rise of a new species of poetry, one that employed
a vernacular dialect and various new forms of verse, and was dis-
tinguished especially by the fresh and passionate expression which
it gave to individual feeling. This form of literature made its
appearance in the island of Lesbos, then colonised chiefly by settlers
from Thessaly. It was of the nature of a reaction or revolt from the
epic—an escape from the traditional classicism of Homer and his
successors to colloquial speech and natural sentiment. The lyrical
type may have been much more ancient. It was doubtless created
and handed down in local and popular songs (such as the *rispetti*
and *stornelli* of Tuscany), long before it was made 'illustrious' by
the genius of Alcaeus and Sappho. Thenceforth the Aeolic dialect—
the local speech of Lesbos and the adjacent Asiatic coast—became
one of the leading dialects of Hellenic literature. For all subsequent
lyric poets it was what the epic dialect had been for poetry in general.

Now in all this course of development it is not easy to find a place
for an early Aeolian (pre-Ionian) school of epic song. Can it be
that there was such a school in Aeolis, capable of giving the first
impulse to the Ionian epos, and yet so obscure that no record of it
remains? And was the profound and characteristic distinction—we
may almost say, the antagonism—between 'epic' and 'lyric' merely
a distinction between one form of Aeolic popular poetry and another?
It is surely much more likely that the two styles are the products of
two different branches of the Hellenic race, speaking kindred dialects,
but singularly opposite in temperament, and in the specific quality of
their genius.

5. Though the origin of the ethnical name Αἰολεύς is not known, it
is at least worth mention that the word is post-Homeric. It is first
met with in Hesiod, himself an Aeolian [25].

§ 6. *Theory of an Ionian epos.*

Are we then to return to the prevailing belief of antiquity, and look
for Homer among the Ionian colonies—in Smyrna or Chios or
Colophon? Was he a son of the Meles? Or was he, as Aristarchus
thought, an Athenian who took part in the new settlement on that
river?

[25] Hes. *Op.* 636 Κύμην Αἰολίδα προλιπών: cp. Hom. Epigr. iv. 6.

1. If the local knowledge shown in the *Iliad* is not enough to convince us that it was produced in Asiatic Aeolis, still less can we find grounds for connecting it with any of the Ionian settlements. In respect of them the Homeric map, from Lesbos southwards, is practically a blank. Chios occurs in the *Odyssey*, but merely as a landmark. Delós in the same poem is only a name. Miletus, the home of the earliest cyclic poems, those of Arctinus, occurs in the Catalogue, but is still Carian. Of the twelve cities that celebrated the Panionia at Mycale, of the isles of Greece from which (as we learn from the *Hymn to Apollo*) the Ionians gathered to the Delian festival,—of Samos, Naxos, Ios, Paros, and many more,—Homer to all appearance knows nothing.

2. The name 'Ιάονες or 'Ιωνες is in all probability non-Homeric. It does not appear in the Catalogue, but occurs once (Il. 13. 685) apparently = 'Αθηναῖοι, in a passage which bears marks of being an interpolation. As Herodotus observed [36], it was a name which was not generally used except in Asiatic Ionia. In that country it must have come into vogue at an early time, since it was the term universally applied to the Greeks, without distinction of race, by their oriental neighbours—just as at the present day the term 'Frank' is applied in the Levant to all Europeans. The forms which it assumes in eastern languages (Hebrew *Jávân*, Indian *Yavanas*) go back to the time when the digamma was still sounded and the long ā had not passed into η in Ionic (cp. p. 458). It could hardly be unknown to an early Ionian poet.

3. While Homer's local knowledge of Aeolis and Ionia is defective, on the other hand he displays an acquaintance with European Greece which would hardly be possible to an Ionian. At several points, as has been pointed out elsewhere [37], the *Iliad* shows traces of a distinction between the leaders in the Trojan war, with the Pelopid dynasty at their head, and the ancient local chiefs and heroes. Thus the kingdom of Agamemnon included Sicyon, 'where Adrastus used to be the king' (Il. 2. 572), and Ephyre, where Proetus ruled over the Argives (Il. 6. 159). In Sparta, if Helen is the sister of the native heroes, the Dioscuri, Menelaus must be an intruder. In Argos Diomede is confessedly a stranger: the native legends go back to

---

[36] Hdt. I. 143. The meaning of Herodotus, as Ed. Meyer has shown, is not that the Athenians were ashamed of being Ionians, but that they used the name as little as if they were ashamed of it. The commentators have generally missed the point of this half-playful expression.

[37] This argument is stated more fully in an article in the *English Historical Review*, vol. I. pp. 43-52.

Perseus. Even in Attica we find Menestheus taking the place due to the sons of Theseus, who accordingly figure in the cyclic poems (p. 370). And in Ithaca there is at least a trace of local heroes older than the house of Laertes (see the note on Od. 17. 207). These things prove familiarity, not merely with the outward aspects of the country, but with its cherished legends and memories. Moreover, they are widely diffused, especially in the Peloponnesus, where the rule of the Pelopidae would be most felt. That these various pieces of tradition should have survived the fall of the Mycenaean empire and the migration to Ionia seems hardly credible.

The truth is, surely, that Homer is Ionian in the earliest centuries of which we have any historical knowledge, mainly because during these centuries Ionia was the centre of Greek civilisation—the most educated and most enterprising part of Greece. Homer is Ionian—that is to say, was taught, recited, imitated in Ionia—for the reasons that made Ionic Greek the language of the first philosophers and the first historians.

§ 7. *Influence of dialects on the Homeric text.*

The dialect which we find in the vulgate text of Homer is a mixed or artificial one. It cannot have existed as a living variety of speech, or even as a genuine poetical dialect (such as the Italian of Dante). No poet, we may be sure, would make the free use that is made in it of such phonetically inconsistent forms as Aeolic ἄμμε, Doric ἁμός, Ionic and Attic ἡμέτερος, or Aeolic and Old Attic λᾱός, Ionic νηός, Attic ἑώς. Even Fick's theory is open to objection on this score: for it is impossible to imagine an Ionian singer or rhapsodist adopting a series of Aeolisms solely on the ground that they had no exact metrical equivalents in Ionic. The most that can be attributed to the action of a poet is the use, under appropriate conditions, of *archaic* words and inflexions, and perhaps of an occasional *borrowed* word (like Φῆρες for the Centaurs). Anything further must be the result of gradual and unconscious change in the text of the poems. The mixture of dialects, in short, was not in the original Homeric poems, but supervened as a corruption, brought about by the circumstances under which they were transmitted. It is simply an example, on a peculiarly large scale, of the modernising process which no literary masterpiece can quite escape if it is to retain its hold on a people.

Three dialects at least have left their mark in different ways upon the Homeric text, viz. Ionic, Aeolic, and Attic.

a. *Ionic.*

The influence of the Ionic dialect on the form of the Homeric text is too obvious to call for much comment. The characteristic change from ā to η must have taken place, like all such changes, gradually and unconsciously. An Ionian rhapsodist would use the sound η, just as an English actor of Shakespeare uses the modern and not the Elizabethan pronunciation of the vowels. Similarly the digamma was forgotten, and Ionic poets ceased to recognize its former existence— except in the case of the forms ἕο οἱ ἑ, which continued to be treated as words beginning with a consonant. If the combination νσ was still tolerated in the original language, as seems probable (see p. 459), the forms which contained it were now modernised: τόνς, τάνς became τούς, τάς, &c. Other proto-Hellenic forms may have gone through the like process: *e.g.* ἀσμέ and ὑσμέ (Dor. ἀμέ, ὑμέ, Aeol. ἄμμε, ὔμμε); ϝέσνυμι (Att. ἔννυμι, Ion. εἵνυμι); ἐσμέν (Ion. εἰμέν).

In the declension of nouns we have to notice the Ionic genitives in -εω and -εων (for older -āο, -āων). These genitives are too numerous to be ruled out as post-Homeric corruptions. All that we can say is that in the language of Homer the original endings -āο, -āων had passed into forms of the metrical value of -εω, -εων (capable of being scanned as ∪ – or as –). Possibly these were -άω, -άων, which in Ionic would become -εω, -εων (cp. -εος for -αος, ὁρέω for ὁράω, &c.). In the polysyllabic nouns in -ις, usually declined as πόλις, Gen. πόλιος, Dat. πόλῑ, Nom. Pl. πόλιες, Gen. Pl. πολίων, it seems possible that Ionicising has taken place. The Attic dialect was the only one which preserved the somewhat less symmetrical but more ancient Gen. πόλεος, Dat. πόλεῑ, Nom. Pl. πόλεις, Gen. Pl. πόλεων. The Dat. in -ῑ, which is demonstrably Homeric, is not contracted from -ιι, but is an ancient (Indo-germanic) Instrumental [26].

The Ionic change from αο to εο appears in the forms μενοίνεον (cp. μενοινάᾳ), ποτέονται (cp. ἀμφιποτᾶτο), τρόπεον, ἥντεον, ἐσύλεον, ὁμόκλεον, ὁμοκλέομεν: not however in all similar cases (not *e.g.* in ὁράω).

Ionic influence is also to be seen in ἤν and ἐπήν, which have taken the place of εἰ or (before a vowel) εἰ κ', and ἐπεί or ἐπεί κ'. As has been already noticed (p. 459) the contraction in ἤν and ἐπήν can hardly be Homeric; and they are used in the vulgate text without

[26] Brugmann, *Grundr.* II. § 266, p. 620.

regard to the syntactical distinction observed in Homer between the 'pure' Subjunctive and the Subjunctive with ἄν or κεν [20]. It may be that under Ionic influence ἄν has often taken the place of κε(ν): but it is impossible to banish ἄν altogether from the original language of the poems.

The loss of the *spiritus asper* is characteristic of Asiatic Ionic, and also of Lesbian Aeolic. It is apparently Ionic in οὖρος 'boundary,' οὖρος 'watcher,' οὖλος 'whole,' οὐδός 'threshold,' and perhaps in other words that Fick gives as Aeolic—ἄλτο (or ἅλτο), ἄμαξα, ἦμαρ, ἦμος [20]. In other cases the smooth breathing is original: *e. g.* in ἵππος *equus*, ἀρμονίη (ἤραρον, &c.).

β. *Aeolic.*

It is impossible to doubt that the dialect of the Lesbian lyric poets, called Aeolic by the grammarians, exercised a perceptible influence upon the text of Homer. The most conspicuous instances are to be seen in the pronouns of the First and Second Person Plural, ἄμμες, ἄμμι(ν), ἄμμε and ὔμμες, ὔμμι(ν), ὔμμε, which are trebly Aeolic, viz. in respect of the accent, the smooth breathing and the double μ. How then was this influence exercised? Regarding ὔμμες &c. Fick himself is our guide [21]. 'The smooth breathing,' he says, 'may have been inferred from the Aeolic dialect.' That is to say, the Ionian rhapsodists (and after them the grammarians) pronounced ὔμμες &c., contrary to the usage of their own dialect, because they only knew the word as an Aeolic form. But if this explanation holds for ὔμμες &c., it is equally good for ἄμμες &c. And if it explains the breathing, why not also the accent and the double nasal? Accordingly the history of these pronominal forms may be re-constructed somewhat as follows. The original stems ἀσμέ, ὐσμέ became Old Ionic ἀμέ ὑμέ, Boeotian ἀμέ οὑμέ, Lesbian ἄμμε ὔμμε. Along with these, which were used without any case-ending as accusatives, there were the nominatives ἀμές ὑμές, Lesb. ἄμμες ὔμμες, and the datives ἀμίν ὑμίν, ἄμμιν ὔμμιν. In Homer these ancient forms, especially the accusatives, are beginning to be superseded by new forms modelled on the nouns in -ης, gen. -εος: hence (with Ionic η) ἡμέας ὑμέας &c. [22] In the Ionic dialect the older declension

---

[20] Delbrück, *Synt. Forsch.* I. pp. 85–86; Monro, *Homeric Grammar*, § 362.

[20] Fick, *Die hom. Odyssee*, p. 12.

[21] 'Für ὔμμες ὔμμιν ὔμμε und ὑββάλλειν mag die psilose aus dem Aeolischen dialecte erschlossen sein' (*ibid.*).

[22] The variety of forms in the existing text is very great; but they may be accounted for, as has been shown by Van Leeuwen (*Enchiridium Dictionis Epicae*, pp. 251–257), by supposing an original declension ἡμές (better ἀμές)

died out, except as a source of epic archaisms. Under these circumstances it was natural for the rhapsodists, whether of Ionian birth or not, to assimilate the older epic pronouns to the living Aeolic declension, with which they were doubtless familiar. Hence instead of ἡμεῖς ὑμεῖς &c.,—forms that should have appeared in Ionic—we find the confessedly Aeolic ἄμμες ὔμμες &c.

It is remarkable that the corresponding Possessives ἀμός and ὑμός have retained their original Homeric form, instead of passing into Lesbian ἄμμος ὔμμος. The fact serves to show the accidental and sporadic character of the influence that Aeolic forms exercised on the text of Homer.

A similar account may be given of the μμ in the infinitives ἔμμεναι ἔμμεν, which are formed in the Aeolic manner from ἐσ-μεναι ἐσ-μεν. In Ionic we might have had εἶμεναι εἶμεν: but these forms being unknown in the Ionic vernacular the Aeolic forms took their place. It is to be observed however that Homer has also the forms ἔμεναι ἔμεν. These are not Aeolic, and cannot have come from ἐσμεναι ἐσμεν: they must have been formed on the analogy of θέμεναι and the like [33].

Aeolic νν may be recognized in ἀργεννός, ἐρεβεννός, ἐραννός (-ννος for -σνος): cp. Ionic ἀλεγεινός, φαεινός, ἐρατεινός. They are evidently words that belong to the poetical style, and have little root in popular usage. Hence they serve chiefly to show how easily such words are affected by the influence of another literary dialect. So perhaps ἐννοσίγαιος is Aeolic, ἐινοσίφυλλος Ionic: but ἐνοσίχθων shows that the lengthening

---

ὑμές &c., and a new formation in -ιες -ιων -ίας. For the new forms ἡμεῖς and the like we can very often restore ἀμές &c.: but there are at least twelve places in Homer in which ἡμέας with the scansion – ∪ ∪ is guaranteed by the metre. The others of the same type, ἡμεῖς (or ἡμέες) ὑμέας &c., are less decidedly supported, but are doubtless Homeric. The view of some scholars (including Van Leeuwen) that ἄμμε and ὔμμε are duals seems untenable. It is most unlikely that they would be used as well as νῶϊ and σφῶϊ. They are to be classed with ἐμέ, σέ, ϝέ, as stems without a case-ending. The want of an ending, however, came to be felt, and in this way we can understand why ἡμέας ὑμέας are better attested in Homer than the rest of the new formation. That formation doubtless began with the accusative (Joh. Schmidt, K. Z. xxvii. 299).

[33] It is possible that ἔμεναι ἔμεν are also products of analogy. It is difficult to see why ἔμεναι ἔμεν should have been formed if the regular ἐσμεναι ἐσμεν were already in use. On the other hand ἔσμεναι may have been produced afresh from the stem ἐσ-, just as Attic ἐσμέν took the place of Ionic εἰμέν. If so, the final change from ἐσμεναι to ἔμμεναι may have been comparatively late, and independent of Aeolic influence. Cp. the account of the νν of ἔννυμι, Πελοπόννησος, &c. (Brugmann, Grundr. II. p. 1011).

The form ἔμμορε, generally regarded as an Aeolic perfect, notwithstanding the corresponding Middle form εἵμαρτο, is perhaps better taken as an aorist. It occurs in Il. 1. 278 οὔ ποθ' ὁμοίης ἔμμορε τιμῆς 'never gained a share'; in Il. 15. 189, where we should read δέδαστο, ϝέκαστος δ' ἔμμορε τιμῆς (cp. ἔλαχον in the next line); and in Od. 5. 335 and 11. 338 where the same phrase recurs. The Aeolic infinitive μέμορθαι points to a Pf. Act. μέμορα: cp. ἐγρήγορθαι and ἐγρήγορα.

is merely metrical[34]. And we find Aeolic ορ ρο instead of αρ ρα (for Indo-germ. ρ̥) in ἤμβροτον, πόρδαλις, ἀναβροχέν. Whether Homer exhibits Aeolic αυ ευ ου for αϝ εϝ οϝ seems very doubtful. Of the instances given by Fick (*Odyssee*, p. 18) the most plausible are αὐέρυσαν (said to be for ἀν-ϝέρυσαν), αὐίαχοι, ταλαύρινος, καλαῦροψ, εὖαδε, εὔληρα, ἀγυίρα, ἀπούρας—which again are conventional or poetical words[35]. The same may be said with confidence of the form πίσυρες 'four,' which is doubtless to be identified with the Aeolic πέσσυρες. If the Homeric language used a second numeral, in addition to the regular τέσσαρες, it was probably of the nature of a borrowed word, used in some special connexion,—as we talk of a 'dozen' or a 'quartet.' In the *Iliad* it is applied only to horses, and perhaps came in when four-horse chariots were first introduced.

It is needless to resort to Aeolic to account for words or forms that are proto-Hellenic. Thus πλέες πλέας (= πλέονες πλέονας) are found not only in Aeolic, but also in Cretan Doric (πλίες πλίανς πλίασι). And the same principle applies to changes due to causes that are always present. Thus κεκλήγων for κεκληγώς is not necessarily Aeolic because in that dialect every perfect participle is treated in this way. It is one of many examples of the tendency to put thematic in place of non-thematic forms. The reverse change produced the Aeolic verbs in -μι (κάλημι and the like), of which there are a few instances in Homer. These also are not necessarily intrusions from Aeolic. *E. g.* the infinitive φορήμεναι need not be taken from Lesbian, any more than φορῆναι is taken from Cyprian.

γ. *Attic.*

The ascendancy of the Ionians in the realm of literature was not long maintained after their loss of political and commercial greatness. Indeed the comparative obscurity of the cyclic poets seems to show that the prestige of the Ionian epos outlived the poetical movement to which it was originally due. The literary centre was shifted to European Hellas. The poems of Homer were brought back from their long exile, and although they retained their Ionic form, as Greek literary feeling required, they were no longer directly or mainly under Ionian influence. Those who now recited them, those who listened to or read them, were men who spoke various local dialects, of which the most important was Attic.

[34] Schulze, *Quaestiones Epicae*, p. 160.
[35] As to the other instances—δεύομαι, χεῦαι, ἀλεύασθαι, ἀγανός, ἀπούρ—see Schulze, *op. cit.* pp. 54-65.

The effect of this Attic cultivation of Homer may be traced in a certain number of differences, generally rather minute, between Homeric and Ionic forms. Our text of Homer has οὖν: all dialects except Attic have ὤν. Homer has τέσσαρες, ἄρσην, not τέσσερες, ἔρσην: μείζων, κρείσσων, not μέζων, κρέσσων: πῶς, πότε, &c., not κῶς, κότε, &c.: τέρας τέραος, γέρας γέραος, not τέρεος γέρεος. Homer retains the ν ἐφελκυστικόν and the *spiritus asper*, which are lost in New Ionic (as also in Lesbian Aeolic)[34]. Besides these, there are two groups of forms in which Attic influence is less directly obvious:

1. In the conjugation of certain verbs in -αω the combinations āo and ἄο (or ἄω) are changed into ωo (or ωω) and ωω, and αε into αα: hence the forms δρώωσι, ἡβώοντες, μνωόμενοι, ὁρόω, ὁρόωντες: μνάασθε, μενοινάᾳ, ὁράᾳς &c.: also φάως for φάος, φαάνθη for φαένθη, and some others. They were explained by J. Wackernagel as the result of a double change, first the regular contraction, then a restoration of the metre by 'distraction.' *E. g.* ἄνδρ' ὁράω first became ἄνδρ' ὁρῶ then *metri gratia* ἄνδρ' ὁρόω. Recently Brugmann has gone back to the view of G. Curtius, viz. that these forms represent an intermediate stage in the process of contraction,—that in which two vowels are assimilated to each other, but are not yet fused into a single long syllable. The difficulty of this hypothesis is that it is not verified. There is no trace of these or similar forms in any living dialect. Moreover, if the change is a phonetic one, we expect it to take effect with something like uniformity: whereas exceptions are frequent,— *e. g.* ναιετάουσι, τηλεθάοντας, πεινάων, διψάων, κραδάων, ἀναμαιμάει, ἀοιδιάει, ὁμοστιχάει. Indeed the examples of the change seem to be limited to instances in which the contracted form also is in common use: ὁρόω ὁράᾳς &c. beside ὁρῶ ὁρᾷς, but ναιετάουσι in the absence of ναιετῶσι &c. These facts point to the operation of analogy. In the Homeric language there were apparently two sets of forms, the uncontracted ὁράω ὁράεις &c., retained (like the genitives in -οιο) by the poetical tradition and the metre, and the contracted ὁρῶ ὁρᾷς &c., which were the only forms in colloquial use. The intermediate ὁρόω ὁράᾳς &c. were produced by assimilating the archaic to the living forms as far as metre permitted. Probably too the process was influenced by the similar treatment of the verbs in -εω. Pairs such as ὁρόωσι and ὁρῶσι, μνάασθαι and μνᾶσθαι, are closely analogous to τελέει and τελεῖ, τελείεται and τελεῖται.

There is nothing to show when or where the changes now in question

---

[34] These may be added to the instances in which agreement in points of dialect goes with local proximity. See Collitz, *Verwantschaftsverhältnisse.*

were brought about. The occasional variation in the manuscripts between such forms as ναιετάουσα, ναιετάωσα, ναιετόωσα suggests that they may have been of no great antiquity. In any case they were due to the existence of the Attic forms ὁρῶ ὁρᾷς &c.

2. There remains a group of Homeric words in which we find ᾱ instead of the Ionic η. These are :—the genitives of the First Declension in -ᾱο and -ᾱων: the nouns λαός, λᾶας (gen. λᾶος, λάων), ἵλαος, ὀπάων, διδυμάων, with the participles πεινάων and διψάων, and numerous proper names, Λαομέδων, Λαοδίκη, Μενέλαος, Πρωτεσίλαος, Ἀμφιάραος, Ἰάονες, Ποσειδάων, Μαχάων, &c. ; also θεά, Φειά, Λάα, Ναυσικάα, Αἰνείας, Ἑρμείας, Αὐγείας: the possessive ἁμός: and one or two isolated verb-forms, ἐάσω (fut. of ἐάω), ἔᾱγα, ἐᾱδότα [37].

In this case, again, a phonetic explanation is excluded by the irregularity of the phenomena. It will be seen that in most of the instances ᾱ is retained before o or ω. But against these we have to set the Ionic η appearing in νηός 'temple,' νηός and νηῶν (gen. of νῦς), πηός 'kinsman,' παιήων 'paean' and Παιήων (epithet of Apollo). So from original ἇfος, τᾶfος we find ἕως or εἵως, τέως or τείως, from which with the help of the metre we can restore ἧος τῆος. Further, although λαός is the form of the word in Homer and in most of the Ionic poets (Callinus, Tyrtaeus, Xenophanes), the true Ionic ληός is quoted from Hipponax, and has left its mark on some Homeric proper names, as Λήϊτος (cp. the Ionic λήϊτον = Attic πρυτανεῖον), Ληόκριτος, Ληοάδης (written Λειώκριτος, Λειώδης). As the names Θερσίτης, &c. tend to show that the change from θέρσος to θάρσος is post-Homeric, so these names point to a time when the form ληός was in general use. Finally, it may be conjectured that in the participles πεινάων and διψάων the ending -άων stands for an Ionic -ηων. It can hardly be an accident that these verbs are among the few that contract αε to η (πεινῆς, πεινῇ, &c.).

The ᾱ of this group of words might be explained, like the accent and the μμ of ἄμμε and ὔμμε, by the influence of Aeolic. We may suppose (e. g.) that when ληός passed into λεώς in spoken Ionic, as it did before the time of Herodotus, the poetical ληός reverted under the attraction of the Aeolic dialect to λαός.

There is another quarter, however, in which the same phenomenon presents itself, viz. in the so-called Old Attic—the dialect of the Tragic poets and Thucydides. In that dialect the combination ᾱο ᾱω, answering to Ionic ηο ηω, is almost invariable : e. g. λαός, ναός 'temple,' ναός ναῶν

<hr/>

[37] In this list we do not include words in which ᾱ arises phonetically, as in δᾱήρ for δαfήρ, ἀίσσω for αἰfίσσω, or by contraction of αε, as in λαρός, ἄριστον, or compensatory length, as φθάνω, ἱκάνω for φθάνfω, ἱκάνfω. Still less should we count instances of metrical license, as ἀθάνατος, ἀκάματος, Ἀπόλλωνα.

(gen. of ναῦς), with the adj. νάιος: δάιος or δᾷος, ναός 'kinsman,' συνάορος, παράορος, τιμάορος, ὀπάων, also the proper names Ἰάονες, Μενέλαος, Ἰόλαος, &c. The issue is complicated by the doubt regarding the nature of the dialect itself. The ancient notion of Old, Middle and New Attic as successive stages of the language spoken at Athens in the classical period is no longer tenable. It is proved from inscriptions that New Attic, though first known to us from Aristophanes, was the genuine colloquial speech of Attica from the earliest times of which there is any record: while Old Attic, as we find it in the dialogue of Greek tragedy, was not a living or colloquial, but only a literary dialect. From what sources, then, was this Old Attic formed, and how did it gain that position? The question has been discussed at length by Mr. Rutherford in the introduction to his *New Phrynichus* (pp. 3–31), and his conclusion is that 'the basis of the language of Tragedy is the Attic of the time when Tragedy sprang into life,' that is to say, of the time of Thespis and Pisistratus. The proof of this conclusion he finds chiefly in the number of words common to Ionic and the dialogue of Tragedy, but unknown to Comedy and to Attic prose. More recently it has been disputed by Mr. Schulhof[38], principally on the ground that Old Attic is not a form of speech from which New Attic can have directly descended. For example, New Attic πράττω cannot have been reached by a phonetic change from Old Attic πράσσω, or New Attic ἄν 'if' from Old Attic ἤν. The true source of Old Attic, according to Mr. Schulhof, is the literary Ionic of the iambic poets, such as Archilochus and Hipponax. Both these views seem to contain a proportion of truth. The Tragic poets doubtless wrote under the literary influence of Ionic, especially of the Ionic poets who had invented and perfected the iambic metre. At the same time they must have adopted some at least of the peculiar Attic sounds. In πράσσω, for instance, if the σσ was Ionic, the ā was native, and indeed was the result of the Attic change of η to ā after ρ.

How then are we to regard the Old Attic āo and āω in λαός ναός and the like? It cannot be due to epic influence, since it is consistent, which the epic usage is not (e. g. λαός but νηός). Nor can we suppose the sound to be borrowed from Aeolic or Doric: for why should these words be borrowed rather than others? The only alternative is to attribute them to a phonetic law or tendency, of the same order as that which turned -ιη -ρη into -ιᾱ -ρᾱ[39]. By the operation of this law,

---

[38] J. M. Schulhof, '*Attic' 'Ionic' and 'Tragic'* (Cambridge, *s. a.*). The pamphlet contains suggestions that deserve to be worked out in greater detail.

[39] It seems probable that there was a double change, first pan-Ionic, from ā to η, then Attic, from η back to ā after ε ι ρ (Brugmann, *Grundr.* § 104, p. 98).

then, the Ionic change which produced λη̄ός νη̄ός &c. must have been
reversed, and original λαός ναός &c. restored. In this way two specifically
Attic groups were created, viz. that of θεά Ἑρμείας &c. and that of λαός
ναός &c. Hence when the period of Attic ascendancy arrived, and
Athens became a meeting-place of rhapsodists and Ὁμηρικοί, both
these groups had their share of influence on the text.

Why this Attic influence appears in some words and not in others—
why, for instance, λαός is Homeric but not ναός—can only be matter
of conjecture [40]. It is worth observing however that in some cases the
issue between ā and η was not absolutely determined even in the texts
of the Alexandrians. Zenodotus, who was himself an Ionian (of
Ephesus), read Ἀμφιάρηος, Ἀριήδνη, βουγήϊος, κρητός (Il. 1. 530): and
Aristarchus read Βιάνορα (Il. 11. 92) and Ῥείας (Il. 14. 203), where the
manuscripts have Βιήνορα, Ῥείης.

§ 8. *Mr. Ridgeway's Theory.*

It is impossible to leave this subject without some notice of a theory
recently put forward by Professor Ridgeway of Cambridge, first in
a paper in the *Journal of Hellenic Studies* [41], and again in his work on
The Early Age in Greece, the first volume of which has appeared since
the preceding pages were in type.

According to this theory the civilisation reflected in the poems of
Homer—to which we may fitly apply the Homeric national name
'Achaean'—is separated from that of the Mycenaean monuments
by important points of difference. Foremost among these is the
Homeric custom of burning the dead, which stands in marked
contrast to the peculiar Mycenaean manner of burial. Again, the
Mycenaean objects belong to the age of Bronze, when 'black iron
was not'; whereas in Homer there is evidence of the use of iron for
cutting instruments of various kinds. The armour, too, is materially
different. Mr. Ridgeway still maintains, against the view put forward
by W. Reichel, that the Homeric heroes wore helmets, greaves, and
breastplates of bronze—things unknown in the Mycenaean finds. He
sees traces in Homer of the use of round shields, as well as the figure-
of-eight shields which were the sole defensive armour of the Mycenaean

---

[40] Doric influence may be admitted in some cases, as in κυναγός and χοραγός,
since, as Mr. Rutherford observes, hunting with dogs and choral singing were
things in which the Dorians were masters (*New Phrynichus*, p. 496).

[41] vol. xvi. pp. 77-119, 'What people produced the objects called Myce-
naean?'

warrior: also of the comparative disuse of the bow[42]. In dress the Achaean period is characterised by the close-fitting chiton, and the cloak (χλαῖνα or φᾶρος) fastened by a brooch: also by the practice of wearing long hair (κάρη κομόωντες) instead of the species of top-knot (κρωβύλος) seen on the Mycenaeans. It is further noted that Homer says nothing of signet gems, which were much used in the Mycenaean period.

The existence of this Homeric or Achaean form of culture is attributed by Mr. Ridgeway to an ethnical movement analogous in some respects to the Dorian invasion and conquest of Peloponnesus. The Achaeans, he believes, were a Celtic people, settled, for a time at least, in Epirus, who descended upon southern Greece and established the order of things represented in epic poetry by the empire of Pelops and Agamemnon. From them the Peloponnesus was called Ἀχαιικὸν Ἄργος. Another detachment crossed the Pindus and carried the Achaean name into Thessaly—a district which in the *Iliad* is next in importance to Argolis itself. Two countries—Attica and Arcadia—were not reached by the wave of invasion, and accordingly play a very subordinate part in the Trojan war. The Achaeans were fair-haired—this is expressly said (*e.g.*) of Menelaus and Achilles[43]—but in time were absorbed into the Greek population, which (then as now) was dark-haired and dark-eyed. They took over the culture that they found, retaining however some of their own usages, and especially the improvements in armour, &c., which they had brought with them, and to which they doubtless owed their success. Moreover, as usually happens when a successful invasion leads to a military aristocracy, they adopted the language of the conquered[44]. In this way Mr. Ridgeway accounts for the fact that the Homeric dialect does not greatly differ from those of the Aeolic and Ionic groups—which he rightly regards as closely allied—and that in vocabulary it shows a remarkable coincidence with Arcadian and Cyprian. Finally, he searches among the traditions and ethnical names for an answer to the question which formed the title of his paper five years ago, viz. what people produced the objects called Mycenaean? As might be

[42] This point is somewhat exaggerated by Mr. Ridgeway when he says, p. 301, that no Achaean warrior employs the bow for war. He surely forgets Teucer. But it is clear that in the time represented by the *Iliad* the bow had lost much of its former importance. Cp. p. 305 (*supra*).

[43] As to Achilles see Il. 23. 141 ξανθὴν ἀπεκείρατο χαίτην. Regarding Ulysses the statements are contradictory: see the note on Od. 16. 176. Fair hair is attributed also to Meleager (Il. 2. 642), and to Agamede (Il. 11. 740).

[44] It was so (*e.g.*) with the Norman conquest of England, and the Frankish conquest of Gaul.

expected, he finds that the name most widely diffused in pre-historic
Greece, especially in the 'Mycenaean' districts—Arcadia, Attica,
Thessaly—is that of the Pelasgians.

It will be apparent from this brief outline that on some important
points Mr. Ridgeway is at one with the scholars whose opinions have
been quoted above (p. 467). He agrees with them in regarding the
Mycenaean culture and the Achaean dominion as both pre-Dorian;
also in believing the objects found on Mycenaean sites to be generally
earlier than the corresponding objects described in Homer. That
being so, the question whether the Homeric age falls within the
Mycenaean age, or is to be treated as a distinct archaeological
period, is a question of detail. The main issue is not whether
certain changes had taken place within a time to be styled Homeric,
but whether they were brought about, as Mr. Ridgeway holds, by the
agency of a people of different race, which formed an intermediate
stage between pre-historic Mycenaeans and historical Dorians.

What then is the evidence for the supposed Achaean-Celtic conquest
of Pelasgian Greece?

Some of the passages that Mr. Ridgeway quotes from the ancient
historians will hardly be thought convincing. Few scholars would
think that much is proved by the statement that Achaeus was the son
of Xuthus, and that Dorus, Aeolus and Xuthus were the sons of
Hellen[45]. The names evidently stand for the Hellenic nation and
the chief dialects of historical Greece. The myth, therefore, is much
later than Homer and the Homeric Achaeans. Another myth, or
learned invention in the form of a myth, tells us of the three brothers
Achaeus, Phthius and Pelasgus[46]—obviously eponymous heroes of
equally post-Homeric sub-divisions of Thessaly. So too of the
various stories that bring an Achaeus or his sons from Thessaly to
Peloponnesus, or *vice versa*; they simply mean that the name 'Αχαιοί
was met with in both countries. In Homeric times the Achaeans
were everywhere: afterwards the name survived in certain localities,
isolated by the intrusion of new races; and men began to wonder
what was the connexion between the localities.

Greater weight is to be attached to some indications in Homer.
It has already been noticed[47], as a proof of the European origin of
the Homeric poems, that Agamemnon and the other leaders in the
Trojan war are curiously distinct from the older local heroes—from
such figures as Perseus of Argos, Adrastus of Sicyon, the Aeolidae

[45] Paus. vii. 1. 1.　　　[46] Dionys. Hal. i. 17.　　　[47] On p. 475 (*supra*).

of Corinth, the Dioscuri in Lacedaemon, Theseus at Athens. They do not derive a mythical title from these older heroes; on the contrary, they appear in the character of intruders or usurpers. Hence the suggestion that the empire of Agamemnon and his peers was in fact the result of a successful inroad is not without a certain plausibility.

It is not very easy to follow the argument which Mr. Ridgeway bases upon 'labialisation' in Greek. The term may be used of at least three sets of phenomena, which he does not keep sufficiently distinct, viz. (1) the labial affection of an original velar, exemplified in Latin *qu*; (2) the pan-Hellenic change from this labialised sound when followed by the vowel o to a labial, as in Greek πο- for Latin *quo-* (whereas Latin *qui-*, *que-* answer to Greek τι-, τε-): and (3) the labial which appears in Aeolic where Doric and Ionic exhibit a dental, as in πέτταρες for τέτταρες, φήρ for θήρ. Mr. Ridgeway's description of the phenomenon in question as 'traces of labialism superimposed upon a general tendency to preserve the κ' (p. 673) does not properly apply to any one of these groups of instances. The retention in Greek of the gutturals κ γ χ depends upon conditions that have not been completely ascertained: but in any case it is clearly not sporadic, or due to foreign influence of an accidental kind. When the original sound is palatal (*e.g.* κ in ἑκατόν,=Sanscr. ç), it is never labialised in Greek. When the original is velar (Sanscr. *k, c*), the appearance of κ γ χ in Greek is exceptional: but it may be accounted for by some other law. Thus κ remains in λύκος under the rule that labialisation does not take place after a *u*-sound [48].

The weak point of Mr. Ridgeway's argument, taken as a whole, is the want of evidence in Homer of a racial difference between the 'Achaeans' and the bulk of the population. The common language, upon which the poet himself lays so much stress, may perhaps be accounted for by the supposition that the conquerors, being a small minority, learned the language of their subjects. But surely we should have found other distinctions. What traces are there of *grades* of any kind—of difference of legal status or social condition or religious usage? The men who fought before Troy are called Achaean, without any exception. If the 'Achaeans' were a military

[48] Mr. Ridgeway founds another linguistic argument on the fact that the names of some of the Achaean chiefs are not easily explained as Hellenic. Such are Achilles, Odysseus, Aeacus, Ajax, Laertes, Peleus. But on the other hand Agamemnon and Menelaus are quite Hellenic. And the same etymological difficulty appears in many of the older names of heroes—Perseus, Theseus, Proetus, Aeolus—and generally in those of deities.

aristocracy, the whole army must have belonged to it. The only difference of rank, either in the Agora or in war, is between the λαοί or rank and file and the few great chiefs who formed Agamemnon's council. There is nothing at all answering to the Dorian gradation of Spartans, Perioeci and Helots, or the racial distinctions which obtained under similar circumstances in Thessaly.

Again, if the Achaeans were only a ruling caste, we should expect to find some name for the rest of the population. The word Ἀργεῖοι, being derived from the name of the country, might have served in such a use. But Ἀργεῖοι is exactly synonymous with Ἀχαιοί. And all such words as λαός or δῆμος evidently include the Achaeans.

In place of the hypothesis of an Achaean conquest it seems possible to make two suppositions of a less violent kind. These are, (1) that advances in culture—the use of iron, of bronze armour, of cremation, &c.—reached Greece gradually and by pacific intercourse: and (2) that the empire of Agamemnon was the work of a dynasty under which Mycenae became for a time, through causes no longer discoverable by us, the political centre of continental Greece and some of the islands. The former of these suggestions must be left to the judgement of experts. It is for archaeologists to determine the nature and degree of the connexion (if there is one) between the arts and usages described in Homer and the culture which may be thought to have been brought down the eastern shore of the Adriatic. It is for the historian to speculate on the political conditions under which any such intercourse may have subsisted. The second problem is also historical, but deals with matters that are even more beyond our reach. For what divination can recover for us the series of causes through which a supremacy such as that of the Pelopidae was gained in 'Mycenaean' Greece?

V. THE HOMERIC HOUSE.

§ 1. *The opposing theories.*

In the discussion of the Homeric House, as in other parts of the field of Homeric archaeology, the main question has come to be whether the data furnished by the poems agree on the whole with the type revealed in the remains of the 'Mycenaean' period, or belong to a distinctly later stage of culture. We naturally form for ourselves some mental picture of the palace of Priam on the Trojan acropolis, of the splendid palaces of Alcinous and Menelaus, above all of the banqueting-hall which was the scene of the 'Vengeance of Ulysses.' How far are we aided in forming this picture by the great palaces of which the ground-plan can still be traced on the rocks of Tiryns and Mycenae? Are we to imagine the action of the latter books of the *Odyssey* as taking place in a building like these palaces, or must we suppose something more resembling the Hellenic house of the fifth and following centuries?

The former of these alternatives is supported by the high authority of Dr. Wilhelm Dörpfeld, who adopted it in the chapters which he contributed to Schliemann's book on *Tiryns*[1]. Soon after the publication of that book the relation of the Tiryns palace to the Homeric descriptions was examined afresh by Sir Richard Jebb[2], who came to the conclusion that the points of agreement had been greatly exaggerated, and that the house of the *Odyssey* answered in its most characteristic features to the Hellenic mansion of historical times. In particular he held that the Homeric μέγαρον, like the later ἀνδρών, had two entrances, viz. the front entrance from the courtyard (αὐλή), and a back entrance, leading from the women's apartments and store chambers; whereas in Dörpfeld's view these other apartments did not lie behind the men's hall, but were separate buildings, entering directly from the courtyard. This view has now been taken up and defended in detail by Mr. J. L. Myres, in a paper published (like Sir Richard Jebb's) in the *Journal of Hellenic Studies*[3].

---

[1] *Tiryns: the Pre-historic Palace of the Kings of Tiryns,* by Dr. Henry Schliemann (London, 1886).

[2] *The Homeric House in relation to the remains at Tiryns* (*Journal of Hellenic Studies,* vol. vii. p. 170).

[3] *Journal of Hellenic Studies,* vol. xx. p. 128.

§ 2. *The Fire-place.*

There is at least one point on which the palaces of Tiryns and Mycenae have undoubtedly thrown fresh and interesting light, viz. the position and structure of the fire-place (ἐσχάρη). It will be seen from the ground plan of the Tiryns palace (part of which is given in fig. 1), that in the centre of the Great Hall (μέγαρον) there are the bases of four columns still *in situ*, with traces of

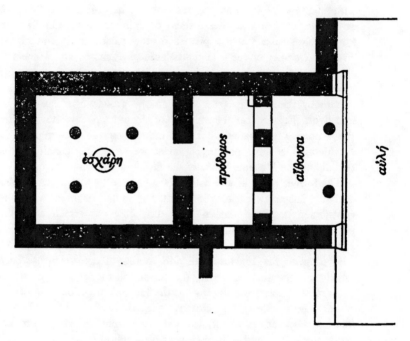

FIG. 1. PALACE OF TIRYNS.

a fire-place within the square thus formed. These four columns were doubtless employed, as Dörpfeld has conjectured [1], to support a louvre or lantern somewhat higher than the roof of the building, and serving partly to give light to the room and partly as an escape

[1] *Tiryns*, p. 218 'It would answer much better to cover the square included by the pillars, after the manner of a basilica, with a higher roof: in the vertical walls of the upper structure (clere-story) smaller or larger apertures could be introduced, through which not only light would enter into the megaron, but also the smoke from the hearth would find an easy escape.'

for the smoke. A section showing the possible construction of this lantern is given by Mr. Middleton in the *Journal of Hellenic Studies* (vii. 165): see fig. 2. A similar construction was usual in the hall of a mediaeval castle, with the difference that the lantern was not placed on columns rising from the floor, but rested on the framework of the roof. A much closer parallel to the Mycenaean hearth is to be found in the Icelandic houses of the *Saga* period, the plan of which has been recovered by recent investigations[5]. As may be seen from the sketch reproduced on p. 218 (with the section given in fig. 3), the *stofa* or chief room—answering to the Homeric μέγαρον—is a large square hall, with a roof supported by four rows

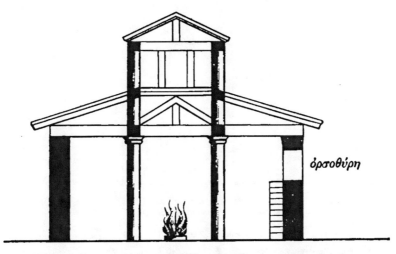

ὀρσοθύρη

FIG. 2. RESTORATION OF THE HALL AT TIRYNS: transverse section
(Mr. Middleton in *J. H. S.*, vii. 165).

of columns. The two inner rows (*instafir*) are larger and higher than the others, and between them, in the middle of the hall, is the fire-place, with the seats of honour for the host and his principal guest or guests. Thus the chief place was not, as in a mediaeval hall, at the top of the room—with a dais and 'high table'—, but as nearly as possible in the middle, within the central columns of the building. So too in the Homeric μέγαρον it is now clear that the hearth was in the middle, surrounded by a group of columns. It is there that queen Arete sits working 'in the light of the fire,

[5] Dr. Valtýr Guðmundsson, *Privat-boligen på Island i Saga-Tiden* (Copenhagen, 1889); *Den islandske Bolig i Fristats-Tiden* (Copenhagen, 1894).

APPENDIX

and 'leaning against a pillar,' with her maids *behind* her, *i.e.* outside the place of honour (Od. 6. 305–307). It is there also that Penelope sits 'in the light of the fire,' while Ulysses, as the honoured guest, sits on the opposite side 'against a tall pillar' (Od. 23. 89–90). So the singer Demodocus was placed 'in the midst of the banqueters, resting against a tall pillar' (Od. 8. 66). This was therefore the place from which Penelope addressed the Suitors, according to the recurring formula—

στῆ ῥα παρὰ σταθμὸν τέγεος πύκα ποιητοῖο,

and from which Nausicaa gazed at Ulysses, and then spoke to him (Od. 8. 458). It is evident that the words are more appropriate to

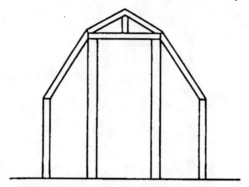

FIG. 3. ICELANDIC *stofa*: tranverse section showing the four rows of columns (*Grundr. d. german. Philologie*, xii. p. 479).

columns that formed the main support of the *roof* than to the posts of the door-way (see Od. 16. 415, with the note). The lantern overhead was doubtless the opening through which Athene flew in the shape of a bird (ὄρνις ὣς ἀνοπαῖα διέπτατο Od. 1. 320).

At Mycenae the fire-place is better preserved than at Tiryns, and the four bases of columns are still visible[6]. The same construction is found in the 'Palace of Erechtheus' on the Acropolis of Athens[7]. We may infer that this feature was universal in the Mycenaean period. The other Mycenaean sites—Gha in Boeotia, the sixth stratum at Troy, &c.—do not seem to furnish direct evidence on the point.

[6] Tsountas and Manatt, *Mycenaean Age*, p. 57.
[7] *J. H. S.* xx. p. 130: cp. Mr. Middleton's *Plans and Drawings of Athenian Buildings* (*J. H. S. Suppl.* no. 3), esp. Pl. i. 67, 74, Pl. viii. no. xii.

§ 3. *The μέγαρον of the women.*

The word μέγαρον is generally understood as denoting the 'men's hall'—the room in which the chief and his followers were accustomed to pass their leisure time. It is to be observed, however, that it is used in the *Odyssey* of some part at least of the women's apartments—probably of their chief room, in which the mistress of the house and her handmaidens carried on the spinning or weaving or embroidery that formed their usual employment. This appears most clearly from Od. 18. 316:

> ἔρχεσθε πρὸς δώμαθ' ἵν' αἰδοίη βασίλεια,
> τῇ δὲ παρ' ἠλάκατα στροφαλίζετε, τέρπετε δ' αὐτήν,
> ἥμεναι ἐν μεγάρῳ.

So in Od. 22. 497 the women are called forth ἐκ μεγάροιο, i. e. from the apartments to which they have been strictly confined during the slaying of the Suitors, and are sent to cleanse the men's hall. And in Od. 18. 185-198 Penelope, who is in an upper chamber (cp. 18. 206 κατέβαιν' ὑπερώια), sends Eurycleia to bring two of her attendants. Eurycleia goes διὰ μεγάροιο (l. 185), and the attendants come ἐκ μεγάροιο, and escort Penelope to the hall where the Suitors are. The μέγαρον here must be a room in which women servants would ordinarily be. So in Od. 23. 20, 24 the μέγαρον to which Penelope talks of sending back the old nurse must be the women's room. And so, therefore, in 20. 6, where Ulysses as he lies awake in the πρόδομος hears the women passing ἐκ μεγάροιο, it must mean 'from *their* μέγαρον' (not as given in the note *a. l.*).

The plural μέγαρα is also used of the women's apartments (Od. 17. 569., 19. 16, 30). Properly speaking the singular μέγαρον is applied to a particular room,.the plural to the group of which that room forms the chief part (cp. τόξα = 'bow and arrows,' λέκτρα = 'a bed and its furniture,' &c.). But this is a difference that in the nature of things is not always perceptible. In general it will be found that μέγαρα is a vaguer word, which may be put for μέγαρον when the definite sense of 'room' or 'hall' is not required.

§ 4. *The θάλαμοι.*

Any room except the μέγαρον may be called a θάλαμος or 'chamber.' When it is said that the Trojans made for Hector θάλαμον καὶ δῶμα καὶ αὐλήν (Il. 6. 316), we may put δῶμα = μέγαρον, and thus obtain the three component parts of a great house. As to the place of the

θάλαμος or θάλαμοι the indications are most diverse. The chamber
of Penelope was in an upper storey, reached by a stair. The
chamber of Ulysses, in which the bed was made of a living olive-tree,
was certainly on the ground. The store-chamber where the bow
lay was some way from the chamber of Penelope (Od. 21. 5–42).
Again, in the vast palace of Priam there were fifty chambers for
his sons, and opposite these, also within the αὐλή, there were twelve
chambers for his married daughters. These, it will be evident, were
separate buildings, opening into a spacious courtyard. So Phoenix,
when he had been watched for nine days by his kinsmen and
his comrades (Il. 9. 473–476), escaped by breaking the door
of the θάλαμος in which he slept and leaping over the wall of the
αὐλή. Hence, too, the need of torchlight to show the way at night
from the μέγαρον to the θάλαμος—the two fires kindled by the watchers
of Phoenix being an exceptional precaution. The ordinary case is
that of Telemachus, who sleeps in a θάλαμος built in a conspicuous
part of the court, and is lighted to it by the old nurse Eurycleia
(Od. 1. 425–428):

> Τηλέμαχος δ' ὅθι οἱ θάλαμος περικαλλέος αὐλῆς
> ὑψηλὸς δέδμητο περισκέπτῳ ἐνὶ χώρῳ,
> ἔνθ' ἔβη εἰς εὐνὴν πολλὰ φρεσὶ μερμηρίζων.
> τῷ δ' ἄρ' ἅμ' αἰθομένας δαΐδας φέρε κτλ.

So too Eurynome guides Ulysses and Penelope to their θάλαμος,
'holding a torch in her hands' (Od. 23. 294). These passages give
us the notion of a group of distinct buildings—a μέγαρον, perhaps
a second μέγαρον for the women, and θάλαμοι of various kinds—all
opening on to a courtyard or αὐλή, which was accordingly the chief
or only means of communication between them. And this is con-
firmed by the occasional use of such words as οἶκος and δόμος for
the several apartments of the palace (for οἶκος cp. Od. 1. 356., 20. 105.,
21. 350, 354, 358 : for δόμος Od. 1. 330., 21. 5).

At this point, again, it is interesting to compare the descriptions
which we have of the domestic architecture of mediaeval Iceland[*].
A farmhouse, it appears from the Sagas, consisted of at least three
or four distinct houses (hús, herbergi), besides barns, cowhouses, &c.
These 'houses' usually were (1) the men's hall (stofa), (2) the
sleeping-room, (3) the kitchen, (4) the eating-room. They were

---

[*] See the article by Kr. Kålund and Valtýr Guðmundsson in the *Grundriss
der germanischen Philologie*, xii. p. 429. I am indebted for this reference to
Mr. W. A. Craigie.

not rooms in the modern sense, parts of a single large house, but separate buildings, each of which contained a single room [9].

§ 5. *The position of the women's quarters.*

It will be clear from the passages now quoted that the word θάλαμος usually denoted a separate structure, composed of a single room, and opening off the αὐλή. It did not imply anything as to the situation of the room so called. Is there then any evidence as to the relative position of the θάλαμος (or θάλαμοι) of Penelope and her attendants? Were her apartments placed, like the Hellenic γυναικωνῖτις, at the back of the men's hall? And were they approached from that hall? On this subject the indications in the *Odyssey* are few, but perhaps sufficient.

1. In Od. 20. 92 Ulysses hears the voice of Penelope weeping in her θάλαμος, having himself just wakened from sleep in the vestibule (πρόδομος) of the μέγαρον. He is still in the πρόδομος, or has approached the altar of Zeus in the αὐλή, when he hears some words uttered by a woman who is grinding corn in a 'house' (οἶκος) near him. He must therefore have been within hearing distance of Penelope's sleeping chamber, and also near the rooms in which the women were doing their work. He can hardly have been at the opposite end of the palace from them, as would have been the case if the women's quarters were behind the Great Hall.

2. Antinous throws his stool at Ulysses (Od. 17. 462 ff.); Penelope hears the blow, and knows who has dealt it. She is then 'sitting in her chamber' (ἡμένη ἐν θαλάμῳ), surrounded by her maidservants: Ulysses has returned from his round of begging (ἀναχωρήσας 17. 453, 461), and directly afterwards takes his seat again on the threshold

---

[9] The men's hall with its central fire-place, surrounded by huts serving as sleeping-places, may still be found in Greece and Turkey. 'Je me rappelle surtout, dans la montagne de Samarie, un village où nous avons passé la nuit. Les maisons où couchaient les paysans n'étaient que des huttes de terre, fort basses : mais il y avait au milieu du bourg un grand bâtiment fait d'une pièce unique, très vaste, que recouvrait un toit en coupole. C'était ce qu'on appelait la " maison des hôtes " (medhâfa). Pendant que les femmes travaillaient aux champs, les chefs de famille passaient là de longues heures à fumer, à prendre du café et à causer. Nous les trouvâmes réunis à la tombée du jour dans leur *mégaron* : ils nous firent au premier moment un aussi mauvais accueil que jadis les prétendants à Ulysse. Il nous fallut parler haut et payer d'audace pour loger nos bêtes de somme et nos bagages dans un coin de la grande salle et pour obtenir, mouillés comme nous l'étions par une pluie torrentielle, notre place au foyer. Celui-ci était formé par de grosses pierres, rangées en cercle, vers le centre du vaisseau. Il est permis de croire que, dans le palais d'Alkinoos et dans celui d'Ulysse, l'âtre avait une apparence moins rustique' (Georges Perrot, *Hist. de l'Art dans l'Antiquité*, Tom. vii. *La Grèce de l'Épopée*, p. 89).

(17. 466). Hence he could not well have been seen or heard from an upper room at the *back* of the μέγαρον. Penelope and her attendants must be placed somewhere within reach of the *front* entrance.

3. Penelope calls Eumaeus to her (Od. 17. 507), and gives him a message to Ulysses, which he delivers. It would evidently be easier for Penelope to communicate with Eumaeus *outside* the μέγαρον—to hail him from across the αὐλή, as Mr. Myres suggests,—than to bring him into an inner θάλαμος which he could not enter without being observed by all the Suitors.

4. In a later passage (Od. 20. 387) Penelope places her seat κατ' ἄντηστιν, and there hears the talk of the Suitors, who are feasting in the μέγαρον. Mr. Myres takes the phrase κατ' ἄντηστιν as equivalent to κατ' ἀντίθυρον (Od. 16. 159), which appears to mean the space at the further side of the αὐλή, facing the door of the μέγαρον. Unless ἄντηστις has some other sense not now discernible, this seems the most probable account.

There is one feature of the incident of Od. 17. 507 ff. which seems at first sight to show that the way to Penelope's room lay through the μέγαρον. Penelope, as we saw, sends Eumaeus to Ulysses, who was then in his place by the threshold of the μέγαρον, to ask him to go to her. He answers that he fears to do so because of the Suitors, by whom he has been ill-treated when he was going among them and doing them no wrong. He therefore begs her to wait till night, when the Suitors will be gone. But the argument may be, as Mr. Myres suggests, that the Suitors will object to an unknown stranger having access to Penelope in the women's quarters: and this argument is equally valid wherever Penelope is supposed to be. It must be remembered too that the poetical value of an incident may be much more obvious than the matter of fact requirements of the story. In this instance the message of Penelope and the reply of Ulysses have a double artistic purpose. The poet wishes to bring out the mysterious attraction that leads Penelope to notice and favour the seeming beggar, notwithstanding her general incredulity; and he also wishes to lead up to the great scene between Ulysses and Penelope in the nineteenth book. It was however a necessary part of the incident that Ulysses should give a reason—not the true one—for his refusal of Penelope's request. Under the circumstances we cannot expect his reason to be quite above criticism from the prosaic and logical point of view.

It may be asked here whether on any of the ancient sites there are traces of buildings that might have been women's quarters, and are within reach of the main entrance of the μέγαρον. The answer as regards the palace of Tiryns is somewhat doubtful, as a glance at the ground-plan, with its supposed women's μέγαρον, will show. But there can be no difficulty about the buildings at Mycenae (fig. 4). There, as Mr. Myres observes [10], 'a similar smaller group of rooms (which this time is furnished with an upper story approached by a corridor and staircase) lies κατ' ἄντηστιν on the further side of the courtyard, and

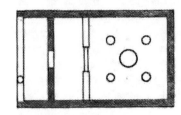

FIG. 4. PALACE AT MYCENAE. Women's quarters (?) opposite the main entrance (Mr. Myres in *J. H. S.* vol. xx. p. 131).

exactly opposite the πρόδομος of the Great Hall. Penelope's δόμος or οἶκος, with its μέγαρον, θάλαμοι, κλῖμαξ and ὑπερώια, is thus repeated in every essential detail: and the whole story of the *Odyssey*, so far as it concerns the heroine, could have been rehearsed without a hitch in the palace of the ἄναξ ἀνδρῶν of Mykenai.'

§ 6. *The door, or doors, of the μέγαρον.*

It is time to consider the question of the women's quarters from a different side. If the way to them lay through the μέγαρον (as has been supposed), that room must have had at least two main doors, viz. the front entrance from the πρόδομος, and a back entrance at the top of the room. There is no trace of any such second doorway at Tiryns or Mycenae. Is there any evidence of its existence to be found in the story of the *Odyssey*?

If we could argue from silence—that is to say, from the absence of any express mention of the second door—the matter would be simple. In no passage is it said or implied that the μέγαρον had two doors. When a door is spoken of there is no trace of a desire or endeavour to show *which* door is meant. The question turns entirely upon what may be called circumstantial evidence. We have already noticed the argument founded upon the unwillingness of Ulysses to be seen going to Penelope while the Suitors are in the μέγαρον. It is an argument

[10] *Journal of Hellenic Studies*, vol. xx. p. 136.

which depends for its validity on the purpose and meaning of the action of Ulysses. Again, there are two doors which before the final trial of the bow Ulysses takes care to have closed, viz. the door of the women's apartment, and the gate of the αὐλή. He bids Eumaeus tell the women—

κλῆῖσαι μεγάροιο θύρας πυκινῶς ἀραρυίας.

In this line (as was shown in the note on 21. 382) the μέγαρον intended is that of the women—the injunction to them is to shut the door of *their* μέγαρον. Had the poet said 'the door of the men's hall,' that would naturally mean the main entrance, which was certainly not closed[11]. What, then, is there to show that the door into the women's μέγαρον was at the upper end of the men's hall? The probabilities are surely on the other side. The closing of the two doors, a measure intended to bar the chance of any aid coming to the Suitors, was necessarily carried out without their knowledge. Ulysses gives his instructions secretly to Eumaeus and Philoetius (21. 228–231): they avoid even being seen together (προμνηστῖνοι ἐσέλθετε μηδ' ἅμα πάντες): and Philoetius goes out 'in silence' to perform his part (21. 388). It was clearly impossible to close a door in the μέγαρον while the Suitors were there. The ὀρσοθύρη, as presently appears, was left open, and Eumaeus was told off to guard it (Od. 22. 129). It would doubtless have been closed if that could have been done without exciting suspicion.

§ 7. *The threshold, or thresholds.*

The chief argument for a second door in the Homeric μέγαρον is derived from the mention of two thresholds. One was of stone, the λάϊνος οὐδός of Od. 17. 30., 20. 258., 23. 88: the other was of ash, and is mentioned in Od. 17. 338. But it is not difficult to show that both these 'thresholds' or door-sills were at the entrance of the men's hall. In 17. 30 Telemachus crossed the λάϊνος οὐδός, and was seen and welcomed by Eurycleia and the maidservants: thereupon Penelope came from her chamber and welcomed him. Consequently the οὐδός that he had just crossed was not that of his mother's room. The other two passages are indecisive, since they can be reconciled with any view of the place of the threshold. Elsewhere the λάϊνος οὐδός of a house evidently belongs to the main entrance, as in the house of

---

[11] This is clear from 22. 76 : the only chance of the Suitors there is to drive Ulysses from the door. Nothing is said of unfastening or opening it. It appears also from the movements of Telemachus, who brings arms for himself and the others, evidently passing freely through it.

Eumaeus (Od. 16. 41), and the temple at Pytho (Il. 9. 404, Od. 8. 80).
On the other hand the μέλινος οὐδός was no less clearly at the entrance
of the hall. Ulysses in his character as an aged beggar comes and
sits *upon* it (Od. 17. 339 ἐπὶ μελίνου οὐδοῦ)—not *beside* it, as is said of
the λάϊνος οὐδός. The solution of the difficulty is given by Mr. Myres.
It is simply that the two thresholds belong to the same doorway, viz.
that of the Great Hall. Every doorway on the ground floor had its
λάϊνος οὐδός, a massive stone threshold of considerable breadth—the
ξεστὸς οὐδός where Ulysses fought with Irus, the μέγας οὐδός from which
he sent his arrows among the Suitors. But at Tiryns, if there was
a door at the entrance of the μέγαρον, there must have been a second
threshold of another material. The stone sill of this doorway has no
sockets for hinges: consequently, if it had a door (as the Homeric
μέγαρον had), that door must have been fitted with a four-sided frame,
and the sill of this frame—which it would be natural to call the μέλινος
οὐδός—would rest *upon* the stone threshold which still survives. It
would be a place upon which a man might sit, and indeed (as
Mr. Myres tells us) a threshold of this kind furnishes the beggar's
seat in every café in the Levant. As to the material it is to be
observed that there was a δρύϊνος οὐδός of the upstairs chamber where
the bow lay (Od. 21. 43). Perhaps the χάλκεος οὐδός of which we hear
in the palace of Alcinous (Od. 7. 83), and also in Tartarus (Il. 8. 15),
takes the place of the usual wooden sill, not of the stone threshold. It
may have been in fact of wood covered with bronze plating.

With the opposition between the λάϊνος οὐδός and the μέλινος οὐδός
disappears the last shred of evidence for a door at the upper end of
the μέγαρον. At the same time we get rid of all difficulty about the
place of Ulysses at the successive points in the story. At his first
coming he seated himself on the μέλινος οὐδός of the μέγαρον (17. 339).
He and Irus fought on the ξεστὸς οὐδός—evidently the broad stone
threshold. Next day Telemachus artfully (κέρδεα νωμῶν) places him
within the μέγαρον, giving him however only a humble stool and
a small table (20. 257). While the trial of the bow is going on he
slips out with the two faithful servants Eumaeus and Philoetius,
and reveals himself to them; after which he returns to his seat.
When he asks to be allowed to try the bow, and Penelope and
Telemachus support him in this, Eumaeus brings the bow from the
fire-place and places it in his hands. He then proceeds to string
the bow, and to shoot from his seat (αὐτόθεν ἐκ δίφροιο καθήμενος,
21. 420). Presently at his signal Telemachus armed himself and
took his stand near his father (21. 431), who immediately sprang on

to the 'great threshold' of the hall; and the slaying of the Suitors
began. All this time Ulysses has been at or near the entrance of the
μέγαρον, except when he made his round of begging.

§ 8. *The use of ἀνά and κατά.*

This account of the matter is strongly confirmed by an observation
which Mr. Myres has made on the force of the prepositions ἀνά and
κατά in relation to a house. It may be described shortly by saying
that the ideas of 'up' and 'down' are the same as if we were speaking
of a cave or a well. To enter a house is to go *down into* it (cp. the
phrase ἐδύσετο δώματα and the like): to leave it is to come *up* out of it.
Hence κατὰ δῶμα (μέγαρον, οἶκον, δόμον, &c.) implies motion *from* the
door to the interior of the house or room: ἀνὰ δῶμα, &c. motion
towards the entrance. This distinction Mr. Myres establishes by a
convincing array of examples. It aids in the interpretation of several
passages:

(1) In 17. 531 κατὰ δώματα is said by Penelope of the place of the
Suitors—showing that she was *outside* of the hall when she spoke (not
within or *behind* it).

(2) In 17. 566 Ulysses goes on his round of begging κατὰ δῶμα,
i.e. he proceeded from the entrance, where he had been sitting.

(3) In 22. 23, 99, 307 the Suitors are driven κατὰ δῶμα, or κατὰ
μέγαρον, by Ulysses, who is on the threshold (cp. 22. 270 μνηστῆρες δ'
ἀνεχώρησαν μεγάροιο μυχόνδε). So 22. 381 πάπτηνεν δ' Ὀδυσεὺς καθ' ἑὸν
δόμον.

And *e contrario*:

(4) In 21. 234 Ulysses tells Eumaeus to bring the bow to him ἀνὰ
δώματα, from the middle of the room to the place where he was, viz.
beside the λάϊνος οὐδός. Accordingly Eumaeus brought the bow φέρων
ἀνὰ δῶμα (21. 378); and from that moment the escape of the Suitors
was barred.

Apart from these passages, which the proper distinction thus made
between ἀνά and κατά converts into so many arguments, the mere
existence of such a distinction goes a long way to establish the
correctness of the view now taken. As Mr. Myres well argues, the
difference between 'from the door' and 'to the door' is hardly
conceivable with two doors exactly opposite each other. It could
only arise or be maintained if the μέγαρον, as a rule, had one door.

§ 9. *The ὀρσοθύρη, &c.*

A discussion of the Homeric House, as Mr. Myres justly says, can hardly be complete without dealing in some detail with the narrative of Od. 22. 126–146. Some of the difficulties of that passage have been touched upon in the commentary; and unfortunately they are difficulties upon which the ground plans of Mycenaean buildings do not throw any new light. It will be enough here to state very briefly the chief conclusions arrived at.

The ὀρσοθύρη seems from its name to have been a 'rising door,' *i.e.* a trap-door of some kind; or possibly a 'raised door,' an opening or window above the level of the floor. In any case the way through it lay in an upward direction, as appears from the phrase ἀν' ὀρσοθύρην ἀναβαίνειν (22. 132)—unless indeed any way *out* of the hall could be spoken of as a way 'up.' The place of the ὀρσοθύρη is approximately fixed by the incident of Od. 22. 332–341, where Phemius is described as close to it, and also near the mixing-bowl, which was in the inner-most part of the hall (21. 145). It was therefore, as we should expect, as far as possible from where Ulysses stood. There is nothing to show whether it was in the wall opposite the main entrance, or in one of the side-walls: but on the latter supposition it is easier to under-stand how Eumaeus could watch it from the outside, and still be within reach of his friends. Apparently it was through the ὀρσοθύρη that Melanthius fetched arms for the Suitors (see the note on 22. 143). As he did so without being seen from the threshold, we must suppose some contrivance by which the ὀρσοθύρη was screened from view—unless we are to understand that Melanthius was outside the ὀρσοθύρη all the time, and only passed in the arms through it. The Suitors might have got out by it themselves, as Phemius afterwards thought of doing (22. 332 ff.): but they could only reach the courtyard by a λαύρη, a narrow corridor or gallery [12], where one man would have been a match for them all.

Regarding the phrases ἀκρότατον παρ' οὐδόν (22. 127) and ἀνὰ ῥῶγας μεγάροιο (22. 143) the existing purely literary evidence does not enable us to advance beyond more or less probable conjecture.

---

[12] Mr. Myres compares the mining galleries from which Laurium (Λαύρειον) was so called.

502

VIEW OF ITHACA, LOOKING NORTHWARDS
Taken by permission from a photograph belonging to the German
Archaeological Institute of Athens.

INDEX I

WORDS REFERRED TO IN THE NOTES ON THE TEXT

ULYSSES PLANTING THE OAR
From an engraved gem (Inghirami, Galleria Omerica, vol. iii. 55).

Printed in the United States
88834LV00003B/24/A